यथार्थवाद और उसकी समस्याएँ

यथार्थवाद और उसकी समस्याएँ

यशपाल

सम्पादन एवं समन्वय
आनन्द

विप्लव कार्यालय, लखनऊ
की ओर से

लोकभारती प्रकाशन
पहली मंजिल, दरबारी बिल्डिंग, महात्मा गाँधी मार्ग, इलाहाबाद-1

विप्लव कार्यालय, लखनऊ
से

लोकभारती प्रकाशन
पहली मंजिल, दरबारी बिल्डिंग, महात्मा गाँधी मार्ग
इलाहाबाद-211 001211 001

वेबसाइट : www.lokbhartiprakashan.com
ईमेल : info@lokbhartiprakashan.com

शाखाएँ : 1-बी, नेताजी सुभाष मार्ग, दरियागंज
नयी दिल्ली-110 002
अशोक राजपथ, साइंस कॉलेज के सामने
पटना-800 006 (बिहार)
36-ए, शेक्सपियर सरणी
कोलकाता-700 017

प्रथम संस्करण : 2015

इण्डियन प्रेस प्राइवेट लिमिटेड
इलाहाबाद-211002 द्वारा मुद्रित

YATHARTHWAD AUR USKI SAMSYAYE
by Yashpal

ISBN : 978-81-8031-967-9

मूल्य : ₹ 600

प्राक्कथन

यशपाल जी के प्रकाशित परन्तु असंकलित लेखों की शृंखला में 'यथार्थवाद और उसकी समस्याएँ' दूसरी प्रस्तुति है।

पहली पुस्तक 'मैं और मेरा परिवेश' की भाँति इस संकलन में समय-समय पर विभिन्न विषयों पर लिखे गये लेख दिये गये हैं। साथ ही स्तम्भ (कॉलम) रूप में लिखी गयी अनेक रचनाएँ भी सम्मिलित हैं।

'बात-बात में...' स्तम्भ १९५४ मे उनके बम्बई (मुम्बई) प्रवास के दौरान 'नया पथ' मासिक में लिखा गया था। 'चक्कर क्लब' स्तम्भ भी १९५५ में 'नया पथ' के लिए लिखा गया था। इससे पहले 'चक्कर क्लब' शीर्षक से वे एक स्तम्भ अपने 'विप्लव' मासिक में भी लिखा करते थे। १९४२ में पुस्तक रूप में प्रकाशित हुए थे।

सन् साठ के दशक में पहला स्तम्भ उन्होंने 'नयी कहानियाँ' मासिक के लिए 'सुनें तो कहें' शीर्षक से लिखा था जो कि इस पुस्तक में संकलित हैं। 'जग का मुजरा' नाम का स्तम्भ पहले 'धर्मयुग' साप्ताहिक में तत्पश्चात इसी शीर्षक से पुस्तक रूप में प्रकाशित हुआ था।

सन् साठ के दशक में ही उन्होंने 'कादम्बिनी' मासिक के लिए 'पुरइन में पानी' तथा 'उत्कर्ष' मासिक के लिए 'चरैवेति चक्रम' स्तम्भ भी लिखे थे जो दुर्भाग्यवश उपलब्ध न होने के कारण इस संकलन में नहीं दिये जा सके।

'आईने के सामने', 'लेखा-जोखा' तथा 'कथा-यात्रा' शीर्षक से संस्मरणात्मक लेख पहली तथा दूसरी दोनों पुस्तकों में 'कथा-यात्रा' शीर्षक के अन्तर्गत संकलित हैं।

इस शृंखला की दोनों पुस्तकें यशपाल जी के मरणोपरान्त प्रकाशित अन्य तीन पुस्तकों 'मेरी जेल डायरी', 'यशपाल का विप्लव' तथा 'प्रिय पाश' को तैयार करने तथा उसके प्रकाशन में रमेश चन्द्र ग्रोवर जी का विशेष सहयोग मिला। उन्होंने जिस धैर्य और लगन से अनेक रूपों में विभिन्न पत्रिकाओं तथा समाचार पत्रों में प्रकाशित सामग्री को जमा करने में श्रम किया, उसके लिए सम्पादक और प्रकाशक उनके आभारी हैं।

दोनों संकलनों की भूमिका लिखने के लिए मधुरेश जी तथा दूसरे संकलन के लिए कुछ असंकलित सामग्री जुटाने के लिए कुमार पंकज धन्यवाद के पात्र हैं।

आनन्द

भूमिका

साहित्य को सामाजिक परिवर्तन का माध्यम मानकर यशपाल इस क्षेत्र में आये थे। अपने क्रान्तिकारी जीवन के अधूरे लक्ष्यों को ही वे साहित्य से पूरा करना चाहते थे। उनकी पत्रकारिता भी उनकी इसी साहित्यिक सक्रियता का एक हिस्सा थी। यही कारण है कि सामाजिक एवं राजनीतिक महत्त्व के जनता के जीवन से जुड़े मुद्‌दे और सवाल हमेशा उनकी चिन्ता के केन्द्र में रहे। साहित्य में कलावाद और व्यक्तिवाद का विरोध करके वे परिवर्तनकामी चेतना के वाहक थे। अपने लम्बे रचनाकाल में साहित्यिक एवं कलात्मक समस्याओं, लेखक के परिवेश और दायित्व आदि सवालों पर उन्होंने गम्भीरता से विचार किया है। साहित्यिक आन्दोलन की दृष्टि से वे न सिर्फ प्रगतिवाद के समर्थक, स्वयं उस आन्दोलन के शिखर-पुरुष थे—ट्रेण्ड सेटर देश और देश के बाहर प्रायः ही उन्होंने प्रगतिशील साहित्य का प्रतिनिधित्व किया और बहुत दृढ़तापूर्वक अपने विचार रखे। इस विचार-प्रक्रिया में विरोधी विचार सरणिवाले लेखकों से भी जब-तब उनकी टकराहट होती थी। अभी पिछले दिनों कहीं पढ़ रहा था कि १९५७ में इलाहाबाद में आयोजित प्रगतिशील लेखक सम्मेलन में उन्होंने अज्ञेय के 'शेखर : एक जीवनी' पर कोई आलेख पढ़ा था जो खासा तल्ख और विवादास्पद था। 'जैनेन्द्र जी की सहिष्णुता' और उनके ही 'जयवर्धन' पर आचार्य नन्द दुलारे वाजपेयी के अनुरोध पर 'आलोचना' में प्रकाशित उनके लेख इसी प्रकार के लेखन के उदाहरण हैं। इस लेखन की तार्किकता एवं विश्लेषण-पद्धति के कारण ही, किसी आलोचक का कोई निबन्ध न चुनकर देवीशंकर अवस्थी ने 'विवेक के रंग' में इसी को शामिल किया था। इसी प्रकार भीष्म साहनी द्वारा सम्पादित 'आधुनिक हिन्दी उपन्यास' के लिए सम्भवतः उन्हीं के अनुरोध पर 'झूठासच' से सम्बन्धित उन्होंने अपनी संस्मरणात्मक टिप्पणी लिखी थी।

प्रस्तुत खण्ड में सम्मिलित सामग्री कुछ तो सैद्धान्तिक सवालों और मुद्‌दों से सम्बन्धित है और कुछ विविध साहित्यिक प्रसंगों, विवादों या फिर अपने स्पष्टीकरण के रूप में लिखित लेखों एवं टिप्पणियों से बनी है। उनके उपन्यास 'मेरी तेरी उसकी बात' पर विवेकी राय ने एक लम्बी समीक्षा 'कल्पना' में लिखी थी। उसमें उन्होंने कुछ तथाकथित ऐतिहासिक विसंगतियों का उल्लेख किया था। विवेकी राय के उत्तर में 'कल्पना' के ही अगले किसी अंक में यशपाल की टिप्पणी प्रकाशित हुई थी—'मेरी तेरी उसकी बात : तथाकथित विसंगतियों का स्पष्टीकरण।'

यशपाल उन लेखकों में थे जो सरकारी नीतियों के विरोध में अपने विचार व्यक्त करने में कभी संकोच नहीं बरतते। इसकी भरपूर कीमत भी उन्होंने चुकायी। 'झूठासच' पर उन्हें साहित्य अकादमी का पुरस्कार इसीलिए नहीं दिया गया क्योंकि उसमें कांग्रेस और उसके शीर्ष नेताओं की आलोचना थी। सरकारी और ग़ैर-सरकारी पुरस्कारों की आज जो दुर्दशा है, उनकी विश्वसनीयता जिस तरह निरन्तर सन्दिग्ध होती गयी है उसकी शुरुआत यशपाल के समय में ही हो चुकी थी। अपने शोध-निदेशक का क़र्ज़ उतारने के लिए तब अकादेमी में उपसचिव रहे भारतभूषण अग्रवाल की डॉ. नगेन्द्र के 'रस सिद्धान्त' को पुरस्कृत किये जाने में क्या और कैसी भूमिका थी, इसका खुलासा अब प्रकाश में आये पत्रों और दस्तावेजों से होता है। 'साहित्यिक पुरस्कार सम्बन्धी सरकारी नीति' इसी मुद्दे पर यशपाल की एक बेधड़क टिप्पणी है।

इसी तरह उनके कुछ निबन्ध और वक्तव्य 'साहित्यकार का दायित्व', 'कला के लिए कला', 'एशियाई लेखक सम्मेलन ताशकंद' आदि एक लेखक के रूप में उनके विचारों की अभिव्यक्ति के प्रतिनिधि उदाहरण हैं। अपने रचनात्मक काम के प्रति वे बहुत गम्भीर थे। अपने समकालीन या परवर्ती लेखकों के बहुत उदार पाठक वे भले ही न रहे हों, लेकिन उसमें जो सार्थक और महत्त्वपूर्ण था उसके प्रति कोई कोताही भी उन्होंने नहीं बरती। लखनऊ के ही 'नयापथ' और 'अभ्युदय' -जैसे पत्रों से उनका गम्भीर और आत्मीय जुड़ाव रद्द। सन् साठ के बाद की कहानी' और 'युवा विद्रोह और साहित्यकार' जैसे उनके निबन्ध वस्तुतः उनके इस जुड़ाव के ही साक्ष्य हैं।

बहसों और विवादों से यशपाल का गहरा नाता था। उनके सोचने का अपना ढंग था जो मार्क्सवादी विश्वदृष्टि से अनुशासित एवं नियन्त्रित था। वे सवालों से बचकर निकलने में नहीं, उनसे टकराने में विश्वास करनेवाले लेखक थे। सन् १९७९ में प्रकाशित मेरे द्वारा सम्पादित 'क्रान्तिकारी यशपाल : एक समर्पित व्यक्तित्व' में भीष्म साहनी का ख़ासतौर से लिखवाया गया एक संस्मरण सम्मिलित है। मैंने उनसे अनुरोध किया था कि वे अपने मास्को प्रवास के दौर में यशपाल की सोवियत यात्राओं में हुई अपनी भेंटों पर केन्द्रित करके उसे लिखें। वह भी भीष्म जी ने किया, लेकिन उसके अलावा भी यशपाल को समझने की दृष्टि से वहाँ और बहुत-कुछ है। उसमें भीष्म साहनी ने सन् '४६-४७' के दिनों में बम्बई में भाषा के सवाल पर अपने बड़े भाई बलराज साहनी से यशपाल की एक लम्बी धारावाहिक बहस का जिक्र किया है। भीष्म साहनी ने लिखा है कि दोनों ही बलराज साहनी के घर पर एक पलँग पर बैठे थे और एक-दूसरे पर बरस रहे थे। विवाद हिन्दी के सम्बन्ध में था। उस बहस के उग्र एवं आक्रामक तेवर को देख भीष्म साहनी को ऐसा भी लगता था कि बलराज यशपाल के साथ ज़्यादती कर रहे हैं। घर आये मेहमान को कोई इस तरह सख्त-सुस्त कहता-सुनता है। लगभग तीन घण्टे दोनों ओर से यही क्रम चलता रहा। फिर खाट से उतरकर वे दोनों समुद्र-तट की ओर चले गये। इस भेंट की प्रकृति पर टिप्पणी करते हुए भीष्म साहनी ने लिखा है, 'यशपाल जी का दिन भर का प्रोग्राम था—पहले बहस, फिर टहलना, फिर बहस, फिर समुद्र स्नान, बहस, भोजन, फिर बहस, ऐसा कार्यक्रम बनाकर आये थे।' अपने विचारों के प्रति गहरी दृढ़ता के आधार पर ही ऐसी बहसें चलायी जा सकती

हैं। भाषा के प्रश्न पर उनकी अनेक टिप्पणियाँ और लेख हैं जिनमें हिन्दी-उर्दू विवाद के साथ पंजाबी भी शामिल है। आज उस सारी सामग्री के एक जगह होने पर इन सवालों पर यशपाल को बेहतर ढंग से समझा जा सकता है। ये टिप्पणियाँ और लेख उन्होंने हिन्दी के अतिरिक्त अंग्रेजी में भी लिखी थीं। इसमें भाषा सम्बन्धी सरकारी नीति की उनकी आलोचना भी शामिल थी। बात को ठीक ढंग से समझने की दृष्टि से यही उचित लगा कि उन्होंने इन्हें जिस रूप में लिखा था, वैसे ही दिया जाये। यही किया भी गया है।

इधर मार्क्सवाद के संकट की चर्चा प्रायः होती रही है। सोवियत संघ के पतन के बाद उसकी देशज प्रकृति पर भी विचार किया जाता है। भूमण्डलीकरण और आर्थिक उदारवाद ने सब कहीं मार्क्सवाद के लिए संकट पैदा किया। चीन की पूँजीवादी छलाँग से इस संकट को समझ जा सकता है। यहाँ साठ के दशक में लिखित और तब पर्याप्त विवादास्पद रहा लेख 'मार्क्सवाद में पुनर्विचार' भी सम्मिलित है। यह कोई सैद्धान्तिक विवेचन न होकर आपसी बातचीत और संस्मरण के रूप में लिखा गया आकलन है। सन् १९६४ में अपनी सोवियत-यात्रा में मास्को के उक्रेनिया होटल में यशपाल की भेंट एक वृद्ध सज्जन बोरिस एरियाचेफ़ से हुई। उनकी पत्नी भी उनके साथ थीं। बात-चीत अंग्रेजी में हुई थी जिसमें कभी-कभी उनकी पत्नी भी हस्तक्षेप करती थीं। बोरिस एरियाचेफ़ लेनिन के साथी थे। सन् '६४ में हुई इस भेंट के समय उनकी आयु पचहत्तर से ऊपर हो रही थी। १९१७ की क्रान्ति के समय वे लन्दन में थे। उन्होंने १९१३ में मास्को विश्वविद्यालय से अर्थशास्त्र में स्नातक की डिग्री ली थी। फिर वहीं अध्यापक हो गये थे। विशेष अध्ययन के लिए उन्हें बाद में स्कूल ऑफ इकोनोमिक्स में भेज दिया गया था।

सोवियत क्रान्ति मार्क्स की घोषणा और आकलन के अनुरूप यूरोप में न होकर एशिया में हुई। लेनिन ने समाजवादी क्रान्ति को संसार भर में फैलाने के बजाय नवस्थापित समाजवादी सरकार के शासन को सीमित क्षेत्र में समेट लिया। मध्य एशिया तो क्या जारशाही रूस के बड़े भाग उक्रेन तक को उसके भाग्य पर छोड़ दिया। बोरिस एरियाचेफ से इस मुद्दे पर लेनिन का गहरा मतभेद था। तब बहुत संकटपूर्ण स्थिति में वे लन्दन से रूस लौटे। १७ अप्रैल, १९२१ को लेनिन से उनकी लम्बी बातचीत हुई। उनकी उग्र आपत्ति के प्रसंग में लेनिन का यही उत्तर था—हम अपने अनुभव और परिस्थितियों के यथार्थ की उपेक्षा कैसे कर सकते हैं? इस समय संसार भर में पूँजीवादी राष्ट्र सम्मिलित और संगठित सशस्त्र आक्रमण द्वारा वहाँ नवस्थापित समाजवादी प्रणाली को और हमें मिटा देना चाहते हैं। यूरोपीय देशों में मज़दूर वर्ग क्रान्ति नहीं कर सके। हमें किसी से सहानुभूति की अपेक्षा नहीं रही है। इस समय हमारी पहली प्राथमिकता है अपनी भूमि और सरकार की रक्षा। जो कुछ हमारे हाथ में है उसे स्वप्नों की प्राप्ति के लिए विध्वंस हो जाने देना उचित नहीं है। फिर अपनी बात समाप्त करके बोरिस यशपाल से पूछते हैं—बताइये, लेनिन का यह काम मार्क्स द्वारा प्रतिपादित सिद्धान्तों में सामयिक अनुभव और स्थिति के अनुसार रिवीज़न पुनर्विचार या संशोधन नहीं था? जब यशपाल का यह लेख छपा था, भारतीय कम्युनिस्ट पार्टी के एक कट्टरतावादी खेमे में इसका पर्याप्त विरोध हुआ था। आज बदली हुई स्थितियों में मार्क्सवाद के देशज स्वरूप पर विश्वास करने वाले लोगों की संख्या बढ़ी है।

यशपाल की और भी छिटपुट सामग्री को भी इसी संकलन में सम्मिलित कर लिया गया है। यह सब एक जगह इकट्‌ठी होने से यशपाल के दृष्टिकोण को समग्रता में समझने में सहायक होगी। यह उनके मूल्यांकन में कुछ नया भी जोड़ सकती है।

कुल मिलाकर इस खण्ड में सम्मिलित सामग्री यशपाल के रचनात्मक सरोकारों को खोलकर उन्हें अधिक वस्तुगत ढंग से समझने में सहायक होगी। यही इस सामग्री की सार्थकता भी है।

मधुरेश

अनुक्रम

यथार्थवाद और उसकी समस्याएँ	१
कला के लिए कला	९
प्रगतिवाद क्या कहता है?	१५
प्रगतिवाद ही क्यों?	१९
मार्क्सवाद में पुनर्विचार	२६
हिन्दी-उर्दू प्रश्न पर मार्क्सवादी दृष्टिकोण	३४
सन् '५७ : कल्पना और यथार्थ	४७
'झूठा सच' की भूमिका	४९
मेरी तेरी उसकी बात	५५
पंजाबी सूबे की माँग और भारतीय संविधान	५९
सोवियत कम्युनिस्ट पार्टी की कांग्रेस और भारतीय जनता	६३
प्रगतिशील लेखक राष्ट्रीय संघ की चालीसवीं वर्षगाँठ पर	६८
एशियाई लेखक सम्मेलन, ताशकन्द	७०
सन् साठ के बाद की हिन्दी कहानी	७६
ताशकन्द कांग्रेस के सम्बन्ध में	७९
अखिल भारत प्रगतिशील लेखक सम्मेलन, गया	८५
राष्ट्रबलि से गौपूजा	८७
नया उपन्यास लिखने की प्रेरणा का आधार	९१
त्रयोदश उत्तर प्रदेशीय हिन्दी साहित्य सम्मेलन	९३
सुलेखा कथाञ्जली	१००
नेज़ाबूदकी	१०२
योग की खोज	१०४
साहित्यकार का दायित्व	११०
साहित्य यथार्थवादी हो या आदर्शवादी	११६

साहित्य में प्रगतिवादी दृष्टिकोण ११९
मेरी सफलता का रहस्य १२७
क्रान्तिकारियों के शरणदाता आचार्य मुन्शीराम शर्मा १२९
आप की चिट्ठी १३२
सहज भाषा और सहज कौशल १३४
व्यक्तिगत, सामाजिक और राष्ट्रीय अपमान १३६
एशियाई-अफ्रीकी लेखक कांग्रेस १३८
नयी कहानी की बहस और बहक १४३
साहित्य और जीवन १४९
काले-भूरे अंग्रेज़ १५४
यह लड़के-लड़कियाँ और हम १६०
कहानी का रहस्य १६५
एक सामाजिक चर्चा १७१
Cow Worship or National Suicide? १७५
National language and State language १७८
Youth Shall Catch the Moon १८२
Please Do Not Humiliate the Freedom Fighters १८४
United Urdu Front १८६
Lust For Lime Light १९३
Why I am a Hindu? १९६
Problems of Creative Writing in India १९८
The Artificial Dichotomy of Hindi and Urdu २०३
Reception Committee—Sham-e-Adab २०७
कथा-यात्रा २०९
यारों के यार २१९
कहानी लिखना मेरी जीविका है २२१
मेरी लेखन प्रक्रिया २२५
अध्यक्षीय भाषण २२८
चक्कर क्लब-१ २३१
चक्कर क्लब-२ २३६
चक्कर क्लब-३ २४०
चक्कर क्लब-४ २४६

चक्कर क्लब-५ २४९
चक्कर क्लब-६ २५५
चक्कर क्लब-७ २५८
चक्कर क्लब-८ २६२
चक्कर क्लब-९ २६७
बात बात में...-१ २७२
बात बात में...-२ २७५
बात बात में...-३ २७८
बात बात में...-४ २८२
बात बात में...-५ २८६
बात बात में...-६ २९०
बात बात में...-७ २९४
बात बात में...-८ २९८
बात बात में...-९ ३०१
बात बात में...-१० ३०४
जयवर्धन ३०८
साहित्यिक पुरस्कार सम्बन्धी सरकारी नीति ३२२
Moscow Has Warmth Even Under Snow ३२७
पत्र और पत्रोत्तर ३३०
जैनेन्द्र की सहिष्णुता ३३५
कहानी से कहानी तक ३३७
उर्दू विरोधी जिहाद ३३९
काँगड़ा के पहाड़ी लोग ३४९

यथार्थवाद और उसकी समस्याएँ

यथार्थवाद और उसकी समस्याएँ

यथार्थवाद की समस्याओं के सम्यक् विवेचन के लिए सम्भवतः यह विचार करना सहायक होगा कि हमारे साहित्य में यथार्थवाद की भावना और यथार्थवादी प्रणाली का उद्भव किस समय हुआ? अभिप्राय यह नहीं है कि साहित्य अथवा कला के क्षेत्र में यथार्थवादी प्रणाली के उद्भव के पूर्व अथवा यथार्थवाद के सिद्धान्तों के समर्थक आन्दोलन से पूर्व भारतीय साहित्य में अथवा अन्य देशों के साहित्य में यथार्थ का आधार और यथार्थ का मेरुदण्ड विद्यमान नहीं था। सिद्धान्त रूप से यथार्थवाद का समर्थन करनेवालों की आस्था है कि यथार्थ के आधार अथवा मेरुदण्ड के बिना उच्च श्रेणी के साहित्य की रचना हो ही नहीं सकती। यथार्थवादी इस बात का दावा नहीं कर सकते कि वाल्मीकि, कालिदास, बाणभट्ट, माघ, कबीर, सूर, तुलसी, बिहारी, भूषण, भारतेन्दु और यूरोप में फ्रेंच क्रान्ति से पूर्व के साहित्यिक यथार्थवाद के सिद्धान्तों के प्रचारक थे अथवा यथार्थवाद की समस्या के प्रति सचेत और चिन्तित थे। न वे इस बात से इन्कार कर सकते हैं कि उन मनीषी कलाकारों की रचनाओं में यथार्थ का दृढ़ आधार और मेरुदण्ड विद्यमान है। हमें यह स्वीकार करना होगा कि साहित्य में यथार्थ का आधार होना एक बात है और यथार्थवाद की समस्याओं से परेशान होना दूसरी। यथार्थवाद के साहित्यिक आन्दोलन से पूर्व भी सत् साहित्य यथार्थ के आधार पर ही बनता रहा है। यथार्थ के प्रति विशेष चेतना अथवा यथार्थवादी आन्दोलन कुछ विशेष ऐतिहासिक परिस्थितियों और विकास के परिणामस्वरूप आरम्भ हुआ है।

हमारे देश के साहित्य में यथार्थवाद के प्रति विशेष चेतना और आधुनिक साहित्य में यथार्थवाद के लिए माँग १९३०-३५ में उग्र रूप ले लेनेवाली राजनैतिक चेतना से आरम्भ हुई है। और यही समय था जब हमारे देश के साहित्यिकों ने श्रेणी-संघर्ष द्वारा समाज के विकास प्रतिक्रिया के सिद्धान्तों का परिचय पाया। इस बात से भी इन्कार नहीं किया जा सकता कि हमारे साहित्य में यथार्थवाद के अथवा यथार्थवाद के आधुनिक रूप के विशेष समर्थक वही लोग रहे ह—और आज भी वैसे ही लोग उसके अनुमोदक है—जो श्रेणी-संघर्ष की प्रक्रिया को समाज के विकास का मार्ग मानते हैं। उसके विपरीत साहित्यिकों का वह वर्ग जो श्रेणी-संघर्ष की भावना को केवल हिंसापरक, मानवता के ह्रास की प्रवृत्ति और समाज के लिए अहितकर मानता है, साहित्य में आधुनिक यथार्थ के प्रति विरक्ति प्रकट करता है।

हमारे आधुनिक साहित्य के सन्दर्भ में यथार्थवादी विधि के प्रयोग का अनुमोदन करनेवाले कलाकारों के लिए यथार्थवादी संज्ञा तथा यथार्थवाद के आधुनिक रूप से अरुचि प्रकट करनेवाले साहित्यिकों के लिए आदर्शवादी संज्ञा साधारणतः व्यवहार की जाती हैं।

परन्तु यह संज्ञाएँ दोनों पक्षों के वास्तविक साहित्यिक व्यवहार और मान्यताओं का पूर्ण और वास्तविक परिचय नहीं दे सकतीं। संज्ञाएँ केवल परिचायक संकेत मात्र होती हैं, वे वस्तु अथवा व्यक्ति के गुण-धर्म का परिचय नहीं दे सकतीं। उदाहरणतः सदा धन का अभाव अनुभव करते रहनेवाले व्यक्ति का नाम श्रीपति, बिलकुल अनजाने आदमी का नाम यशपाल और सदा शोकातुर रहनेवाले का नाम अशोक हो सकता है। इसी प्रकार यथार्थवादी साहित्यिक पक्ष में वास्तविक यथार्थ का अभाव या उसके प्रति भ्रान्त धारणाएँ और अपनी आकांक्षाओं आदर्शों के प्रति कट्टरता हो सकती और आदर्शवादी पक्ष में आदर्शों का विभ्रम, आदर्शों की व्याहारिकता के प्रति उपेक्षा और आधुनिक यथार्थ का यथेष्ट पुट भी मिल सकता है। ताल्सताय के मूल्यांकन के प्रसंग में लेनिन ने कुछ इसी प्रकार की बात कही है कि प्रतिक्रियावादी कलात्मक रचना में यथार्थवादी वस्तु हो सकती है और यथार्थवादी परिच्छेद में प्रतिक्रियावादी भावनाएँ छिपी रह सकती हैं।

यथार्थवाद की समस्याओं के सम्यक् विवेचन के लिए यह विचार भी अप्रासंगिक न होगा कि आदर्श और यथार्थ शब्दों से क्या अभिप्रेत है? आदर्श क्या है, शायद यह प्रश्न बालोचित जान पड़े। बहुत सीधा उत्तर दिया जा सकता है कि व्यक्ति या समाज जिस अवस्था या लक्ष्य को प्राप्त करना चाहता है, उसे अपना आदर्श समझता है। साधारणतः प्रत्येक समाज या व्यक्ति यह विश्वास करता है कि वह अपने आदर्शों को जानता है। आदर्शवादी पक्ष तो अपने आदर्शों की पूजा और प्राप्ति के लिए दृढ़ प्रतिज्ञ है ही परन्तु यथार्थवादी पक्ष भी अपने-आपको आदर्श और लक्ष्यहीन स्वीकार करने के लिए तैयार नहीं।

आदर्शवादी यह तो कह सकते हैं कि यथार्थवादियों के आदर्श श्रेय नहीं हैं परन्तु वे यह नहीं कह सकते कि उनके सम्मुख आदर्श हैं ही नहीं।

आदर्शवादी और यथार्थवादी पक्षों के लक्ष्यों में प्रकट भेद यह है कि आदर्शवादी पक्ष के आदर्श अतीत की मान्यताओं के अनुमोदन हैं और यथार्थवादी पक्ष के आदर्श इन लोगों द्वारा अपने समाज का विश्लेषण स्वयं करके उनकी समझ और विश्वास के अनुसार समाज की विषमताओं को दूर कर सकने योग्य कार्यक्रम हैं। इस प्रकार हमें मानना पड़ता है कि भिन्न-भिन्न पक्षों के चिन्तन और उनकी विचारधारा के अनुसार उनके आदर्शों में भेद हो सकता है और आदर्श अनेक हो सकते हैं। इसी स्थिति को प्रकट करने के लिए प्रेमचन्द ने अपने यथार्थवाद का परिचय देते हुए उसे 'आदर्शोन्मुख यथार्थवाद' की परिभाषा दी है, जिसे हम यथार्थाश्रित आदर्शवाद भी कहें तो प्रेमचन्द आपत्ति न करते। प्रश्न यह है कि जिस प्रकार भिन्न-भिन्न परिस्थितियों में चिन्तन और विचारधाराओं की पृष्ठभूमि के कारण आदर्शों में भेद हो सकता है उसी प्रकार भिन्न परिस्थितियों में चिन्तन और विचारधारा की पृष्ठभूमि के आधार पर अनेक लोगों के लिए एक ही घटना या स्थिति से भिन्न-भिन्न यथार्थों की अनुभूति हो सकती है। अर्थात् यथार्थ भी अनेक हो सकते हैं या यथार्थ को, दृष्टिकोण के कारण, अनेक रूपों में देखा जा सकता है। उदाहरणतः कालिदास द्वारा कैलाश की गुफा में शिव के कामातुर व्यवहार को हम शृंगार का उत्कृष्ट वर्णन और शाश्वत मूल्य का साहित्य और किसी आधुनिक यथार्थवादी लेखक द्वारा ईख या अरहर के खेत में दीनू किसान के कामातुर व्यवहार का वर्णन केवल निन्दनीय अश्लीलता मात्र समझ लें। एक अवस्था में भोग का यथार्थ आदर के योग्य और दूसरी अवस्था में निरादर के योग्य हो जाता है।

किसी घटना या स्थिति के यथार्थ के विषय में हमारी धारणा और अनुभूति उस परिस्थिति के सम्बन्ध में हमारे संस्कारों और ज्ञान के आधार पर होती है। इसके लिए एक

उदाहरण अप्रासंगिक न होगा। कल्पना कीजिये कि आज नगर में रिक्शा की हड़ताल है। इस हड़ताल का कारण यह है कि रिक्शा के मालिकों ने सामान की महँगाई के कारण रिक्शों का दैनिक किराया बढ़ा दिया है। रिक्शा चलानेवाले इसे रिक्शा स्वामियों द्वारा अपने अधिक शोषण की इच्छा समझकर उसका विरोध कर रहे हैं। रिक्शा स्वामियों की दृष्टि में हड़ताल का यथार्थ रिक्शा खींचनेवालों का अन्याय जँचेगा जो उनकी सम्पत्ति का उचित किराया दिये बिना उसका व्यवहार करना चाहते हैं। रिक्शा खींचनेवाले हड़ताल के इस यथार्थ को स्वामियों की ओर से उनके अधिक शोषण के विरुद्ध आत्मरक्षा का प्रयत्न कहेंगे। नागरिकों में से साधारणतः व्यापारियों, मकानमालिकों की सहानुभूति रिक्शा-मालिकों की ओर होगी और मज़दूरों की, टाँगा-इक्का चलानेवालों की रिक्शा खींचनेवालों की ओर। परन्तु भारी असबाब साथ लेकर स्टेशन पर गाड़ी से उतरनेवाले त्रिवेणी प्रसाद को इस हड़ताल का तथ्य अपने भाग्य की विडम्बना मात्र मालूम होगा। यह स्पष्ट है कि तीनों पक्ष इस रिक्शा हड़ताल को अपने संस्कारों, ज्ञान और विश्वास के दृष्टिकोण से समझेंगे।

ज्ञान और यथार्थ के सम्बन्ध को प्रकट करने के लिए हावर्ड फास्ट द्वारा दिये गये एक उदाहरण को दुहरा देना अप्रसंगिक न होगा। हम साधारणतः यह समझते हैं कि वायु चलने से वृक्ष हिलते हैं परन्तु वायु की गतिविधि के प्राकृतिक नियमों से अनभिज्ञ आदिम समाज के लोग यही समझते हैं कि वृक्षों के हिलने से वायु चलती है। स्पष्ट है कि किसी भी व्यक्ति के लिए कोई भी यथार्थ उस यथार्थ के विषय में व्यक्ति के ज्ञान पर निर्भर करता है। हमारे नित्य के जीवन में यथार्थ के विषय में दृष्टि का भेद ही सामने आता रहता है। हम सब अपने शासन में और व्यवसाय के क्षेत्र में सब ओर धाँधली देखते हैं। बहुत-से लोगों का, या कहिये आदर्शवादी लोगों का, विचार है कि हमारे समाज में चारों ओर फैली धाँधली और अनैतिकता का कारण हमारे समाज के व्यक्तियों में नैतिकता और निष्ठा का अभाव है। परन्तु दूसरे लोगों की या कहिये यथार्थवादी पक्ष की धारणा है कि चारों ओर फैली अनैतिकता और निष्ठा का अभाव समाज में समायी विषमताएँ और सम-अवसर के अभाव का अन्याय है। व्यक्ति स्वभाव से अनाचारी नहीं है, विवशताएँ उसे अनाचार के लिए विवश करती हैं।

हम इस परिणाम पर पहुँचते हैं कि एक ही घटना, स्थिति अथवा यथार्थ की वास्तविकता भिन्न-भिन्न लोगों के लिए उन लोगों की भावना और ज्ञान के अनुसार होती है। यथार्थ जो सबके सामने है, और जो स्थूल रूप में सर्वसम्मत हो सकता है, उस दृश्य या अनुभूत यथार्थ में और ग्राह्य (समझे जानेवाले) यथार्थ की वास्तविकता में भेद करना आवश्यक है। उपर्युक्त तीन उदाहरण दृश्य अथवा अनुभूत यथार्थ और उस यथार्थ की ग्राह्यता, समझ या पकड़ के भेद को स्पष्ट करने के लिए सहायक हो सकते हैं। इन दोनों यथार्थों के लिए भिन्न-भिन्न नाम अथवा संज्ञाएँ उपयोग करना सुविधाजनक होगा। दृश्य या अनभूत यथार्थ के लिए अंग्रेजी में फिनोमेना शब्द का प्रयोग किया जाता है और ग्राह्य या प्राप्त हो जानेवाले, समझ और पकड़ में आ जानेवाले यथार्थ के लिए—जिसमें भिन्न-भिन्न लोगों के लिए भेद हो सकता है—नौलेज या रियलिटी शब्दों का प्रयोग किया जाता है। हिन्दी में हम फिनोमेना शब्द का पर्यायवाची शब्द 'माया' रख सकते हैं। माया हम सबको समान रूप से दिखायी दे सकती है, उसे अनेक रूपों में भी देखा जा सकता है और हमारे लिये उसकी वास्तविकता हमें उसका जो ज्ञान है, उस पर निर्भर करती है। माया के इस ज्ञान या चेतना के लिए हम ब्रह्म शब्द का भी प्रयोग कर सकते हैं। और यथार्थ को ग्रहण करने के प्रयत्नों को माया

और ब्रह्म का द्वन्द्व कहा जा सकता है और इस द्वन्द्व का अर्थ है कि हमारा ज्ञान माया पर कितनी विजय प्राप्त कर सकता है।

यह सत्य है कि व्यक्तियों अथवा समाज के लिए माया और यथार्थ की वास्तविकता, व्यक्तियों और समाज के माया और यथार्थ के ज्ञान पर निर्भर करती है। इस प्रकार माया के ज्ञान का रूप आत्मगत होता है। परन्तु हमारे ज्ञान का आधार और तथ्य यथार्थ अथवा माया के तत्त्व को पहचानना ही है। हमारे ज्ञान का विकास या वृद्धि यथार्थ और माया की ठोस वास्तविकताओं या तत्त्वों को उत्तरोत्तर ग्रहण करने में ही है। जैसा कि अज्ञेय ने भी शायद यही कहा है कि माया तत्त्व है और इस तत्त्व का हमें जो ज्ञान है वह हमारे लिये सत्य है। यथार्थ के वस्तु से अवगत होना या वस्तुगत होना ही सत्य का मार्ग है। जहाँ हमारा ज्ञान अथवा सत्य या विश्वास यथार्थ अथवा माया के तत्त्व की कसौटी पर खरा नहीं उतरता, वहाँ उसे आगे बढ़ने के लिए बदलना पड़ता है। अर्थात् हमारा आत्मगत ज्ञान ज्यों-ज्यों वस्तुगत होता है त्यों-त्यों वह भरोसे और विश्वास के योग्य होता है। जब हम अपने ज्ञान अथवा विश्वास के सत्य को यथार्थ और तत्त्व की कसौटी पर कसे बिना चलते हैं, या वस्तुगत होते ब्रह्म को पहचानने का यत्न न कर आत्मगत बने रहते हैं तो हमारे माया में उलझकर उद्भ्रान्त हो जाने की सम्भावना बनी रहती है। ऐसी ब्रह्म से हीन आत्मगत प्रवृत्ति हमें विकास की ओर नहीं ह्रास की ओर ले जाती है।

कला और साहित्य का प्रयोजन यदि समाज का विकास और कल्याण है तो हमारे सत्य और ज्ञान का समाज के यथार्थ और माया के साथ वस्तुगत होना नित्तान्त आवश्यक है। माया अर्थात् हमें घेरे प्रकृति और हमारा समाज परिवर्तनशील है। इसलिए माया और यथार्थ का ज्ञान तभी विश्वास योग्य हो सकता है जब वह माया और यथार्थ के परिवर्तनों को समझकर समाज के कल्याण की आवश्यकतानुसार नये आदर्शों और लक्ष्यों का निर्माण कर सके।

आदर्शवाद और यथार्थवाद के द्वन्द्व का कारण यही है कि आदर्शवाद माया और यथार्थ के आत्मगत ज्ञान के अनुसार समाज के नियमन का समर्थन करता है, और यथार्थवाद समाज के यथार्थ और माया का वस्तुगत ज्ञान प्राप्त करता हुआ समाज के विश्वास और परिवर्तनों से उत्पन्न आवश्यकताओं के अनुसार लक्ष्यों का निर्माण कर उनके लिए प्रयत्न करना चाहता है।

आदर्शवाद के मार्ग को आत्मगत कहना चाहिए क्योंकि उसने समाज के अतीत में उपयोगी हो चुके आदर्शों को शाश्वत नैतिकता मानकर उन्हें शाश्वत आदर्श के रूप में ग्रहण कर लिया है। आदर्शवाद उन्हीं आदर्शों को समाज की बदली हुई परिस्थितियों या यथार्थ के भी अनुकूल मानता है। वह आधुनिक समाज को अतीत से परिवर्तित आधुनिक परिस्थितियों या यथार्थ में वस्तुगत दृष्टि से स्वीकार नहीं करना चाहता। इसलिए वह नवीन और परिवर्तित आदर्शों को भी नैतिक नहीं समझ सकता। आदर्शवाद सदा ही समाज की नियामक और शासक-श्रेणी और उसके अन्ध अनुयायी और समर्थकों की विचारधारा और नैतिक अस्त्र रहा है। क्योंकि यह श्रेणी वर्तमान आदर्शों और व्यवस्था से लाभ उठा सकने के कारण उसमें परिवर्तन की आवश्यकता स्वीकार नहीं करना चाहती। यथार्थवादियों द्वारा परिवर्तन के प्रयत्नों का विरोध कर सकने के लिए यह वर्ग अतीत की नैतिकता से असन्तोष को उद्भ्रान्ति कहकर अपना समर्थन चाहता है। समाज में दलित और शोषित श्रेणी और उसके समर्थकों

का झुकाव यथार्थवाद की ओर रहता है। यह वर्ग या श्रेणी यथार्थ की उपेक्षा न कर सकने के कारण आदर्शों में परिवर्तन की माँग करती है। आदर्शवाद और यथार्थवाद के द्वन्द्व की यह प्रक्रिया आज हमारे साहित्य में यथार्थवाद के पक्ष में साहित्यिकों और कलाकारों को आकर्षित कर रही है।

यथार्थवाद के सामने एक समस्या तो रही है साहित्य और कला के क्षेत्र में आदर्शवाद की आत्मगत प्रवृत्ति द्वारा अतीत के आधार पर बने विश्वासों की शृंखलाओं के स्थान पर आधुनिक यथार्थ के निकटतम वस्तुगत ज्ञान और प्रवृत्ति द्वारा समाज के विकास में सहायक होना परन्तु उतनी ही महत्त्वपूर्ण समस्या है यथार्थवादी प्रणाली का अनुमोदन करनेवाले साहित्यिकों के लिए वस्तुगत प्रवृत्ति के मार्ग को सुस्पष्ट करना और वस्तुगत दृष्टि से साहित्य और कला के क्षेत्र में यथार्थवादी प्रणाली को यथासम्भव चरितार्थ कर सकने का उदाहरण पेश कर सकना।

जब कलाकार या साहित्यिक अपने समाज के यथार्थ से विच्छिन्न होकर कला या साहित्य की सृष्टि करता है तब उसकी रचना में समाज अपना प्रतिबिम्ब नहीं देख पाता। ऐसी अवस्था में कलाकार के आदर्श भी समाज के लिए अव्यावहारिक और अविश्वसनीय हो जाते हैं। ब्राण्ड विटलॉक के शब्दों में कहानी या उपन्यास का गुण यह है कि वह केवल यथार्थ के वर्णन की अपेक्षा सत्य से अधिक पूर्ण होती है। कथाकार की सार्थकता इसी में है कि वह पाठकों का अपने पात्रों से रागात्मक सम्बन्ध स्थापित करके उनके विचारों और भावनाओं को दिशा दे सके परन्तु समाज की वस्तु और परिस्थितियों के यथार्थ से विच्छिन्न आदर्शवादी (उसे स्वप्नवादी कहना ही अधिक उचित होगा) साहित्य में यह क्षमता नहीं रहती। ऐसी कला का सबसे नया और जीवन्त उदाहरण जैनेन्द्र जी का नवीनतम उपन्यास 'जयवर्धन' है जिसे पढ़ते समय पाठक उसके पात्रों और पात्रों के समाज को देख या अनुभव नहीं कर पाते और उपन्यास में प्रतिपादित राज की संस्था के बन्धन और दमन से मुक्ति के आदर्श के प्रति पाठक में न सहानुभूति होती है न उस आदर्श को काम्य समझता है। ऐसी रचना काठ के घोड़े के समान होती है। कलाकार तो अपनी रचना से उसी प्रकार सन्तोष पा लेता है जैसे लाठी को घोड़ा बनाकर चलनेवाला बालक अपने घोड़े से सन्तुष्ट हो जाता है परन्तु पाठकों के लिए उस लकड़ी में घोड़े की प्रतीति नहीं हो सकती।

साहित्य और कला के क्षेत्र में आदर्शवाद और यथार्थवाद के उसी प्रकार आत्मगत और वस्तुगत के दृष्टिकोणों और व्यवहारों को एक-दूसरे से सर्वथा पृथक् सीमाओं में नहीं बाँट दिया जा सकता। इसका एक कारण यह है क्योंकि जिस प्रकार आदर्शवाद और यथार्थवाद कला की भावना को निर्देश देते हैं उसी प्रकार वे कला के शरीर अर्थात् फार्म को भी प्रभावित करते हैं। इसके साथ ही आदर्शवादी और यथार्थवादी प्रवृत्तियों से की हुई रचनाओं में आत्मगत और वस्तुगत दोनों प्रकार की प्रवृत्तियाँ हो सकती हैं। कहानी के क्षेत्र में ऐसे भी उदाहरण मिल सकते हैं जहाँ कथा के पात्र यथार्थ जीव हो, उनके शरीरों का निर्माण वस्तुगत दृष्टि से किया गया हो परन्तु पात्रों की भावनाएँ अतीत में आरोपित और आत्मगत हों और वे यथार्थ के आधार पर विकास और जन मुक्ति के लक्ष्यों की ओर बढ़ने की बजाय समाज को अतीत के आदर्शों की ओर लौटने की प्रेरणा देने का प्रयत्न करें। कहानी और उपन्यास के क्षेत्र में इस प्रकार के उदाहरण वृन्दावन लाल वर्मा की 'मृगनयनी' आदि और गुरुदत्त के उपन्यास इसके उदाहरण हैं।

हमारा समाज एक यथार्थ है और उस वृहत् व्यापक यथार्थ के अन्तर्गत व्यक्ति भी एक यथार्थ है। यथार्थ के क्षेत्र में इन दोनों यथार्थों के प्रति महत्त्व अथवा प्रवृत्ति में भी द्वन्द्व की सम्भावना रहती है जिसे समाजगत और व्यक्तिगत दृष्टिकोणों का भेद कहा जा सकता है। कोई भी कलाकार व्यक्ति यथार्थ और वस्तुगत प्रवृत्ति में बौद्धिक आस्था रखते हुए भी अवसर पर यथार्थ से सान्निध्य जमाये रखने से थककर या उससे भयभीत होकर व्यक्तिगत-आत्मगत या आत्मरत होने की प्रवृत्ति अनुभव कर सकता है। ऐसी अदस्था में कलाकार सामूहिक रूप से समाज की समस्या के लिए प्रयत्न करने की अपेक्षा स्वयं को समाज के संस्कारों और व्यवहार का शिकार अनुभव करने लगता है। वह द्वन्द्व देखकर पलायन से अथवा वह समाज के यथार्थ को अपने व्यक्तित्व पर अत्याचार के रूप में ही देखता है। आत्म करुणा से सन्तोष पाने का यत्न करता है। ऐसी कला का उदाहरण हम अज्ञेय के उपन्यासों 'शेखर : एक जीवनी' और 'नदी के द्वीप' में देख पाते हैं। ऐसी अवस्था में कला का शरीर तो यथार्थ के निकट वस्तुगत जान पड़ता है परन्तु उसके प्राण आदर्शवादी न होकर भी व्यक्तिगत और आत्मगत होकर स्वयं अपने में खो जाते हैं। जैसे ईंधन के अभाव में आग की अवस्था होती है। परन्तु जिस समय अज्ञेय यथार्थ के आतंक से पलायन न कर उसका सामना वस्तुगत और समाजगत प्रवृत्ति से करता है तो वह 'शरणार्थी' संग्रह की सबल रचनाएँ भी साहित्य को दे सकता है। कौन कलाकार किस समय वस्तुगत प्रवृत्ति से भटककर व्यक्तिगत या आत्मगत प्रवृत्ति में उलझ जा सकता है कहना कठिन है। इस कमजोरी का उपाय केवल लेखक का समाज के यथार्थ के निकट सम्पर्क में रहना ही हो सकता है।

यथार्थवाद के व्यावहारिक क्षेत्र में दूसरी अनेक समस्याएँ भी उत्पन्न होती हैं। प्रश्न है कि कलाकार समाज के यथार्थ का चित्रण और विश्लेषण किस उद्देश्य से करता है? यथार्थवाद के क्षेत्र में भी इस प्रकार की भी आत्मगत प्रवृत्तियों के धनी मौजूद हैं जो समाज के वर्तमान यथार्थ में से ऐसे मूर्तों या उन आदर्शों को या ऐसे पात्रों को खड़ा कर देना चाहते हैं जो आज वास्तव में मौजूद नहीं। दूसरी ओर के कुछ ऐसे यथार्थों पर पर्दा डाल देना उचित समझते हैं जो दलित वर्ग की ग्लानि उत्पन्न करनेवाली वास्तविकताओं को प्रकट करते हैं। वे प्रत्येक रचना से यह भी आशा करते हैं कि श्रेणीहीन समअवसर प्राप्त समाज के निर्माण के सुझाव उनके सामने आ जायें। परन्तु ऐसी आत्मगत दृष्टि या आत्मगत लक्ष्य अयथार्थ काल्पनिक ही होंगे, यथार्थ कम। इस प्रवृत्ति के यथार्थवादी अयथार्थ सूत्रों की सृष्टि कर मानवीय आदर्शों का तो प्रतिपादन करना चाहते हैं परन्तु समाज के कुसंस्कारों और वीभत्स यथार्थ की उपेक्षा करके उन्हें छिपे हुए कैन्सर की तरह छोड़ देना चाहते हैं।

अपने-आपको यथार्थवादी कहनेवाले क्षेत्र में इस प्रकार की प्रवृत्तियों का उत्तरदायित्व रचनात्मक लेखकों पर नहीं बल्कि आलोचकों पर ही है जो रचनात्मक लेखकों का लक्ष्य-निर्देश करना अपना अधिकार समझ बैठे हैं, जो यह आशा करते हैं कि समाज में मज़दूर श्रेणी का संघर्ष आरम्भिक अवस्था में होते हुए भी मज़दूर श्रेणी द्वारा समाज की व्यवस्था पर अधिकार कर लेने के विश्वासोत्पादक चित्र प्रस्तुत कर दिये जा सकते हैं।

यथार्थवाद के कुछ अनुमोदक और आलोचक यथार्थवाद का अर्थ जीवन से अथवा जीवन के अनुभव से ही लिखना बताते हैं और जीवन के अनुभव से लिखने का अर्थ वे आँखों देखी या स्वयं के अनुभव में आयी घटनाओं को ही लिखना बताते हैं। कहानी और घटना के निर्माण में कल्पना का प्रयोग वे अयथार्थ अथवा कमजोरी समझते हैं। यदि हम इस उपदेश को मानें तो यथार्थवादी प्रणाली का अर्थ शब्दों में समाज की भद्दी फोटोग्राफी मात्र या

पत्रकारिता की कला ही रह जायेगा। ऐसे यथार्थवादी यह भूल जाते हैं कि कला का अर्थ प्रकृति और समाज के मूर्तों को यथातथ्य प्रतिबिम्बित कर देना नहीं है। ऐसे प्रतिबिम्ब तो जलाशयों में स्वयं ही पड़ते रहते हैं। यदि आँखों देखे यथार्थ का यथातथ्य प्रतिबिम्ब प्रस्तुत करना कला समझी जाय तो कालिदास, शेक्सपीयर, तुलसी, भारतेन्दु में से कोई भी कलाकार नहीं माना जायेगा। कला का काम प्रेरक शक्ति रस और राग उत्पन्न करना है। प्रेरणा, रस और राग से रहित यथार्थ को बटोर लेना कला नहीं है।

जिन प्रेरणाओं को हम समाज में कदम-कदम पर पाते हैं उनके लिए कल्पना से सजीव घटनाओं और पात्रों की सृष्टि कर सकना ही यथार्थवाद की कला है। कला यथार्थ को देख लेना या दिखा देना ही नहीं। कलात्मक प्रयोजन से यथार्थ को उत्पन्न कर सकना या उसका उपयोग कर सकना ही कला है। किसी भी दृश्य के सम्मुख खड़े होकर कैमरे को खोल देना और बन्द कर देना फोटोग्राफी की कला नहीं माना जायगा। अच्छी फोटो लेने के लिए प्रकाश, छाया, और मुद्रा के संयोग का अवसर देखना आवश्यक होता है। फोटोग्राफी का प्रयोजन छायाचित्र द्वारा किसी भाव या रस-विशेष का उद्रेक करना रहता है। कोई मूर्त या किसी घटना की वास्तविकता यथार्थ नहीं होती। यथार्थ तो उस संयोग को उत्पन्न करनेवाले कारणों और उससे उद्भूत परिणाम में ही होते हैं।

यथार्थवाद का अर्थ यथार्थ के लिए यथार्थ अथवा यथार्थ की पूजा मात्र नहीं है। साहित्यिक यथार्थवाद रस, राग उत्पन्न कर सकने के लिए यथार्थ का विश्वास उत्पन्न कर सकने की कला है।

यथार्थवाद पर आदर्शवाद का यह आरोप है कि वह भोगपरक है, पार्थिव भोग की आकांक्षा को उत्साहित करता है। भोग की प्रवृत्ति को अथवा धन और भोग के साधनों के पीछे दौड़ने की प्रवृत्ति को हम बुरा इसलिए कहते हैं कि वह हमें जीवन की उच्च भावनाओं और जीवन की सूक्ष्मताओं के प्रति उपराम कर देती है। व्यक्ति या समाज को हम धन या भौतिकता की पूजा में डूबा हुआ तभी कह सकते हैं जब वह धन को धन के लिए या वैभव के लिए बटोरता चला जाता है। परन्तु यथार्थवाद धनिकों के और अधिक धन और साधनवानों के और अधिक साधन बटोरने का समर्थन नहीं, विरोध करता है। यथार्थवाद तो अभाव की पूर्ति के लिए प्रयत्न को उत्साहित करता है। भूखे का भोजन की इच्छा करना और नंगे की कपड़ा पाने की इच्छा करना भोगवाद नहीं कहा जा सकता। यथार्थवाद तृप्ति के लिए यत्न का समर्थन तो है परन्तु अतृप्ति का अनुमोदक नहीं है। यथार्थवाद किसी भी व्यक्ति की आर्थिक प्रभुता का समर्थन न कर आर्थिक प्रजातन्त्रवाद की माँग करता है।

यथार्थवाद पर दूसरा आरोप उसमें नग्नता का तथा प्रचारवादी होने का है। कोई भी अच्छा डॉक्टर रोग का निदान रोगी के शरीर को निरावरण किये बिना नहीं कर सकता। इसी प्रकार जब यथार्थवादी कलाकार समाज की क्लीवताओं, विरूपताओं और विषमताओं के प्रति चेतना प्रकट करना चाहता है अथवा उसकी मूढ़ताओं के प्रति विरोध जताना चाहता है तो उन्हें ढँककर नहीं रखा रह सकता। गन्दगी को दूर करना हो तो उसे आँखों से ओझल रखकर सन्तोष नहीं किया जा सकता। जिसे हम दूर करना चाहते हैं उसे सर्वथा निरावरण कर देना आवश्यक होता है।

यथार्थवाद पर लगाये गये प्रचार के आरोप के सम्बन्ध में विचार करते समय यह स्मरण रखना होगा कि कलाकार साहित्य की रचना अभिव्यक्ति के लिए करता है। वही अभिव्यक्ति

सार्थक या कलात्मक समझी जा सकती है जिसमें कुछ व्यंजना हो, गर्भित अर्थ हो, जिसमें कुछ भावना हो या जिसमें कुछ विचार हो। अभिव्यक्ति अथवा साहित्य का प्रयोजन कलाकार की भावना या विचारों को दूसरों तक पहुँचाना, उनका प्रसार या प्रचार करना होता है। विचारपूर्ण साहित्य अवश्य ही प्रचारात्मक होगा, केवल विचार अथवा भावनाहीन साहित्य प्रचारहीन हो सकता है। जब लेखक अपने पाठकों के मन में अपने पात्रों के प्रति सहानुभूति उत्पन्न करता है तो वह उनके के जीवन के उद्देश्य तथा विचारों के लिए भी सहानुभूति उत्पन्न करता है। जब वह कुछ पात्रों के प्रति विरोध अथवा ग्लानि उत्पन्न करता है तो वह उनके व्यवहार तथा विचारों के प्रति विरोध और ग्लानि उत्पन्न करता है। वाल्मीकि जब मर्यादा पुरुषोत्तम राम के प्रति श्रद्धा उत्पन्न करते हैं तो कुछ मर्यादाओं के प्रति आस्था उत्पन्न करने के लिए प्रचार करते हैं। कालिदास 'रघुवंश' में राजा के व्यवहार के लिए मर्यादा उपस्थित करते हैं। शकुन्तला नाटक में कालिदास जब दुष्यन्त द्वारा ठुकरायी जाने पर भी 'शकुन्तला' की निष्ठा से पति की स्मृति में दुःख सहने के लिए करुणा उत्पन्न करते हैं तो एक पतिधर्म के प्रति निष्ठा की भावना का प्रचार करते हैं। किसी भी निष्प्रयोजन कहानी को कला की दृष्टि से सफल बता देना सम्भव नहीं होगा। यह बात नैतिकता के आदर्शों से सम्बन्ध रखनेवाली रचनाओं के लिए ही नहीं अपितु प्रेमाख्यानों के प्रति उतनी ही सत्य है। इस दोष से रवि ठाकुर भी मुक्त नहीं हैं। उदाहरणतः 'रोमियो जूलियट' के प्रसिद्ध आख्यान पर अब तक प्रचारात्मक होने का आरोप नहीं किया गया। शेक्सपीयर ने इस नाटक में पाठकों अथवा दर्शकों के मन में नवयुवकों के विवाह सम्बन्धों पर माता-पिता के अधिकार के प्रति विरोध की भावना और नवयुवकों के स्वयं अपने प्रेम पात्र चुन लेने के अधिकार के प्रति सहानुभूति उत्पन्न की है। हम यों भी कह सकते हैं कि 'रोमियो जूलियट' नाटक प्रेम की समस्या के सामन्तवाद के युग से पूँजीवाद के युग में कदम रखने की घटना है।

यह एक विडम्बना है कि परम्परागत आदर्शों के प्रचार के लिए लिखा साहित्य प्रचारात्मक नहीं माना जाता परन्तु समाज की वर्तमान स्थितियों से उत्पन्न नये विचार और आदर्शों के प्रति संकेत करना प्रचार समझा जाता है। इसका कारण बहुत हद तक समाज के परम्परागत विश्वास और मानसिक अभ्यास हैं परन्तु थोड़ा-बहुत दोष उसमें यथार्थवादी लेखकों का भी मानना होगा।

प्रचार यथार्थवाद का दोष नहीं है परन्तु भोंड़ा प्रचार यथार्थवादियों की कमजोरी है। यदि यथार्थवादी लेखक अपने विचारों के लिए सहानुभूति उत्पन्न करने के लिए कलात्मक रचनाएँ नहीं उत्पन्न कर सकते तो यह उनकी कमजोरी है। कुछ यथार्थवादी आलोचकों ने सूक्ष्मता को और कलात्मकता को ही कमजोरी मान लिया है। व्यंजना को वे समझ ही नहीं सके और यथार्थवादियों से उद्भट प्रचार के तकाजे करते रहे हैं। वे ही लोग बहुत हद तक यथार्थवादी पक्ष में कलात्मक सूक्ष्मता के विकास में बाधक बनते हैं।

●

कला के लिए कला

यथार्थ के पड़ोसी लाला जी तीन वर्ष पूर्व नौकरी से 'अवकाश-प्राप्त' (रिटायर) हो चुके हैं। लाला जी को जब सरकारी नियम से 'अवकाश-प्राप्त' बना दिया गया तो उनका चेहरा अनुत्साह से लटक गया। व्यवहार तथा बोलचाल से भी रोब जाता रहा। मित्र और परिचितों ने 'अवकाश-प्राप्त' कर लेने के लिए उन्हें बधाई नहीं दी, बल्कि सहानुभूति प्रकट करते हुए 'आराम' और 'राम का नाम' लेते रहने की सलाह दे दी। यथार्थ ने सहानुभूति से दबे स्वर में कह दिया था, लोगों की आयु बढ़ जाने पर, जब वे आयु भर किये धन्धे के अतिरिक्त किसी दूसरे धन्धे के योग्य नहीं रहते तो सरकार उनसे जीविका कमा सकने का अवसर छीनकर, उन्हें विद्रूप में 'अवकाश-प्राप्त' की उपाधि दे देती है।

लाला जी 'अवकाश-प्राप्त' हैं। जीविका या परिवार की आवश्यकताओं की पूर्ति के लिए कुछ कमा सकने का अवसर उन्हें नहीं है। अवसर है केवल परिवार के भविष्य की चिन्ता करते रहने का और उस चिन्ता की चर्चा करते रहने का। इसलिए जब भी अवसर देखते हैं पड़ोसी यथार्थ के बरामदे में तख्त पर जा बैठते हैं और अपनी चिन्ता की चर्चा आरम्भ कर देते हैं। चिन्ता का असाधारण बोझ भी उनके मस्तिष्क पर मौजूद है। पुत्र को बुढ़ापे का सहारा बनाने की आशा में एम.ए. तक पढ़ा चुके हैं। कम्पिटीशन की परीक्षा भी दिला चुके हैं। पुत्र कम्पिटीशन में अच्छे नम्बरों से पास होकर भी सेलेक्शन में नहीं आया है। लाला जी अपने रसूख के भरोसे उसके लिए दो अन्य नौकरियों के लिए बातचीत कर चुके हैं, परन्तु नौजवान को प्रतिभा की गर्मी की सनक सवार है। वह लेखक और कलाकार ही बनना चाहता है। लाला जी अपना संकट सभी परिचितों को सुनाकर पुत्र को सत्परामर्श देने का अनुरोध करते हैं।

यथार्थ ने लाला जी के पुत्र प्रसाद से पूछा, "क्यों, क्या पत्रकारिता में रुचि है?"

कलाधर ने विस्मय से टोक दिया, "पत्रकारिता का कला से क्या सम्बन्ध है। समाचार-पत्रों में जो कुछ छपता है, उसे साहित्य और कला कहेंगे? साहित्य और कला प्रेरणा से प्राप्त स्फूर्ति को कहा जाता है, स्थायी सौन्दर्य और स्थायी मूल्य की रचना को कहा जाता है, बाबू।" कलाधर हँस पड़े, "यह बताओ, सुबह पढ़े हुए समाचार-पत्र का अब सन्ध्या को तुम्हारी दृष्टि में क्या मूल्य है?"

प्रसाद ने कुछ संकोच से कहा, 'मेरा विचार पत्रकारिता में नहीं, साहित्य के क्षेत्र में ही काम करने का है।"

लाला जी पुत्र को सद्बुद्धि देने के लिए बोले, "नाम कमाने के लिए साहित्य के क्षेत्र में काम करना चाहते हो तो करो, कौन मना करता है, परन्तु जीविका के लिए भी तो कोई व्यवसाय चाहिए। साहित्य तो दिल-बहलावा है।"

कलाधर उत्तेजित हो गये, "क्या कहा आपने, साहित्य दिल-बहलावा है। आपके ख्याल में कालिदास, शेक्सपीयर, टैगोर - भाँड़ और बाजीगर थे, वे आपका दिल-बहलावा कर गये हैं। आप समझते क्या हैं। साहित्य तो समाज की आत्मा होती है।" कलाधर ने साम्य की ओर संकेत करके कहा, "इनके गुरु स्टैलिन भी कह गये हैं कि साहित्यिक भावना आत्मा का इंजीनियर होता है और आप कहते हैं साहित्य दिल-बहलावा है।"

लाला जी कलाधर की उत्तेजना से कुछ सहमे, परन्तु पुत्र के भविष्य की उपेक्षा नहीं कर सकते थे इसलिए दबे स्वर में बोले, "हम क्या साहित्यिकों का आदर नहीं करते? हम मानते हैं उनका बहुत नाम होता है। परन्तु भई कवियों, कलाकारों के सदा फाके-मस्ती में ही दिन काटने के किस्से सुने हैं।"

यथार्थ ने लाला जी और कलाधर में बीच-बचाव करने के लिए अपना विचार बोझिल स्वर में कह दिया, "हाँ, साहित्य का व्यवसाय कुछ 'रिस्की' (जोखिम का) तो जरूर है।"

लाला जी तुरन्त बोल पड़े "अजी हाँ 'रिस्की' नहीं तो क्या है। उससे जीविका का भरोसा क्या है। कभी कुछ मिल गया, कभी नहीं मिला।"

प्रसाद ने साहस से कह दिया,"जमने के लिए तो सभी व्यवसायों में यत्न करना पड़ता है, परन्तु यदि कोई रचना ठोस होगी तो अपना स्थान स्वयं बना लेगी। साहित्य के क्षेत्र में मनुष्य के श्रम की सार्थकता का मूल्य भी तो स्थायी होता है।" उसने कलाधर जी की ओर देखकर कहा, "आत्मतोष भी तो कोई वस्तु है। लेखक का व्यक्तित्व भी तो स्वतन्त्र रहता है।"

लाला जी ने कह दिया, "'रिस्क' में फँसना, फाके-मस्ती को आत्मतोष और स्वतन्त्रता मान बैठना तो एक जुनून है।"

कलाधर लाला जी की ओर देखकर मुस्कराये, "लाला जी कला के जुनून के सन्तोष को समझ पाना सब के बस का नहीं है।"

यथार्थ डरे कि कलाधर और लाला जी में बात न बढ़ जाये, इसलिए बीच-बचाव के लिए बोले, "कला और साहित्य को आप आत्मतोष की वस्तु कहते हैं तो कला और साहित्य-सृजन के व्यवसाय में जोखिम का अवसर होगा ही। सुनिये, जीविका आप समाज से पाते हैं। किसान समाज के उपयोग के लिए अन्न अथवा अन्य जिन्सों का उत्पादन करता है। समाज किसान को निर्वाह के लिए उसकी फसल का मूल्य देता है। कारीगर लोग समाज के उपयोग के लिए दूसरी वस्तुएँ उत्पन्न करते हैं, समाज उन्हें उपयोगी वस्तुओं का मूल्य दे देता है। नौकरी-पेशा लोग समाज के लिए आवश्यक सेवाएँ करते हैं और निर्वाह के लिए समाज से वेतन पाते हैं। आप समाज के लिए जो कुछ भी करते हैं, समाज उसकी उपयोगिता जाँचकर आपको निर्वाह के लिए मूल्य देता है। साहित्यिक और कलाकार आत्मतोष के लिए सृजन करता है और उसी को जीविका मानकर समाज से मूल्य चाहता है, परन्तु यह समाज पर निर्भर करेगा कि वह कलाकार के सृजन को उपयोगी समझता है अथवा उससे सन्तुष्ट होता है या नहीं। यदि समाज का शासक वर्ग कलाकार के सृजन से सन्तोष पायेगा तो अपने समर्थन के इनाम में उसकी झोली मोतियों से भर देगा।

यदि विरोध से नाराज हो जायेगा तो उसे 'संग-सार' कर देगा (पत्थर मार-मारकर कुचल देगा)।"

कलाधर जी बोले, "यही तो कला और साहित्य का सौन्दर्य है कि वह मानव की आत्मा की झंकार की तरह समाज की वाणी बन जाता है। साहित्यिक तो वह जादूगर होता है जो समाज की अनुभूति को अपने वश में कर लेता है। वह सौन्दर्य का स्रष्टा है। सौन्दर्य के प्रभाव की उपेक्षा कौन कर सकता है।"

यथार्थ ने याद दिलाया, "कलाधर जी, सौन्दर्य तो यथार्थ में अपनी परख और अनुभूति पर निर्भर करता है। ताल्सताय को आज आप अमर साहित्यिक कहते हैं। उसके जीवनकाल में ज़ार की शासन-व्यवस्था और रूस के धर्मगुरुओं ने उसकी कला से खिन्न होकर उसे धर्मद्रोही करार दे दिया था। सुकरात और मीरा को तो जहर ही पीना पड़ गया।"

साम्य ने अनुमोदन किया, "बिलकुल ठीक कहा, बिलकुल ठीक कहा। सौन्दर्य तो अनुभूति, संस्कारों और विचारों पर निर्भर करता है। सौन्दर्य के सम्बन्ध में परिस्थिति, अवस्था और महत्त्वाकांक्षाओं के अनुसार आदर्शों में मतभेद भी हो सकता है।"

कलाधर ने अस्वीकार किया, "जो मूलभूत शाश्वत सौन्दर्य है उसके विषय में क्या मतभेद हो सकता है।"

यथार्थ कलाधर के विरोध की आशंका में धीरे से बोले, "शाश्वत और सर्वदेशीय सौन्दर्य तो मानव को सन्तोष की अनुभूति प्राप्त होने में है। मनुष्यों की रुचि के तथा भावनाओं और विचारों के अनुसार सुन्दर लगनेवाले पदार्थ, भावनाएँ और विचार बदल सकते हैं। यदि साहित्यकार की चेतना और अनुभूति समाज की स्वीकृत और परम्परागत मान्यताओं का समर्थन न करे, वह मानव आत्मा का इंजीनियर बनना चाहे, तो उसके लिए 'रिस्क' जरूर है।"

श्रीमती कलाधर बोल पड़ीं, "ये तो होता ही है। क्या फैशन रोज-रोज नहीं बदलते रहते? कहावत है कि 'न नौ मन तेल हो, न राधा नाचे'। पुराने लोग तेल को ही श्रृंगार का सबसे बड़ा साधन समझते थे। सौ-सौ लटें गूँथी जाती थीं। और तब खूब कसकर बाल बाँधे जाते थे। आजकल की लड़कियाँ हैं कि तेल को छूती नहीं, चील के घोंसले-जैसे सिर लिये फिरती हैं।"

श्रीमती यथार्थ ने भी कहा, "पकड़कर लड़की के सिर में तेल का हाथ लगा भी दो तो झल्ला उठती है—अम्माँ हमें 'रानी बिटिया' मत बनाओ, बाल चिपक जाते हैं तो मुँह चिड़िया की चोंच-सा लगता है।"

कलाधर ने महिलाओं की थिथली बात की उपेक्षा कर कहा, "साहित्य और कला ऐसी छोटी-छोटी बातों पर निर्भर नहीं करते। साहित्य और कला मानव की आत्मा का संवेदन और स्फूर्ति देनेवाली वस्तु है। उसका प्रभाव बाहरी फैशनों तक नहीं, वह मानव की आत्मा की तरह शाश्वत है।"

साम्य ने गर्दन ऊँची कर ली, "आत्मा से आपका क्या अभिप्राय है?"

कलाधर ने इनकार के संकेत में हाथ हिलाया, "हमें तुमसे बहस नहीं करनी है। तुम आत्मा न सही, चेतना कह लो। मनुष्य की चेतना और सौन्दर्य की अनुभूति तो शाश्वत मानोगे।" उन्होंने दोनों महिलाओं की ओर संकेत करके कहा, "ये फैशन की बात कर रही

थीं, कालिदास और शेक्सपीयर के समय से फैशन आज तक कितनी बार बदले होंगे, परन्तु कालिदास के काव्य के सम्मोहन से आप इनकार नहीं कर सकते।"

साम्य ने फिर गर्दन ऊँची कर ली, "कालिदास के साहित्यिक कौशल के सौन्दर्य से हम इनकार नहीं करते परन्तु उसके सामाजिक या जीवन-व्यवहार के आदर्शों का सौन्दर्य आज आपको कहाँ प्रेरणा देता है। वे आदर्श केवल सामन्तवादी भावना के अनुकूल थे। अनेक स्त्रियों के साथ तालाबों में रमण करने और पड़ोसी देशों को विजय कर-करके राजसूय यज्ञ करने के स्वप्नों में आज आप क्या सौन्दर्य देखते हैं। कालिदास ने जिस राजसत्ता अथवा सामन्ती समाज के लिए सौन्दर्य की रचना की थी वह समाज नहीं रहा तो उसके सौन्दर्य के आदर्श भी नहीं रहे। आज साहित्यकार उन आदर्शों का समर्थन कर सकता है?"

कलाधर साम्य की बात को अट्टहास से उड़ा देने के लिए 'हो-हो' करके बोले- "समर्थन और खण्डन साहित्य का प्रयोजन नहीं है। तुम तो साहित्य का प्रयोजन समझते हो केवल 'प्रोपेगेण्डा'। साहित्य 'प्रोपेगेण्डा' के लिए नहीं होता।"

साम्य और भी जोर से बोले, "साहित्य 'प्रोपेगेण्डा' के लिए ही होता है। साहित्य अभिव्यक्ति है, अभिव्यक्ति का अभिप्राय विचारों का प्रसार होता है। कालिदास का साहित्य पढ़कर जिन आदर्शों, महत्त्वाकांक्षाओं, भावनाओं के प्रति आपके मन में आदर और सहानुभूति उत्पन्न होती है वह उनका 'प्रोपेगेण्डा' करता है और जिन भावनाओं और विचारों के प्रति आपके मन में विरक्ति उत्पन्न होती है, उनका वह विरोध करता है। किसी भी साहित्य को पढ़कर आप एक मत, एक धारणा बनाते हैं। आपकी सहानुभूति किसी-न-किसी पक्ष की ओर संवेदना पाती है।"

कलाधर फिर हँस पड़े, "तुम जो चाहे मत और पक्ष बनाओ, परन्तु सच्चा कवि 'प्रोपेगेण्डा' नहीं करता है। वह 'स्वान्तः सुखाय' अभिव्यक्ति करता है। तुलसीदास तो कह ही गये हैं—स्वान्तः सुखाय तुलसी रघुनाथ गाथा भाषानिबन्धमतिमंजुल मातनोति।

यथार्थ ने हाथ उठाकर सुनने का संकेत किया, "साहित्यकार का 'स्वान्तः सुखाय' सृजन करना ही तो 'रिस्की' है। यदि उसके स्वान्तः सुख से समाज को सुख-सन्तोष न मिला तो?..."

कलाधर जी ने घुटने पर हाथ पटककर टोक दिया, "होगा कैसे नहीं। सच्चा कवि और साहित्यकार तो समाज की अनुभूति को हृदयंगम कर लेता है, वह तो बोलता ही समाज की ओर से है।"

साम्य ने टोका, 'समाज की ओर से' और 'समाज के लिए' में अन्तर है, कलाधर जी।"

कलाधर कुछ चिढ़ गये, " 'समाज की ओर से' और 'समाज के लिए' में क्या अन्तर है, जी।"

साम्य ने कहा, "बहुत अन्तर है। समाज तो भिन्न-भिन्न अवस्था और स्तर के लोगों के वर्गों का समुच्चय है। प्रश्न यह है कि कौन साहित्यिक समाज के किस वर्ग की ओर से बोलता है। उदाहरणतः सरकारी साहित्यिक सरकार की ओर से जनता को सुनाने के लिए बोलता है और विद्रोही साहित्यिक असन्तुष्ट जनता की ओर से सरकार को चेतावनी देने के लिए बोलता है।"

कलाधर फिर हँस पड़े—"हम स्वान्तः सुखाय साहित्य-सृजन की बात कर रहे हैं, ये फिर 'वर्गों' का पचड़ा ले बैठे।"

यथार्थ ने बीच-बचाव किया, "आप वर्गों की बात जाने दीजिये। आप यह तो मानेंगे कि समाज में न्याय और नैतिक मान्यताओं और धारणाओं के सम्बन्ध में मतभेद हो सकता है। नयी मान्यताएँ समाज और व्यवस्था को प्रायः चुभती ही हैं। ऐसी अवस्था में साहित्यिक और कलाकार क्या करें?"

कलाधर ने उत्तर दिया, "हमने तो कहा 'कला, कला के लिए' है 'स्वान्तः सुखाय' के लिए है, झगड़ों के लिए नहीं।"

यथार्थ ने उन्हें टोक दिया, "कला और साहित्य 'स्वान्तः सुखाय' तो हैं, परन्तु साहित्यिक और कलाकार को जीविका भी तो चाहिए। यहीं तो अन्तर्विरोध-उत्पन्न..."

श्रीमती यथार्थ बोल पड़ीं, "आजकल तो लेखकों, साहित्यिकों को सरकारी साहित्यिक कामों और रेडियो में अच्छी-खासी नौकरी मिल जाती है।"

यथार्थ ने पत्नी को टोक दिया, "सरकारी नौकरी में या समाज की व्यवस्था के अनुमोदन में साहित्य का सृजन जीविका के लिए ही हो सकता है, परन्तु 'स्वान्तः सुखाय' नहीं। नौजवान साहित्यिक की उमंग होती है 'स्वान्तः सुखाय' साहित्य-सृजन करने की।"

कलाधर ने यथार्थ का विरोध किया, "तो क्या 'स्वान्तः सुखाय' सदा समाज की व्यवस्था और मान्यताओं का विरोध करने में ही होता है?"

साम्य ने बहुत जोर से कहा, "साहित्यिक और कलाकार यदि ईमानदार है, तो वह सदा ही समाज से एक कदम आगे रहेगा और विकास की प्रेरणा देगा।"

कलाधर ने पूछ लिया, "विकास और विरोध क्या एक ही बात है?"

साम्य ने उत्तर दिया, "निश्चय ही स्वीकृत मान्यता में अन्तर्विरोध को दिखाना ही विकास का मार्ग है।"

यथार्थ ने साम्य को सुनने का संकेत किया, "साहित्यिक और कलाकार की प्रेरणा समाज की अन्तरतम सूक्ष्म अनुभूतियों से होती है। उसे समाज के सन्तोष की अपेक्षा समाज का असन्तोष अधिक स्पर्श करता है। उस असन्तोष की अभिव्यक्ति समाज की भावी महत्त्वाकांक्षाओं का संकेत करती है परन्तु समाज पर प्रभुत्व जमाये सन्तुष्ट वर्ग ऐसे साहित्य के सृजन को केवल अव्यवस्था की प्रेरणा ही समझता है। ऐसे साहित्यिक का 'स्वान्तः सुख' के लिए किया हुआ सृजन समाज से विपुल पुरस्कार की आशा तो नहीं कर सकेगा।"

प्रसाद ने साहस किया, "कलाकार और साहित्यिक को भी तो जीवन की आवश्यकताओं की पूर्ति के लिए जीविका चाहिए। समाज के दूसरे लोगों की तरह उसे भी जीवन-निर्वाह का अधिकार होना चाहिए।"

यथार्थ बोले, "यह तो कलाकार और साहित्यिक स्वयं ही निश्चय करेगा कि उसे साहित्य और कला का सृजन समृद्ध बनने योग्य जीविका के लिए करना है या 'स्वान्तः सुखाय' सत्य और न्याय के सौन्दर्य के अनुमोदन के लिए करना है।"

साम्य बीच में बोल पड़े, "साहित्य की जीविका से समृद्ध बनना है तो सम्पन्न वर्ग का ढोल पीटिये। शोषित वर्ग के समर्थक बनने से तो वही मिलेगा जो शोषित वर्ग आपको दे सकेगा। बहुत दे देगा, रोटी-कपड़ा और फूँकने को बीड़ी दे देगा।"

यथार्थ ने प्रसाद की ओर देखकर कहा, "यदि समृद्ध जीविका कमाने के लिए लेखक बनना है तो समृद्धि के लिए दूसरे बीसियों धन्धे हैं। बहुत बड़ा लेखक भी बड़े ठेकेदार या

बड़े दलाल, बड़े वकील के बराबर समृद्ध नहीं हो सकता। समृद्ध जीविका के विचार से साहित्यिक और कलाकार के धन्धे में कुछ तत्त्व नहीं है। कलाकार के धन्धे में तभी सार्थकता है जब उस धन्धे को कला के लिए अर्थात् अपनी मानवीय अनुभूति की तुष्टि के लिए अपनाना हो।"

लाला जी पुत्र के भविष्य की चिन्ता से आर्द्र स्वर में बोले, "यह कोई जीविका हुई? यह तो साधु बन जाना ही हुआ।"

यथार्थ ने फिर प्रसाद की ओर देखा, "निश्चय ही, मुख्यतः जीविका के लिए यत्न न करके आत्मतोष और 'स्वान्तः सुखाय' का गर्व अनुभव करने और उसके लिए यत्न करने में अपनी शक्ति को लगा देनेवाले स्वतन्त्र लेखक को कुछ मूल्य भी तो देना होगा।"

●

प्रगतिवाद क्या कहता है?

एक दिन इलाहाबाद में साहित्य सम्मेलन की सहित्यरत्न परीक्षा के विद्यार्थियों के सम्मुख मुझे प्रगतिवाद पर कुछ बोलना पड़ा। विद्यार्थियों ने कुछ प्रश्न किये और मैं उत्तर दे रहा था। एक विद्यार्थी ने प्रश्न किया—"यह बताइये सदा प्रगति की ओर ही चलते जायें, कभी स्थिति का समय और अवसर भी अपनायें नहीं।" प्रश्नकर्त्ता की ओर देख उत्तर दिया, "आप मजाक करना चाहते हैं तो फिर कभी सही। फिलहाल समय कम है—कुछ ही मिनट में मुझे ट्रेन पर जाना है। कोई वास्तविक शंका हो तो वही पूछिये।"

प्रश्न करनेवाले का चेहरा देख विश्वास हुआ कि यह उनका मजाक नहीं बल्कि वास्तविक जिज्ञासा थी। अपने साथ मजाक किया जाता देख मुझे कुछ भी दुःख न होता परन्तु दुःख हुआ यह देखकर कि साहित्य के रत्न की उपाधि धारण के लिए तैयार लोगों के मस्तिष्क के विकास को देखकर। उत्तर दिया—

सम्भवतः आपकी आयु इस समय तीस वर्ष है, या जितनी भी हो। बीते हुए कल के दिन आपकी आयु एक दिन कम थी और आनेवाले कल से भी एक दिन और अधिक होगी।

इसी प्रकार आप प्रति क्षण साँस लिये ही जा रहे हैं। क्या मैं पूछ सकता हूँ, प्रत्येक साँस के साथ आपकी आयु का बढ़ते जाना कभी बन्द होगा या नहीं। मेरा विचार है कि जब तक आपके शरीर में प्राण है आपकी गति नहीं रुकेगी। इसके साथ-ही-साथ आपके ज्ञान और अनुभव की बढ़त भी नहीं रुकेगी। व्यक्तिगत रूप से आप जो कुछ हैं वही सब कुछ समाज सामूहिक रूप से करता है। बदलती हुई परिस्थितियाँ हमारे समाज के अनुभव और ज्ञान को बढ़ाती हैं और हम नयी कल्पना और तदबीरें करते हैं और यदि हमारा साहित्य हमारे समाज के विचारों और भावनाओं की अभिव्यक्ति है तो वह भी परिवर्तन और प्रगति के नियम से बच नहीं सकता। बच सकता है केवल उसी अवस्था में जब वह निष्प्राण हो जाये, मर जाये।

बीते हुए समय की याद करने से हमें स्वीकार करना पड़ेगा कि सामाजिक रूप से हम जो कुछ आज हैं, बीस वर्ष पहले नहीं थे। पचास और सौ वर्ष पूर्व इससे और अधिक भिन्न थे। पिछले सौ या हजार वर्ष में जो परिवर्तन हमारे सामाजिक जीवन में आये हैं उनके लिए कोई विधान या नक्शा तैयार नहीं किया गया था। लेकिन यह भी नहीं कहा जा सकता कि इन सब परिवर्तनों और प्रगति की जिम्मेवारी और श्रेय मनुष्य समाज को नहीं है। मनुष्य

समाज अपनी आवश्यकताओं और परिस्थितियों के विचार से एक विधान निश्चित करता है और भविष्य में विकास के लिए मार्ग तैयार करता है। कुछ समय तक इस विधान पर चलने के बाद अपनी कल्पना के विकास को पूरा कर लेने के बाद नयी परिस्थितियाँ पैदा हो जाती हैं और नये विधान की आवश्यकता होने लगती है। समाज के स्थूल शरीर में होनेवाली प्रगति समाज की भावनाओं और कल्पनाओं के समूह अर्थात् उसके साहित्य को भी अछूता नहीं छोड़ सकती और साहित्य की प्रगति है। ऐतिहासिक उदाहरण में स्थूल घटनाओं का आश्रय लिया है—क्योंकि उनकी वास्तविकता से इनकार नहीं किया जा सकता परन्तु घटना घटित होने से पहले उसके लिए भावना पैदा होती है।

स्थूल परिवर्तन से पहले भावना और विचार में परिवर्तन आना आवश्यक है। यदि हमारा साहित्य हमारे समाज के विचार और भावना का प्रतिबिम्ब है तो यह आवश्यक है वह समाज में आनेवाले परिवर्तनों का अग्रदूत हो। गति और विकास जीवन के धर्म और चिह्न हैं। जीवन रहते गति और विकास अर्थात् प्रगति रुक नहीं सकती चाहे हम उसके प्रति सचेत हों या अचेत रहें।

आज दिन प्रगति के प्रश्न पर हमारे साहित्यिक जगत् में काफी मतभेद है। कुछ लोग हैं जो प्रगति का समर्थन करते हैं और उसके लिए सचेत और संगठित यत्न करना चाहते हैं। इस प्रकार के यत्नों की आलोचना और विरोध भी सुना जाता है। हमारा सचेत साहित्यिक प्रयत्न दो पक्षों में बँट रहा है। एक पक्ष अपने-आपको प्रगतिवादी या प्रगति का समर्थक कहता है, दूसरा दल अपने-आपको आदर्शवादी पुकारता है।

प्रगति के समर्थक और आदर्श की प्राप्ति में विरोध युक्तिसंगत नहीं। जो लोग प्रगति चाहते हैं वे अपनी परिस्थितियों से असन्तुष्ट और आशंकित है। वे लोग साहित्य की प्रेरणा शक्ति द्वारा समाज की कल्पना और विचार में ऐसा परिवर्तन लाना चाहते हैं जो समाज की वर्तमान असन्तोषजनक अवस्था से रक्षा करे। समाज से अभिप्राय है हमारे देश की जनता से और उन सब परिस्थितियों से जिनका प्रभाव जनता के जीवन पर पड़ता है। हमारा साहित्यिक और कलाकार यदि केवल बीते दिनों के स्वप्न ही नहीं देखना चाहता, यदि जनता के जीवन से उसका वास्तविक सम्बन्ध है तो वह जनता और समाज की परिस्थितियों और समस्याओं से विमुख और उपेक्षित नहीं। यदि समाज की भावना के प्रतिनिधि होने के दावे से सच्चा साबित करना चाहता है तो उसे वर्तमान परिस्थितियाँ और समस्याओं पर प्रकाश डालना ही पड़ेगा। यदि हमारा साहित्यिक अपने-आपको समाज और देश की जनता का अंग समझता है तो समाज की वेदना उसके मुख से आह बनकर निकले बिना नहीं रह सकती।

आज हमारे साहित्यिक के आदर्शवादी पक्ष को शिकायत है कि प्रगतिवाद की पुकार मचानेवाले साहित्यिक और कलाकार कला के सत्यम्-शिवम्-सुन्दरम् रूप को भ्रष्ट कर रहे हैं। वे साहित्य में नग्नता और अरोचकता ला रहे हैं। नितान्त सामयिक, राजनैतिक और आर्थिक प्रश्नों को ही सब-कुछ समझ वे ऐसे-ऐसे साहित्य की रचना कर रहे हैं जो केवल क्षणिक होगा। इसके अतिरिक्त ऐसे साहित्यिक प्रयत्न के तटस्थ रहकर चिरस्थायी सौन्दर्य की रचना करने के आदर्श को भ्रष्ट कर देंगे। उन्हें शिकायत है साहित्य को राजनैतिक और आर्थिक नीति के प्रचार का साधन बनाया जा रहा है। दूसरे शब्दों में प्रगतिवाद और कुछ भी नहीं केवल प्रचार के लिए कम्युनिस्टों का साधन मात्र है।

आप मुझे क्षमा करेंगे यदि मैं कहूँ सत्यम-शिवम्-सुन्दरम् वह शब्द है जिसके मोह में हम आत्मप्रवक्ता मात्र से सुख पाते हैं। सम्भव है एक हजार वर्ष से अधिक समय से हमारा

साहित्य सत्यम-शिवम्-सुन्दरम् रटता-रटता भी अपनी परिस्थितियों के अनुरूप बदलता चला आ रहा है। उपनिषद काल में साहित्य का वह रूप नहीं रहा जो ऋग्वेद काल में था और कालिदास के समय में साहित्य का वह रूप नहीं रहा जो उपनिषद काल में था और फिर साहित्य का वह रूप भूषण, कबीर, सूर के समय में भी बदला। साहित्य सत्यम्-शिवम्-सुन्दरम् बना रहा और उसका रूप बदलता रहा। आदर्शवाद की उपासना करनेवाले साहित्यिक आज दिन जिस साहित्य की सृष्टि कर सकते हैं वह तुलसी, सूर, रासो और कबीर के साहित्य से अवश्य भिन्न होगा। ऐसा साहित्य रचकर भी यदि सत्यम्-शिवम्-सुन्दरम् अखण्ड रह सकता है तो वर्तमान परिस्थितियों की उपेक्षा कर कठोर सत्य को पहचान जनता के जीवन के जीवन की प्रेरणा से बचा जानेवाला साहित्य ही क्यों सत्यम्-शिवम्-सुन्दरम् का अन्त और नाश कर देगा? और फिर मनुष्य के इतिहास में वह चिरन्तन कल्याणकारी सौन्दर्य है कौन वस्तु?

मनुष्य समाज के इतिहास में वह कौन भावना, विश्वास या संख्या है जिसमें परिवर्तन नहीं हुआ, जिसमें विकास नहीं हुआ। मनुष्य समाज के जीवन निर्वाह के साधन, समाज में पारिवारिक और श्रेणी सम्बन्ध, मनुष्य का धर्म और परलोक सम्बन्धी विश्वास सभी-कुछ तो निरन्तर बदलता चला आ रहा है। यदि वह आज तक बदलता चला जा रहा है तो वह आगे क्यों न बदले? परिवर्तनों की इस निरन्तर शृंखला में वह कौन-सी कड़ी है जिसे हम सत्यम्-शिवम्-सुन्दरम् कहकर मोह से चिपट सकते हैं।

आदर्शवादी कलाकार को आपत्ति है कि प्रगतिवाद कलाकार को चिरस्थायी सौन्दर्य की आराधना के मार्ग से घसीटकर क्षणिक संघर्षों में फँसा देना चाहता है। परन्तु प्रश्न है किसी भी समाज के सम्मुख आ जानेवाले संघर्ष की गुरुता का। हमें अपनी संस्कृति और कला प्यारी है। हमारी संस्कृति और कला की रक्षा हो सकती है हमारे समाज देश की जनता के जीवन की रक्षा से। जिस समय हमारे देश का जीवन खतरे में हो, उस समय जनता और देश के अस्तित्व की रक्षा की चिन्ता न कर यदि हम कला और संस्कृति के प्रेम और विरह के तराने अलापने लगे तो उनकी रक्षा नहीं हो सकती। हमारे सामने नाजीवाद के लौहमय पदों से दलित फ्रांस का उदाहरण मौजूद हैं। कहाँ गयी छिन्न-भिन्न पददलित फ्रांस की ललित कला और संस्कृति? जिस समय देश और जनता के प्राण संकट में हो, कलाकार की सबसे बड़ी साधना है जाति और देश की रक्षा।

यदि साहित्य समाज और राष्ट्र के जीवन और उसकी भावना का प्रतिबिम्ब और प्रतिनिधि है तो स्वयं साहित्य की रक्षा के लिए ही साहित्यकार का पहला कर्त्तव्य है समाज और राष्ट्र की रक्षा। हमारा साहित्यिक आज यदि समाज और राष्ट्र की परिस्थितियों में बेखबर रहकर केवल काल्पनिक विरह और मिलन के राग अलापना चाहता है तो मानना पड़ेगा कि वह उसे घेरे रहनेवाले संकट और संघर्ष से बेखबर है। राष्ट्र की नाव में लगातार जल भर रहा है और उसे डूब जाने की चिन्ता नहीं है। जनता के गले में पड़ा फाँसी का फन्दा लगातार कसता जा रहा है और वह इसके परिणाम से बेखबर है। ऐसे साहित्यिक को देश की करोड़ों जनता का भूख से बिलबिलाकर मर जाना नहीं दिखता। उसे नहीं दिखता कि अन्तरराष्ट्रीय और राजनैतिक परिस्थितियों से पैदा हो जानेवाला यह कृत्रिम दुर्भिक्ष न केवल बंगाल को परन्तु एक के बाद दूसरे सभी प्रान्तों को हड़प ले सकता है। इसे शायद नहीं दिखता कि देश की सीमा पर वह फासिस्ट शत्रु खड़ा है जो चीन के अधिकांश भाग, कोरिया, मंचूरिया, स्याम और बर्मा को हड़प जाने के बाद स्वयं उसके देश की सीमा पर

मुँह बाये खड़ा है। इस परिस्थिति को वह केवल देश में मौजूद विदेशी सरकार से एक विदेशी शक्ति का युद्ध मात्र समझता है जिससे स्वयं उसके देश और उसका कोई सम्बन्ध नहीं। वह यह नहीं स्वीकार करना चाहता वह दुर्भिक्ष इस युद्ध का परिणाम है। और इस देश में अंग्रेजी राज्य मौजूद होते हुए भी यह देश उसका है। इस देश में यातायात के साधनों के विशृंखल होने से भूख से उसके देश की जनता मरेगी, उसके देश के गाँव और नगरों पर पड़नेवाले फासिस्टों के बम उसके देशवासियों की मृत्यु का कारण होंगे। उसके देश के बच्चे माँ-बाप उसके देश की स्त्रियों को विधवा और निस्सन्तान कर जायेंगे। यदि वह यह सब देखता तो उसकी साहित्यिक सहृदयता, उसकी कलात्मक करुण भावुकता ऐसी संकटापन्न परिस्थितियों में भी ऐसी संस्कृति और कला के स्वप्न न देखती जो मानवता की आत्मीयता और सहानुभूति से हीन हैं।

हमारे साहित्य में प्रगतिवादी भावना आज साहित्यिक से अनुरोध करती है इसी कठोर सत्य को पहचानने का जिस पर उसके देश, जनता और स्वयं उसका अस्तित्व निर्भर करता है। परिस्थितियों को पहचानने और उसके अनुसार राष्ट्रीय और सामाजिक भावना को सचेत कर कर्मपरायण करने के साहित्यिक प्रयत्न का नाम ही प्रगतिवाद है। इन परिस्थितियों से सजग होना और उसके प्रति अपने कर्त्तव्य को पहचानना और उसके अनुरूप साहित्य में प्रयत्न करना कम्युनिस्ट पार्टी के हाथ का हथियार बन जाना नहीं कहा जा सकता।

यदि साहित्यिक का राष्ट्रीय कर्त्तव्य आज उसे राष्ट्रीय एकता द्वारा राष्ट्र की समस्या को हल करने और देश के राहु फासिज्म के संकट को उसके विरुद्ध जनता को सजग और यत्नवान् होने के लिए ललकारता है तो वह उससे केवल इसलिए विमुख नहीं हो सकता कि कम्युनिस्ट पार्टी आज इस कार्य को प्राणपण से निबाह रही है। यदि कम्युनिस्ट भारतवासी होने और पीड़ित जनता का प्रतिनिधि होकर राजनैतिक और आर्थिक क्षेत्र में उसी नीति का समर्थन करते हैं तो साहित्यिक उसका विरोध नहीं करते बल्कि देश की आत्मनिर्णय का अधिकार प्राप्त करने की स्वाभाविक भावना और इच्छा का समर्थन करते हैं।

●

प्रगतिवाद ही क्यों?

साहित्य का उद्‌देश्य क्या है यह एक विकट प्रश्न है। संसार के सामने उचित-अनुचित का विधान करनेवाले महान् गम्भीर और उदारचेता साहित्यिक इस समस्या पर उत्तेजित हो उठते हैं। जो बहुत ही मान्य हैं और निस्सीम रूप से उदारचेता हैं उनका कहना है- साहित्य का उद्‌देश्य साहित्य ही है। मनुष्य स्वार्थ के संकोच से छूटकर साहित्य के उद्‌देश्य से ही साहित्य रचना करे यह कितने सन्तोष की बात होनी चाहिए परन्तु साहित्य तो है मनुष्य की संचित अभिव्यंजना। मनुष्य केवल अभिव्यंजना या अभिव्यिक्त का शौक पूरा करने के लिए ही अभिव्यंजना करे ऐसा तो हो नहीं सकता। तो फिर साहित्य के लिए साहित्य कैसा?

जैसे ब्रह्मानन्द प्राप्त करने का उद्‌देश्य सांसारिक समृद्धि नहीं केवल ब्रह्मानन्द ही है वैसे ही यदि साहित्यानन्द को ब्रह्मानन्द का भाई मानकर साहित्यानन्द का उद्‌देश्य भी स्वतः साहित्यानन्द ही मान लिया जाय तो भी साहित्य का उद्‌देश्य आनन्द मानना ही पड़ेगा। और आनन्द है क्या? मनुष्य जीवन की पुष्टि और विकास ही सबसे बड़ा सुख और आनन्द है। अवस्था और समय के अनुरूप मनुष्य और उसका समाज इस सुख और आनन्द को अनेक रूप और ढंग से प्राप्त करता है। ढंग और रूप बदल जाने पर भी यह सुख और आनन्द शाश्वत और चिरन्तन है। मनुष्य के व्यक्तिगत और सामाजिक जीवन की रक्षा, पुष्टि और विकास के लिए ही उसके सब प्रयत्न होते हैं। इन प्रयत्नों को अधिक सफल बना सकना, इस सुख को अधिक सप्राण, सूक्ष्ममय और सबल बनाने का प्रयत्न ही कला है। इसी उद्‌देश्य से कला की स्थापना, खोज और सृष्टि की जाती है। मनुष्य के चारों ओर दिखायी देनेवाली यह दुनिया उसकी कला और साहित्य उसकी अपनी आवश्यकताओं की पूर्ति के साधन हैं और यदि कला और साहित्य मनुष्य की परिस्थितियाँ और जरूरत की परवाह न कर एक ओर खड़े हो अपने स्वतन्त्र अस्तित्व का दावा करें तो क्या ठीक वैसा ही न होगा जैसे मनुष्य के शरीर की छाया शरीर से पृथक् होने का दावा करने लगे? मनुष्य की अभिव्यक्ति को उसके साहित्य को उसकी समस्या और जीवन के प्रयत्न से अलग रखने का स्वप्न बहुत-कुछ वैसा ही है जैसे पेट में भूख के अनुभव को पेट भरने के प्रयत्न से दूर रखने की बात करना। किस काल और देश में मनुष्य की अभिव्यक्ति और उसके जीवन का प्रयत्न पृथक्-पृथक् रहे हैं? यह सम्भव भी कैसे हो सकता है कि मनुष्य के भाव, जीवन के लिए उसका प्रयत्न और उसकी भाषा या बात अलग-अलग रहे। अलबत्ता प्रश्न यह हो सकता है कि मनुष्य कौन है? किसे मनुष्य समझना चाहिए?

मनुष्य किसे कहना चाहिए इस विषय में कम मतभेद नहीं रहा। अफलातून ने मनुष्य की पहचान बतायी थी दो पैर का जीव वह जिसके पंख न हों। इस पहचान को विद्रूप किया एक मसखरे ने। एक मुर्गे के पंख उखाड़ उसे चौक में छोड़ मसखरे ने पुकार लगायी यह देखो, हजरत अफलातून का आदमी। इससे अच्छी पहचान है, मननशील को मनुष्य कहना चाहिए। पर मननशील तो एक हद तक पशु भी होते हैं। कार्ल मार्क्स ने मनुष्य की पहचान बतायी है कि वह अपनी आवश्यकता की वस्तुओं को प्रकृति से स्वयं तैयार करता है, पशु प्रकृति में जैसा कुछ और जो कुछ पा लेता है उसी से अपना निर्वाह चलाता है। अपने निर्वाह के लिए प्रकृति से उपज और पैदावार कर सकने की शक्ति होना वास्तव में मनुष्य की गहरी और व्यापक पहचान के लिए आवश्यक पदार्थों को पैदा करने की शक्ति के अतिरिक्त ऐसा कर सकने का अवसर होना भी जरूरी है। अवसर न होने से शक्ति बेचारी क्या करेगी। दास प्रथा के समय रोम में दास लोगों को 'बोलते हथियार' (talking tools) कहा जाता था। स्पष्ट ही उन्हें मनुष्य नहीं समझा जाता था। मनुष्य वे थे जिन्हें अवसर था इन बोलते हथियारों का व्यवहार अपने उपयोग के लिए करने का। दास प्रथा और ठाकुरशाही के जमाने सामन्त-युग में केवल मालिक लोग मनुष्य थे और दूसरे लोग उन मनुष्यों के उपयोग की वस्तु मात्र। जिस दास का धर्म और कर्त्तव्य हो मालिक की सेवा और उपयोग के लिए अपने-आपको बलिदान कर देना उसे मालिक की बराबरी और श्रेणी का जीव नहीं समझा जा सकता। एक उपयोग में लानेवाला है और दूसरा उपयोगी। उन दोनों के जीवन की अभिव्यक्ति और कल्पना भी एक प्रकार की नहीं हो सकती। और फिर उपयोग में आनेवाले नर रूपधारी पशुतुल्य मनुष्य की अभिव्यक्ति का मूल्य क्या? बल्कि कहिये उसे अभिव्यक्ति का अवसर ही कहाँ? उपयोग में आनेवाले शोषित मनुष्य-रूप पशु की तो सबसे प्रथम अभिव्यक्ति है जीवन की पुकार। उसका जीवन है मालिक श्रेणी के सुसंस्कृत और सशक्त मनुष्य के हाथ में। शोषित के जीवन की पुकार या अभिव्यक्ति तभी प्रकट हो सकती है या तो जब वह जीवन का अवसर पा जाय या अपने बन्धनों के प्रति विद्रोह करने पर तुल जाय।

जिस काल में मालिक ही मनुष्य थे उस काल के साहित्य में उन्हीं की अभिव्यक्ति साहित्य का रूप पा सकी। जीवन की साधारण आवश्यकताओं से तृप्त परन्तु समृद्धि और शक्ति की लिप्सा लिये हुए उन ठाकुरों की अभिव्यक्ति ने साहित्य को देश-विजय और दिग्विजय के गीतों का रूप दिया। इसकी प्रतिच्छाया में सांसारिक भोगों से शरीर के थक जाने पर भी मन को अतृप्त या उन भोगों से विरक्ति और वैराग्य की महिमा के गीत और संसार को मोहजाल बतानेवाले साहित्य की सृष्टि हुई। उनके लिए संसार की सुख-सम्पदा ऐसे अप्राप्य और दुर्लभ पदार्थ नहीं थे जिनके लिए तरसा जाय। इनसे विरक्ति थी क्योंकि इन्हें पा लेने पर भी सुख की इच्छा बनी ही रहती थी। तब वे महानुभाव इन्हें ठुकराकर कहते थे इनमें कुछ भी सार नहीं।

उस समय के मनुष्य समाज की—समाज के अधिकारी ठाकुर वर्ग और उनके मुसाहिबों की—जीवन अभिव्यक्ति बेकारी से, भूख से बिलखते हुए बाल-बच्चों की उदरपूर्ति की चिन्ता से व्याकुल, जवान लड़की के बोझ से समाज की दृष्टि में तिरस्कृत मुन्शी जी की जीवन अभिव्यक्ति के समान क्षुद्र और संकुचित नहीं हो सकती थी। उस समय की साहित्यिक अभिव्यक्ति थी—शत्रुओं को दैत्य, दानव और राक्षस नाम दे उनका मर्दन कर नये देशों को विजय करना। मालिक ठाकुरों को साधारण मनुष्य की अवस्था से ऊँचा उठा उन्हें देवता कह

उनकी स्तुति करना। देवकन्याओं और अप्सराओं से इन ठाकुरों का रमण। वह रमण होता था फूलों से भरे कदम्बों और मौलश्री वृक्षों की छाया में। शक्तिशाली ठाकुर प्रिया को भुजबल से आलिंगन में ले उसके प्रेम का अधिकारी हो जाता था। पुष्ट शरीर में वासना की तड़प अनुभव होने पर एक के पश्चात् दूसरी, तीसरी कोमलांगी को रथ पर बैठा प्रासाद के प्राचीर में बिना किसी चिन्ता के समेटा जा सकता था। उस समय के शक्तिशाली ठाकुर की उच्छृंखल वासना स्वस्थ श्रृंगार रस और प्रेम थी। उस समय के साहित्य में लगान और कर्ज के बोझ से पिसते हुऐ कथरीहीन किसान के पुआल जलाकर पूस के जाड़े से त्राण पाने की अभिव्यक्ति नहीं हो सकती थी। उस समय के साहित्य में दिन भर की मेहनत के वाद आठ-दस आने पाकर कठिनता से पेट भरनेवाले मज़दूर के जीवन के लिए कुत्सित प्रयत्नों की चर्चा नहीं हो सकती थी। ऐसे मज़दूर का जीवन जिसके पास बीबी को नित्य भोग की वस्तु बनाकर सँभाल रखने का सामर्थ्य नहीं, जिसके क्षीण शरीर में आयु से विक्षिप्त हो गये जीवन के रसों (Secretions) के वेग को सँभालने की शक्ति नहीं, जो अपनी पन्द्रह रुपये की कमायी में से आठ रुपये गाँव में जमीन पर हो गये कर्जे और बीबी-बच्चे का पेट भरने के लिए भेज, एक दफे उत्साह और आनन्द अनुभव करने के लिए, वही उत्साह और आनन्द अनुभव करने के लिए, जिस उछाह से महर्षि विश्वामित्र मेनका को देख विह्वल हो उठे थे, जिस उछाह के लिए महर्षि च्यवन को सुकन्या की आवश्यकता हुई और च्यवनप्राश का आविष्कार हुआ, जिस आनन्द के लिए महाराज विक्रम आसव का प्याला भर-भर उर्वशी के लिए कराह उठते थे, उसी आनन्द उत्साह की अनुभूति के लिए मूँगफली के तेल की पकौड़ी खा, ताड़ी का चुक्कड़ पी, जेब में दुअन्नी डाल, बीच में पनाला बहती सँकरी गली में, दरवाज़े पर पड़े टाट के पर्दे के बाहर खड़े वासना से तड़पते मज़दूर की अभिव्यक्ति उसमें हो नहीं सकती थी। उसमें तो बौर से लदे उपवन, कमल से भरे ताल, किंकणी से बोझिल कटि, दीर्घ केशों के बोझ से झुकी ग्रीवा, वासना की तड़प से स्फुरित ओठों और उद्वेग से कमल से कपोलों पर आ गये स्वेद कणों का सात्त्विक वर्णन ही हो सकता था। जिस सात्त्विक प्रेम के प्रभाव से पराशर-जैसे महर्षियों का वीर्य मछलियों के गर्भाशय में पहुँच गंगा के पुनीत तट पर परम रूपवती वस्तु मत्स्यगन्धा कन्याएँ उत्पन्न हो जाती थीं। समाज में जिसे मनुष्य का पद और अधिकार ही प्राप्त न था, साहित्य में उसकी अभिव्यक्ति का प्रश्न? उस समय के साहित्य में पति नामधारी हिंसक पशु के निरन्तर अत्याचार से पीड़ित, पालतू पशु से अधिक मानसिक यन्त्रणा की अभिव्यक्ति से पीड़ित, पालतू पशु से अधिक या चाहने का प्रश्न न था मनुष्य क्षेत्रज्ञ और स्त्री उसके उपयोग की वस्तु, क्षेत्र! मनुष्य स्वामी की भक्ति और अनुराग में वह उसके अधिक-से-अधिक उपयोग की वस्तु बन सके, यही उसका धर्म और कर्त्तव्य था। पत्नी के न तो असन्तुष्ट और बेचैनी अनुभव करने का प्रश्न था और न समस्या को कभी उसके दृष्टिकोण से देखने और समझने का क्योंकि वह मनुष्य नहीं उपयोग की वस्तु थी; उसकी अभिव्यक्ति का प्रश्न ही क्या? अब यदि साहित्य पर्देदार घर के डिब्बे में बन्द स्त्री के किसी छिद्र से या पर्दे से झाँककर देखने की बात करे या मालिक मर्द-मनुष्य के सन्तोष की बात छोड़कर अपने मानसिक और शारीरिक सन्तोष की बात सोचने लगे तो यह साहित्य की अश्लीलता और अनाचार न जान पड़े तो क्या?

और फिर जब समाज ने ठाकुरशाही की व्यवस्था के शिकंजे को तोड़ डाला और मनुष्यता के अधिकार का फैलाव भद्र समाज के मध्यम श्रेणी के लोगों तक हुआ, इस श्रेणी

के लोग अपने भाग्य के निर्णायक बन मनुष्य बन गये तो उनकी अभिव्यक्ति भी साहित्य के रूप में प्रकट होने लगी। न्याय, समता और सदाचार की बहुत महिमा गायी गयी, परन्तु वह न्याय, समता और सदाचार किसकी दृष्टि से? नित्य संकुचित कलेवर होती हुई मध्यम श्रेणी की दृष्टि से ही। मध्यम श्रेणी के साहित्य में युद्धक्षेत्र के पराक्रम का नहीं उनके जीवन-संग्राम के क्षेत्र का वर्णन हुआ और पराक्रमी योद्धा के बाहुबल को नहीं, समाज के नैतिक बल और विचार को शक्ति माना गया। गृहस्थ जीवन इस समाज-व्यवस्था का केन्द्र रहा और इस साहित्य में व्यक्ति ने पद-पद पर समाज की नैतिकता और गृहस्थ की व्यवस्था पर अपने-आपको बलिदान किया। परन्तु समाज की वह नैतिकता और गृहस्थ का सुखद घोंसला सम्भव कितने व्यक्तियों के लिए रहा? जब अकेले व्यक्ति के पेट के लिए अन्न जुटाना समस्या हुआ तब पतिप्राण अबला पत्नी को सहारा दिये छह बच्चों की उँगली थामे गृहस्थी चलाने का गौरव निभाया कैसे जाय। और जब मनुष्यता ठाकुर लोगों, सुसंस्कृत मध्यम वर्ग के आँगनों को लाँघकर निम्न वर्ग तक पहुँच रही है तो उनकी अभिव्यक्ति साहित्य में कैसे प्रकट न हो? साहित्य है मनुष्य समाज की अभिव्यक्ति और आज जब मनुष्यता ऊँचे स्तरों की बपौती न रहकर निम्न स्तरों में छन रही है, या जब वे मनुष्य बनने का इरादा और साहस कर बैठे हैं तो उनकी अभिव्यक्ति साहित्य में प्रकट कैसे न हो? वह अभिव्यक्ति नंगी, रूखी और कुरूप है तो क्या। और समाज मुख्यतः कैसा है? यदि मनुष्यत्व का ठाकुरशाही और सम्भ्रान्त मध्यम श्रेणी के दायरों से निकलकर मनुष्य मात्र में फैल सकना प्रगति है तो साहित्य में निम्न वर्ग की अनुभूति का प्रकट हो सकना भी प्रगति है।

परन्तु प्रगति के नाम पर साहित्य को अभिव्यक्ति के लावण्य और स्वाभाविकता के सौन्दर्य से शून्य कर उसे प्रचार मात्र बना देना क्या साहित्य के सौन्दर्य का नाश कर देना नहीं? यदि साहित्य में से सौन्दर्य और सुरुचि को निकाल दिया जाय तो वह केवल विधि-निषेध या उससे आगे की चीज़ हो जायेगी। ऐसे साहित्य को पढ़ने से...या मज़दूर की रिपोर्ट पढ़ने से हो सकता है। कल्पना द्वारा वास्तविकता पर आदर्श की कलम लगाकर जो वृक्ष खड़ा किया जाता है वह इससे तैयार न हो सकेगा। इसमें श्रान्त मस्तिष्क के लिए शान्ति न होगी और वास्तविकता की कठोरता को मनोरम बना देनेवाली स्वप्निल रंगीनियाँ न होंगी। नन्दन कानन बबूल का जंगल बन जायेगा और कोयल की मधुमय कूक केवल कौए की काँय-काँय। परन्तु यदि बबूल के जंगल को नन्दन कानन बनाने का विचार हो तो उसे पहले बबूल का जंगल ही समझना होगा। इसके बिना चारा नहीं क्योंकि यही प्रगति है।

और फिर कौन साहित्य प्रचार की भावना से शून्य रहा है। पति प्रेम में मर मिटने का करुणापूर्ण वर्णन क्या पतिव्रतधर्म का प्रचार नहीं? जीवन भर दुःख और यातना में बिताकर भी अनैतिक उपाय से सुख पाने की चेष्टा या साहस न करना क्या समाज द्वारा मानी गयी नैतिकता का प्रचार नहीं? परम्परागत और अपने माने हुए विन्यास का समर्थन प्रचार जान नहीं पड़ता। नयी बात खटकती है इसलिए वह प्रचार जान पड़ती है। उसका खटकना ही शायद साहित्य के सौन्दर्य को क्षीण भी कर देता है।

× × ×

जो भी हो परिमार्जित रुचि के शिष्ट और उदारचेता महानुभावों को हिन्दी साहित्य में प्रकट होनेवाली प्रवृत्तियाँ भली नहीं मालूम होती। कविता, कहानी, उपन्यास और दार्शनिक

तथा वैज्ञानिक साहित्य में सभी ओर एक वीभत्स छाया और द्रोह की प्रवृत्ति दिखायी देती है जिसे वितृष्णा से नाम दिया गया है—'शिष्णोदरवाद'। जब सब ओर पेट की भूख और अतृप्त काम-वासना का ही चीत्कार सुनायी देता है और यदि साहित्य समाज का दर्पण है तो मानना पड़ेगा कि यही हमारे समाज की अवस्था है और उसका रूप है।

हमारे सम्भ्रान्त और उदारचेता यह तो मान लेंगे कि आज दिन हमारे समाज की असलियत 'शिष्णोदर' की पुकार से ही भर जाय, यह क्या हमारे समाज और साहित्य के लिए कल्याणकारी और सम्मानजनक है? और क्या यही साहित्य की प्रगति है?

संस्कृति और मनुष्यता का दावा करनेवाले साहित्यिक चाहे वे कितने ही नग्न रूप में प्रगतिवादी होने का दावा करें, अपने माथे पर 'शिष्णोदर' की चीत्कार का कलंक लगाया जाता देख तिलमिलाये बिना और झेंपे बिना नहीं रह सकते। समाज में बनायी नैतिक आस्था का भय ऐसा ही है परन्तु यदि समाज की निर्धारित आस्था के बाहरी रूप को बनाये रखने की अपेक्षा समाज अपने गिरेबाँ में झाँककर देखे तो उसका नारा सदा ही 'शिष्णोदरवाद' रहा है। यह दूसरी बात है कि किस काल और अवस्था में इस 'शिष्णोदरवाद' पर कौन-सा मुलम्मा चढ़ाकर उसे किस रोचक और सम्भ्रान्त रूप में पेश किया गया। उदरपूर्ति की चिन्ता में (व्यक्तिगत या सामाजिक रूप से) चाहे आप अश्वमेध यज्ञ कर चक्रवर्ती साम्राज्य स्थापित करने की चेष्टा कीजिये, राजनैतिक शक्ति के बल पर अन्तरराष्ट्रीय व्यापार कायम कीजिये या...उसमें श्रेणी रहित समाजवाद स्थापित करने की चेष्टा कीजिये सब उदरपूर्ति का प्रयत्न और 'उदरवाद' है। इसी प्रकार शिव जी के तीसरे नेत्र से कामदेव का संहार, रामायण में भगवान् का जगतमाता सीता के लिए व्याकुल हो पत्थरों और पेड़ों से उनका पता पूछते जाना, मेघदूत में यक्ष का विलाप, पद्मावती की कथा, बिहारी की सतसई, ओथेलो, हैमलेट, थायस और रवीन्द्र की मानस सुन्दरी, सब वासना की ही पुकार, चाहे वह सीधे-सादे रूप में वासना को जगाकर काल्पनिक सुख भोगने के लिए हो या उससे पीड़ित होकर उसे दबा रखने की चेतावनी ही है 'शिष्णवाद' ही।

× × ×

मनुष्य की सम्पूर्ण संस्कृति का आधार है उसकी सामाजिक भावना। लेकिन उसकी यह सामाजिक भावना उस समय बदल जाती है जब जेठ की दुपहरिया में मुसाफिर रेल के डिब्बे में ठसाठस भरे हों कि साँस लेने लायक वायु के भी आने-जाने की जगह मुश्किल से हो। उस समय गाड़ी में बैठे सज्जनों को भीतर आने का प्रयत्न करनेवाले मुसाफिरों की भीतर आने के अधिकार की माँग अमानुषिक विभिषिका और अन्याय जान पड़ने लगती है और बाहर खड़े गाड़ी छूट जाने के भय से सुधबुध खोये मुसाफिरों को भीतर बैठे मनुष्य केवल खूँखार दरिन्दे जान पड़ते हैं। बहुत-कुछ यही हाल मनुष्य की संस्कृति के दूसरे क्षेत्रों में भी है।

मनुष्य का विवेक उसकी उचित-अनुचित की धारणा उसकी परिस्थितियों के प्रभाव से निश्चित होती है। प्रत्येक समाज की संस्कृति और सभ्यता का निरूपण उस समाज की अधिकारी श्रेणी द्वारा ही किया जाता है। इस अधिकार की बुनियाद चाहे वंश-परम्परा हो या शस्त्र शक्ति या धन जीवन के साधनों का स्वामित्व। समाज की व्यवस्था को निर्धारित करने का अधिकार जब एक श्रेणी के हाथ से निकलकर दूसरी श्रेणी के हाथ चला जाता है तब

समाज की संस्कृति का रूप भी बदल जाता है। समाज की संस्कृति के साथ ही उसकी अभिव्यक्ति और साहित्य भी। गाड़ी के भीतर बैठे लोगों की अनुभूति और अभिव्यक्ति में तथा भीतर धँस आने का प्रयत्न करनेवालों की अनुभूति और अभिव्यक्ति में अन्तर कैसे न हो? जिस श्रेणी के हाथ से अधिकार और प्रभुता जा रही है और जो श्रेणी अधिकार को ले लेने का प्रयत्न कर रही है—उचित और अनुचित के विषय में, संस्कृति की धारणा में उनका विरोध कैसे न हो।

राजप्रासाद में दासों के हाथ में थमे चँवर और छत्र की छाया में बैठे महाराज और उनकी मुसाहबियत में पलनेवाले दरबारी राजभक्ति और स्वामिभक्ति की गुण गाथा क्यों न गायें? भोजनोपरान्त पाचन की औषध की चिन्ता करनेवालों को रोटी के नाम से उबकायी क्यों न आये? जिनकी कल्पना इन्द्रियसुख से परिपूर्ण है, संकेत मात्र से जिनके सम्मुख सब दृश्य सज जाता है वे कामिनी के कटाक्ष मात्र का वर्णन सुनकर ही विभोर क्यों न हो जायें? गाड़ी में बैठे जिन महानुभावों के 'शिष्णोदर' क्रियात्मक और स्थूल रूप से तृप्त हैं उन्हें 'हाय शिष्णोदर!' की चीत्कार से ग्लानि और वीभत्सता क्यों न अनुभव हो? संगीत और मुजरे की महफिल में जहाँ शिष्णोदर की भावना का तर्पण अत्यन्त सूक्ष्म रूप में हो रहा हो, यदि भिखमंगों का दल टूट पड़े तो रस में भंग कैसे न हो? उस समय औचित्य की रक्षा के लिए पैदा हो गयी मानसिक उत्तेजना और क्रोध में...के उत्तेजन में यह विचार आना कुछ अस्वाभाविक-सा ही हो जाता है कि महफिल के पण्डाल में धँसने की चेष्टा करनेवालों के भी 'शिष्णोदर' हैं और उसी तृप्ति की प्रेरणा उन्हें उतावला बनाये दे रही है।

× × ×

परन्तु क्या 'शिष्णोदर' का निरावरण वर्णन और चीत्कार ही साहित्य की प्रगति है? वास्तविकता के नाम पर वीभत्स और जघन्य का वर्णन करना ही प्रगति है? इसका निर्णय कौन करेगा? वही जिसके लिए साहित्य की रचना की जाती है। जिस समय साहित्य सम्पन्न वर्ग की महफिल के लिए था और सर्वसाधारण का कर्त्तव्य था कि पालकी में सामन्तों को लेकर महफिल में पहुँचा दें, उस समय वह सामन्त वर्ग की पसन्द के मुताबिक रहा। उन्हीं के समझने योग्य चित्रण उसमें रहा। जब साहित्य मध्य वर्ग के सुसंस्कृत व्यापारी, अफसर तथा नौकरी पेशा लोगों के लिए था तब उनकी रुचि और अनुभूति को चित्रित करता था। और जब वह निम्न वर्ग के भी उपयोग की वस्तु बन रहा है तब वह उनकी अनुभूति और अभिव्यक्ति का दर्पण कैसे न बने? समाज की नयी अवस्था में निम्न वर्ग अपनी संख्या के बल पर सबसे बलवान् है और उनके सन्तोष के लिए साहित्य की नटी को उसकी असंस्कृत (सम्भ्रान्त लोगों के दृष्टिकोण के अनुसार इस वर्ग की रुचि चाहे जितनी असंस्कृत हो) रुचि के अनुसार वीभत्स, दारुण और नग्न भावों की मुद्रा ग्रहण करनी पड़ रही है। इस निम्न वर्ग की शिष्णोदर की अनुभूति और अभिव्यक्ति नग्न है इसीलिए उसका साहित्य भी ऐसा है। सम्भ्रान्त समाज के सत्यम-शिवम्-सुन्दरम् की गूँज जब निम्न श्रेणी के वीभत्स गह्वर में पहुँचती है तो उसकी प्रतिध्वनि उठती है 'हाय शिष्णोदर' के आर्तनाद के रूप में।

परन्तु सत्यम् शिवम् मंगलम् का शिष्णोदर में रूपान्तरित हो जाना क्या प्रगति है? परिमार्जित और सुसंस्कृत रुचि की कसौटी पर वह प्रगति नहीं दुर्गति जान पड़ेगी परन्तु

कसौटी बेचारी क्या करे? प्रश्न तो है, मनुष्य समाज का सामन्तवाद से मध्य श्रेणी के प्रभुत्व में आना और फिर निम्न वर्ग का आत्मनिर्णय का अधिकार पाने की चेष्टा करना प्रगति है या नहीं? यदि निम्न वर्ग का मनुष्य बनने का, आत्मनिर्णय का अधिकार पाने का प्रयत्न प्रगति है तो साहित्य का समाज के इस विशद अंग की अनुभूति को प्रकट करने के लिए रूप बदलना भी प्रगति है। यदि लक्ष्य पर पहुँचने के लिए किसी दलदल को लाँघना पड़े, तो दलदल को लाँघना पीछे लौटना नहीं आगे बढ़ना ही कहा जायगा।

× × ×

इसमें सन्देह नहीं कि प्रगति परिमार्जित रुचि और सुन्दर भविष्य की ओर संकेत करने में उसकी रूपरेखा पेश करने में ही है, परन्तु उस सुन्दर भविष्य को प्राप्त कर सकेगी उस निम्न वर्ग की जागृति और उनका सजग प्रयत्न ही जो आज वीभत्स... जिसकी कल्पना अनुभूति 'शिष्णोदर' के निकटतम और मुक्ति पा नहीं सकती क्योंकि वे इसको पहचानने के लिए यदि वे बार-बार अपनी ओर देख इस हाय -हाय का नारा ऊँचा करते हैं तो यह स्वाभाविक है। यदि वे उन्नति के पथ पर कदम आगे बढ़ाना चाहते हैं तो अपनी अवस्था के प्रति घृणा से उन्हें व्याकुल होना ही होगा। इस वर्ग का प्रतिनिधि साहित्यिक भी उनकी उसी घृणा को बुलन्द करने के लिए विवश है।

× × ×

सम्भ्रान्त समाज की संस्कृति में अपने-आपको मज़दूर, भूखा और कंगाल स्वीकार करना अपमानजनक था। नयी आनेवाली संस्कृति के समर्थक मज़दूरों और साधनहीनों के राज की बात कहते हैं और गर्व से कहते हैं हम मज़दूर हैं और साधनहीन हैं। वास्तविकता से संकुचित होनेवाली निम्न वर्ग की बात इस हरावल (Vanguard) को 'शिष्णोदरवाद' के नाम से तिलमिलाने की जरूरत क्या।

हम जानते हैं कि ...वाले लोग हमको अपने उकसावे के फन्दे में लाकर खत्म करना चाहते हैं, हम पर कीचड़ उछालकर एक ओर नये जीवन और नये समाज के प्रति, अपने आक्रोश और प्रतिहिंसा का परिचय देते हैं और दूसरी ओर सामान्य जनता के बीच हमें बदनाम करना चाहते हैं, उनके बीच हमारी जड़ खोदना चाहते हैं। साम्य के आधार पर एक नया समाज गढ़ना हमारा लक्ष्य है। विपक्षियों के ये भ्रामक नारे हमें मार्गच्युत नहीं कर सकते। अगर भावी का खाका हमारी आँखों के सामने साफ होगा, तो हमारी कोशिशों को विपक्षी क्या देते हैं क्या नहीं, इस बात से जरा भी विचलित हुए बगैर हम नवीन समाज के कार्य में सतत आगे बढ़ते ही जायेंगे और हमारी कोशिशों को निन्द्य सिद्ध करने के विपक्षियों के सारे प्रयत्न धूल में मिल जायेंगे। और हम स्वयं तो जानते ही हैं कि हमें किस जगह पर चोट करके क्या बदलना है, क्या तोड़ना है और क्या बनाना है। इसलिए प्रगतिवाद के इस नये नामकरण से हमारे नजदीक कोई अन्तर नहीं पड़ता और सामान्य जनता के बीच भी कोई अन्तर न पड़ेगा अगर हम धीरज के साथ नये समाज की तस्वीर उनके सामने रखते जायें। और हम ऐसा ही करेंगे।

'हंस', अप्रैल-मई, १९४३

मार्क्सवाद में पुनर्विचार

वर्तमान प्रौढ़ पीढ़ी के स्वतन्त्र चिन्तन का अधिकार चाहनेवाले लोगों में से बहुत बड़ी संख्या का आकर्षण मार्क्सवाद की ओर रहा है क्योंकि मार्क्सवाद ने मनुष्य को श्रुतियों, स्मृतियों के वचनों और परम्परागत विश्वासों की सीमाओं से स्वतन्त्र होकर अपनी परिस्थितियों और ऐतिहासिक अनुभवों के यथार्थवादी विश्लेषण के आधार पर, सभी सिद्धान्तों और मान्यताओं पर पुनर्विचार करने और सामाजिक विकास और कल्याण का मार्ग स्वयं निश्चय कर सकने की प्रेरणा दी है। मार्क्सवाद को पूर्णता और व्यावहारिक रूप देनेवाले महापुरुष लेनिन ने भी सैद्धान्तिक दासता या 'बाबावाक्यम् प्रमाणम्' के बन्धन से मुक्ति के लिए जबरदस्त सुझाव दिया था—"खरे सिद्धान्त की कसौटी है अमल।" स्वतन्त्र चिन्तन की प्रवृति और अधिकार की इच्छा से मार्क्सवाद की ओर आकर्षित होनेवाले लोगों को शायद ही अनुमान होगा कि राष्ट्रीय और अन्तरराष्ट्रीय क्षेत्रों में मार्क्सवाद के, समाजवाद के रूप में अमल में आने पर, वर्तमान परिस्थितियों और निकट अतीत के ऐतिहासिक अनुभवों के विश्लेषण के आधार पर वे स्वयं मार्क्स द्वारा प्रतिपादित सिद्धान्तों पर ही पुनर्विचार और उनमें संशोधन की अनिवार्य आवश्यकता अनुभव करने लगेंगे। और क्या अनुमान हो सकता था कि स्वतन्त्र चिन्तन और परम्परा से स्वीकृत मान्यताओं पर पुनर्विचार के अधिकार के लिए मार्क्सवाद का सहारा लेनेवाले लोग ही ऐसे पुनर्विचार (अर्थात् मार्क्सवाद पर पुनर्विचार) को उसी प्रकार अपराध मानने लगेंगे जैसे किसी समय धर्माध्यक्ष लोग श्रुति-स्मृति के वचनों पर पुनर्विचार की इच्छा को अक्षम्य अपराध मानते थे। कल तक विचार-स्वातन्त्र्य के समर्थकों के व्यवहार में इस अन्तर्विरोध की ओर ध्यान जाता है तो याद आ जाती है युक्रेनिया होटल (मास्को अगस्त १९६४) में बोरिस एलियाचेफ़ से अन्तिम बातचीत।

बोरिस दम्पति को मालूम था कि मैं ३ अगस्त सन्ध्या भारत लौटने के लिए होटल से चल दूँगा। इस दिन मध्याह्न भोजन के समय श्रीमती बोरिस अन्तिवे (फ्रान्स के दक्षिण) में समुद्र-तट के समीप अपने मकान की मोहक प्राकृतिक परिस्थिति का वर्णन कर मुझसे एक बार फ्रान्स अवश्य आने का अनुरोध कर रही थीं। बोरिस ने पत्नी को टोकने के लिए अनुमति माँगकर कहा, "हम लोग अनेक विषयों पर निःसंकोच और तटस्थता से बात-चीत करते रहे हैं। विदाई से पहले मैं एक नाजुक प्रसंग पर बात करना चाहता हूँ, सोवियत कम्युनिस्ट पार्टी तथा चीनी कम्युनिस्ट पार्टी के सैद्धान्तिक मतभेद और अन्तरराष्ट्रीय नीति के सम्बन्ध में, विशेषतः सैद्धान्तिक मतभेद के सम्बन्ध में आपका क्या विचार है?"

संक्षेप में उत्तर दिया, "मैं जितना जानता हूँ... या कहिये हम भारतीयों को तो अपने अनुभव से चीनी कम्युनिस्ट पार्टी की नीति और व्यवहार में कम्युनिस्ट जगत् का नेतृत्व सँभालने की स्पर्द्धा और अपनी सैनिक शक्ति के प्रदर्शन से एशिया में अपना प्रभाव बढ़ाने का प्रयत्न ही दिखायी देता है। ऐसा आज स्पष्ट हो गया है कि स्टैलिन मानवमात्र के लिए समान अवसर, अधिकार की समता और जनतन्त्रात्मक शासन की घोषणा के बावजूद कम्युनिस्ट जगत् के निरंकुश शासक होने का मोह नहीं दबा सका। वैसे ही जान पड़ता है कि माओ स्टैलिन के पश्चात् कम्युनिस्ट जगत् के नियामक और भाग्यविधाता का आसन चाहता है। स्टैलिन के शासनकाल में उसके व्यक्तिगत निर्णय ही सोवियत कम्युनिस्ट पार्टी के निर्णय होते थे। वैसी ही स्थिति चीन में जान पड़ रही है। सोवियत कम्युनिस्ट पार्टी माओ का नेतृत्व और नियन्त्रण स्वीकार करना नहीं चाहती। इसलिए माओ और उसके अनुयायी सोवियत नेताओं को मार्क्स के विश्व साम्यवाद न्यायवाद के सिद्धान्त के विरोधी कहते हैं...."

बोरिस ने सुनने का संकेत किया—"समस्या को इतने संक्षेप में और वैयक्तिक स्तर पर न लीजिये। स्थिति को जरा गहराई से, व्यापक रूप में और सैद्धान्तिक स्तर पर देखा जाये। यह सही है कि भारत की तरह सोवियत से भी चीन का सीमा विवाद उठ खड़ा हुआ है। फिलहाल उस बात को भी छोड़कर, दोनों के मतभेद को सैद्धान्तिक स्तर पर और तटस्थ भाव से देखने का यत्न करें। यह तो मानना पड़ेगा कि इस समय चीनी कम्युनिस्ट पार्टी का नेता माओ असाधारण विचार क्षमता का साहसी नेता है। उसका जीवन स्वार्थ के लिए संघर्ष का नहीं रहा। माओ ने सदियों से सामन्तवाद और साम्राज्यवाद द्वारा पददलित चीनी जनता को सचेत और संगठित कर एक महान् शक्ति बना दिया है। चीन के भीतर जनता की स्थिति क्या-कैसी है, इस विषय में मतभेद हो सकता है। बाहरी लोगों को स्वतन्त्र साधनों से वहाँ की जानकारी का कोई अवसर नहीं है। परन्तु यह तो निस्सन्देह है कि चीन दूसरों के लिए आशंका और आतंक का कारण शक्ति बन गया है। माओ ने चीन में अपनी सल्तनत नहीं, समाजवाद कायम किया है। उसका सोवियत से मतभेद भी मार्क्सवाद की शुद्धता के प्रश्न पर है। सब लोग जानते हैं कि चीनी कम्युनिस्ट ख्रुश्चेव आदि सोवियत नेताओं पर मार्क्सवाद में रिवीज़निज्म (संशोधन या पुनर्विचार करने का) आरोप लगाते हैं। प्रश्न है, आरोप सही है या गलत? "

"मैं तो इस आरोप को निरर्थक समझता हूँ," बोरिस को उत्तर दिया। "मेरी राय में तो कोई भी समझदार व्यक्ति मार्क्सवाद या किसी भी सिद्धान्त के महत्त्व को मानव समाज के हित या विकास की दृष्टि से ही परखेगा। किसी भी सिद्धान्त—चाहे मार्क्सवाद—पर दृढ़ता को ही मानव समाज के जीवन का लक्ष्य नहीं मान लिया जा सकता।" संकोच से रूसी मित्र वासिली की ओर देखा कि उसे बुरा तो नहीं लगा।

वासिली ने गर्दन झुकाकर अनुमोदन किया, "ठीक है, सिद्धान्त की परख तो व्यवहार से ही होती है, लेनिन ने यही कहा है।"

बोरिस ने फिर सुनने का अनुरोध किया, "हम लोगों की राय चाहे जो हो, मार्क्सवाद क्या कहता है, उसका प्रमाण तो मार्क्स के शब्दों को ही मानना होगा। हम तटस्थ दृष्टि से यह तो देख सकते हैं कि सोवियत के प्रति माओ का आरोप ठीक है या नहीं। यह प्रश्न बिलकुल दूसरा है कि मार्क्सवाद में संशोधन या पुनर्विचार उचित है या अनुचित।"

अनुमति का संकेत पाकर बोरिस ने कहा, "यह सर्वविदित है कि मार्क्स ने किसी एक देश में समाजवाद या कम्युनिज्म की स्थापना सम्भव नहीं मानी थी। सोवियत नेता मार्क्सवाद के इस मूल सिद्धान्त में संशोधन स्वीकार कर रहे हैं। इस के उदाहरण स्पष्ट हैं, पूँजीवादी राष्ट्रों के साथ उनकी सहअस्तित्व की नीति और क्यूबा के सम्बन्ध में उनका व्यवहार। हम सोवियत की विश्व शान्ति की नीति या अन्य व्यवहारों का समर्थन करते हैं, परन्तु हमारे समर्थन के बावजूद क्या माओ के आरोप मार्क्सवाद के शब्द प्रमाण के आधार पर सही नहीं हैं? मार्क्स के अनुसार समाजवादी और पूँजीवादी राष्ट्रों में सहअस्तित्व की कल्पना नहीं, संघर्ष ही आवश्यक था।"

"मुझे तो स्वयं माओ के आरोप में अन्तर्विरोध दिखायी देता है," बोरिस की बात पर आपत्ति की, "यदि मार्क्स के शब्दों—किसी एक देश में समाजवाद की स्थापना सम्भव नहीं है—को पूर्ण सत्य या विचार का आधार मान लिया जाये तो क्या सोवियत कम्युनिस्ट पार्टी, चीनी कम्युनिस्ट पार्टी और माओ को मान लेना चाहिए कि अभी सोवियत और चीन में भी समाजवाद स्थापित नहीं हो सका है और तब तक नहीं हो सकेगा जब तक कि अमेरिका और ब्रिटेन में भी समाजवाद स्थापित न हो जाये। हम क्या देख रहे हैं?"

"आपका अभिप्राय है कि समाजवाद की स्थापना की प्रक्रिया के सम्बन्ध में मार्क्स के अनुमान और कल्पना इतिहास द्वारा प्रमाणित नहीं हुए और मार्क्स की अनेक बातों पर पुनर्विचार की आवश्यकता स्वीकार की जानी चाहिए।" बोरिस मुस्कराये, "परन्तु मार्क्स के मूल सिद्धान्त की दृष्टि से माओ का आरोप भी ठीक मानना पड़ेगा।"

पूछ लिया, "माओ क्या कहता है, वह चीन में समाजवाद की - साम्यवाद की स्थापना का दावा करता है या नहीं?"

बोरिस को मुस्कराकर हामी भरते देख मैंने कहा, "इसका अर्थ है माओ स्वयं मार्क्स को झुठला रहा है या उसके मूल सिद्धान्त में संशोधन कर रहा है।"

बोरिस ने हँस दिया—"माओ को भी मार्क्सवाद की व्याख्या का अधिकार है।" बोरिस की हँसी में योग दिया, "ख्रुश्चेव और सोवियत नेताओं को और हमारे नेहरू को भी मार्क्सवाद की समयानुकूल व्याख्या का हक है। सब जानते हैं कि मार्क्स के मत से किसी भी देश में समाजवादी प्रणाली की स्थापना मज़दूरों की सशस्त्र शक्ति के प्रयोग से ही सम्भव है। परन्तु सोवियत नेता अन्तरराष्ट्रीय घटनाओं के अनुभवों के आधार पर मान रहे हैं कि संसार की वर्तमान परिस्थितियों में किसी भी देश में समाजवादी प्रणाली की स्थापना जनतन्त्रात्मक या जनमत के वैधानिक उपायों से भी हो सकती है। क्यूबा इसका उदाहरण है और देखिये, आज भारतीय सरकार या भारत का राजनीतिक बहुमत समाजवादी या श्रेणीहीन समाज की स्थापना का लक्ष्य स्वीकार कर रहा है परन्तु भारत का बहुमत मज़दूरों द्वारा सशस्त्र शक्ति से समाजवाद की स्थापना या शासन में उनका एकाधिपत्य कभी सहन नहीं कर सकेगा।"

मिसेज़ बोरिस भी बहुत ध्यान से सुन रही थीं। उन्हें अंग्रेजी बोलने में कुछ असुविधा होती थी परन्तु बोलीं, "नहीं, माओ या चीनी कम्युनिस्ट तो स्वीकार नहीं करते कि भारत सरकार समाजवादी प्रणाली को लक्ष्य मानती है। वह तो भारत को पूँजीवादियों का मोहरा कहते हैं।" स्वर ऊँचा कर बोलीं, "वह तो सोवियत पर भी समाजवाद को विकृत करने का आरोप लगाते हैं..."

"चीनी कम्युनिस्ट सोवियत को सिखाना चाहते हैं मार्क्सवाद क्या है," वासिली ने उद्विग्नता से कहा, "कौन नहीं जानता, चीनी जो कुछ भी कर सके हैं अपनी सफलता के लिए, एक-एक कील-काँटे तक के लिए हम पर निर्भर रहे हैं। आज वे हमारा मार्ग निर्देशन करना चाहते हैं।"

"चीनी कम्युनिस्ट पार्टी की सोवियत नीति भी तो मार्क्स के विचारों में अन्तर्विरोध का उदाहरण है," मैंने बोरिस को सम्बोधन किया है, "मार्क्स की कल्पना तो विश्वव्यापी समाजवाद या साम्यवाद की ही थी। मार्क्स दो समाजवादी राष्ट्रों में प्रतिद्वन्द्विता की कल्पना भी नहीं कर सकता था। उसका तो विचार था कि पूँजीवादी प्रणाली के अन्तर्विरोधों से उत्पन्न पूँजीवादी अन्तरराष्ट्रीय प्रतिद्वन्द्विता अनिवार्य है और यह प्रतिद्वन्द्विता ही पूँजीवाद को समाप्त कर देगी। आज हम स्पष्ट देख रहे हैं कि मार्क्स की कल्पना के विरुद्ध पूँजीवादी राष्ट्र सह-अस्तित्व और परस्पर सहयोग की नीति पर चल रहे हैं और विकट प्रतिद्वन्द्विता उत्पन्न हो गयी है कम्युनिस्ट राष्ट्रों में। मार्क्स इस स्थिति की कल्पना कैसे कर सकता था? उसके चिन्तन का आधार तो १८४८ तक के ऐतिहासिक अनुभव ही हो सकते थे। मार्क्स के बाद घटनाओं और परिवर्तनों की गति कितनी तीव्र हो गयी है। मार्क्स ने 'साधनहीनों के एकाधिपत्य' शब्दों का प्रयोग बहुत उत्साह से किया था। हमारे सामने 'साधनहीनों के एकाधिपत्य' के व्यक्तिगत एकाधिपत्य में बदल जाने का ऐतिहासिक उदाहरण मौजूद है। स्टैलिन के समय 'साधनहीनों के एकाधिपत्य' में सोवियत के लोगों ने जो कुछ सहा, उसे ख्रुश्चेव और मिकोयान जानते हैं या माओ। किसी दिन माओ द्वारा चीनी साधनहीनों के एकाधिपत्य की वास्तविकता भी सामने आयेगी। ऐसी परिस्थितियों और अनुभवों की उपेक्षा कैसे की जा सकती है?"

"यह सब ठीक है" बोरिस ने गम्भीरता से कहा। "यह भी ठीक है कि सोवियत के लोग आज शुद्ध मार्क्सवाद पर दृढ़ नहीं हैं।"

"मार्क्सवाद की शुद्धता ही ध्येय है तो," मेरा स्वर कुछ ऊँचा हो गया, "किसी ने ठीक ही कहा है, मार्क्सवाद को एक हाँडी में रख, जमीन में गाड़कर उसके ऊपर खड़े होकर मार्क्सवाद के लिए लड़ा जाय।"

वासिली ने सिर हिलाया, "यह तो मार्क्सवादी ढंग नहीं है। हम मार्क्सवाद को भौतिक द्वन्द्वात्मकवाद के आधार पर समझते हैं और उसी के अनुसार व्यवहार भी करते हैं। उसका तो अर्थ ही है परिस्थितियों और अनुभवों के आधार पर चिन्तन।"

बोरिस कोहनी मेज पर टिकाकर मुट्ठी पर ठोड़ी रखे सुन रहे थे। निःश्वास लेकर बोले, "ऐसा ही व्यवहार तर्कसंगत होगा।" फिर मुस्कराये, "परन्तु मैं कहना चाहता हूँ कि मार्क्स के सिद्धान्तों या विचारों में अन्तर्विरोधों को स्वीकार करने का श्रेय ख्रुश्चेव, मिकोयान और उनके सहयोगियों को ही नहीं है।" उन्होंने तर्जनी उठायी, "यह काम सबसे पहले किया था स्वयं लेनिन ने। तैंतालीस वर्ष पूर्व, समाजवाद की स्थापना के लिए व्यावहारिक समस्याएँ सामने आते ही।" बोरिस एलियाचेफ निःश्वास लेकर बोले, "मैं १९१७ की क्रान्ति के समय इस देश में न था। परन्तु १९१४ में अध्ययन के लिए लन्दन जाने से पूर्व तत्कालीन क्रान्तिकारी दल का सदस्य था और लेनिन से व्यक्तिगत परिचय था।"

बोरिस एलियाचेफ़ जन्म से रूसी होंगे, यह तो उनके नाम से और होटल के बैरों से और मेरी दुभाषिया से उनके स्वच्छन्द रूप में रूसी बोलने से ही अनुमान हो गया था।

उनकी आयु के विचार से अनुमान था कि शायद समृद्ध और बुद्धिजीवी वर्ग के होने के कारण समाजवादी क्रान्ति इन्हें अनुकूल न लगी होगी और यह स्वदेश छोड़कर फ्रान्स-इंग्लैण्ड में जा बसे होंगे। अपना कौतूहल पूरा करने के लिए उनके जीवन और अनुभवों के सम्बन्ध में अनेक प्रश्न पूछ डाले। उन्होंने समाधान भी किया। बोरिस १९१३ में ही मास्को विश्वविद्यालय से अर्थशास्त्र में ग्रेजुएट होकर, उसी संस्था में लेक्चरार नियत हो गये थे और विशेष अध्ययन के लिए लन्दन स्कूल भेज दिये गये थे। उस प्रकरण को छोड़कर चालू प्रसंग की ही बात कह रहा हूँ।

बोरिस ने बताया, "१९१७ में क्रान्ति के समय और १९२० तक लेनिन भी किसी एक देश में समाजवाद की स्थापना में सफलता सम्भव नहीं मानते थे। क्रान्ति के आरम्भ में यहाँ के बोल्शेविकों को आज्ञा थी कि संसार के औद्योगिक रूप से अधिक विकसित अन्य देशों के संगठित मज़दूर भी अपने देशों में एक साथ सफल क्रान्तियाँ करके विश्व समाजवाद की स्थापना में सहयोग देंगे। हम सब जानते हैं, मार्क्स के विचार से समाजवादी क्रान्तियों का आरम्भ औद्योगिक रूप से अधिक विकसित देशों ब्रिटेन, जर्मनी आदि में होना चाहिए था परन्तु वहाँ क्रान्तियाँ नहीं हो सकीं। इतिहास में लेखा मौजूद है कि उस समय संसार भर के पूँजीवादी और साम्राज्यवादी राष्ट्र सम्मिलित और संगठित आक्रमण द्वारा रूस में नयी स्थापित समाजवादी सरकार का जमाव असम्भव बनाये दे रहे थे। यहाँ नवस्थापित समाजवादी या बोल्शेविक पार्टी की सरकार की स्थिति साधनों के अभाव में कठिन ही नहीं असम्भव होती जा रही थी। लेनिन ने उस परिस्थिति को ध्यान में रखकर नीति बदली। उसने समाजवादी क्रान्ति को संसार भर में फैलाने के बजाय अपनी नवस्थापित समाजवादी सरकार के शासन को कम-से-कम क्षेत्र में समेट लिया। लेनिन ने मध्य एशिया तो क्या, जारशाही रूस के बड़े भाग उक्रेन तक को उसके भाग्य पर छोड़ दिया और पहले केवल रूस में ही समाजवाद को स्थापित और सफल कर सकने का निश्चय कर लिया। यह सर्वविदित ऐतिहासिक तथ्य है।"

बोरिस बोले, "मुझे लेनिन के इस नीति परिवर्तन से चोट लगी। उस समय ब्रिटेन से रूस आने के यत्न में बहुत जोखिम थी। मैं जोखिम झेलकर पीटर्सबर्ग (आधुनिक लेनिनग्राद) आया और लेनिन से भेंटकर उनके मार्क्सवादी सिद्धान्त के विरुद्ध नीति परिवर्तन के प्रति असन्तोष प्रकट किया। उस दिन सन् १९२१ के अप्रैल की १७ तारीख थी। लेनिन के शब्द मुझे तैंतालीस वर्ष बाद भी याद हैं। उन्हें भूला नहीं हूँ क्योंकि उस तारीख और लेनिन के शब्दों को मैंने अपने कई लेखों में हू-ब-हू उद्धृत किया है। लेनिन ने कहा था, "हम अपने अनुभव के और परिस्थितियों के यथार्थ की उपेक्षा कैसे कर सकते हैं? इस समय संसार भर के पूँजीवादी राष्ट्र सम्मिलित और संगठित सशस्त्र आक्रमण द्वारा यहाँ नवस्थापित समाजवादी प्रणाली को और हमें मिटा देने के लिए सभी सम्भव यत्न कर रहे हैं। यूरोपीय देशों के मज़दूर वर्ग क्रान्तियाँ नहीं कर सके, उनसे सक्रिय सहायता की आशा व्यर्थ है। हमें किसी से भी सहायता पा सकने की आशा नहीं रही है। इस समय हमारे सामने पहला काम है, अपनी भूमि और अपनी सरकार की रक्षा कर सकना। सब-कुछ इसी पर निर्भर करेगा। हमारी सैन्यशक्ति बहुत सीमित है। अपनी सैन्यशक्ति द्वारा हम जितने प्रदेश पर अपने शासन की रक्षा कर सकते हैं उसी सीमा में हम समाजवादी प्रणाली की स्थापना और रक्षा भी कर सकेंगे। अपने कार्य और सीमाओं को अपने रक्षा सामर्थ्य से अधिक फैलाकर शत्रु को हमें नष्ट करने का अवसर देना अव्यावहारिक नीति बल्कि आत्महत्या का मार्ग होगा। जो कुछ वास्तव में हमारे सामर्थ्य और हाथ में है, उसे स्वप्नों की प्राप्ति के लिए विध्वंस हो जाने देना

उचित नहीं।" लेनिन ने ऐसा ही किया भी। इसी नीति पर लेनिन और त्रात्सकी का मतभेद था, यह भी संसार जानता है। बताइये, लेनिन का यह काम, मार्क्स द्वारा प्रतिपादित सिद्धान्तों में, सामयिक अनुभव और स्थिति के यथार्थ के अनुकूल रिवीज़न (पुनर्विचार या संशोधन) नहीं था?"

स्वीकार किया, "जरूर था। कल्पना को यथार्थ या व्यवहार में परिणत करते समय चिन्तन पर ताला नहीं लगा दिया जा सकता। मार्क्स के लिए समाजवाद की स्थापना एक महत्त्वाकांक्षा या कल्पना ही थी परन्तु लेनिन के लिए कठिन व्यावहारिक समस्या थी। परन्तु परिस्थितियों के अनुसार सोचकर व्यवहार कर सकने के अधिकार के लिए मार्क्स के शब्दों या लेनिन के व्यवहार के प्रमाण प्रस्तुत करने की क्या आवश्यकता है? क्या जैसा वासिली कहते हैं, स्वयं मार्क्सवाद और मार्क्सवाद का आधार भौतिकवादी द्वन्द्वात्मक चिन्तन-प्रणाली यह प्रेरणा हमें नहीं देती?"

"सही है," बोरिस ने स्वीकार कर और फिर सुनने का संकेत किया, "लेनिन से इस वार्तालाप के उल्लेख का एक प्रयोजन है। आज चीनी कम्युनिस्ट नेता लेनिनवाद की कसमें खाकर सोवियत के कम्युनिस्टों पर मार्क्सवाद में संशोधन या रिवीज़न का आरोप लगा रहे हैं। मेरा उद्धरण प्रकट करता है कि मार्क्स और एंगल्स द्वारा प्रतिपादित समाजवाद के सुझावों या योजनाओं को व्यवहारिक रूप देने का अवसर आते ही उनके कुछ विचारों की अव्यावहारिकता या उनमें अन्तर्विरोध प्रकट होने लगे थे। लेनिन ने इस स्थिति को तुरन्त समझ लिया और मार्क्सवाद के मूल विचार में संशोधन से हिचका नहीं। मार्क्सवाद को समयानुकूल प्रगतिशील या विकासशील बनाये रखना ही लेनिनवाद है।"

"मेरा तो विचार है," वासिली की ओर संकोच से देखकर बोरिस को उत्तर दिया, "परिस्थितियों के अनुसार चिन्तन की स्वतन्त्रता के अधिकार के लिए किसी भी 'वाद' या शब्द प्रमाण (डोग्मा) की आवश्यकता नहीं होनी चाहिए। जो व्यक्ति द्वन्द्वात्मक भौतिकवाद के अनुसार सोचने का दावा करते हैं, उन्हें अपनी मान्यताओं पर पुनर्विचार में कभी संकोच नहीं होना चाहिए।"

बोरिस से ही नहीं वासिली से भी अनुमोदन का संकेत पाकर उत्साह से कह बैठा, "यदि हम सहमत हैं तो यह भी मानना पड़ेगा कि समाजवाद या मार्क्सवाद को व्यवहार में लाने पर इस प्रणाली में अनेक अन्तर्विरोध दिखायी दे सकते हैं, जिन्हें दूर करने के लिए नये समन्वयों या मार्क्स-एंगल्स के मूल सुझावों में परिवर्तनों की आवश्यकता स्वीकार की जानी चाहिए।"

"ऐसा हो सकता है - या हो गया है," बोरिस मुस्कराये। "मेरा तो ख्याल है कि कुछ अन्तर्विरोध तो आज भी अनुभव हो रहे हैं।"

वासिली चौंका, "क्या मतलब, समाजवाद मार्क्सवाद में अन्तर्विरोध। कैसे?"

बोरिस बोले, "पहला उदाहरण तो हैं दो कम्युनिस्ट राष्ट्रों में प्रतिद्वन्द्विता। मार्क्स-एंगल्स के अनुसार ऐसे द्वन्द्व की सम्भावना भी नहीं होनी चाहिए थी।"

"कम्युनिस्ट होने का दावा करनेवाले कुछ लोग," वासिली ने आपत्ति की, "मार्क्स और एंगल्स के विचारों को तोड़-मरोड़ डालें तो इसे मार्क्सवाद का अन्तर्विरोध नहीं कहना चाहिए।"

मिसेज़ बोरिस ने पूछ लिया, "कम्युनिज्म या मार्क्सवाद को कौन तोड़-मरोड़ रहा है, सोवियत या चीन?"

"कोई भी तोड़ रहा हो," बोरिस पत्नी को सुनने का संकेत कर बोले, "अगर यह गलती है तो कुछ-एक व्यक्तियों की नहीं, पूरे राष्ट्रों या कम्युनिस्ट-मार्क्सवादी सरकारों की है। दोनों राष्ट्र अपने देशों में सार्वभौम शक्ति हैं और विराट् सैन्यशक्ति से समृद्ध। दोनों अपने मत के समर्थन के लिए सैन्यशक्ति का प्रयोग कर सकते हैं। प्रश्न है कि उनमें कौन सही है?"

"इसे प्रतिद्वन्द्वी निश्चय करें या तटस्थ लोग-पूँजीवादी लोग।" श्रीमती बोरिस ने हंसी दबा न सकने से हाथ मुख के सामने कर लिया।

"मेरा एक प्रश्न है," सहसा मुझे सूझ गया, "मेरे विचार में तो मार्क्सवाद के 'साधनहीनों का एकाधिपत्य' (डिक्टेटरशिप आफ प्रोलिटेरियेट) शब्द या विचार में ही अन्तर्विरोध है।"

बोरिस दम्पति और वासिली के माथे पर प्रश्न के कौतूहल की रेखाएँ देखकर कहा, "मेरा अभिप्राय है कि प्रोलिटेरियेट (साधनहीन) लोग एक वर्ग या समूह हैं और डिक्टेटरशिप एक व्यक्ति की ही हो सकती है, समूह की नहीं। इतिहास में डिक्टेटरशिप के जितने भी उदाहरण हैं, निरंकुश वैयक्तिक शासन के हैं, किसी समूह की सत्ता या शासन के नहीं।"

वासिली ने इनकार में गर्दन हिलायी, "साधनहीनों की डिक्टेटरशिप का अर्थ है, साधनहीनों की प्रतिनिधि पार्टी का संयुक्त नेतृत्व और शासन।"

"यह तो मार्क्स-एंगल्स का सिद्धान्त और विचार था, लेकिन जब यह सिद्धान्त व्यवहार में लाया गया, इसका क्या रूप और परिणाम हुआ? स्टैलिन के नेतृत्व में सोवियत में साधनहीनवर्ग और स्वयं कम्युनिस्ट पार्टी के लोगों के जनतन्त्रात्मक अधिकारों और वैयक्तिक स्वतन्त्रता की क्या अवस्था हो गयी थी? और आज चीन में माओ के नेतृत्व में क्या हो रहा होगा?"

वासिली ने पुनः आपत्ति की, "यह सिद्धान्त पर सही अमल न करने का परिणाम था।"

"ठीक है," बोरिस मुस्कराये, "साधनहीनों के एकाधिकार के सिद्धान्त को व्यवहार में लाने के दो उदाहरणों का जिक्र किया गया है। दोनों ही जगह अमल में लाते समय यह सिद्धान्त विकृत हो गया।"

"इसका यह मतलब नहीं कि," मिसेज़ बोरिस बोलीं, "सिद्धान्त ही गलत है—पाल के शब्दों में—उसमें अन्तर्विरोध है।" और उन्होंने जम्हाई छिपाने के लिए होंठों पर हाथ रख लिया।

काफी विलम्ब हो रहा था, तीन बज चुके थे, चौहत्तर-पचहत्तर वर्ष के बोरिस जरूर थक गये थे, बोले, "मतभेद की बातों को छोड़कर हम इस बात पर तो सहमत हैं कि सिद्धान्त के खरेपन की कसौटी उसका व्यवहारिक परिणाम है और सिद्धान्तों को व्यवहार में लाते समय हमें अपनी परिस्थितियों और अनुभवों के आधार पर सिद्धान्तों पर पुनः विचार या उसमें संशोधन से झिझकना नहीं चाहिए।"

"निश्चय, निश्चय," वासिली ने स्वीकार किया, "यही तो द्वन्द्वात्मक भौतिकवाद की विचार पद्धति है।"

बोरिस उठने के लिए कुर्सी पीछे खिसकाते हुए बोले, "और द्वन्द्वात्मक भौतिकवाद ही मार्क्सवाद की आधारशिला है।"

वासिली को अनुमति का संकेत करते देख मिसेज़ बोरिस ने भी उठते-उठते सन्तोष प्रकट किया, "आखिर विदाई के समय हम लोग सहमत हो गये।"

मैं भी उठ खड़ा हुआ था। डाइनिंगहाल के दरवाज़े की ओर बढ़ते हुए कहे बिना न रह सका, "द्वन्द्वात्मक भौतिकवाद ही पर्याप्त समझा जाये। वह तो विचार की एक पद्धति है जो समय, स्थान और समय-विशेष में स्वीकृत मान्यताओं की सीमाओं से जकड़ी हुई नहीं है। वह हमारे नित्य बढ़ते ज्ञान, अनुभवों के आधार पर परिस्थितियों और सामयिक आवश्यकताओं के अनुसार चिन्तन की प्रेरणा है। बीते समय के ज्ञान, अनुभवों और चिन्तन के आधार पर बने सिद्धान्त विकास की तेज दौड़ में शीघ्र ही रूढ़ि बन जाते हैं। विकास की गति अति तीव्र होने पर यह प्रक्रिया भी अति तीव्र हो गयी है।"

बोरिस ने दरवाज़े पर विदाई के लिए हाथ मिलाते हुए कहा, "यही मैं भी कहना चाहता हूँ। इन्हें", उन्होंने वासिली की ओर संकेत किया, "मनाओ।"

वासिली ने बात नहीं मानी, बोल पड़ा, "द्वन्द्वात्मक भौतिकवाद ही मार्क्सवाद का 'दिग्द्योतक' है।"

१९६४

•

हिन्दी-उर्दू प्रश्न पर मार्क्सवादी दृष्टिकोण

किसी भी प्रश्न पर कोई दृष्टिकोण केवल इसलिए सही नहीं मान लिया जा सकता कि दृष्टिकोण के साथ किसी वाद का नाम जोड़ दिया गया है। प्रश्न पर उस वाद के दृष्टिकोण का तर्कसंगत प्रमाणित किया जाना भी जरूरी है। आज हिन्दी और उर्दू के प्रश्न का आधार यह है कि उत्तर प्रदेश की कांग्रेसी सरकार ने हिन्दी को उत्तर प्रदेश की राजभाषा स्वीकार कर लिया है। सरकार के इस निर्णय से उर्दू के समर्थकों को सन्तोष नहीं। अंजुमने-तरक्कि ए-उर्दू ए-हिन्द की माँग है कि "जम्हूरिए हिन्द के दस्तूर की दफा ३४७ के मातहत हम लोग जिनके दस्तख़त इस फ़ारम पर हैं ऐलान करते हैं कि हमारी ज़बान उर्दू है और हम उर्दू बोलनेवाले इस रियासत में क़ाबिले लिहाज़ तादाद में हैं और उर्दू को इस्तेमाल करते हैं और आइन्दा भी इस्तेमाल करना चाहते हैं। लिहाज़ा हम मजकूराबाला दफ़ा के मुताबिक ये मुतालबा करते हैं कि रियासत उत्तर प्रदेश में इस जबान को तस्लीम किया जाये और इसे सरकारी तौर पर तमाम रियासत के महकमों, अदालतों, पोलीस, सरकारी ऐलानों और तालीम में इस्तेमाल किया जाये।" इस माँग के पक्ष या विपक्ष में मत निश्चय करने के लिए आवश्यक है कि पहले यह समझ लिया जाय कि क्या हिन्दी को उत्तर प्रदेश की राजभाषा मान लेने से उर्दू के साथ अन्याय हुआ है? क्या उर्दू और हिन्दी पृथक्-पृथक् भाषाएँ हैं? उत्तर प्रदेश की जनता के भावी विकास के लिए भाषा-सम्बन्धी नीति क्या होनी चाहिए? इन तीनों प्रश्नों पर मार्क्सवादी दृष्टिकोण क्या है?

अंजुमने-तरक्किए-उर्दूए-हिन्द की माँग और आन्दोलन का आधार यह है कि हिन्दी को उत्तर प्रदेश की राजभाषा स्वीकार कर लेने से उर्दू के साथ अन्याय हुआ है। यह अन्याय इसलिए है कि उर्दू हिन्दी के अन्तर्गत शैली नहीं, बल्कि हिन्दी के समान ही एक स्वतन्त्र भाषा है जिसकी अपनी अलग लिपि है। कम्युनिस्ट पार्टी द्वारा नियोजित कल्चरल कमीशन की सब-कमिटी ने हिन्दुस्तानी राष्ट्र और राष्ट्रीय भाषा के प्रश्न पर एक मसविदा (ड्राफ़्ट) तैयार किया है। यह मसविदा उर्दू-हिन्दी के प्रश्न पर अली सरदार जाफ़री के लेख के साथ 'इण्डियन लिट्रेचर' के दूसरे अंक में प्रकाशित हुआ है। इस मसविदे में हिन्दुस्तान और हिन्दुस्तानी राष्ट्र शब्दों का प्रयोग भारत या इण्डिया के समानार्थक नहीं, बल्कि केवल उत्तर प्रदेश के लिए किया गया है जो इस शब्द के परम्परागत प्रयोग और अर्थ के अनुसार ठीक है। इस मसविदे में भारतीय कम्युनिस्ट पार्टी द्वारा १९४६ में विधान परिषद् (कन्स्टीच्युएण्ट एसेम्बली) के सामने पेश करने के लिए हिन्दुस्तान अर्थात् उत्तर प्रदेश को राष्ट्रीयता, भाषा और संस्कृति की दृष्टि से एक जनता की मातृभूमि माना गया है।

कल्चरल कमीशन की सब-कमिटी ने उत्तर प्रदेश की राष्ट्रीयता और भाषा के प्रश्न पर ब्योरेवार ऐतिहासिक विवेचन किया है और इस परिणाम पर पहुँची है कि पिछली पाँच-छह शताब्दियों में उत्तर प्रदेश की भूमि में कई राष्ट्रीयताओं, सम्प्रदायों, संस्कृतियों और भाषाओं के प्रभाव पड़ते रहे हैं। उत्तर प्रदेश की जनता ने इनमें से कई प्रभावों को आत्मसात् करके भी अपनी राष्ट्रीयता, संस्कृति और भाषा की रक्षा की है और इन सभी दृष्टियों से यह लोग अब भी अविभाज्य हैं। बाहर से आनेवाले लोगों को आत्मसात् करके भी इस भूमि की राष्ट्रीयता नहीं बदली, न ही यहाँ किसी नयी राष्ट्रीयता ने जन्म लिया है। इसी प्रकार तुर्की, अरबी, फ़ारसी और अंग्रेजी के प्रभावों को आत्मसात् करके भी इस प्रदेश की जनता ने अपनी भाषा हिन्दी और लिपि नागरी की रक्षा और विकास किया है। इन बाहरी भाषाओं के प्रभाव से इस भूमि में किसी नयी भाषा का जन्म नहीं हुआ। इस प्रकरण में कामरेड स्तालिन के भाषा-सम्बन्धी सिद्धान्त का हवाला देकर यह भी कहा गया है कि उत्तर प्रदेश की भाषा की ऐतिहासिक एकता के उदाहरण से स्तालिन का यह सिद्धान्त ठीक प्रमाणित होता है कि किसी एक भाषा के दूसरी भाषा के सम्पर्क में आने से वह भाषा सम्पर्क में आनेवाली भाषा के शब्दों को आत्मसात् तो कर लेती है, परन्तु दो भाषाओं के मेल से किसी नयी भाषा का जन्म (अर्थात् उत्तर प्रदेश की परम्परागत हिन्दी भाषा के अरबी और फ़ारसी के सम्पर्क में आने से नयी उर्दू भाषा का जन्म) नहीं हो सकता। भाषाविज्ञान के पण्डित सुनीति कुमार चटर्जी ने भी कुछ वर्ष पहले यह मत प्रकट किया था। अरबी और फारसी का प्रभाव हिन्दी की वर्तमान शैली पर जरूर पड़ा है और इन भाषाओं के शब्दों को अपनाये उर्दू शैली भी हिन्दी में चल पड़ी। उत्तर प्रदेश की मूल भाषा के लिए ऐतिहासिक रूप से हिन्दी या हिन्दवी का नाम चला आया है। ऐतिहासिक दृष्टि से इस विषय में कोई मतभेद नहीं हो सकता।

कल्चरल कमीशन की सब-कमिटी के कुछ उल्लेख बहुत ही महत्त्वपूर्ण हैं। उदाहरणतः सत्रहवीं सदी के विदेशी यात्रियों पेरी, पियेत्रोदेल्लावाले, कासिनों बेलीगात्ती आदि का यह लिखना कि इस देश की भाषा में अरबी-फारसी के पर्याप्त शब्द मिल जाने पर भी इस देश की भाषा एक ही थी और वह बायीं ओर से दायीं ओर को नागरी लिपि में लिखी जाती थी, उस समय की लिपि और भाषा सम्बन्धी स्थिति को स्पष्ट कर देता है। अली सरदार जाफरी ने इस उद्धरण का विरोध कर दक्षिण भारत में चौदहवीं-पन्द्रहवीं शताब्दी में ही उर्दू लिपि में तसव्वफ के विषय पर लिखे ग्रन्थों के मौजूद होने की बात लिखी है। जाफरी की बात ठीक हो सकती है, परन्तु किसी शताब्दी में किसी लिपि में एक-दो ग्रन्थों का लिख दिया जाना उस लिपि को उस सदी की लिपि नहीं बना देता। विदेशी यात्री उसी लिपि का परिचय पायेगा जिसे उस समय के सर्वसाधारण प्रयोग करते होंगे। तिस पर प्रश्न है, उत्तर प्रदेश की ऐतिहासिक लिपि का, दक्षिण भारत का नहीं।

सब-कमिटी के मसविदे के अनुसार उत्तर प्रदेश में सरकारी तौर पर उर्दू लिपि के प्रयोग का उल्लेख पहले पहल शेरशाह सूरी के समय से मिलता है और अकबर द्वारा फारसी को राजभाषा और लिपि बना देने का भी उल्लेख है। अकबर का यह फ़रमान इस देश की तत्कालीन जनता पर एक प्रकार जब्र ही था। जनता ने फारसी को अपनी भाषा और लिपि के तौर पर कभी स्वीकार नहीं किया। समय आने पर इस जब्र का विरोध जनता की राष्ट्रीय भावना के कारण प्रकट हुआ। उसमें फारसी के प्रति विरोध या साम्प्रदायिकता की भावना

ढूँढ़ना जबरदस्ती है। उस समय जनता की भाषा क्या रही इसका प्रमाण सोलहवीं सदी के मुस्लिम कवि कुतुबन के काव्य 'मृगावती' और मजाहकी के काव्य 'मधुमालती' से लग सकता है। इसी समय तुलसीदास का 'रामचरितमानस' प्रणीत हुआ। मौलाना हबीबुर्रहमान शेरवानी का भी मत है कि शाहजहाँ के समय तक भी हिन्दी से पृथक् उर्दू भाषा का अस्तित्व न था। यहाँ तक कि उस समय दिल्ली के उर्दू बाजार का नाम भी उर्दू बाजार न था। सब-कमिटी ने बहुत स्पष्ट शब्दों में इस भ्रम का निराकरण किया है कि हिन्दू और मुस्लिम संस्कृतियों के मेल से उर्दू भाषा का जन्म हुआ है और यह भाषा हिन्दू-मुस्लिम एकता की प्रतीक है। तुर्कों और मुगलों के सम्पर्क से उत्तर प्रदेश में किसी नयी संस्कृति और भाषा का जन्म नहीं हुआ है, बल्कि इस प्रदेश की परम्परागत संस्कृति और भाषा ने नये प्रभावों को आत्मसात् कर अपने आधुनिक रूप का विकास किया है। नयी भाषा पैदा हो जाने की बात अवैज्ञानिक है और ऐसा करना भाषा को संस्कृति और सम्प्रदाय के साथ मिला देना है। इस सिद्धान्त के आविष्कार का प्रयोजन भाषा और संस्कृति के क्षेत्र में साम्राज्यवादी षड्यन्त्र के लिए गुंजाइश करना है (इण्डियन लिट्रेचर अंक २, पृष्ठ २२, पैरा ५)। अली सरदार जाफरी का कहना है कि उर्दू का विकास सत्रहवीं सदी में ही हो चुका था, वह उर्दू लिपि में लिखी भी जाती थी। पर उस समय उसे हिन्दी या ज़बाने-हिन्दुस्तान कहा जाता था। शेरशाह के समय से उत्तर प्रदेश की भाषा हिन्दी को सरकारी काम-काज में और बाद में साहित्य रचना के लिए भी उर्दू या फारसी लिपि में भी लिखे जाने का कारण बाहर से भारत में नये आनेवाले ऐसे लोगों की सुविधा का विचार था जो कि उत्तर प्रदेश की लिपि नहीं जानते थे या जिन्हें इसका अभ्यास नहीं था।

जाफरी ने तत्कालीन उर्दू शायरों के जो उदाहरण दिये हैं उनके बारे में उन्होंने स्वयं ही कहा है कि उनकी शैली में अरबी-फारसी के शब्द बहुत कम थे। इस शायरी में फारसी लिपि का प्रयोग इस लिपि के प्रति आकर्षण से नहीं, बल्कि मजबूरी में जीविका के लिए इस लिपि का अभ्यास कर लेने के कारण किया गया। उन्नीसवीं सदी की उर्दू कविता के जो उदाहरण जाफरी ने 'रानी केतकी की कहानी' और 'सुरीली बंसरी' दिये हैं, उनमें शायरों का दावा फारसी या अरबी का एक भी शब्द उपयोग किये बिना पूरा काव्य लिख डालने का था जो उन्होंने पूरा कर दिखाया। फारसी-अरबी शब्दों के प्रयोग न करने की प्रवृत्ति इस बात का मनोवैज्ञानिक प्रमाण है कि ये कवि अरबी-फारसी को अपने प्रति जब्र समझते थे।

उस समय ऐसी शैली या भाषा को **खालिस उर्दू** कहा जाता था। आज इसी को बहुत-से लोग **खालिस हिन्दी** कहते हैं। इन कवियों की रचनाओं में अरबी-फारसी का एक भी शब्द न होते हुए भी जाफरी इसे उर्दू ही कहने का आग्रह क्यों करते हैं? केवल इसलिए कि वह उर्दू या फारसी लिपि में लिखी गयी थी। अर्थात् लिपियों में अन्तर आ जाने पर भी हिन्दी और उर्दू में भेद न था। भाषा वह एक ही थी। उर्दू लिपि का जहाँ-तहाँ प्रयोग शासन की कृपा के लिए दीनता के कारण था, किसी स्वाभाविक विकास के कारण नहीं।

आज उर्दू का वह रूप नहीं है जिसका उदाहरण जाफरी ने **खालिस उर्दू** के नाम से पेश किया है। आज का खालिस उर्दू साधारण हिन्दी शैली से कितना भिन्न है यह 'अंजुमने-तरक्किए-उर्दूए-हिन्द' के नाम से और उनकी दरखास्त की भाषा से ही जाहिर है। जाफरी का दावा है कि उन्होंने अपनी कविताएँ प्रायः ही हिन्दी कवि-सम्मेलनों में सुनायी हैं और कभी किसी को समझने में कठिनाई नहीं हुई। यह दावा सही होता तो अच्छा ही

था। मुझे भी जाफरी की शायरी सुनने का अवसर मिला है। लेकिन अपनी कमी मानने के लिए मजबूर हूं कि मैं उसे पूरा नहीं समझ सका और मैं उन चन्द हिन्दी लिखनेवालों में से हूँ जो उर्दू भी पढ़ लेते हैं। कृष्णचन्दर की भाषा के लिए भी मैं यही कहने के लिए मजबूर हूँ।

जब मुगल-काल में भी हिन्दी-उर्दू दो भाषाओं के रूप में अलग-अलग नहीं थीं तो यह भेद और प्रश्न उठा कब से? इस प्रश्न का भी सब-कमिटी ने अपने मसविदे में बहुत स्पष्ट और ऐतिहासिक उत्तर दिया है। गिलक्राइस्ट, रिजले और ग्रियर्सन आदि अंग्रेज भाषा-शास्त्री 'अपनी घृणित शासन-व्यवस्था' के प्रति हिन्दुओं और मुसलमानों के संयुक्त विरोध से भयभीत थे। उन्होंने उत्तर प्रदेश की जनता के इतिहास में भ्रमपूर्ण धारणाएँ उत्पन्न कीं और उनकी भाषा के विकास के सम्बन्ध में नये-नये सिद्धान्त गढ़ डाले। जैसे उन्होंने तामिलनाडु में ब्राह्मण-अब्राह्मण का प्रश्न खड़ा किया, केरल में ईसाई और गैर-ईसाई की समस्या उठा दी, बंगाल और बिहार के लोगों में पूँजीवादी राष्ट्रीय भावना की प्रतिद्वन्द्विता जगा दी, वैसे ही उन्होंने उत्तर प्रदेश में साम्प्रदायिक द्वेष भाव फैलाया। यहाँ उन्होंने पुलिस में मुसलमानों को खास तौर पर भरती करना शुरू किया और अपनी नौकरशाही का काम चलाने के लिए एक जटिल भाषा गढ़ डाली और इसके लिए फारसी लिपि नियत कर इसका नाम उर्दू रख दिया। अंग्रेजी राज में चलनेवाली इस उर्दू का शैदा, मीर और नजीर की भाषा से कोई सम्बन्ध नहीं जैसे कि साधारण हिन्दी से डॉक्टर रघुवीर के बनाये पारिभाषिक शब्दों का कोई सम्बन्ध नहीं। इस जटिल भाषा द्वारा अंग्रेजी राज की पुलिस और नौकरशाही किसानों और सर्वसाधारण का दमन करती रही हैं। अंजुमने-तरक्किए-उर्दूए-हिन्द और उनके समर्थक इसी भाषा और लिपि को हिन्दी के समान राजभाषा स्वीकार कर लेने की माँग को प्रजातन्त्रात्मक माँग बता रहे हैं।

सब-कमिटी के मसविदे के इस विश्वास योग्य विश्लेषण के अनुसार अंग्रेजी नौकरशाही की नीति ने हिन्दी की आधुनिक उर्दू शैली को जटिल रूप देकर उसे पृथक् भाषा बनाने का यत्न इसलिए किया कि अंग्रेज इस देश की जनता को एकता और भावी संयुक्त विकास का अवसर नहीं देना चाहते थे। इसी नीति के अनुसार अंग्रेज नौकरशाही के परम सहायक सैय्यद अहमद खाँ ने हिन्दी और फारसी के संयोग से एक नयी भाषा उर्दू की पैदाइश की और भारत की इस्लाम को अपना लेनेवाली जनता की नयी राष्ट्रीयता के सिद्धान्त निकालकर सर का खिताब पाया था। दो भाषाओं का संयोग होने पर यह तो सम्भव है कि दोनों भाषाएँ एक-दूसरी भाषा के शब्दों और शैली को अंशतः अपनाकर समृद्ध हो जायँ, परन्तु उनमें से तीसरी भाषा उत्पन्न हो जाय यह कामरेड स्तालिन और सुनीति कुमार चटर्जी के भाषाविज्ञान-सम्बन्धी नियमों के अनुसार सम्भव नहीं। संसार के अनेक राष्ट्रों और भाषाओं के उदाहरणों की मीमांसा करने पर भी दो भाषाओं के विवाह से तीसरी भाषा की उत्पत्ति का उदाहरण कहीं नहीं मिलता। यह सिद्धान्त केवल अंग्रेजी कूटनीति की सहायता के लिए गढ़ा गया था। इस सिद्धान्त ने उस कूटनीति की सहायता की और अब भी उत्तर प्रदेश की एक राष्ट्रीयता में दो भाषाओं को मान्यता देने की जिद्द का वही परिणाम हो रहा है जिसके लिए अंग्रेज नौकरशाही ने इस सिद्धान्त का आविष्कार किया था। एक राष्ट्रीयता में भाषाएँ दो हो सकती हैं या नहीं? इस विषय में कामरेड स्तालिन ने अपनी छोटी पुस्तक 'मार्क्सवाद और राष्ट्रीयता का प्रश्न' में स्पष्ट लिखा है : प्रत्येक राष्ट्र में एक साझी भाषा होती है। यह

आवश्यक नहीं कि राष्ट्रीयता में भेद होने पर भाषा भी बदल जाय। यह सम्भव है कि दो या अनेक राष्ट्रों की एक ही भाषा हो जैसे अमेरिका और इंग्लैण्ड की या जर्मनी और आस्ट्रिया की भाषा एक है। परन्तु एक राष्ट्रीयता में किसी भी समय अनेक भाषाएँ नहीं हो सकतीं (इण्डियन लिट्रेचर अंक २, पृष्ठ २२, पैरा २)। उत्तर प्रदेश की भाषा के प्रश्न को मार्क्सवादी दृष्टिकोण से देखनेवालों के लिए कामरेड स्तालिन के इस उद्धरण के बाद उत्तर प्रदेश में हिन्दी और उर्दू दो भाषाएँ मानने का अर्थ उत्तर प्रदेश में दो राष्ट्रीयताएँ मानना भी हो जाता है।

कुछ लोग सर सैय्यद अहमद खाँ के हिन्दी और फारसी के सम्पर्क से एक नयी भाषा उर्दू का जन्म हो जाने के सिद्धान्त में विश्वास कर सकते हैं। यदि ऐसा माना जाय तो फिर उर्दू के लिए सर कैम्पबेल की परिभाषा—उर्दू, हिन्दी और फारसी की हरामी औलाद है—को भी ठीक मानना पड़ेगा। सर सैय्यद और सर कैम्पबेल के षड्यन्त्र से बचने का रास्ता भाषाशास्त्र के नियमों के अनुसार यह देखना है कि हिन्दी और फारसी के सहयोग से क्या सचमुच नयी भाषा बन गयी है? भाषाशास्त्र की सूक्ष्मताओं में न फँसकर यही देख लेना काफी है कि हिन्दी और उर्दू में भेद क्या है? जाफरी साहब ने खालिस उर्दू के जो उदाहरण दिये हैं, उनमें हिन्दी-उर्दू का भेद केवल लिपि का है, भाषा का नहीं। और उत्तर प्रदेश में उर्दू लिपि का प्रयोग इस लिपि के गुणों के प्रति आकर्षण से नहीं, ऐतिहासिक परिस्थितियों की मजबूरी से आरम्भ हुआ था। लिपि से ही भाषा निश्चित होती हो ऐसा भी नहीं माना जा सकता। अंग्रेजी, फ्रेंच, जर्मन, स्पेनिश, इटालियन भाषाओं की लिपि एक ही है परन्तु वे एक भाषा नहीं। हो सकता है कि कुछ लोगों की यह राय हो कि आरम्भ में हिन्दी-उर्दू चाहे एक रही हों, लिपियों में भेद हो जाने के बाद उर्दू शनैः-शनैः अरबी-फारसी की कलम पर पनपकर बिलकुल मुख्तलिफ जात का फल बन गयी है। भाषाशास्त्र के नियमों के अनुसार, जिसकी गवाही सुनीति कुमार चटर्जी और कामरेड स्तालिन देते हैं, ऐसा कभी हुआ नहीं, न हो सकता है। लेकिन कुछ लोग मार्क्सवादी सिद्धान्तों और सुनीति कुमार चटर्जी और कामरेड स्तालिन के समर्थन की परवाह न कर स्वयं अपनी परख पर ही विश्वास करना आवश्यक समझते हैं।

प्राचीन उर्दू शैली के उदाहरणों को छोड़कर उर्दू हिन्दी से पृथक् होने का दावा करती हैं। सैय्यद की दो भाषाओं और दो राष्ट्रीयताओं के सिद्धान्त की विरासत को सम्हालनेवाले सर इकबाल से बड़ा उर्दू का दूसरा कौन शायर समझा जा सकता है? इकबाल की उर्दू का उदाहरण यह है "सारे जहाँ से अच्छा हिन्दोस्ताँ हमारा। हम बुलबुले हैं इसकी यह गुलिस्ताँ हमारा। गोद में खेलती हैं इसकी हजारों नदियाँ...." आदि आदि। अगर इन शेरों को 'जहाँ' और 'गुलिस्ताँ' दो फारसी शब्दों के कारण हिन्दी से भिन्न उर्दू भाषा मान लिया जाये तो जहाँ और गुलिस्ताँ की जगह वर्ल्ड और गार्डन शब्द लगा देने से यह एंग्लो-इण्डियन भाषा हो जायेगी। यदि इस शेर को इकबाल की शायरी का प्रतिनिधि उदाहरण न माना जाय और कहा जाय कि वे प्रायः कठिन उर्दू लिखते थे तो हम इसी परिणाम पर पहुँचेंगे कि अरबी-फारसी के शब्दों का प्रयोग अधिक करने पर उनकी उर्दू शैली इस देश की सर्वसाधारण जनता के लिए कठिन हो जाती थी। यह नहीं कह सकेंगे कि भाषा ही बदल जाती थी। कठिन-से-कठिन उर्दू के वाक्यों से भी यदि हम उनमें प्रयोग किये गये क्रियापदों व क्रियाओं आदि को निकाल दें तो उर्दू का कोई भी वाक्य सार्थक नहीं हो सकता या वाक्य बन ही नहीं सकता। भाषाशास्त्र के नियमों के अनुसार भाषा की पहचान उसमें आत्मसात् हो गये

अन्य भाषाओं के शब्दों से नहीं, बल्कि उस भाषा की क्रियाओं, क्रियापदों, सर्वनामों और मूलभूत शब्द भण्डार से होती है। उर्दू में भाषा का यह आधार हिन्दी से पृथक् नहीं। इसलिए वह हिन्दी की एक शैली मात्र है, पृथक् भाषा नहीं। उसे उर्दू न कहकर हिन्दी इसलिए कहा जाता है कि वह उर्दू शैली के आरम्भ से पहले ही मौजूद थी। यदि कुछ लोग हिन्दी के मूल आधार को अपनाकर भी उसे उर्दू ही कहकर शेष जनता से अपनी अलहदगी अनुभव करने का सन्तोष चाहते हैं तो करें, पर हिन्दी के राजभाषा स्वीकार किये जाने पर उसकी एक शैली के रूप में उर्दू उसमें स्वयं ही सम्मिलित हो जाती है। हाँ, उर्दू लिपि नहीं। लिपि के प्रश्न पर अलग से विचार करना होगा।

यह भी दावा किया जाता है कि उत्तर प्रदेश में क़ाबिले लिहाज़ या सबस्टांशल अर्थात् काफी बड़ी संख्या की मातृभाषा उर्दू है। यह क़ाबिले लिहाज़, यह सबस्टांशल संख्या प्रेस ट्रस्ट ऑफ इण्डिया द्वारा प्रकाशित आँकड़ों के हिसाब से ६ प्रतिशत से अधिक नहीं बैठती। प्रश्न यह है कि क्या यह ६ प्रतिशत लोग उत्तर प्रदेश की शेष जनता से पृथक् किसी विशेष भाग में रहते हैं? यदि यह सब इस प्रदेश की ६ करोड़ ३२ लाख जनता में आटे में किरकरी की तरह मिले हैं तो यह प्रतिशत लोग जो भाषा बिना किसी शिक्षा के, माँ के दूध के साथ सीखते हैं वह क्या उनके पड़ोसियों की भाषा से पृथक् होती है? इस प्रश्न का उत्तर हाँ में देना कठिन होगा। जो बात तथ्य नहीं उस पर तूमार क्यों खड़ा किया जाय? शेष जनता की भाषा से अलहदगी की भावना का आधार कुछ लोगों का यह दावा करना है कि उनकी मातृभाषा उर्दू है। मंच पर से ऐसा दावा करने के लिए अंजुमने-तरक्किए-उर्दूए-हिन्द के पास कुछेक कायस्थ और कश्मीरी सज्जन भी हैं जिनके परिवारों में वही भाषा बोली जाती है जो शेष लोगों के परिवारों में। लोगों की मातृभाषा क्या समझी जाय—इसके बारे में अंजुमने-तरक्किए-उर्दूए-हिन्द का फैसला है कि लोगों से पूछ लिया जाय। पूछने के बजाय स्वयं अपने कानों से सुन क्यों न लिया जाय कि अमुक व्यक्ति या अमुक परिवार क्या भाषा बोलता-समझता है? भाषा और मातृभाषा व्यक्तिगत और पारिवारिक चीज नहीं हो सकती। भाषा सदा बिरादरी और समूह और समाज की चीज होती है। अन्सारी, कौल और जाफरी साहब अपनी मादरी जबान के बारे में जो ऐलान करते हैं उसकी तसदीक यह देखकर करनी होगी कि उनकी बिरादरी क्या भाषा बोलती है और यदि अपनी मातृभाषा के सम्बन्ध में उनकी भावना वास्तविक तथ्य से भिन्न है तो इस भावना या दृष्टिकोण का रहस्य समझना भी आवश्यक है।

अंजुमने-तरक्किए-उर्दूए-हिन्द की मनचाही भाषा या मादरी जबान में शिक्षा दी जाने की माँग की वास्तविकता तब खुलती है जब प्रदेश के ८६ प्रतिशत अशिक्षित लोगों को शिक्षा देने का प्रश्न सामने आता है। ऐसे लोग निश्चय ही स्थानीय भाषाएँ अवधी, ब्रज, पहाड़ी, भोजपुरी, पछाही, बुन्देलखण्डी आदि बोलते हैं जो हिन्दी की बोलियाँ हैं। अंजुमने-तरक्किए-उर्दूए-हिन्द की माँग है कि ऐसे लोगों को साक्षर बनाते समय पूछ लिया जाये कि वे देवनागरी लिपि में शिक्षा चाहते हैं या उर्दू लिपि में? इस प्रदेश की राष्ट्रीय भाषा और राजभाषा हिन्दी और लिपि नागरी मानते हुए और यह जानते हुए कि लोगों की बोली या भाषा एक है, उन्हें दो लिपियों में बाँटने के प्रस्ताव का आधार लोगों की साम्प्रदायिकता के अतिरिक्त और क्या हो सकता है? और यह बँटवारा साम्प्रदायिक भेदभाव को बढ़ाने के अतिरिक्त और क्या करेगा?

अंजुमने-तरक्किए-उर्दूए-हिन्द की माँग को साम्प्रदायिक कहना अंजुमन को तो बुरा लगता ही है, कुछ प्रगतिशील कहलानेवाले लोगों अथवा कम्युनिस्ट पार्टी के लोगों को भी यह अन्याय जान पड़ता है। यदि इस माँग की जड़ में साम्प्रदायिकता नहीं है तो साक्षरता के लिए जनता को दो लिपियों में बाँटने के प्रश्न का दूसरा कोई क्या आधार हो सकता है? सभाओं और जलसों में तो यही कहा जाता है कि उर्दू मुसलमानों की मज़हबी ज़बान नहीं है। यह ज़बान दो तमद्दुनों का मुरक्का (दो संस्कृतियों का मेल) है। यह भी सही है कि अंजुमने-तरक्किए-उर्दूए-हिन्द ने जिस दरख़ास्त पर बीस लाख दस्तख़त करवाये हैं उसमें साम्प्रदायिकता का शब्द नहीं है, परन्तु दस्तख़त करवाने का ढंग साम्प्रदायिकता का ही रहा है। यह बात तो अंजुमन के कारकुन भी स्वीकार करते हैं कि उत्तर प्रदेश में बीस लाख व्यक्तियों ने स्वयं दरख़ास्त को पढ़कर दस्तख़त नहीं किये हैं क्योंकि उत्तर प्रदेश में बीस लाख उर्दू पढ़े-लिखे लोगों की कल्पना नहीं की जा सकती। दरख़ास्त का मज़मून उन्हें समझाया गया है। यह मज़मून किस तरह समझाया गया है? मैं विश्वस्त सूत्र से कह रहा हूँ कि रामपुर और मुरादाबाद की अशिक्षित मुस्लिम जनता के सामने यह प्रश्न नहीं रखा गया कि जो भाषा तुम बोलते हो उसकी रक्षा की माँग है, बल्कि यह कि मुसलमानों की भी तो कोई ज़बान होनी चाहिए। अलीगढ़ में प्रगतिशील लेखक संघ या कम्युनिस्ट पार्टी से सहानुभूति रखनेवालों को भी अंजुमन की दरखास्त पर हस्ताक्षर इकट्ठे करने की चढ़ाई में समेटा गया। कुछ लोगों के यह आपत्ति करने पर कि जब लोग उर्दू बोलते नहीं तो उनसे मातृभाषा उर्दू की रक्षा की माँग पर दस्तखत कराना उचित कैसे! उत्तर दिया गया कि प्रश्न केवल भाषा या मातृभाषा का नहीं, बल्कि प्रश्न अल्पसंख्यक मुस्लिम जनता के अधिकारों और भाषा का (Right of Muslim Minority and Language Question) है। अल्पसंख्यक मुस्लिम जनता की मातृभाषा उर्दू है, यह धारणा पहले बना ली गयी है और फिर उनके अधिकारों की दुहाई के नाम पर उनके लिए पृथक् भाषा और उसी माध्यम से पृथक् राष्ट्रीयता की माँग उठायी जा रही है। यह माँग साम्प्रदायिक नहीं तो क्या है?

उत्तर प्रदेश की अल्पसंख्यक मुस्लिम जनता की भाषा क्या है, यह १९५१ की जनसंख्या से स्पष्ट है। उत्तर प्रदेश की ६ करोड़ ३२ लाख से अधिक की जनसंख्या में मुसलमानों की संख्या ९० लाख है और इनमें से केवल ४३ लाख ने अपनी भाषा उर्दू लिखवायी है जो पूर्ण जनसंख्या का ६ प्रतिशत होता है। वास्तव में यह अल्पसंख्या क्या भाषा बोलती है, इसका उदाहरण रायबरेली जिले के जायस गाँव से मिल सकता है। इस गाँव में ९६ प्रतिशत बस्ती मुसलमानों की है। एक दिन एक मौलाना वाज़ कर रहे थे। अपने एक परिचित भी हाज़िर थे। मौलाना की उर्दू समझ न सकने के कारण वे बीच में ज़रा सहल भाषा बोली जाने की दरख़ास्त कर बैठे ताकि लोग समझ सकें। मौलाना ने उत्तर दिया—यह कैसे हो सकता है! हर मुसलमान बच्चे की मादरी ज़बान उर्दू है। उर्दू समझने में उसे क्या दिक्कत हो सकती है। सवाल उठ खड़ा हुआ कि दरसअल कितने लोग समझ रहे हैं? बहुत-से लोग यह मानने के लिए विवश थे कि वे समझ नहीं पा रहे थे। इस पर मौलाना ने फ़तवा दिया कि जो मुसलमान उर्दू नहीं समझता उसे समझना चाहिए। वह अपने मज़हबी फ़र्ज से कोताह है, यह मौलाना बेशक साम्प्रदायिक जोश से मज़हबी फ़र्ज की बात

कर रहे थे, लेकिन जनता में फूट डालने की अंग्रेजी कूटनीति के अचेत शिकार भी बने हुए थे।

उत्तर प्रदेश की अल्पसंख्यक मुस्लिम जनता के अधिकारों और भाषा का प्रश्न उठाया गया है तो उस पर भी विचार कर लेना आवश्यक है। यदि यह अल्पसंख्या मुसलमानों के साम्प्रदायिक अधिकारों का प्रश्न है तो इस प्रश्न से भाषा का क्या सम्बन्ध? कल्चरल सब-कमिटी की रिपोर्ट में स्वीकार किया गया है कि भाषा को सम्प्रदाय से गूँथना अंग्रेज़ों की कूटनीति ही थी। सब-कमिटी की बात आँख मूँदकर न मान लेनी हो तो भी इस्लाम और उर्दू का कोई सम्बन्ध नहीं माना जा सकता क्योंकि इस्लाम एक व्यापक वस्तु है और उर्दू के बिना भी इस देश के दक्षिण भारत और संसार के अनेक भागों में वह मौजूद है। पंजाब व बंगाल के ही अधिकांश मुसलमान उर्दू समझे बिना मुसलमान बने रहे। यदि उर्दू के प्रश्न को उत्तर प्रदेश के उन अल्पसंख्यक लोगों का भाषा सम्बन्धी आत्म-निर्णय का अधिकार मान लिया जाय जो उर्दू को अपनी मातृभाषा कहते हैं, तो अंजुमन की माँग के अनुसार भारतीय विधान की धारा ३४७ के आधार पर उर्दू लिपि और भाषा का सब सरकारी दफ्तरों, अदालतों, ऐलानों और तालीम में इस्तेमाल होने का अर्थ क्या होता है? उर्दू मुसलमानों की मजहबी भाषा तो नहीं है, परन्तु अपने-आपको इस देश की जनता से सांस्कृतिक और राष्ट्रीय रूप से पृथक् समझनेवाले मुसलमान उर्दू को अपनी खास भाषा समझते हैं, यह बात उर्दू के पाकिस्तान के किसी भी भाग की भाषा न होते हुए भी उसे पाकिस्तान की राष्ट्रीय भाषा और राजभाषा बना देने से ही स्पष्ट है। अंजुमन की माँग के अनुसार सभी सरकारी कामों में उर्दू लिपि का प्रयोग भी आवश्यक होने पर यह स्थिति होगी कि ९६$^{१}/_{२}$ प्रतिशत उत्तर प्रदेश की जनता जिसने इस माँग पर दस्तख़त नहीं किया और केवल उपेक्षा में चुप है, इसी प्रबन्ध के अनुसार शासित होगी। अर्थात् उत्तर प्रदेश की प्रजा की इस बहुसंख्या में से जो भी लोग सरकार के किसी भी विभाग के दफ्तरों या अदालतों में काम करना चाहेंगे— पोस्टमैन से लेकर चीफ सेक्रेटरी तक— उन्हें प्रदेश की राजभाषा हिन्दी के अतिरिक्त उर्दू लिपि की भी शिक्षा लेनी होगी। ३$^{१}/_{२}$ प्रतिशत की माँग को ९६$^{१}/_{२}$ प्रतिशत पर लादना क्या आत्मनिर्णय के अधिकार की माँग है या इसे प्रजातन्त्रात्मक और जनवादी माँग कहा जा सकता है?

अंजुमने-तरक्किए-उर्दूए-हिन्द की माँग न केवल जनवादी नहीं, बल्कि भारतीय विधान के अनुकूल भी नहीं। भारतीय विधान की धारा ३४७ में यह स्पष्ट उल्लेख है कि जो लोग ऐसी भाषा बोलते हों और उनकी संख्या काफी हो तो उनकी भाषा को भी उनके रीजन (क्षेत्र) के लिए प्रादेशिक भाषा स्वीकार किया जा सकता है। अंजुमन की दरख़ास्त पर देहातों से जिन लोगों के दस्तख़त हैं क्या वे अपने पड़ोसियों से भिन्न कोई भाषा बोलते हैं? भारतीय विधान की धारा के अनुसार ऐसी माँग करनेवाले लोगों की संख्या Substantial अर्थात् काफी बड़ी होनी आवश्यक है। क्या साढ़े तीन प्रतिशत सबस्टांशल (काफी बड़ी संख्या) कही जा सकती है? विधान की यह धारा राजकीय भाषा के अतिरिक्त किसी अन्य भाषा को भी राजभाषा के समान प्रयोग में लायी जाने के लिए सुविधा उस अवस्था में देती है जब उस भाग में ऐसी भाषा बोलनेवालों की पर्याप्त संख्या हो। उर्दू के लिए यह माँग उत्तर प्रदेश के किसी विशेष भाग के लिए नहीं, बल्कि पूरे प्रदेश के लिए की जा रही है, जबकि प्रदेश में

गढ़वाल, अल्मोड़ा, नैनीताल, गोरखपुर, देवरिया आदि ऐसे भी जिले हैं जहाँ उर्दू बोलने का दावा करनेवालों की संख्या प्रति हजार एक भी नहीं है। परन्तु उर्दू शैली और लिपि के सरकारी तौर पर हिन्दी के समान ही स्वीकार कर लिये जाने पर सभी जगह उर्दू में काम हो सकने की व्यवस्था आवश्यक हो जायेंगी और सरकारी चाकरी से निर्वाह की महत्त्वाकांक्षा रखनेवालों के लिए उसका सीखना अनिवार्य हो जायगा। और इस दोहरी व्यवस्था से जो बड़ा भारी अपव्यय होगा उसका बोझ साढ़े तीन प्रतिशत की अपेक्षा शेष जनता ही अधिक उठायेगी।

कल्चरल सब-कमिटी के मसविदे में २५ पृष्ठ तक यह प्रमाणित किया गया है कि उत्तर प्रदेश की जनता राष्ट्रीय, सांस्कृतिक और भाषा की दृष्टि से एक है। उर्दू को हिन्दी से भिन्न प्रादेशिक भाषा के रूप में स्वीकार नहीं किया जा सकता। भविष्य के लिए मसविदे में सुझाव है कि उत्तर प्रदेश में एक संयुक्त भाषा का विकास और एक ही लिपि देवनागरी होना भी आवश्यक है और प्रगतिशील बुद्धिवादी वर्ग और मज़दूर वर्ग को उसकें लिए यत्न करना चाहिए। परन्तु मसविदे के अन्त में उत्तर प्रदेश में केवल हिन्दी लिपि और हिन्दी भाषा को राजभाषा बना दिये जाने पर असन्तोष भी प्रकट किया गया है और उर्दू को प्रादेशिक भाषा न मानकर भी अंजुमन की माँगों के समर्थन के लिए सिफारिश कर दी गयी है। इस माने में सब-कमिटी का मसविदा अंजुमन की माँग से एक कदम आगे बढ़ गया है। अंजुमन को इस बात पर आपत्ति नहीं कि हिन्दी को राजभाषा बना दिया गया है। वह इस बात से सहमत है कि हिन्दी की शिक्षा उत्तर प्रदेश में अनिवार्य हो। उसकी माँग है कि हिन्दी की शिक्षा अनिवार्य होते हुए भी सरकार के सब दफ्तरों, पुलिस आदि में उर्दू में भी काम हो, अर्थात् सभी जगह दोभाषिया व्यवस्था हो। परन्तु सब-कमिटी को हिन्दी लिपि और हिन्दी भाषा को राजभाषा बना दिये जाने पर भी एतराज है। उसके विचार में हिन्दी की शिक्षा अनिवार्य कर देने से उर्दू का दमन हो रहा है। सब-कमिटी के विश्लेषण के अनुसार उर्दू हिन्दी की शैली ही है, उसे भिन्न प्रादेशिक भाषा नहीं माना जा सकता और भविष्य में प्रदेश के लिए एक ही देवनागरी लिपि के लिए प्रगतिशील लोगों को यत्न करने का भी सुझाव है। इन सब परिणामों पर पहुँचने के बाद उत्तर प्रदेश में हिन्दी को राजभाषा नियत करने का विरोध और अंजुमन की माँग का समर्थन कैसे किया जा सकता है?

सब-कमिटी के मसविदे का कहना है कि हिन्दी-उर्दू का एकीकरण और प्रदेश में एक ही लिपि के प्रयोग का काम स्वेच्छा द्वारा (Voluntary effort) होना चाहिए। यह काम स्वेच्छा से कैसे होगा, सब-कमिटी ने नहीं बताया। शायद इसका उपाय जनता को उनके भावी हित की दृष्टि से समझा-बुझाकर देवनागरी लिपि स्वीकार करवा देना हो। परन्तु यह समझाने का अवसर क्या अभी नहीं आया है? क्या अभी कुछ और वर्ष तक जनता को साम्प्रदायिक आधार पर लिपियों और भाषाओं में बाँटते जाना प्रदेश की राष्ट्रीय सांस्कृतिक और भाषा की एकता के लिए उपयोगी है? यह जानते हुए कि केवल लिपियों का भेंद हिन्दी-उर्दू की शैलियों को एक-दूसरे से दूर कर परस्पर अबोध बनाये दे रहा है और यह मानते हुए कि भाषा का बँटवारा जनता को फोड़कर फूट कायम रखने का साधन था, हम भाषा के एकीकरण के प्रयत्नों का विरोध कैसे कर सकते हैं?

उत्तर प्रदेश में हिन्दी को देवनागरी लिपि में राजभाषा स्वीकार कर लेने से उर्दू शैली का दमन कैसे हो रहा है और उर्दू लिपि से अपनी सांस्कृतिक और सामाजिक आवश्यकताएँ पूरी करनेवालों से सुविधाएँ कैसे छीनी जा रही हैं? हिन्दी को राजभाषा मान लेने का यह

अर्थ नहीं है कि उर्दू शैली में प्रयोग किये जानेवाले शब्दों का बहिष्कार कर दिया जाय। शब्दों का प्रयोग जनता की रुचि पर निर्भर करता है। जिन शब्दों का अधिकांश लोग प्रयोग करना चाहेंगे उनका प्रयोग अधिक होना स्वाभाविक है। यह भाषा के निर्माण का जनवादी ढंग है। हम यह जानते हैं कि डॉ. रघुवीर के बनाये पारिभाषिक शब्द अच्छे नहीं हैं और रेडिया में आजकल संस्कृत शब्दों का प्रयोग अधिक हो रहा है। हमारा प्रयत्न भाषा को जनता के लिए सुलभ बनाने का होना चाहिए, यह भी ठीक है। परन्तु हमारी सर्वसाधारण जनता जितने कम शब्दों से अपनी आवश्यकताएँ पूरी कर रही है, उतने ही शब्दों से सांस्कृतिक और विज्ञान सम्बन्धी अभिव्यक्तियाँ पूर्ण नहीं हो सकतीं। क्या जनता की शिक्षा का स्तर जैसा आज है, वैसा ही रहेगा? जनता को और अधिक शब्द सीखने ही पड़ेंगे। अरबी-फारसी या अंग्रेजी के जो शब्द हमारी रोजमर्रा की भाषा में आ गये हैं, वे हिन्दी के ही हैं। हिन्दी के मूल आधार को लेकर उर्दू शैली में जिस साहित्य की रचना हुई है, उसे हिन्दी के अन्तर्गत मान हिन्दी के अध्ययन में उसे भी सम्मिलित करना आवश्यक है। यदि हिन्दी लिपि में उस शैली के साहित्य की रचना होती है तो जरूर हो। परन्तु भविष्य में भी हमें शब्द लेने पड़ेंगे। उसके लिए हमें ऐसे शब्द लेना उचित होगा जो भारत की अन्य प्रादेशिक भाषाओं और हिन्दी में समान हो सकें। इसलिए वे अधिकांश में संस्कृत से आयेंगे। भाषा का विकास सरकार या रेडियो के हाथ में नहीं है। वह अधिकांश में लेखकों और वक्ताओं का काम है। ये लोग अपनी बात समझा सकने के लिए जैसी भाषा उपयोगी समझेंगे वैसी ही भाषा का प्रयोग करेंगे।

हिन्दी के राजभाषा बन जाने और आरम्भिक शिक्षा देवनागरी लिपि में दी जाने से उर्दू प्रेमियों को कौन सांस्कृतिक और सामाजिक असुविधाएँ होती हैं, यह सब-कमिटी ने नहीं सुझाया। स्वयं सब-कमिटी के ही मसविदे का यह कहना है कि प्रदेश में बोली जानेवाली भाषा एक ही है और प्रदेश की जनता सांस्कृतिक रूप से एक है। इस पर भी उर्दू लिपि सीखने पर प्रतिबन्ध नहीं है। स्कूलों में विद्यार्थियों की एक निश्चित संख्या यदि उर्दू शैली की शिक्षा चाहे तो उसके प्रबन्ध के लिए भी निदेश है, लेकिन वास्तविक स्थिति यह है कि उर्दू शिक्षा की माँग करने के लिए चालीस विद्यार्थी स्कूल में हो नहीं पाते। यह स्थिति ही उर्दू-प्रेमियों को परेशान किये हैं। स्कूलों में उर्दू शिक्षा की माँग करनेवाले चालीस विद्यार्थियों का भी इकट्ठे न हो सकना इस बात का प्रमाण है कि सर्वसाधारण जनता हिन्दी शैली और उर्दू शैली को दो भिन्न संस्कृतियों का प्रतिनिधि नहीं मानती। अंजुमन का आन्दोलन कुछ ही लोगों के संस्कारों की गूँज है जो अपने पृथक् अस्तित्व के लिए परेशान हैं। यदि अंजुमन और सब-कमिटी को शिकायत हो कि उत्तर प्रदेश की सरकार ने उर्दू की शिक्षा के लिए जो सुविधाएँ कानूनी तौर पर दी हैं उन पर ठीक अमल नहीं हो रहा है, तो शिकायत ठीक हो सकती है। कांग्रेसी सरकार के सभी कामों में अव्यवस्था है; इस बात में भी हो तो विस्मय नहीं। परन्तु प्रदेश में कानूनी दोभाषिया नीति की माँग को स्वीकार करना प्रदेश की जनता के भविष्य में काँटे बोना होगा।

उर्दू और हिन्दी दोनों ही शैलियों को समान रूप से राजभाषा बनाने का यह अर्थ भी हो सकता है कि किसी भी शैली को सरकारी समर्थन दिये बिना दोनों ही शैलियों को अपने-अपने बूते पर चलने दिया जाय, किसी पर भी कोई शैली या लिपि न लादी जाय। ऐसी अवस्था में शासन-व्यवस्था चलाने के लिए जो लोग लिये जायेंगे उनमें से उर्दू जानकार ३ १/२ प्रतिशत या अपनी भाषा उर्दू बतानेवाले सभी लोगों को यदि गिन लिया जाय तो वे

शासन-व्यवस्था के अमले का ६ प्रतिशत हो सकते हैं। ऐसी अवस्था में अंजुमन की माँग का अर्थ होगा कि शासन-व्यवस्था के अमले में ९४ प्रतिशत लोगों को भी उर्दू लिपि सीखने के लिए विवश किया जाये। शायद सब-कमिटी उर्दू के समर्थकों के सांस्कृतिक अधिकारों की रक्षा के लिए ऐसे सुझाव को जनतन्त्रात्मक बताना चाहती है पर ३$^1/_2$ प्रतिशत या ६ प्रतिशत से हिन्दी लिपि सीख लेने का अनुरोध वह नहीं कर सकती। आज उर्दू की कठिनाई केवल यह है कि जैसे अंग्रेजी अमलदारी में सरकारी शक्ति से उसे जबरन सर्वसाधारण जनता पर लाद दिया गया था, अब नहीं हो रहा और इस प्रदेश की जनता और भूमि से उपजी भाषा और लिपि अपने स्वाभाविक स्थान पर आ गयी है।

सब-कमिटी और बहुत-से दूसरे प्रगतिवादी सिद्धान्त रूप से उत्तर प्रदेश में दो भाषाएँ होने की बात स्वीकार नहीं करते। प्रदेश में राष्ट्रीयता और सांस्कृतिक तथा भाषा-सम्बन्धी एकीकरण करना और एक ही लिपि का प्रयोग भी वे चाहते हैं और प्रगतिवादी बुद्धि-जीवियों से इसके लिए प्रयत्न करने की अपील भी करते हैं। परन्तु जब वर्तमान पूँजीवादी कांग्रेसी सरकार इस बात के लिए कदम उठाती है तो उन्हें इसमें उर्दू-प्रेमियों का दमन और उन पर जब्र दिखायी पड़ता है। दमन और जब्र बड़े अप्रिय शब्द हैं। हम इन शब्दों को सदा ही अपने विरोधियों के गले मढ़ते हैं। लेकिन किसी भी नियम के अनुशासन को दमन और जब्र कह दिया जा सकता है। अनिवार्य शिक्षा भी एक प्रकार का दमन और जब्र है और पैदावार के साधनों का राष्ट्रीयकरण तो बहुत बड़ा दमन और जब्र बताया जायेगा। जनता में फूट डालने के लिए प्रचार करनेवालों पर प्रतिबन्ध लगाना भी उनका दमन और जब्र कह दिया जायगा। जब हम सिद्धान्त रूप से राष्ट्रीय एकता और प्रदेश की जनता के सांस्कृतिक और भाषा-सम्बन्धी एकीकरण और एक लिपि में जनता का कल्याण देखते हैं तो वर्तमान सरकार के उसके लिए प्रयत्न करने पर हम केवल इसलिए आपत्ति करें कि यह सरकार पूँजीवादी है और यह धारणा बना लें कि यह सरकार केवल अल्पसंख्यकों का दमन करना चाहती है, उत्तर प्रदेश में केवल हिन्दी और देवनागरी लिपि को राजभाषा बनाने का प्रयोजन प्रदेश में भाषा-सम्बन्धी एकता स्थापित करना नहीं बल्कि केवल उर्दू का दमन करना ही है तो यह बात तर्कसंगत नहीं जान पड़ती। वर्तमान सरकार की भाषा-सम्बन्धी प्रगतिवादी नीति में यदि हमें कोई त्रुटियाँ दिखायी देती हैं तो उनके सुधार की माँग की जानी चाहिए, लेकिन अंजुमन के साथ मिलकर उस नीति का ही विरोध केवल इसलिए करना कि वर्तमान सरकार की अधिकांश नीतियों का हम समर्थन नहीं कर सकते, मार्क्सवादी ढंग नहीं कहा जा सकता। यह धारणा कि देश में एक राष्ट्रीयता का निर्माण, जिसका कि भाषा का एकीकरण एक आवश्यक अंग है, केवल पूँजीवाद के विनाश के बाद समाजवादी व्यवस्था में ही हो सकता है, इतिहासविरुद्ध मिथ्या धारणा है। पूँजीवादी विकास के लिए भी राष्ट्रीय एकता आवश्यक है। पूँजीवादी व्यवस्था अपने विकास काल में या अपनी रक्षा के लिए यदि यह काम करती है तो भावी जन-विकास के लिए ही मार्ग बनाती है।

कुछ प्रगतिवादी लोगों का विचार है कि उत्तर प्रदेश की कांग्रेसी सरकार की भाषा के एकीकरण की नीति से अल्पसंख्यकों में घबराहट हो रही है। अल्पसंख्यकों की घबराहट दूर करने के लिए भाषा की सरकारी नीति का विरोध करना चाहिए या प्रगतिवादियों व कम्युनिस्टों को इस नीति का विरोध कर अल्पसंख्यकों का विश्वास पाना चाहिए। यह समझदारी नहीं होगी। प्रगतिवादी लोग जिस ध्येय के लिए कल स्वयं यत्न करना चाहते हैं, आज उसके लिए विरोध खड़ा करना बुद्धिमानी न होगी। अल्पसंख्यकों में कल भी ऐसी

घबराहट होगी तो क्या किया जायगा? ऐसी हिस्टीरिया को प्रोत्साहन देना रोग का इलाज नहीं है। यह उस रोग को बनाये रखना है जिसे अंग्रेजों की कूटनीति ने हममें फैलाया था। यह धारणा बना लेना कि उत्तर प्रदेश में अल्पसंख्यकों का दमन करने के लिए ही एक भाषा की नीति अपनायी गयी है और जो लोग अंजुमन की माँगों का विरोध कर रहे हैं वे साम्प्रदायिक हैं, अपने मन में बैठी गहरी साम्प्रदायिकता को दमन न कर सकना है। अंजुमन की माँग का साम्प्रदायिकता से क्या सम्बन्ध है, उसके कुछ उदाहरण ऊपर दिये जा चुके हैं। शेष उन लोगों को मालूम है जिन्होंने अंजुमन की कान्फ्रेन्स के समय वहाँ बिकते उर्दू साहित्य को देखा था।

उर्दू का समर्थन करनेवाले प्रगतिशील लोगों में भाषा के सम्बन्ध में दृष्टिकोण तर्क-संगत है या नहीं, यह भी विचार के योग्य बात है। साम्प्रदायिक कट्टरता के अतिरिक्त भी व्यक्ति में कट्टरता या असहिष्णुता हो सकती है। उत्तर प्रदेश में उर्दू के समर्थक प्रगतिशीलों में ऐसी असहिष्णुता बहुत अधिक दिखायी देती है। अंजुमन की माँग से उनका सहयोग इस बात का पहला सबूत है। उन्होंने यह देखने की आवश्यकता नहीं समझी कि अंजुमन अपना आन्दोलन वास्तव में किस भावना से कर रहा है? इस आन्दोलन से क्या प्रभाव पड़ रहा है? कौन लोग इस आन्दोलन का मुख्य आधार बन गये हैं? इसके अतिरिक्त जब कभी हिन्दी और उर्दू की साहित्यिक शैलियों को एक-दूसरे के समीप लाने की बात इन लोगों से सुनी तो सदा हिन्दी से संस्कृत शब्द निकाल देने की या संस्कृत के शब्दों का उच्चारण बदल देने की राय पायी। उदाहरणतः गणराज्य को गनराज, कारण को कारन कहा जाय, पश्चिम को पिच्छम। लकिन यदि ज़ीना को जीना कह दिया जाय या बत्तख़ और बत्तख़ में भेद न किया जाये तो उन्हें सांस्कृतिक अत्याचार जान पड़ता है। वाटर वर्क्स के लिए जलकल शब्द उन्हें बरदाश्त नहीं, या तो पानी मशीन कहा जाय या वाटर वर्क्स ही रहे। वेजीटेरियन और नानवेजीटेरियन की जगह शाकाहारी व मांसाहारी या निरामिष और सामिष सुनकर हँसी के मारे उनके पेट में बल पड़ने लगते हैं। वे लोग प्रगतिशीत लेखक संघ की बैठक में इस बात पर सहमत हो सकते हैं कि आइन्दा देवनागरी लिपि मान ली जायगी लेकिन फिलहाल दोनों खत बदस्तूर कायम रखे जायँ ताकि माइनोरिटी को भी कान्फीडेन्स रहे। अंजुमन की कान्फ्रेन्स में वही लोग कहते हैं, खास तौर पर उर्दू का रस्मुल खत भी हमें कायम रखना है। इस प्रकार की भावनाओं और संस्कारों से जो दृष्टिकोण बनेगा उससे कांग्रेसी सरकार की भाषा के एकीकरण की नीति में निश्चय ही दमन और जब्र जान पड़ेगा। सब-कमिटी के मसविदे के अनुसार पूँजीवादी कांग्रेसी सरकार भाषा के एकीकरण के लिए विश्वास योग्य नहीं क्योंकि वह अल्पसंख्यकों की संस्कृति का दमन चाहती है। इसके विपरीत प्रगतिशील लोग स्वेछा से दोनों साहित्यिक शैलियों का एकीकरण करने और एक ही लिपि का प्रयोग किये जाने का उपाय करेंगे। प्रगतिशील लोग स्वेच्छा से दोनों शैलियों का एकीकरण कैसे कर पायेंगे, इसका आभास इस तथ्य ले लग सकता है कि प्रगतिशील लेखक संघ में हिन्दी और उर्दू का एकीकरण और विकास एक साथ करने के प्रयोजन से काम आरम्भ किया गया था। उर्दू पक्ष की माँग पर सुविधा के विचार से उनकी बैठक अलग-अलग होने लगी और पिछले फरवरी में दिल्ली में नियमित रूप से हिन्दी और उर्दू के विभागों को अलग-अलग मान लिया गया।

अंजुमन की माँग को साम्प्रदायिक समझकर उसका विरोध करने के लिए जनमत को जगाने में कुछ प्रगतिशीलों को यह आशंका अनुभव होती है कि इससे हिन्दी, हिन्दू-

हिन्दुस्तान की साम्प्रदायिक भावना को प्रोत्साहन मिलेगा। यदि ऐसी आंशका से सतर्क रहना उचित था तो प्रगतिशील लोगों को अंजुमन की माँगों में सहयोग देने से भी परे रहना चाहिए था। कल्चरल सब-कमिटी की रिपोर्ट के अनुसार प्रगतिशील लोगों और मज़दूर वर्ग का ध्येय प्रदेश में राष्ट्रीय सांस्कृतिक और भाषा-सम्बन्धी एकता और एक लिपि को ध्येय मानकर अन्त में अंजुमन की माँग का समर्थन केवल इसलिए कर देना, कि वह साधारणतः प्रतिक्रियावादी सरकार की नीति का भी विरोध है, स्वयं अपने ध्येय का भी विरोध करना है और जनता के भावी विकास के रास्ते में विषैले काँटे बोना है जो एक दिन प्रगतिशीलों के ही दामन में उलझेंगे। वर्तमान में यह प्रगतिशीलता को अल्पसंख्यकों की साम्प्रदायिकता के प्रोत्साहन का साधन बनाना है।

नयापथ, सितम्बर १९५३

●

सन् '५७ : कल्पना और यथार्थ

पिछले दो वर्षों में कुछ अच्छे हिन्दी उपन्यास प्रकाशित हुए हैं। इनमें 'साँझ का सूरज' (लेखक—ओमप्रकाश शर्मा, प्रकाशक—सरस्वती सहकार दिल्ली-शाहदरा) की गणना निःसंकोच की जा सकती है। कथानक के निर्वाह, साधारण रोचकता और सतही चित्रण के लिए पाठकों की पंचायत में यह उपन्यास सहज ही उत्तीर्णांक पा सकता है, और अधिकांश पाठकों को उसे दूसरे वर्ग में रख देने पर भी आपत्ति नहीं होगी। केवल मनोरंजन के लिए पढ़नेवाले, सम्भव है, पहले कुछ पृष्ठों को भी न पार कर सकें। वर्मा जी के ऐतिहासिक उपन्यासों की, उदाहरणतः 'मृगनयनी' की अस्वाभाविकता और आंचलीय गर्वोक्तियों से 'साँझ का सूरज' उतना बोझिल नहीं। लेखक की कला के विकास और परिमार्जन के लिए अभी बहुत स्थान और अवसर है। उपन्यास दिल्ली और उसके परवर्ती आँचल की पृष्ठभूमि पर है। उपन्यास के चित्रणों और सम्भाषणों मे स्थानीय रूप, वेश और भाषा की शैलियों का रंग रखने की सतर्कता भी बरती गयी है।

उपन्यास सोद्देश्य है। ऐतिहासिक उपन्यासों में राष्ट्रीय गौरव की प्रतिष्ठा भी एक उद्देश्य रहता है। आत्मगौरव और अहंकार के बीच की सीमा लेखक के निर्णाय पर ही रहती है। राष्ट्रीय गौरव को बढ़ाने के लिए मिथ्या अहंकार का गँदला जल उसमें न आ मिले, इस सतर्कता से लेखक बाज वक्त चूक जाता है। तब यथार्थ उद्देश्य के बहाव में बह जाता है। कहानी के यथार्थ में सन्देह की दरार आ जाने पर वह पाठक का विश्वास खोकर व्यर्थ हो जाती है। 'साँझ का सूरज' पर भी कई स्थलों पर मिथ्या अहंकार की निशा की छाया आ पड़ी है। सन्ध्या के झुटपुटे में या आत्म-गौरव बढ़ाने के उन्माद में शायद आवश्यक सतर्कता दुस्साध्य थी। 'हिन्दुस्तान अशोक और बुद्ध का मुल्क है' यह हुंकार देते हुए यह क्यों भूल जायें कि अशोक स्वयं अपने ही अत्याचारों से लज्जित भी हुआ था और हिन्दुस्तान कंस और नादिरशाह का भी मुल्क है और जयसिंह का भी। किस मिथ्या, अहंकार के बल पर आप एक अंग्रेज से यह सुनने की आशा कर सकते हैं कि "हिन्दुस्तान वह देश है जहाँ के मानवीय सम्बन्ध, चरित्र और संस्कृति अनुकरणीय है।" (पृष्ठ ४१) इतिहास से यह तथ्य और यथार्थ नहीं मिटा दिया जा सकता कि भारतीयों ने अपने मानवीय सम्बन्धों, चरित्र और संस्कृति के परिणाम में ही एक के बाद एक आक्रामकों से मार खायी और डेढ़ सौ बरस की पक्की गुलामी भोगी है।

उपन्यास में लेखक ने गदर के समय अंग्रेजों द्वारा की गयी नृशंसता की याद तो दिलायी है परन्तु उनके अत्याचारों की प्रतिक्रिया में भारतीयों के हृदय में भी किस प्रकार

आग भभक उठी थी, यह भुला देना अंग्रेजों की प्रतिद्वन्द्विता में दूसरा झूठा चित्र तैयार करना है। यथार्थ की उपेक्षा कर अनुकरणीय ही प्रस्तुत करने की प्रवृत्ति पूरी रचना में फैली हुई है। इसीलिए असदखाँ, विक्रम, विक्टर, हनीफ, बख्तखाँ, हसीना किसी के आचरण या व्यवहार में कहीं स्वाभाविक सत्य या सल वर नहीं दिखायी देते। केवल एक शाहजादे के जीवन का वह पक्ष आया है परन्तु वह भी बहुत बचाकर। अंग्रेज़ तो इस देश को हड़पना ही चाहता था परन्तु जिस आपसी फूट और वतनफ़रोशी ने स्वतन्त्रता के संग्राम को असफल बना दिया उसका वर्णन केवल इतना है—"पंजाब और कश्मीर की फौजें आ पहुँची हैं।" यथार्थ की उपेक्षा केवल आत्मप्रवंचना ही है, यह स्वाधीनता और शान्ति के संघर्ष में सहायक नहीं है। ऐसी रचना से लेखक को सन्तुष्ट हो जाने के लिए कहना उसे भ्रान्त करना है। उसकी सम्भावनाओं के अंकुर पर पत्थर रख देना है।

यथार्थ की अपेक्षा काल्पनिक सौन्दर्य और वीरता की छाया युद्ध के वर्णन तक पर छायी हुई है। जनरल शहर फसील पर होती गोलाबारी में खड़े हैं। विक्टर ऐसी अवस्था में भी उनसे मुलाकात करने जा पहुँचते हैं और मिर्जा दाग़ उनका सन्देश जनरल तक ले जाकर उत्तर भी ले आते हैं—'यहीं आ जायें, बातें भी होंगी और हमारे मेहमान जंग का तमाशा भी देखेंगे।' (पृ. १९२) जान पड़ता है जनरल फसील पर युद्ध का संचालन नहीं कर रहे थे बल्कि फुलवाड़ी में बैठे शतरंज खेल रहे थे। यह वर्णन 'जंग' का नहीं, 'तमाशे' का जान पड़ता है। ऐसी शंका होती है कि लेखक को तोप के गोले की चोट का तो क्या पिस्तौल की गोली के प्रभाव का भी अनुमान नहीं है। ऐसे ही पृष्ठ २०५ पर युद्ध में कूदने के लिए कमर में तलवार और सिर पर पगड़ी बाँधते असदखाँ की अपनी बेटी से बातचीत है। उसमें युद्ध की विभीषिका का कहीं नाम नहीं। अच्छा होता यदि लेखक ने कभी युद्ध के मोर्चे के अनुभव-प्राप्त सैनिक से या साम्प्रदायिक दंगे के भुक्तभोगी से ही वैसे वातावरण के सम्बन्ध में कुछ बातचीत कर ली होती।

समूची कृति को लेने पर वह आशाप्रद अवश्य है परन्तु अयथार्थ की बड़ी-बड़ी दरारें उस फ़सील को निर्बल बना रही हैं। यदि उपन्यास के प्रकाशन से पूर्व किसी साहित्यिक गोष्ठी में उस पर विवेचना कर ली जाती तो ऐसी भूलें नहीं रह जानी चाहिए थीं। ऐसी रचना को पूर्णतः सफल बता देना, उपन्यास कला के मापदण्ड को गिराना है। उसे केवल आशाप्रद कहा जा सकता है। प्रकाशन से पूर्व उसमें ये कुछ परिवर्तन जरूरी थे। जीवन के सभी कामों को सीखना पड़ता है। परन्तु न जाने क्यों हमारे लेखक लिखना सीखना अपनी प्रतिभा का तिरस्कार समझ लेते हैं।

नयापथ, सितम्बर, १९५६

'झूठा सच' की भूमिका

कहानियाँ-उपन्यास लिखने के बारे में अपना अनुभव है :-

सामाजिक प्राणी हूँ, समाज से बेपरवाह नहीं रह सकता। अनेक बार कुछ सामाजिक स्थितियाँ, समस्याएँ, परम्परागत धारणाएँ और मान्यताओं के अन्तर्विरोध मन को गहरा कचोट कर व्याकुल कर देते हैं। ऐसी व्याकुलता कि उन प्रश्नों को निजी न मानकर 'तू अपनी निबेड़ तुझे पराये की क्या पड़ी' की तटस्थता नहीं रह पाती। ऐसी परिस्थिति की विषमता या व्याकुलता समाज को पुकारने-गुहारने के लिए मजबूर कर देती है।

१९३८ मार्च में आधी सजा काटकर लखनऊ में जेल से रिहा किया गया तो मुझ पर पंजाब में प्रवेश न करने का प्रतिबन्ध था। इसलिए लखनऊ में ही बस गया। जीविका के लिए लेखन का व्यवसाय अपनाया। लेखन का व्यवसाय अपनाने के दो कारण थे। तुरन्त कारण यही रहा कि तीन बरस फरारी और छह बरस जेल काटने के बाद रिहा हुआ तो स्वयं को किसी अन्य व्यवसाय के योग्य न समझा। मूल कारण शायद सत्रह-अट्ठारह की आयु में बना लिया निर्णय था। उस विषय में अपने क्रान्तिकारी जीवन के संस्मरणों 'सिंहावलोकन' में लिख चुका हूँ। प्रसंग के लिए बहुत संक्षेप में कह दूँ। १९२० में मैट्रिक की परीक्षा में अपने नगर, शायद जिले में प्रथम रहा। कॉलेज में पढ़ सकने के लिए छात्रवृत्ति का अधिकारी था। एक सफेदपोश गरीब परिवार के लड़के के लिए अपनी अवस्था सुधार सकने का दुर्लभ अवसर था। अवसर से उस समय कांग्रेस का पहला असहयोग सत्याग्रह आन्दोलन चल रहा था। निश्चय कर लिया था, कि समाज और देश के संकट में होने पर केवल वैयक्तिक जीवन की चिन्ता करने पर लानत। कांग्रेस का स्वयंसेवक बनकर असहयोग के प्रचार के लिए फिरोजपुर जिले के गाँवों में काम करने लगा। फरवरी, १९२१ में चौरी-चौरा काण्ड के बाद गाँधी जी ने असहयोग और सत्याग्रह आन्दोलन को अपनी हिमालय जैसी बड़ी भूल बताकर आन्दोलन स्थगित कर दिया। अपने विचार में जिस लक्ष्य के लिए जीवन अर्पण कर दिया था वही स्थगित! दिल टूट गया। उस समय लाखों विद्यार्थियों ने सरकारी शिक्षा संस्थाओं से असहयोग किया था। आन्दोलन स्थगित हो जाने पर शायद सौ में निन्यानबे फिर कॉलेजों में लौट गये। वह मुझे लगा, जैसे 'थूका हुआ चाटना!' अर्थात् मुझे विदेशी सरकार की शिक्षा और उससे सहयोग स्वीकार न था। मुझे लगा देश की स्वतन्त्रता के लिए गाँधी जी और कांग्रेस का मार्ग सही नहीं है। इसीलिए उन्हें अपने

आन्दोलनों से लौटना पड़ा। सोचा, सही मार्ग निश्चय कर सकने के लिए शिक्षा से योग्यता पाना जरूरी है।

कुछ समय पूर्व लाहौर में सरकारी नियन्त्रण से स्वतन्त्र नेशनल कॉलेज की स्थापना की गयी थी। अर्थ कष्ट के बावजूद उस कॉलेज में पढ़ने चला गया। वहाँ संगति मिली भगवतीचरण वोहरा, भगतसिंह, सुखदेव और फिर लाहौर के दूसरे नौजवानों की। हम सब कांग्रेस की विचारधारा और कार्यक्रम से असन्तुष्ट थे। आपस में विचार और अध्ययन के परिणाम में क्रान्तिकारी दल की स्थापना हुई जो बाद में हिन्दुस्तान समाजवादी प्रजातन्त्र संघ बन गया। हिन्दुस्तान समाजवादी प्रजातन्त्र संघ के लक्ष्य हमारे जीवन के लक्ष्य बन गये। भगतसिंह, सुखदेव, राजगुरु उन्हीं के लिए फाँसी चढ़े। भगवतीचरण रावी तट पर शहीद हुए। हम बहुत-से लोगों ने लम्बी-लम्बी जेल सजाएँ पायीं।

१९३८ में जेल से रिहाई इसलिए हो सकी कि उस समय ब्रिटेन ने भारत को अपने आधिपत्य में प्रान्तों में स्वायत्त शासन का अधिकार दे दिया था। हम लोग जेलों से छूट गये परन्तु हिन्दुस्तान समाजवादी प्रजातन्त्र संघ के लक्ष्य तो प्राप्त नहीं हो गये थे। जेल से छूटते ही एक पत्रकार ने मुझसे प्रश्न किया था, बदली हुई परिस्थितियों में मेरा क्या लक्ष्य और कैसा व्यवहार होगा? मेरे उत्तर में यह वाक्य भी था, जो काम पहले बुलेट (शस्त्रों) से करने का इरादा था उसे अब बुलेटिन (साहित्य) से करूँगा। इसलिए ऐसी स्थिति में मेरे लिये लेखन के अतिरिक्त जीविका की दूसरी कौन राह थी?

शायद लगेगा, भटक गया। 'झूठा सच' की भूमिका के बजाय अपनी जीवन भूमिका सुनाने लगा। भटका नहीं, मूल सत्य बता सकने के लिए इतना कहना पड़ा। मेरी सभी कहानियाँ उपन्यासों और 'झूठा सच' लिखने की भी प्रेरणा और भूमिका का सच मेरा यही वाक्य था, जिस लक्ष्य के लिए 'बुलेट' का साधन अपनाया था उसी के लिए बुलेटिन या साहित्य। हमारा लक्ष्य केवल ब्रिटिश सत्ता से मुक्ति नहीं, अपने देश समाज की सभी प्रकार की विवशताओं, असमर्थताओं और बन्धनों से मुक्ति। सबके लिए समान अधिकार और समान अवसर देनेवाला देश-समाज था। आर्थिक, राजनैतिक और शासकीय असमर्थताओं, विवशताओं के साथ-साथ अन्ध परम्पराओं और अन्धविश्वासों के कारण विवशताओं और बन्धनों से भी मुक्ति। व्यापक रूप से मेरी अन्य रचनाओं की तरह 'झूठा सच' की रचना के श्रम की प्रेरणा और भूमिका मेरा यही प्रयोजन और लक्ष्य था।

अब 'झूठा सच' विशेष की बात। १९४७ में विभाजन से ग्यारह बरस पहले ही व्यावहारिक रूप से मैं लाहौर-पंजाब से कट चुका था परन्तु स्मृति और भावना का लगाव न टूट सका था। इसलिए पंजाब प्रवेश निषेध के बावजूद १९४५ तक दो बार, चुपके से दो और तीन दिन के लिए लाहौर हो आया था। उस बीच लाहौर की रंगीनी कितनी बढ़ गयी लगी थी। सोचा था, लाहौर को 'पूर्व का पेरिस' कहना शायद अत्युक्ति नहीं है।

फिर १९४७ में देश-विभाजन के कारण और उसके बाद कुछ बरस तक अनेक सूत्रों से देश-विभाजन की प्रक्रिया और उसके कारण पश्चिम से पूर्व आने और पूर्व से पश्चिम जाने के लिए विवश लोगों की दारुण यन्त्रणाओं का परिचय पाता रहा। मेरी पत्नी लखनऊ के शरणार्थी कैम्प के सहायता कार्य में योग दे रही थीं। भुक्तभोगी लोगों से परिचय और उनकी आपबीती सुनने के अवसर मिलते रहते थे। उन सब अमानवीय नृशंस काण्डों के पीछे ब्रिटिश कूटनीति तो थी परन्तु ब्रिटिश कूटनीति ने जिन साम्प्रदायिक भावनाओं और संस्कारों को

लेकर साम्प्रदायिक विरोध को तिल से ताड़ बना दिया, वह तो इस देश के सम्मिलित समाज में सदियों से चले आ रहे थे। मैं बचपन से उन्हें देखता आ रहा था। कभी-कभी उन से जूझने का भी प्रयत्न किया था। आखिर धर्म के नाम पर नये संस्कारों ने, जिनका प्रयोजन मनुष्य की पशुता को मानवता में बदलना था, उन्हीं संस्कारों को भड़काकर मनुष्यों को खूँखार दरिन्दे बना दिया गया।

मेरी चिन्ता, भावना और सहानुभूति केवल पश्चिम से पूर्व आनेवालों के लिए ही न थी। पूर्व से पश्चिम जाने के लिए विवश लोगों पर बीती जानने का भी प्रयत्न यथासम्भव करता रहा। और जाना कि अन्धे साम्प्रदायिक वैमनस्य और घृणा का नशा सभी सम्प्रदायों के लोगों को हिंसक पशु से बदतर बना देता है। अन्धी साम्प्रदायिकता के आत्मघाती उन्माद से यह देश कब मुक्त होगा?

विभाजन की यातना को मैंने वैयक्तिक रूप से नहीं भुगता परन्तु भावना और कल्पना द्वारा भुक्तभोगियों की ही तरह उसका भागी बनता रहा। बार-बार ख्याल आता, यह सब नृशंसता और वीभत्स संहार उसी पंजाब और लाहौर में हुआ जहाँ मैं किशोर अवस्था और विद्यार्थी जीवन में किताबें बगल में दबाये स्कूल-कॉलेज जाता था। जिन नगरों की गलियों और सड़कों पर कहकहे लगाये थे, कभी हाथा-पायी की थी और जिन गली-मुहल्लों की लड़कियों-स्त्रियों के सौन्दर्य से नारी के लिए चाह और आदर की उमंगे उठायी थीं।

१९५५ जून में पत्नी के साथ मास्को जाने के लिए दिल्ली में था। काबुल की राह हवाई टिकट ले चुके थे। अप्रत्याशित संयोग से पाकिस्तान हाई कमीशन के एक सहित्य प्रेमी अफसर ने बीस मिनट में पाकिस्तान की राह काबुल जाने के वीजा बनवा दिये।

लाहौर पहुँचकर हैरान! क्या यह वही लाहौर है जिसे अन्तिम बार १९४५ में दो दिन देखा था। जिसकी रंगीनी कल्पना में कायम थी। लगा, मेले की जगह मरघट। उजाड़ रेलवे स्टेशन, शहालमी दरवाज़े का गुंजान तंग बाजार, परीमहल, मच्छी हट्टा, रंगमहल के बाजार मोहल्ले जो विभाजन के दंगों में जला दिये गये थे, सड़क के दोनों ओर मलबे के ढेरों के मैदान दिखायी दिये। ताँगेवाले ने बताया, "यहाँ बहुत चौड़ी सड़क बनायी जायगी।" अब शायद वहाँ नवनिर्माण हो गया हो परन्तु उस समय सूने बाजारों के दोनों ओर गिराये गये दुमंजिले, तिमंजिले मकानों का ऊपर बताया दृश्य ही था। पुराने लाहौर में हम लोग शहालमी और लुहारी के बाजारों की कन्धे-से-कन्धे रगड़ती भीड़ों में से, पाँव धरती पर लगाये बिना साइकिल निकाल लेकर गुजर जाना बड़ा करतब समझते थे। उन्हीं बाजारों में से हमारा ताँगा सावधानी बिना, 'बचो-हटो' पुकारे बिना सरपट चलता, रंगमहल के बाजार से होता शाहीमुहल्ले, हीरामण्डी से भाटी दरवाज़े से निकल लुहारी दरवाज़े आ पहुँचा। उसके बाद लाहौर का मशहूर अनारकली बाजार जिसकी रंगीनी और रौनक के लिए लोकगीत थे—"मैं अंगरेजी पढ़गइआँ, अनारकली विच बड़गइयाँ।" उत्तर भारत में फैशन, शौक और विलास की जो चीजें कहीं न मिलें अनारकली में खरीदिये। उस जमाने में लाहौर अनारकली के स्तर के रेस्तराँ और दुकानें नयी दिल्ली के कनाटप्लेस में भी न थे। तब दिल्ली के शौकीन सूट सिलाने के लिए लाहौर जाते थे। विभाजन से पूर्व अनारकली में भीड़ के कारण सवारियों को एक ही ओर जाने का नियम रहता था। अब बाजार में विरल आता-जाता, दुकानें सूनी, उजड़े नगर की बेरौनकी और उदासी।

ताँगेवाला हिन्दुस्तानी सवारी से सर्तक रहा था। सामीप्य बनाने के लिए उससे लाहौरी पंजाबी में ही बात कर रहा था। झिझकते-झिझकते पूछ लिया, "यार, अब सात-आठ साल पहले जैसी भीड़ नहीं है। रोजगार का क्या हाल है?"

ताँगेवाले ने उदास उपेक्षा से मुँह फेरकर उत्तर दिया—"रोजगार चला गया सतलज पार। अब यहाँ अल्ला-ही-अल्ला।"

स्टेशन के फर्स्ट क्लास वेटिंग रूम में मुद्दत से झाड़-बुहार न होने का आभास। गुसलखाने की ओर से बदबू। वेटिंग रूम के बैरे की पगड़ी मैली, छीजी शेरवानी और गरारानुमा पाजामे से उत्तर प्रदेश से आये होने का अनुमान। सन्ध्या के खाने के लिए अनुरोध करने पर बैरे ने पूछा—"खाना यहाँ ही हाजिर किया जायेगा या डाइनिंग रूम में पसन्द करेंगे?"

"मियाँ डाइनिंग रूम में बेहतर हो सकता है। यहाँ मुद्दत से सफाई नहीं की गयी जान पड़ती है।"

उत्तर मिला, "हुजूर, क्या अर्ज किया जाये। डाइनिंग रूम से यहाँ गनीमत।" बैरा की बोलचाल से उत्साहित होकर पूछा—"मियाँ हमारा कयास है, आप पंजाबी नहीं, पूरब से आये हैं क्या?"

"हुजूर वतन तो लखनऊ है। किस्मत फूटी तो अक्ल भी मारी गयी। आ गये! निबाह रहे हैं।"

फर्स्ट क्लास डाइनिंग रूम के लिहाज से खाना ऐसा-वैसा ही था।

फ्रण्टियर मेल में पेशावर के लिए हमारे रिजर्वेशन करनेवाली पाकिस्तान में आधुनिकता और प्रगतिवाद की विज्ञापन गुड़िया की मेहरबानी से, रिजर्वेशन के टिकट हाथ में होने पर भी रिजर्वेशन लिस्ट में हमारे नाम नहीं थे। परेशानी में स्टेशन मास्टर से शिकायत की। स्टेशन मास्टर ने हमारे पासपोर्ट देखकर इण्डियन राइटर के प्रति सौजन्य से मेल को दो मिनट रोककर भी प्रबन्ध करवा दिया।

पेशावर में और फिर पाकिस्तान की पश्चिमी सीमा लण्डी कोतल और लण्डीखाना तक जिन पठान ताँगेवालों, होटल में पंजाबी मुसाफिर या कर्मचारी और चुंगी के पूर्व से गये सरकारी अफसरों से सम्पर्क पड़ा, सभी जगह असन्तोष, निरुत्साह और पछतावे का आभास पाया। बार-बार अनुभव होता, साम्प्रदायिक वैमनस्य के उन्माद में, विरोधी को ध्वंस कर देने के उन्माद में आत्मघात का पछतावा। मन में निरन्तर व्याकुलता थी, मेरा पंजाब और लाहौर नहीं रहे, किसी तरह उनकी याद तो रह जाय! और साम्प्रदायिक वैमनस्य के सामूहिक उन्माद की मूर्खता और उसके लिए पछतावा प्रकट कर सकने की आकुलता। उस समय पहले से 'अमिता' उपन्यास और 'राहबीती' यात्रा वृत्त आरम्भ किये हुए थे। उन्हें पूरा करते ही 'झूठा सच' आरम्भ कर दिया।

लाहौर और पंजाब का यथार्थ चित्र पेश करने और उसकी बात कहने के लिए उपन्यास के पात्रों का लाहौरी और पंजाबी होना जरूरी था। और पाठकों का विश्वास और सहानुभूति पाने के लिए घटनाओं को यथार्थ का आभास देना भी। उसमें कितनी सफलता हुई, यह निर्णय पाठकों का काम। प्रसंग से इतना कह दूँ। 'धर्मयुग' में 'झूठा सच' का पहला भाग १९५८ में प्रकाशित होने पर लगभग आठ सौ पत्र आये थे। पत्रों में बड़ी संख्या विभाजन के

भुक्तभोगियों के पत्रों की थी। बहुतों का कहना था—'झूठा सच' में झूठ क्या? सच-ही-सच है। बहुतों का विश्वास था, उपन्यास स्वयं लेखक की आपबीती ही है। कुछ ने पत्रों द्वारा और कुछ ने मिलकर तारा, जयदेव पुरी, कनक, पं. गिरधारी लाल, डॉ. प्राण, सोमराज सरीन और वकील महेन्द्र के विषय में पूछा—अब वे लोग कहाँ है? उनसे भेंट की इच्छा प्रकट की।

तथ्य है कि जैसे 'झूठा सच' लेखक की आपबीती नहीं, कुछ देखे-सुने कुछ संचित सूचना के आधार पर कल्पना है, वैसे ही 'झूठा सच' में वर्णित पारिवारिक घटनाएँ और सब पात्र काल्पनिक हैं। अलबत्ता राजनैतिक घटनाओं की तिथियाँ और स्थान भी सब इतिहास है। जिन ऐतिहासिक व्यक्तियों के नाम और वक्तव्य उपन्यास में आये हैं वे सब रिपोर्टों और पत्रों से संगृहीत पूर्णतः तथ्य हैं। 'झूठा सच' की प्रेरणा मेरी व्यथा उपन्यास के (प्रथम भाग) के अन्त में लाहौर से शरणार्थी स्त्रियों को अमृतसर पहुँचानेवाली बस के ड्राइवर के सवारियों को सम्बोधित शब्दों में स्पष्ट है—"उतरो बहनो, बेटियो! तुम्हारा 'वतन' तो छूटा पर अपने 'देश' में, अपने लोगों में पहुँच गयीं। परमेश्वर को धन्यवाद दो। रब्ब ने जिन्हें एक बनाया था, रब्ब के बन्दों ने अपने वहम और जुल्म से उन्हें दो कर दिया।" इसीलिए 'झूठा सच' के प्रथम भाग का उपशीर्षक है—'वतन और देश'।

पहले भाग में मेरा कथ्य पूरा नहीं हो गया था इसलिए दूसरा भाग आरम्भ किया। अब बात थी, अपनी जड़ों से उखाड़कर, अपने घरबार से निकालकर पूर्व में धकेल दिये गये करोड़ों नर-नारियों के जिन्दा रह सकने के अवसर के लिए संघर्ष की। अपनी पुरानी जड़ें उखड़ जाने और पुरानी परिस्थितियों की बुनियादें और सीमाएँ टूट जाने से उन्हें परम्परा में बाँधे रहनेवाली उनकी रूढ़ियाँ और संस्कार भी निर्बल हो गये थे। अब उन समस्याओं को पुराने विश्वासों से नहीं अपनी परिस्थितियों, जरूरतों से अपने यथार्थ अनुभव से देखने की मजबूरी थी। उनकी दारुण और असहाय स्थिति में उनके सब पुराने बन्धनों के टूट जाने से ही उन्होंने अपना भाग्य स्वयं बनाने की मजबूरी में स्वतन्त्रता, साहस और कर्मठता की शक्ति पायी। इस सबके लिए उन्हें अपने अतीत जीवन की तुलना में समयानुकूल नये दृष्टिकोण और नये व्यवहार, जिनका वे अतीत में विरोध ही करते, अपनाने पड़े। वे बिलकुल नये व्यक्ति बन गये। अपने निश्चय, साहस और कर्मठता से वे अपनी नयी परिस्थितियों के समाज पर लगभग छा गये। वे स्वयं तो यथार्थ को समझकर समयानुकूल बने, उनके उदाहरण, संगति और प्रभाव से जागी प्रतिद्वन्द्विता में रूढ़ि और परम्परा के संस्कारों की जकड़ और भाग्यवाद की अकर्मण्यता से शिथिल अन्य प्रदेशों के लोगों में भी अपने भाग्य को बदल सकने की चेतना की सक्रियता कुनमुनाने लगी। इस तथ्य को 'झूठा सच' की कहानी के माध्यम से उजागर करना आवश्यक था।

ब्रिटिश शासन से मुक्ति के बाद ही एक और महत्त्वपूर्ण परिस्थिति थी। वैधानिक स्वतन्त्रता और आत्मनिर्णय का अवसर पाकर भी हम अपने राजनैतिक भाग्य को समाज और राष्ट्र का नेतृत्व सम्हाल बैठे लोगों के कन्धे पर छोड़कर उस ओर से बेपरवाह हो गये थे। अव्यवस्था की व्याकुलता अनुभव करके भी आत्मनिर्भर के अधिकार और अवसर से उसका उपाय करने में निराश जनता विदेशी शासन के बाद दस वर्ष के अनुभवों से कुछ सीखने, समझने के लिए मजबूर हो गयी थी। वे समझने लगे कि स्वार्थी राजनैतिक पहलवानों को अपनी पीठ पर चढ़ढी गाँठने का अवसर स्वयं उनकी उपेक्षा दे रही है। जनता की इस चेतना का कुछ प्रभाव दूसरे आम चुनावों में सामने आया। यदि जनता उस ओर और अधिक सचेत

हो सकती तो वह प्रक्रिया हमारी जनता को उन्हें वास्तविक आत्मनिर्णय और कुशासन से स्वतन्त्रता के मार्ग पर आगे बढ़ा सकती थी। इस परिणति का संकेत 'झूठा सच' के दूसरे भाग के अन्तिम शब्दों में है, "जनता निर्जीव नहीं है। जनता सदा मूक नहीं रहती। देश का भविष्य नेताओं और मन्त्रियों की मुट्ठी में नहीं है, देश की जनता के हाथ में है।" इसलिए 'झूठा सच' के दूसरे भाग का उपशीर्षक 'देश का भविष्य' उचित जँचा।

'झूठा सच' के दोनों भाग बारह सौ पचास पृष्ठों में समाये हैं। इतने संक्षेप में इस उपन्यास के सब पात्रों और घटनाओं की कहानी कहना असाध्य था। संस्मरण के रूप में उपन्यास के लिए प्रेरणा की ही कहानी दे सका हूँ।

●

मेरी तेरी उसकी बात

(तथाकथित विसंगतियों का स्पष्टीकरण)

'कल्पना' दिसम्बर १९७५ के अंक में उपन्यास 'मेरी तेरी उसकी बात' पर डॉ. विवेकी राय द्वारा विस्तृत समीक्षा प्रकाशित हुई है। यदि समीक्षा से सप्रयोजन पासंग की शिकायत न हो तो समीक्षक के विश्लेषण और निष्कर्ष पर लेखक की अपील और सफाई की क्या संगति! स्वीकार करता हूँ, समीक्षा पूर्वाग्रह मुक्त है, उसमें सूक्ष्म विवेचन और गहरी पैठ का प्रयास है। परन्तु समीक्षा में स्पष्टीकरण की आवश्यकता की ध्वनि भी है।

उपन्यास के लिए समीक्षक का मत है—"इसका मुख्य पात्र ऐतिहासिक व्यक्ति न होकर भी जिस प्रकार परिवेश की सघन बुनावट में इतिहास-पुत्र हो गया है और उसकी कहानी के व्याज से जिस प्रकार राजनीतिक विकास की कहानी, स्वतन्त्रता के लिए युद्ध की कहानी को कथाकार ने पेश किया है तथा सम्पूर्ण उपन्यास एक विशेष राजनीतिक परिप्रेक्ष्य में चित्रित है, इसलिए इसे राजनीतिक, ऐतिहासिक उपन्यास मानना ही उचित है।" (कल्पना, पृष्ठ २८३/१९)। उसी पृष्ठ पर समीक्षक का कथन है, "इस उपन्यास में यदि वस्तु तत्त्व सम्बन्धी कतिपय विसंगतियाँ हैं तो वे इतिहास से ही सम्बन्धित हैं।" और वास्तव में किसी पूर्वाग्रहवश इतिहास के भीतर खींच-तान कला धर्म के विरुद्ध है। विसंगतियों के प्रसंग में समीक्षक ने ऐतिहासिक या कालक्रम की विसंगति को महत्त्व देकर उनका उल्लेख किया है परन्तु स्वाभाविक सामाजिक जीवनचर्या अथवा वस्तु तत्त्व की विसंगति की ओर भी संकेत ध्वनित है। समीक्षक से सहमत हूँ, विसंगति किसी भी प्रकार की हो, अवांछनीय है। इसलिए सफाई आवश्यक है।

पहले उपन्यास में वस्तु तत्त्व सम्बन्धी विसंगति की कल्पना, जिसकी ओर समीक्षा में स्पष्ट उल्लेख नहीं है परन्तु उसका आभास सूक्ष्मद्रष्टा पाठक को समीक्षा से स्वयं हो जाता है, उसी का स्पष्टीकरण देता हूँ। इस विसंगति का आभास उपन्यास की नायिका उषा की परिस्थिति को 'एंग्लो-इण्डियन' परिवार और परिवेश बता देने से होता है। उपन्यास में कथानक की नायिका के परिवार और उसकी गली की बस्ती को एंग्लो-इण्डियन नहीं स्पष्ट ईसाई बताया गया है। साधारण बोलचाल में या क्षेत्रों में एंग्लो-इण्डियन शब्द का प्रयोग ढीले-ढाले अर्थ में होता है और उसमें ईसाई सम्प्रदाय की बिरादरी का भी अभिप्राय मान लिया जाता है। वस्तुतः एंग्लो-इण्डियन शब्द का व्यावहारिक (कोष का भी) अर्थ है, इण्डिया को अपना देश अपना चुके एंग्लो (अंग्रेज) लोग और ऐसे लोगों के वंशज। मिश्र रक्त के

लोगों के लिए यूरेशियन शब्द है। सम्भ्रान्त भारतीय ईसाई एंग्लो-इण्डियन कहे जाने से दोगले पुकारे जाने का तिरस्कार मानते हैं। ऐसे ईसाई परिवार गर्व से चौबे, तिवारी, चौहान, चटर्जी, बनर्जी आदि कुल नामों का प्रयोग करते हैं। एंग्लो-इण्डियन परिवारों में उषा-जैसे भारतीय नाम आशातीत होंगे परन्तु उपन्यास में उषा के पूरे परिवार के नाम भारतीय हैं। उषा की छोटी बहन पद्मा, भाई अमितानन्द और सदानन्द, पिता धर्मानन्द पण्डित। पण्डित शब्द हिमाचल के ब्राह्मणों में एक कुल नाम। उषा के दादा देवदत्त पण्डित थे। उन्होंने वर्ण-व्यवस्था के कारण हीनवर्ण पड़ोसियों के प्रति अधिकार और अवसरहीनता के अन्याय के प्रति क्षोभ में 'ईसा की करुणामयी मानवी समता' की दीक्षा ले ली थी। यह उपकथा प्रसंग उपन्यास में है। एंग्लो-इण्डियन रीति-रिवाज के विषय में उपन्यास के पृष्ठ २१८ पर ऐसा प्रसंग है। जब प्रस्तावित दामाद निर्मल पन्त ने आकर अपनी वाग्दत्ता उषा की माता से उषा को कुछ समय घूमने ले जाने के लिए अनुमति चाही तो "मिसेज पण्डित को ऐसी एंग्लो-इण्डियन उच्छृंखलता नापसन्द परन्तु पी.सी.एस. दामाद को कैसे इनकार करतीं?"

उषा के पिता प्रोफेसर धर्मानन्द पण्डित असंगत रूढ़ियों, सामाजिक विषमताओं और अन्यायों के विरोधी हैं। धर्मानन्द पण्डित और उनके सम्भ्रान्त ईसाई पड़ोसी भी स्वयं को शासक जाति की बिरादरी का नही, भारतीय समझते हैं। उस बस्ती में एंग्लो-इण्डियन होने का गर्व करनेवाला प्रतिनिधि पात्र 'किम ग्रोव' ही है। पण्डित अपने समय (१९२०-४२) की राजनीतिक गतिविधि में सक्रिय भाग नहीं लेते परन्तु बेटी और बेटे की जिज्ञासा का समाधान यों करते हैं—"उनका (कांग्रेस का) काम कानून के खिलाफ अपराध होता है लेकिन नैतिक अपराध नहीं कहा जा सकता। तुमने पढ़ा है, पैगन रोमन लोग ईसू का धर्म स्वीकार कर लेनेवाले लोगों को सजा देने के लिए जिन्दा जला देते थे। ईसा को भी उस समय का कानून भंग करने के लिए सूली पर चढ़ा दिया गया था। कानून मनुष्यों की समझ के अनुसार बदल जाते हैं। तब कानून को बदलवाने के लिए बलिदान हो जानेवाले लोग सन्त और शहीद मान लिये जाते हैं।" (उपन्यास, पृ. १९२)

उपन्यास में उषा की पारिवारिक तथा परिवेश की स्थिति के अनेक प्रसंग हैं। उपर्युक्त केवल दो प्रसंग ही स्पष्ट कर देते हैं, उषा एंग्लो-इण्डियन परिवार की न थी और वह कैसे प्रभावों में पनपी थी। देश के स्वाधीनता-संग्राम तथा सामाजिक न्याय की समाजवादी भावना से प्रभावित होकर मानवी न्याय के लिए उसका आत्मोत्सर्ग वस्तु तत्त्व या परिस्थितियों की विसंगति नहीं, विकास ही माना जाना चाहिए।

'पूर्वाग्रहवश इतिहास के भीतर खींच-तान' की कला-धर्म विरुद्ध विसंगति के लिए समीक्षक ने स्पष्ट कहा है :—"भगतसिंह की फाँसी के समय कथाकार उनके मुँह से जो 'दुनिया के मज़दूरों एक हो' के नारे देने की बात लिखता है, वह काफी विवादास्पद है।" अनुमानतः समीक्षक के विचार में भगतसिंह के फाँसी पाने के समय (मार्च, १९३१ में) "दुनिया के मज़दूरों एक हो!" का नारा भारतीय परिस्थितियों में समय से पूर्व कल्पना या ऐतिहासिक विसंगति जान पड़ी है। यदि यह कथानक पूर्वाग्रहवश गढ़ा गया होता तो निश्चय कला धर्म विरुद्ध विसंगति होता परन्तु यह ऐतिहासिक 'तथ्य' है। यह बात लेखक (यशपाल) वैयक्तिक जानकारी के दावे से कहता है क्योंकि वह स्वयं भगतसिंह के कार्यक्रम का सहयोगी और प्रथम लाहौर षड्यन्त्र के मुकद्दमे का फरार अभियुक्त था। उस मुकद्दमे में सोलह-सोलह बरस जेल भुगते साथी शिव वर्मा, जयदेव कपूर, गया प्रसाद आदि भी साक्षीरूप में मौजद हैं। इस मुकद्दमे के अभियुक्त अदालत (सन् १९२९-३०) में भी

अनेक अवसरों पर 'इन्कलाब जिन्दाबाद! साम्राज्यवाद मुर्दाबाद! दुनिया के मज़दूरों एक हो!' नारे लगाते थे।

भगतसिंह तथा लाहौर षड्यन्त्र के मुकद्दमे के साथियों के लिए 'दुनिया के मज़दूरों एक हो' नारा स्वाभाविक था। उनके संगठन का नाम ही हिन्दुस्तान सोशलिस्ट रिपब्लिकन आर्मी था और उनका लक्ष्य समाजवादी क्रान्ति। तब १९२६-२८ से ही पंजाब और यू.पी. के पश्चिम जिलों में 'नौजवान भारत सभा' द्वारा वितरित साहित्य पर भी 'इनकलाब जिन्दाबाद! साम्राज्यवाद मुर्दाबाद! दुनिया के मज़दूरों एक हो!' नारे रहते थे।

अवसर से सम्बद्ध प्रमाण भी उपलब्ध है। भगतसिंह, राजगुरु, सुखदेव को फाँसी लाहौर सेण्ट्रल जेल में २३ मार्च, १९३१ सन्ध्या ६-१३ पर दी गयी थी। सामान्यतः फाँसी प्रातः पौ फटते समय जेलों में बैरकें खुलने से पूर्व ही दी जाने की रीति चली आ रही है। शायद सरकार को भगतसिंह और साथियों की फाँसी के समय लाहौर जेल या नगर में उपद्रव की आशंका हो गयी थी। अतः विकल्प से निश्चित समय से एक रात पूर्व फाँसी दे दी गयी थी। लाहौर सेण्ट्रल जेल का फाँसी हाता जेल के १४ नम्बर हाते की दीवार से लगा हुआ था। (सम्भवतः अब भी वैसा ही होगा) भगतसिंह, राजगुरु और सुखदेव १४ नम्बर हाते के नये बढ़ाये गये भाग में फाँसी की कोठरियों में बन्द थे। १४ नम्बर हाते के पुराने भाग की फाँसी की छब्बीस कोठरियों में लाहौर षड्यन्त्र के अनुसंग, दूसरे लाहौर षड्यन्त्र (आतिशी चक्कर) के उस समय हवालाती अभियुक्त साथी रखे गये थे। उन साथियों में से पंजाब कांग्रेस के कार्यालय मन्त्री श्री रूपलाल, भूतपूर्व पंजाब एम. एल. ए. गुलाबसिंह, जहाँगीरी लाल, जयप्रकाश, धर्मपाल, कुन्दनलाल आदि पंजाब और हरियाणा में उपलब्ध हैं। उनमें से एक साथी श्री सरदार सिंह लखनऊ में ३८ न. कैण्ट रोड पर सरदारसिंह कोलडिपो चला रहे हैं। उनसे भी भेंट सुलभ है। १४ नम्बर हाते के पुराने तथा नये भाग और फाँसी खाना जुड़े हुए थे कि एक कोठरी के बन्दी के दूसरी कोठरी के बन्दी से ऊँचे स्वर में बात करने पर अन्य कोठरियों के लोग भी सुन सकते थे। ये लोग फाँसी हाते में फाँसी दी जाने पर फाँसी के तख्ते खुलकर गिरने की आहट भी प्रायः सुनते थे।

श्री सरदारसिंह और उनके साथियों को याद है २३ मार्च,१९३१ की सन्ध्या जेल बैरकें और हाते सामान्य से कुछ समय पूर्व बन्द हो गये थे। कहा गया था बड़े-बड़े अफसर मुआइने के लिए आनेवाले हैं। परन्तु भगतसिंह, राजगुरु, सुखदेव और इन लोगों को वास्तविकता का आभास हो गया था। इन लोगों ने भगतसिंह और राजगुरु की आवाजें सुनी थीं, "अरे भोले लोगों, हम ही यह मुआइना करने जा रहे हैं।" फिर फाँसी कोठरियाँ खुलने की आहटें। सुखदेव का हथकड़ी पहनने से विरोध का स्वर। भगतसिंह का उसे समझाना, "हथकड़ी पहन लो, क्यों झगड़ा करते हो।"[1] भगतसिंह ने लाहौर दूसरे षड्यन्त्र के अभियुक्त साथियों को ऊँचे स्वर में पुकारा—'अच्छा भाई चलते हैं।' फिर फाँसी हाते से 'इनकलाब जिन्दाबाद! साम्राज्यवाद मुर्दाबाद! दुनिया के मज़दूरों एक हो!' के नारे। फाँसी हाते से नारों की प्रतिध्वनि में पुराने १४ नम्बर हाते में हवालती साथियों द्वारा नारे और उनकी प्रतिध्वनि रूप सेण्ट्रल जेल भर की बैरकों से 'इनकलाब जिन्दाबाद' के नारे।

---

१. इस अवसर का वर्णन बाईस वर्ष पूर्व अपने संस्मरण 'सिंहावलोकन' भाग-२ में दे चुका हूँ।

आज मैं स्वयं दुविधा में हूँ, किसी समय "दुनिया के मज़दूरों एक हो!" का नारा आरम्भ करनेवाले संगठनों के वर्तमान नेता, निकट भविष्य में कभी फिर "दुनिया के मज़दूरों एक हो!" का नारा दोहरायेंगे या नहीं। परन्तु उपन्यास में वर्णित स्थिति ऐतिहासिक तथ्य है, विसंगति नहीं।

समीक्षक का मत है कि उपन्यास में सन् १९४० के व्यक्तिगत सत्याग्रह के इतिहास में भी काफी कतरब्योंत है। उपन्यास के गाँधीवादी पात्र स्थान-स्थान पर मार्क्सवादी चिन्तन में डूबे प्रदर्शित होते हैं। परन्तु उपर्युक्त स्थिति भी आरोपित नहीं, तथ्य वस्तुस्थिति है। यह लेखक की भुगती हुई वैयक्तिक जानकारी है। १९४० के आन्दोलन के समय कम्युनिस्ट पार्टी अवैध थी और अनेक कम्युनिस्ट कांग्रेस समुदाय को प्रभावित करने के लिए कांग्रेस में सम्मिलित होकर गाँधीवादी बाने और भाषा में अपनी बात कह रहे थे। कांग्रेस में मार्क्सवाद से पूर्णतः प्रभावित महत्त्वपूर्ण अंश था, कांग्रेस समाजवादी दल। उनमें प्रमुख थे आचार्य नरेन्द्रदेव, राममनोहर लोहिया और जयप्रकाश नारायण। उस समय जयप्रकाश नारायण स्वयं मार्क्सवादी थे और 'समाजवाद ही क्यों?' जैसी पुस्तकें लिखते थे। उपर्युक्त तथ्यों को ध्यान में रखने से 'मेरी तेरी उसकी बात' के कथानक में ऐतिहासिक या कालक्रम की विसंगति के सन्देह के लिए अवसर नहीं रह जाता।

कल्पना, १९७६

●

पंजाबी सूबे की माँग और भारतीय संविधान

पंजाबी सूबे की माँग के लिए मास्टर तारासिंह के अनशन के रूप में आन्दोलन का दूसरा मास आरम्भ हो गया है। अनशन के रूप में आन्दोलन आरम्भ होने से पूर्व देश के कुछ राजनीतिक दलों ने भी, भाषावार राज्यों के संगठन के सिद्धान्त के आधार पर पंजाबी सूबे की माँग का समर्थन किया था। अनशन आरम्भ हो जाने के बाद से, पंजाबी सूबे के आन्दोलन के प्रमुख नेता मास्टर तारासिंह ने और दूसरे अकाली नेताओं ने जो वक्तव्य अपनी माँगों और आन्दोलन के स्पष्टीकरण के लिए दिये हैं, उनसे उनकी भावना और प्रयोजन उत्तरोत्तर स्पष्ट होते गये हैं। मास्टर तारासिंह ने यह स्पष्ट कर दिया है कि पंजाब में से पंजाबी सूबे को पृथक् करने की माँग पंजाबी भाषा-भाषियों की माँग नहीं है बल्कि यह माँग सिख पन्थ के लिए पृथक् राज्य (सिखिस्तान) की माँग है और यह माँग केवल सिखों के गौरव और सम्मान का प्रश्न है। इन स्पष्टीकरणों के बाद भारत के संविधान के अनुसार, पंजाबी सूबे की माँग को भाषावार राज्यों के सिद्धान्त के आधार पर तर्कसंगत कह देने का कोई कारण नहीं रह जाता है। अकाली दल की ओर से मास्टर तारासिंह के पंजाबी सूबे के नाम पर पृथक् राष्ट्र के निर्माण की माँग बिना किसी आवरण के स्पष्टतः एक साम्प्रदायिक, सिख के राज्य, सिखिस्तान की माँग रह गयी है। आज अकाली दल द्वारा पंजाबी सूबे की माँग के समर्थन-असमर्थन अथवा उसे स्वीकार-अस्वीकार करने से पहले उस माँग को भारत में एक साम्प्रदायिक राज्य के निर्माण की माँग मानना होगा। पंजाबी सूबे की माँग का आधार भाषावार राज्यों के निर्माण का सिद्धान्त बताकर उसे भारतीय संविधान के अनुसार न्यायोचित बताया गया था।

यह स्पष्ट हो गया कि पंजाबी सूबे की माँग भाषा के आधार पर, पंजाबी भाषियों की नहीं है केवल अकाली दल के अनुयायियों, हिन्दुओं से अपने को पृथक् करना चाहनेवाले लोगों की सिख सम्प्रदाय के लिए राज्य के निर्माण की माँग है। इस माँग को भी भारतीय संविधान के दृष्टिकोण से देखना उचित होगा।

संविधान के (पार्ट ३-आर्टकिल १५-क्लाज १ और २) अनुसार यह देश सम्प्रदाय निरपेक्ष (सिक्यूलर) राष्ट्र है। इस देश में किसी भी व्यक्ति को न तो सम्प्रदाय के आधार पर अधिकार और अवसर से नियुक्त किया जा सकता है न किसी व्यक्ति को सम्प्रदाय के आधार पर कोई विशेष अवसर और अधिकार दिया जा सकता है। संविधान के अनुसार इस देश की व्यवस्था और संगठन के किसी भी प्रश्न पर सम्प्रदाय को आधार मान लेना संविधान

के विरुद्ध होगा। इस राष्ट्र की सम्पूर्ण प्रजा को साम्प्रदायिक विश्वास, विचार और व्यवहार की एक समान स्वतन्त्रता होते हुए भी सम्प्रदाय के आधार पर पृथक्ता और दूसरे सम्प्रदायों की अपेक्षा विशेष अधिकारों की माँग राष्ट्र के संविधान के मूल तत्त्व के ही विरुद्ध है। सम्प्रदाय निरपेक्ष राष्ट्र में साम्प्रदायिक या पन्थ के राज्य की कल्पना कैसे की जा सकती है? यह कहना कि सिख पन्थ के राज्य का निर्माण हो जाने के बाद भी वह राज्य या सूबा भारतीय राष्ट्र का अविभाज्य अंग होगा, उतना ही गलत होगा जितना कि सिख पन्थ के राज्य की माँग को भाषावार राज्य की माँग कहना था। यदि अकालियों की माँग के अनुसार, पंजाबी सूबे या राज्य के रूप में सिख पन्थ के राज्य के निर्माण की कल्पना की जाय तो, वह भारतीय संविधान की भावना के अनुसार भारतीय राष्ट्र का अंग नहीं, एक पृथक् राष्ट्र ही होगा। जिस राज्य या राष्ट्र के निर्माण का आधार साम्प्रदायिकता हो वह राज्य या राष्ट्र सम्प्रदाय निरपेक्ष संविधान को स्वीकार नहीं कर सकता। ऐसी अवस्था में सिखिस्तान का साम्प्रदायिक राष्ट्र, भारत के सम्प्रदाय निरपेक्ष राष्ट्र का अंग अथवा उसके अन्तर्गत कैसे हो सकेगा?

१३ अगस्त, ६१ के 'स्टेट्समैन' में श्री खुशवन्त सिंह का एक पत्र प्रकाशित हुआ था। इस पत्र में भारत सरकार और देश के नेताओं से बहुत भावुकतापूर्ण अपील की गयी है कि अकाली दल की पंजाबी सूबे—सिख साम्प्रदायिक राज्य—को स्वीकार करने की दूरदर्शिता दिखायी जाय। इस पत्र में बहुत स्पष्टवादिता से काम लिया गया है। श्री खुशवन्त सिंह का दावा है कि सभी सिख अकाली दल की पंजाबी सूबे की माँग के पक्ष में हैं। "यदि कुछ सिख इस माँग का समर्थन नहीं कर रहे हैं तो ये हिन्दुओं के सामने संकोच से अपने भावों को छिपाये हैं अथवा वे सरकार के खुशामदी और पिट्ठू हैं।" उनका यह कहना है कि पंजाब के बाहर जहाँ कहीं भी सिख सम्प्रदाय के लोग हैं वे इस माँग के आन्दोलन की सहायता के लिए आतुर हैं। यह माना जा सकता है कि पंजाब से बाहर रहनेवाले अनेक सिखों ने इस आन्दोलन को अपने सम्प्रदाय के लोगों का आन्दोलन मानकर, साम्प्रदायिक सहानुभूति से अथवा इसे पंजाबी भाषा की रक्षा की पुकार मानकर, आन्दोलन की सहायता के लिए यथाशक्ति धन भेजा होगा परन्तु यह दावा मान लेना कठिन है कि सिख मात्र भारतीय राष्ट्र से पृथक् एक सिख साम्प्रदायिक राज्य के समर्थक हैं, जो सिख आन्दोलन का प्रकट समर्थन नहीं कर रहे हैं वे सरकार के खुशामदी हैं अथवा हिन्दुओं के लिहाज में चुप हैं।

सबसे महत्त्वपूर्ण प्रश्न यह है कि जो लोग पंजाबी सूबे की माँग का समर्थन कर रहे थे वे मास्टर तारासिंह के वक्तव्यों से पृथक् सिख राज्य की माँग स्पष्ट हो जाने के बाद क्या चाहते हैं और क्या वे सम्प्रदाय निरपेक्ष (सिक्यूलर) भारतीय राष्ट्र से पृथक् साम्प्रदायिक राज्य की माँग के आवश्यक परिणामों पर भी विचार कर चुके हैं?

श्री खुशवन्त सिंह ने अपने पत्र में भारत के राष्ट्रीय नेताओं और भारतीय सरकार को स्पष्ट चेतावनी दी है कि आज देश भर के सिखों में वही भावना काम कर रही है जो १९४० में, बँटवारे से पहले, मुस्लिम लीग के नेतृत्व में हिन्दुस्तान के मुसलमानों में मौजूद थी। यह चेतावनी बहुत स्पष्ट है और अकाली आन्दोलन के लक्ष्यों के विषय में कोई सन्देह शेष नहीं रहने देती। यह किसी से छिपा नहीं है कि १९४० में अविभाजित हिन्दुस्तान के मुसलमानों की भावना हिन्दुस्तान को बाँटकर अपना पृथक् साम्प्रदायिक राष्ट्र बनाने की थी

और पाकिस्तान के रूप में वही उसका परिणाम हुआ। श्री खुशवन्त सिंह ने अकाली आन्दोलन के भी वही भावना और लक्ष्य घोषित किये हैं। इस पीढ़ी के लोग यह नहीं भूले होंगे कि १९४५ में देश के बँटवारे का प्रश्न उठाये जाने पर मास्टर तारासिंह और कुछ लोगों ने सिखिस्तान की भी माँग पेश की थी। इससे क्या सन्देह हो सकता है कि मास्टर तारासिंह जो १९४५ और ४७ में नहीं पा सके उसी के लिए फिर आन्दोलन कर रहे हैं।

श्री खुशवन्त सिंह ने मास्टर तारासिंह और अकाली दल की भारत से भिन्न पृथक् साम्प्रदायिक राष्ट्र, सिखिस्तान की माँग की खुली घोषणा करके इस माँग के स्वीकार न किये जाने के दुष्परिणामों की चेतावनी भी दे दी है। ऐसी माँग स्वीकार हो जाने के दुष्परिणामों पर विचार कर लेना भी आवश्यक है। क्या यह विश्वास किया जा सकता है कि देश भर के सिख इसी भावना के समर्थक हैं? पंजाब से बाहर रहकर मास्टर तारासिंह और अकाली दल की माँग का समर्थन करनेवाले लोगों को इस विषय में सन्देह की कोई गुंजाइश नहीं होनी चाहिए कि भारतीय राष्ट्र से पृथक् साम्प्रदायिक राज्य की माँग की भावना से जो पृथक् सूबा या राष्ट्र बनेगा उसकी स्थिति वही होगी जो आज पाकिस्तान में मुसलमानों के अतिरिक्त दूसरे सम्प्रदायों की है। उस राज्य की प्रजा को भी भारत में व्यवसाय तथा सरकारी नौकरी आदि के वही अवसर और अधिकार होंगे जो भारतीय संविधान के अनुसार भारत में पाकिस्तान की प्रजा के हो सकते हैं। क्या श्री खुशवन्त सिंह के दावे के अनुसार, पंजाब से बाहर रहकर मास्टर तारासिंह और अकाली दल की माँग का समर्थन करनेवाले लोग पृथक् साम्प्रदायिक सिख राज्य की स्थापना के बाद उसी राज्य में जा बसेंगे? यदि नहीं तो साम्प्रदायिक राष्ट्र में आस्था रखनेवाले लोंगों अर्थात् सम्प्रदाय निरपेक्ष भारत के संविधान से असन्तुष्ट लोगों का इस राष्ट्र के नागरिक बने रहने का क्या अर्थ होगा? ऐसे लोगों की राष्ट्रीय भक्ति (लायल्टी) में कैसे विश्वास किया जा सकेगा।

मास्टर तारासिंह ने पंजाबी सूबे के निर्माण की माँग का कारण बहुत विचित्र बताया है। उनका कहना है कि हिन्दुओं और सिखों में इतना सामीप्य है कि यदि सिख धर्म की रक्षा के लिए पृथक् राज्य न बना तो सिख हिन्दुओं से बिलकुल मिल जायेंगे। श्री खुशवन्त सिंह ने भी अपनी जानकारी के आधार चिन्ता प्रकट की है कि पंजाब के बाहर, जहाँ भी सिख बच्चों के लिए गुरुमुखी पढ़ायी जाने की व्यवस्था नहीं है, सिखों में धर्म के प्रति आस्था घटती जा रही है परन्तु जो लोग पंजाब के पंजाबी रीजन (सिख बहुसंख्यक जिलों) की स्थिति से परिचित हैं, वे जानते हैं कि वहाँ गुरुमुखी की शिक्षा न केवल सिखों के बल्कि सभी सम्प्रदायों के बच्चों के लिए अनिवार्य है। यदि गुरुमुखी की शिक्षा ही उद्द्देश्य है तो अकाली दल जिन जिलों को पंजाबी सूबे में सम्मिलित करना चाहता है वहाँ इस सम्बन्ध में और क्या माँग की जा सकती है।

१९४५ में साम्प्रदायिक आधार पर पाकिस्तान की माँग उपस्थित की जाने पर मास्टर तारासिंह ने भी साम्प्रदायिक आधार पर सिखिस्तान की माँग की थी परन्तु १९४७ में उन्होंने साम्प्रदायिक आधार पर मुस्लिम राष्ट्र (पाकिस्तान) की धमकी के विरोध में तलवार खींच ली थी। १९६१ में तारासिंह न केवल सिखों के लिए पृथक् साम्प्रदायिक राष्ट्र की माँग कर रहे हैं बल्कि अपनी इस माँग में, दूसरे सम्प्रदायों का सहयोग पाने के लिए, भारत में उनके लिए भी साम्प्रदायिक राज्यों की माँग में सहायता देने के लिए अपने प्राण न्यौछावर कर देने का आश्वासन दे रहे हैं।

मास्टर तारासिंह को यह आशंका है कि यदि सिखों को हिन्दुओं से पृथक् रखने के लिए पृथक् राष्ट्र का निर्माण न हुआ तो वे हिन्दुओं में समा जायेंगे परन्तु वह आशंका इतिहास से प्रमाणित नहीं होती। जैन और हिन्दुओं के अनेक सम्प्रदाय सिख सम्प्रदाय की अपेक्षा हजारों वर्ष पुराने हैं परन्तु उन सम्प्रदायों का अस्तित्व इस देश के समाज में अब भी पृथक् है।

श्री खुशवन्त सिंह अलीगढ़ यूनिवर्सिटी में राकफेलर वजीफ़े पर सिख इतिहास की खोज कर रहे हैं। यह विचित्र बात है कि सिख इतिहास का विद्यार्थी और ज्ञाता सिखों और हिन्दुओं का भेद मिट जाने की और सिखों के हिन्दुओं में समा जाने की आशंका करे। पंजाब के सभी निवासी इस तथ्य से परिचित हैं कि हिन्दुओं और सिखों के सामीप्य के कारण सिख हिन्दू नहीं बनते; हिन्दू परिवार ही गुरुओं और आदि ग्रन्थ में श्रद्धा होने के कारण अपनी सन्तान को सिख बनाते रहे हैं। स्वयं मास्टर तारासिंह जन्म से हिन्दू थे। यह कौन नहीं जानता है कि सिख सम्प्रदाय के आदि गुरु श्री नानकदेव साम्प्रदायिक आचार-व्यवहार के भेद और विरोध को दूर करने के लिए मानव मात्र की एकता के धर्म के प्रवर्तक थे। वे हिन्दू-मुसलमान के साम्प्रदायिक आचार-व्यवहार के भेद को भी मनुष्य को भ्रम में डालनेवाला समझते थे। श्री गुरु ग्रन्थ साहब श्री खुशवन्त सिंह सिख धर्म की रक्षा के लिए भेदों को महत्त्व देते हैं और उनके लिए पृथक् राष्ट्र की आवश्यकता में विश्वास रखते हैं। यह सर्वसाधारण सिख जनता को ही निश्चय करना है कि वह सिख गुरुओं और आदि गुरु द्वारा प्रतिपादित मानव की एकता के धर्म के अनुयायी हैं। सिख धर्म का आधार आदि गुरुग्रन्थ साहब में विश्वास और निष्ठा रखनेवाले लोगों में केशधारियों की अपेक्षा सहजधारियों की संख्या गुरुओं के समय से ही सदा अधिक रही है। क्या गुरुग्रन्थ साहब की शिक्षा और सिख धर्म में आस्था के प्रसार का उपाय यही है कि मास्टर तारासिंह और अकाली दल की माँग का समर्थन करके एक ओर मांस के सम्बन्ध से, रोटी और बेटी के सम्बन्ध से एक समाज के लोगों को दो पृथक् राष्ट्रों में बाँटकर एक-दूसरे का शत्रु बना दिया जाय?

देश की सर्वसाधारण जनता को भारत के सम्प्रदाय निरपेक्ष संविधान में आस्था है। जनता अपने देश के संविधान के अनुसार सभी सम्प्रदायों की समान स्वतन्त्रता में विश्वास रखती है। जनता को यह विश्वास है कि भारत सरकार पृथक् साम्प्रदायिक राज्य की राष्ट्र-विरोधी और मानवता-विरोधी माँग के लिए आन्दोलन के आगे नहीं झुकेगी परन्तु इस विश्वास पर जनता का निष्क्रिय बने रहना भी उचित नहीं है। जनता को अपने राष्ट्र की एकता और इस राष्ट्र के सम्पूर्ण प्रजा की समान स्वतन्त्रता के लिए सतर्क रहना चाहिए और अपने ऐसे विश्वास और निश्चय को दृढ़ता से प्रकट करना चाहिए।

●

सोवियत कम्युनिस्ट पार्टी की कांग्रेस और भारतीय जनता

सोवियत संघ की कम्युनिस्ट पार्टी की बीसवीं कांग्रेस संसार भर के लिए महत्त्वपूर्ण घटना है। कांग्रेस में की जानेवाली घोषणाओं और इसके निर्णयों की प्रतीक्षा कुछ लोग आशंका से, कुछ उत्साह से कर रहे हैं। कौतूहल तो सभी को है। वह दिन गये जब लोग अपने ही देश की समस्याओं में उलझे रहकर सन्तुष्ट हो सकते थे। आज विज्ञान ने समय और स्थान के व्यवधानों को संसार से मिटा दिया है। किसी भी राष्ट्र का जीवन अपनी भौगोलिक सीमाओं में सीमित नहीं रह सकता। ऐसा यत्न करने पर भी दूसरे राष्ट्रों की सफलता-असफलता के उदाहरण के प्रभावों से बचे रहना तो असम्भव ही है। इस कांग्रेस में भारत को क्या दिखायी देता है?

स्वतन्त्र भारत यह तो जानता है कि उसे अपनी बहुत बड़ी जनसंख्या की भौतिक आवश्यकताओं की पूर्ति के लिए, बेकारी की समस्या दूर करने के लिए और जनता का बहुत गिरा हुआ जीवन-स्तर ऊपर उठाने के लिए औद्योगीकरण का मार्ग अपनाना होगा। जीवन के लिए आवश्यक और उपयोगी पदार्थों को वैज्ञानिक ढंग से और मशीनों द्वारा मनुष्य की बढ़ायी हुई शक्ति से पर्याप्त मात्रा में उत्पन्न करना होगा। औद्योगीकरण और मशीनों का अधिक-से-अधिक उपयोग करना होगा, यह तो भारत की जनता जानती है परन्तु मशीनें और औद्योगिक साधन स्वयं निश्चय नहीं कर सकते कि उनका उपयोग किस व्यवस्था से किया जायेगा, या किया जाना चाहिए।

औद्योगीकरण और मशीनों के उपयोग की एक व्यवस्था ब्रिटेन, यूरोप के कई देशों और अमेरिका में है। इन देशों की उत्पादन शक्ति और कार्य की क्षमता से हम विस्मित होते रहे हैं। वहाँ खेती, जीवन की दूसरी वस्तुओं का उत्पादन और यातायात सभी मशीनों के अधिकतम उपयोग और संगठित ढंग से होते हैं। दूसरा उदाहरण हमारे सामने सोवियत और समाजवादी प्रणाली को अपनानेवाले देशों का है। भारत दोनों व्यवस्थाओं की सफलता देखकर अपनी परिस्थितियों और आवश्यकताओं के विचार से दोनों व्यवस्थाओं के मिले-जुले ढंग से चलकर अपनी समस्याओं को सुलझाने का यत्न कर रहा है। हम दूसरे राष्ट्रों के अनुभवों और उदाहरणों की उपेक्षा नहीं कर सकते। हमारे देश की उत्पादन शक्ति और प्रति व्यक्ति आमदनी की औसत बहुत कम है। हम जब ब्रिटेन की उत्पादन शक्ति और प्रति व्यक्ति

औसत आमदनी के आँकड़े सुनते हैं तो इच्छा होती है कि हम उनकी व्यवस्था से कुछ सीख सकें। अमेरिका की उत्पादन शक्ति और प्रति व्यक्ति औसत आमदनी के आँकड़े सुनकर हमें विस्मय होता है और जान पड़ता है कि हमारी जनता के लिए उससे अधिक कल्याणकारी व्यवस्था दूसरी हो ही नहीं सकती।

परन्तु पूँजीवादी व्यवस्था द्वारा औद्योगीकरण का अधिकतम विकास कर सकनेवाले राष्ट्रों की आर्थिक अवस्था के विवरण हमें चेतावनी भी देते हैं जब हम अमेरिका से लौटे हुए अपने परिचितों से सुनते हैं कि अमेरिका में भी उचित भोजन, वस्त्र और मकान न पा सकनेवाले लोगों की कमी नहीं है। दूसरी ओर अमेरिका की आर्थिक नीति के कर्णधारों को कहते सुनते हैं कि अमेरिका के आर्थिक संकट का कारण देश में इतनी पैदावार हो जाना है जिसे अमेरिका की जनता खा नहीं सकती। हमने बहुत बार सुना है कि पैदावार का क्रम जारी रखने के लिए और बेकारी न फैलने देने के लिए अमेरिका को अपना अनाज, मक्खन, तेल नष्ट कर देना पड़ा अथवा समुद्र में फेंक देना पड़ा। अनुभव करना पड़ता है कि अमेरिका में इन पदार्थों को खरीदनेवाला कोई नहीं रहा होगा। परन्तु हमने अमेरिका को यह कहते कभी नहीं सुना कि उस राष्ट्र के सभी लोग इन पदार्थों के उपयोग से सन्तुष्ट हैं। अमेरिकी व्यवस्था संसार में सबसे अधिक उत्पादन शक्ति रखने का दावा तो कर सकती है परन्तु इस शक्ति को अपनी जनता की आवश्यकताएँ पूरी करने के लिए प्रयोग में ला सकने का दावा नहीं कर सकती।

हमारा लक्ष्य और उद्‌देश्य केवल पैदावार की शक्ति को और पैदावार को बढ़ाना ही नहीं इन्हें जनता के उपयोग और जनता का जीवन स्तर सुधारने के लिए प्रस्तुत करना है।

स्वभावतः ही हमें शंका होती है कि पूँजीवादी औद्योगीकरण से बढ़ी हुई पैदावार की शक्ति का प्रयोजन राष्ट्र की जनता की आवश्यकताओं को पूरा करने के अतिरिक्त कुछ और है। हमें शंका होती है पूँजीवादी व्यवस्था द्वारा औद्योगीकरण से राष्ट्र की उत्पादन शक्ति को तो बहुत बढ़ाया जा सकता है परन्तु उससे जनता की आवश्यकताएँ एक सीमा तक ही पूरी की जा सकती हैं अथवा जनता के जीवन स्तर को केवल एक सीमा तक ही ऊँचा उठाया जा सकता है। उसके पश्चात् पूँजीवादी व्यवस्था की बढ़ी हुई उत्पादन शक्ति स्वयं उसके लिए मुसीबत बन जाती है या उसका उत्पादन राष्ट्र की जनता के लिए प्राप्य और उपयोगी नहीं हो सकता। वह जनता का जीवन स्तर ऊँचा उठाने में सहायक नहीं हो सकता। यदि राष्ट्र के लोगों को बेकारी से बचाना है तो कई लाख आदमियों को केवल युद्ध की ऐसी सामग्री बनाने में लगाये रहना जरूरी है जो जनता के दैनिक जीवन के किसी उपयोग में नहीं आ सकती। अन्यथा राष्ट्र में बेकारी की हाय-हाय फैल जायगी। आज अमेरिका के सामने समस्या है अपनी पैदावार को बाजार में खपा सकने की सीमा के भीतर रखने की अथवा अपनी उत्पादन शक्ति को काम में लगाये रखने के लिए दूसरे राष्ट्रों के बाजारों पर अपना अधिकार कायम करने की।

दूसरी ओर सी. पी. एस. यू. की कांग्रेस द्वारा सोवियत की समाजवादी व्यवस्था में औद्योगीकरण की नीति के परिणामों का और उनकी भविष्य की योजनाओं का, उदाहरण है—पिछले छब्बीस वर्षों में सोवियत संघ की उत्पादन शक्ति में बीस गुना वृद्धि हुई है। इतने समय में अमेरिका की उत्पादक शक्ति में ढाई गुना और ब्रिटेन की उत्पादन शक्ति में पौने दो गुना बढ़ती हुई है। सोवियत को अपनी बढ़ी हुई पैदावार को खपा सकने में न केवल

कठिनाई न हुई बल्कि वह आगामी पाँच वर्षों में अपने उत्पादन को सवाया बढ़ाने की योजना बना रहा है। अमेरिका और ब्रिटेन की व्यवस्था में उत्पादन की शक्ति में ढाई और पौने दो गुना बढ़ती ही उनके लिए संकट का कारण बन रही है क्योंकि जहाँ सोवियत की व्यवस्था में उत्पादन शक्ति की बढ़ती ने खपत की शक्ति को भी बढ़ाया है, पूँजीवादी व्यवस्था में जनता की खपत की शक्ति उत्पादन की शक्ति के अनुपात में नहीं बढ़ पायी। इसका कारण पूँजीवादी व्यवस्था में उत्पादन और खपत की शक्तियों के हितों का परस्पर विरोध है, जो कि उत्पादन का सामाजिक और राष्ट्रीय प्रयोजन होना चाहिए।

१९५३ में पहली बार सोवियत जाने पर लौटते समय ब्रिटेन में भी दो मास गुजारे थे। यह स्पष्ट दिखायी देता था कि लगभग पिछले पच्चीस वर्ष में ही औद्योगिक विकास करनेवाले सोवियत की अपेक्षा ब्रिटेन की उत्पादन शक्ति और औद्योगिक स्तर अधिक ऊँचा था परन्तु उस समय ब्रिटेन में बेकारी का प्रश्न मौजूद था और सर्वसाधारण मज़दूर का भोजन और रहन-सहन का स्तर सोवियत के सर्वसाधारण की अपेक्षा कम सन्तोषजनक जान पड़ा। ब्रिटेन के सामने समस्या थी कि वह अपनी उत्पादन शक्ति का क्या करे? उसके बाजार छिन चुके थे। अपनी उत्पादन शक्ति को स्वयं अपनी जनता के सन्तोष के लिए उपयोग में लाने का कोई उपाय उसकी व्यवस्था के पास नहीं था। युद्ध समाप्त हुए आठ वर्ष बीत चुके थे। मैं सोवियत में स्टैलिनग्राड भी होकर गया था। युद्ध के समय प्रायः पूर्ण रूप से ध्वंस हो चुका स्टैलिनग्राड पूरा-का-पूरा नये सिरे से बन चुका था। कहीं-कहीं ही कोई मकान बनने के लिए प्रतीक्षा करता दिखायी देता था परन्तु युद्ध के क्षेत्र से दूर लन्दन में, कहीं-कहीं किसी गली-बाजार में कोई मकान ही हवाई बमों से गिर गया था। ऐसे बहुत-से मकान तब भी गिरे हुए दिखायी दिये। इन मकानों के तब तक भी न बन पाने पर विस्मय प्रकट किया। स्पष्टवक्ता अंग्रेज मित्र का उत्तर था—अब इनके बन पाने के लिए धन कहाँ? उपनिवेशों से आनेवाले धन के स्रोत तो सूख गये! यदि ब्रिटेन की समृद्धि के लिए उपनिवेश आवश्यक हैं तो इसका अर्थ है—ब्रिटेन एक और युद्ध के लिए तैयार हो या उपनिवेशों की जनता उसके लिए बलिदान होती रहे। यह है पूँजीवादी और साम्राज्यवादी व्यवस्था के औद्योगीकरण की नीति का वर्तमान भविष्य इससे कहीं अधिक अन्धकारपूर्ण।

१९५५ में दूसरी बार सोवियत और ब्रिटेन जाने का अवसर हुआ। ढाई वर्ष के समय में सोवियत में सर्वसाधारण के लिए निवास के मकानों की संख्या स्पष्ट रूप से बढ़ गयी दिखायी देती थी। जिन स्थानों को ढाई वर्ष पहले सपाट देखा था, वहाँ आठ और नौ मंजिले मकानों के मुहल्ले खड़े थे जिनमें प्रत्येक परिवार के लिए स्वास्थ्य के आधुनिक उपायों, रसोई और स्नानागार की सुविधाएँ अनिवार्य रूप से प्रस्तुत थीं। बाजार में कपड़ों, जूतों, बर्तनों, कलम और कैमरों के दामों में अच्छी खासी कमी हो चुकी थी और मज़दूरी और वेतन के दरों में कुछ बढ़ती। लन्दन में सुना कि बेकारी तब नहीं थी। परन्तु दाम सभी चीजों के बढ़ चुके थे। गृहिणियों के लिए परिवार का निर्वाह कर पाना कठिन समस्या बनती जा रही है। अनिवार्य रूप से स्वास्थ्य सम्बन्धी और स्नानागार की सुविधाएँ मज़दूर श्रेणी के लोगों के लिए दूर की बात है। अपना भाग्य अपने हाथ में होने अथवा आत्मनिर्णय के अधिकार का भरोसा सर्वसाधारण जनता में कहीं दिखायी नहीं दिया।

१९५३ में और १९५५ में भी इंग्लैण्ड या भारत में समाजवादी व्यवस्था की उत्पादन बढ़ाने और सर्वसाधारण के जीवन के स्तर को ऊँचा उठाने की क्षमता के सम्बन्ध में लोगों

को बातचीत करते सुना। लोगों को समाजवादी प्रणाली से भौतिक जीवन में सुधार की आशाएँ तो बहुत जान पड़ीं परन्तु उनके मन पर समाजवादी प्रणाली के कठोर शासन का आतंक बैठा हुआ पाया। एक भ्रम यह कि समाजवादी शासन-प्रणाली में व्यक्तिगत स्वतन्त्रता के लिए गुंजाइश नहीं, उस प्रणाली में शासन-व्यवस्था की कोई आलोचना नहीं हो सकती, उस व्यवस्था में विचारों, चिन्तन और बोलने की कोई स्वतन्त्रता नहीं है और समाजवादी व्यवस्था भयंकर रक्तपात के बिना नहीं आ सकती। इस कांग्रेस की सबसे बड़ी देन रही है इन भ्रमों को दूर कर देना। इस कांग्रेस में वक्ताओं ने जिस प्रकार सार्वजनिक रूप से अपनी आलोचना की है, समाजवादी शासन-व्यवस्था के किसी व्यक्ति अथवा गुट की तानाशाही होने की कोई शंका नहीं रह जाती। उन्होंने अपना ध्येय व्यक्तिगत अथवा गुट निर्णय और नियन्त्रण निश्चित न कर सामूहिक निर्णय, नियन्त्रण और नेतृत्व ही स्वीकार किया है।

भारतीय जनता ने गाँधीवादी अहिंसा के सिद्धान्तों के प्रभाव से शक्ति प्रयोग, या रक्तपात को ही संसार का सबसे बड़ा पाप समझा है। वे जीवन के अवसर, अधिकारों और स्वर्ग तक को हिंसात्मक क्रान्ति के मोल पर पाने के लिए तैयार नहीं। उनके लिए इस भ्रम का निराकरण बहुत बड़ी सान्त्वना का कारण है कि पूँजीवाद के अन्तर्विरोधों से बचाकर राष्ट्र की उत्पादन की शक्ति को बढ़ाकर जनता के भौतिक जीवन का स्तर ऊँचा उठा सकनेवाली समाजवादी व्यवस्था को अपना सकने के लिए रक्त-क्रान्ति की शर्त अनिवार्य नहीं है। वह जनवादी वैधानिक ढंग से भी प्राप्त हो सकती है।

भारत की जनता के सामने निर्माण का बहुत बड़ा काम है। हमारी जनता जानती है कि यह उद्‌देश्य पूरा करने के लिए स्वयं विध्वंसकारी युद्ध से बचे रहना ही नहीं बल्कि अन्तरराष्ट्रीय शान्ति भी अनिवार्य शर्त है। कोई भी अन्तरराष्ट्रीय युद्ध पूरी पृथ्वी को अपनी आग की लपटों में समेटे बिना नहीं रह सकता। इसीलिए भारत को किसी भी मोल पर किसी भी प्रकार की सैनिक गुटबाजी में फँसा लेने का कोई प्रलोभन सफल नहीं हो सका। भारत स्वतन्त्र होने के दिन से ही अन्तरराष्ट्रीय शान्ति के लिए और विध्वंसक अणु शस्त्रों को अवैध ठहराने के प्रयत्न में पूरा सहयोग देता रहा है। जब तक अन्तरराष्ट्रीय समझौते से अणुशस्त्रों का निषेध नहीं हो जाता, मनुष्य की संस्कृति और उसका अस्तित्व भी निश्शंक नहीं हो सकता। अणुशस्त्रों के मालिक देशों में से अमेरिका ही ऐसे समझौते के लिए तैयार नहीं। अमेरिका के इस व्यवहार के कारण ही अणुबम के निषेध के अन्तरराष्ट्रीय समझौते में अड़चने आती रही हैं। अमेरिका के पास सशक्त अणुशस्त्र हैं और उसकी धारणा है कि भावी युद्ध का क्षेत्र अमेरिका की भूमि में नहीं यूरोप या एशिया में ही होगा। उन दूर देशों में अणुशस्त्र का प्रयोग करके वह अपनी शक्ति का प्रदर्शन तो कर सकेगा परन्तु स्वयं अणुशस्त्र के विध्वंसक और स्थायी घातक प्रभावों से बचा रहेगा।

सोवियत कम्युनिस्ट पार्टी की कांग्रेस ने एक बार फिर भी अणुशस्त्रों के निषेध के लिए पुकार तो की ही है परन्तु कांग्रेस ने महत्त्वपूर्ण चेतावनी दी है कि अणुशस्त्रों के अन्तरराष्ट्रीय समझौते से अवैध न ठहरा दिये जाने पर भावी युद्ध में अमेरिका के भाग लेने पर स्वयं अमेरिका भी अणुशस्त्रों की चोटों से नहीं बच सकेगा। युद्ध चाहे एशिया अथवा यूरोप में ही हो, यदि अमेरिका उसमें भाग लेता है तो सोवियत अथवा किसी भी दूसरे देश को, जिस पर आक्रमण किया गया है, अधिकार होगा कि शत्रु के घर पर भी अणुशस्त्रों से चोट कर सके। अमेरिका अथवा कोई देश यह भ्रम मन में न रखे कि दूसरे देशों पर अनुशस्त्रों को

प्रयोग करके भी वह अणुशस्त्रों की चोट की सीमा से बाहर है। अणु की शक्ति से सशक्त और स्वयं उसकी चोट से सुरक्षित होने का विश्वास करनेवाले अमेरिका को भी इस विश्वव्यापक विध्वंस के भय की परिधि में सम्मिलित करके इस कांग्रेस ने अणुशस्त्रों के उपयोग के अधिकार की जिद्द को दूर करने का बहुत आवश्यक और तर्क संगत उपाय किया है। इस घोषणा का कोई तुरन्त प्रभाव चाहे अभी दिखायी नहीं दिया, परन्तु भारत की जनता संसार की मानवता के साथ यह आशा कर सकती है कि मानवता संस्कृति और उसके अस्तित्व को आशंका से बचाने के लिए विश्वविध्वंसक अणुशस्त्रों के अवैध ठहराने के अन्तरराष्ट्रीय समझौते के मार्ग से बहुत बड़ी रुकावट दूर हो जायेगी और मानव समाज के लिए स्थायी विश्वशान्ति की अवस्था में निर्माण का मार्ग सुलभ हो जायगा।

●

सन्देश

प्रगतिशील लेखक राष्ट्रीय संघ की चालीसवीं वर्षगाँठ पर

सामाजिक प्रगति का मूल सामूहिक रूप से अपनी आवश्यकताओं, परिस्थितियों और उनके समाधानों के लिए चेतना और प्रयत्न हैं। हमारे आधुनिक सांस्कृतिक इतिहास में राष्ट्रीय रूप से इस ऐसी प्रवृत्ति की चिंगारियों का आरम्भ राजा राममोहन राय, बंकिम चैटर्जी, भारतेन्दु हरिश्चन्द्र, रवीन्द्र ठाकुर, शरत चटर्जी, इकबाल और प्रेमचन्द के रूप में स्फुरित हुआ। राष्ट्रीय और मानवीय कर्त्तव्य चेतना और दायित्व के उद्वेग ने १९३६ में प्रबल होकर प्रगतिशील लेखक संगठन का रूप ले लिया।

प्रगतिशील लेखकों के पहले संगठित उद्गार के सम्मेलन में हमारे राष्ट्र की प्रगति कामी भावना की साहित्यिक अभिव्यक्ति का ऐलान उस समय उत्तर भारत की भाषाओं के साहित्य को सोद्देश्य बनाने में प्रमुख महारथी प्रेमचन्द जी ने किया था। इस संयोजन को देश के सभी प्रबुद्ध विचारकों, कवियों, लेखकों, पं. जवाहरलाल नेहरू, रवीन्द्र ठाकुर, सरोजिनी नायडू और जोश का सबल सहयोग प्राप्त था। स्वर्गीय सज्जाद जहीर ने इस आन्दोलन को सबल बनाने के लिए अपनी रचनात्मक महत्त्वाकांक्षाओं को बलिदान करके जीवन भर इसे अपने श्रम से सींचा।

प्रगतिशील लेखक संगठन ने आरम्भ से और विशेषकर १९३६ से १९४६ तक के राष्ट्रीय मुक्ति संघर्ष में अपने साहस और प्रतिभा से सभी कठिनाइयों और आपदाओं से मोर्चा लेकर राष्ट्र के विदेशी गुलामी से मुक्ति के संघर्ष को अनुप्राणित कर सबल बनाया। उसके साथ ही अन्धविश्वासों, रूढ़िवादी संकीर्णताओं के बन्धनों को तोड़ने और उदार चिन्तन और अभिव्यक्ति द्वारा साम्प्रदायिक वैचारिक सहिष्णुता को उत्साहित करके राष्ट्रीय भावनात्मक एकता से जनगण को अपने सामूहिक हित की चेतना दी। इस आन्दोलन ने हमारे जनगण में वास्तविक वैयक्तिक, सामाजिक और राजनैतिक स्वतन्त्रता की चेतना जगाकर सदियों से दमन और शोषण की शिकार नारी, दलित तथा सर्वहारा वर्गों को वाणी दी। हमारे स्वातन्त्र्योत्तर साहित्य में जो परिमाणात्मक और गुणात्मक अन्तर आकर हमारा आधुनिक साहित्य हमारे राष्ट्र और समाज की वर्तमान आवश्यकताओं और अनुभूतियों की अभिव्यक्ति बन रहा है उसका मुख्य श्रेय हमारे प्रगतिशील लेखकों की प्रगतिशील भावना की ऊर्जा को ही रहा है।

हमारे लेखकों की राष्ट्र और भावना समाज से प्रतिबद्ध आत्मीयता और कर्त्तव्य बुद्धि हमें आज भी राष्ट्र की बौद्धिक, सांस्कृतिक और भौतिक प्रगति के लिए अनुप्राणित कर रही है। अनेक देशों तक प्रोग्रेसिव राइटर्स एसोसिएशन के नाम से अपना कर्त्तव्य निबाहनेवाले संगठन ने अपने क्षेत्र और काम को अधिक व्यापक बनाने के लिए नेशनल फेडरेशन आफ प्रोग्रेसिव राइटर्स का नाम अपनाया है। मैं वर्षों तक इस प्रयत्न का अदना सहयोगी होने के नाते गर्व अनुभव करता हूँ और भविष्य में इस संगठन के लिए अधिक व्यापक और महान् सफलताओं के लिए शुभ कामना करता हूँ।

●

एशियाई लेखक सम्मेलन, ताशकन्द

लेखक बन्धुओ!

यह एक अनोखा अवसर है। हमारे महाद्वीप के प्रायः सभी भागों से और दूर-दूर के अनेक देशों के बहुत-से लेखक अनेक समस्याओं पर विचार करने के लिए यहाँ एकत्र हुए हैं। यदि हम यहाँ अपने व्यवसाय की समस्याओं के बारे में भी कुछ चर्चा करें, तो यह अनुचित न होगा। इस व्यवसाय के सम्बन्ध में कुछ कह सकने का मेरा केवल इतना ही अधिकार है कि पिछले बीस बरस से यह व्यवसाय ही मेरी जीविका रहा है और मैं केवल अपने कलम की कमाई पर निर्भर करता हूँ।

मैं लेखक के व्यवसाय के कौशल के सम्बन्ध में कोई रहस्य नहीं प्रकट कर सकूँगा। दूसरे व्यवसायों की तरह लेखक के कौशल के कोई बँधे हुए नियम नहीं हैं। कभी भी कोई दो लेखक बिलकुल एक-जैसे नहीं हुए। हो भी नहीं सकेंगे। हमारे व्यवसाय में अपना नया ढंग चला सकना ही सफलता की कसौटी मानी जाती है। विषयवस्तु और शैली को किस अनुपात में महत्त्व दिया जाना चाहिए, इस विषय में भी यहाँ कुछ कहने का अवसर नहीं है क्योंकि इस विषय में हम सभी लोगों का अपना मत है।

लेखक के व्यवसाय की चर्चा करते समय शायद आप सहमत होंगे कि इस व्यवसाय को सम्हालना कठिन है और जीविका के विचार से यह व्यवसाय बहुत भरोसे लायक भी नहीं है। आप यह भी स्वीकार करेंगे कि बहुत-से व्यवसायों में समान गति होने का अवसर होने पर बहुत कम लोग लेखक के व्यवसाय का भरोसा करना चाहेंगे। कलम-जैसी छोटी और निर्बल टेक के सहारे जीवन को चलाने की महत्त्वाकांक्षा बहुत हद तक दुस्साहस ही मानी जायगी। व्यक्ति की अदम्य प्रवृत्ति ही उसे इस मार्ग की ओर ले जाती है। लेखक की यह अदम्य प्रवृत्ति शायद अपने भावों और उद्‌गारों को मार्ग देने की इच्छा होती हैं। यह प्रवृति लेखक को समाज की अवस्था में विषमता में अनुभव होने से होती है और वह अपनी भावनाओं को समाज के सामने प्रकट किये बिना नहीं रह सकता।

लेखकों की ऐसी प्रवृत्ति के कारण ही उनमें आपसी मतभेदों की समस्या उठ खड़ी होती है। यह मतभेद अभिव्यक्ति की शैली ग्रहण करने और समाज की समस्याओं को समझने के दृष्टिकोण के भेद से उत्पन्न होते हैं। यह मतभेद वादों का नाम ले लेते हैं। यह भी निर्विवाद है कि ऐसे मतभेद लेखकों की नयी आती पीढ़ियाँ उत्पन्न करती हैं।

हम सब मानते हैं कि समाज डायनामिक या गतिमान् है और लेखक की चेतना सर्वसाधारण समाज की अपेक्षा कुछ अधिक गतिमान होती है। क्या यह सम्भव नहीं कि पुराने और पक चुके लेखक अपने समय के दृष्टिकोणों के आदी हो जाते हैं और वे अपनी दृष्टि से सन्तुष्ट रहते हैं परन्तु नयी आती पीढ़ी के लेखक एक और कदम आगे आनेवाले परिवर्तनों की गन्ध अनुभव कर अपनी अभिव्यक्ति की शैली और विषयवस्तु चुनना चाहते हैं। उदाहरणतः यदि सूर और तुलसी के पश्चात् नयी शैलियों और विषयवस्तु के लिए गुंजाइश हो सकती थी, आदर्शवाद की उपस्थिति में यथार्थवाद और प्रगतिवाद की गुंजाइश हो सकती थी तो इस मंजिल के आगे भी भावी मार्ग के लिए नये प्रकारों और विषयवस्तुओं की आवश्यकता हो सकती है। हम यह क्यों मान लें कि हमारे मानसिक बैरोमीटर से अधिक सूक्ष्म मानसिक बैरोमीटर नये आते लेखकों के पास नहीं हो सकते। ऐसा मान लेना समाज की गतिशीलता के गुण को भूल जाता है। नये प्रयोग सार्थक हो सकते हैं या नहीं, यह उनका प्रयोग ही बतायेगा। नया लेखक अपनी विषयवस्तु और अभिव्यक्ति की शैली को निर्बल कर देना नहीं चाहता।

साहित्य अथवा उनकी अभिव्यक्ति ही समाज द्वारा उत्पन्न किये गये धन भण्डार में लेखक की देन होती है। समाज को लेखक की देन विचारों, सुझावों अथवा समाज की मान्यताओं के प्रोत्साहन या आलोचना के रूप में ही हो सकती है। लेखक स्वप्नदर्शी होता है परन्तु उसके रचना का आधार समाज के जीवन का यथार्थ होता है। उसके अधिकांश स्वप्न कुण्ठा और दमन की परिस्थितियों से समाज की मुक्ति के होते हैं और लेखक की ऐसी अभिव्यक्ति उसे समाज में वर्तमान मान्यताओं की समर्थ शासक शक्ति के क्रोध का पात्र बना देती है। तब लेखक की देन या उसके श्रम का फल समाज के लिए ग्राह्य नहीं रहता। वह किसी प्रतिफल की आशा नहीं कर सकता। इसीलिए लेखक गरीबी भोगने के साथ-साथ रूढ़िवाद और प्रगति विरोधी शक्तियों के दमन के शिकार होते आये हैं। यह कारण लेखक और कलाकार के व्यवसाय को कठिन और दुरूह बनाते आये हैं। लेखकों को वैभव के पीछे न दौड़कर कला और आदर्शों की सेवा से ही सन्तोष करना पड़ा है। उसे 'कला कला के लिए' का आदर्श अपनाना पड़ा। लेखक के यातना भोगने की परम्परा आज भी मौजूद है। शायद उस यातना का रूप बदल गया है।

'कला के लिए कला' के सूत्र अथवा नारे का अभिप्राय लेखक अथवा कलाकार का सामाजिक अनुभूति अथवा अपने सामाजिक दायित्व से भागने का नहीं था न होना ही चाहिए। पुराने समय में कलाकर के मुख से 'कला के लिए कला' की पुकार देवता शासक और रूढ़िग्रस्त समाज (Sub concious mob) के दमन से मुक्ति के लिए निकली थी। आज भी इस प्रकार का अर्थ कलाकार का सामाजिक दायित्व को अपनी समझ से पहचानने और अपनी अनुभूति को अपने ढंग से अभिव्यक्त कर सकने का अधिकार है। कलाकर कला पर दमन की यातना को अनुभव किये बिना नहीं रह सकता। दमन चाहे रूढ़िग्रस्त समाज (Sub concious mob) का हो चाहे पूँजीपति अन्नदाता का हो या किसान मज़दूर अन्नदाता का हो, दमन कलाकार की कला को अवश्य ही कुण्ठित और व्यर्थ कर देता है।

लेखक की महत्त्वाकांक्षा रहती है कि वह कला और अपनी सामाजिक अनुभूति के प्रति ईमानदारी से लिख सके। वह अपने कलात्मक सामर्थ्य को कला और समाज कल्याण के प्रति

अर्पण करना चाहता है। या हम संक्षेप में कह सकते हैं कि लेखक लिखने के लिए जीना चाहता है।

परन्तु लेखक को जीविका या व्यवसाय के रूप में स्वीकार कर लेने पर वह लिखने के फलस्वरूप जीविका या निर्वाह के साधन भी पाना चाहता है। अर्थात् वह जीने के लिए भी लिखता है। यह एक अन्तर्विरोध मालूम हो सकता है परन्तु यह अन्तर्विरोध नहीं है क्योंकि लेखक लिखने के व्यवसाय के माध्यम को कमायी के प्रलोभन से ही नहीं अपनाता। वह केवल कमा पाने के लिए ही नहीं लिखता। समाज की मौजूदा आर्थिक व्यवस्था में निर्वाह के लिए कमाना आवश्यक है। इसलिए लेखक चाहता है कि जब वह समाज की कला और समाज-कल्याण की प्रवृति से श्रम करता है तो उसके श्रम के परिणामस्वरूप उसे निर्वाह भी मिले। परन्तु लेखक जीवन में सबसे बड़ी कठिनाई और उसके व्यवसाय में सबसे बड़ी बाधा यही होती है कि उसे निर्वाह के साधनों के लिए ही लिखने के लिए मजबूर कर दिया जाता है।

लेखक का व्यवसाय और उसके व्यवसाय की सफलता और सामर्थ्य जनता को प्रभावित, अनुप्राणित और सन्तुष्ट कर सकने में है। लेखक की मजबूरी है कि उसके जनता तक पहुँच सकने के माध्यम दूसरों के हाथ में रहते हैं। उसके श्रम का मूल्यांकन करने और उसे पारिश्रमिक देने का अवसर भी दूसरों के हाथ में रहता है।

वर्तमान समाज में लेखक पर पहला अंकुश उसके साहित्य को बाजार में स्थान देने का साधन सम्हाले प्रकाशन संस्था का रहता है। प्रकाशक लेखक की कला का मूल्यांकन व्यावसायिक दृष्टि से करता है। कला और साहित्य के बाजार में जा सकने का निर्णय व्यवसायी के हाथ में रहने पर अधिकांश में ऐसी चीजें बाजार में पहुँचती हैं जिन्हें कला नहीं समझा जा सकता। अच्छा कलाकार यदि व्यावसायिक दृष्टि से चतुर नहीं तो उसकी कला बाजार में जगह नहीं पा सकती। यह समाज की संस्कृति के लिए कितना बड़ा अन्याय है।

विचारों के संघर्ष के समय लेखक की कला का मापदण्ड प्रकाशक के हित का समर्थन करनेवाली विचारधारा से भी हो सकती है। कलाकार और प्रकाशन का अधिकार अपनाये संस्था के दृष्टिकोणों में संघर्षों के लिए बहुत अवसर रहता है। लेखक कलाकार होने के नाते भावुक होता है। वह सामाजिक विषमताओं के प्रति विद्रोह करना चाहता है और भविष्य में प्रगति का सुझाव देना चाहता है। प्रकाशक के समाज को यथावत् रखकर व्यवसाय कर सकने की और अपनी मान्यताओं को समर्थन देने की प्रवृत्ति को लेखक का प्रयत्न अनैतिक जँचने लगता है। ऐसी अवस्था में लेखक को लेखक बनानेवाली प्रकृति में और लेखन से जीविका पा सकने के प्रयत्न में अन्तर्विरोध उत्पन्न हुए बिना नहीं रह सकता है। ऐसी अवस्था में यदि प्रकाशक लेखक का अन्नदाता है तो लेखक पेट पालने के लिए अपनी कला के साथ विश्वासघात करे या अपने आदर्शों के लिए बलि बनता रहे।

प्रकाशक के अंकुश से कहीं अधिक प्रबल अंकुश लेखक पर शासक शक्ति के प्रति अप्रिय होने का रहता है। यह लेखक का दुर्भाग्य कहा जायगा या समाज के विकास का स्वाभाविक मार्ग कहा जायगा कि सफल लेखकों के भाग्य में शासक शक्ति का कोपभाजन बनना ही रहा। शायद यह भी कहा जायगा कि उन लेखकों की महत्ता और कलात्मक सफलता का रहस्य कला का उपयोग अपने आदर्शों और स्वप्नों के लिए करने में ही था। यह ऐतिहासिक अनुभव आज भी सत्य है और सम्भव है कि भविष्य में भी ऐसा ही रहे।

लेखकों को उसके भाग्य विधाता प्रकाशक के शिकंजे से मुक्त करने का उपाय शायद लेखकों की सहयोगी प्रकाशन संस्थाएँ बनाना सुझाया जाय। यह सुझाव बुरा नहीं है कि कलाकार की कला का मूल्यांकन स्वयं कलाकारों के निर्णय से हो। परन्तु पूँजीहीन लेखकों की संस्था के लिए पूँजी कहाँ से आयेगी? यदि समाज में कला और संस्कृति के प्रोत्साहन के नाम पर यह पूँजी राज्य से पाने की आशा की जाये तो क्या लेखक की कलात्मक प्रवृत्तियों पर शासक समूह की विचारधारा और नैतिकता का नियन्त्रण नहीं रहेगा?

दस बरस पहले तक हमारे देश में विदेशी सरकार का शासन था। उस सरकार को हमारे देश की भाषाओं और संस्कृति के उत्थान से कोई प्रयोजन नहीं था। हमारे देश का साहित्य और संस्कृति गरीब जनता के निर्बल साधनों के भरोसे चल रहे थे। केवल ऐसे साहित्यिक ही विदेशी सरकार की कृपा या नौकरी पा सकते थे जो देश को परवशता में जकड़े रखने में सहायक होने के लिए अपना ईमान बेच सकते थे। लेखक जीविका के लिए दूसरा व्यवसाय कर अपनी कलात्मक प्रवृत्ति के लिए जितना बन पड़ता था, लिखते थे। हमारे उपन्यास सम्राट् प्रेमचन्द का जीवन उस समय के लेखक की आर्थिक कठिनाई का उदाहरण था। मुझे इस सप्ताह भी ऐसे लेखकों से सम्पर्क पड़ा है जो अपने साहित्य को प्रकाशन का माध्यम न पाकर रोटी और दवाई के लिए मित्रों और परिचितों के सामने हाथ फैलाने के लिए मजबूर हैं। मैं ऐसे नये लेखकों को भी जानता हूँ जो अपने साल भर के परिश्रम से लिखे उपन्यास के लिए किसी नामवर लेखक से भूमिका लिखाकर भी प्रकाशक से केवल चार प्रतिशत रायल्टी पाकर या एक वर्ष के परिश्रम के लिए केवल एक मास का निर्वाह पाकर सन्तोष करने के लिए मजबूर हैं। मैं इंग्लैण्ड में कुछ ऐसे कवियों-लेखकों से मिला था जो कला की प्रतिभा होते हुए भी प्रकाशकों की दृष्टि में बाजार के योग्य न जँचने के कारण भटकते रहे और अन्त में भूख से मजबूर होकर पादरी ही बन बैठे।

शायद कहा जायगा कि कला और संस्कृति के विकास के लिए समाज और संस्कृति का संरक्षण जरूरी है। लेखकों के लिए समाज और शासन के संरक्षण के उदाहरण भी सामने हैं। समाज और शासन से लेखकों के लिए संरक्षण और सहायता की आशा करते समय यह ध्यान में रखना जरूरी है कि प्रत्येक शासन की एक विचारधारा और न्याय और नीति का एक आदर्श होता है जिसका प्रयोजन स्वीकृत व्यवस्था का समर्थन और रक्षा होता है। परन्तु कलाकार और लेखक की प्रवृत्ति सदा ही वर्तमान व्यवस्था की विषमताओं से व्याकुल होने और भविष्य के स्वप्न देखने की होती है। यह स्थिति और गति की प्रवृत्तियों का विरोध है जो समाज के विकास के लिए आवश्यक है। मुझे अपनी समझ के अनुसार स्पष्टवादिता की आज्ञा दीजिये। जब से हमारे राष्ट्र ने अपने शासन का अधिकार पाया है शासन ने कला और संस्कृति को संरक्षण और प्रोत्साहन देने का भी बोझ सँभाला है। इसका प्रभाव हमारे साहित्यिकों की अवस्था पर भी पड़ा है। अभी कुछ ही वर्ष पहले हमारे अधिकांश चोटी के कवि और लेखक अपनी कला की कमायी से रहने के लिए ढंग का मकान भी किराये पर नहीं ले सकते थे। हमारी सरकार की दृष्टि में जो भी कवि या लेखक योग्य जँचे, उन सबको कलात्मक और सांस्कृतिक कार्यों की नौकरियाँ मिल गयी हैं।

शायद इस बात से सन्तोष होगा कि यह लोग आज प्रायः अपनी कला से होनेवाली कमायी की अपेक्षा तिगुनी-चौगुनी तनखाहें पा रहे हैं। परन्तु इस परिर्वतन का प्रभाव उनकी कला पर क्या पड़ा है? हमारे देश के पाठक खूब जानते हैं कि यह साहित्यिक सरकारी कृपा

पाने के समय से, गुण और परिमाण दोनों की दृष्टियों से समाज को क्या दे पाये हैं। मैं अपने साहित्यिक भाइयों की ईमानदारी के प्रति शंका नहीं कर रहा हूँ। परन्तु वे इस बात का भी विरोध नहीं कर सकेंगे कि वे उन्हें जीविका देनेवाली व्यवस्था के प्रति ईमानदारी निभा रहे हैं। आज उनकी समाजिक अनुभूति और कलात्मक सामर्थ्य पर सरकारी नीति की हाल चढ़ी हुई है। उनकी कला जीविका के लिए हो गयी है। आज उनकी अपनी अनुभूति और सरकारी नीति और व्यवस्था के प्रति ईमानदारी में द्वन्द्व मौजूद है। यह द्वन्द्व उनकी कला की सृजन शक्ति को कुण्ठित कर रहा है। भूख हमें चाँदी के काँटे को निगल जाने के लिए विवश कर देती है परन्तु चाँदी का काँटा हमारी आँतों को पकड़कर हमें विवश भी कर देता है।

कला और साहित्य को समाज और शासन का संरक्षण और प्रोत्साहन मिलने का दूसरा उदाहरण समाजवादी पद्धति को अपनानेवाले देशों में मौजूद है। इन देशों का दावा है कि उनके यहाँ साहित्यिक और कलाकार का स्थान आर्थिक रूप से सबसे ऊँचा है। वह आर्थिक चिन्ता से मुक्त होकर अबाध रूप से कला का सृजन कर सकता है।

मुझे उन देशों के लेखकों से मिलने का अवसर मिला है। मैंने स्वयं उन लेखकों से ही सुना है कि उनमें से कई लोगों की साहित्यिक कमायी इतनी है कि उसका ठीक हिसाब कठिन होगा। वे शहर और देहात में अलग-अलग मकान रख सकते हैं, बड़ी-से-बड़ी मोटरों पर चढ़ते हैं। वे एक पुस्तक लिखकर पाँच-छह बरस वैभव में लोट सकते हैं। मुझसे यह सुनकर कि मेरी तीस पुस्तकें बाजार में हैं और उनमें से प्रायः सभी पुस्तकों के कई-कई संस्करण भी छप चुके हैं परन्तु मैं निर्वाह की चिन्ता से मुक्त नहीं हूँ उनकी आँखें विस्मय और सहानुभूति से खुली रह जाती थीं। मैंने उन लेखकों के सृजन प्रासाद (House of Creation) या राइटर्स क्लब भी देखे हैं। शायद आप भी मेरी गरीबी पर तरस करेंगे लेकिन बात सच है कि हाउस आफ क्रियेशन के फर्शों पर बिछे कालीनों पर चलते समय मुझे खयाल आता था कि क्या इतनी बहुमूल्य वस्तु पाँव के तले रौंदने के लिए है? मुझे हाउस ऑफ क्रिएशन में पेश किये गये गिलास हाथ में लेते समय मन में यह सतर्कता रहती थी कि इस गिलास की कीमत इस देश के किसी साधारण व्यक्ति की महीने-दो-महीने की कमायी हो सकती है। निश्चय ही मैं चाहता हूँ कि समाज साहित्यिक को उसके काम का अधिक-से-अधिक मूल्य दे। परन्तु मैं उन देशों के लेखकों से यह भी पूछना चाहूँगा कि क्या उनके देश के सर्वसाधारण का स्तर इतना ही समृद्ध है? क्या वे समृद्धि की इतनी मोटी रजाई में लिपटे रहकर भी राष्ट्र के सर्वसाधारण को अनुभव होनेवाली ठिठुरन को जान सकते हैं? क्या सर्वसाधारण जनता और जनता की भावना को वाणी देनेवालों की परिस्थितियों में इतना अन्तर शोभा देता है? मैं जानना चाहूँगा कि जो व्यवस्था उनके लिए यह सब असाधारण वैभव प्रस्तुत करती है लेखकों की अनुभूति और अभिव्यक्ति को अपने निर्देश से ढालने का यत्न नहीं करती?

मैंने उन देशों के लेखकों को असन्तोष से कहते सुना है कि उनके लेखक अपनी पुस्तक के लिए बहुत अधिक धन पा जाने के कारण अधिक लिखने की आवश्यकता अनुभव नहीं करते। इस तथ्य से इनकार नहीं किया जा सकता कि उन देशों के लेखक पूरी शक्ति से लिख नहीं रहे। मैं कला के स्तर की ऊँचाई की बात नहीं कह रहा हूँ, केवल मात्रा और परिणाम की बात कर रहा हूँ। वहाँ आज कौन लेखक गोर्की – चेखव – तालस्ताय – ड्यूमा

– हार्डी – माहम – सिंकलेयर और राहुल की तरह लिख रहा है? यदि लिखना व्यवसाय के रूप में अपनाया जाये तो चार-पाँच वर्ष में एक साधारण उपन्यास बड़ा काम नहीं माना जायगा। इलिया एहर्नवुर्ग स्वयं स्वीकार कर रहा है कि सोवियत में आज साहित्य का उत्पादन न तो स्तर की दृष्टि से और न परिमाण की दृष्टि से सन्तोषजनक है।

मैं यह नहीं मानना चाहता कि लेखक केवल धन के लिए लिखता है और पर्याप्त धन पा जाने पर उसे लिखने की आवश्यकता नहीं रहती। कोई कारण नहीं कि गरीबी से मुक्ति लेखक की कलम को रोक दे। यदि वैभव लेखक की प्रकृति का हनन करता है तो उसे ठुकरा दिया जाना चाहिए। लेखक के लिए सबसे बड़ा सन्तोष अनुभूति को गहराई से अभिव्यक्ति कर सकना ही है। दमन को स्वीकार कर उत्पन्न की गयी कला विकासोन्मुख नहीं हो सकती।

लेखकों की अनुभूति और अभिव्यक्ति के लिए और प्रयोजन विशेष से ही कला और साहित्य की रचना का मार्ग निश्चित कर देने के बाद वे Engineers of Human Destiny के हाथ में भावना अत्पन्न करनेवाली मशीनें ही बन जायेंगे।

साहित्यकार अपनी इस कठिनाई में किसका भरोसा करे? उसकी इस कठिनाई का उपाय का क्या है? मैंने समाजवादी देश में लेखकों के सम्मेलन में अभिव्यक्ति की और विषयवस्तु के चुनाव की स्वतन्त्रता और इंजीनियर्स ऑफ ह्यूमन डेस्टिनी के निर्देशों से स्वतन्त्रता की माँग सुनी है। वहाँ लेखक का इतना दम है कि ऐसी माँग कर सकता है। पूँजीवादी व्यवस्था में तो लेखक को प्रकाशक से ऐसी माँग कर सकने का भी अवसर नहीं। उन देशों में नयी व्यवस्था का स्वप्न देखनेवाले लेखकों पर राष्ट्र विरोधी होने का आरोप अवधारित कर देने के उदाहरण भी हैं। यह बात वहाँ की अवस्था का परिचय दे देने के लिए है।

साहित्य और कला पर निर्देशन के बन्धन लगाना है 'कला के लिए कला' के मार्ग पर न चलने देकर 'जीविका के लिए कला' के मार्ग पर लेखकों की व्यावसायिक स्वतन्त्रता और क्षमता पर बन्धन है। लेखक को इस बन्धन से कौन मुक्त कर सकता है? यह काम लेखकों के अतिरिक्त कोई दूसरा नहीं कर सकता। यदि लेखक स्वयं यह बन्धन तोड़ने का यत्न न करे तो फिर कोई भी यह काम नहीं कर सकेगा। तब क्या लेखकों की अपनी अनुभूति के अनुसार अपनी प्रवृत्ति के अनुसार अभिव्यक्ति की माँग केवल बावेला ही है। मेरे विचार में यह व्यर्थ का बावेला नहीं है। यह लेखक समुदाय की अपने धर्म की स्वभाव और अपने व्यवसाय के अधिकार की चेतना है। यदि लेखकों की परम्परा द्वारा प्राप्त किये गये इन अधिकारों के प्रति सचेत रहेंगे तो उनकी रक्षा कर सकेंगे।

लेखकों का बल भावना उत्पन्न कर सकने में है। परन्तु भावना का बल असाधारण वस्तु है। साहित्य की अनुभूति की स्वतन्त्रता और उसकी अपनी सूझ के अनुसार अभिव्यक्ति अधिकार के लिए अधिक भावना उत्पन्न कर सकना ही हमारे व्यवसाय के गुण-दोष और सफलता के अवसर की रक्षा करना हो सकता है।

१९५८

•

सन् साठ के बाद की हिन्दी कहानी

यह स्पष्ट कर देना आवश्यक है कि इस अंक में अथवा क्रमशः प्रकाशित होनेवाले अंकों में कहानियों के संकलन का क्रम किसी परख या कसौटी के आधार पर नहीं किया गया है। रचनाएँ जिस क्रम से प्राप्त हुईं या एक साथ आने पर ये जिस क्रम से हाथ में आयीं, उन्हें स्थान दिया गया। सिवाय उन रचनाओं के जिन्हें पाठकों के प्रति सहानुभूति के कारण प्रकाशनीय नहीं समझा गया। जिन लेखकों ने बिना किसी पारिश्रमिक की आशा के अपनी उत्कृष्ट रचनाएँ इस आयोजन के लिए भेजकर जो उदार सहयोग दिया है उसके लिए आयोजकों और स्वयं अपनी ओर से सादर आभार प्रकट करता हूँ।

इस अंक के आयोजन के लिए भेजे गये परिपत्र में अंक के प्रकाशन का प्रयोजन प्रकट किया गया था, मैदान और अवसर चाहनेवाले नये लेखकों को अपने रचना सामर्थ्य का परिचय देने के लिए आह्वान। परन्तु अंक में अनेक ऐसे लेखकों की रचनाएँ भी सम्मिलित हैं जिनका परिचय पाठकों को नये लेखक के रूप में देना केवल दम्भ और धृष्टता समझा जायगा। ऐसे लेखकों ने स्वयं को नया लेखक ही मानकर उदारता से अपनी रचनाएँ भेजी हैं। इन लेखकों की रचनाओं की परिपक्वता और बहुत ही कम समय में अर्जित उनकी ख्याति को जानकर, उनका परिचय देने के लिए उनकी रचनाएँ इस अंक में सम्मिलित करने की कोई जरूरत नहीं थी। परन्तु इस बात से कैसे इनकार कर दिया जाये कि उन्होंने हिन्दी कथा क्षेत्र में १९६० के बाद ही कदम रखा है। उनकी उदाराशयता से उनकी रचनाएँ प्राप्त होने पर उन्हें सम्मिलित न करने का कारण उन्हें प्राप्त सफलता ही हो सकता था। परन्तु ऐसी ईर्ष्या के अपराध से बचे रहना ही अच्छा है।

अंक प्रस्तुत करते समय इस आयोजन के सहयोगी के रूप में मुझे सन्तोष है कि रचनाओं के लिए अनुरोध के परिपत्र में, हिन्दी कहानी क्षेत्र के विकास के सम्बन्ध में जो कुछ कहा गया था और जिसके लिए अति यथार्थ और तथ्यपरक सज्जन प्रमाण का तकाजा कर सकते थे, वह इस अंक द्वारा समक्ष आ रहा है। समय क्रम से और कहानी की शिल्प विधा, भाषा तथा कथ्य की दृष्टि से भी नये लखकों की रचनाओं का यह संकलन प्रमाणित कर रहा है कि हिन्दी कहानी का विकास पूर्णतः सन्तोषजनक और खूब उत्साहवर्द्धक भी है। नये लेखकों की यह रचनाएँ विश्वास दिला रही हैं कि हमारे कथा साहित्य ने जिस प्रकार इस शताब्दी के प्रथम पाँच-छह दशकों में तीव्र प्रगति की है वह सन् साठ के तीव्रतर हो गयी है और उसके अधिक वेगवान् होते जाने के लक्षण मौजूद है। हिन्दी साहित्य से सम्बद्ध क्षेत्र और पुरानी पड़ती जाती पीढ़ियों के लेखकों के लिए यह बहुत ही सन्तोष का कारण

होना चाहिए। पुरानी पीढ़ियों की और बिलकुल नयी पीढ़ी के सृजन सामर्थ्य की तुलना का अभिप्राय यह नहीं है कि पुरानी और मँझली पीढ़ियाँ ह्रासोन्मुख अथवा शिथिल हो गयी हैं। ऐसे उदाहरण केवल वैयक्तिक हो सकते हैं। अभिप्राय है कि नयी पीढ़ी पिछली पीढ़ियों के कृतित्व से समृद्ध होकर अधिक सामर्थ्य की सम्भावनाएँ लेकर आ रही है। किसी भी भाषा के साहित्य का विकास और भविष्य उसकी पुरानी पीढ़ियों की प्रतिभा या अतीत की उपलब्धियों पर निर्भर नहीं कर सकता। वह उसके वर्तमान के सृजन प्रवाह और नव सृजन शक्तियों के उद्भव पर ही निर्भर करेगा। पुरानी पीढ़ियों को सन्तोष और गर्व होना चाहिए कि उन्होंने लेखकों की जिस नयी पीढ़ी के लिए पृष्ठभूमि तैयार की है, या जिन्हें ऊँचा उठाने के लिए अपने साहित्य को कन्धा दिया है वह उनसे बहुत ऊपर तक की उपलब्धियों को स्पर्श कर सकती है और पा सकती है।

इस अंक में सन् १९६० के कहानी क्षेत्र में प्रविष्ट या प्रतिष्ठित लेखकों की अनेक प्रकार की रचनाएँ या कहानियाँ हैं। अंक में ऐसी भी रचनाएँ हैं जिनमें कहानी लेखन के पुराने गुर या नुस्खे अर्थात् आइडिया, प्लाट, क्लाइमैक्स की प्रक्रिया मौजूद है परन्तु जो भाषा, शिल्प, विधा और कथ्य के विचार से पुरानी पीढ़ी के लेखकों की रचनाओं से इतनी अधिक विकासित और परिमार्जित हैं कि उन्हें निःसंकोच नयी कहानी के वर्ग में ही रखा जा सकता है। अंक में आइडिया, प्लाट और क्लाइमैक्स के बोझ से मुक्त ऐसी भी रचनाएँ हैं जिन्हें कहानी की पुरानी परिभाषा के आधार पर कहानी मानने में संकोच होता है, परन्तु रचना के रूप में उन्हें सफल समझा जा सकता है। ऐसी रचनाएँ पाठकों को वह सन्तोष नहीं देतीं जिसकी अपेक्षा साधारण पाठकवर्ग कहानी से करते हैं। ऐसी रचनाएँ प्रायः ही स्वतन्त्रता-पूर्ण कहानी नहीं, किसी अच्छी कहानी का अंशमात्र जान पड़ती हैं। ऐसी रचनाएँ कोई बात या कहानी न कहकर केवल एक मनःस्थिति मात्र का परिचय देती हैं। यह हो सकता है कि मनःस्थिति का वह वर्णन अथवा चित्रण किसी कहानी से भी अधिक रोचक हो जाये परन्तु उसे कहानी नाम देने के आग्रह की क्या जरूरत है? ऐसी रचना या अकहानी कहानी न होने पर भी रोचक हो सकती है। उनके लिए एक पृथक् वर्ग या संज्ञा उदाहरणतः ललित लेख या झलक शायद अधिक उपयुक्त हो सकेगा। इससे पाठकों की अपनी रुचि के अनुसार चयन में भी सुविधा रहेगी।

यह बात सही है कि किसी भी लेखक के रचना-स्वातन्त्र्य में हस्तक्षेप अनुचित है। यदि कुछ लेखक आइडिया, प्लाट और कथानक से मुक्त कहानी लिखकर सन्तोष अनुभव करते हैं तो उन पर प्रतिबन्ध उचित नहीं। पाठक भी स्वतन्त्र हैं कि वे किन रचनाओं को पढ़ें या किनकी सराहना करें। परन्तु प्रसंगवश इतना तो कहा ही जा सकता है कि कहानी अभिव्यक्ति का माध्यम है और अभिव्यक्ति प्रयोजन से की जाती है। इस खयाल से यदि कोई समर्थ कलाकार अपने प्रयोजन को प्लाट और क्लाईमैक्स के बिना ग्राह्य और प्रभावोत्पादक बना सके तो सराहना का पात्र हो सकता है, परन्तु प्रयोजन, कथ्य या आइडिया के बिना अभिव्यक्ति की प्रेरणा कैसे? उसमें स्वान्तः सुख भी क्या हो सकता है? ऐसे कथ्यहीन लेखन को रचना मानते भी झिझक होगी, उसे केवल असम्बद्ध गद्यांश या वाक्य-शृंखला ही कहना होगा। अभिव्यक्ति के शिल्प अथवा विधा का प्रयोजन कथ्य को ग्राह्य और प्रभावशाली बना सकना होता है। अभिव्यक्ति के सम्पूर्ण शिल्प के प्राण कथ्य या आइडिया में ही होते हैं। बहुत सन्तोष की बात है कि नयी पीढ़ी के लेखकों में कथ्य या आइडिया का अभाव नहीं

है। वे नयी परिस्थितियों की चेतना से अनेक आइडियाज या कथ्यों को वाणी देने का साहस कर रहे हैं। और वे ऐसा किसी लादी हुई प्रतिबद्धता या मजबूरी में नहीं कर रहे।

बहुत सम्भव है इस अंक में संगृहीत कहानियों को नयी कहानी कहने से हिन्दी कहानी क्षेत्र की मँझली पीढ़ी के कुछ प्रतिष्ठित कथाकारों को असन्तोष की अनुभूति हो। यह सही है कि नयी कहानी का आन्दोलन उन्हीं ने उठाया था। परन्तु आन्दोलन उठा देना और नवीनता की मान्यता की माँग करना एक बात है और नवीनता उत्पन्न कर सकना या हो जाना दूसरी बात। मेरे लिये यह निर्विवाद है कि मँझली पीढ़ी के सक्षम लेखकों ने अपने से पूर्व की पीढ़ी के लेखकों की उपलब्धियों को विकसित और समृद्ध करने में बहुत बड़ा योग दिया है, परन्तु उनके कृतित्व में और उनसे पूर्व की पीढ़ी के कृतित्व में इतना गुणात्मक भेद नहीं आ सका कि उनका नयापन और भिन्नता बहुत स्पष्ट हो गयी हो। सम्भव है, मैं अपनी सूझ और परख के असामर्थ्य के कारण ही उस सूक्ष्म नयेपन को नहीं देख पाता, उसे केवल क्रम का विकास ही मान रहा हूँ। परन्तु प्रस्तुत रचनाओं का नयापन – भाषा, शिल्प, विधा और कथ्य की दृष्टि से—मैं भी पकड़ पाता हूँ। सन्तोष है कि यह नयापन ह्रास और विडम्बना की दिशा में नहीं, सृजन शक्ति के विकास और समृद्धि की दिशा में है। इन रचनाओं की नवीनता का कारण इन लेखकों की पुरानी और मँझली पीढ़ी की तुलना में बदल चुकी जीवन परिस्थितियाँ भी हो सकती हैं।

यदि अनाधिकार चेष्टा और दम्भ न समझा जाये तो हिन्दी कथा साहित्य के हितचिन्तक के नाते नयी पीढ़ी के लेखकों को एक परामर्श देना चाहूँगा। अनुरोध है कि नयी पीढ़ी के सक्षम लेखक अपनी सृजन शक्ति और प्रतिभा को नवीनता और विशिष्टता की मान्यता प्राप्ति के आन्दोलन में अपव्यय न करें। सशक्त रचनाएँ जादू की तरह सिर पर चढ़कर बोलती हैं और हाथ के कंगन की तरह उनकी श्रेष्ठता की मान्यता के लिए विज्ञापन और आन्दोलन के दर्पणों की आवश्यकता नहीं होती। ऐसी कुछ रचनाएँ इस अंक में मौजूद हैं।

बहुत सम्भव है इन पंक्तियों से कुछ लेखक और पाठक असन्तुष्ट रह जायें क्योंकि इस चर्चा में किसी भी लेखक का नाम नहीं लिया गया। कहानी-सम्बन्धी ऐसी भी क्या चर्चा कि चार-पाँच नाम बार-बार न उछाले जायें! इस अंक में कुछ कहानियाँ ऐसी जरूर हैं कि पाठक उनके लेखकों के नामों को नहीं भूलेंगे। ऐसे नाम मेरे होंठों पर भी आ रहे हैं। परन्तु ऐसे नाम बोलूँगा नहीं। कहानियाँ स्वयं बोल रही हैं। कहानी चर्चा सम्बन्धी अनेक लेख पढ़कर मुझे लगा है कि प्रायः ही कहानी-चर्चा का प्रयोजन कुछ नामों को उछालना ही रहता है। इससे कुछ लाभ होता नहीं। यदि सफल रचनाकारों के नाम गिनाने लगूँ तो चालीस-पचास नाम लेकर भी किसी उत्कृष्ट रचनाकार का नाम भूल जा सकता हूँ। इसलिए इस झगड़े से दूर रहना ही बेहतर है। मैं लेखक व्यक्तियों की सफलता की अपेक्षा समुच्चय हिन्दी साहित्य के विकास और सफलता से आशावान और उत्साहित हूँ। विश्वास है कि प्रस्तुत अंक मेरी आशा का समर्थन करेगा।

('उत्कर्ष' के १९६६ में प्रकाशित कहानी विशेषांक से)

ताशकन्द कांग्रेस के सम्बन्ध में

सेवा में-

कमलाकान्त जी

मार्फ़त-श्री बालकृष्ण राव

अप्रत्यक्षदर्शी कमलाकान्त जी,

आपने दिसम्बर '५८ की 'कल्पना' में तत्त्वदर्शी बालकृष्ण राव जी की मार्फ़त ताशकन्द लेखक कांग्रेस के भारतीय, विशेषकर हिन्दी प्रतिनिधि-मण्डल के विषय में कुछ तथ्य-तत्त्व चर्चा की है। यदि वह केवल कल्पना-जगत् की बात है तो कुछ कहने का प्रसंग नहीं। यदि उसका तत्त्व से कुछ सम्बन्ध है तो दुहाई देनी होगी।

प्रत्यक्ष जाने बिना रिपोर्ट की परिपाटी महाभारत-वर्णन के लिए संजय ने आरम्भ की थी। शायद हस्तिनापुर में बैठे-बैठे उन्होंने कुरुक्षेत्र का विश्वासयोग्य ब्यौरेवार वर्णन धृतराष्ट्र को सुना दिया था। धृतराष्ट्र भला क्या शंका करते? अनुमान है कि संजय ने कुरुक्षेत्र से लौटे लोगों के धृतराष्ट्र से इण्टरव्यू कर सकने पर भी प्रतिबन्ध लगा दिया होगा, वर्ना शायद बहुत लोग दुहाई देते।

कमलाकान्त जी, 'ताशकन्द के जो दिलचस्प क़िस्से' आपने सुनकर लिखे हैं उनमें कुछ तथ्य का उल्लेख और विस्तार जान पड़ता है। उदाहरणतः 'किसी के हाथ लगा टाइपराइटर, किसी के कैमरा, किसी के हाथ गुल्ली, किसी के हाथ डण्डा।' ध्वनि यही जान पड़ती है कि ताशकन्द में या तो खैरात बँटी थी या लूट का खासा मौक़ा था। पर निन्दक के लिए क्या विशेषण प्रयोग किया जाता है, सो याद नहीं, पर कमलाकान्त जी, विश्वास रखिये, टाइपराइटर था या कैमरा, गुल्ली थी या डण्डा, यह सब चीज़ें प्रतिनिधि नगद दाम पर खरीदकर लाये हैं। प्रत्यक्ष देखी बात कह रहा हूँ। प्रमाण मैं स्वयं हूँ। फ़ोटो खिंचाने के लिए न सही परन्तु टाइपराइटर और कैमरे बँटते समय पाँत में खड़े रहने में मुझे एतराज न होता।

हाँ, भारतीय प्रतिनिधियों के 'मत्स्यावतार' के तर्जो 'अमल' में श्लेषार्थ की दुविधा है। यदि गूढ़ार्थ है कि जैसे मत्स्य पर जलपान का प्रभाव नहीं जान पड़ता वैसा ही निर्विकार प्रभाव 'ड्रिंक' का भारतीय प्रतिनिधियों पर रहा तो इसके विरुद्ध प्रमाण नहीं दे सकूँगा।

सचमुच ही उन्मत्तता की शिकायत नहीं सुनी, उदाहरण भी नहीं देखा। उन्होंने अति की थी, यह किस प्रमाण पर कहा जा सकता है?

हे कमलाकान्त जी, ख्रुश्चेव की पार्टी में फ़ोटो खींचे जाते समय किसी भारतीय कवयित्री के बाँह पकड़कर उठा दिये जाने की घटना पढ़कर तो यह साक्षी दंग ही रह गया। सच मानिए, वहाँ कोई दुःशासन या कीचक नहीं था। अगल-बगल खड़े होकर नहीं, सामने खड़े होकर देखी बात कह रहा हूँ। बन्दा भी उस पार्टी में था लेकिन तसवीर में नहीं है। कारण कि लाइन में खड़े होने के लिए नये परिचित से चलती बात को आधे में छोड़ देना अच्छा नहीं लगा। सो लाइन के सामने फ़ोटोग्राफ़र के समीप खड़े लोगों के साथ खड़ा रहा। ऐसी सनसनीखेज घटना होती तो भूल नहीं सकता था।

आपने कहा है, "उस सम्मेलन में किसी दिन जरा-सी देर के लिए साहित्यिक बात भी हो गयी थी। वर्ना निखालिस सियासी जलसा ही था।" क्या खूब कहा! कमलाकान्त जी, आप बालकृष्ण राव जी से पूछिये, दिल्ली में आयोजित एशियायी लेखक कांग्रेस में तीन दिन लेखक की स्वतन्त्रता पर जो बहस चलती रही थी वह क्या थी? क्या मानवता के उन्मुक्त विकास के लिए स्वतन्त्रता की बात करना साहित्य की हन्ता राजनीति है? यदि साहित्य को राष्ट्रों की स्वतन्त्रता के लिए पुकारना राजनीति है तो इससे दूर रहने को क्या कहा जायेगा? अनेक राष्ट्रों के पारस्परिक सांस्कृतिक और साहित्यिक सहयोग के लिए सुझावों पर होनेवाली बहसों को राजनीति समझकर उससे दूर रहने का उपदेश परस्पर शंका और सन्देह बनाये रखने का सुझाव नहीं तो क्या है?

कमलाकान्त जी, ताशकन्द में ताराशंकर बाबू की अवस्था लंका में विभीषण के समान बताने में जो श्लेष है उसकी ध्वनि अस्पष्ट ही रही। यहाँ विभीषण की राम-भक्ति की श्लाघा है अथवा लंका ढाहने के प्रयत्न पर व्यंग्य? हाँ, इस साक्षी ने एक अवसर पर ताराशंकर बाबू को जवाहर-भक्ति की दुहाई देते अवश्य सुना था। दर्शक ने ताशकन्द में भारतीय प्रतिनिधि-मण्डल के अनुमोदित नेता ताराशंकर बाबू और अनुमोदक नेता डॉ. मुल्कराज आनन्द की असुविधा कांग्रेस के अधिवेशन के लिए प्रस्तावित उस मन्तव्य पर विचार-प्रसंग में देखी थी जिसमें साहित्य द्वारा मानव के विकास, राष्ट्रों की पूर्ण स्वतन्त्रता, औपनिवेशिक दमन से मुक्ति के प्रयत्न की बात थी।

विभिन्न देशों के प्रतिनिधि-मण्डलों के नेताओं की एक बैठक विषय-निर्धारिणी समिति के रूप में हुई थी। उस बैठक में ताराशंकर बाबू ने भारत की ओर से 'औपनिवेशिक दमन से मुक्ति' शब्दों पर आपत्ति कर इन्हें हटा देने का अनुरोध किया था। सुना है कि अन्य सभी देशों के प्रतिनिधि, जिनमें पाकिस्तान के प्रतिनिधि भी सम्मिलित थे, इन शब्दों को हटा देने के विरोध कर रहे थे। ताराशंकर बाबू ने इसे अपना और भारत का अपमान समझ लिया था। उनके इस व्यवहार का प्रभाव दूसरों पर क्या पड़ा होगा, वह स्वयं आप और बालकृष्ण राव भी सोचें। डॉ. मुल्कराज आनन्द ने 'औपनिवेशिक दमन से मुक्ति' शब्दों की यह व्याख्या कर दी थी कि यह व्यंग्य अमेरिका पर है और इस प्रस्ताव में अमेरिका पर छींटाकशी है। यह हमारी सरकार की अन्तरराष्ट्रीय नीति के विरुद्ध है।

भारतीय मण्डल में 'कांग्रेस फ़ार कल्चरल फ्रीडम' के भी प्रतिनिधि मौजूद थे। उनका सुझाव था कि यदि भारतीय प्रतिनिधि-मण्डल के नेता की बात नहीं मानी जाती तो भारतीय

प्रतिनिधि-मण्डल को कांग्रेस की कार्रवाई में अपना विरोध दर्ज करवा देना चाहिए और खुले अधिवेशन से वाकआउट करना चाहिए।

कमलाकान्त जी, बताइये और बालकृष्ण राव जी से पूछिये, क्या इस सुझाव को जनवादी कहेंगे, इसे कांग्रेस-रूपी लंका को ढाहने का प्रयत्न नहीं कहेंगे? यह भी निवेदन कर दूँ कि डॉ. सुनीतिकुमार चटर्जी, जो कि बंगाल लैजिस्लेटिव काउन्सिल के प्रधान हैं एवं भारत की अन्तरराष्ट्रीय नीति से बेखबर नहीं माने जा सकते, और अनेक दूसरे लोग भी इस रवैये से बहुत परेशानी अनुभव कर रहे थे।

तारा बाबू बहुत उत्तेजित होकर कह रहे थे—"हम लौटकर जवाहरलाल को क्या मुख दिखायेंगे। मैं जब कभी उलझन में पड़ जाता हूँ, कोई मार्ग नहीं सूझता, तब मैं आँख मूँदकर जवाहर के चित्र का ध्यान करता हूँ और मेरी उलझन दूर हो जाती है...।"

जब बात यहाँ तक पहुँची तब इस भारतीय प्रतिनिधि को भी कुछ गुजारिश कर सकने की इजाज़त लेनी पड़ी। निवेदन किया—"मैं स्पष्ट कह देना चाहता हूँ कि मैं पण्डित नेहरू को या भारत सरकार को कोई वचन देकर नहीं आया हूँ। नहीं जानता, कितने लेखक ऐसे वचन देकर आये हैं।" एक बात अर्ज़ है—भारत की ओर से तारा बाबू के प्रस्ताव का समर्थन कोई भी दूसरा देश नहीं कर रहा है, फिर भी लेखक के नाते कल्पना कर ली जाये कि यह प्रस्ताव लिहाज मुलाहजे में मान लिया जाये। उस समय आपका उग्र विरोध करनेवाले देशों—अफ्रीका, यू.ए.आर., इण्डोनेशिया, वीयतनाम, बर्मा, चीन से क्या आशा की जानी चाहिए? यदि वे लोग अपना विरोध दर्ज़ करवाकर वाकआउट करें तो? आपको अपना मत सब लोगों के सम्मुख रखने और उन्हें समझा सकने का अधिकार तो है, परन्तु असहयोग की धमकी का नहीं। वाकआउट और नोट आफ डिस्सेण्ट कोई तर्क नहीं है।

कमलकान्त जी, राव साहब या पाठक ही बतायें भारत की निष्पक्ष अन्तरराष्ट्रीय नीति का अर्थ यह कब से हो गया है कि वह औपनिवेशिक दमन से मुक्ति का समर्थन न करे? भारत ने कब ऐसा नहीं किया? निष्पक्षता का अर्थ किसी भी सामरिक गुट्ट में भाग न लेना तो है परन्तु राष्ट्रों की स्वतन्त्रता की माँग का समर्थन न करना नहीं है? बताइये, गोवा के बारे में आप क्या कहेंगे? मज़े की बात है कि इस चर्चा के समय अपने-आपको कम्युनिस्ट कहनेवाले लेखक ऐसे अदब से चुप बैठे थे जैसे अभी-अभी बिदाई में आयी बहू सास-ससुर के सामने क्या मुँह खोले!

कमलाकान्त जी, भारतीय प्रतिनिधि-मण्डल के नेता के व्यवहारस्वरूप भारतीय प्रतिनिधियों को अफ्रीकन, इण्डोनीशियन और अरब प्रतिनिधियों से कुछ मीठी बातें सुनने को भी मिलीं। उदाहरणतः भारत जब तक स्वयं औपनिवेशिक दमन का शिकार था, भारत का व्यवहार कुछ और था। अब दूसरा हो गया है।

कमलाकान्त जी, आपके पाठक यदि ताशकन्द कांग्रेस के विषय में तथ्य जानना चाहते हैं तो अपना देखा तो यही है। अस्तु।

ताशकन्द कांग्रेस के हिन्दी प्रतिनिधि-मण्डल 'रानी लक्ष्मीदेवी चूड़ावत अग्रतः पृष्ठतश्चैव यशपाल शिवदानाभ्यां संरक्षिता' को सर्वमान्य मैं भी नहीं कह सकता। हिन्दी से ऐसे अजाने-बूझे लेखक ले जाने की जिम्मेवारी एशिया-अफ्रीका लेखक कांग्रेस के भारतीय आयोजकों की है। लेखकों के प्रतिनिधि-मण्डल का, जिसमें हिन्दी के लेखक भी शामिल हैं, गठन इस बार भी वैसे ही हुआ जैसे विदेश जानेवाले लेखक-मण्डलों का सदा होता आया है।

कमलाकान्त जी, आप बालकृष्ण राव जी से ही पूछिये कि जब डॉ. मुल्कराज के नेतृत्व में आप लेखक प्रतिनिधि-मण्डल में जर्मनी गये थे तो आपका चुनाव कैसे हुआ था? क्या पूर्वी जर्मनी के लेखकों ने उर्दू लेखकों में सज्जाद जहीर और हिन्दी लेखकों में बालकृष्ण राव को अग्रणी मानकर उन्हें व्यक्तिगत निमन्त्रण दिये थे? यदि ऐसी स्थिति होती तो डॉ. आनन्द के उस मण्डल के नेता होने का क्या अर्थ था? क्या उस अवसर पर बालकृष्ण राव जी ने चुनाव पर कोई आपत्ति की थी? इस बार भी लेखकों की भर्ती या चुनाव का तरीक़ा वही था। हो सकता है, कभी पात्र और अधिकारी लेखक लिए जायें और कभी इस बार की तरह अपात्र ही समेट लिये जायें परन्तु भूल तो मूल अर्थात् चुनाव के तरीक़े में है। हाँ, इस बार केवल एक दोष था या अधिकारी लेखकों के जाना चाहने में एक अड़चन थी और वह यह कि केवल उन्हीं लेखकों को जा सकने की अनुमति दी गयी जो अपना मार्ग-व्यय देने के लिए तैयार थे।

कमलाकान्त जी, बालकृष्ण राव जी को याद होगा कि ताशकन्द कांग्रेस के लिए एक तैयारी कमेटी का गठन १७ सितम्बर के दिन वेस्टर्न कोर्ट देहली में किया गया था। उस अवसर पर राव साहब भी उपस्थित थे और बन्दा भी हाज़िर था। उस अवसर पर हिन्दी से जैनेन्द्र जी और दिनकर जी के नाम लिये गये थे। स्पष्ट था कि हिन्दी से उन्हीं के प्रतिनिधि होने की आशा थी। बाद में जब प्रतिनिधियों के नामों की चर्चा शुरू हुई तब भी ये ही नाम सामने थे। 'अग्रतः पृष्ठतः अग्रतः पृष्ठतश्चैव यशपाल-शिवदानाभ्यां संरक्षिता रानी लक्ष्मीबाई' की कोई चर्चा नहीं थी। मैं पूछना चाहूँगा, उस समय जिन नामों की चर्चा थी, वे चाहे बहुत ही योग्य रहे हों पर उन्हें हिन्दी के किन लेखकों ने चुना था? यहाँ प्रसंग है चुनाव के तरीके का। अस्तु, उन योग्य लेखकों के विचार में किराया देकर जाना सिद्धान्ततः अनुचित था। मैं यह नहीं कहता कि किराया दे सकना लेखक की योग्यता की कसौटी है। यह भी नहीं कहता कि किराया न दे सकना लेखक की अयोग्यता का प्रमाण है परन्तु यह भी मान लेने के लिए तैयार नहीं कि सामर्थ्य होने पर भी योग्य लेखकों को मुफ्त़ यात्रा पर ही आग्रह करना चाहिए। अस्तु।

बन्दे को तो टिकट का दाम जमा करा देने के लिए तब मजबूर किया गया जब हिन्दी से दो के अलावा तीसरा लेखक किराया देनेवाला नहीं मिला। इस चढ़ावे में आ गया कि क्या राष्ट्रभाषा कहलानेवाली भाषा में केवल दो ही लेखक किराया दे सकने की क्षमता रखते हैं? कम-से-कम एक तो और ऐसा निकले जो हिन्दी का लेखक कहलाने का और किराया भी जुटा सकने का साहस दिखाये! किसी के मार्ग में बाधा देकर, किसी का अवसर छीनकर जाने की धृष्ठता नहीं की। रानी जी न जातीं तो बस दो ही रह जाते।

हाँ, अगर आप यह कहें कि हिन्दी से ऐसे अज्ञात लेखकों के चले जाने की अपेक्षा किसी के भी न जाने से ही हिन्दी की मान-रक्षा होती तो अपराध स्वीकार किया जा सकता है परन्तु विश्वास रखिये, हिन्दी प्रतिनिधि का बाना पहनकर जानेवालों में से किसी ने भी हिन्दी या भारतीय भाषाओं के सम्बन्ध में कभी कोई अनाधिकारी या अनर्गल बात नहीं कही। हम लोग अपनी औक़ात से परिचित थे और इस नियम को निबाहते रहे—मूर्ख सभा में तभी तक शोभा पाता है जब तक कि मौन रहता है।

कमलाकान्त जी, कृपया बालकृष्ण राव जी से पूछिये कि जिस लेखक प्रतिनिधि-मण्डल में वे गये थे, उसके विषय में ऐसा आश्वासन दे सकते हैं? मैंने राव साहब के बहुत समीपी

सूत्रों से सुना है कि विदेश में आपके मण्डल के नेता भारतीय साहित्य के सम्बन्ध में कुछ ऐसी अनर्गल बातें कह जाते थे कि राव साहब दाँत पीसकर रह जाते थे।

कमलाकान्त जी, सम्भव है, राव साहब ऐसी बात सार्वजनिक रूप से कह देना नीति या सौजन्य न समझें परन्तु बन्दे के लिए नीति और सौजन्य की अपेक्षा भारतीय साहित्य की वस्तुस्थिति के प्रति ईमानदारी का महत्त्व अधिक है। प्रायः वर्ष भर पहले की बात है। आपके लेखक-मण्डल के यूरोप से लौटने के कुछ मास बाद आपके मण्डल के नेता लखनऊ तशरीफ़ लाये थे। उनके यात्रा के अनुभव और विचार सुनने के लिए एक छोटी-सी सभा की गयी थी। पहला सफल स्पुटनिक आकाश में गये कुछ ही दिन हुए थे। डॉ. साहब ने एक घण्टे तीस मिनट तक बताया कि इस समय सम्पूर्ण सभ्य जगत् एटम बम की समस्या और भावी युद्धों में इस शक्ति के प्रयोग की आशंका से थर्रा रहा है। आज यूरोप के साहित्य में मानवीय दृष्टिकोण, सामाजिक न्याय और विश्व-शान्ति के लिए व्यापक प्रयत्न हो रहे हैं परन्तु भारतीय लेखक इन चेतनाओं से बेखबर हैं। वे आज भी पुरानी कल्पनाओं में डूबे हुए हैं। भारतीय लेखक संसार की आधुनिक समस्याओं से और आधुनिक यूरोपीय साहित्य से अनजान हैं। आशा नहीं कि यहाँ बैठे लेखकों में से, दो-चार को छोड़कर, कोई भी दस आधुनिक इटैलियन उपन्यासकारों के नाम गिना दे सकेगा। यह दुःख का विषय है।

श्रोता विस्मय से यह सब सुन रहे थे। व्याख्यान समाप्त हो जाने पर उन्होंने परस्पर देखा। कुछ ने बन्दे को बोलने के लिए कहा। उठकर कहा—"डाक्टर साहब ने विश्व साहित्य की प्रवृत्तियों के विषय में जो कुछ कहा, वह ठीक है। भारतीय लेखक यदि सामयिक समस्याओं के प्रति उदासीन होते तो वास्तव में चिन्ता का विषय होता परन्तु स्थिति चिन्ताजनक नहीं है। हिन्दी का शायद ही कोई ऐसा कवि होगा, जिसने शान्ति के विषय पर छोटी या बड़ी कोई कविता न लिखी हो। भगवती चरण वर्मा आपके समीप ही बैठे हैं। यह तो स्पुटनिक पर भी कविता लिख चुके हैं। अधिकांश लेखक इस विषय पर कहानियाँ, स्केच या निबन्ध लिख चुके हैं। ऐसा एक भी पत्र या पत्रिका नहीं मिलेगी, जिसने इस विषय में कुछ भी नहीं प्रकाशित किया। हिन्दी की पत्रिकाएँ शान्ति-विशेषांक तक निकाल चुकी हैं। स्थिति इससे उलटी है। आज हिन्दी का साहित्य इतना समस्यामूलक हो चुका है कि माँग यह की जा रही है कि लेखक साहित्य को केवल राजनीति और समस्याओं का मंच ही न बना दें।"

डॉक्टर साहब ने विस्मय से सब लोगों की ओर देखकर पूछा—"क्या सचमुच ऐसी स्थिति है?" सभी ओर से समर्थन पाकर उन्होंने पूछा—"क्या हिन्दी के अतिरिक्त अन्य भारतीय भाषाओं में भी ऐसी ही प्रवृत्ति है?" उत्तर दिया—"जितनी मेरी जानकारी है, उसके आधार पर अन्य भाषाओं को हिन्दी से पिछड़ा हुआ मानने का कोई कारण नहीं।" उन्होंने फिर पूछा—"क्या अन्य समस्याओं, जाति-भेद, अछूत-प्रथा, साम्प्रदायिक सहिष्णुता आदि पर भी हिन्दी में कुछ लिखा गया है?" बताया—"प्रेमचन्द और उससे पूर्व से भी यह सब-कुछ लिखा जा रहा है।"

डा. साहब को इस बात के लिए दुःख हो सकता है कि हम भारतीय लेखक दस इटैलियन उपन्यास लेखकों के नाम नहीं जानते। परन्तु यदि मैं उनसे किसी भी भारतीय भाषा के दस उपन्यास-कहानी-लेखकों के नाम पूछ लेता तो वे निश्चय ही नहीं बता सकते थे, यह स्वयं उन्हीं के प्रश्नों से स्पष्ट था।

१९५५ की एक बात बन्दे को याद है। हेलसिंकी में विश्व-शान्ति कांग्रेस के लिए जानेवाला भारतीय प्रतिनिधि-मण्डल मास्को में था। मास्को के लेखकों ने मास्को में उपस्थित भारतीय लेखकों को सोवियत लेखक संघ के दफ्तर में आमन्त्रित किया था। भारतीय साहित्य के सम्बन्ध में अनेक प्रश्न पूछे जा रहे थे। डॉ. आनन्द भी उपस्थित थे। हस्बमामूल उत्तर देने का अधिकार उन्होंने अपना लिया था। एक सोवियत लेखक ने प्रश्न पूछा—"क्या आपके पाठक कभी आपको आपकी रचनाओं के सम्बन्ध में पत्र भी लिखते हैं? वे किस प्रकार की शंकाएँ या जिज्ञासाएँ करते हैं?"

मुझे भी इस प्रकार के पत्र आते रहते हैं। चाहता था, कुछ वास्तविक उदाहरण दूँ परन्तु डॉ. साहब खड़े हो गये। उत्तर था—"दुर्भाग्यवश भारत में निरक्षरता का प्राधान्य है, परन्तु कलाकारों और पाठकों या जनता के बीच सम्पर्क का बहुत अच्छा माध्यम भी मौजूद है। यह माध्यम है मुशायरा! दस-दस हज़ार श्रोता जमा होकर कवियों को सुनते हैं और वाहवाह करते हैं।" राव साहब, कहिये, कितना समीचीन (टू द प्वाइण्ट) उत्तर है! भारतीय साहित्य का कितना अच्छा परिचय है!

राव साहब ही बतायें भारतीय भाषाओं के साहित्य का इतना विशद् ज्ञान रखनेवाले लेखकों ने भारत के प्रतिनिधि बनकर विदेश में हमारे विषय में क्या परिचय दिया होगा? राव साहब अपनी उस यात्रा से लौटकर क्यों चुप रह गये थे? रानी चूड़ावत विदेश में चुप ही रहीं परन्तु डाक्टर साहब तो चुप रहने के लिए नहीं जाते? भारतीय साहित्य से ऐसा परिचय रखनेवाले लेखक नेता अकादमी के मेम्बर होते हैं, नेशनल बुक ट्रस्ट के मेम्बर होते हैं और राव साहब कुछ नहीं बोलते। जब तक ये ही लोग भारतीय साहित्य के प्रतिनिधियों का चुनाव करते रहेंगे, ऐसे ही चुनाव होंगे। भला हो राव साहब का, उन्होंने यह प्रश्न रानी चूड़ावत के नाम पर उठा दिया। चलो तब न सही अब सही, पर राव साहब मूल बात पर भी बोलेंगे?

पत्र के लिए धन्यवाद।

जनवरी, '५९

अखिल भारत प्रगतिशील लेखक सम्मेलन, गया

गया में अखिल भारत प्रगतिशील लेखक सम्मेलन में एकत्रित लेखक बन्धुओं, मैं आपका अभिनन्दन करता हूँ। आप अपने राष्ट्रीय और अन्तरराष्ट्रीय उत्तरदायित्व की चेतना से व्यवस्थाओं के परिवर्तन के बहुत नाजुक संक्रमण काल में विचार-विमर्श के लिए एकत्र हुए हैं।

अपनी दायित्व की चेतना और भावना के लिए मेरी सराहना और बधाई स्वीकारिये। मानव समाज में विकास की अबाध गति साम्राज्यवाद और पूँजीवादी व्यवस्थाओं द्वारा संसार के बहुजन के शोषण के चौखटे को तोड़ती जा रही है और परिणाम में उपनिवेश पद्धति (कोलोनियलिज्म) द्वारा शोषण में शिकंजे में जकड़े देश साम्राज्यवादी गुलामी की जंजीरों को तोड़कर स्वतन्त्र होते जा रहे हैं परन्तु अपने औद्योगिक विकास और सामरिक शक्ति के बल से साम्राज्यवादी और पूँजीवादी शोषण के अधिकार का दावा करनेवाली शक्तियाँ अन्तर्राष्ट्रीय शान्ति की रक्षा के नाम पर, स्वतन्त्र हुए देशों पर अपने शोषण और प्रभुत्व के जुए को कसे रहने के लिए निरंकुश शस्त्र प्रयोग और दूसरे पैंतरों से अपने अधिकारों को बनाये रखने में प्रयत्नशील हैं। इस स्थिति में मानवी दृष्टिकोण से प्रबुद्ध साहित्यकारों का कर्त्तव्य है कि आत्मचिन्तन और मानवी अधिकारों की भावनाओं को अपने समर्थन से सबल बनाने के कर्त्तव्य में शैथिल्य न आने दें। हमें आत्म-निर्णय के अधिकार और स्वतन्त्रता के इस मूल तन्त्र को सदा याद रखना है कि स्वायत्ता और स्वतन्त्रता का मूल्य निरन्तर चौकस चेतना है।

हमें सदा याद रखना और सावधान रहना होगा कि विदेशी प्रभुत्व और उपनिवेशवाद की जंजीरों को तोड़ देने से ही नवस्वतन्त्र राष्ट्रों में प्रजा वास्तव में स्वतन्त्र नहीं हो सकती। प्रजा और बहुजन की स्वतन्त्रता का अर्थ निरन्तर भूख, बेकारी, अशिक्षा, अस्वास्थ्यकर स्थितियों और साम्प्रदायिक अन्धविश्वासों से मुक्ति और राष्ट्र के व्यक्तियों की आत्मनिर्भरता और सन्तुष्ट जीवन के अवसर ही वास्तव में मानव की स्वतन्त्रता है। मानवी स्वतन्त्रता के संघर्ष में इन लक्ष्यों के लिए निरन्तर जूझते रहना ही प्रगति का पथ और प्रगतिशील लेखक का कर्तव्य है। प्रगतिशील लेखन का उद्‌देश्य मानव के चिन्तन और भावना को व्यापकता और आत्मविश्वास देकर सबल बनाना है। हमें सावधान रहना चाहिए कि संकीर्ण सम्प्रदायिकता संकीर्ण स्थानीय स्वार्थी बोलियाँ या भावनाओं की स्पर्धाएँ और होड़ बहुजन के सामर्थ्य और

बल को खण्ड-खण्ड कर के बहुजन को निर्बल बनाने और प्रतिगामी प्रतिक्रान्तिकारी स्वार्थों के पैतरे और शास्त्र हैं।

प्रगतिशील बन्धुओं मानवीय समता सहयोग, मैत्री की भावना के प्रबल और प्रहरी के रूप में लेखकों और सभी कलाकारों को राष्ट्रीय और अन्तराष्ट्रीय क्षेत्र में भी इन मानवीय मूल्यों और लक्ष्यों की प्राप्ति के लिए अपने पूर्ण सामर्थ्य से आमरण जूझना है। मुझ आशा है आप ऐसा ही निश्चय और बहुत अपनाने के लिए इस सम्मेलन में एकत्र हुए हैं। आपके दूर बैठे साथी के रूप में मैं आपके सम्मेलन के उद्‍देश्य से सहयोग और आपकी सफलता की कामना करता हूँ।

●

राष्ट्रबलि से गौपूजा

साम्प्रदायिक मदान्धता और उत्तेजना के परिणाम यह देश खूब भुगत चुका है। इस देश का भौगोलिक रूप और आकार तक ऐसी उत्तेजना की आग से झुलस चुका है परन्तु हमारी जनता उन अनुभवों को बहुत जल्दी भूलने लगी है। सात नवम्बर को दिल्ली में गोवध-विरोध आन्दोलन के प्रसंग की घटनाएँ चेतावनी दे रही हैं कि हमारी जनता फिर साम्प्रदायिक उत्तेजना का शिकार बन सकती है। इसमें सन्देह नहीं कि इस देश की बहुत बड़ी जनसंख्या के साम्प्रदायिक विश्वास के अनुसार अनुपयोगी गाय-बैल का भी वध निषिद्ध और पाप है। यह भी मानना होगा कि इस देश में ऐसे लोगों की बड़ी संख्या है जो साम्प्रदायिक आस्था के कारण किसी भी पशु-पक्षी, मछली तक का आहार निषिद्ध और पाप मानते हैं और ऐसे भी सम्प्रदाय हैं जो किसी भी जीव, यहाँ तक कि खटमल, मक्खी और महामारियाँ उत्पन्न और प्रसार करनेवाले कीट-पतंग-जीवाणुओं तक का विनाश पाप मानते हैं। यदि राष्ट्रीय समस्याओं और जनजीवन से सम्बद्ध प्रश्नों के लिए सरकारी कानूनों का आचार विभिन्न जनसमूहों की साम्प्रदायिक भावनाओं को मान लिया जाये तो उपर्युक्त साम्प्रदायिक विश्वासों की भी उपेक्षा नहीं की जा सकेगी। परन्तु इस राष्ट्र और देश की लोकायत (सेक्यूलर) धर्मनिरपेक्ष सरकार राष्ट्रीय रक्षा की चिन्ता में मानव स्वास्थ्य के लिए घातक जीवों का संहार निरन्तर करवा रही है। उसका शुभ परिणाम मलेरिया आदि रोगों के उन्मूलन के रूप में सामने है। अनेक लोगों के निरामिष भोजन के साम्प्रदायिक विश्वासों के बावजूद हमारी सरकार सार्वजनिक स्वास्थ्य सुधार और खाद्य समस्या के हल के लिए अण्डे, मुर्गी, मछली और सुअरों के उत्पादन और वितरण को सरकारी व्यय से प्रोत्साहन दे रही है। निरामिष में आस्था रखनेवाले लोग मांस-मछली के प्रयोग के लिए कोई विवशता अनुभव नहीं कर रहे और इन सब व्यापारों के प्रति सहिष्णुता का व्यवहार कर रहे हैं। ऐसे ही व्यवहार की आशा अन्य जन की वैयक्तिक स्वतन्त्रता और सार्वजनिक हित के विचार से गोवध को निषिद्ध और पाप माननेवालों से भी की जानी चाहिए। हमारे देश और राष्ट्र का संविधान और शासन लोकायत है। हमारे गणतन्त्र में संविधान और शासन की दृष्टि से सभी सम्प्रदायों की स्वतन्त्रता का समान मूल्य है। विभिन्न सम्प्रदायों की आस्थाओं के अनुसार उनके लिए विभिन्न पदार्थों का उपयोग निषिद्ध या पवित्र हो सकता है परन्तु सम्पूर्ण लोकायत राष्ट्र के लिए संविधान और कानून के आधार पर दो ही या व्यवहार निषिद्ध हो सकते हैं—प्रथम किसी भी वर्ग की विशिष्ट स्थिति की इच्छा और दूसरा राष्ट्रघात। केवल दो ही लक्ष्य पवित्र हो सकते

हैं—मानव हित और राष्ट्र की सुरक्षा के लिए विकास। इस देश की समस्याओं, गोवध और गोपूजा की समस्या को भी हमें राष्ट्र के सार्वजनिक हित के दृष्टि से देखना और स्वीकार करना होगा। गोपूजा की भावना से राष्ट्रहित का बलिदान नहीं किया जा सकता।

हम विश्वास करना चाहते हैं कि गोवध विरोधी आन्दोलन के मूल में भी राष्ट्रहित की भावना है। गोवध विरोध का आन्दोलन करनेवाले राष्ट्र के स्वास्थ्य के लिए दूध और खेती की अवस्था सुधारने के लिए देश में गाय-बैल की मौजूदा संख्या पर्याप्त नहीं समझते। परन्तु वास्तविक स्थिति उसके विपरीत है। भारत में दूध और दूध से उत्पन्न पदार्थों की शोचनीय कमी जरूर है परन्तु गौओं की संख्या हमारे देश में संसार के सब देशों से अधिक है अर्थात् प्रति पाँच मनुष्यों के लिए हमारे देश में तीन से अधिक गायें मौजूद हैं, वे दूध दे सकें या न दे सकें। भैंसों की संख्या इसके अतिरिक्त है जो दूध का प्रमुख साधन है। देश में सम्भवतः सत्तर प्रतिशत दूध भैंसों से ही मिल रहा है। सरकार के पशुपालन (एनीमल हस्बैण्डरी) विभाग के किसी भी जिम्मेदार कार्यकर्त्ता से जानकारी प्राप्त की जा सकती है। पशुपालन विभाग के जिन अफसरों से मिलने का अवसर हुआ वे सभी हिन्दू थे। सभी जानकार लोग इस विषय में एकमत हैं कि १९४७ से देश के अनेक राज्यों में गाय-बैल के वध पर प्रतिबन्ध आ जाने के परिणाम उन राज्यों में गाय-बैलों की अवस्था गिरती जा रही है और उनकी समस्या में सुधार की कोई सम्भावना नहीं है। कारण स्पष्ट है। जनसंख्या की बढ़ती के कारण खेती के लिए अधिकाधित भूमि जोती जा रही है। पशुओं के लिए चरागाह और चारा कम होता जा रहा है परन्तु इनकी संख्या—बकरी, भैंस की नहीं—बढ़ती ही जा रही है। दूध के लिए पशु रखनेवाले गाय के नाम से ही आतंकित हैं। गाय के सूख जाने या बूढ़ी हो जाने पर क्या होगा? भैंस से यह आतंक नहीं है। भैंस के अनुपयोगी हो जाने पर उससे छुटकारा कठिन नहीं। इस गोपूजक देश में परिणाम यह है कि आज गाय की कीमत पूर्वापेक्षा बहुत गिर गयी है और भैंस की कीमत कई गुना बढ़ गयी है। किसान यदि गाय रखता है तो केवल बैलों के प्रयोजन से। गाय यदि बछड़ी देती है तो उसका मुँह उतर जाता है। पशुओं की अवस्था में सुधार का एकमात्र उपाय, आवश्यकता के अनुकूल उनकी संख्या के नियन्त्रण ही हो सकता है। दूसरी सम्भव कल्पना है अन्न की उपज की चिन्ता न कर देश की भूमि बूढ़े गाय-बैलों के लिए घास-चारा उत्पन्न करने में लगा दी जाये। यदि गोवध विरोधी आन्दोलन का ऐसा सुझाव है तो आगामी चुनाव इसी प्रश्न पर हो जायें।

यह भी मनोरंजक स्थिति है कि गोवधविरोधी आन्दोलन की उत्तेजना दिखायी देती है राजधानियों चुनाव के अखाड़ों-नगरों में, जहाँ चार-पाँच हजार व्यक्तियों में कोई बिरला ही गाय पालता है। दूध अस्सी प्रतिशत लोग पीते हैं भैंस का। इस आन्दोलन का प्रयोजन है, गोभक्ति के नाम पर भोली जनता के वोट बटोरना। गोपालन का बोझ तो है गाँवों में किसानों पर। किसी भी देहात में अस्थिपंजर मात्र, भूख से सूखी गौओं और बूढ़े बैलों को आवारा घूमते पाइयेगा। किसान को बैल चाहिए इसीलिए वह गाय पालने को मजबूर हो जाता है वर्ना वह गाय को समीप न फटकने दे। उसकी विकट समस्या है कि अपने अति सीमित साधनों से हल जोतनेवाले बैल या दूध देनेवाली भैंस का पेट भरे या अनुपयोगी हो चुकी गौओं और बूढ़े बैलों का। किसान सिर पर बोझ बने बूढ़े गाय-बैलों को खुला छोड़कर हाँक देते हैं। भूखे पशु पड़ोसी का खेत चरते हैं। परिणाम में सिरों पर लाठियाँ और छप्परों में आग। बूढ़े गाय-बैल के लिए कांजी हौज़ का भी द्वार बन्द। उसे छुड़ाने के लिए कौन

जुर्माना देगा? इन बेकार पशुओं को रुपये-दो रुपये में भी नीलाम नहीं किया जा सकता। बूढ़े गाय-बैल ऊसर-बंजर में भूखे सिसक-सिसककर दम तोड़ते हैं तब उनकी खाल का कुछ दाम बन जाता है, जीवित अवस्था में नहीं। भैंस को ऐसी दुर्गति नहीं सहनी पड़ती। जब तक दूध देती है, भरपेट चारा-पानी पाती है, उस की देख-भाल की जाती है। बूढ़ी हो जाने पर दूसरे उपयोग के लिए बिक जाती है। उसे भूखे सिसक-सिसककर दम नहीं तोड़ना पड़ता। नगरों-कस्बों में भी स्थिति भिन्न नहीं है। भैंस शायद कभी ही लावारिस आवारा घूमती दिखायी देगी परन्तु गाय किसी भी बाजार चौराहे पर कूड़ा-करकट, गन्दे, चीथड़े और मैला तक खाती और बाजार में सड़क पर रात काटती दिखायी देगी। सम्मान से पालन किया जाता है भैंस का, आन्दोलन किया आता है गोरक्षा का। यदि हम स्वयं अनुपयोगी गाय का पेट भरने उसकी सेवा के लिए तैयार नहीं तो दूसरे लोगों या राष्ट्र से ऐसी माँग किस अधिकार से कर सकते हैं? पशुओं के सम्बन्ध में एक ही दृष्टिकोण व्यवहारिक और न्यायसंगत हो सकता है--पशु का मालिक उसे कब तक पाल या सँभाल सकता है। इस सम्बन्ध में आन्दोलन का क्या प्रश्न? गाय की अवस्था में सुधार तभी हो सकता है जब वह जनता के लिए उपयोगी हो और उनकी संख्या आवश्यकता के अनुसार हो। गोरक्षा में या गो-पूजा के लिए जनहित का बलिदान करने की नीति राष्ट्र-हत्या के अतिरिक्त और क्या होगी?

हमारा देश और राष्ट्र लोकायत गणतन्त्र है। इस राष्ट्र के संविधान के अनुसार सभी व्यक्तियों, साम्प्रदायिक समाजों को अपनी आस्था और विश्वास के अनुसार किसी भी पदार्थ के व्यवहार को पवित्र-अपवित्र, भक्ष्य-अभक्ष्य मानने का पूरा अधिकार है। परन्तु अपने धर्मविश्वास को दूसरों पर लादने की इच्छा, दूसरों की धार्मिक स्वतन्त्रता पर आक्रमण होगा। अण्डा-मुर्गी, सुअर, भैंस, बैल सभी जीवों के सम्बन्ध में यह सिद्धान्त समान रूप से लागू होने चाहिए। गोवध और गोरक्षा की राष्ट्रीय समस्या केवल राष्ट्र के पार्थिव और आर्थिक हित की दृष्टि से मानी जा सकता है, किसी सम्प्रदाय की रागात्मक भावना या इमोशन के आधार पर नहीं। आजकल हम अपने देश के नगरों, कस्बों के स्टेशनों, मार्गों, चौराहों पर पत्र-पत्रिकाओं में परामर्श और चेतावनी के विज्ञापन देखते हैं : सीमित या नियोजित परिवार, सुखी परिवार। हमारी सरकार भी देश की जनसंख्या बहुत अधिक बढ़ जाने से चिन्तित है। सभी समझदार लोग इस प्रश्न पर सहमत हैं। वह कितने विस्मय और चिन्ता की बात है कि हम अपनी जनसंख्या को देश के साधनों के अनुकूल सीमित रखना तो आवश्यक समझें परन्तु अपने गाय-बैल की संख्या को देश के साधनों के अनुकूल रखना पाप मानने का आग्रह करें। हमें साधनों के अभाव में देश की जनता के स्वास्थ्य के ह्रास या निरन्न मर जाने की चिन्ता तो है परन्तु चारे और स्थान के अभाव में गाय-बैल की अवस्था में ह्रास और उनके भूल से सिसक कर दम तोड़ने की चिन्ता नहीं--यही गोपूजा है? क्या हमारे राष्ट्र के बहुमत के लिए मानव की अपेक्षा गाय-बैल अधिक पवित्र और पूज्य हैं? ऐसे विश्वास मानवहित और राष्ट्रहित के लिए कल्याणकारी नहीं माने जा सकते।

किसी भी सम्प्रदाय, चाहे वह बहुसंख्यक ही क्यों न हो, की रागात्मक भावना को मानवहित और राष्ट्रहित से ऊँचा मानकर उसे अन्य सम्प्रदायों पर लादने की महत्त्वाकांक्षा लोकायत गणतन्त्र के आदर्श और व्यवहार के विरुद्ध और अन्य सम्प्रदायों के प्रति घोर अन्याय होगा। ऐसा व्यवहार स्वयं अपने लोकायत गणतन्त्र को विरूप और असफल करने का

प्रयत्न होगा। ऐसी महत्त्वाकांक्षाओं का परिणाम अनन्त साम्प्रदायिक संघर्षों को ही जन्म देना होगा।

यह चिन्ता और खेदजनक पहेली है कि गोरक्षा के प्रश्न पर जनता को रूढ़िगत साम्प्रदायिक भावनाओं को उत्तेजना देकर बहकानेवाले तो सक्रिय हैं परन्तु राष्ट्र को सशक्त, स्वस्थ, आत्मनिर्भर और विकासशील बनाने के लोकायत लक्ष्यों को ध्येय बतानेवाले सबल राजनैतिक संगठन-कांग्रेस, कम्युनिस्ट (दक्षिण और वाम), प्र. सो. पा., सं. सो. पा. इस महत्त्वपूर्ण समस्या पर भ्रम फैलाने के प्रयत्नों की उपेक्षा कर रहे हैं। सब से अधिक विस्मय तो है केन्द्रीय सरकार और विभिन्न राज्य सरकारों की बेपरवाही पर। इन सरकारों के सूचना विभाग जनसंख्या नियोजन की सद्बुद्धि तो जनता को देते हैं परन्तु पशु संख्या के नियोजन के प्रश्न पर चुप हैं। राजनैतिक प्रभाव रखनेवाले व्यक्तियों और संगठनों के मौन का कारण यदि आगामी चुनावों में भ्रम में फँसी भीड़ के वोट खो देने की आशंका है तो इस संकीर्ण समझदारी को जनता के प्रति विश्वासघात और राष्ट्रहत्या में मौन सहयोग के अतिरिक्त क्या कहा जा सकता है?

●

नया उपन्यास लिखने की प्रेरणा का आधार

हमारा समाज इस समय अस्थिर स्थिति में है और तीव्र परिवर्तन की अवस्था से गुजर रहा है। अतीत से परिचित और उसी में आस्था रखनेवाला जनसाधारण अस्थिरता, अनिश्चित और एक विचित्र भविष्य की अनुभूति से आशंकित है। हमारे समाज का अपेक्षाकृत चेतन-अंश, जो परिस्थितियों में कार्य-कारण के सूत्रों को भाँप सकता है, समाज के सामूहिक प्रयत्नों और उसके सामर्थ्य से परिचित है और उनके आधार पर भावी सम्भावनाओं का अनुमान कर सकता है। हम ऐसे सृजनात्मक श्रम की पीड़ा में भी उत्साह अनुभव करते हैं। क्योंकि हम इस श्रम के परिणाम की भी कल्पना कर सकते हैं। यह विश्वास होने पर भी कि हमारे समाज का भविष्य इसके सम्पूर्ण अतीत की अपेक्षा अधिक समर्थ और सन्तुष्ट होगा, हमें अपने असमर्थ और असन्तोषजनक अतीत के प्रति भी मोह है। यह मोह स्वाभाविक है क्योंकि वर्तमान में हमारा अस्तित्व इसी में है। रुग्ण, दुःखी और असमर्थ अपनी अवस्था में सुधार अथवा परिवर्तन की इच्छा के बावजूद अपने अस्तित्व के मोह से मुक्त नहीं रहता। यह ठीक है कि हमारी अवस्था सुधरी नहीं है। अवस्था केवल हमारे अस्तित्व की परिस्थिति मात्र है। अपने सुधार के लिए समर्थ हो सकने के लिए हमें अपनी इस अवस्था को बदलकर उत्तम अवस्थाओं को अपनाना है। अपने अस्तित्व की रक्षा और सामर्थ्य के लिए ही हमें सामूहिक रूप से अपने विकास के लिए अपने-आपको बदलना है। परिवर्तन द्वारा हमारे सतत विकास की प्रक्रिया जरूरी है और इसी प्रक्रिया के कारण हम सामूहिक रूप में अस्थिरता, अनिश्च और आशंकाओं की पीड़ा भी अनुभव कर रहे हैं।

पूर्ण विश्वास है कि हमारा समाज अपने विकास और परिवर्तन की प्रक्रिया में सफल होगा। अनुमान है दो ही तीन दशकों में वह उतना समर्थ, सन्तुष्ट और आत्मनिर्भर हो जायगा कि उसे अपनी आज की विकल अवस्था की स्मृति तो क्या, उसका अनुमान करना भी कठिन ही जायेगा। उस समय की पीढ़ियाँ आजकल की पीढ़ियों की उलझनों, आशंकाओं और विकलताओं का अनुमान भी नहीं कर सकेंगी। क्या यह उचित नहीं होगा कि हमारी इन परिस्थितियों में परिवर्तन की प्रक्रिया में से गुजरने की, हमारे भी भौतिक और वैचारिक प्रयत्नों, सामूहिक संस्कारों और मान्यताओं के बन्धनों के प्रति हमारे मोह और उन्हें बदलने के लिए हमारी मजबूरी के ऊहापोह की कहानी अक्षरों में शेष रह जाये?

आज संसार में परिवर्तन की गति अतीत की अपेक्षा कल्पनातीत रूप से तीव्रता से हो रही है। यह भी सम्भव है कि नातिदूर भविष्य में जो भावी पीढ़ियों की समय की गणना के हिसाब से अतिदूर न जान पड़ेगी, फिर से सामाजिक संस्कारों और मान्यताओं में गहरे परिवर्तनों की आवश्यकता अनुभव हो। उस समय यह लेखा-जोखा, यदि समाज ने इसे रिकार्ड में रखना उपयोगी समझा, तो नये परिवर्तनों की स्वीकृति से झिझक को सम्भव है कुछ कम कर सके।

उक्त तथ्यों की अभिव्यक्ति ही उत्कटता ही नया उपन्यास लिखने को प्रेरित करती है।

त्रयोदश उत्तर प्रदेशीय हिन्दी साहित्य सम्मेलन

देवियों और सज्जनो!

हिन्दी भाषा और उसके साहित्य के सम्बन्ध में विचार-विनिमय के लिए यह सम्मेलन उत्तर प्रदेशीय हिन्दी साहित्य सम्मेलन के तत्त्वावधान में किया जा रहा है। विश्वास है कि यहाँ उपस्थित देवियों और सज्जनों के अतिरिक्त हिन्दी भाषा और साहित्य में रुचि और उसके सम्पर्क रखनेवाले सभी लोग सहमत होंगे कि हिन्दी भाषा और उसके साहित्य की समस्याएँ केवल उत्तर प्रदेश की नहीं बल्कि इस पूरे देश और राष्ट्र की हैं। मूलतः इस अवसर पर हिन्दी साहित्य की स्थिति, उसमें विकास और उसकी उपलब्धियों पर विचार ही संगत माना जा सकता था परन्तु सामयिक परिस्थितियों की उपेक्षा या अवहेलना नहीं की जा सकती। इसलिए हिन्दी भाषा-सम्बन्धी कुछ समस्याओं पर विचार भी अनिवार्य जान पड़ता है। इस दृष्टि से मुख्य प्रश्न है, भारतीय राष्ट्र के विधान द्वारा हिन्दी को पूरे राष्ट्र की सम्पर्कीय राजभाषा की मान्यता दे चुकने के पश्चात् इस निश्चय को व्यावहारिक रूप देने के मार्ग में उपस्थित आपत्तियों का और इस निश्चय पर पुनः विचार और इसमें परिवर्तन की माँग का। भारतीय शासन विधान का निर्माण करते समय हिन्दी की इस राष्ट्र की राजभाषा स्वीकार करने के अनेक कारण थे। एक कारण था ऐतिहासिक परम्परा से हिन्दी का इस राष्ट्र या भूखण्ड की जनता के अधिकांश की भाषा माना जाना। दूसरा कारण था विदेशी शासन से मुक्ति के पश्चात विदेशी भाषा पर निर्भरता और उसके अस्वाभाविक बोझ से जनता को मुक्त करना। इस निश्चय का तीसरा महत्त्वपूर्ण प्रयोजन था, इस भूखण्ड की अधिकांश जनता द्वारा उपयोग की जानेवाली भाषा को ही देश के विभिन्न भागों के पारस्परिक सम्पर्क और केन्द्रीय शासन का माध्यम बनाकर, इस भाषा को देश की राष्ट्रीय भावात्मक एकता का सूत्र बना सकना। विस्मय की बात है कि गत दो-तीन वर्षों में राजनीतिक क्षेत्रों में भाषा के प्रश्न पर उठाये गये आन्दोलनों में राष्ट्र की एक सम्पर्क राजभाषा स्वीकार करने के पहले दो कारणों को भुला ही दिया गया। उसने भी अधिक विस्मय इस बात से है कि तीसरे महत्त्वपूर्ण प्रयोजन अर्थात् देश के अधिकांश के लिए सहज और सुलभ भाषा की देश और पूरे राष्ट्र में भावात्मक एकता उत्पन्न कर सकने के साधन को उस राष्ट्रीय भावात्मक एकता के मार्ग की अड़चन बताया जाने लगा। इस देश की साझी राजकीय भाषा के रूप में हिन्दी के प्रयोग को अहिन्दी भाषी लोगों का दमन और उनके प्रति अन्याय कहा जा रहा है। अहिन्दी भाषी जनसंख्या को इस दमन और अन्याय से बचाने के लिए अंग्रेजी को राष्ट्र

अथवा देश की अन्तर राजभाषा और सम्पर्क भाषा बनाये रखने की माँग की जा रही है। इस माँग से यही अनुमान होता है कि अहिन्दी भाषी लोगों के लिए हिन्दी सीखने की आवश्यकता तो उन पर बोझ है परन्तु अंग्रेजी सीखने की मजबूरी उन पर कोई बोझ नहीं, वह उनके लिए स्वाभाविक अथवा सरल है। अहिन्दी भाषी हिन्दी सीखने की मजबूरी की अपेक्षा अंग्रेजी सीखने की मजबूरी का स्वागत इसलिए करने को तैयार हैं कि यह मजबूरी हिन्दी भाषी जनता के लिए भी होगी। अर्थात् राष्ट्र की सम्पूर्ण जनता पर भाषा सम्बन्धी बोझ और दमन कोई अस्वाभाविक या अन्याय की स्थिति नहीं है। यदि अहिन्दी भाषी क्षेत्र अपने लिए असुविधाएँ दूर की जाने के उपायों की माँग करें तो मुझ विश्वास है कि कोई भी सदाशय व्यक्ति उनसे सहमत होगा परन्तु सम्पूर्ण राष्ट्र के लिए समान असुविधा को एक स्वाभाविक स्थिति और न्यायसंगत नहीं मान लिया जा सकता।

यह विचित्र धारणा है कि दक्षिण भारत के सर्वसाधारण अंग्रेजी जानते हैं या अंग्रेजी उनके लिए सरल है। मुझे कुल्लू-कश्मीर से लेकर कन्याकुमारी का भ्रमण का अवसर मिला है। गत वर्ष ही पूरे केरल में घूमने का और उससे पूर्व तमिलनाडु जाने का भी अवसर हुआ है। मेरे वैयक्तिक अनुभव या परख में कुछ भूल हो सकती है। इसलिए जनसंख्या के सरकारी आंकड़ों पर ध्यान देना सहायक होगा। भारत में अंग्रेजी जाननेवालों की अधिकतम संख्या केरल में है, और वह संख्या है दो प्रतिशत। मेरा अनुभव है कि इस दो प्रतिशत में अधिक-से-अधिक एक या दो प्रतिशत लोग यहाँ ऐसे हैं जो सुविधा से अंग्रेजी पढ़-लिख सकते हैं। देश की सम्पर्क भाषा और अन्तर राजभाषा के रूप में व्यावहारिक रूप से अंग्रेजी को बरकरार रखने से यदि अहिन्दी भाषी जनता को कोई सुविधा हो सकती है तो उनकी संख्या प्रति हजार में एक या दो से अधिक सम्भव नहीं है। यह दृष्टिकोण जनतान्त्रिक अथवा लोकतान्त्रिक नहीं माना जा सकता। मेरा अपना अनुभव है कि मद्रास, बंगलौर, मैसूर, एर्नाकुलम, कोचीन, त्रिवेन्द्रम के हाट-बाजारों में अंग्रेजी बोलने से काम नहीं चल सकता परन्तु सरल या संस्कृत शब्द मिश्रित हिन्दी से काम चल सकता है। वहाँ केवल ऊँचे सरकारी अफसरों या राजनेताओं को ही साफ अच्छी अंग्रेजी बोलते पाया, सर्वसाधारण को नहीं। यह स्थिति विदेशी गुलामी का अवशेष मात्र है जो आप उत्तर प्रदेश, बिहार, राजस्थान, मध्य प्रदेश और पंजाब में भी पायेंगे। अहिन्दी भाषी प्रदेशों के औद्योगिक केन्द्रों में अर्द्धशिक्षित और अशिक्षित वर्गों में मुख्यतः राजकीय भाषाएँ बोली जाती है उसके अतिरिक्त बोली जाती है टूटी-फूटी हिन्दी, अंग्रेजी नहीं। जिस समय आन्ध्र या महाराष्ट्र के मजदूर केरल या तमिलनाडु के मजदूर से सम्पर्क में आते हैं उनकी अभिव्यक्ति का माध्यम फूटी हिन्दी ही होता है, अंग्रेजी नहीं। यह स्थिति इस बात की विश्वसनीय कसौटी मानी जा सकती है कि राष्ट्र की अधिकांश जनसंख्या की स्वाभाविक भाषा कौन है?

अपने स्वार्थों के लिए राजकीय स्तर पर अंग्रेजी को बनाये रखने के पक्षपातियों ने अपने आन्दोलन को उत्तेजक सामरिक रूप देने के लिए हिन्दी साम्राज्यवाद का नारा गढ़ लिया है। ऐसे लोग प्रायः ही हिन्दी को उत्तर भारत की भाषा कहकर अपना असन्तोष प्रकट कर देते हैं। आधुनिक हिन्दी को, जो हिन्दी मैं बोल रहा हूँ या इस मंच से भी जो भाषा अधिकांश वक्ता बोलेंगे, उस हिन्दी को उत्तर भारत की भाषा कह देना तथ्यसंगत नहीं है। उत्तर प्रदेश, बिहार, राजस्थान, मध्य प्रदेश के भिन्न-भिन्न अंचलों की अपनी-अपनी बोलियाँ हैं। गया, पटना, बलिया, गोरखपुर, मेरठ, मथुरा, भोपाल, इन्दौर बीकानेर, जयपुर, उत्तराखण्ड और हिमांचल आदि के ग्रामों में लोग परस्पर ऐसी हिन्दी नहीं बोलते जो यहाँ बोली जा रही

है। यह बात सहारनपुर, जगाधरी और अम्बाला अंचलों के लिए भी कही जा सकती है। देश के विभिन्न अंचलों के लोगों की निजी बोलियाँ और भाषाएँ है। हिन्दी उस देश के दो-तिहाई भागों में शिक्षित वर्ग अथवा नागरिकों की साँझी सम्पर्क और सांस्कृतिक भाषा है। उत्तर भारत में बृज, अवधी, मैथिली, डिंगल, पंजाबी आदि अनेक भाषाएँ हैं जिनका अपना प्राचीन समृद्ध साहित्य है। आधुनिक हिन्दी उनका परिष्कृत समुच्चय है, किसी प्रदेश-विशेष की भाषा नहीं। हिन्दी साम्राज्यवाद का नारा संकीर्ण स्वार्थों के उन्माद में एक धोखा मात्र है। यदि लोकतन्त्र, प्रजातन्त्र और जनतन्त्र का अर्थ बहुमत है तो इस देश में जनतन्त्र हिन्दी के बिना सम्भव नहीं।

परन्तु इस बहुमत के बल पर अल्पमत के दमन का समर्थन या अल्पमत की आवश्यकता और सुविधा की उपेक्षा नहीं कर सकते हैं। हम अहिन्दी भाषी राज्यों में उनकी भाषाओं को वही स्थान और अधिकार देना आवश्यक समझते हैं जो उत्तर भारत के राज्यों में हिन्दी को देना चाहते हैं। प्रश्न है राष्ट्रीय भाषात्मक एकता के लिए और अन्तरराज्य सम्पर्क और व्यवस्था के लिए एक साँझी भाषा का। अहिन्दी भाषी राज्यों की जनता अधिकार और अवसर की समानता के लिए जो भी अवसर और सुविधाएँ अपनी भाषाओं के लिए चाहे, हमें स्वीकार हैं, परन्तु स्वयं अपने और उनके लिए भी अंग्रेजी की दासता स्वीकार नहीं। यदि अहिन्दी भाषी राज्य केन्द्रीय शासन से सम्पर्क के लिए अपनी भाषा का प्रयोग करना चाहें तो वह भी स्वीकार किया जाना चाहिए परन्तु देश के दो-तिहाई पर अंग्रेजी लादे रखने का आग्रह स्वीकार नहीं किया जा सकता। दरअसल प्रश्न केन्द्रीय शासन में नौकरियों का है। यदि अहिन्दी भाषी जनता माँग करे कि केन्द्रीय शासन में स्थान चाहनेवालों के लिए एक दक्षिणी भाषा का ज्ञान भी शर्त होनी चाहिए तो इस माँग को तर्कसंगत माना जा सकता है परन्तु अंग्रेजी जानने की विवशता को नहीं।

हम शिक्षा के क्षेत्र में अपनी सरकारों की भाषा सम्बन्धी नीति की भी उपेक्षा नहीं कर सकते। इस देश में सर्वसाधारण की शिक्षा में अंग्रेजी भाषा की शिक्षा को अनिवार्य बना देना जनता पर एक असंगत, निरर्थक और उपहासास्पद बोझ है। शिक्षा को जीवन-यापन या जीवन के परिष्कार में सहायक होना चाहिए। हमारी शिक्षा संस्थाओं में मैट्रिक या बी.ए. तक शिक्षा प्राप्त करनेवाले अधिकांश लोगों के लिए परीक्षा पास करने के अतिरिक्त अंग्रेजी ज्ञान के उपयोग का प्रायः कोई अवसर नहीं आता। उनका अंग्रेजी ज्ञान भी किसी व्यावहारिक प्रयोजन को पूर्ण करने योग्य नहीं होता। यह समझ पाना कठिन है कि मैट्रिक, इण्टर या बी.ए. पास करके जो लोग जीविका के लिए दुकानदारी करेंगे या कारखानों, मिलों और फैक्टरियों में जीविका चाहेंगे, या स्थानीय नगरपालिकाओं, चुंगी, आबकारी, नहर, कचहरी या अन्य ऐसी सरकारी नौकरी द्वारा जीविका चाहेंगे, अंग्रेजी उनके किस काम आयेगी? अंग्रेजी पढ़ने के लिए उन पर अनावश्यक बोझ डालना और इस काम के लिए शिक्षा विभाग द्वारा बहुत बड़ा व्यय केवल निरर्थक और अपव्यय मात्र है। यह नित्य का अनुभव है कि बी.ए. तक अंग्रेजी पढ़ लेने पर भी अधिकांश लोग अंग्रेजी का दैनिक पत्र सुविधा से पढ़ने में असमर्थ रहते हैं। वे अंग्रेजी के लिए निरर्थक श्रम कर परीक्षा पास कर सकने को व्यर्थ सरकारी जिद मात्र समझते हैं। यह समझ पाना कठिन है कि अंग्रेजी की ऐसी अनिवार्य शिक्षा से हमारी जनता के सांस्कृतिक उत्थान में या हमारे अन्तरराष्ट्रीय सम्पर्कों के विकास में क्या सहायता मिल सकती है। निःसन्देह अंग्रेजी का ज्ञान शिक्षा, सांस्कृतिक और विज्ञान क्षेत्र में शोध तथा अन्य व्यापक काम करना चाहनेवालों के लिए बहुत उपयोगी हो सकता है।

इसी प्रकर रूसी, फ्रान्सीसी और जर्मन भाषाओं का ज्ञान भी। इन भाषाओं की शिक्षा की समुचित व्यवस्था भी बहुत आवश्यक है परन्तु केवल ऐसे विद्यार्थियों के लिए जो भविष्य में इसका उपयोग करना चाहते हैं।

हिन्दी चर्चा के साथ ही प्रायः ही उर्दू या पंजाबी का प्रश्न भी उठ खड़ा होता है। हिन्दी साहित्यिकों ने कभी भी उर्दू या पंजाबी का विरोध या अवमानना नहीं की। हम इन भाषाओं को हिन्दी का अन्तरंग अविभाज्य अंग समझते हैं। प्रायः ही साहित्य सृजन में या हाट-बाजार में इस प्रकार की भाषा का प्रयोग दिखायी देता है जिसे हिन्दी भी कहा जा सकता है और उर्दू भी। पहचान अगर कोई हो सकती है तो शैली या रचना में संस्कृत या अरबी-फारसी के तत्सम शब्दों की बहुलता। प्रायः शब्दों का ऐसा अन्तर भी नहीं रहता। हिन्दी लेखकों को फारसी-अरबी के शब्दों से दुराव नहीं है। उनकी प्रवृत्ति संस्कृत तत्सम शब्दों की ओर होने के कारण यह है कि इन शब्दों की पहुँच अपेक्षाकृत अधिक व्यापक होती है। हिन्दी-उर्दू का भेद वास्तव में भाषा का नहीं केवल लिपि का है। इस विषय में स्पष्टता की आवश्यकता है। किसी भी प्रदेश या राज्य में राजकीय स्तर पर दो लिपियों के प्रयोग की माँग न तर्कसंगत है न व्यावहारिक। उत्तर भारत के अधिकांश राज्यों में हिन्दी और हिन्दी लिपि को राजभाषा स्वीकार किया जा चुका है जो जनभावना का परिणाम है। इस लिपि में भाषा की कोई भी शैली सुविधा से लिखी जा सकती है। उर्दू शैली इस धरती की उपज है और इस धरती की चीज है। यह बात फारसी लिपि के लिए नहीं कही जा सकती। फारसी लिपि का प्रयोग इस देश में आक्रमणकारियों की सुविधा के लिए आरम्भ हुआ था और अंग्रेजी शासन ने अपनी शासकीय सुविधा के लिए चले आये माध्यम को बनाये रखा। परन्तु देश में नब्बे प्रतिशत जनता ने उसे अपना दमन ही समझा। उसे कभी न अपनाया। आत्मनिर्णय का अवसर पाते ही जनता ने अपनी धरती की अपने लिए स्वाभाविक लिपि को मान्यता देने का निश्चय कर लिया। जो लोग फारसी लिपि से अपना परम्परागत या सांस्कृतिक लगाव समझते हैं उन्हें इसके उपयोग की पूरी स्वतन्त्रता होनी चाहिए परन्तु फारसी लिपि के लिए राजकीय और शासकीय स्तर पर नागरी लिपि के समान या समानान्तर मान्यता की माँग स्वीकार नहीं की जा सकती। इस तथ्य की भी उपेक्षा नहीं की जा सकती कि आज उर्दू शैली के साहित्यिकों की रचनाओं को फारसी लिपि के माध्यम से पढ़नेवालों की अपेक्षा नागरी लिपि में पढ़नेवालों की संख्या कहीं अधिक है। आज उर्दू शैली के लिए फारसी लिपि का बाँधना गले की फाँसी है और नागरी लिपि के माध्यम से उसके लिए व्यापक विकास की सम्भावना है। यही स्थिति पंजाबी की भी है।

हिन्दी इस विशाल भूखण्ड या राष्ट्र के अधिकांश भाग और जनता के सभी सम्प्रदायों, अंचलों की साझी सम्पत्ति और सांस्कृतिक भाषा है। हिन्दी के इस जनतान्त्रिक गुण और रूप की रक्षा और विकास के लिए उसे संकीर्ण साम्प्रदायिक भावनाओं और आंचलिक संस्कृतियों का प्रतीक बनाने की प्रवृत्ति से सावधान रहना जरूरी है।

हिन्दी किसी एकमात्र साम्प्रदायिक भावना या आंचलिक संस्कृति की बपौती नहीं बन सकती। उसमें देश में मौजूद सभी सम्प्रदायों और संस्कृतियों की भावना की अभिव्यक्ति के लिए स्थान और प्रयत्न आवश्यक है। हमारा राष्ट्र और विधान धर्म निरपेक्ष या लौकिक (सेक्यूलर) है और यही गुण इस राष्ट्र की अन्तर राजभाषा या सम्पर्क भाषा का है। केवल इसी अवस्था में हिन्दी की जनतन्त्र और लोकतन्त्र प्रवृत्ति और प्रकृति की रक्षा और संवर्द्धन हो सकेगा।

सामयिक परिस्थितियों के प्रभाव से हिन्दी के भाषा पक्ष की चर्चा कुछ विस्तार से हो गयी परन्तु साहित्य सम्मेलन में उसके साहित्यिक पक्ष के विषय में भी कुछ चर्चा की आशा की जायेगी। हिन्दी साहित्य के पक्ष को दो पहलुओं से अर्थात् परिमाणात्मक और गुणात्मक पहलुओं से देखा जा सकता है। पहले परिमाण पक्ष को लिया जाये। तीस वर्ष पूर्व तक यह स्थिति थी कि हिन्दी में प्रकाशित बड़े से बड़े दैनिक और साप्ताहिक पत्रों की पाठक संस्था इस देश में प्रकाशित होनेवाले अंग्रेजी के दैनिकों और साप्ताहिकों के पाठकों से चौथाई भी न थी। आज वह अस्वाभाविक स्थिति बदल चुकी है। आज हिन्दी के कुछ दैनिकों और साप्ताहिकों की पाठक संख्या अंग्रेजी के अधिक-से-अधिक जनप्रिय दैनिकों और साप्ताहिकों से कहीं आगे बढ़ चुकी है। उस समय पाठ्य-पुस्तकों के अतिरिक्त हिन्दी की साहित्यिक श्रेणी में गिनी जा सकने योग्य पुस्तकों के संस्करण दो हजार से अधिक संस्था से नहीं होते थे और उन संस्करणों के खपाने के लिए चार से दस वर्ष का समय दरकार होता था। आज हिन्दी में साहित्यिक पुस्तकों के सस्ते संस्करण पच्चीस से पचास हजार तक संख्या में प्रकाशित हो रहे हैं और प्रकाशक उनकी खपत के लिए ६ मास से एक वर्ष तक का समय पर्याप्त समझते हैं। हिन्दी के पठन-पाठन के विस्तार का यह प्रमाण एक स्थूल तथ्य है। कुछ लोग इससे सन्तुष्ट न होंगे परन्तु इसे हिन्दी के लिए निराशाजनक स्थिति नहीं समझा जा सकता। हिन्दी के इस प्रचार का बड़ा कारण हिन्दी की शिक्षा को प्राधान्य तथा राजभाषा का स्थान मिल सकना भी है उसके साथ ही इसका बहुत-कुछ श्रेय हिन्दी के प्रति जनता में अपनत्व और प्रेम जगाने का यत्न करनेवाली संस्थाओं—हिन्दी साहित्य सम्मेलन, नागरी प्रचारिणी सभा, राष्ट्रभाषा प्रचार समिति आदि को भी दिया जाना उचित है। और हिन्दी प्रेमी इन संस्थाओं के प्रयत्नों के लिए आभारी हैं। हिन्दी के विस्तार में अब तक जो कुछ हो सका है उसे आरम्भ ही समझना चाहिए। भविष्य निश्चय ही उससे अधिक व्यापक और सार्थक होगा।

जहाँ तक हिन्दी भाषा की स्थिति और उसके उपयोग का प्रश्न है, उपर्युक्त विवरण संगत हो सकते हैं परन्तु साहित्यिक दृष्टि से परिमाण की अपेक्षा हमारी उपलब्धियों के गुणात्मक या कलात्मक पक्ष का विवेचन अनिवार्य है। परिभाषा को स्थूल कसौटियों से जाँचा जाता है और निष्कर्ष निर्विवाद हो सकते हैं। कला पक्ष या गुणात्मक मूल्यांकन विचारों या दृष्टिकोण से निर्धारित होता है जिनमें मतभेद या विवाद की गुंजाइश रहती है। पिछले वर्षों में हिन्दी साहित्य के परिमाण की वृद्धि के साथ उसमें कलात्मक, गुणात्मक या वैचारिक विकास भी हुआ है या नहीं इसमें कुछ मतभेद दिखायी देता है। इस सम्मेलन के एक गत अधिवेशन के अध्यक्षीय भाषण में इस विषय पर चिन्ता प्रकट की गयी थी कि हिन्दी के नयी पीढ़ी के उगते कलाकार हमारी कुछ वर्ष पहले की उपलब्धियों की निरादर की सृष्टि से देखकर नयेपन के उन्माद में अहम्मन्यता से पथ विमुख हो रहे हैं। वे अहंकार में स्वयं को हमारे साहित्य के आरम्भिक महारथियों भारतेन्दु हरिश्चन्द्र, बालकृष्ण भट्‌ट, जयशंकर प्रसाद, प्रेमचन्द और उनके तुरन्त उपरान्त की साहित्यिक पीढ़ी से भी आगे समझने लगे हैं। यह स्थिति अवांछनीय और चिन्ताजनक है।

निश्चय ही अहम्मन्यता किसी भी कलाकार या साहित्यिक को न केवल शोभा नहीं देती बल्कि स्वयं उसके कलात्मक विकास और भाषा के सम्पूर्ण साहित्यिक विकास के लिए भी हानिकारक हो सकती है। उस अहम्मन्यता और अविनय से असन्तुष्ट होकर भी हिन्दी साहित्य की गत साठ-सत्तर वर्ष की उपलब्धियों की गुणात्मक दृष्टि से तुलना उपादेय होगी।

यह तो निर्विवाद है कि भारतेन्दु हरिश्चन्द्र, बालकृष्ण भट्ट, जयशंकर प्रसाद और प्रेमचन्द आधुनिक हिन्दी साहित्य के भगीरथ थे। यह भी निर्विवाद है कि इसके उपरान्त की पीढ़ी ने जिसमें कुछ लोग मेरा नाम भी रख लेते हैं, और जिन्हें अब पुरानी पीढ़ी कहा जाता है, जयशंकर प्रसाद और प्रेमचन्द की परम्परा को न केवल समृद्ध किया बल्कि आगे भी बढ़ाया। सन् पचास के पश्चात् सशक्त साहित्यिकों की एक और पीढ़ी हिन्दी में आयी जिसका दावा था कि वे हमारे साहित्य को समाज की नवीन चेतना और बोध के अनुकूल रचनाएँ दे रहे हैं। उनसे पहली पीढ़ी के साहित्यकार पिछड़ गये हैं। हिन्दी साहित्य को आगे ले जाने का उत्तरदायित्व और भार उन पर ही है। परन्तु दस वर्ष और बीतते न बीतते सन साठ के आसपास हिन्दी साहित्य के क्षेत्र में एक और पीढ़ी का प्रादुर्भाव हो गया। यह लोग गत दस वर्षों में अग्रणी होने का दावा करनेवालों को मँझली पीढ़ी कहकर उनकी उपलब्धियों को पिछड़ी हुए बताकर स्वयं नये और सामयिक भावबोध और अनुमति की अभिव्यक्ति के दिग्दर्शन का दावा कर रहे हैं। इस सन्दर्भ में साहित्यिक आलोचना और मूल्यांकन के क्षेत्र में कुछ अप्रिय प्रसंग भी उठ खड़े होते हैं। निश्चय ही ऐसे विवाद अवांछनीय है। परन्तु स्वयं को पुरानी पीढ़ी का सामान्य लेखक मानकर भी पाठक के नाते हिन्दी के आधुनिक साहित्य की उपलब्धियों के मूल्यांकन का कुछ साहस करना चाहता हूँ।

गत पचास वर्षों में हिन्दी साहित्य के कलात्मक विकास की परख की विश्वस्त कसौटी क्या हो सकती है? मुझे खूब याद है कि आज से पचास वर्ष पूर्व हिन्दी के माध्यम से साहित्यिक रस चाहनेवालों को हिन्दी में जो कुछ अच्छा साहित्य मिल सकता था उसमें अस्सी प्रतिशत अंग्रेजी, बंगला, मराठी आदि के साहित्य के अनुवाद होते थे। आज शायद हिन्दी में अनुवादों की संख्या पाँच प्रतिशत से कम हो चुकी है, पंचानबे प्रतिशत के लगभग रचनाएँ मौलिक मिल सकेंगी। इसे हिन्दी प्रकाशकों या पाठकों की संकीर्णता नहीं कहा जा सकता। कलात्मक दृष्टि से हिन्दी साहित्य के विकास का स्पष्ट प्रमाण यह है कि आज हिन्दी की मौलिक रचनाओं के अनुवाद न केवल अन्य भारतीय भाषाओं में प्रचुरता से हो रहे हैं बल्कि संसार की अन्य समृद्ध भाषाओं में भी हो रहे हैं। हिन्दी के बड़े-बड़े साहित्यकारों की बात जाने दीजिये, मेरे समान सामान्य लेखक की भी अधिकांश रचनाएँ आज गुजराती, मराठी, मलयालम, तेलुगू, तमिल में ही नहीं बल्कि विदेशी भाषाओं में अनूदित और प्रकाशित हो चुकी हैं। भारत के बाहर भी अन्य हिन्दी साहित्यिकों की तरह मेरे उपन्यास और कहानियों के अनुवाद सोवियत, चीन, चेकोस्लोवाकिया, जर्मनी में ही नहीं, फ्रान्स, हालैण्ड, आस्ट्रिया, अमेरिका और जापान तक में प्रकाशित हो चुके हैं और हो रहे हैं। हिन्दी साहित्य का यह मूल्यांकन स्वयं हिन्दी प्रेमियों द्वारा नहीं अपितु अन्तरराष्ट्रीय साहित्य-प्रेमियों द्वारा किया जा रहा है।

मैं हिन्दी साहित्य में नये और पुराने के संघर्ष की चर्चा कर रहा था। उसे संक्षेप में ही कहना उचित होगा। यदि मानव समाज गतिमान् और विकासशील है तो निश्चय ही कल की बात पुरानी जान पड़ेगी। नवीन समस्याएँ और उनके साथ नवीन चेतनाएँ और बोध उत्पन्न होंगे और उनका साहित्य में आना आवश्यक और अनिवार्य होगा। नवीन भावनाओं और बोध के साथ ही उनकी सम्यक् अभिव्यक्ति के लिए तद्नुकूल विधाओं की उत्पत्ति या विकास भी स्वाभाविक और आवश्यक होता है। जो साहित्यिक यह काम निबाह रहे हैं वे निश्चय ही नयी भावना और चेतना के प्रतिनिधि के रूप में हमारे साहित्य का संवर्द्धन और परिमार्जन कर रहे हैं। यदि हमारा साहित्य बढ़ रहा है, विकासोन्मुख है तो वह पुरानी और मँझली

पीढ़ियों की ही देन से नहीं हो सकता! निश्चय ही नित्य नये फूटते और उगते लेखकों का उसमें महत्त्वपूर्ण योगदान है। पुराना या वर्तमान यदि सशक्त और सप्राण है तो वह निश्चय नये को जन्म देगा। यह बात साहित्य में भी अनिवार्य है। साहित्य में नये का मुख्य स्रोत होता है नवीन चेतना और भाव। निश्चय ही गत तीस-चालीस वर्ष में हमारे समाज की तीव्र प्रगति ने अनेक दृष्टिकोणों और विचारों को आवश्यक बना दिया है और उनकी अभिव्यक्ति के अनुकूल साहित्यिक विधाओं को भी। भारतेन्दु, जयशंकर प्रसाद, प्रेमचन्द और मैथिलीशरण गुप्त की तुलना में वह सब नया तो है और समाज के विकास के लिए आवश्यक भी। बहुत स्थूल उदाहरण है शायद अरोचक भी हो। प्रेमचन्द और मैथिलीशरण गुप्त की रचनाओं में सन्तति निरोध की प्रेरणा सम्भव न थी। यह एक सामयिक प्रभाव है। कुछ लोग उसे अनैतिक प्रवृत्ति भी कह सकते हैं परन्तु जो कुछ राष्ट्र और मानवता की रक्षा के लिए आवश्यक हो गया उसे अनैतिक कैसे कहा जा सकता है?

नये-पुराने के सन्दर्भ में नयी विधाओं का, अतुकान्त लयहीन कविता या भारतीय कहानियों और ललित निबन्धों का भी प्रसंग आ जाता है। इसे पथभ्रष्टता कहकर टाल देना उचित नहीं। निश्चय ही ऐसे सम्पूर्ण प्रयत्न साहित्य में जिजीविषा और सामयिक कारणों से आते हैं जो अनिवार्य हैं। यह सब प्रयोग और प्रयत्न सदा सफल और सार्थक भी नहीं हो सकते। बहुत-कुछ निरर्थक और असफल भी सामने जाता है परन्तु उसमें सफल और सार्थक भी हैं। सम्भव है इसमें बहुत-कुछ ऐसा भी हो जिसे हम अपने अभ्यासों, मान्यताओं और संस्कारों के कारण सह नहीं पाते या उसे विकृत रुचि मान लेते हैं। सम्भव है आगामी पीढ़ियाँ उसके तत्त्व की वास्तविक परख कर सकें। साहित्य के क्षेत्र में विचारों की अभिव्यक्ति पर रोकथाम मानवीय संस्कृति के विकास की सबसे बड़ी शत्रु होगी। साहित्य की सबसे बड़ी सामाजिक उपयोगिता अतीत और वर्तमान की मान्यताओं में अन्तर्विरोधों को प्रकट कर नवीन समन्वय के लिए चिन्तन की प्रेरणा देना ही है। अलबत्ता यह काम कलात्मक होना चाहिए।

मेरे विचार में साहित्य के क्षेत्र में समय और आयु के विचार से महान् और लघु की परख करना उचित नहीं। बहुत-से लोगों को निराशा होती है कि आज हिन्दी में भारतेन्दु जयशंकर प्रसाद या प्रेमचन्द कहाँ हैं?

सहारनपुर, २५-२६ मई, १९६८

सुलेखा कथाञ्जली

ऐन्द्रियिक अस्तित्वों की तरह विचार, भाव, कार्य-प्रणाली और कलाएँ—जिनमें सृजन और विकास की प्रवृत्ति हो—सदा के लिए या बहुत समय तक भी यथावत् नहीं रह सकते। साहित्य कला और उसके अन्तर्गत कथा साहित्य की भी प्रकृति और प्रवृत्ति भी ऐसी ही है। संवर्धन और विकास के प्रत्यक्ष न रहने पर वह ह्रासोन्मुख हो जायेगी। गत वर्षों में हिन्दी कहानी कला में छोटी-छोटी कहानियों और उपन्यासों के रूप में निश्चय ही अच्छी वृद्धि और विकास हुआ है। कथा रसिकों की कामना और कथाकारों की स्वाभाविक महत्त्वाकांक्षा है कि हिन्दी कहानी के क्षेत्र में संवर्द्धन और विकास का यह परिमाणात्मक और गुणात्मक रूप में जारी रहे। निश्चय ही परिमाणात्मक वृद्धि की अपेक्षा गुणात्मक विकास अधिक वांछनीय समझा जायेगा। कला के क्षेत्र में तो निर्विवादरूप से महत्त्व परिमाण या विस्तार का नहीं रसात्मक अथवा गुण का ही है। परन्तु इस के पात्र पदार्थ का परिमाण भी आवश्यक ही है इसलिए साहित्य में रसात्मक विकास के लिए परिमाणात्मक वृद्धि भी जरूर चाहिए और उसके लिए प्रयत्न आवश्यक है। सुलेखा द्वारा आयोजित हिन्दी कहानी प्रतियोगिता ऐसा ही प्रयत्न था। यह कथाञ्जली उसी प्रयत्न के परिणाम में प्रस्तुत है।

प्रस्तुतकर्त्ता को अपने भेंट के गुण-दोष की विवेचना शोभा नहीं देता। सविनय इतना अवश्य कहा जा सकता है कि यह अञ्जली दो हजार दो सौ कहानियों में से चुनाव है। सुलेखा के आह्वान पर दो हजार दो सौ लेखकों का सहयोग प्राप्त हुआ था। रचनाओं के मुद्रण के लिए स्थान और पाठकों की सुविधा के विचार से सभी कहानियों का एकत्र मुद्रण व्यावहारिक न होता। उस विस्तृत राशि में से चुनाव योजना का अंग ही था। स्पष्ट है इतने विस्तार और परिमाण में से उचित चुनाव बहुत आसान नहीं हो सकता क्योंकि चुननेवालों की परख की योग्यता के साथ ही उनकी वैयक्तिक रुचि और कलात्मक मान्यता का भी प्रभाव चुनाव में रहा होगा। मुण्डे-मुण्डे मतिर्भिन्ना की उक्ति जानी-मानी है। कला के क्षेत्र में ऐसे मतभेद के लिए और अधिक अवसर, कलात्मक रुचि और परख में विभिन्नता ही कला के संवर्द्धन और विकास की प्रेरक है।

आशा है कि नये लेखकों ने जिस उदारता से इस प्रतियोगिता में सहयोग दिया ऐसी ही उदारता से वे निर्णायकों की परख को भी स्वीकार करेंगे। सुलेखा को अपने इस प्रयत्न से

किसी महान् उपलब्धि का गर्व नहीं है। केवल सन्तोष है कि कम-से-कम हिन्दी कहानी की परिमाणात्मक वृद्धि के लिए और कुछ नये अनजाने लेखकों के सामने आ सकने के लिए यथासामर्थ्य प्रयत्न किया जा सका। यह भी आशा है कि नये लेखकों तथा पाठकों के सहयोग से ऐसे प्रयत्न फिर भी किये जा सकेंगे।

नेज़ाबूदकी

अविस्मरणीय तो क्या ये बात बहुत हल्की-फुल्की है। बरस भर में कई बार याद आ चुकी है। शायद जल्दी भूलेगी भी नहीं।

मास्को के क्रेमलिन अस्पताल आपरेशन पूर्ण मूर्च्छा की अवस्था में हुआ था। सुध आने पर अपने-आपको अपरिचित कमरे में पाया। नर्स के साथ समीप खड़े दुभाषिये ने मेरा विस्मय भाँपकर समझा दिया, आपरेशन के बाद विशेष देखभाल के लिए नये कमरे में रखा गया था। आपरेशन ऐसा था कि शरीर को हिलाना भी उचित न था। नर्स लेटे लेटे ही गर्म पानी से हाथ-मुँह पोंछकर कुल्ला करा देती थी। दो ही दिन में चेहरे पर दाढ़ी बढ़ गयी। हाथ बार-बार ठोढ़ी पर पहुँच जाता था। ख्याल था, यह सफाई तो उठ-बैठ सकने पर ही हो सकेगी।

चौथे दिन प्रातः कमरे में एक नयी नर्स, छरहरा शरीर, पूर्ण युवती, छोटा-सा अटैचीकेस लिये आयी। जद्रास्त (नमस्ते) सम्बोधन कर उसने कुछ कहा। मेरे न समझने पर संकेत से समझाया, वह शेव बनाने आयी थी। उसने मुझे चुपचाप लेटे रहने का संकेत किया। बहुत सावधानी से चेहरे पर साबुन लगाकर शेव बना दी। सिर पर कंघी भी कर दी और नेपकिन में ओ डी कोलोन लगाकर चेहरा साफ कर दिया। सात दिन तक विशेष देखभाल के लिए उस कमरे में रहा। 'नाई' नर्स एक दिन के व्यवधान से आकर शेव बना जाती थी। भेंट के लिए परिचितों के आने से मुझे थकान न अनुभव हो, इसलिए उस कमरे में हालचाल पूछने के लिए मित्रों को आने की अनुमति न थी। दुभाषिया जरूर प्रतिदिन आकर मेरी अवस्था देख जाता था और पूछ लेता था, डॉक्टरों को कुछ कहना तो नहीं है? आपरेशन के पश्चात् विशेष सावधानी के सात दिन पूरे हो जाने पर पुराने कमरे में आ गया। परिचित भेंट के लिए आने लगे। सबसे पहले 'झूठा सच' के प्रथम भाग के अनुवादक लेव कुजनेत्सेव सपत्नीक आये। वे गहरे नीले रंग के छोटे-छोटे फूलों का एक बड़ा-सा गुलदस्ता लाये थे। उन्होंने गुलदस्ता मेरे पलँग के समीप टेबुलनुमा आलमारी पर सजा दिया। मैंने फूलों की सराहना की। कुजनेत्सेव ने जिज्ञासा की, 'ये फूल आपके देश में भी होते हैं?'

उत्तर दिया, 'अवश्य होते हैं। बागों में लगाये जाते हैं और पहाड़ी देहातों में बावड़ियों और नालों के किनारे बहुत अधिक मात्रा में स्वतः होते हैं।'

कुजनेत्सेव ने हिन्दी में फूल का नाम जानना चाहा। मैंने बताया 'हमारे यहाँ पंजाब में इसे 'बनफशा' कहते हैं और अंग्रेजी में 'फॉरगेट मी नाट'।

'फॉरगेट मी नाट' (भुलाना ना अथवा अविस्मरणीय)। रूसी में इसे 'नेजाबूदकी' कहते हैं। इस शब्द का अंग्रेजी अनुवाद भी 'फॉरगेट मी नाट' होगा।'

दूसरे दिन पहले-पहल नाई नर्स ने कमरे में प्रवेश कर शिकायत की, 'तुम वहाँ आ गये, मैं तो तुम्हें ७८२ नम्बर के कमरे में ढूँढ़ने गयी थी।' अब तक उससे काफी परिचय हो गया था। अटैची केस खोलकर शेव का सामान निकालते समय नर्स की दृष्टि मेज पर रखे नीले फूलों के गुलदस्ते की ओर चली गयी। उसके हाथ ठिठक गये। गहरे उच्छ्वास से बोली, 'नेजाबूदकी! ओचेन क्रासिवा (ओह कितना सुन्दर है)!' वह प्यार से फूलों को सूँघने लगी। मुझसे पूछा 'तुम्हें यह रंग बहुत पसन्द है?'

'अवश्य।' स्वीकार कर मैंने नर्स के कानों में लटकते नीले नगों के बुन्दों की ओर संकेत किया, 'तोजे नेजाबूदकी (वह भी नेजाबूदकी है)।'

'तुम्हें अच्छे लगे?' नर्स ने किलककर पूछा।

हामी भरी। उसने कान से बुन्दे उतारकर मेरे हाथ में दे दिये 'देखो कितना अच्छा है।' और फिर मेरे चश्में की ओर संकेत कर हँसी, 'वह भी तो नेजाबूदकी है।' मैं कैटैरैक्ट के आपरेशन के बाद डॉक्टर के परामर्श से नीला चश्मा ही पहनता हूँ। इसके बाद नर्स की दृष्टि मेरे बायें हाथ में नीलम की अँगूठी पर पड़ गयी। उसने पुनः किलकारी से कहा, 'यह भी नेजाबूदकी।' और मेरे हाथ से अँगूठी उतारकर नीलम को सराहना से देखती रही। उस दिन उसने बहुत प्रेम से मेरी शेव बनायी। चेहरे, सिर, गर्दन और कन्धों तक शरीर को ओ डी कोलोन से पोंछ गयी। उस दिन के बाद प्रायः सप्ताह भर तक वह कमरे में आती, जद्रास्तुइती (नमस्ते) न कर नेज़ाबूदकी शब्द से ही सम्बोधन करती थी और लौटते समय भी नेजाबूदकी।

मई के अन्त में डॉक्टर ने कमरे में चल-फिर सकने की अनुमति दे दी थी। गुसलखाने तक जा सकने की अनुमति पाते ही अगले दिन शेव स्वयं की। मुझे चेहरे पर किसी के हाथ लगने से—वे हाथ चाहे जैसे भी हों—कुछ झिझक-सी अनुभव होती है। नाई नर्स आकर शेव की तैयारी करने लगी तो उसे बताया, शेव स्वयं बना ली थी। उसने मेरे चेहरे की ओर देखकर पूछा, 'पचमू (क्यों)?'

उत्तर दिया, 'मुझे स्वयं शेव करना ही अच्छा लगता है।'

नर्स अपना समान अटैची केस में समेटते हुई बोली, 'तो मैं अब न आऊँ?' उत्तर दिया, 'बहुत बहुत धन्यवाद स्वयं ही शेव कर लूँगा।' वह चलते समय मुस्कान से हाथ मिलाकर बोली, 'शेव तो स्वयं कर लेना परन्तु नेजाबूदकी (भुलाना ना)।'

धर्मयुग, २५ जुलाई, १९६५

योग की खोज

जून १९५५ में विश्व शान्ति सम्मेलन हेलसिंकी (फिनलैण्ड) में हुआ था। संयोग से शान्ति सम्मेलन से तीन दिन पूर्व ही सोवियत लेखक संघ के निमन्त्रण पर सपत्नीक मास्को पहुँचा था। लेखक संघ के उप-प्रधान कवि तिखोनोव सोवियत शान्ति संघ के भी प्रधान थे। कवि तिखोनोव और लेखक संघ के मन्त्री कवि सुरखोव के सुझाव पर उन लोगों के संगति में हेलसिंकी पहुँचकर शान्ति सम्मेलन के भारतीय प्रतिनिधि मण्डल में सम्मिलित हो गये। ऐसे विराट् सम्मेलनों के उपसर्ग रूप अनेक आयोजन हो जाते हैं, अनेक देशों के लेखकों, पत्रकारों, कलाकारों और अन्य सांस्कृतिक व्यवसायों में रुचि रखनेवाले लोगों के परम्परा परिचय, विचार-विमर्श और सहयोग के लिए गोष्ठियाँ आदि। युवकों के सांस्कृतिक मिलन और गोष्ठियों के अवसर भी बन जाते हैं।

एक सन्ध्या कथाकारों की गोष्ठी के नवयुवकों के सांस्कृतिक जमाव में निमन्त्रण था। स्वयं युवक न रहने पर भी निमन्त्रण में प्रति आदर से जमाव में गये। दो बड़े हालों में युवक-युवतियों की भीड़ थी। कुछ विलम्ब से पहुँचे थे। व्याख्यान, विचार-विमर्श का कार्यक्रम रहा होगा तो समाप्त हो चुका था। अब मिश्रित भीड़ पान, विनोद, नृत्य-संगीत की धमा-चौकड़ी में झूम रही थी। पहुँचते ही शेम्पेन के चश्कों से स्वागत। तीन-चार लेखकों का परिचय भीड़ को दे दिया गया।

जमाव रंग पर आ चुका था। कुर्सियाँ चारों ओर दीवारों के साथ खिसका दी गयी थीं। कुछ युवक बारी-बारी से वायोलिन-गिटार और अकोर्डियन बजा रहे थे। कुछ लोग झूमते हुए धुनों में सहयोग दे रहे थे। अति गौरवर्ण लोगों के चेहरों पर मदिरा की रक्तिम उत्तेजना शीघ्र ही प्रकट हो जाती है। भीड़ के चेहरों पर प्रायः ही तमतमाहट थी! अनेक युवक-युवतियाँ परस्पर कमर में हाथ डाले या हाथ पकड़े दो गोलों में नृत्य कर रहे थे। धुन बदलने पर युवक नृत्य के साथी या गोल बदल लेते। यह क्रम अन्तरराष्ट्रीय सौहार्द के प्रोत्साहन के लिए हो रहा था। हम लोगों को न नृत्य का अभ्यास, न इस आयु में उतना शारीरिक सामर्थ्य। कुछ लोगों से परिचय के लिए हाथ मिलाकर चश्क थामे एक कुर्सी पर बैठा ही था कि हाथ में गिलास लिये एक सज्जन बढ़ आये और अनुमति लेकर साथ की कुर्सी पर बैठ गये।

सज्जन ने पूर्वी यूरोप के अंग्रेजी उच्चारण में पूछा—'आप भारतीय लेखक हैं?' स्वीकृति सुनकर वह शोरगुल में बात कर सकने के लिए कुछ और समीप होकर मेरी ओर झुक

गया—'मुझे योग की उत्कट लगन है।' उसने अनुरोध किया—'कृपया मुझे योग का मार्ग बताइये।'

पश्चिमी देशों और अमेरिका में सामान्यतः सभी भारतीयों के अध्यात्म, हठ योग, हस्तरेखा, फलित ज्योतिष में पारंगत होने की आशा की जाती है। भारतीयों के इस विषय में अज्ञान-असामर्थ्य प्रकट करने पर प्रश्नकर्त्ता के चेहरे पर अविश्वास और निराशा का भाव आ जाता है, मानो अनुरोध अविनय से टाला जा रहा हो।

उन्मुक्त मदिरा प्रवाह, उल्लास के उन्माद और नृत्य-संगीत की धमा-चौकड़ी के वातावरण में योग साधना का प्रसंग! स्वयं प्रश्नकर्त्ता की आँखें मदिरा से सुर्ख, चेहरे पर तनाव और स्वर में लरज। उसके अनुरोध से कुछ विस्मय और खीझ भी लगी। सौजन्य निबाहने के लिए बात की, 'योग से आपका अभिप्राय क्या?'

'परमावस्था (ट्रान्स) में आत्मविस्मृति का अनिर्वचनीय आनन्द।' उसने सुर्ख आँखें मेरी आँखों में गड़ाकर उत्तर दिया।

सज्जन की सुधि चेताने के लिए पूछा—'परमावस्था से अभिप्राय?'

'सांसारिक संघर्षों के मायाजाल से मुक्ति, आत्मसमाहित अवस्था का असीम अनन्त आनन्द,' सज्जन का स्वर लड़खड़ा गया।

ख्याल आया, हमारे देश में भी योग मार्ग की साधना का दावा करनेवालों में अनेक लोगों में सांसारिक संघर्ष के मायाजाल से आत्मसमाहित अवस्था प्राप्त करने के लिए गाँजे-चरस के दम लगाकर विस्मृति या संज्ञा शून्यता की आत्म समाहित परमावस्था प्राप्त कर सकने का चलन है। इस मामले में पश्चिम हीरोइन, एल.एस.डी., कोकेन आदि गाँजे, चरस से विकट नशे बनाकर आगे बढ़ गया है। यह भला आदमी मदिरापान से उसी अवस्था की ओर बढ़ रहा है। इसकी महत्त्वाकांक्षा इससे अधिक अभेद्य संज्ञा शून्यता की परमावस्था के लिए।

पूछा—'अब तक कितने चश्क ले चुके?'

'याद नहीं... शायद छह-सात।' याद करने के यत्न में उस के माथे पर त्योरियाँ बन गयीं।

'दो चश्क और ले लो,' उसे सलाह दी। 'कुछ समय के लिए सांसारिक मायाजाल से मुक्ति की परमावस्था में पहुँच आओगे।

सज्जन ने समझने के प्रयास में गिलास से घूँट भरकर दो-तीन बार पलकें झपकीं। कठिनाई से बोला, 'हाँ, परन्तु केवल कुछ समय के लिए। निरन्तर शाश्वत मुक्ति परमावस्था चाहिए।' उसके पेट में पहुँच चुकी मदिरा की अधिक मात्रा का प्रभाव उमड़ आया। उसका मुँह खुला रह गया। झोंके को सम्हालने के लिए उसने कुर्सी की पीठ का सहारा ले लिया। सोचा, भला आदमी मृत संज्ञाशून्यता या आत्मसमाहित विस्मृत अवस्था के आनन्द को चिरस्थायी बना सकने के लिए योग की दीक्षा चाहता है। योग क्या समाज-संसार के प्रति लगाव और उत्तरदायित्व से स्वार्थी पलायन ही है? अन्य लोगों से बातचीत के लिए उठ गया।

पाँच वर्ष पूर्व कुछ दिन हरिद्वार में था। कई वर्ष बाद वहाँ जाने का संयोग बना था। एक बात की और ध्यान गया। प्रतिमास लाखों तीर्थ यात्री वहाँ जाते हैं। नगर और आसपास की बस्तियों की दीवारों पर आदमकद या बहुत बड़े-बड़े अक्षरों में अपच, बवासीर या गुप्त

रोगों के उपचारों के विज्ञापन बने रहते हैं। इस बार इन विज्ञापनों में योगासनों और योग समाधि की दीक्षा के आमन्त्रण रूप विज्ञापन भी बड़ी संख्या में दिखायी दिये। योग-सम्बन्धी विज्ञापन देवनागरी अक्षरों की अपेक्षा अंग्रेजी या रोमन लिपि में अधिक थे। कुछ विचित्र लगा क्योंकि योग-विषयक शिक्षा और तत्सम्बन्धी ज्ञान मूलतः संस्कृत या देवनागरी अक्षरों में हैं। ऐसे विषय में शंका या विवाद होने पर व्यवस्था या समाधान के लिए मूल संस्कृत ग्रन्थों के प्रमाण आवश्यक होंगे। इस शिक्षा-दीक्षा की सूचना या विज्ञापन अंग्रेजी में क्यों? इस शंका का उत्तर हरिद्वार के बाजारों-सड़कों पर चलता-फिरता नजर आ रहा था—हिप्पियों की प्रचुर संख्या। हिप्पी लोग गाँजे, चरस, एल.एस. डी. की सहायता से आत्मसमाहित स्थिति या परमावस्था प्राप्ति के सुगम मार्ग पर चलना पसन्द करते हैं।

याद आता है, चालीस-पचास वर्ष पूर्व अध्यात्म साधना और योगाभ्यास समाज के कोलाहल से दूर एकान्त के विषय माने जाते थे। योग दीक्षा और योगाभ्यास के स्थान हाट-बाजार और मेले न होते थे। योगी सांसारिक व्यापार और सामान्य समाज से दूर एकान्त के लिए दुर्गम वनों और गिरि-कन्दराओं में रहते थे। योगियों तक पहुँच लगन और कष्टसाध्य होती थी। योगी अधिकारी की कठिन परीक्षा लेकर दीक्षा देते थे और योग साधना के लिए दीर्घ तप दरकार होता था। आज योग को खस्ता मूँगफली और चना जोर गरम की तरह बेचने के लिए हाट-बाजार में हाँक लगायी जा रही है। अब योगी कृपालु बन गये हैं। रोजमर्रा की आवश्यक वस्तुओं की किल्लत है परन्तु योग सहज उपलब्ध हो रहा है। योग सर्वजन योग्य, सहजप्राप्य व्यावसायिक सौदा बन गया है। जगह-जगह योग के अखाड़े और आढ़तें खुल गयी हैं। योग से प्राप्य चिरन्तन आत्मसमाहित परमावस्था के आनन्द के लिए ग्राहकों को पुकारा जा रहा है। विचित्र संयोग कि यौगिक ज्ञान साधना के मूल विकास के स्थान भारत की अपेक्षा योग के सौदे की माँग और खपत पश्चिम, विशेषतः अमेरिका में अधिक जान पड़ती है।

ख्याति का गुर जाननेवाले या विज्ञापनी योगी प्रायः ही अच्छे बाजार की खोज में न्यूयार्क, शिकागो, सानफ्रान्सिसको के सम्पन्न बाजारों की ओर चले रहते हैं। हम अपनी जानकारी बढ़ाने और निर्देशन के लिए वित्त व्यवस्था विशेषज्ञों, उद्योग अभियन्ताओं और चिकित्सा विशेषज्ञों को विदेश से बुलाते हैं। योग, आध्यात्मक और परमावस्था के विशेषज्ञों को पश्चिम के कल्याण के लिए भेजते हैं। अमेरिका में परमावस्था के सुख के लिए योग साधना की माँग बढ़ जाना इस देश के योग व्यापारियों के लिए लाभदायक है। निर्यात का यह सौदा विदेशी मुद्रा कमाने का अच्छा साधन है। इस निर्यात व्यवसाय के लिए भारत सरकार से लाइसेन्स लेना जरूरी नहीं। इस सौदे के उत्पादन में सूझ के अतिरिक्त कोई पदार्थ या पूँजी खर्च नहीं होते।

१९७१ में दो मास अमेरिका में था। अमेरिका औद्योगिक, व्यवसायिक या भौतिक सभ्यता-संस्कृत का सबसे विकसित गढ़ कहा जाता है परन्तु वहाँ टेलीविजन पर भी परमावस्था के (ट्रान्सेडेण्टल) आनन्द का संकेत और चर्चा सुनी। आलू की पपड़ी (पोटेटो चिप) बनाने बेचनेवाली कम्पनी का विज्ञापन था—हमारी पपड़ी....को ट्रान्सेडेण्टल (परमावस्था) के आनन्द की अनुभूति देती है।

कौतूहल हो सकता है कि वर्तमान में योग से प्राप्य परमावस्था के आनन्द की कद्र, योग का विकास करनेवाले भारत में क्यों घट गयी और पश्चिम में कैसे बढ़ गयी? कुछ

अमेरिकनों से जिज्ञासा की थी—आपके समाज-देश में योग या परमावस्था की आत्मविस्मृत के आनन्द के लिए, हिप्पियों के रूप में इतनी उत्सुकता-जिज्ञासा कैसे बढ़ गयी है? उन लोगों का उत्तर था—कुछ अंश में यह समृद्धि सम्पन्नता के सन्तोष-आनन्द से भिन्न सन्तोष-आनन्द की अनुभूति की कल्पना और ललक है, परिवर्तन के लिए आकुलता। इसके साथ ही समृद्धि-सम्पन्नता के लिए संघर्ष की जिम्मेवारियों से पलायन में सन्तोष या आवारगी के सुख-सन्तोष की कल्पना। सब ओर प्राप्य रस से भिन्न रस की अनुभूति की ललक का भटकाव।

हमारे यहाँ योग और अध्यात्म के समर्थक यह बात दूसरी तरह कहते हैं—पश्चिम भौतिक सभ्यता के सुखों की क्षणभंगुरता की माया समझकर अध्यात्म द्वारा परमावस्था के शाश्वत आनन्द की माँगकर रहा है।

इस देश के लोग अनुभव से जानते हैं, भौतिक साधनों की क्रिच्छता से बेकारी, भूख और अस्वास्थ्य की पीड़ा में परमावस्था के शाश्वत आनन्द की ओर ध्यान नहीं जाता। यह सही है कि हमारे देश में भी कुछ लोग रहस्यमय उपायों से अकूत धन जमा करके अदृश्य न्याय आसन के सन्मुख सुर्खरू होने की आशा में लाखों-करोड़ों की लागत के मन्दिर बनवा देते हैं। परन्तु हमारे पूरे राष्ट्र या देश का हृदय 'गरीबी हटाओ' ही पुकार रहा है। गरीबी कैसे हटेगी, इसी प्रश्न को लेकर भिन्न-भिन्न राजनैतिक दल जनता को आश्वासन देकर शासन का अवसर पाने की आशा कर रहे हैं। हमारे देश में फिलहाल परमावस्था के क्षणिक आनन्द के मार्ग भजन-कीर्त्तन, मौलूद-वाज, अखण्ड धर्म पाठ ही हो सकते हैं।

× × ×

योग साधना या अध्यात्म के सम्बन्ध में दावे से प्रामाणिक बात कह सकने का अधिकारी नहीं हूँ। योग के सम्बन्ध में अनुभवगत परिचय योगासनों और थोड़े-बहुत प्रणायाम के यत्न तक ही है। योग की प्रचलित व्याख्या या परिभाषा है—योगः कर्मसु कौशलम् अर्थात कर्मों में कुशलता ही योग है। पतंजलि के अनुसार योग शब्द का व्याकरणिक अर्थ है 'चित्त वृत्ति निरोधः योगः' अर्थात् चित की वृत्तियों-इच्छाओं पर नियन्त्रण अनुशासन ही योग है।

योग में जिज्ञासा रखनेवाले जानते हैं कि योग के कई प्रकार—ज्ञानयोग, कर्मयोग, भक्तियोग और हठयोग आदि होते हैं। ज्ञानयोग और कर्मयोग की व्याख्या स्वयं उनके नामों में ही है। ज्ञानयोग और कर्मयोग ज्ञान संचय और सांसारिक व्यवहार और कर्म के लौकिक और भौतिक आचरण हैं। इन्हें जीवन संघर्ष का विवेकपूर्ण मार्ग कहना उपयुक्त होगा। परन्तु योग की खोज में भटकनेवालों में ज्ञान योग और कर्मयोग साधना की उतनी ललक नहीं दिखायी देती।

भक्ति या भक्तियोग का परिचय भी कठिन नहीं। भक्ति का अर्थ है, आराध्य या लक्ष्य की आराधना और विश्वास में विवेक अथवा विवेचन को अवसर न देकर चिन्तन या व्यवहार करना। आराध्य या विश्वास का लक्ष्य लौकिक या अलौकिक भी हो सकता है। आराध्य जैसा भी हो, भक्ति की शर्त शंका या विवेक का सहारा न लेना या शंका और विवेक को स्थान न देना है। अस्तु योग के विज्ञापनों में या विदेश निर्यात होनेवाले योग में उपर्युक्त तीनों योगों की चर्चा नहीं होती। वहाँ चर्चा होती है समाधि से आत्मसमाहित परमावस्था अथवा अलौकिक सिद्धियों के मार्ग हठयोग, राजयोग, मन्त्र योग और लय योग से समाधि और सिद्धि की।

ब्यौरे में जाना हो तो हठयोग के पाँच अंग है—यम-नियम-आसन-प्राणायाम और प्रत्याहार। यम का अर्थ है, चित्त अथवा मन-मस्तिष्क का अनुशासन। नियम शरीर और उसके व्यवहार का अनुशासन। प्राणायाम, श्वास की गति का अनुशासन। प्रत्याहार, भौतिक अनुभूतियों से विरक्ति विच्छिनता का अभ्यास। इन पाँचों अभ्यासों से राजयोग, धरण ध्यान समाधि से परमावस्था की स्थिति प्राप्त होती है। मन्त्रयोग और लययोग में शारीरिक तनाव की दृष्टि से, हठयोग की अपेक्षा समाधि द्वारा परमावस्था की प्राप्ति के सहज मार्ग हैं। परमावस्था से अभिप्राय अलौकिक अवस्था का है। इस साधना से अलौकिक सिद्धियों की प्राप्ति का भी विश्वास किया जाता है।

हठयोग के चार अंग—यम, नियम आसन, प्राणायाम मन-मस्तिष्क की एकाग्रता और शारीरिक व्यायाम से स्वास्थ्य के लिए उपयोगी अभ्यास हैं। वे शारीरिक या भौतिक लाभ के साधन हैं, शरीर की भौतिक क्रियाएँ हैं। अतः स्वयं भी भौतिक हैं। प्रत्याहार से मन-मस्तिष्क या शरीर की क्या लाभ हो सकता है, यह सामान्य जन की पहुँच से परे है।

आसनों से सामान्य जन के अनुभव के आधार का शारीरिक व्यायाम के लाभ को स्वीकार करके भी कष्टसाध्य आसनों से एकाग्रता प्राप्ति पर विश्वास कठिन है। आसनों की मुद्राओं से परिचित लोग जानते हैं कि मत्स्य या मयूरासन-जैसे कठिन शारीरिक तनाव में जब नसें और पेशियाँ कड़े धनुष की प्रत्यंचा की तरह तनी हों, एकाग्रता के लिए कितना अवसर हो सकता है? परन्तु योगसिद्धि का दावा करनेवाली की बातें निराली हैं। वे जून की दुपहरी में सड़क किनारे खुले आकाश के नीचे आग के सेक में निर्वस्त्र बैठकर एकाग्रता से समाधि लगाते हैं। इतना ही नहीं, तीर्थ स्थानों में सड़क किनारे शूलों की सेज पर प्रत्याहार समाधि में आत्मसमाहित योगियों को देखा जा सकता है। ऐसे योगी परमावस्था की कितनी उपलब्धि पाते हैं, यह वे ही जानते हैं। सामान्य जन तो ऐसे योगियों के सामने भक्तों द्वारा डाल दी गयी भिक्षा ही देख पाते हैं।

जहाँ तक योग साधना से परमावस्था और मोक्ष प्राप्ति का प्रश्न है, ऐसी सफलता के लिए तर्क या अनुभवगम्य कोई प्रमाण नहीं मिल सकते। विज्ञान के प्रमाण केवल लौकिक या भौतिक वस्तुओं और स्थितियों के सम्बन्ध में हो सकते हैं, इसलिए इस विषय में विज्ञान से प्रमाण सम्भव नहीं। वह केवल विश्वास की बात है। योग से अलौकिक सिद्धियों की प्राप्ति का विश्वास किया जाता है। वे अलौकिक सिद्धियाँ हैं, बिना भौतिक साधनों के दूर देश सन्देश पहुँचा देना, आकाश मार्ग से या वायु पर अथवा जल पर चल लेना, शून्य से मनचाही वस्तु उत्पन्न कर देना। परन्तु देश में अनेक बार भयंकर अन्न संकट आ जाने पर विदेश में योग बेचनेवाले इस देश के महायोगियों ने कभी प्रजा की सहायता के लिए शून्य से अन्न प्रस्तुत कर देने का चमत्कार न दिखाया। अस्तु योग सिद्धियों के प्रसंग में एक जातक कथा याद आ गयी।

कथा है : एक बार भगवान् बुद्ध शिष्यों सहित यात्रा पर थे। मार्ग में नदी के पत्तन से कुछ ही कदम के अन्तर पर थे कि नाव पहले आये यात्रियों को भरकर दूसरी ओर चल दी। बुद्ध शिष्यों सहित नाव के लौटने की प्रतीक्षा में बैठ गये। उनके पीछे एक जटाजूट धारी योगी आया। योगी नाव की प्रतीक्षा न कर बेझिझक जल पर कदम रखता नदी पार चलने लगा। भगवान् के शिष्य चमत्कृत देखते रहे। शिष्यों ने भगवान् से अनुरोध किया—शास्ता इस योगी की सिद्धि को देखें।

भगवान ने योगी की सिद्धि देख लेना स्वीकारा। तब शिष्यों ने प्रश्न किया—शास्ता, ऐसी सिद्धि प्राप्ति का मूल्य बतायें।

भगवान ने उत्तर दिया—एक पैसा नाविक को देकर नदी पार हो सकते हैं। अतः इस सिद्धि का मूल्य एक पैसा।

भगवान् बुद्ध के अनुसार जल पर चल सकने की सिद्धि का मूल्य एक पैसा अर्थात् भौतिक या लौकिक हुआ। इस प्रकार अन्य सिद्धियों के मूल्य भी लौकिक ही होते हैं। योगियों की अलौकिक या लौकिक सिद्धियों का मूल्य या फल उनके व्यक्ति तक ही सीमित रहता है, समाज के लिए सुलभ नहीं हो सकता। वैज्ञानिकों और औद्योगिकी के तप और सिद्धि के परिणामस्वरूप आज पैसा कमाने के योग कौशल में सफल कोई भी व्यक्ति टेलीफोन पर न केवल स्वयं बल्कि जिसे चाहे सौ-दो सौ मील ही नहीं आठ-दस हजार मील दूर समाचार ले-दे सकता है। आकाश विचरण तो नित्य सैकड़ों व्यक्ति करते हैं। अर्थात् योग से परमावस्था या मोक्ष की प्राप्ति के अतिरिक्त शेष अलौकिक सिद्धियाँ न केवल लौकिक या भौतिक हैं अपितु आज पैसे द्वारा प्राप्य हो गयी हैं। योग भी व्यवसाय की वस्तु बन गया है, योग का भौतिक मूल्य धन के माप में बन गया है।

तीर्थ स्थानों में पैसों की भिक्षा से तृप्त हो जानेवाले योगियों की ही बात नहीं। हवाई जहाजों से अमेरिका का दौरा करनेवाले या अंग्रेजी में योग की व्याख्या या विज्ञापन कर सकनेवाले योगीश्वर योग दलालों की आध्यात्मिक या पारलौकिक उपलब्धि जानी नहीं जा सकती परन्तु उनके विश्वव्यापी दौरे और लाखों रुपये मूल्य की बड़ी विलायती गाड़ियों की सराहनापूर्ण चर्चा भौतिक उपलब्धि मानी जायेगी। यों भी मान सकते हैं कि वर्तमान में प्रत्यक्षतः आध्यात्मिक और भौतिक उपलब्धियों में अन्तर नहीं जान पड़ता।

सांसारिक संघर्ष से विरक्त आत्मसमाहित परमावस्था के आनन्द का उदाहरण बताया जाता है विदेह जनक का। उक्ति है, जनकपुरी जलती रही जनक की समाधि चलती रही। यदि जनक की यह सिद्धि प्रशंसनीय है तो रोम के राजा नीरो के व्यवहार को कम ऊँचा लक्ष्य न माना जायेगा। इतिहास साक्षी है रोम नगरी जलती रही, नीरो की बंसी बजती रही। परन्तु इतिहास में राजा नीरो को अत्यन्त नृशंस राजा माना जाता है। अस्तु, क्या ऐसी समाज-निरपेक्ष आत्मनिष्ठ प्रवृत्ति को समाज के हित में समझा जायेगा? ऐसे व्यवहार से अधिक घृणित, स्वार्थपरक आत्मसंकीर्णता और क्या हो सकेगी?

ऐसी स्थिति में यदि पश्चिम से भौतिक साधनों के आयात के लिए, जिनसे राष्ट्र अपनी समस्याओं के हल का उपाय देखता है, इस देश से योग-अध्यात्म का सौदा निर्यात (एक्सपोर्ट) होता है तो चिन्ता नहीं होनी चाहिए।

२ नवम्बर, १९७५

साप्ताहिक हिन्दुस्तान

●

साहित्यकार का दायित्व

साहित्यकारों की गोष्ठियों में कभी-कभी प्रश्न उठ जाता है, लेखन क्यों और किसके लिए? साहित्य और लेखक का कोई दायित्व है या नहीं? यदि दायित्व है तो क्या और किसके प्रति? कुछ लेखकों का विचार है कि साहित्य का गुण-धर्म रस या रसमय होना है। साहित्य केवल रस अथवा मनोरंजन के सुख-आनन्द को जगाने और अनुभव करने की प्रक्रिया ही है। ऐसे लोग अपने विचार के पक्ष में संस्कृत काव्यशास्त्र की परिभाषा का प्रमाण देते हैं, 'रसात्मकम् वाक्यम् काव्यम्' अर्थात् रसात्मक होना ही काव्य या साहित्य का गुण है। दूसरा दृष्टिकोण है कि साहित्यकार स्वान्तः-सुखाय या अपने सन्तोष-सुख के लिए साहित्य रचता है और उससे समाज को भी मनोरंजन का सुख और कल्याण देता है। साहित्य स्वयं ही अपना प्रयोजन या उद्देश्य है। साहित्य के बारे में क्यों, किसके लिए और दायित्व का प्रश्न नहीं उठना चाहिए।

यही सही है कि साहित्य का गुण और परिभाषा रसमय होना है, परन्तु साहित्य का गुण-धर्म साहित्य शब्द के मूल अर्थ में स्पष्ट है। साहित्य शब्द की व्युत्पत्ति 'हितेन सहः सहितः सहितस्य भावः साहित्यः' है तो हित यानी समाज या समूह का हित। इसलिए अच्छे साहित्य से प्राप्त रस में समाज हित का प्रयोजन होना आवश्यक ही नहीं अनिवार्य है। स्पष्ट है कि साहित्य या लेखन का प्रयोजन वैयक्तिक आत्मरति और लोगों का मुर्गों-मेढ़ों की लड़ाई या ताश-गंजीफा जैसा समाजहित से बेपरवाह छिछला विनोद मनोरंजन नहीं है। साहित्य समाज का हित है तो साहित्य और साहित्यकार सामाजिक दायित्व से बरी नहीं हो सकते।

साहित्य की शास्त्रीय या क्लासिकल परिभाषाओं की बहस छोड़कर हम व्यावहारिक भाषा में संक्षेप में कह सकते हैं कि साहित्य अपने समाज की जिजीविषा (अर्ज आफ लाइफ) अर्थात् जीवन की रक्षा और विकास की इच्छाओं, महत्त्वाकांक्षाओं के स्वप्न और उद्गार होते हैं। साहित्य की यह परिभाषा 'लेखन क्यों किसके लिए?' साहित्यकार के दायित्व के प्रश्नों का उत्तर दे देती है। व्यावहारिक रूप से सभी समयों में देशों और समाजों के साहित्य की प्रवृत्ति और प्रयोजन इसी परिभाषा के अनुसार होते रहे हैं। सभी देश-काल का साहित्य सामयिक परिस्थितियों और मान्यताओं के अनुरूप होता आया है। सुदूर अतीत के यूनानी, भारतीय और मिस्री साहित्य अपने समय और समाज का प्रतिनिधित्व और संचालन करनेवाले प्रभु वर्गों के जीवन के सन्तोष, विलास और विकास के संघर्ष के चित्र होते थे। उस साहित्य

में उस समय के प्रभु और शासक वर्ग की विजय यात्राएँ, वीरगाथाएँ और प्रेम-प्रणय की कथाएँ, प्रभु वर्ग के राजमहलों और दरबारों के वैभव के चित्र, सुन्दर स्त्रियों के लिए युद्धों की कहानियाँ मिलती हैं या आनुषंगिक रूप से उस प्रभु वर्ग को सूझ-बूझ देने और उनके अधिकारों के समर्थन के लिए नैतिकता और न्याय की मान्यताएँ बनानेवाले तत्कालीन दार्शनिकों, विद्वानों और ऋषि-मुनियों के विचार मिलते हैं।

तत्कालीन साहित्य में सामान्य या साधनशील वर्गों के लोगों के जीवन की छाया या झलकियाँ नहीं मिलती। संस्कृत साहित्य के नियमों और परम्परा यानी 'साहित्यदर्पण' के अनुसार दीन, साधनहीन वर्ग का जीवन चित्रण योग्य नहीं। उदाहरण के लिए हल चलाते किसान, चरखे-चक्की चलाती, चूल्हे या उपले थापती गरीब स्त्रियों के वर्णन साहित्य का दोष माने जाते थे। वही बात तत्कालीन पश्चिमी साहित्य में भी थी। वहाँ का साहित्य भी वहाँ के तत्कालीन अभिजात प्रभु वर्ग के जीवन का ही दर्पण था। उस समय किसानों और शारीरिक मेहनत करनेवाले वर्गों के लिए 'क्लाउन' या 'क्लाड होपर' जैसे शब्दों का प्रयोग किया जाता था। उस समय के शासक प्रभु वर्गों और सामान्य या दलित वर्गों की भाषाएँ भी पृथक् होती थीं। अभिजात प्रभु वर्ग की भाषा संस्कृत यानी परिष्कृत भाषा और सामान्य वर्ग की भाषा प्राकृत अथवा अनगढ़ फूहढ़ बोली होती थी। इसका प्रमाण प्रायः सभी संस्कृत नाटक हैं। यूनान और रोम में भी अभिजात प्रभु वर्गों की भाषा परिष्कृत होती थी और सामान्य वर्ग की भाषा वर्नाक्युलर अर्थात् दासों और सेवकों की बोली। ऐसी स्थिति का सीधा कारण था कि उस समय का साहित्यकार अपने अभिजात के प्रभु वर्ग की जिजीविषा को अभिव्यक्ति से, उनकी स्थिति और अधिकारों के समर्थन से उनका सन्तोष, मनोरंजन और प्रोत्साहन करता था। अभिजात वर्ग की मान्यताएँ ही समाज की नैतिकता और न्याय थे। तत्कालीन साहित्य और कला उन्हीं मान्यताओं की अभिव्यक्ति होते थे। परन्तु तब भी समाज में अभिजात प्रभु वर्ग के अतिरिक्त दूसरे सामान्य या साधनहीन वर्ग थे। प्रभु वर्ग और उस वर्ग के विचारकों की सामाजिक न्याय की मान्यताओं के अनुसार ही सामान्य और दलित वर्गों के लिए धर्म-नैतिकता और न्याय, प्रभु वर्ग की सेवा-सन्तोष के लिए अपने-आपको खपा देना या बलिदान कर देना था। उस देश-काल के समाज के प्रवक्ता या साहित्यकार अपने समाज की मान्यताओं के समर्थन और प्रोत्साहन से अपने समाज के मनोरंजन के रूप में सामयिक मान्यताओं, व्यवस्था और महत्त्वाकांक्षा का समर्थन अपना दायित्व मानते थे।

अपने समाज की मान्यताओं के समर्थन के लिए विचारकों या साहित्यकारों के दायित्व के बारे में जो कुछ कहा गया है उसके उदाहरणों से इतिहास भरा पड़ा है। आज संसार के सभी राष्ट्र या व्यक्ति दास-प्रथा को मानवता का असह्य कलंक मानते हैं। हमें यह भी मालूम है कि महर्षि सुकरात ने सामाजिक दमन से असत्य को मान लेने के बजाय सत्य के लिए जहर का प्याला पीकर अपने प्राण दे दिये थे परन्तु उसी सुकरात ने अपने समाज के हित की मान्यताओं के अनुसार समाज में सभ्यता की रक्षा और विकास के लिए दास प्रथा को न्याय और आवश्यक बताया था। भारत के आदि विधायक मनु ने 'आत्मवत् सर्वभूतेषु' का उपदेश देते हुए भी समाज हित और सामाजिक न्याय की अपनी मान्यता से वर्णाश्रम व्यवस्था का विधान बनाया था जो दास-प्रथा का अधिक परिष्कृत रूप ही था और जो आज मानवीय दृष्टि से असह्य है। इतना ही नहीं, मनु ने स्त्रियों और शूद्रों अर्थात् साधनहीन वर्ग

को पुरुषों और द्विजवर्ग के आधिपत्य में सन्देह का अवसर न आने देने के लिए ज्ञान के साधनों, शिक्षा और सम्पत्ति के अधिकारों और अवसर से ही वंचित कर दिया था। हमें बरसों रामराज का लक्ष्य स्वीकार करने के उपदेश दिये गये हैं। उसी मान्यता के समर्थन के लिए भारत के आदि साहित्यकार वाल्मीकि ने मर्यादा पुरुषोत्तम राम द्वारा ज्ञान के लिए तप करनेवाले शूद्र का सिर ब्राह्मणों से होड़ के अपराध में कटवाकर सामयिक मान्यता का समर्थन किया था। उसी सामाजिक न्याय और नैतिकता की पुनः स्थापना के लिए तुलसीदास ने उपदेश दिया : 'शूद्र गँवार ढोल पशु नारी, ये सब ताड़न के अधिकारी।' इन उदाहरणों का प्रयोजन यह स्पष्ट करना है कि साहित्यकार सदा ही अपने रचना-धर्म से अपने विश्वास के अनुसार समाज, यानी साहित्यकार समाज का प्रवक्ता बनकर, उस समाज के प्रति दायित्व निबाहता रहा है।

यह भी सही है कि जैसे अढ़ाई हजार वर्ष पूर्व अल्प अवसर वर्गों की जिजीविषा ने जैन और बौद्ध दर्शन और विचारधाराओं के रूप में जीवन के अवसर की माँग की थी, उसी प्रकार समय-समय पर सामाजिक न्याय की रूढ़ि के विरोध में बहुजन की जिजीविषा क्रान्तिचेता कबीर, दादू, तुकाराम, नानक आदि सन्त-साहित्यकारों की वाणियों से प्रकट होती रहीं।

पश्चिम में औद्योगीकरण या मशीनों के विकास ने समाज के जीवन निर्वाह के लिए आवश्यक वस्तुओं को पाने के तरीके बदल दिये। इसके परिणाम में समाज में भूपति और सामान्तवर्ग की शक्ति घट गयी और नये उद्योगपतियों और व्यावसायिक पूँजीपतियों के वर्ग भी सशक्त बन गये। ये वर्ग स्वयं को मध्यम वर्ग या मध्यम श्रेणी कहने लगे। ऐसे प्रजातन्त्र समाज के विचार और मान्यताएँ मुख्यतः मध्यम श्रेणी के दृष्टिकोण से बनते थे। उस समय का साहित्य इसी मध्यम श्रेणी की समस्याओं और महत्त्वाकांक्षाओं का साहित्य बना। उस समय का साहित्यकार अपने समाज का प्रवक्ता था और अपना दायित्व अपनी श्रेणी की मान्याओं के प्रति मानता था, परन्तु उस युग में औद्योगीकरण के कारण साधनहीनों की बढ़ती संख्या और साधनहीन वर्ग में उत्पन्न चेतना के प्रभाव से समाज का बहुजन के हित की अर्ध और शासन-व्यवस्था की पुकारें भी उठने लगी थीं। साहित्यकार अग्रचेता, भावुक, सूक्ष्म संवेदनशील और क्रान्तिदर्शी होता है। समाज में परिवर्तन की आवश्यकता को दूसरों की अपेक्षा जल्दी अनुभव करके मार्ग-दर्शन कर सकता है। समाज में आए परिवर्तन का प्रभाव अनेक साहित्यकारों पर पड़ा। ऐसे साहित्यकार मानवीय भावना से सवर्जन या बहुजन के हित को मान्यता देनेवाले सामाजिक न्याय के समर्थन में आगे बढ़े। साहित्यकारों का यह काम जनगण के वृहत समाज के प्रति दायित्व की भावना थी।

अन्ततः समाज के बहुजन की चेतना और समाज के बौद्धिक वर्ग की मानवी समता के न्याय की भावना से हम ऐसी जनतन्त्र व्यवस्था में पहुँच गये हैं जब उसूलन सामाजिक और राजनैतिक व्यवस्था के निर्माण में भाग लेने का अधिकार सम्पत्ति, वर्ण, कुल, जाति-वर्ग सम्प्रदाय या पुरुष होने की शर्त पर निर्भर नहीं, बल्कि मानवमात्र की समता के सिद्धान्त पर सब वयस्क नर-नारियों का है। इस नयी समाज-व्यवस्था में साहित्य-रचना जनतन्त्र व्यवस्था के सामाजिक न्याय के सिद्धान्तों और आदर्शों को व्यावहारिक रूप दिला सकने के लिए होनी चाहिए। इस परिस्थिति में साहित्यकार का दायित्व जनगण की जिजीविषा की चेतना को वाणी और समर्थन देकर सशक्त बनाना है।

ऊपर हुई चर्चा से स्पष्ट है कि समाज में शासन-व्यवस्था और सामाजिक न्याय समय और समाज की स्थिति और आवश्यकताओं के अनुसार समाज के सबसे सशक्त वर्ग द्वारा ही निश्चित किए जाते रहे हैं। पश्चिम के एक प्रमुख दार्शनिक हेगल का कहना है कि समाज की सभ्यता का इतिहास उसके दर्शन के विकास का इतिहास होता है। कार्ल मार्क्स का कहना है कि समाज की सभ्यता का इतिहास उस समाज में वर्ग-संघर्ष का इतिहास है। मैं कहना चाहूँगा, सभ्यता का इतिहास देश-काल के अनुसार सामाजिक न्याय की मान्यताओं के समर्थन और नये समयानुकूल सामाजिक न्याय के विकास के लिए संघर्ष का लेखा है। विकास से अभिप्राय समाज में उत्तरोत्तर बहुजन के लिए समान अवसरों और अधिकारों की मान्यता और व्यवस्था है।

इसका प्रमाण हमारे वर्तमान का साहित्य है। आज कोई साहित्यकार मनु के वर्ण-व्यवस्था, स्त्री-पुरुष की स्थिति, स्वामिभक्ति आदि के आदर्शों के समर्थन को अपनी कला का भाव नहीं बना रहा।

कुछ लोगों को शिकायत हो सकती है कि मैं साहित्यकार के प्रयोजन और साहित्यकार के दायित्व के बजाय सामाजिक और राजनैतिक कार्यकर्त्ता के दायित्व की चर्चा कर रहा हूँ। कुछ लोग साहित्य को केवल रसप्रधान मानने के संस्कारों के कारण उसे सामाजिक समस्याओं और राजनीति से अछूता रखना चाहेंगे। वे आपत्ति कर सकते हैं कि साहित्य के शृंगार, वीर, करुण, वात्सल्य, रौद्र, वीभत्स, भयानक, अद्‌भुत और शान्त इन नव रसों में राजनीति का नाम नहीं है, परन्तु कथा साहित्य में किसी भी रस की चर्चा सामाजिक व्यवस्था के आधार और यथार्थ के बिना हो सकती है? समाज में लोगों के आपसी सम्बन्ध और प्रबन्ध ही राजनीति है और वह समाज के मनुष्यों के सभी कार्य-कलाप की पृष्ठभूमि होती है। राम के स्वयंवर, वनवास, सीताहरण और सीता के परित्याग में किस प्रसंग को तत्कालीन व्यवस्था या राजनीति से अप्रभावित कहा जाएगा? सम्पूर्ण महाभारत, संस्कृत काव्य नाटक, होमर, शेक्सपीयर, गेटे का साहित्य, पृथ्वीराज रासो इन सबकी घटनाओं के आधार सामाजिक और राजनीतिक द्वन्द्व नहीं तो क्या हैं? लोक-साहित्य में जितनी वीर-गाथाएँ या प्रणय-विरह के काव्य हैं, उनकी भूमिका भी राजनैतिक और सामाजिक मान्यताओं के द्वन्द्व ही रहे।

राजतन्त्र और सामन्त तन्त्र में जब जनता के लिए उपदेश था—कोउ नृप होइ हमें का हानी, चेरी छाँड़ि न होउब रानी'—यदि साहित्य सदा राजनीति के आधार पर रहा है तो जनतन्त्र में, खासकर समाजवादी जनतन्त्र में क्या स्थिति होगी? आज के हमारे या किसी भी समाजवादी जनतन्त्र में आवश्यक वस्तुओं की पैदावार, उनकी बिक्री-वितरण पर अधिकांश में व्यवस्था का ही नियन्त्रण होता है। हमारा वर्तमान यथार्थ क्या है? हम भूख के उपाय के लिए पैदावार बढ़ाना शासन की जिम्मेदारी समझते हैं। गेहूँ, चावल, चीनी, मिट्‌टी के तेल, साधारण कपड़े और राशन के लिए शासन-व्यवस्था पर निर्भर हैं। समाज में शिक्षा, स्वास्थ्य-रक्षा और रोजगार की व्यवस्था के लिए हम शासन या राजनीति की ओर देखते हैं और आज की व्यवस्था-नीति का निश्चय करनेवालों की नियुक्ति जनतन्त्र के सिद्धान्तों के अनुसार बहुजन का अधिकार है। इसलिए वर्तमान समाज का साहित्यकार वर्तमान की किसी समस्या से निरपेक्ष नहीं हो सकता। आज के साहित्यकार का दायित्व जनगण के उस यथार्थ और अपने अधिकार और कर्त्तव्य के प्रति संकेत करना है।

साहित्यकार के दायित्व और सामाजिक न्याय की इतनी चर्चा के बावजूद लेखक के रचना-धर्म और कर्म की बात अधूरी ही है। साहित्यकार अपने उद्‌देश्य और दायित्व को विधायक यानी ला-मेकर या राजनेता की तरह उचित-अनुचित के विधि-निषेध के आदेशों द्वारा नहीं निबाह सकता। साहित्य नीति या न्यायशास्त्र नहीं कला है और लेखक कलाकार। लेखक अपने विचार और सुझाव, जनता की भावना को अछूता छोड़कर, आदेशों के रूप में नहीं दे सकता। लेखक को अपनी बात जनता के लिए आकर्षक या मनोरंजक बना सकना। अनिवार्य है। श्रेष्ठ साहित्य की मुख्य कसौटी सदा रस या मनोरंजकता रही है। उचित और हितकर को प्रभावशाली मनोरंजक ढंग से प्रस्तुत कर सकने की विधि ही साहित्य की कला है। लेखक अपने विचार या कथ्य के लिए पाठक और श्रोता में भावना और रागात्मक संवेदन नहीं जमा सकेगा तो अपने उद्‌देश्य और दायित्व में कभी सफल नहीं हो सकेगा।

यह बहुत कठिन है कि साहित्यकार अपनी एक ही रचना या प्रयत्न से पाठकों या श्रोताओं की पुरानी मान्यताओं और संस्कारों को बदल सके। आवश्यक यह है कि साहित्यकार की रचना में पाठक के मन-मस्तिष्क को जकड़ सकने की इतनी सामर्थ्य हो कि पाठक या श्रोता उससे सहमत न होने पर भी उसकी रचना बिना पढ़े या बिना सुने न छोड़ सके। लेखक अपनी विधान या माध्यम की कला को इतना सबल बना सकेगा तभी वह सफलता की आशा कर सकेगा।

आज के व्यवसाय-प्रधान औद्योगिक युग में साहित्यकार के सम्मुख एक और समस्या है। वैसी ही समस्या जैसी आज अध्यापकों, चिकित्सकों और कलात्मक माध्यमों से जीविकोपार्जन करनेवाले लोगों के सामने है। अतीत में ऐसे काम उदात्त प्रेरणा से या सम्मान और ख्याति के सन्तोष के लिए किये जाते थे। विद्यादान, चिकित्सा और कला-साहित्य की साधना करनेवालों का रक्षण-पोषण प्रभु वर्ग या राजा करते थे। कवि और कलाकार अपने विवेक की स्वतन्त्र अभिव्यक्ति के अवसर के लिए सांसारिक सुखों की उपेक्षा कर फकीरी सहते थे। परन्तु आज अध्यापन, चिकित्सा, कलात्मक कार्य और साहित्य-सृजन भी अधिकांश में समाज-सेवा के स्वतन्त्र व्यवसायों का रूप ले चुके हैं। यों तो सभी व्यवसाय किसी-न-किसी प्रकार से समाज-सेवा ही हैं, सभी व्यवसायों में व्यवसायी के स्वार्थ और सामाजिक दायित्व में द्वन्द्व का अवसर हो सकता है। वैसी स्थिति आज साहित्यिक व्यवसाय में भी आ गयी है। साहित्यकार के सामने प्रश्न है कि वह साहित्य सृजन अधिक-से-अधिक पारिश्रमिक या कमाई के लिए करे या अपने विवेक से उच्च्व कलात्मक उपलब्धि और सामाजिक दायित्व के लिए?

साहित्यिक पर अतीत में राजा का अंकुश रहता था। आज ऐसी स्थिति में साहित्यकार की जीविका की दृष्टि से शासक से पहले प्रकाशक का अंकुश रहता है। प्रकाशन के माध्यम बिना साहित्यकार का श्रम जीविका नहीं दे सकता। जानी-मानी स्थिति है कि पंचानबे प्रतिशत प्रकाशक तक सीमित खपत हो सकनेवाली ऊँचे स्तर की रचनाओं या बहुजन के अन्धविश्वासों को उखाड़नेवाली रचनाएँ प्रकाशित करने में अपनी पूँजी जोखिम में डालने की अपेक्षा सस्ते उच्छृंखल मनोरंजन या परम्परागत रूढ़ियों के प्रोत्साहन से बहुजन को रिझानेवाली रचनाओं को प्रश्रय देते हैं, ऊँचे वैचारिक और कलात्मक स्तर के सीमित पाठकों को सन्तुष्ट कर सकनेवाली रचनाओं को नहीं। उच्छृंखल किशोर मानसिक स्तर को सेक्स और वायोलेन्स का सन्तोष देकर पाँच-दस लाख प्रतियाँ बिक सकनेवाली रचनाएँ चाहिए।

ऐसी स्थिति में साहित्यकार क्या करे? अतीत के सन्त कवि-साहित्यकारों की तरह एक रोटी-एक लँगोटी से जीवन बिता दे या सम्पूर्ण समाज की तरह जीवन की आवश्यकताओं की पूर्ति चाहे? आज साहित्य-सृजन, अध्यापन, चिकित्सा और ओषधि-निर्माण भी व्यवसाय बन चुके हैं। प्रश्न हो सकता है, चिकित्सक और ओषधि-निर्माता समाज के स्वास्थ्य हित के प्रति विवेक का ध्यान रखें या अधिकतम व्यावसायिक लाभ की सम्भावना के लिए सस्ते दामों कूड़ा-कचड़ा बेचकर समाज में अधिक रोग और ओषधियों की जरूरत बढ़ाकर स्वार्थ-सिद्धि करें? समाज के शरीर के स्वास्थ्य की ही तरह समाज के मानसिक नैतिक स्वास्थ्य का भी महत्त्व है, जिस पर न केवल साहित्यकार के कार्य का गहरा प्रभाव पड़ता है, बल्कि वह साहित्यकार का दायित्व भी है। समाज चिकित्सा और ओषधि-उत्पादन व्यवसायों में जीविका और सामाजिक हित के दायित्वों में विवेक से सन्तुलन की आशा करता है तो साहित्यकार और प्रकाशक से भी वैसी आशा करेगा।

•

साहित्य यथार्थवादी हो या आदर्शवादी

कभी साहित्य के सम्बन्ध में ऐसी मान्यता भी थी कि साहित्य कलाकार के आत्माभिव्यक्ति अथवा भावावेशों का उद्वेग मात्र होता है। साहित्य सृजन की प्रवृत्ति कलाकार के स्वान्तः सुखाय या आत्मतोष का ही प्रयत्न होता है। तब साहित्य रचना का प्रयोजन कलात्मक तुष्टि या बोलचाल की भाषा में मनोरंजन ही माना जाता था। कुछ लोग साहित्य को मानव प्रकृति के आध्यात्मिक उदात्तीकरण का साधन मानते थे। उनके विचार में साहित्य आत्मा के परमात्मा में लीन हो सकने का माध्यम था। ऐसी धारणाओं के दृष्टिकोण से साहित्य के सामाजिक प्रयोजन या लौकिक यथार्थ से सम्बन्ध का प्रश्न नहीं उठ सकता था। परन्तु जब साहित्य को यथार्थवादी या आदर्शवादी बनाने की चिन्ता की जाती है तो मान लेना पड़ता है कि साहित्य को भावना मात्र की तुष्टि अथवा आध्यात्मिक उदात्तीकरण का ही माध्यम न मानकर वैयक्तिक मानव जीवन के लिए लौकिक-भौतिक उपयोगिता की दृष्टि से देखा जा रहा है।

यथार्थ लौकिक और भौतिक होता है। यथार्थ का निर्णय केवल विश्वास मात्र से नहीं किया जा सकता। यथार्थ शब्द में ही ध्वनि अन्तर्निहित है कि इस प्रसंग में शंकाओं को ज्ञानेन्द्रियों से प्राप्त अनुभवों की कसौटी पर परखा जा सकता है। यह भी कहा जा सकता है जो कुछ हमारे ज्ञान और अनुभव द्वारा परखा जा सकता है, वही यथार्थ होता है। हमारे परखे जा सकनेवाले ज्ञान और अनुभवों की कसौटी की सीमाओं से परे जो क्षेत्र है, उसे हम विश्वास ही मान सकते हैं, यथार्थ या तथ्य नहीं कह सकते। साहित्य की एक लगभग सर्वमान्य परिभाषा है कि साहित्य मानवसमाज की महत्त्वाकांक्षाओं, भावनाओं परिस्थिति और क्रियाकलाप का प्रतिबिम्ब होता है। साहित्य यथार्थवादी हो या नहीं प्रश्न का अभिप्राय होगा कि साहित्य द्वारा प्रस्तुत समाज का बिम्ब या छाया हमारे लौकिक ज्ञान और अनुभव की कसौटी पर सच्चा उतरना चाहिए या नहीं? इसके साथ ही छोटा-सा प्रश्न हो सकता है कि मानव समाज का अस्तित्व यदि निर्विवाद यथार्थ है तो उसके प्रतिबिम्ब को यथार्थपरक या यथार्थवादी होना चाहिए या नहीं? इतनी बात से प्रश्न के आधे भाग पर कुछ प्रकाश पड़ सकता है।

प्रश्न का दूसरा भाग है, क्या साहित्य आदर्शवादी होना चाहिए? अर्थात् साहित्य द्वारा समाज के आदर्शों को प्रतिबिम्बित किया जाना या आदर्शों की प्राप्ति के लिए प्रेरणा और

प्रोत्साहन दिया जाना चाहिए या नहीं। सामाजिक दृष्टि से आदर्श का अभिप्राय होता है— सामर्थ्य बढ़ाने की इच्छा और ऐसे लक्ष्य। साहित्य द्वारा ऐसे प्रयत्न के औचित्य के सम्बन्ध में शंका की गुंजाइश हो सकती है? यदि उत्तर आवश्यक है तो इतना कहना पर्याप्त होगा कि यदि समाज कल्याण के प्रयत्न की आवश्यकता है और हम साहित्य को समाज कल्याण का साधन बनाना चाहते हैं तो साहित्य का यही उपयोग होना चाहिए।

फिर भी प्रश्न है कि साहित्य यथार्थवादी हो या आदर्शवादी? भाव यह जान पड़ता है कि साहित्य में अपेक्षाकृत महत्त्व समाज की यथार्थ स्थिति के उद्‌बोधन पर दिया जाना चाहिए या आदर्शों के लिए प्रयत्न की प्रेरणा के लिए? यह सोचना उचित होगा कि किसी भी समाज में अपनी व्यवस्था के सुधार स्थिति के परिष्कार और सामर्थ्य को बढ़ाने की महत्त्वाकांक्षाओं का आधार क्या होता है? निश्चय ही इन इच्छाओं का स्रोत समाज को अपनी परिस्थिति का ज्ञान और अपूर्णता की अनुभूति होगा। यदि समाज को अपनी परिस्थिति का ज्ञान भरोसे लायक नहीं है तो उसकी महत्त्वाकांक्षाओं की योजनाओं और प्रयत्नों में भी भटकाव अवश्यम्भावी होगा। वास्तव में तो सामाजिक यथार्थ की चेतना ही आदर्शों की प्रेरणा देती है और सामाजिक आदर्शों की प्राप्ति की चेतना सामाजिक यथार्थ के ज्ञान को और भी आवश्यक बना देती है। साहित्य के क्षेत्र में यथार्थ और आदर्श में से एक को अपेक्षाकृत महत्त्व दे सकने का प्रश्न ही नहीं उठ सकता। साहित्य की दृष्टि से यथार्थ और आदर्श न केवल अन्योन्याश्रय परन्तु एक-दूसरे के आधार और उत्पादक भी हैं। इन दोनों में से इसको या उसको चुन लेना कैसे सम्भव हो सकता है। कभी-कभी साहित्य में अति यथार्थ के प्रस्तुतिकरण पर आपत्ति भी सुनायी देती है। इसका कारण है कि साहित्य को मुख्यतः सुरुचि की तृप्ति का साधन माना जाता है। समाज के वीभत्स यथार्थ के प्रतिबिम्ब सुरुचि के लिए अप्रिय हो जाते हैं। ऐसी अवस्था में दोष यथार्थ के प्रस्तुतिकरण में नहीं अपितु कलाकार की क्षमता में या शैली में होता है। ऐसे यथार्थ का प्रस्तुतिकरण समाज को क्षुब्ध करने के ढंग से नहीं अपितु समाज में आत्मालोचना की दृष्टि जगाकर वीभत्स अथवा जघन्य यथार्थ के प्रति चिन्ता और सहानुभूति जगाने के ढंग से होना चाहिए। समाज या साहित्य का आदर्श है, ऐसी अवांछनीय परिस्थितियों, अवस्थाओं या यथार्थ का उपाय कर सकना। इन अवांछनीय अवस्थाओं या यथार्थ की उपेक्षा कर देना या इन पर परदा डाल देना तो आदर्श की प्राप्ति में सहायक नहीं हो सकता। बल्कि यथार्थ की उपेक्षा आदर्श प्राप्ति की प्रेरणा और प्रयत्न को निर्बल ही करेगा। ऐसी अवस्था में साहित्य का यथार्थ से डरना, कतराना अपने दायित्व या आदर्शों की उपेक्षा करना हो जायेगा।

साहित्य सृजन के प्रसंग में यथार्थ और आदर्श में से एक को चुन लेने का कोई प्रश्न नहीं। प्रश्न तो तब होता जब यथार्थ और आदर्श में किसी द्वंद्व की आशा या कल्पना की जा सकती। यह प्रश्न तभी उठ सकता है जब आदर्श शब्द को विश्वास या मान्यता शब्दों का समानार्थक मान लिया जाता है। यथार्थ सामयिक होता है। उसे ज्ञान और अनुभव द्वारा परखा जा सकता है। यथार्थ के ज्ञान और अनुभूति से बनाये गये आदर्श भी ऐसे ही होते हैं परन्तु मान्यताएँ और विश्वास प्रायः ग्रहण कर लिये जाते हैं और उन्हें अनुभव या तर्क की कसौटी से जाँचने का प्रश्न नहीं उठता। यथार्थ बदलता रहता है, उसी के अनुसार आदर्श भी परन्तु विश्वासों की शक्ति उनके न बदलने में ही हैं। यथार्थ सामयिक होता है और परखा जा सकता है। विश्वास और मान्यताएँ परम्परागत विरासत में मिलती हैं।

प्रश्न यह नहीं है कि साहित्य यथार्थवादी हो या आदर्शवादी। प्रश्न है कि साहित्य यथार्थपरक हो या विश्वासपरक। उत्तर प्रश्न द्वारा ही सरल होगा—हम साहित्य को मानव के लौकिक कल्याण, विकास और लौकिक आदर्शों की प्राप्ति का साधन बनाना चाहते हैं या नहीं? यदि हम ऐसा चाहते हैं तो हमारा साहित्य मानव कल्याण और विकास के लिए विश्वसनीयता और उपयोगिता की दृष्टि से, हमारे लौकिक ज्ञान और अनुभवों की कसौटी पर परखा जाने योग्य होना चाहिए या नहीं? यदि हम ऐसा चाहते हैं तो हमारे आदर्शों की प्राप्ति के लिए साहित्य का यथार्थवादी होना आवश्यक है।

●

साहित्य में प्रगतिवादी दृष्टिकोण

साहित्य में दृष्टिकोण और वादों के भेद का आधार यही हो सकता है कि साहित्य को किन उद्‌देश्यों और आदर्शों के प्राप्त करने का साधन माना जाये। व्यक्तियों और समूहों के उद्‌देश्य और आदर्श जीवन के सम्बन्ध में उनकी मान्यताओं और महत्त्वाकांक्षाओं के अनुरूप होते हैं। जैसे समाज के जीवन की धारा और प्रक्रिया के नियमित होने में समाज के लक्ष्यों के और आदर्शों का प्रभाव पड़ता है, वैसे ही समाज के साहित्य में प्रतिबिम्बित उसकी मान्यताएँ और आदर्श समाज के भावी जीवन को रूप देने में और उसकी व्यवस्था निश्चित करने में सहायक होते हैं। साहित्य के प्रयोजन के सम्बन्ध में मतभेद हैं। परन्तु साहित्य के समाज का दर्पण होने की उसकी परिभाषा के सम्बन्ध में शायद ही मतभेद हो। साहित्य की यह परिभाषा ही उसके प्रयोजन होने का प्रमाण है। मतभेद इसी बात में है कि साहित्य से किस प्रयोजन को प्राप्त किया जाये।

साधारण दर्पण का उपयोग उसके इस गुण के कारण होता है कि दर्पण के सामने किसी भी वस्तु के लाये जाने पर वस्तु का प्रतिबिम्ब उसमें पड़ जाता है। दर्पण में अपनी प्रतिच्छाया देखकर हम भावशून्य या निष्क्रिय नहीं रह जाते। अपने व्यक्तित्व में कोई भी विकार देखकर उसका निराकरण करने का या अपने विचार में अपने व्यक्तित्व को अधिक सँवारने का प्रयत्न अवश्य करते हैं। साधारण दर्पण में पड़नेवाले प्रतिबिम्ब और प्रतिच्छायाएँ क्षणिक होती हैं परन्तु साहित्य रूपी दर्पण में पढ़नेवाली छाया चिरस्थायी बन जाती है। साहित्य के दर्पण द्वारा संचित समाज की प्रतिच्छायाओं की शृंखला ही समाज की साहित्यिक निधि होती है। अपनी साहित्यिक निधि में समाज केवल अपने वर्तमान रूप को ही नहीं अपनी परम्परा का विकास भी देख पाता है। अपनी अतीत की असफलताओं और निर्बलताओं के कारणों का विश्लेषण कर पाता है और साहित्य के माध्यम से अपने भावी जीवन की महत्त्वाकांक्षाओं को भी रूप देता है।

यह विश्वास किया जा सकता है कि किसी रूपवती के लिए किसी समय दर्पण में अपनी छवि देखने का प्रयोजन केवल अपने रूप के गर्व से आत्मतोष या स्वान्तः सुख अनुभव करना ही हो परन्तु ऐसी स्थिति किसी भी व्यक्ति के लिए शाश्वत अथवा सदा बनी रहनेवाली अवस्था नहीं हो सकती। कम-से-कम हमारे वर्तमान समाज की रूपश्री स्वान्तः सुखाय का प्रयोजन पूरा नहीं कर सकती। स्वान्तः सुखाय साहित्य और कला की बात आज प्रगतिशीलों को मान्य नहीं हो सकती परन्तु यदि कोई साहित्यिक इतने मनीषी हैं कि उन्होंने

अपने अहं को जन-कल्याण के साथ आत्मसात् कर लिया है तो उनका कला और साहित्य से स्वान्तः सुखाय प्राप्त करना स्वयं ही जन-कल्याण का अर्थात् साहित्य का स्वाभाविक मार्ग बन जायेगा। केवल 'कला के लिए कला' की बात प्रगतिशीलों का समाधान इसलिये नहीं करती कि साहित्यिक की दासता के विरोध में जिस समय यह बात कहने का साहस किया गया था, वह समय बदल चुका है। अतीत का साहित्य इस बात की गवाही है कि एक समय साहित्य देवताओं की स्तुति का, दूसरे समय का साहित्य शासक वर्ग की प्रशस्ति का और फिर सन्तों का साहित्य संसार से पलायन का प्रबल साधन रहा है। जिस कलाकार ने कला को इन तीनों बन्धनों से मुक्त करके अपना ही उच्छ्वास बताने का साहस किया वह अवश्य अपने समय का उदारचेता और प्रगतिवादी था। उस क्रान्तिकारी कलाकार की परम्परा को पूरा करने के लिए अगला कदम उठाना भी आवश्यक है अर्थात् साहित्य के देवता को स्थानीय शासक वर्ग की सेवा से निकालकर कलाकार के अपने वर्ग, जनगण की अनुभूति और महत्त्वाकांक्षा की अभिव्यक्ति का साधन बनाया जाये। प्रगतिशील लेखक की यही माँग है। समाज के अतीत लम्बे इतिहास में ऐसे समय बहुत अधिक नहीं आये जब समाज आत्मतुष्ट रहा हो। साहित्य ने सदा ही समाज में विचार के लिए उत्साह जगाकर और आचार के आदर्श उपस्थित करके समाज के कल्याण के लिए व्यवस्था की स्थापना और रक्षा के प्रयत्न में योगदान दिया है। आज जो लोग सचेत और जागरूक होकर अपने विश्वास के अनुसार समाज के आर्थिक और राजनीतिक कल्याण के लिए साहित्य के साधनों का प्रयोग करना चाहते हैं, अपने आपको प्रगतिशील पुकारते हैं। कुछ लोगों की भावना के अनुसार आजकल का प्रगतिवाद और प्रगतिशीलता एक विशेष राजनीतिक पक्ष का अनर्गल प्रचार होने के कारण विडम्बना का ही व्यंजक है। आधुनिक प्रगतिवाद के दृष्टिकोण और साहित्यिक कार्य की विडम्बना करने के लिए अथवा उसका सफल विरोध करने के लिए प्रगतिवादी को और प्रगतिशीलों की बात को सुन और समझ लेना उपयोगी हो सकता है।

प्रगतिवादियों की सबसे बड़ी माँग यह है कि वर्तमान साहित्य के रूप और उसकी भावनाओं को समाज की वर्तमान आवश्यकताओं और समस्याओं के अनुकूल रूप दिया जाये और साहित्य का प्रयोजन जनगण की पराधीनता समाप्त करके आर्थिक और राजनीतिक आत्मनिर्णय का अधिकार प्राप्त करना माना जाना चाहिए। साहित्य को आत्मिक और मानसिक आनन्द का ललित साधन माननेवालों की ऐसी माँग साहित्य की हिंसा की भावना से पूर्ण है या नहीं, वे साहित्य का अनुचित प्रयोग कर रहे हैं या नहीं, इस बात की जाँच के लिए साहित्य की परिभाषा को ध्यान में रखते हुए हमें अपनी उत्कृष्ट साहित्यिक निधि पर एक नज़र डाल लेनी होगी। अर्थात् साहित्य को समाज का दर्पण मानकर यह भी याद रखना होगा कि आदि पुरुष मनु से लेकर कांग्रेस राज्य तक क्या हमारे समाज का रूप और विधान एक-सा ही रहा है और क्या हमारे अमूल्य साहित्य में संरक्षित समाज के सब प्रतिबिम्ब एक रूप ही हैं और हमारे अति उत्कृष्ट अतीत साहित्य ने तत्कालीन व्यवस्थाओं के आर्थिक और राजनीतिक उद्देश्यों के प्रति कैसा व्यवहार किया था?

आजकल के उपेक्षा योग्य प्रगतिवादियों के तर्कों की अपेक्षा कविकुल गुरु कालिदास का उदाहरण ही अधिक मान्य होना चाहिए। रघुवंश के उन्नीसवें सर्ग में राजा अग्निमित्र के व्यवहार का शब्द-चित्र कालिदास इस प्रकार प्रस्तुत करते हैं कि राजमहलों से दिन और रात वीणा, मृदंग और नूपुरों की ध्वनि सुनायी देती रहती थी। मद्य की गन्ध से बसी मधुशालाओं

में राजा युवतियों को लेकर इस प्रकार प्रवेश करता था जैसे कमलिनियों से भरे सरोवर में हाथी प्रवेश करता है। वह महीनों राजप्रासाद से बाहर न निकलता। राज्यकर्मचारी और प्रजा राजा के दर्शनों के लिए उत्सुक होकर राजप्रासाद को घेर लेते। राज्यमन्त्री राजा से प्रार्थना करते कि वे उसके दर्शनों के लिए आतुर राज्यकर्मचारियों और प्रजा को दर्शन दें। ऐसा अनुरोध किये जाने पर राजा झरोखे से अपना एक पाँव बाहर लटका देते। राज्यकर्मचारी और प्रजा राजा के लाल नखोंवाले चरण को, जो प्रभात की लाल किरणों से भरे कमल के समान सुन्दर था, नमस्कार करके सन्तुष्ट हो जाते थे। साहित्य की इस उत्कृष्ट कलाकृति में अलंकार और व्यंजना के सौन्दर्य के अतिरिक्त क्या यह भावना आधार रूप नहीं है कि राजा असाधारण भाग का अधिकारी ही है और राजा के प्रजा की उपेक्षा करने पर भी प्रजा को भक्ति से राजा के चरणों की सेवा करते रहना चाहिए।

यह प्रश्न असंगत न होगा कि कविकुल गुरु कालिदास द्वारा प्रस्तुत शाश्वत सौन्दर्य का यह चित्र क्या हमारे आधुनिक समाज की राजनीतिक अनुभूति के चौखटे में सट सकेगा और क्या इस शाश्वत सत्य चित्र को वर्तमान समाज की जनवादी भावना के रंगों से अंकित किया जा सकता है? यदि इन प्रश्नों का उत्तर हाँ में नहीं दिया जा सकता तो फिर इस चित्र का शाश्वत सौन्दर्य क्या है और क्या यह साहित्य तत्कालीन राजनीतिक प्रयोजन से शुद्ध है? क्या आज कोई आदर्शवादी लेखक वंशानुगत राजा को प्रजा के पिता समान बताकर राजभक्ति का उपदेश दे सकता है? यह उसी समय सम्भव था जब वंशानुगत शासक वास्तव में प्रजा के स्वामी थे और वे अपने आपको ईश्वर का अंश या ईश्वर का प्रतिनिधि बता सकते थे। आज के समाज, परिस्थितियों में प्रजा द्वारा चुने गये शासक ऐसी महत्त्वाकांक्षा का स्वप्न नहीं देख सकते। प्रजा प्रति पाँचवे वर्ष नया पिता चुनकर उसके प्रति आदर और प्रेम से विभोर नहीं हो सकती।

इस प्रसंग में अपने साहित्य की एक बहुत ही उत्कृष्ट और कलात्मक कथावस्तु की चर्चा करने का प्रलोभन पूरा करना चाहता हूँ। कहानी की सफलता या प्रभावोत्पादकता के विषय में मेरा अनुभव यह है कि पाँच वर्ष की आयु में अपनी माँ से राजा हरिश्चन्द्र की कहानी को सुनकर मेरे आँसू बह जाते थे और फिर आयु बढ़ जाने पर हिन्दी परीक्षाओं की तैयारी के लिए भी भारतेन्दु के नाटक में उस कहानी को पढ़कर करुण रस में उतना ही विभोर हो सका था। मेरा विश्वास है कि विकट-से-विकट रस पारखी और साधारण-से-साधारण व्यक्ति भी उस कहानी के सफल अभिनय से द्रवित हुए बिना नहीं रह सकता। कला की कसौटी पर उत्तीर्ण सत्य हरिश्चन्द्र की कहानी को सभी जानते हैं। इस कहानी की उच्चतम कला की आधारभूत भावनाएँ जो इसमें सौन्दर्य और करुणा उत्पन्न कर रही है, क्या है? पहली बात राजा हरिश्चन्द्र का ब्राह्मण को मुँह-माँगी भिक्षा या दान देने का कर्त्तव्य पूरा करना। दूसरा दक्षिणा के कर्त्तव्य को अथवा अपने स्वीकार किये ऋण को चुकाने के लिए अपने पुत्र, स्त्री को ही नहीं बल्कि अपने आपको भी बाज़ार में बेच डालना। सेवक धर्म स्वीकार कर लेने पर स्वामिभक्ति के धर्म को पूरा करना। स्वामिभक्ति के धर्म की परीक्षा असाधारण है। मृत पुत्र और वह भी स्वयं अपनी पत्नी के प्रति भी दया न दिखाकर स्वामी के लिए कर वसूल कर लेना। ऐसे कर्त्तव्यों को पूरा करने पर ही देवता प्रसन्न होकर धन्य-धन्य पुकारते हुए पुष्प वृष्टि करते हैं और मर्मज्ञ रसिक के नेत्र आदर और करुणा के अश्रुओं का अर्घ्य समर्पित करते हैं।

जिस शाश्वत सत्य और सौन्दर्य के आदर्श की प्रतिष्ठा यह कलात्मक कहानी करती है वह हमारे वर्तमान समाज की परिस्थितियों, व्यवहार और भावना में किस प्रकार सट सकता है? आज ब्राह्मण सेवा के लिए न सही, मकान किराये का ऋण चुकाने का कर्त्तव्य पूरा करने के लिए अपनी स्त्री को बाज़ार में बेचने का यत्न करनेवाला क्या उसी आदर का भागी होगा? या ज़मींदार स्वामी की ओर से भूमि का कर अथवा मकान मालिक की ओर से मकान का किराया वसूल करने के लिए किसी असहाय नारी की आधी धोती फड़वा लेनेवाले कारिन्दे पर जनता फूलों की वर्षा कर सकेगी? क्या इस विषय में सन्देह के लिए कोई भी स्थान है कि आधुनिक समाज के विकास की परम्परा में जिस समय भूमि सामाजिक स्वामित्व से निकल कर व्यक्तिगत सम्पत्ति बन रही थी, जिस समय कर की प्रणाली जन्म ले रही थी और व्यापार के आरम्भ के साथ ऋण की संस्था चालू होने लगी थी और अपने से पहले की व्यवस्था में विश्वास करनेवाले लोग उस समय प्रगति के इन क़दमों का विरोध कर रहे थे, सत्य हरिश्चन्द्र के आख्यान ने नयी नैतिकता के प्रति आस्था जमाने में बहुत बड़ा काम किया होगा। ऐसी अवस्था में यदि प्रगतिशील लेखक अपने अनुभव से विवश होकर यह कहता है कि जीवन के सत्य और आदर्श शाश्वत नहीं परिवर्तनशील हैं, आज हमें नये सत्यों और आदर्शों को मान्यता देने के लिए साहित्य के साधन का उपयोग करना चाहिए तो वह किस प्रकार अपराधी माना जा सकता है।

साहित्य को प्रचार का साधन बनाने की प्रगतिवाद की धृष्टता हमारे सम्पूर्ण उत्कृष्ट साहित्य में नैतिकता और सद्विचारों को मान्यता देने की स्वीकृति के रूप में उपस्थित है। सामन्तवादी व्यवस्था के नैतिक मूल्यों को जनता की भावना और विश्वास में जमा देने के वे प्रयत्न कला में बोझिल नहीं जान पड़ते क्योंकि वे आदर्श हमारे संस्कारों में गहरी जड़ें पकड़ कर हमारे लिये आदि और मौलिक नैतिकता का रूप ले चुके हैं। परन्तु जनवादी नैतिकता के लिए दुहाई देना कोरा प्रचार ही जान पड़ता है। उदाहरणतः आज भी पन्ना दायी की कहानी शाश्वत कला और सौन्दर्य का आदर्श मान ली जा सकेगी परन्तु तनख्वाह कम कर दी जाने पर मालिक के दरवाजे पर प्रदर्शन करनेवाली दाई की कहानी प्रॉपेगैण्डा—मान ली जायेगी। सावित्री सत्यवान् की कहानी आज भी कला का आदर्श है परन्तु पति के दुराचार के कारण तलाक़ की उपदेशिका बन जानेवाली आधुनिक युवती की कहानी प्रचार के सिवा और क्या होगी? परन्तु क्या इसमें कोई सन्देह किया जा सकता है कि सावित्री-सत्यवान् के आख्यान ने पतिव्रत धर्म की जड़ें जमाने में जो काम किया वह मनुस्मृति नहीं कर सकी होगी।

प्रगतिवादी की खूबी अच्छी तरह पहचानने के लिए उसे आदर्शवादी की तुलना में रखकर देखना आवश्यक है। आदर्शवादी की मान्यता है कि सत्य और आदर्श शाश्वत हैं, उस सत्य को प्राप्त करना और उन आदर्शों के अनुसार चल सकना मनुष्य के जीवन और समाज का लक्ष्य होना चाहिए। व्यावहारिक भाषा में यों कहा जा सकता है कि आदर्शवाद विचारों को जीवन के मार्ग का निर्णायक मानता है इसलिए वह शाश्वत सत्य और सौन्दर्य की कल्पना और आराधना कर सकता है। आदर्शवादी साहित्यिक समाज और व्यक्तियों के स्थूल जीवन की उपेक्षा करके भी साहित्यिक प्रेरणा द्वारा समाज के जीवन को सुधार की ओर ले जाने की आशा करता है। वह जनता के चरित्र निर्माण द्वारा देश के आर्थिक और राजनीतिक उत्थान की बात कर सकता है। प्रगतिवाद मनुष्य समाज के विचारों को जीवन का मार्ग निश्चय करनेवाला नहीं मान सकता। उसकी विचारधारा का क्रम द्वन्द्वात्मक भौतिकवाद है। वह मनुष्य के विचारों को उसके समाज के भौतिक जीवन की प्रक्रिया और

अनुभवों का परिणाम मानता है, इसलिए उसका विश्वास है कि परिवर्तन की जैसी परम्परा मनुष्य समाज के भौतिक जीवन में रही है, परिवर्तन की वैसी ही परम्परा उसके सत्य और नैतिकता सम्बन्धी विचारों और विश्वासों में भी रही है। मनुष्य जीवन का लक्ष्य किन्हीं अनादि और अपौरुषेय आदर्शों को प्राप्त करना नहीं है। आदर्शों और विचारों का प्रयोजन मानव जीवन को विकास और पूर्णता की ओर ले जाना है। प्रत्येक समाज का दर्शन और विचारधारा उसके भौतिक ज्ञान और साधनों के अनुपात में ही विकसित होता है। शिकार से जीवित रहनेवाले, अग्नि और जल को भाग्य विधाता मानकर इनकी पूजा के लिए बलि चढ़ानेवाले समाज से, अद्वैतवाद के सिद्धान्तों और निर्गुण ब्रह्म की व्याख्या की आशा नहीं की जा सकती। इसलिए प्रगतिवाद समाज की बदल चुकी परिस्थितियों में मनुष्य समाज द्वारा प्राप्त ज्ञान और अनुभव के आधार पर साहित्य को नये आदर्शों और नैतिकताओं को मान्यता देने और उन्हें प्राप्त करने का साधन बनाने में नहीं हिचकता।

इतिहास और मनुष्य समाज के अनुभव इस बात के गवाह हैं कि भिन्न-भिन्न समाजों के सत्य, न्याय और नैतिकता उनकी विशेष अवस्थाओं से उत्पन्न होती रही हैं और उनका प्रयोजन समाज द्वारा स्वीकृत व्यवस्था के प्रति आस्था बनाये रखना ही होता है। आदिम समाजों में सम्पूर्ण भूमि और उत्पादन के साधनों को साझी सम्पत्ति माना जाता था और उनकी दृष्टि में उत्पादन के साधनों को व्यक्तिगत सम्पत्ति बनाने की इच्छा पाप थी। कुल या समाज के व्यक्तियों के समान अधिकार उस व्यवस्था का आधार थे। वेदों में आपको ऐसे मन्त्र मिलेंगे जो इस प्रकार की नैतिकता का उपदेश देते हैं। सामन्तवादी काल में दास प्रथा का ईश्वरीय विधान माना जाना, अनेक छोटे-छोटे राजाओं की प्रतिद्वन्द्विता से व्याकुल समाज का बड़े-बड़े सम्राटों के शासन को अपने कल्याण के लिए आदर्श व्यवस्था समझना और सम्राट् को ईश्वर का प्रतिनिधि मान लेना उस समय का शाश्वत सत्य और मौलिक न्याय था। इसके पश्चात् व्यापार द्वारा औद्योगिक विकास के युग में मनुष्य मात्र की समता और व्यक्तिगत स्वतन्त्रता को उनका जन्मसिद्ध अधिकार मान लिया जाना इस बात का प्रमाण है कि शाश्वत सत्य और भौतिक नैतिकता के आधार समाज के भौतिक हित का प्रयोजन ही होता है।

हम यह भी नहीं भूल सकते कि समाज के लिए उपयोगी सत्यों, न्यायों और नैतिकताओं के निरूपण का अधिकार भी उसी वर्ग के हाथ में रहता है जो समाज की व्यवस्था निश्चित करता है। समाज की व्यवस्था निश्चित करने का अधिकार समाज के निर्वाह के लिए आवश्यक उत्पादन के साधनों के स्वामित्व से होता है। इसी ऐतिहासिक परिस्थिति का यह परिणाम है कि जैसे महाराज विक्रमादित्य, भोज और अकबर नवरत्नों को लेकर देश की नैतिक और राजनीतिक व्यवस्था कर सकते थे, बीसवीं सदी के उत्तरार्द्ध में भारत के राष्ट्रपति अपने से पूर्व के सभी शासकों से विस्तृत भूखण्ड के वैधानिक शासक होते हुए भी नहीं कर सकते। वैसे ही इस युग का लेखक सम्राटों के एकाधिकार, वंशानुक्रम के राज्य और उत्तराधिकारी के ईश्वरीय विधानों का गुण-गान नहीं कर सकता और न ही उनकी आनुषंगिक सामाजिक नैतिकताओं, राजा-प्रजा और स्वामी-सेवक के सम्बन्धों की पवित्रता शाश्वतता के गीत गा सकता है।

साहित्य में प्रगतिवाद, जनतन्त्र और जनवाद इस युग की उपज है इसलिए प्रगतिवाद और प्रगतिशील लेखक का यह जन्म धर्म है कि वह जनवाद के सिद्धान्तों और प्रणाली की

सामाजिक और राजनीतिक व्यवस्था के क्षेत्र में भी बढ़ाये क्योंकि समाज की राजनीतिक और सामाजिक व्यवस्था के मूल उसकी आर्थिक व्यवस्था में ही रहते हैं।

साहित्य में सौन्दर्य की पूजा करनेवालों का प्रगतिशील लेखकों के प्रति यह आरोप है कि उन्होंने साहित्य को सौन्दर्य की अपेक्षा विरूपता और उबकाई पैदा करनेवाली सामग्री ही दी है। जिस साहित्य में कमल, वनों, कमलमुखियों और भव्य प्रासादों का वर्णन रहता था, उस साहित्य को प्रगतिशील लेखकों ने वस्त्रहीन, क्षुधा पीड़ितों की रोटी के लिए हाय-हाय से भर दिया है। कालिदास और भवभूति जहाँ मद से झूमती और आसव से गन्धाती नारियों के कटि बन्धन खुल जाने का वर्णन करते थे वहाँ प्रगतिशील लेखक वैधव्य से सतायी और लादे गये संयम से क्षुब्ध युवती के गुप्त व्यभिचार का वर्णन करता है। जहाँ प्राचीन कलाकार सम्राटों के अश्व-युद्ध कर सभी राजाओं के राज्य जीत कर, केवल उनका यश ही शेष रखकर उनके राज्य लौटा देनेवाले राजाओं की कीर्ति के गीत गाता था, वहाँ आज का प्रगतिशील कलाकार चोर बाजारी के शिकार, भूख से तड़पते मध्यम और निम्न वर्ग का वर्णन करता है। प्राचीन साहित्य के आदर्शों और मान्यताओं की कसौटी के अनुसार ऐसा अनुचित था। तत्कालीन साहित्यिक आदर्शों के अनुसार साहित्य के लिए नायक का देव पुरुष, राजा या धीरोदात्त होना उचित था। तत्कालीन कलाकार के लिए ऐसे आदर्श उचित थे, क्योंकि वह कलाकार समाज के स्वामी धीरोदात्त शासक वर्ग का ही पुरोहित और चारण था। आज का कलाकार, विशेषकर प्रगतिशील कलाकार उस धीरोदात्त समाज का नहीं बल्कि मज़दूरी के लिए मिल के फाटक पर गिड़गिड़ानेवाले, भूमि के लिए छटपटानेवाले और फुटपाथ की सेज पर रमण करनेवाले समाज का वकील और चारण है। वह अपने समाज की ही समस्याओं का चित्रण करेगा, उनकी सन्तोष और आत्मनिर्णय का अधिकार पाने की महत्त्वाकांक्षाओं की ही वकालत करेगा। प्राचीन कलाकार का काम अपने समाज के शासन और अमित भोग के अधिकारों की रक्षा, मान्यताओं को बैठाना था। आज के कलाकार का काम जनगण अथवा इतर के लिए जीवित रह सकने के लिए अवसर और अधिकार के लिए संघर्ष करना है। क्या हमारे आदर्शवादी साहित्यिक पक्ष को आज भी प्राचीन कलात्मक धारणाएँ मान्य हैं? साहित्य दर्पण के अनुसार साहित्य में उपले पाथनेवाली का वर्णन अथवा चरखे का वर्णन ही ग्राम्य दोष था। बलिहारी है समय की और इस देश के राष्ट्रपिता की वह चरखा ही इस देश की राष्ट्रीयता और स्वतन्त्रता के संग्राम का प्रतीक बन गया था और कम-से-कम कहने को तो दरिद्रनारायण की पूजा की महिमा अश्वमेध यज्ञ की महिमा से बड़ी मान ली गयी। प्रश्न यही है कि साहित्य और कला है किसके लिए? जिस समय यह वस्तुएँ दरबार और रंगशाला की सीमा के भीतर की ही चीजें थीं, वे गमले में यत्न से पोसे गये गुलाबों की भाँति हो सकती थीं, परन्तु जब वे जंगल और मैदान की अथवा जन-साधारण की वस्तु बन रही हैं तो उनमें मौलसिरी और बबूल दोनों की हीं कुछ-कुछ सादृश्यता आयेगी। इसके लिए प्रगतिशील कलाकार को दोष देकर उसे अपने धर्म से च्युत करने का यत्न व्यर्थ है।

प्रगतिशील कलाकार पर एक भयंकर आरोप यह है कि वह अपनी संस्कृति और दर्शन की परम्परा की उपेक्षा कर विदेशी विचारधारा और संस्कृति की कलमें इस पुण्य भूमि के सांस्कृतिक उद्यान में लगा देना चाहता है। वह आध्यात्मिक शान्ति की केसर की क्यारी में द्वन्द्व और भौतिकता के आक बो रहा है। यदि द्वन्द्वात्मक भौतिकवादी दर्शन का अथवा उसके परिणामस्वरूप समाजवादी जीवन प्रणाली का विरोध इसलिए किया जाय कि उससे समाधान नहीं होता तो यह विरोध उचित है क्योंकि यह व्यक्ति का न केवल विचार

स्वतन्त्रता का अधिकार है बल्कि समाज के प्रति विचार का यह कर्त्तव्य भी हो जाता है कि सामर्थ्य भर सत्य को पाने में योगदान दे। परन्तु द्वन्द्वात्मक भौतिकवादी दर्शन और समाजवादी जीवन प्रणाली और संस्कृति का विरोध केवल उसे विदेशी बताकर करना आत्मघाती संकीर्णता और मूढ़ता का हठ है। ज्ञान, दर्शन और संस्कृति को भौगोलिक सीमाओं में बाँटना समाज के विकास के ऐतिहासिक क्रम की अवज्ञा करना है। संसार के सभी समाजों और देशों में पाया जानेवाला ज्ञान किसी भी देश की पूर्ण रूप से अपने ही देश के भीतर की सीमाओं की उपज नहीं है। मानव संस्कृति के सोपान की भिन्न-भिन्न सीढ़ियों को भिन्न-भिन्न कालों में भिन्न-भिन्न देशों ने पूरा किया है। रूप-रंग के कुछ स्थानीय भेदों के बावजूद सम्पूर्ण संसार की संस्कृति सम्पूर्ण मानवता की सम्पत्ति है। एक समय इस देश ने द्वीप-द्वीपान्तर तक अपने ज्ञान की सम्पत्ति उदारता से बाँटी थी और इस देश का पूरा अधिकार है कि जिस संस्कृति की वृद्धि में इसने योगदान दिया है उसका पूरा भाग यह भी पाये। संस्कृति है क्या? संस्कृति है जीवन की प्रणाली और उससे सम्बद्ध विचारधाराएँ। किसी भी देश की जीवन प्रणाली और संस्कृति अपरिवर्तनशील नहीं रही। वाल्मीकि, कालिदास, हर्ष, जायसी और तुलसी के साहित्य में प्रतिबिम्बित हमारे समाज के चित्र हमारी आज की जीवन प्रणाली से भिन्न होने पर भी वे हमारी परम्परा की नींव रूप हैं। इन परिवर्तनों का कारण रहा है हमारे जीवन निर्वाह के साधनों में और सामाजिक सम्बन्धों में परिवर्तन आ जाना। जीवन निर्वाह के साधन ही भिन्न युगों में अर्थात् आदिम समाज सामन्तवादी समाज और पूँजीवादी समाज में समाज की जीवन प्रणाली और संस्कृति का रूप निश्चित करते रहे हैं। यन्त्र प्रधान युग की संस्कृति को किसी देश विशेष की या पश्चिमी संस्कृति न कहकर औद्योगिक या यान्त्रिक संस्कृति कहना ही उचित है। इसी प्रकार पूँजीवादी प्रजातन्त्र की संस्कृति को इंग्लैण्ड या अमेरिका की संस्कृति और समाजवादी प्रजातन्त्र की संस्कृति को, जिसमें पैदावार के साधनों का स्वामित्व भी सार्वजनिक हो जाता है रूस या चीन की बपौती नहीं कहा जा सकता। कोई भी देश अपने भौतिक साधनों और चेतना के विकास के अनुसार किसी एक संस्कृति की अवस्था को पार करके दूसरी को अपना सकता है। एक देश दूसरे देश का अनुकरण नहीं करता परन्तु सभी देश दूसरे देशों के अनुभव से सीखते ज़रूर हैं। सीखना-सिखाना ज्ञान का आदान-प्रदान सांस्कृतिक विकास का आवश्यक और अनिवार्य मार्ग है। अपनी संस्कृति के गर्व में हम आज खड़ाऊँ पहन कर और धनुष-बाण का सन्धान करके आत्म-रक्षा के लिए भरोसा नहीं कर सकते। यदि हम एटम के विज्ञान और साधनों को अपनाने की बात सोचेंगे तो हमारा जीवन और विचार प्रणाली चकमक पत्थर और तकली पर भरोसा करनेवाले समाज जैसी नहीं रह सकेगी न हम सहस्रों युवतियों से रमण करनेवाले राजाओं के चरित्र पर मुग्ध हो सकेंगे।

सभी समाज जीवन को अधिक सफल और सशक्त बना सकने की स्वाभाविक प्रवृत्ति के कारण जीवन निर्वाह के साधनों के विकास को अपनाते जाते हैं। हम अपने समाज में भी आज राष्ट्रीय समस्याओं के लिए औद्योगीकरण की पुकार सुनते ही हैं। ऐसा भी होता है कि संस्कार और परम्परा के मोह के कारण हम नये की निन्दा करते हुए भी जीवन की आवश्यकता के कारण अचेत रूप से पुराने को छोड़कर नये को अपनाते जाते हैं। प्रगतिशील लेखक का सुझाव है कि हमारे समाज में होनेवाली यह प्रगति उलझन और भटकन से भरे अचेत ढंग से न होकर सुव्यवस्थित सचेत ढंग से हो। हम यह जानते हैं कि समाज अपने ज्ञान के विकास से ऐसे साधनों का विकास कर चुका है जिनसे मनुष्य मात्र को सुविधा से

सन्तोष पाने का अवसर मिल सकना चाहिए, परन्तु पूँजीवादी सामाजिक व्यवस्था समाज को उन साधनों के समुचित उपयोग का अवसर नहीं देती बल्कि पारस्परिक होड़ और दूसरों को मिटाकर स्वयं जीवित रहने के मार्ग पर चल रही है। यह व्यवस्था मनुष्य समाज को संकट में फँसा रही है और समाज के विकास की शक्ति को नष्ट कर रही है। इसलिए प्रगतिशील लेखक का यह कर्त्तव्य हो जाता है कि वह साहित्यिक साधनों द्वारा समाज का विनाश करनेवाली प्रवृत्तियों के प्रति सतर्कता और विरोध पैदाकर शान्तिपूर्वक निर्माण की भावना को प्रोत्साहित करें। साहित्य में प्रगतिशील लेखक का यही दृष्टिकोण है।

प्रगतिशील साहित्यिक के अपने लक्ष्य का ध्यान रखने और साहित्य को उस प्रयोजन के लिए उपयोग में लाने का यह अर्थ नहीं है कि वह साहित्य को सामाजिक उन्नति का नुस्ख़ा और नारा ही बना दे। अपने लक्ष्यों की दृष्टि से प्रगतिशील लेखकों के वही कर्त्तव्य हैं जो समाज के किसी भी दूसरे व्यक्ति के होने चाहिए, परन्तु साहित्यिक होने के नाते उसका कर्त्तव्य साहित्य की कलात्मकता और श्रीवृद्धि में योगदान देना भी है। यदि वह अपने इस कर्त्तव्य की उपेक्षा करता है तो वह अपने साधन की शक्ति खोकर कर्त्तव्य संग्राम के मैदान में निहत्था और बेकाम हो जाता है।

●

मेरी सफलता का रहस्य

युवावस्था के प्रारम्भ में प्रवेश करते ही ब्रिटिश सरकार के विरुद्ध बगावत करने का अवसर मिला। किशोर अवस्था शुरू होते ही क्रान्तिकारियों में शामिल हो गया। अनेक मुसीबतों का कदम-कदम पर सामना करना पड़ा। लेकिन आजादी का नशा था, सो मुसीबतों को सहर्ष झेलने की सामर्थ्य और शक्ति अपने आप शरीर में आ गयी।

१९३८ में मैं जेल से छूटा। तब तक मुझमें साहित्यिक रुचि जाग चुकी थी। साहित्य के प्रति मेरी अद्भुत दिलचस्पी बन गयी थी। जेल से रिहा होने के बाद मेरे सामने आजीविका का प्रश्न उपस्थिति हुआ। साहित्य के जरिये जीविका चलाने का लक्ष्य भले ही मेरे दिमाग में था किन्तु साहित्य लेखन के द्वारा जीविका चलाना अपने देश में जितना आज मुश्किल है, उससे भी कहीं ज्यादा उन दिनों था। कठोर श्रम करने और शरीर को खपा देने के बाद भी जीवन की आवश्यकताएँ जुटा पाना कठिन काम था।

मैंने अंग्रेजी सरकार में नौकरी न करने का दृढ़ निश्चय कर रखा था। फिर क्रान्तिकारी होने के कारण सरकार में नौकरी मिल पाना वैसे भी मुश्किल ही था। मैंने किसी के सामने जीविका के लिए न रिरियाने का भी संकल्प ले लिया था। मुझे इसका यकीन था कि मेहनत और परिश्रम का फल अवश्य मिलता है। कठोर श्रम से ही जीवन में सफलता प्राप्त की जा सकती है। बस इसी एकमात्र पूँजी और अटूट विश्वास को लेकर मैं जीवन शुरू करने जा रहा था।

जेल से छूटने के बाद बीमार होने के कारण छह महीने भुवाली में स्वास्थ्य लाभ करता रहा। स्वस्थ होने के पश्चात् मैंने 'विप्लव' नामक मासिक पत्र निकालना शुरू किया। क्रान्तिकारी जीवन के कड़वे-अजीबोगरीब अनुभवों को इस पत्र के माध्यम से स्वतन्त्रता-प्रेमी लोगों तक पहुँचाने का बीड़ा उठाया। पत्र में मेरी धर्मपत्नी के अलावा कोई दूसरा सहायक न था। पत्नी प्रूफ देखने का कार्य किया करती। मैं सारे पत्र की सामग्री विभिन्न नामों से स्वयं लिखा करता। सप्ताह में दो दिन तो मैं अक्सर रात-दिन सो नहीं पाता था। राजनीतिक बन्दी की ख्याति थी। जल्दी ही 'विप्लव' लोकप्रिय हो गया। और हमें उससे लाभ भी होने लग गया। और पत्र मेरी साहित्यिक सफलता के लिए सीढ़ी बन गया। एक प्रकार से 'विप्लव' मेरे लिये साहित्यिक जगत् में वाहन बन गया, जिस पर सवार होकर मैं साहित्यिक जगत् में विचरण करने लग गया।

लेकिन 'विप्लव' जैसा पत्र भला अंग्रेजी हुकूमत की कोप दृष्टि से कैसे बचा रह सकता था। १९४१ में पत्र बन्द करवा दिया गया। मेरे सामने जीविका चलाने का प्रश्न फिर से

खड़ा हो गया। कोई चारा न देखकर मेरी पत्नी और मैंने दस्तकारी का धन्धा शुरू कर दिया। चमड़े के बटुए और लैम्प शेड बनाने लग गये। काम खूब जोरों पर चल पड़ा। लेकिन यहाँ भी साधन-सम्पन्न लोगों ने हमारा पीछा न छोड़ा। कुछ दिनों बाद हमारा माल बाजार में पिछड़ने लग गया और विवश होकर हमें यह धन्धा भी बन्द कर देना पड़ा।

अब मैंने निश्चय कर लिया कि लेखन द्वारा ही जीविका चलाऊँगा। फिर क्या था, पूरा समय लेखन में लगाने लग गया। 'माया' में कहानियाँ छपने लगीं। और वे लोग मेरी कहानियों के इतने कद्रदान साबित हुए कि दस रुपये प्रति कहानी से बढ़ाकर उन्होंने मुझे अस्सी रुपये प्रति कहानी देने आरम्भ कर दिये। उस जमाने में इतने रुपये एक कहानी के लिए काफी होते थे। सो मेरा हौसला अद्भुत रूप से बढ़ गया। मैंने उपन्यास भी लिखने शुरू कर दिये।

'देशद्रोही' लिखा। लेकिन कोई उल्लेखनीय सफलता नहीं मिली। 'दादा कामरेड' उपन्यास छपा। इससे मुझे आशातीत सफलता मिली। धड़ाधड़ बिक गया। अब तो हमने व्यवसाय के तौर पर लेखन कार्य शुरू कर दिया।

इस प्रकार मुझे साहित्यिक क्षेत्र में जो थोड़ी-बहुत सफलता मिली है, उसका अस्सी प्रतिशत श्रेय मेरी पत्नी को ही है। यदि वह इतनी लगन और निष्ठा के साथ मेरा सहयोग न देती तो व्यवसाय के रूप में मैं लेखन कार्य न कर पाता और चूँकि आजीविका के लिए अन्य कोई काम करना पड़ता इसलिए निश्चय ही साहित्यिक क्षेत्र छूट जाता। इस सफलता में बीस प्रतिशत श्रेय मेरी साहित्यिक दिलचस्पी और कठोर श्रम को जाता है। मेरे भीतर जो साहित्यिक प्रवृत्ति छिपी थी मैंने उसे कठोर और निरन्तर परिश्रम करके फलदायी बना दिया। पत्नी का समयोचित सहयोग और अपनी योग्यता का सार्थक उपयोग ही मेरी सफलता के रहस्य हैं।

३ अगस्त, १९७५

●

क्रान्तिकारियों के शरणदाता आचार्य मुन्शीराम शर्मा

लाहौर के मुहल्ले किला गुज्जर सिंह में हमारे दल (हिन्दुस्तान समाजवादी प्रजातन्त्र संघ) की बम फैक्ट्री पकड़ ली जाने के बाद भगवतीचरण वोहरा और मैं दोनों ही फरार हो गये थे। उसी अवस्था में हम दोनों ने हि.स.प्र.सं. के कमाण्डर इन चीफ भाई चन्द्रशेखर आजाद से अनुमति लेकर २३ दिसम्बर, १९२९ की सुबह लार्ड इरविन की स्पेशल ट्रेन के नीचे बम विस्फोट किया था। बम विस्फोट के लिए साथी भागराम को लेकर मैं स्वयं गया था। कई मास तक सिर मारने के बाद भी पुलिस इस बम काण्ड का सूत्र न खोज पायी तो बम विस्फोट के षड्यन्त्र और उसके लिए जिम्मेदार व्यक्ति का पता देने के लिए सरकार ने बीस हजार रुपए के इनाम की घोषणा कर दी थी। इनाम के विज्ञापन सभी शहरों में स्टेशनों, डाकघरों, कचहरियों में लगा दिये गये थे। व्यक्तिगत रूप से मेरे लिये संकट बढ़ गया था।

सन् १९३० में हम लोगों ने दिल्ली में ही एक खूब बड़ी विस्फोटक फैक्टरी बना ली थी। इस फैक्टरी में कैलाशपति, विमल प्रसाद जैन और गिरवर सिंह भी सहयोगी थे। १९३० अक्टूबर के अन्त में दिल्ली में कैलाशपति गिरफ्तार हो गया। उसकी गिरफ्तारी के तुरन्त बाद दिल्ली में विमल प्रसाद जैन, गिरवर सिंह आदि साथी, जिनका कैलाशपति से सम्पर्क था, गिरफ्तार हो गये। स्पष्ट हो गया कि कैलाशपति ने सब भेद खोल दिये हैं।

इस चर्चा का अभिप्राय है कि जिन दिनों हि.स.प्र.सं. कोई राजनैतिक घटना सफलता से कर लेता और पुलिस किसी को पकड़ न पाती तो राजनैतिक लोगों में हमारे चातुर्य और सामर्थ्य पर भरोसा बढ़ जाता। लोग हमें सहायता और शरण देने में उदारता का साहस दिखाने लगते। जिन दिनों क्रान्किारियों की गिरफ्तारियाँ होने पर किसी क्रान्तिकारी के सरकार को भेद दे देने के समाचार छप जाते तो लोग हमें देखकर आशंकित हो जाते। और कतरा जाना चाहते। कैलाशपति की गिरफ्तारी के बाद ऐसी ही स्थिति बन गयी थी।

बहुत से प्रसंगों को छोड़कर इतना कहूँ कि आजाद ने मुझे दिल्ली छोड़कर कानपुर आ जाने के लिए कहा। प्रकाशवती जी को भी कानपुर आ जाने का आदेश था। मैं उससे पूर्व तीन बार कानपुर जा चुका था। कानपुर में कहीं-न-कहीं बसेरा कर लेता था। परन्तु प्रकाशवती जी को किसी गृहस्थ के घर में ही टिकाना उचित था। इस प्रयोजन के लिए भाई आजाद ने मुझे एक पता दे दिया था।

सन् १९३० दिसम्बर का आरम्भ था। मैं और प्रकाशवती जी दिल्ली से रात की गाड़ी से चलकर प्रातः पौ फटते समय कानपुर पहुँचे। मेरे वेश से मुझे दुकानदार वैश्य समझा जा सकता था। प्रकाशवती भी साड़ी पर चादर ओढ़े चेहरे पर घूँघट खींचे थीं।

भाई आजाद के बताये स्थान कानपुर के परमट घाट के बाज़ार में एक गृहस्थ के मकान पर पहुँचे। आजाद ने हमारे आतिथेय का नाम-धाम और स्थिति समझा दी थी। मैंने शायद अपना नाम सोहनलाल बताया और प्रकाशवती जी का परिचय अपनी पत्नी के रूप में दिया। मन में आशंका थी कि हमारे आतिथेय हमारा वास्तविक परिचय पाकर घबरा न जायें। उस समय कैलाशपति के कारण हमें शरण देते किसी का घबरा जाना स्वाभाविक होता। आतिथेय ने बहुत विनय और आदर सत्कार से हमें लिया। उनका साँवला चेहरा भावुकता से चमक उठा था और आँखें सजल हो गयी थीं। उन्होंने हाथ जोड़कर उत्तर दिया—"सब मालूम है, आप चिन्ता न कीजिये निश्चिन्त रहिये।" पूछा, अपने पड़ोसियों को हमारा क्या परिचय देंगे?

'कोई पूछेगा तो कह देंगे हमारे सम्बन्धी हैं। अपने छोटे भाई के लिए रिश्ता देखने के प्रयोजन से कानपुर आये हैं। आप हमारे लिये चिन्ता न करें। हम सब प्रकार तैयार हैं।' आतिथेय के चेहरे पर भावुकता की लालिमा गहरी हो गयी। आतिथेय प्रकाशवती जी को भीतर आँगन में ले गये। कुछ ही देर बाद आजाद भी बनिये या ब्राह्मण की तरह धोती पहने और कन्धों पर ऊनी चादर डाले हमसे मिलने आ गये, हमारे अतिथि ने उन्हें बहुत आदर से प्रणाम किया। हम दोनों को एकान्त में बात करने के लिए छोड़ कर एक तरफ चले गये।

प्रकाशवती जी और मैं लगभग आठ-दस दिन 'परमट' के इस गृहस्थ के घर में रहे। हमारे आतिथेय की दिनचर्या सच्चे ब्राह्मण गृहस्थ की थी। सुबह-शाम सन्ध्या-वन्दन और गीता या सत्यार्थ प्रकाश का मनन। भोजन बहुत सादा और नितान्त सात्त्विक।

उतने समय में भाई आजाद और मैंने कानपुर के एक साथी रामधन सिंह की सहायता से चुन्नीगंज के हाते में एक मकान किराये पर ले लिया।

प्रकाशवती जी के साथ आतिथेय का मकान छोड़ते समय उन्हें शरण के लिए धन्यवाद दिया। वे गद्गद् कण्ठ और असीम विनय से बोले, 'धन्यवाद की कोई बात नहीं; महान् उद्देश्य के लिए यदि मैं कण भर भी सहयोग दे सकूँ तो मेरा सौभाग्य। कोई आवश्यकता बताइये, सदा प्रस्तुत रहूँगा।' उनका अभिप्राय था कुछ रुपये पैसे की आवश्यकता से।

हमारे आतिथेय डी.ए.वी. कॉलेज कानपुर में हिन्दी अध्यापक थे। उस समय उनकी अवस्था सम्पन्न न थी, तिस पर शायद पेट काट कर भी हमारे दल के उद्देश्य में सहायता के लिए प्रस्तुत थे। यह स्थान भाई आजाद का अति गुप्त शरण-स्थान था। हमारे आतिथेय का नाम था मुन्शीराम शर्मा 'सोम'।

प्रो. मुन्शीराम जी 'सोम' कविता भी अच्छी लिखते थे। सन् १९३४ में जेल से मुक्ति के पश्चात् जब मैंने 'विप्लव' मासिक का प्रकाशन आरम्भ किया, 'सोम' जी ने उदार सहयोग के रूप में कविताएँ भी भेजीं। छत्तीस वर्ष पूर्व 'विप्लव' के अप्रैल १९३९ के अंक में प्रकाशित 'सोम' जी की कविता—

सदियों के अत्याचारों की मूक व्यथा है आज जगी।
विप्लव! तेरे परशु करों से शोषण-पथ में आग लगी।

धुआँधार हो उठा व्योम में, धूमकेतु से छाये हैं।
छली प्रपंची अन्तराल में आशंकाएँ लाये हैं।।१।।
अन्यायी सत्ताएँ अपनी अन्तिम घड़ियाँ गनिती हैं।
आँख तरेरे भौंह मरोरे, ऐंठ भरी कुछ कहती हैं।।
पर तेरी बढ़ती लपटों में झुलस-झुलस रह जाती हैं।
अपने अभिशापों से अपनी मौत मरे बिलखाती है।।२।।
वे कर्त्तव्य भुलानेवाले प्रेमी निज अधिकारों के।
करुण दृष्टि से देख रहे हैं। घाव तुम्हारे वारों के।।
हीरों को कंकड़ समझे थे आज वही मोहताज बने।
श्रम को निन्दित समझ रहे थे, आज वही श्रम-सुधा सने।।३।।
विप्लव जीवन के संरक्षक, पाप-शाप कहलाये हो।
भूखी प्यासी मानवता को वरद हस्त बन आये हो।।
युग-युग के उठते उबाल से आज जलद बन आये हो।
हा हा कार भरे हृदयों में सुखद सान्त्वना लाये हो।।४।।

आचार्य पं. मुन्शीराम शर्मा 'सोम' स्मृति ग्रन्थ

आप की चिट्ठी

'नयी कहानियाँ' के तीन अंक क्रमशः मिले।...अंकों को लगभग पूरा पढ़ा। चयन और संकलन के स्तर में सुधार के लिए सराहना स्वीकार करें, नववर्षाङ्क के लिए विशेषकर। ख़ैराती राय यानी बिना अनुरोध की राय से ऊबियेगा नहीं।

सम्पादकीय भी पढ़ता रहा हूँ। कुछ पाठक या लेखक सहज कहानी के नाम से भी चौंके हैं। बात सीधी है—दूध के जले छाछ भी फूँक-फूँककर पीना चाहते हैं। पिछले दस वर्षों में हिन्दी कहानी क्षेत्र में इतने आन्दोलन चले और नारेबाज़ी हुई कि लोग घबरा गये। सहज कहानी में सहज यदि विशेषण मात्र रहे तभी ठीक है। वह नाम या पारिभाषिक शब्द न बन जाये। आपसे सहमत हूँ कि अच्छी कहानी की पहचान इतनी काफ़ी है कि—कुछ कहती है और रुचिकर ढंग से। यही शिल्प है। यदि बात या कथ्य नया है तो कहानी, मेरी समझ में, नयी है। समझदार लेखक कथ्य के अनुकूल शिल्प भी अपनायेगा। अस्तु।

कहानियों का आरम्भ महादेवी जी की रचना नीलकण्ठ से बहुत जँचा। केवल नाम के प्रति आदर के कारण नहीं, रचना के अपने कलात्मक स्तर और उसकी मार्मिकता के कारण। असल में पत्र लिखने की इच्छा का कारण दूसरा है। संकलन में अन्तरराष्ट्रीय महत्त्व की कहानियाँ, हिन्दी के नये लेखकों और अन्य भारतीय भाषाओं की अच्छी कहानियाँ एक साथ आने से बहुत सन्तोष हुआ। यह हिन्दी कहानी के विकास की मुँहबोलती कसौटी या परख है। अनुमान है कि स्टाइनबेक, हेमिंग्वे और हेनरी मिलर की कहानियाँ आपने द ग्रेट शार्ट स्टोरीज़ आफ़ द वर्ल्ड संग्रह से दी हैं। याद पड़ता है यह संग्रह मैंने १९६४ में एक आपरेशन के कारण दो सप्ताह की पलँग क़ैद के दिनों में पढ़ा था। यह चयन पर अन्तरराष्ट्रीय मोहर मान ली जा सकती है। मूल पढ़ चुका हूँ कह सकता हूँ अनुवाद कमज़ोर नहीं अच्छे हुए हैं। यह कहानियाँ १९६४ में पढ़ते समय जयदोल संग्रह भी मास्को के एक हिन्दी अध्यापक दे गये थे। तभी लगा था कि हिन्दी कहानी अन्तरराष्ट्रीय साहित्य में पिछड़ी नहीं समझी जा सकती। परन्तु जयदोल के लेखक अज्ञेय तो साधारण या नये लेखक नहीं हैं। कहा जा सकता था कि हिन्दी में रचनाएँ बहुत ख्यातनामा लेखकों की नहीं हैं। तो भी इन तीनों अन्तरराष्ट्रीय-ख्यात लेखकों के जोड़ की हिन्दी की मौलिक कहानियाँ इस संकलन में मौजूद हैं। मैं प्रायः ही नाम लेने से कतराता हूँ पर यह वैयक्तिक पत्र है। [पत्र के प्रकाशन की अनुमति ले ली गयी है। —सं.] भीमसेन त्यागी की तो कुछ कहानियाँ पहले भी बहुत सबल देख चुका हूँ, बटरोही की भी दो-एक। परन्तु ब्रह्मदत्त नाम—मेरे सीमित

परिचय के ही कारण—बिलकुल नया लगा। उनकी कहानी को हेनरी मिलर की कहानी के स्तर से किसी तरह नीचे नहीं रख सकता। अन्य भारतीय भाषाओं की कहानियाँ भी पढ़ गया हूँ, यों भी पढ़ता रहता हूँ। मुझे लगता है कि हिन्दी का बहुत समय तक अवरुद्ध प्रवाह अब एकदम फूट पड़ा है, उसका वेग असाधारण है।

पुराने-नये की तुलना या झगड़े से दूर रहना चाहता हूँ परन्तु मुझे लगता है कि हमारे नये कहानी लेखक जहाँ नये के उन्माद में बहुत कुछ निरर्थक लिख रहे हैं, वहाँ बहुत कुछ बहुत अच्छा, सबल और सार्थक भी लिख रहे हैं और वह हमारी सामाजिक चेतना के समानान्तर होने के कारण नया भी, मुझे, लगता है। आज की हिन्दी कहानी का धरातल मुझे कथ्य की दृष्टि से अधिक यथार्थ पर और क्षितिज—हमारी सामाजिक चेतना या कालबोध के विस्तार के कारण—अधिक व्यापक जान पड़ता है। कलात्मक स्तर में ह्रास नहीं विकास ही लगता है। विशेषकर भाषा के विकास की दृष्टि से। तथाकथित पुरानी और बहुत हद तक मँझली पीढ़ी भी अभिजात भाषा की सीमाओं से बँधी हुई थी। उन्हें संस्कृत और फ़ारसी शब्दावली की बैसाखी का सहारा ज़रूरी था। हमारा नया लेखक हमारे कहानी साहित्य को जनभाषा या जनबल दे रहा है, और बहुत सफलता से। हमारी कहानी की भाषा उत्तरोत्तर अधिक व्यंजनापूर्ण, मार्मिक और स्वाभाविक होती जा रही है। हमारे कहानी साहित्य का स्तर नित्य स्पष्ट उठ रहा है। इसके लिए मौलिक सामर्थ्य हमारे साहित्य के भगीरथों की ही देन है परन्तु विकास के क्रम को जारी रखने और वेगवान् बनाने का श्रेय तो आधुनिक नये प्रयत्नों को ही देना होगा।

अगस्त, १९६८

सहज भाषा और सहज कौशल

प्रिय रेणु,

'परती : परिकथा' मिली। आज दोपहर तक पूरी पढ़ डाली है। इस बीच दाँत-दर्द ने भी कुछ शिथिलता की और 'परती : परिकथा' ने दाँत-दर्द सहने में सहायता भी दी।

बीसियों लोगों ने प्रशंसा की होगी। जिसे नहीं रुचि, उसकी समझ कुछ और ही ढंग की होगी। मुझे तो आरम्भ से अन्त तक इतना सुंदर लगा कि प्रशंसा में अत्युक्ति का भय नहीं रहता। अभिव्यक्ति के लिए ध्वनियों का प्रयोग, मुहावरों के लटके और भाषा की सरलता की क्या प्रशंसा करूँ! भाषा का चुनाव वस्तु-वर्णन के बिना भी एक विशेष वातावरण और समाज की चेतना जगाये रखता है। सहज भाषा के लिए क्या कहूँ, वह आपकी अपनी भाषा और आपके रक्त और स्वभाव में रमी हुई है। जैसे भाव उसी में उद्‌भूत हैं! हम उस भाषा को लाख सीखें, परन्तु आपका सहज कौशल हमारी पहुँच में कैसे आएगा? प्रयोजन को भी आपने ऐसे बैठाया है कि प्ले-बैक के जोड़ की अनुभूति या उखड़न कहीं नहीं हो पाती। शब्द और अर्थ दोनों ही ढंग का। हास्य भी पुलाव में काली मिर्च की तरह अन्दाज से बिखरा हुआ है, आद्योपान्त चसक बनी रहती है।

कई लेखकों का कहना है कि यशपाल किसी भी रचना की तारीफ नहीं करता। ये शायद अनुभवी लेखक होने पर भी यह नहीं जानते कि तारीफ करना सब चाहते हैं; तारीफ कर सकना बहुत बड़ा सन्तोष और सुख है। जो ऐसा अवसर दे सके, उसके प्रति कृतज्ञ होना स्वाभाविक है। परन्तु टाट को मखमल या मखमल को टाट कैसे बता दिया जाय? किसी को बूदम बनाना हो तो दूसरी बात है, परन्तु अपने साथियों को बूदम बनाना अच्छा नहीं लगता। यह मुझे अपनी सामाजिक, सांस्कृतिक थाती के प्रति धोखा जान पड़ता है। यदि प्रशंसा कर सकने का अवसर हो तो प्रशंसा और श्लाघा के भावोन्मेष को कौन रोक सकता है? आपने ऐसा अवसर दिया है, मुझे ही नहीं यह अवसर सहस्रों, लाखों, पाठकों को भी सुलभ होगा। आपसे व्यक्तिगत परिचय होने का सौभाग्य मुझे प्राप्त है, इसलिए मैं व्यक्तिगत रूप से आपकी इस महान् सफलता के लिए बधाई दे रहा हूँ और कृतज्ञता प्रकट कर रहा हूँ। दूसरे लोग मन-ही-मन आपके प्रति कृतज्ञता अनुभव करेंगे और आपको बधाई देंगे।

सबसे बड़ी बात है, आपकी शैली की मौलिकता। हमारी भाषा और साहित्य को भाषा की यह देन अलग से दिखायी देती रहेगी। पूरी पुस्तक मैंने बहुत ध्यान से पढ़ी है। यह भी ध्यान रखा है कि मैं इससे क्या सीख सकता हूँ और बात कहाँ उखड़ती समझी जा सकती है। इस दृष्टि से दो-एक बातें आपसे पूछने-करने की इच्छा भी हुई, परन्तु पूरी रचना को देखते ये अत्यन्त गौण है। कभी समय मिलेगा तो सही।

●

व्यक्तिगत, सामाजिक और राष्ट्रीय अपमान

'हंस' के दमन विरोधी अंक के लिए कुछ न लिखने का अर्थ है, दमन का विरोध करने के नैतिक कर्त्तव्य की उपेक्षा करना। इस कलंक को मैं सिर लेना नहीं चाहता।

दमन से आपका आशय इस समय पूँजीवाद की पोषक, कांग्रेस के नाम को कलंकित और राष्ट्रीयता के नाम का दुरुपयोग करनेवाली सरकार के दमन से है। इस व्यापक या कहिये राष्ट्रीय दमन के विरुद्ध आवाज़ न उठाना अथवा इस दमन द्वारा दण्डित न होने का अर्थ इस समय मुझे तो आत्मसम्मान की न्यूनता ही जान पड़ती है।

समान अधिकार और अवसर के इस पूँजीवादी राज में (जिसका कि कांग्रेस के प्रधानमन्त्री शंकर राव देव गुण गाते हैं) जिसने जो कुछ छीन-झपट और दबा लिया है, उसे दबाये रखने की तो स्वतन्त्रता है, लेकिन वंचित हो जानेवालों के प्रयत्न अवैधानिक हैं, अपराध हैं।

यह भी क्या तमाशा है कि इस समाज में हम सहयोग से नहीं, छीना-झपटी से जीने के मार्ग पर चल रहे हैं और पूँजीवादी प्रणाली इसे ही व्यावसायिक, व्यक्तिगत स्वतन्त्रता का भ्रमात्मक नाम देकर जनता को धोखा देती है।

ऐसी प्रणाली की प्रतिनिधि सरकार और क्या करेगी? जल को उलटे मार्ग पर चलाना हो, तो बाँध लगा-लगाकर उसे उलटा बहाना पड़ता है। आज जनता परिस्थितियों से प्रेरित होकर जिस मार्ग पर चलना चाहती है, उससे ठीक उलटे मार्ग पर हमारी राष्ट्रीय सरकार—वह सरकार, जिसके चलने के मार्ग को हमने और हमारे साथियों ने ख़ून छिड़ककर सींचा है—चलना चाहती है तो फिर उसे हमारे स्वाभाविक मार्ग पर बाधाएँ और बन्धन क्यों न लगाने पड़ेंगे?

ये बाधाएँ और बन्धन ही सरकार के दमनकारी क़ानून हैं इन्हें स्वीकार करना मैं व्यक्तिगत, सामाजिक और राष्ट्रीय अपमान समझता हूँ। यदि किसी कारण मैं इस अपमान के प्रति विद्रोह में सिर नहीं उठ सकता, तो उसके लिए ग्लानि अनुभव करता हूँ।

लेकिन पारिवारिक (या अन्य) परिस्थितियों के कारण सामाजिक कर्त्तव्य की उपेक्षा का तर्क बिलकुल बेहूदा है। कारण यह है कि यदि प्रत्येक व्यक्ति अपने-अपने परिवार की चिन्ता में डूबकर सामाजिक और राष्ट्रीय परिवार की उपेक्षा करे तो समाज और राष्ट्र डूबे बिना नहीं रह सकते और फिर सभी परिवार और व्यक्ति डूबनेवाले जहाज़ के चूहों की तरह समाप्त हो जाएँगे।

सबसे बड़ी ग्लानिपूर्ण लांछना तो यह है कि आज दमन देश-भक्ति के नाम पर हो रहा है। इस सूझ के लिए जवाहर, पटेल और पन्त हिटलर के ऋणी हैं। देश और देश-भक्ति क्या है, यह हमें आज देश भक्षक सिखलायेंगे। इसका एक स्पष्ट उदाहरण हमारे सामने है। चटगाँव सशक्त विद्रोह की कहानी पर गर्व कर सरकार जनता को देशभक्ति का उपदेश देती है, परन्तु चटगाँव में सिर देनेवाले कम्युनिस्ट आज बंगाल की सरकार की जेल में बन्द हैं।

यह पूँजीवाद के सिद्धान्त का क्रियात्मक उदाहरण है। पूँजीपति मज़दूर के श्रम को तो ले लेता है, परन्तु मज़दूर को मरने के लिए छोड़ देता है। ऐसे ही पूँजीपति सरकार हमारे त्याग और वीरता का स्वयं तो भोग करती है और हमें मरने के लिए छोड़ देती है।

हंस, जून, १९४८

●

एशियाई-अफ्रीकी लेखक कांग्रेस

ताशकन्द में आयोजित 'एशियाई-अफ्रीकी लेखक कांग्रेस' के लिए भारतीय लेखकों का प्रतिनिधि मण्डल दिल्ली से ४ अक्टूबर, १९५८ को प्रातःकाल चला था। दोपहर में हम लोग काबुल पहुँचे। ताशकन्द जानेवाला हवाई जहाज तैयार था। मैं उस दिन के लिए काबुल में रह गया। शेष साथी चले गये। दूसरे दिन दोपहर बाद जिस हवाई जहाज से ताशकन्द के लिए रवाना हुआ, उसमें प्रायः सभी यात्री अफगानिस्तान से शिक्षा के लिए सोवियत जानेवाले विद्यार्थी थे। उस दल से भिन्न मैं अकेला ही था। इसलिए जहाज की सबसे पिछली कुर्सी पर बैठा था। जहाज ताशकन्द पहुँच जाने पर सामने के यात्रियों के उतर सकने की प्रतीक्षा में था। जहाज की चारिका अंग्रेजी बोलती थी। जहाज के द्वार से मेरी ओर लपकती हुई आयी—"आप भारतीय लेखक हैं न? आइये कुछ लोग आपकी आगवानी के लिए खड़े हैं।" समझ में आया, पिछले दिन पहुँच चुके साथियों ने मेरे आज पहुँचने की सूचना दे दी होगी।

वायुयान की सीढ़ी से धरती पर कदम रखते ही हिन्दी में सुना—"नमस्ते यशपाल जी। आपके दर्शन से बहुत प्रसन्नता हुई। आपका सफर आराम से हुआ?"

आँख उठाकर देखा—एक उजबेक युवती नमस्कार की मुद्रा में हाथ उठाये थी। तीन-चार उज़्बेक और रूसी युवक भी थे।

विस्मय हुआ और प्रसन्नता भी हुई? विस्मय इसलिए कि इससे पूर्व के अनुभव से अपना देश क्या, उत्तर भारत की सीमा पार करते ही जिह्वा पर स्वयं ही अंग्रेजी आने लगती थी।

सन्ध्या का अँधेरा हो चुका था। हम यानों के अड्डे से नगर की ओर जा रहे थे। सड़क पर रंग-बिरंगी बिजलियों के बन्दनवार देखकर सजावट की ओर ध्यान गया। याद आया, यानों के अड्डे पर भी प्रकाश की सजावट थी। बाजारों में प्रवेश करने पर सजावट और भी अधिक दिखायी दी। स्थान-स्थान पर 'स्वागत', 'शान्ति', 'साहित्य-संस्कृति फूले फले', 'विश्व शान्ति की जय!' अनेक भाषाओं की लिपियों में दिखायी दे रहा था, हिन्दी, उर्दू और बँगला लिपियों में भी।

'ताशकन्द होटल' ताशकन्द का सबसे बड़ा होटल है। लेखक कांग्रेस के अवसर के लिए शायद उसे समय पर तैयार कर दिया गया होगा। छह मंजिल की काफी बड़ी इमारत है। सबसे नीचे प्रबन्ध तथा आहार-विहार के लिए बड़े-बड़े हाल हैं। सवा या डेढ़ सौ स्थान तो होंगे ही। पूरा होटल लेखक कांग्रेस के अतिथियों के लिए सुरक्षित था। इसके अतिरिक्त

विदेशी अतिथि कई दूसरे स्थान पर भी ठहरे हुए थे। कह नहीं सकता एशिया और अफ्रीका के महाद्वीपों के किस देश से प्रतिनिधि नहीं आये होंगे।

लेखक कांग्रेस का प्रबन्ध नोवोई थियेटर में था। ताशकन्द होटल की ही भाँति नोवोई रंग-भवन का उद्घाटन कांग्रेस उपयोग के लिए ही हुआ था। होटल और थियेटर के बीच प्रायः फर्लांग भर का मैदान है। मैदान में बहुत बड़ा फव्वारा और फूल-फूलवाड़ी है। अतिथियों के कांग्रेस भवन तक आते-जाते समय चलने भर का मार्ग छोड़कर दोनों ओर खूब भीड़ जमा हो जाती थी। भीड़ में मध्य एशिया की परम्परागत पोशाक पहने प्रौढ़ों से लेकर नवयुवक-युवतियाँ और स्कूल जाते बच्चे भी रहते थे। हस्ताक्षरों की बहुत माँग थी। युवक और विद्यार्थी अपनी संस्था का बैज स्मृति के लिए अतिथियों के कोट पर लगा देना चाहते थे। इन बैजों में प्रायः ही शान्तिदूत कपोत का चिह्न रहता था।

यह भ्रम हो सकने के लिए काफी अवसर था कि यह लेखकों की कांग्रेस है अथवा विश्व-शान्ति आन्दोलन का समारोह है। शान्ति राजनीतिक प्रश्न है। लेखकों का कांग्रेस के समय वातावरण में इस प्रश्न की गूँज भर देने का क्या प्रयोजन था? इस प्रश्न के दो उत्तर सोचे जा सकते हैं। यह नागरिकों द्वारा स्वागत और उत्साह का प्रदर्शन था। नागरिकों की भावना उसमें प्रकट हो रही थी। दूसरा यह कि संसार को युद्ध के ध्वंस से बचाने की माँग न केवल राजनीतिक है बल्कि धार्मिक और सांस्कृतिक भी है। वह मानवता की मूल माँग है। साहित्य और कला मानवता की भावना की उपेक्षा नहीं कर सकते। लेखक राजनीति से भागता है क्योंकि राजनीति का उपयोग स्पर्धा, कलह के दाँव-पेंचों में किया जाता है। राजनीति को दूसरों पर दबाव डालने के लिए उन्हें अपने अधीन करने के लिए बरता जाता है। लेखक को यह अन्याय जान पड़ता है और वह राजनीति से विरक्ति अनुभव करता है परन्तु शान्ति की माँग के विरक्ति अनुभव करने का कोई कारण नहीं हो सकता।

एशिया के लेखकों की कांग्रेस नयी दिल्ली में हुई थी। तब कांग्रेस का प्रभाव विज्ञान भवन के और दिल्ली में कुछ पत्रों के अतिरिक्त प्रायः दिखायी नहीं देता था। यहाँ पूरा नगर कांग्रेस से स्पन्दित था। समारोह राजकीय परिमाण पर दिखायी दे रहा था इसलिए कांग्रेस के आधार पर और पृष्ठभूमि को राजकीय या राजनीतिक समझ लिया जाना चाहिए। उस देश की शासन व्यवस्था ने देश में आयोजित सांस्कृतिक या साहित्यिक प्रयत्न के प्रति अपना दायित्व समझा।

इस कांग्रेस की पृष्ठभूमि में राजनीतिक प्रयोजन और प्रेरणा की गन्ध कांग्रेस की चर्चा आरम्भ होने पर कुछ लोगों को इस देश में ही अनुभव होने लगी थी। ऐसी शंका की मनोभूति बनाने में सबसे मुख्य कारण कांग्रेस का सोवियत के एक भाग ताशकन्द में आयोजित होना था। कुछ लोग सोवियत की किसी भी बात को राजनीतिक प्रयोजन के बिना मान लेने के लिए तैयार नहीं। उदाहरणतः सोवियत में अन्न की उपज बढ़ाने में भी अन्तरराष्ट्रीय राजनीति रहती है। सोवियत अपनी आवश्यकता की पूर्ति के लिए नहीं बल्कि अपनी पद्धति की सफलता के प्रचार के लिए अन्न की उपज बढ़ाता है।

इस प्रकार की शंकाओं का उत्तर देना कठिन है। प्रश्न यह भी हो सकता है कि १९५६ में एशियाई लेखक कांग्रेस दिल्ली में आरम्भ और संगठित हुई थी। क्या उस समय सोवियत या उस पक्ष के अन्तरराष्ट्रीय समर्थन करनेवाले ने लेखक कांग्रेस में, भारत के राजनीतिक प्रयोजनों के बारे में सन्देह किया था? कांग्रेस के लिए कोई स्थान तो चाहिए था।

ताशकन्द ने निमन्त्रण दिया था। एशियाई में भारत के अतिरिक्त और कौन भू-भाग है जो निष्पक्ष मान लिया जा सकता है? सभी लोग तो भारत को भी निष्पक्ष मान लेने के लिए तैयार नहीं होंगे।

राजनीतिक प्रयोजन की आशंका का दूसरा कारण था इस बार कांग्रेस को एशिया के लेखकों को कांग्रेस के बजाय एशिया-अफ्रीका के लेखकों को कांग्रेस का नाम दे देना। इसका मतलब एक प्रकार से हो गया, गोरे या पश्चिमी साम्राज्यवाद के विरुद्ध एशिया और अफ्रीका के देशों का संयुक्त मोर्चा तैयार करना। कुछ लोग एशिया और अफ्रीका में कोई सांस्कृतिक अथवा परम्परा का सम्बन्ध नहीं देख पाते। एशिया और अफ्रीका में यदि एकता की कोई भावना सम्भव है तो यही कि दोनों गोरे अथवा पश्चिमी साम्राज्यवाद का शिकार रहे हैं। उनका कोई भी सहयोग उस साम्राज्यवाद के विरोध के लिए ही सम्भव हो सकता है, अन्यथा नहीं। उपयुक्त विचार में वे मिस्र को विकल्प समझते हैं। दिल्ली में संयोजित एशियाई कांग्रेस में भी मिस्र को सम्मिलित किया गया था।

इस तथ्य पर विवाद नहीं किया जा सकता कि मिस्र अफ्रीका महाद्वीप का भाग है। अफ्रीका महाद्वीप के एक भाग को सम्मिलित कर शेष भाग को त्याज्य समझ लेने की कसौटी क्या हो सकती है? क्या यह कि वे अनेक कारणों से सांस्कृतिक विकास में पिछड़े रहे हैं या यह कि उनकी त्वचा का रंग हमारी अपेक्षा अधिक काला है? गोरे और पश्चिमी साम्राज्यवाद से सहानुभूति का यह प्रभाव क्या एशिया की संस्कृति और परम्परा के अनुकूल है? एशियाई देशों के लेखकों को सम्मिलित कर सांस्कृतिक विकास की सम्भावनाओं को बढ़ाने की इच्छा का प्रयोजन भिन्न राष्ट्रों की भावनाओं में साँझे सूत्र को पिरोने का प्रयत्न है। इसमें प्रवृत्ति संकोच की ओर नहीं विस्तार की ओर होनी चाहिए। हजार वर्ष पूर्व हमारा चीन से क्या सम्बन्ध था, इसका तो महत्त्व है परन्तु इस पूरी आधी शताब्दी में हमारी समस्याएँ अन्तरराष्ट्रीय जगत में जिनके साथ एक रही है उनकी उपेक्षा कर दी जाये, यह व्यावहारिक नहीं जान पड़ता। इस नाते यह उपालम्भ देना कि इस विचार से दक्षिण अमेरिका को भी ऐसी कांग्रेस में सम्मिलित कर लिया जा सकता है, बहुत बड़ा तर्क नहीं है। दक्षिणी अमरीका क्यों, उत्तरीय अमेरिका और सभी राष्ट्रों के लेखक एक साथ बैठकर मानवीय मूल्यों के आधार पर साहित्य और संस्कृति के विकास की चर्चा करें तो वह दिन और भी शुभ होगा।

किसी भी बात को राजनीतिक बता देने से उसे त्याज्य नहीं बना दिया जा सकता। ताशकन्द में हुई कांग्रेस का दृष्टिकोण या प्रयोजन राजनीतिक था या नहीं और कैसा राजनीतिक था, यह तो उस कांग्रेस में हुई चर्चाओं के आधार पर ही निर्णय करना होगा। परन्तु यदि कला और साहित्य द्वारा मानव समाज के लिए आत्म-निर्णय की भावना को प्रश्रय देना और मानवता की मुक्ति के लिए भावना को प्रबल करना राजनीति है तो नैतिकता और मानवता क्या है? यदि साहित्य और संस्कृति के नाम पर दमन और घृणा की भावना को प्रश्रय दिया जाये तो उससे आशंका उचित है। मुक्ति और आत्म-निर्णय की भावना से आशंका का कोई कारण नहीं होना चाहिए।

लेखकों के मन में कुछ धारणाएँ हैं और राजनीति में लपेट लिये जाने की विचित्र आशंका भी है। राजनीति से बचने की सतर्कता में वे और भी गहरी राजनीति में फँस जाते हैं। इसका उदाहरण ताशकन्द कांग्रेस के समय भारतीय प्रतिनिधि मण्डल के व्यवहार में भी

मिला। कांग्रेस के संयुक्त मन्तव्य में साहित्य और कला द्वारा मानव के विकास, राष्ट्रों की पूर्ण स्वतन्त्रता और औपनिवेदशिक दमन से मुक्ति की भावना को प्रश्रय देने की बात थी। विभिन्न देशों के प्रतिनिधि मण्डलों के नेताओं की बैठक विषय-निर्धारिणी समिति के रूप में हुई थी। इस समिति में भारतीय प्रतिनिधि मण्डल के नेता तारा शंकर बाबू ने राजनीति में न फँस जाने की सतर्कता में 'औपनिवेशिक दमन से मुक्ति' शब्दों पर आपत्ति कर इन्हें हटा देने का अनुरोध किया था। एशिया और अफ्रीका देशों के सभी प्रतिनिधियों ने उनके संशोधन को अस्वीकार कर दिया।

तारा शंकर बाबू ने समस्या भारतीय प्रतिनिधि मण्डल के सन्मुख इस रूप में रखी कि भारत का संशोधन अस्वीकार होना भारत का और उनका अपमान है। तारा शंकर बाबू ने अपने भाषण में बार-बार अपनी दयनीय स्थिति का उल्लेख किया कि वे बेशक सफल उपन्यासकार और कथाकार हैं परन्तु कूट राजनीति उनके बस की बात नहीं है, उन्हें उससे मुक्ति दी जाये। बात डॉक्टर मुल्कराज आनन्द और कृष्णलाल श्रीधराणी ने स्पष्ट की। इन दोनों ने 'साम्राज्यवादी दमन की मुक्ति' शब्दों की व्याख्या की, कि यह अमेरिका अथवा पश्चिमी शक्तियों पर छींटाकशी है। भारत अन्तरराष्ट्रीय राजनीति में निष्पक्ष है। इस मन्तव्य में सहयोग देना अपने देश की अन्तरराष्ट्रीय नीति के विरुद्ध होगा। इस बात से विह्वल होकर तारा शंकर बाबू ने दुहाई दी—ऐसे मन्तव्य में सहयोग देकर हम भारत लौटकर पं. जवाहरलाल को क्या मुंह दिखायेंगे?

इस आपन्न अवस्था में कृष्णलाल श्रीधराणी का प्रस्ताव था कि यदि भारत का संशोधन स्वीकार नहीं किया जाता तो भारतीय प्रतिनिधि मण्डल को इस मन्तव्य के प्रस्तुत होने पर भारतीय प्रतिनिधि मण्डल को वाक आऊट कर जाना चाहिए। यह सुझाव शेष भारतीय प्रतिनिधियों ने स्वीकार नहीं किया, कर भी नहीं सकता था। परन्तु यह इस बात का बहुत अच्छा उदाहरण है कि लेखक के सामने नैतिकता और राजनीति में विश्लेषण की कैसी समस्याएँ आ जाती हैं। कैसे लेखक राजनीति छूत से घबराकर राजनीति के भँवर में फँस सकता है।

मन्तव्य में किसी भी राष्ट्र का नाम होने से 'औपनिवेशिक दमन से मुक्ति' एक नैतिक और सैद्धान्तिक बात थी। कोई भी लेखक किसी भी राष्ट्र के दमन का अथवा मानवता के किसी भी भाग के दमन का समर्थन नहीं कर सकता परन्तु औपनिवेशिक दमन से मुक्ति की भावना पर आपत्ति स्पष्ट ही उपनिवेशों की मुक्तिकामी जनता की भावना का विरोध और कटु राजनीति हो जाती है। इस प्रश्न को नैतिक या सैद्धान्तिक धरातल पर न विचार कर इस या उस देश की अन्तरराष्ट्रीय नीति को बीच में ले आना राजनीति नहीं तो क्या था? और यह भारत की अन्तरराष्ट्रीय राजनीति को भी गलत पेश करना था। भारत की अन्तरराष्ट्रीय नीति निष्पक्ष है। इसका अर्थ है कि भारत किसी भी सामरिक सन्धि में अथवा शीतयुद्ध के गुट में भाग नहीं लेता। इसका अर्थ यह नहीं है कि भारत राष्ट्रों के आत्म-निर्णय के प्रश्न पर या औपनिवेशक दमन से मुक्ति का नैतिक प्रश्न आने पर भी नहीं बोलता है। बाँदुंग में, स्वेज, अल्जीरिया और ईराक के प्रश्नों पर अथवा जहाँ कहीं भी ऐसा अवसर आया भारत ने मानवीय न्याय की कसौटी मान कर अपना मन्तव्य प्रकट किया है।

यह भी एक विचित्र धारणा है कि लेखक अपनी व्यक्तिगत स्वतन्त्रता की रक्षा और दमन के विरोध के लिए तो सतर्क रहे परन्तु राजनीति से अलग-थलग बना रहे। मानो

लेखक का व्यक्तित्व समाज, शासन और व्यवस्था के प्रभावों से अप्रभावित रह सकता है या व्यक्तिगत स्वतन्त्रता सामाजिक और राजनीतिक परिस्थितियों से विच्छिन्न वस्तु है या यह कि लेखक नागरिक के रूप में अपने सामाजिक और राजनीतिक दायित्वों को चाहे जैसे निबाहे उसकी कला इन समस्याओं से अछूती रहनी चाहिए। इन समस्याओं के लिए लेखकों का सामूहिक रूप में एकत्र होकर विचार करना शोभा नहीं देता। स्थिति इसके विपरीत जान पड़ती है। अपने सीमित क्षेत्र में बैठा लेखक अपनी मान्यताओं को या अपने विचार के निष्कर्षों को पूर्ण सत्य माने रहता है और अपनी कला द्वारा उसी की अभिव्यक्ति करता रहता है। अन्य लेखकों अर्थात् भिन्न परिस्थितियों के प्रभाव में निष्कर्ष निकाल सकनेवालों के सम्पर्क में आकर ही वह किसी भी मान्यता के दूसरे पहलुओं को देख सकता है।

यह ठीक है कि ताशकन्द में कांग्रेस के अधिवेशन में कला के विधान और तत्त्वों के विषय में उस प्रकार विचार-विमर्श नहीं हो सका जैसा कि कला के प्रयोजनों के सम्बन्ध में हुआ। इसका कारण भाषाओं की सीमाएँ थीं। साहित्य के विधान और तत्त्वों का विवेचन बिना उदाहरण के नहीं हो सकता। परन्तु कांग्रेस की परिधि में ही इन प्रसंगों पर बातचीत होते जरूर सुनी जाती थी। जहाँ भी हिन्दू-उर्दू जाननेवाले उज़्बेक या रूसी मिले उन्होंने हमारे साहित्य के विषय में अपने विचार प्रकट किये और हमारे विचार जानने चाहे। इसी प्रकार रूसी साहित्य के विषय में भी।

ताशकन्द लेखक कांग्रेस में विचार के परिणामस्वरूप पाँच सुझावों को स्वीकार किया गया था और उनके लिए भिन्न-भिन्न देशों के प्रतिनिधि मण्डलों से समितियाँ नियोजित की गयी थीं। यह सुझाव संक्षेप में इस प्रकार थे :—(१) बालकों और किशोरों के भावी विकास को दृष्टि में रखकर उनके लिए उपयुक्त साहित्य सृजन में विभिन्न राष्ट्रों से कलात्मक और सांस्कृतिक सहयोग प्राप्त किया जाये। (२) आधुनिक साहित्य में महिलाओं के योगदान का मूल्यांकन करके भविष्य में उनके सहयोग के अवसर को बढ़ाया जाये। (३) सिनेमा-रंगमंच पर साहित्य के प्रभाव को समझकर साहित्य द्वारा उनके विकास में सहयोग की सम्भावनाओं पर विचार किया जाये। (४) नाटक के क्षेत्र में अन्तरराष्ट्रीय प्रभावों को समझकर उसके विकास के लिए अन्तरराष्ट्रीय सहयोग के उपायों पर विचार किया जाये। (५) सभी भाषाओं से उत्कृष्ट साहित्य का संचय कर उसे अन्य भाषाओं में अनुवाद कराकर प्रकाशित करने की व्यवस्था की जाये।

इन सुझावों में लेखकों को राजनीतिक गुटबन्दी में समेट लेने की अपेक्षा साहित्यिक और सांस्कृतिक सम्पर्कों को बढ़ाने और सहयोग उत्पन्न करने की भावना जान पड़ती है। परन्तु ताशकन्द सम्मेलन की सार्थकता उपर्युक्त सुझावों को प्रस्तुत कर देने में ही नहीं समझी जा सकती, वह तो सुझावों को कार्यरूप में परिणत कर सकने पर ही आँकी जानी चाहिए।

●

नयी कहानी की बहस और बहक

अपना-अपना सौदा बेचने के लिए रेलवे जंक्शन, सब्ज़ी-मण्डी या मछलीवालियों का शोर प्रसिद्ध है। परन्तु आजकल कला के बाज़ार में और ख़ासकर कहानी के बाज़ार में अपना-अपना सौदा जल्दी से, दूसरों से बढ़कर बेच सकने की होड़ भी कम नहीं है। लोगों ने समझाया, नामी और पुराना खोमचा या दुकान होने के दम्भ में आत्मतुष्ट रहने से काम नहीं चलेगा। ग्राहक ललकार और पुकार से खिंचता है। यह युग विज्ञापन से पाठक खींचने और खपत बढ़ाने का युग है। चलते और चालाक लोग पहले अपना सौदा निकाल देंगे। ग्राहकों की ज़रूरत पूरी हो जायेगी। तब तक तुम्हारा सौदा बासी हो जायेगा और यह ज़माना है 'नयी कहानी' का, पुरानी-बासी का नहीं। सौदे पर से मक्खियाँ हाँकते बैठे रह जाओगे।

'अच्छी कहानी लो, अच्छी कहानी पढ़ो! नयी कहानी लो, नयी कहानी पढ़ो!' के शोर से दिल दहल गया तो उखड़ न जाने और रोज़गार की चिन्ता से सोचना ही पड़ा कि ऐसी कहानी लिखनी ही होगी जिसे नयी कहानी की एजेन्सी स्वीकार कर सके।

सुनते हैं साहित्यिक और कलाकार महान् होता है, परन्तु कला और साहित्य उसका रोज़गार भी होता है। उसकी महत्ता उसके रोज़गार से ही होती है। उसका उत्पादन और उसके उत्पादन के सम्बन्ध में पारखियों की राय ही उसे महान् और लघु बना सकती है, उसका अपना विश्वास नहीं। रोज़गार असफल होने पर वह ज़िन्दा ही नहीं रह सकेगा तो महत्ता को लेकर क्या करेगा? तब सम्भव है कि उसके मर जाने के बाद उसकी देन की विशेष व्याख्या करके उसके कुछ शिष्य उसका कोई स्मारक बनाने का आन्दोलन करें।

मुग्ध पाठकों की गोष्ठी में साहित्य का उल्लेख जीवन-द्रष्टा और प्रेरणा-स्रोत के रूप में हो सकता है, परन्तु साहित्य की महत्ता का बाज़ारू या व्यावसायिक विश्लेषण कीजिये तो उसकी महत्ता और सफलता पाठक को रिझा सकने, चहका सकने और बिक सकने में ही होती है। कला और साहित्य के एक्सचेंज में या बाज़ार में साहित्यिकों और प्रकाशकों की गोष्ठी में लेखकों और साहित्यिकों का उल्लेख सेलर (माँग, खपनेवाले, लगनेवाले) के रूप में होता है। साहित्य के बाज़ार में सबसे अधिक खपनेवाले साहित्य को बेस्ट सेलर कहा जाता है। सेलर बनने, बनाने के लिए ही 'नयी कहानी' और 'पुरानी कहानी' के महत्त्व पर बहस और बहक है।

साहित्यिक व्यवसाय की तीव्र प्रगति और विज्ञापन के युग में 'बेस्ट' का निर्णय अनाड़ी, अबोध पाठकों पर नहीं छोड़ा जा सकता। उनमें युग-बोध, तत्त्व-बोध, रस-बोध, भाव-बोध, सूक्ष्म-बोध और दल-बोध जगाकर परख की समझ उत्पन्न करना आवश्यक है। पाठकों को बताना आवश्यक है कि बेस्ट क्या है? रुचि का निर्माण, दिग्दर्शन करने, सांस्कृतिक उत्थान और मान्यता के विकास के लिए निस्पृह भाव से यह भी बताना आवश्यक है कि बेस्ट वह नहीं जो लगता है, प्रत्युक्त वह है जो बताया जाये, क्योंकि संस्कृति प्रकृति-दत्त नहीं होती, दीक्षा-दत्त होती है। पाठक को यह बताना आवश्यक है कि उसे क्या अच्छा लगता है। वह स्वयं तो नहीं जानता। विज्ञापन-कला की सफलता यह है कि ग्राहक या पाठक का 'विकास' करने के लिए उसकी रुचि को आक्रान्त करके अपना सौदा बेस्ट होने का विश्वास दिला दिया जाये। नया माल बेच सकने का सफल तर्क है दूसरे के सौदे को आउट ऑफ़ फ़ैशन प्रतिक्रियावादी और रूढ़िग्रस्त रुचि का प्रतीक कहकर ग्राहक को डिगा देना।

शुभचिन्तकों की चेतावनी है कि बाज़ार में जमे रहना है तो नये फ़ैशन का माल, 'नयी कहानी' लाओ। अब रुचि 'नयी कहानी' की है, माँग 'नयी कहानी' की है, ज़िन्दा रहना है तो ऐसी कहानी लिखो जिसे 'नयी कहानी' कहा जा सके। स्वान्तः सुखाय का दम्भ करने से क्या लाभ? लिखा तो पाठकों के लिए ही जाता है। 'नयी कहानी' लिख सकने की चिन्ता हो गयी।

'नयी कहानी' की विद्या और तत्त्व का रहस्य जानने के लिए खोज आरम्भ की। 'नयी कहानी' के प्रचार और विज्ञापन से नयी कहानी की आवश्यकता तो स्वीकार कर ली है, लेकिन उसकी सीधी या अचूक पहचान कोई नहीं बताना चाहता। पाठक इस विषय में क्या बता सकते हैं? 'नयी कहानी' के लेखक और आलोचक ही बता सकते हैं पर उनसे आशा करना व्यर्थ है। कौन कारख़ाना अपनी सफलता के नुस्ख़े और रहस्य बताता है? 'नयी कहानी' की विधा और तत्त्व पहचान लेना इतना सरल होता तो सभी न 'नयी कहानी' लिखने लगते, तब वह 'नयी' क्या रह जाती?

'जिन खोजा तिन पाइयाँ, गहरे पानी पैठ' आख़िर 'नयी कहानी' की पहचान मिली। पहचान का यह सूत्र 'नयी कहानी' को एक बड़ी एजेन्सी ने पुरानी या अच्छी कहानी पर व्यंग्य करते हुए असावधानी में दे दिया—

गठे-गठाये प्लाट की, क्लाइमेक्स की, अब क्या होगा की साँस-रोक उत्सुकता की ज़रूरत नहीं...कथोपकथन, चरित्र-चित्रण, देश-काल, कथानक, भाषा-शैली को बराबर-बराबर लेकर, आइडिया के जल में खरल करके इग्ज़ैक्ट बनाने की ज़रूरत नहीं...नयी कहानी को 'पुराण-पुरुषों' से अच्छी कहानी का सर्टिफिकेट नहीं लेना चाहिए....नयी कहानी को एक आइडिया, सूक्ति और विट नहीं होना चाहिए....नयी कहानी अपने ही मुहल्ले और समाज की आँखों-देखी उपलब्धि होनी चाहिए....नयी कहानी के लेखक को कालिदास, सूर, तुलसी, शेक्सपियर की तरह कल्पनाओं में नहीं भटकना चाहिए....दान्ते और मिल्टन की तरह काल्पनिक जगत् का निर्माण नहीं करना चाहिए...उन्हें सात समुद्र पार नीलम की झील में चाँदी के द्वीप पर स्वर्ण-कमलों की खेती नहीं करनी चाहिए....नयी कहानी को भावुकता और बौद्धिकता से बचना चाहिए...आइडिया के लिए मैटर नहीं जुटाना चाहिए....बिना आइडिया के 'मैटर' को 'सीधे' छूकर पाठक तक पहुँचाना चाहिए.....पाठक को बना-बनाया माल न

देकर अपने अनुभव का हिस्सेदार बनाना चाहिए...कहानी 'कल्पना की कला' नहीं, 'अनुभव की कला' है....और उसे 'इग्ज़ैक्ट' हुए बिना ही 'ऑथेण्टिक' और 'विश्वसनीय' होना चाहिए....।

नयी कहानी के एक-दूसरे विशेषज्ञ और समर्थक ने बात दूसरे ही ढंग से कही है—

...पुरानी कहानी और नयी कहानी का मूल भेद उसकी विधा और व्यंजना में है। कहानी का पुराना ढंग बहुत मांसल और बोझिल है। नयी कहानी की विधा सूक्ष्म विचार अथवा भाव-तत्त्व में केन्द्रित होती है। नयी कहानी भूमिका के रूप में घटनाओं के वर्णन से मुक्त होती है, इसलिए सूक्ष्म होती है। कहानी जितनी ही हलकी, सूक्ष्म, स्लिम होगी, उतनी ही मॉडर्न होगी और भावस्पर्शी होगी। कहने और समझने की कला के विकास से बोझिल पार्थिव तत्त्वों का बोझ कहानी पर लादे रहने की क्या आवश्यकता है? उसे भाव या विचार के सम्प्रेषण के लिए संकेत-मात्र कर देना चाहिए। आज की परिष्कृत रुचि की तुलना में वह बाल-रुचि थी।....

...वर्तमान 'युग-बोध' घटना-वैचित्र्य से रस लेने का नहीं, विचार और भाव के सम्प्रेषण से रस-प्राप्ति का है। कला की यही विधा और प्रवृति आधुनिक और नयी है। उसे चित्रकला में, कविता में देखा जा सकता है और कहानी में भी होना चाहिए। कला को पार्थिव यथार्थ की अति स्थूलता से मुक्त कर भाव प्रस्तुत कर देने में ही कहानी का नयापन है और चित्रकला की भाँति यही कहानी का ऐब्सट्रैक्ट आर्ट है। परिमार्जित रुच का सन्तोष स्थूल से नहीं, सूक्ष्म से होता है। आधुनिकता और परिष्कार फलों का छिलका, गूदा चबाने और गुठली चूसने में नहीं, जूस की चुस्कियाँ लेने में है। नयी कहानी जूस होती है।

नयी कहानी के विशेषज्ञ और समर्थक की बात बहुत हद तक ठीक ही जँचती है। नयी कहानी के विशेषण से प्रकाशित अनेक रचनाएँ ऐसी दिखायी देती हैं, जिनमें कोई घटना, घटनाक्रम, पात्रों का चरित्र और व्यवहार की परिणति नहीं मिलती। केवल लेखक के भाव के जूस की बूँदें ही उन रचनाओं में चिपचिपाती जान पड़ती हैं। पाठक को अनुभव होने-न-होने की परवाह न करके नयी कहानी का लेखक कह देता है—पीड़ा है, उन्माद है, देख रहा हूँ, सुन रहा हूँ, सोच रहा हूँ, डूब रहा हूँ—कहाँ, क्यों, कैसे—ऐसी जिज्ञासा को वह अब 'क्या होगा अब क्या होगा' की स्थूलता और कहानी का पुराना ढंग, बाल-बुद्धि की माँग समझता है। ऐसी अनेक कहानियाँ पढ़कर केवल यही अनुमान होता है कि नयी कहानी का लेखक शायद अमुक बात कहना चाहता होगा, उस विचार या भाव को अनुभव कर लेना और उससे रागात्मक सम्बन्ध स्थापित कर लेना यह पाठक का काम रह जाता है। नयेपन को कहानी-कला का विकास क्यों न कहा जाये? इससे नयी कहानी सूक्ष्म और हलकी हो जानी चाहिए। नयी कहानी लिखने का काम बहुत ही हलका हो गया होगा और उसे बिना किसी अभ्यास के पूरा किया जा सकता है। जो कहानीकार कहानी-कला के इस विकास के साथ नहीं चलेगा, मुँह की खायेगा, बाज़ार से धकेल दिया जायेगा। आशंका से सावधान हो जाना पड़ा।

समझ में आया कि कहानी के बाज़ार में पिछड़ रहे हैं, पुराने ढंग पर व्यर्थ माथापच्ची और श्रम का अपव्यय कर रहे हैं। आधुनिकता के नाम पर मार खाते-खाते बाल सफ़ेद होकर उड़ गये और अब 'पुराण पुरुष' कहकर जीवित दफ़ना दिये जाने की आशंका से कँपकँपी कैसे न आ जाती?

अब तक आइडिया (विचार) की अभिव्यक्ति के लिए विश्वास-योग्य घटना गढ़कर, घटना के उपयुक्त पात्रों के व्यवहार से अपने विचार के लिए पाठकों की रागात्मक अथवा बौद्धिक सहानुभूति पाने का प्रयत्न करते थे। कहानी लिखे बिना तो चारा नहीं परन्तु अब लिखनी होगी नयी कहानी—बिना प्लाट के, बिना घटना के, पात्रों की रूप-रेखा का आश्रय न ले, विशेषतः बिना आइडिया के। कहानी का आइडिया लेखक रिज़र्व रखे और पाठक पहेली बूझने का आनन्द पायें।

हवा पर से हवा में कुलाँच लेनी होगी और 'आत्मन्येवात्मना' (आत्मा में आत्मा से आत्मा को प्राप्त करने) की अपार्थिव सिद्धि प्राप्त करनी होगी। 'निर्गुण' सिद्धि से 'निर्गुण' कहानी लिखनी होगी।

'निर्गुण' साधना से 'निर्गुण' अर्थात् नयी कहानी लिखने की—'प्लाट और क्लाइमेक्स के अलौकिक-अपार्थिव आलम्बन के अभाव में सूक्ष्म आनन्द दे सकनेवाली सिद्धि, जिसमें हिन्दी का नयी कहानी का लेखक विश्व-साहित्य में दुर्गम शिखरों पर आरूढ़ हो जाने का दावा कर रहा है, प्रकृति की अलौकिक देन ही माननी होगी या गुरु ही उसकी बाट बता सकते हैं, परन्तु नयी कहानी की कोई जानी-मानी एजेन्सी अपनी अलौकिक उपलब्धि का रहस्योद्घाटन करने को तैयार नहीं।

इस जाने-पहचाने नगर में किसी से ऐसी कृपा की आशा नहीं। जो नयी कहानी के ज्ञान के उद्गाता हैं, वे हमें जरा-जीर्ण मानकर ऐसे ज्ञान का पात्र नहीं समझते। इसलिए हम दत्तात्रेय की तरह किसी अजाने गुरु की तलाश में निकल पड़े। रेलवे स्टेशन की राह ली।

× × ×

मुफ़स्सिल की पैसेंजर ट्रेन चल पड़ने की उतावली में फुंकार रही थी। आराम से सेकेण्ड क्लास में जाने के लिए दाम अधिक लगते हैं। दूर तो जाना नहीं था। भीड़ से बचकर, एकान्त में नयी कहानी के सम्बन्ध में सोच सकने और खिड़की से प्राकृतिक दृश्य देख सकने के लिए टिकट सेकेण्ड क्लास का ही ले लिया।

गाड़ी छूट रही थी। सेकेण्ड क्लास के एक छोटे डिब्बे को ख़ाली समझकर, ज़रा दौड़कर उसमें चढ़ गये। अनुमान के प्रतिकूल डिब्बा निर्जन नहीं था। एक बर्थ पर लखनऊ की नवाबी नस्ल के एक सफ़ेदपोश सज्जन बहुत सुविधा से पालथी मारे बैठे थे। सामने दो ताज़े-चिकने खीरे तौलिये पर रखे थे। डिब्बे में हमारे सहसा कूद जाने से सज्जन की आँखों में एकान्त चिन्तन में विघ्न का असन्तोष दिखायी दिया। सोचा, हो सकता है, यह भी कहानी के लिए सूझ की चिन्ता में हों या खीरे-जैसी अपदार्थ वस्तु का शौक़ करते देखे जाने के संकोच में हों।

नवाब साहब ने संगति के लिए उत्साह नहीं दिखाया। हमने भी उनके सामने की बर्थ पर बैठकर आत्म-सम्मान में आँखें चुरा लीं।

ठाली बैठे, कल्पना करते रहने की पुरानी आदत है। नवाब साहब की असुविधा और संकोच के कारण का अनुमान करने लगे। सम्भव है, नवाब साहब ने बिलकुल अकेले यात्रा कर सकने के अनुमान में किफ़ायत के विचार से सेकेण्ड क्लास का टिकट ख़रीद लिया हो और अब गवारा न हो कि शहर का कोई सफ़ेदपोश उन्हें मँझले दर्ज़े में सफ़र करता

देखे।....अकेले सफ़र का वक़्त काटने के लिए ही खीरे ख़रीदे होंगे और अब किसी सफ़ेदपोश के सामने खीरा कैसे खायें?

हम कनखियों से नवाब साहब की ओर देख रहे थे। नवाब साहब कुछ देर गाड़ी की खिड़की से बाहर देखकर स्थिति पर ग़ौर करते रहे।

'ओह,' नवाब साहब ने सहसा हमें सम्बोधन किया, 'आदाब-अर्ज़, जनाब, खीरे का शौक़ फ़रमायेंगे?'

नवाब साहब का सहसा भाव-परिवर्तन अच्छा नहीं लगा। भाँप लिया, आप शराफ़त का गुमान बनाये रखने के लिए हमें भी मामूली लोगों की हरकत में लथेड़ लेना चाहते हैं। जवाब दिया, 'शुक्रिया, क़िबला शौक़ फ़रमायें।'

नवाब साहब ने फिर एक पल खिड़की से बाहर देखकर ग़ौर किया और दृढ़ निश्चय से खीरों के नीचे रखा तौलिया झाड़कर सामने बिछा लिया। सीट के नीचे से लोटा उठाकर दोनों खीरों को खिड़की से बाहर धोया और तौलिये से पोंछ लिया। जेब से चाकू निकाला। दोनों खीरों के सिर काटे और उन्हें गोदकर झाग निकाला। फिर खीरों को बहुत एहतियात से छीलकर फाँकों को क़रीने से तौलिये पर सजाते गये।

लखनऊ स्टेशन पर खीरा बेचनेवाले खीरे के इस्तेमाल का तरीक़ा जानते हैं। ग्राहक के लिए जीरा-मिला नमक और पिसी हुई लाल मिर्च की पुड़िया भी हाज़िर कर देते हैं।

नवाब साहब ने बहुत क़रीने से खीरे की फाँकों पर जीरा-मिला नमक और लाल मिर्च की सुर्ख़ी बुरक दी। उनकी प्रत्येक भाव-भंगिमा और जबड़ों के स्फुरण से स्पष्ट था कि उस प्रक्रिया में उनका मुख खीरे के रसास्वादन की कल्पना से प्लावित हो रहा था।

हम कनखियों से देखकर सोच रहे थे, मियाँ रईस बनते हैं, लेकिन लोगों की नज़रों से बच सकने के ख़याल में अपनी असलियत पर उतर आये हैं।

नवाब साहब ने फिर एक बार हमारी ओर देख लिया, 'वल्लाह, शौक़ कीजिये, लखनऊ का बालम खीरा है!'

नमक-मिर्च छिड़क दिये जाने से ताज़े खीरे की पनियाती फाँकें देखकर पानी मुँह में ज़रूर आ रहा था, लेकिन इनकार कर चुके थे। आत्म-सम्मान निबाहना ही उचित समझा, उत्तर दिया, 'शुक्रिया, इस वक़्त तलब महसूस नहीं हो रही, मेदा भी ज़रा कमज़ोर है, क़िबला शौक़ फ़रमायें।'

नवाब साहब ने सतृष्ण आँखों से नमक-मिर्च के संयोग से चमकती खीरे की फाँकों की ओर देखा। खिड़की के बाहर देखकर दीर्घ निःश्वास लिया। खीरे की एक फाँक उठाकर होंठों तक ले गये। फाँक को सूँघा। स्वाद के आनन्द में पलकें मुँद गयीं। मुँह में भर आये पानी का घूँट गले से उतर गया। तब नवाब साहब ने फाँक को खिड़की से बाहर छोड़ दिया। नवाब साहब खीरे की फाँकों को नाक के पास ले जाकर, वासना से रसास्वादन कर खिड़की के बाहर फेंकते गये।

नवाब साहब ने खीरे की सब फाँकों को खिड़की के बाहर फेंककर तौलिये से हाथ और होंठ पोंछ लिये और गर्व से गुलाबी आँखों से हमारी ओर देख लिया, मानो कह रहे हों—यह है ख़ानदानी रईसों का तरीक़ा!

नवाब साहब खीरे की तैयारी और इस्तेमाल से थककर लेट गये। हमें तसलीम में सिर ख़म कर लेना पड़ा—यह है ख़ानदानी तहज़ीब, नफ़ासत और नज़ाकत!

हम ग़ौर कर रहे थे, खीरा इस्तेमाल करने के इस तरीक़े को खीरे की सुगन्ध और स्वाद की कल्पना से सन्तुष्ट होने का सूक्ष्म, नफ़ीस या ऐब्सट्रैक्ट तरीक़ा ज़रूर कहा जाता सकता है परन्तु क्या ऐसे तरीक़े से उदर की तृप्ति भी हो सकती है?

नवाब साहब की ओर से भरे पेट के ऊँचे डकार का शब्द सुनायी दिया और नवाब साहब ने हमारी ओर देखकर कह दिया, 'खीरा लज़ीज होता है लेकिन होता है सक़ील, नामुराद मेदे पर बोझ डाल देता है।'

ज्ञान-चक्षु खुल गये! पहचाना—ये हैं नयी कहानी के लेखक!

खीरे की सुगन्ध और स्वाद की कल्पना से पेट भर जाने का डकार आ सकता है तो बिना विचार, घटना और पात्रों के, लेखक की इच्छा मात्र से 'नयी कहानी' क्यों नहीं बन सकती?

नयी कहानियाँ, सितम्बर, १९६२

●

साहित्य और जीवन

बहुत गम्भीर प्रश्न आज साहित्यिकों और कलाकारों को बेचैन कर रहा है—सद्‌साहित्य और सद्‌कला या उत्कृष्ट साहित्य और उत्कृष्ट कला की कसौटी क्या मानी जाये?

अनेक लोगों का आग्रह है कि साहित्य और कला की श्रेष्ठता और उत्कृष्टता की कसौटी साहित्य और कला का जन-जीवन से निकटतम सम्पर्क माना जाना चाहिए। ऐसे लोग उसी साहित्य और कला को श्रेय और प्रेय मानना चाहते हैं जो जन-जीवन को प्रतिबिम्बित और जन की भावनाओं और महत्त्वाकांक्षाओं को प्रतिध्वनित करे।

यह युग जनता-जनार्दन का है, जनवाद और प्रजातन्त्र का है। इस युग में जन-भावना और जन-हित की दुहाई देना आवश्यक हो गया है, इसलिए कम-से-कम नारे और ललकार के रूप में साहित्य और कला के प्रयोजन, सफलता और श्रेष्ठता की कसौटी जन-सम्पर्क और जन-हित मानने से इनकार करने का साहस कम ही लोगों को हो सकता है। जनता को अपने उपयोग की वस्तु माननेवाले, अपनी स्वार्थ-सिद्धि और महत्त्वाकांक्षाओं के लिए जनता को नसैनी और जीना बनानेवाले भी जन-सम्पर्क और जन-हित के नारे में सबसे ऊँचा स्वर मिलाने के लिए बाध्य हैं। जो लोग जनता को भी स्वार्थ और अपनी महत्त्वाकांक्षा की सिद्धि का साधन बनाते हैं, वे साहित्य और कला को किस लक्ष्य का साधन समझेंगे? परन्तु साहित्य और कला का प्रयोग यदि दूसरे प्रयोजनों के लिए करना हो तो जनता को जन-सम्पर्क और जन-हित के नारों और ललकारों से बहरा करके जन-सम्पर्क और जन-हित को नयी व्याख्याएँ और नये रूप दे देना आवश्यक हो जाता है। यदि आपके पास नारे और ललकारें बुलन्द करने के लिए लाउडस्पीकर हों, समूह की चकाचौंध करने के लिए आतिशबाज़ी हो और जनता की जीभ पनियाकर उसे मूक रखने के लिए लेमनड्राप हों तो जन-हित और जन-सम्पर्क के किसी भी नये विचार और व्याख्या का डंका बजा दिया जा सकता है।

जन-हित और जन-सम्पर्क क्या है, इस विषय में भले ही परस्पर कपालक्रिया हो जाये, परन्तु जन-हित और जन-सम्पर्क के सिद्धान्त और लक्ष्य से इनकार करने का साहस इस युग में विरले ही साहसी मनीषी कर सकेंगे।

इस युग में जन-हित और जन-सम्पर्क के लक्ष्य और सिद्धान्त की इतनी विजय भी कम उत्साह की बात नहीं। जो कुछ सिद्धान्त-रूप से स्वीकार कर लिया जाता है, उसके लिए

व्यवहार में आ सकने की आशा हो जाती है—परन्तु ऐसे भी मनीषी हैं जो राजनीतिक और आर्थिक व्यवस्था में जनवाद को स्वीकार करके भी साहित्य और कला के क्षेत्र में जनवादी दृष्टिकोण को घातक समझते हैं।

प्रवाह में बह जाना कौन बड़ी बात है? मानवता को विकास और ऊँचे लक्ष्यों की ओर तो वही ले जाते हैं जो प्रवाह में न बहकर स्थितप्रज्ञ रहते हैं और जनता का दिग्दर्शन करते हैं। ऐसे मनीषी साहित्यिक और कलाकार जन-सम्पर्क और जन-हित के नारों से बहक नहीं गये हैं। वे साहित्य और कला को जन-सम्पर्क के लिए जनता के स्तर पर नहीं गिरा देना चाहते, इन विशिष्ट कृतियों को जनता के सन्तोष और उपयोग की वस्तु नहीं बना देना चाहते। उनका कहना है कि जन और जनता सर्वसाधारण के पर्यायवाची हैं। साहित्य और कला का साधारण से क्या सम्बन्ध? असाधारण और विशिष्ट अभिव्यक्ति और कृति को ही साहित्य और कला माना जाता रहा है और माना जाना चाहिए। साहित्यिक और कलात्मक प्रयत्नों की सफलता उन्हें साधारण बना देते में नहीं है।

साहित्य और कला को विशिष्ट स्तर और वर्ग की वस्तु माननेवालों का मत है कि साहित्य और कला का विकास और सफलता, उन्हें जन और जनता के सम्पर्क में लाने के लिए साधारण बना देने में नहीं है। साहित्य और कला के प्रति ऐसा व्यवहार उनकी मूल भावनाओं और उद्‌देश्य के प्रतिकूल होगा। साहित्य और कला को सर्वसाधारण के शिश्नोदर की आवश्यकताओं और अनुभूतियों के लिए गम्य और उनसे सम्बद्ध पार्थिव और सामाजिक समस्याओं में उलझा देना अथवा लथेड़ देना, उसे नीरस और क्षणिक मूल्य का बना देना है।

साहित्य और कला का उद्‌देश्य और लक्ष्य स्थायी मूल्य की उच्चतर अनुभूतियों और सन्तोष को उत्पन्न करना रहा है और होना चाहिए। साहित्य और कला की गति पृथ्वी और सर्वसाधारण के समतल और समानान्तर दिशाओं में चलने और बढ़ने में नहीं होनी चाहिए, अपितु उनकी गति अनुभूतियों और भावनाओं के आकाश-पाताल में कल्पना की ऊँचाइयों और अनुभूतियों की गहराइयों की ओर होनी चाहिए।

साहित्य और कला को विशिष्ट स्तर और वर्ग की वस्तु माननेवालों का कहना है—यदि साहित्य और कला अतीत में सर्वसाधारण की पहुँच और अनुभूतियों की चिन्ता से सर्वसाधारण से चिपटे रहते, उनके ही उपयोग की वस्तु बने रहते, यदि साहित्य और कला ने उनसे ऊँचे उठने का यत्न न किया होता या साहित्य और कला जन-सम्पर्क की धरती में गड़े हुए खूँटों से बँधे रहे होते तो साहित्य और कला की गगनचुम्बी और पाताल-स्पर्शी जो उपलब्धियाँ मनुष्य के गौरव रूप में आज प्रकाश-स्तम्भ बनी हुई हैं, वे न दिखलायी देतीं।

जन-सम्पर्क और जन-हित के लिए साहित्य और कला को जन-स्तर की ओर झुकाना साहित्य और कला को नष्ट कर देना है। साहित्य और कला का विकास और उनकी सफलता उन्हें सामान्य, स्थूल पार्थिवता और सामयिकता में लथेड़ देने में नहीं है। साहित्य का निर्माण स्थूल-पार्थिव तत्त्वों और प्रेरणाओं से नहीं, मस्तिष्क और हृदय में उद्‌भूत सूक्ष्म अनुभूतियों और प्रेरणाओं से होता है। साहित्य का लक्ष्य भी स्थूल-पार्थिव समस्याएँ नहीं, अपितु मस्तिष्क और हृदय की सूक्ष्म अनुभूतियों का ही सन्तोष होना चाहिए। साहित्य का क्षेत्र पार्थिव बहिर्जगत् नहीं है। साहित्य का स्रोत हृदय की सूक्ष्मतम और गूढ़तम अनुभूतियों में होता है और उसे सूक्ष्मतम और गूढ़तम अनुभूतियों को ही तृप्त करना चाहिए। उत्कृष्ट साहित्य की कसौटी बहिर्मुखी प्रवृत्तियाँ नहीं, अपितु अन्तर्मुखी चेतनाएँ ही हो सकती हैं।

अन्तर्मुखी अनुभूतियों और प्रवृत्तियों की श्रेष्ठता की कसौटी जन-सम्पर्क और जन-मत को कैसे मान लिया जा सकता है? वह तो वस्तु ही विशिष्ट स्तर और वर्ग की है। साहित्य और कला को विशिष्ट विचार और अनुभूतियों की वस्तु मानकर साहित्य और कला को स्वयं अपना लक्ष्य स्वान्तः सुखाय माननेवाले मनीषियों का कहना है, यदि साहित्य और कला अतीत में सर्वसाधारण और जनता के सम्पर्क और स्तर से बँधे रहते तो आज न कालिदास, भवभूति, शेक्सपियर, गेटे और दान्ते का साहित्य आपको मिलता और न अजन्ता, एलौरा और ताजमहल होते। कालिदास, माघ और भवभूति की कविता ग्राम्य-गीतों से आगे न बढ़ी होती। अजन्ता, एलौरा और ताजमहल के स्थान पर पत्र-पत्रिकाओं में किसानों, मज़दूरों की झोपड़ियाँ और घरौंदों के ही चित्र दिखायी देते। आप साहित्य और कला को जन-सम्पर्क और जन-हित के नारों और ललकारों से जनता की धरती पर गिराकर सर्वसाधारण की आवश्यकता पीड़ित भावनाओं और समझ से बाँध देंगे तो क्या होगा? साहित्य और कला में चूहों और छछूँदरों के बिलों की ही चर्चा और चित्रण रहेगा, उसमें सूर्योदय की छटा, शरद्-ज्योत्स्ना और आकाशगंगा को स्थान न मिल सकेगा। आज का साहित्य रेल और बस की भीड़, कपड़े और चीनी की महँगाई, परिवार-नियोजन और किसान, मज़दूर और क्लर्क के शिश्नोदर की ही चर्चा करेगा, दुष्यन्त और शकुन्तला की भाव-विह्वलता की सूक्ष्म और उदात्त अनुभूतियों को नहीं छू सकेगा।

साहित्य और कला का उद्देश्य साहित्य और कला ही मानकर जनवाद के प्रवाद में दृढ़ रहने की प्रतिज्ञा करनेवाले साहित्यिक मनीषी कहते हैं—हम गरिमा और गूढ़ताहीन, सामान्य और साधारण को ही प्रतिबिम्बित और प्रतिध्वनित करनेवाले, थिथले प्रलाप को ही साहित्य मानने के लिए तैयार नहीं। हमारा नारा साहित्य के क्षेत्र में विशिष्टता की रक्षा है।

अनेक ऐसे अपने-आपको जनवादी कहनेवाले दुस्साहसी साहित्यिक हैं जो सीना ठोंककर कहते हैं—साहित्य समाज का दर्पण होता है। साहित्य समाज की भावनाओं, महत्त्वाकांक्षाओं और व्याकुलताओं की अभिव्यक्ति और गूँज होता है। हम और हमारा समाज जैसा है, हीन है तो, श्रेष्ठ है तो, वैसा ही हमारा साहित्य होगा। वैसा ही साहित्य हमारे विचारों की अभिव्यक्ति होगा, वही हमारी अनुभूतियों को सन्तुष्ट करेगा। जो साहित्य और कला हमारे लिये विचार और अनुभूतिगम्य नहीं है वह साहित्य हमारे लिये मिथ्या है, या साहित्य का आडम्बरमात्र है। ऐसा साहित्य अन्तर्मुखी नशे की पिनक-मात्र है। हम पार्थिव रूप से असन्तुष्ट हैं, हमारे जीवित रह सकने के लिए पार्थिव संघर्ष अनिवार्य है और हमारा साहित्य उस संघर्ष में सहायक होगा। हमारे जीवन की आवश्यकताएँ, सम्भावनाएँ और गति अन्तर्मुखी नहीं बहिर्मुखी, पार्थिव, सामाजिक और सामूहिक है। हम अपने जीवन को व्यक्तिनिष्ठ और अन्तर्मुखी प्रवृत्तियों के भँवर में गहरे डुबोकर सफल नहीं बना सकते। न हम व्यक्तिवाद के रॉकेट में बैठ खगमण्डल से इस पृथ्वी को करुणार्द्र दृष्टि से देख सकते हैं।

ऐसे जनवादी साहित्यिक कहते हैं—हम स्वयं जन हैं, विशिष्टता के अहंकार में हम जन की अवहेलना कर, असाधारणता, विशिष्टता और श्रेष्ठता को पा नहीं सकते, और न उसका दावा ही कर सकते हैं। हमारे साहित्य का आधार और मेरुदण्ड अनिवार्यतः जन-भावना और जन-अनुभूति है और होंगे। हमारे आज के जनवादी युग के साहित्य की श्रेष्ठता की कसौटी जनता की परख ही होगी—हमारा साहित्य, जनता का साहित्य, जनता द्वारा साहित्य और जनता के लिए साहित्य।

साहित्य से सम्पर्क रखकर, साहित्य के प्रयोजन और कसौटी के प्रश्न पर तटस्थता का दावा दम्भ ही जान पड़ेगा, उपहासजनक भी हो सकता है। फिर भी साहित्य के प्रयोजन और देश-काल के प्रसंग से साहित्य की गति के सम्बन्ध में अपने विचार कह डालने में क्या हरज़ है? कहने और सुनने की शर्त यह नहीं है कि बात मान ही ली जायेगी।

(एक) साहित्य की सफलता और श्रेष्ठता की कसौटी जनवादी दृष्टिकोण हो अथवा विशिष्ट वर्ग का मानसिक सन्तोष, इस प्रश्न पर विचार करते समय एक बार साहित्य की परिभाषा को याद कर लेना अप्रासंगिक नहीं होगा। साहित्य की परिभाषाएँ अनेक हैं। उनमें परस्पर विरोध न होने पर भी, सबकी चर्चा एक साथ करने से उलझाव ही होगा। प्रसंगवश एक परिभाषा का उल्लेख ऊपर हो भी गया है—साहित्य समाज का दर्पण है। यह परिभाषा विवादास्पद हो सकती है। कुछ लोग समाज का अर्थ सुसंस्कृत, विशिष्ट वर्ग को ही समझते हैं और कुछ लोग समाज को जन का पर्यायवाची समझते हैं। साहित्य की कोई मौलिक परिभाषा पेश करने का दावा नहीं है।

(दो) साहित्य को विशिष्ट वर्ग की वस्तु बतानेवालों की मान्यता और बहुत पुरानी परिभाषा है—'वाक्यं रसात्मकं काव्यम्।' आधुनिक बोलचाल की भाषा में कहा जा सकता है—रसोद्रेक करनेवाली अभिव्यक्ति साहित्य होती है।

हम साहित्य के निर्माण की प्रक्रिया की कल्पना इस प्रकार करेंगे—साहित्यिक अथवा कलाकार के मन अथवा मस्तिष्क में रसमय कल्पना का स्फुरण होता है। जब साहित्यिक अथवा कलाकार उस रसमय कल्पना की अभिव्यक्ति करता है, उसके वाक्य अथवा अभिव्यक्ति साहित्य बन जाती है।

ज़रा ध्यान देने की बात है कि रसमय भाव अथवा कल्पना जब तक साहित्यिक अथवा कलाकार के मन और मस्तिष्क में समाहित रहेगी, वह भावना अथवा कल्पना ही रहेगी, साहित्य नहीं बन पायेगी। साहित्य बन सकने के लिए कल्पना का बहिर्मुखी होकर अभिव्यक्ति होना, उद्गाता के मन और मस्तिष्क से प्रकट होकर अन्य जनों, श्रोताजन और पाठकजन के सम्पर्क में आना आवश्यक है। भावनाएँ और कल्पनाएँ व्यक्तिगत रहने की अवस्था में साहित्य नहीं बन सकतीं, वे सामाजिक हो जाने पर, जन-सम्पर्क में आने पर ही साहित्य बन सकती हैं। साहित्य के निर्माण की प्रक्रिया ही विचारों, भावनाओं और कल्पनाओं का जन-सम्पर्क में आना है। प्रश्न यह है कि 'कौन' साहित्यिक और कलाकार 'किस' जन के सम्पर्क में आना चाहता है, किस जन को अपनी अनुभूतियों के सम्पर्क का अधिकारी समझता है और किन्हें सम्बोधन करना चाहता है?

साहित्य और कला के क्षेत्र में वैयक्तिक रुचि अथवा अरुचि के आधार पर पसन्द या नापसन्द के लिए सदा से अवसर रहा है, परन्तु साहित्य की सफलता की कसौटी व्यक्तिगत नहीं, सामाजिक ही है। फिर प्रश्न यह उठ खड़ा होगा कि आप समाज किसे समझते हैं?

हम-सब में थोड़ी-बहुत अहम्मन्यता होती है। समाज का अर्थ हम अपने-जैसे लोगों को ही समझना चाहते हैं और अपनी ही दृष्टि से साहित्य की उत्कृष्टता और उसके स्थायी मूल्यों को निश्चित करना चाहते हैं परन्तु साहित्य के क्षेत्र में क्या व्यापक और स्थायी मूल्य हो सकते हैं? बदलती हुई परिस्थितियों ने किस मूल्य को व्यापक और स्थायी रहने दिया है?

स्थायी मूल्यों की कसौटियों की चर्चा हो तो सबसे पहले कालिदास के काव्य की ही याद आयेगी। परन्तु क्या कालिदास के काव्य की रसानुभूति तत्कालीन सामाजिक व्यवस्था

और तत्कालीन सामाजिक मान्यताओं से सम्बद्ध और सीमित नहीं थी? कालिदास की रचनाएँ संस्कृत में हैं, परन्तु उनके नाटकों में जहाँ भी साधारणतः स्त्री पात्रों तथा सामान्य वर्ग के सम्भाषण आये हैं वे संस्कृत में नहीं, प्राकृत में मिलते हैं। यह स्पष्ट प्रमाण है कि कालिदास ने अपनी रचनाएँ संस्कृत समझनेवाले विशिष्ट वर्ग के लिए ही की थीं। प्राकृत का प्रयोग उसने सामाजिक यथार्थ की रक्षा के लिए किया था, प्राकृत बोलनेवाले हीनवर्ग के सन्तोष के लिए नहीं। साहित्य को विशिष्ट वर्ग की ही वस्तु माननेवाले कालिदास के उदाहरण को अपने लिये आदर्श मान सकते हैं। परन्तु क्या वे कालिदास के समय की सामन्तवादी सामाजिक और राजनीतिक व्यवस्था को भी पुनः समाज में ला सकेंगे? समाज की आर्थिक और राजनीतिक बागडोर सँभालनेवाला वर्ग ही समाज का प्रतिनिधित्व करता है। समाज के जिस वर्ग के हाथ में आर्थिक और राजनीतिक व्यवस्था की बागडोर रहती है समाज उसी की मान्यताओं और महत्त्वाकांक्षाओं को प्रतिध्वनित और प्रतिबिम्बित करता है। आर्थिक और राजनीतिक व्यवस्था में जनता के अधिकारों की दुहाई देनेवाले साहित्य के क्षेत्र में जनता की साहित्य की परख के निर्णय को कब तक अनाधिकारिक कह सकेंगे? यदि उन्हें ऐसी आत्मप्रवंचना से कोई सुख मिल सकता है तो जनवादी साहित्यिक उनसे क्यों ईर्ष्या करे?

नयी कहानियाँ, अक्टूबर, १९६२

●

काले-भूरे अंग्रेज़

देश के सामने भाषा के सम्बन्ध में संकटापन्न स्थिति उत्पन्न हो गयी है– ऐसी संकटापन्न स्थिति कि सरकार उसका उपाय करने के लिए देश के संविधान तक में परिवर्तन करने को तैयार है।

संकट यह है कि देश में स्वतन्त्रता की स्थापना के समय जनता के प्रतिनिधियों ने अपनी स्वतन्त्रता को चरितार्थ करने के लिए अपने-अपने राज्यों में अपनी मातृभाषाओं द्वारा शासन और शिक्षा चलाने का और राष्ट्रीयता और एकता की भावना से हिन्दी को राष्ट्रभाषा बनाने का निश्चय कर लिया था। कांग्रेस और मुस्लिम लीग के नेताओं ने कठिनाई में फँसे अंग्रेज़ों की दूरदर्शिता और सौजन्य से ही शासन का अधिकार पाया था, इसलिए वैधानिक रूप से, विदेशी शासन हट जाने पर भी, शासन की व्यवस्था को बिना किसी परिवर्तन के चलाते रहने का काम अंग्रेज़ों द्वारा गढ़ी और संगठित की हुई, अंग्रेज़ी संस्कारों की अभिजात नौकरशाही के ही हाथ में रहा। उस नौकरशाही ने अंग्रेज़ों की सुविधा के लिए अंग्रेज़ी में ही शासन चलाना सीखा था। नीति निश्चित करने का काम ऐसे अभिजात नेतृवर्ग नेताओं के हाथ में रहा, जिन्होंने अंग्रेज़ों से अंग्रेज़ी में ही स्वतन्त्रता माँगना सीखा था। स्वतन्त्रता की घोषणा के समय जनता की भावना के कारण वैधानिक रूप से राज्यों में अंग्रेज़ी का स्थान देशीय भाषाओं को और देश की सामूहिक राष्ट्रभाषा का स्थान हिन्दी को देना स्वीकार करना पड़ा था, परन्तु जनता को पुचकारकर काम चलाने के लिए पाँच वर्ष तक देश का शासन अंग्रेज़ी में ही चलाते रहने का उपाय कर लिया गया। इस विरोधाभास की ओर किसी का भी ध्यान नहीं गया था कि अंग्रेज़ों के बिना तो देश का शासन चल सकता था, परन्तु अंग्रेज़ी के बिना नहीं। यह किसी को नहीं सूझा कि अंग्रेज़ी शिक्षा से अभिजात बने, अंग्रेज़ों के जूते में पाँव फँसा लेनेवाले नेताओं ने गोरे अंग्रेज़ों को हटाकर काले-भूरे अंग्रेज़ बन जाने की स्वतन्त्रता की माँग की थी। पाँच वर्ष बाद जब फिर उनके सामने अपनी भाषाएँ अपनाकर भारतीय बन जाने का संकट आया तो उन्होंने एक बार फिर जनता को पुचकारा—अभी हमें देशी बोलना नहीं आया, अभी पाँच बरस और माँगता। जब वह समय भी गया और देशी बन जाने की मज़बूरी दिखायी देने लगी तो जनता की 'देशी बनो, देशी बनो' की ललकार का संकट दूर करने के लिए संविधान को ही बदल देने का उपाय किया जा रहा है। (बदल दिया गया)

सरकार के ही आँकड़ों के आधार पर स्थिति यह है कि देश के प्रति सैकड़ों लोगों में से साढ़े सत्तानबे प्रतिशत लोग अंग्रेज़ी नहीं जानते। जो ढाई प्रतिशत लोग अंग्रेज़ी जाननेवाले

कहे जाते हैं, उनमें मैट्रिक पास अंग्रेज़ीदानों की संख्या अधिक होना स्वाभाविक है जिन्होंने ए-बी-सी-डी तो पढ़ी है परन्तु नो (एन-ओ) और नो (के-एन-ओ-डब्लू) के अन्तर में बौखला जाते हैं। वे अंग्रेज़ी में लिखी सरकार की किसी आज्ञा को नहीं समझ सकते।

इस प्रजातन्त्र देश में, जहाँ जनता को बहलाने के लिए सड़कों के नाम तो 'जनपथ' और रेलों के नाम 'जनता एक्सप्रेस' रखे जाते हैं, वहाँ शासन देश की साढ़े सत्तानबे प्रतिशत जनता के लिए अबोध भाषा में चलता है। प्रजातन्त्र शासन की परिभाषा यह सुनी गयी है कि शासन प्रजा का, प्रजा द्वारा और प्रजा के हित के लिए हो। परन्तु हमारे जनवादी प्रजातन्त्र में जनता की स्वतन्त्रता और आत्म-निर्णय के अधिकार की वास्तविकता यह है कि शासन की सम्पूर्ण व्यवस्था सत्तानबे प्रतिशत प्रजा के लिए अगम्य और अबोध भाषा के पर्दे में चलायी जाती हैं। अब तक कम्युनिस्ट देशों के ख़िलाफ़ यह लांछन था कि वे अपनी अराजकता और अव्यवस्था को दूसरे देशों से 'आयरन कर्टेन' (लोहे के पर्दे) में छिपाये रहते हैं, परन्तु हमारी प्रजातन्त्र, जनवादी, दरिद्रनारायण की सेवक सरकार अपनी व्यवस्था और कारनामों को अपनी निन्यानबे प्रतिशत जनता से ही लोहे के पर्दे में रखती है। जनता और शासकों के बीच में इस लोहे के पर्दे को स्थायी बना देने के लिए संविधान को ही बदल देना चाहती है और यह परिवर्तन किया जायेगा जनवाद के नाम पर।

देश के संविधान में परिवर्तन कर देना मामूली बात नहीं है। हमारा प्रश्न है कि क्या वैधानिक रूप से लोकसभा को संविधान में मनचाहा परिवर्तन करने का अधिकार है? दूसरे प्रजातन्त्र में, संविधान में परिवर्तन की आवश्यकता होती है तो जनमत जानने के लिए उसी प्रश्न पर नये चुनाव कर लिये जाते हैं।

देश की राजनीतिक स्थिति को जाननेवाले चिन्तित हैं कि सरकार संविधान में मनचाहा परिवर्तन कर ही लेगी। अंग्रेज़ी को अनियमित काल के लिए हिन्दी के साथ देश की केन्द्रीय सहायक भाषा बना दिया जायेगा। अंग्रेज़ी को हिन्दी की सहायक भाषा स्वीकार करने का अर्थ अंग्रेज़ी को यथावत् शासन की भाषा बनाये रहना होगा। लोकसभा में संविधान के इस परिवर्तन का प्रस्ताव स्वयं सरकार द्वारा पेश किया जायेगा (गया था)।

यह प्रस्ताव पास हो जायेगा (गया) क्योंकि लोकसभा में सत्ता पक्ष का बहुमत है। लोकसभा में लगभग ५०० सदस्यों में से तीन सौ से अधिक सत्ताधारी हैं। स्थिति का यह विचित्र विद्रूप है कि लोकसभा के एक-तिहाई सदस्य अंग्रेज़ी नहीं जानते। जिस समय लोकसभा की कार्यवाही अंग्रेज़ी में चलती है, लोकसभा में जनता का प्रतिनिधित्व करनेवाला एक-तिहाई भाग प्रतिमावत् बैठे रहने के अतिरिक्त और क्या कर सकता है? लोकसभा के सत्तापक्ष के सदस्यों से व्यक्तिगत परिचय रखनेवाले लोग जानते हैं कि अंग्रेज़ी जाननेवाले लोकसभा के सदस्यों में से भी अधिकांश लोग संविधान में परिवर्तन उचित नहीं समझते। वे अंग्रेज़ी को तुरन्त समाप्त कर देने के पक्ष में हैं और सत्तापक्ष के अंग्रेज़ी न जाननेवाले सदस्य भी अनुशासन के नाम पर आत्म-हनन करके भी अनियमित काल तक अंग्रेज़ी को स्थान दिये जाने का समर्थन कर देंगे। इस जनवादी प्रक्रिया के द्वारा ही अंग्रेज़ी इस देश की जनता पर अनियमित काल के लिए लादी जायेगी (गयी)। जनवाद और आत्मनिर्णय के अधिकार की इससे बड़ी विडम्बना और क्या हो सकती है? यह देश विदेशी शासन से मुक्त हो चुका है, परन्तु इस देश की जनता की स्वतन्त्रता की विडम्बना यह है कि अपनी भाषा जाननेवाले लोग देश के शासनकार्य के अयोग्य समझे जाते हैं और टूटी-फूटी ग़लत अंग्रेज़ी

जाननेवाले शासन का कार्य चलाने के योग्य समझे जाते हैं। तर्क दिया जाता है कि देश को भावात्मक एकता और एक शासन के सूत्र में बाँधने के लिए, देश के भिन्न भागों में सम्पर्क क़ायम रखने के लिए, अंग्रेज़ी के बिना काम नहीं चल सकता। "जनगण-मन-अधिनायक, भारत-भाग्य-विधाता" लोग समझते हैं, देश की भावात्मक एकता और देश के भिन्न-भिन्न भागों से सम्पर्क में देश के केवल ढाई प्रतिशत लोगों के ही समझने-बूझने और सहयोग की आवश्यकता है। उनके विचार और विश्वास में देश के अनेक भागों का भावात्मक, सांस्कृतिक और पारस्परिक सम्पर्क अंग्रेज़ी के बिना हो ही नहीं सकता। वे समझते हैं कि अंग्रेज़ों और अंग्रेज़ी के इस देश में आने से पूर्व इस देश के अनेक भागों में विचारों और भावों का कोई पारस्परिक परिचय और सम्पर्क नहीं था। यदि था, तो वह केवल मूक भाषा के संकेतों द्वारा ही होता था!

आज भी क्या देश की अखिल भारतीय राजनैतिक संस्थाओं के अधिवेशनों में, पार्लियामेण्ट में और बड़े-बड़े होटलों में मिलनेवाले एक प्रतिशत से भी बहुत कम या ए-बी-सी-डी जाननेवाले ढाई प्रतिशत लोग ही परस्पर सम्पर्क में आते हैं? सुदूर दक्षिण में कन्याकुमारी से लेकर उत्तर में अमरनाथ तक और पूर्व में पुरी से लेकर पश्चिम में द्वारिका तक तीर्थों और दरगाहों में सम्मिलित होनेवाले लोग औद्योगिक नगरों और खानों में देश के भिन्न-भिन्न भागों से आकर काम करनेवाले लोगों और देश का अंग्रेज़ी न जाननेवाला साधारण व्यापारी और व्यवसायी-वर्ग-जनता का निन्यानबे प्रतिशत इन लोगों के विचारों में क्या परस्पर सम्पर्क में नहीं आता? कौन नहीं जानता, कम-अधिक मात्रा में देश के सभी स्तरों के लोग अपनी नित्य की आवश्यकताओं से परस्पर सम्पर्क में आते हैं। परस्पर सम्पर्क में आने पर ये लोग गूँगों की तरह संकेतों से काम नहीं लेते। वे कोई-न-कोई भाषा बोलते ही हैं और उसी से अपनी सब आवश्यकताएँ पूरी करते हैं। वह भाषा देश के सभी क्षेत्रों की साझी भाषा है, जो उत्तर से दक्षिण तक, पूर्व से पश्चिम तक नगरों और बाज़ारों में, स्टेशनों और मन्दिर-मस्जिदों में बोली-समझी जाती हैं। उसे हिन्दी कहा जाता है, जो देश की अंग्रेज़ी की ए-बी-सी-डी न जाननेवाली साढ़े सत्तानबे प्रतिशत की भाषा है।

"जनगण-मन-अधिनायक, भारत-भाग्य-विधाता" लोग सिद्धान्त रूप से तो हिन्दी को देश-भर की साझी राष्ट्रभाषा स्वीकार करने के लिए बाध्य हैं, परन्तु वे अनियमित काल के लिए शासन में हिन्दी का व्यवहार आरम्भ न करके सहायक भाषा को ही प्राधान्य देने के लिए संविधान में परिवर्तन कर रहे हैं, क्योंकि वे प्रजातन्त्र और जनवादी न्याय के कारण देश के अहिन्दी भाषी क्षेत्र के लोगों पर हिन्दी नहीं लादना चाहते। वे अहिन्दी भाषी लोगों पर हिन्दी तो नहीं लादना चाहते, परन्तु उन पर अथवा देश के सभी भागों पर अंग्रेज़ी लादने में उन्हें कोई संकोच नहीं।

जनता की वास्तविक स्वतन्त्रता और आत्मनिर्णय का अवसर चाहनेवाले जनवादी लोग देश के सभी क्षेत्रों के लोगों को उसकी अपनी ही भाषाओं द्वारा आत्म शासन, शिक्षा और सांस्कृतिक विकास का अवसर देना चाहते हैं। उन पर कोई भी अन्य भाषा न लादकर उन्हें अंग्रेज़ी की दासता से मुक्त करना चाहते हैं। प्रश्न है, देश के केन्द्र से विभिन्न राज्यों के सम्पर्क का। भारत सरकार इसके लिए अंग्रेज़ी को अनिवार्य और आवश्यक समझती है, परन्तु स्वतन्त्रता प्राप्ति के बाद अन्तरराष्ट्रीय क्षेत्र में भारत सरकार क्या व्यवहार कर रही है? भूगोल की अधिकांश जनसंख्या अंग्रेज़ी को अन्तरराष्ट्रीय भाषा स्वीकार नहीं करती—चीन,

रूस तथा अन्य कम्युनिस्ट देश भारत सरकार से अंग्रेज़ी के द्वारा सम्पर्क नहीं रखते। उनका आग्रह है कि भारत सरकार उनसे उनकी ही भाषा में पत्र-व्यवहार करे अथवा हिन्दी में करे और भारत सरकार ऐसा ही करती है। क्या इतना सौजन्य संविधान द्वारा स्वीकृत भारतीय भाषाओं के क्षेत्रों से नहीं किया जा सकता। जब देश के विभिन्न क्षेत्रों से केन्द्र के सम्पर्क का प्रश्न है तो भी उन राज्यों की सरकारों से उनकी ही भाषा में आवश्यक समय तक सम्पर्क स्थापित किये जा सकते हैं और प्रामाणिकता के लिए लेखे की एक प्रति हिन्दी में भी साथ जा सकती है। यदि ये प्रदेश केन्द्र से साझी भाषा में ही सम्पर्क स्थापित करना चाहेंगे तो हिन्दी मौजूद है। सम्भव है कुछ लोग इसे अहिन्दी भाषियों पर हिन्दी लादने की चाल कहें। ऐसे लोगों से यह प्रश्न पूछा जा सकता है कि हिन्दी भारत के किस क्षेत्र-विशेष की भाषा है और वह किस पर लादी जाती है?

जिस हिन्दी का प्रयोग आजकल की हिन्दी पत्र-पत्रिकाओं में होता है, जिस भाषा को अंग्रेज़ी न बोल सकनेवाले देश के विभिन्न भागों के लोग परस्पर सम्पर्क के लिए नगरों-बाज़ारों में बोलते हैं, जिस हिन्दी का प्रयोग सरकारी काम-काज में जब कभी होता है, वह हिन्दी भारत के किस क्षेत्र की भाषा है? कुछ लोगों ने धारणा बना ली है कि हिन्दी उत्तर भारत की भाषा है। परन्तु वह तथ्य नहीं है। उत्तर भारत क्या, उत्तर प्रदेश के भी सब भागों की खड़ीबोली, नागरी हिन्दी से पृथक् अपनी-अपनी अलग बोलियाँ या भाषाएँ हैं। अपनी-अपनी बोलियाँ या भाषाएँ —ब्रज भाषा, गढ़वाली अथवा कुमायूँनी, भोजपुरी, आधुनिक खड़ीबोली—नागरी हिन्दी से पृथक् बोलियाँ हैं। उत्तर भारत के लोग अपनी स्थानीय बोलियाँ या भाषाएँ छोड़कर देश-भर के नगरों, बाज़ारों, दफ़्तरों, कारखानों और तीर्थों-दरगाहों में अन्य लोगों के सम्पर्क में आने के लिए ही यह नागरी हिन्दी बोलते हैं। जब अंग्रेज़ी न जाननेवाला बंगाली तामिलनाडु में जाता है, अंग्रेज़ी न जाननेवाला तामिल केरल में जाता है और अंग्रेज़ी न जाननेवाला मलयालमभाषी बम्बई जाता है, बम्बई का अंग्रेज़ी न जाननेवाला सर्वसाधारण कश्मीर जाता है और कश्मीर का अंग्रेज़ी न जाननेवाला सर्वसाधारण आसाम और बंगाल जाता है तो इसी भाषा को बोलता है। ऐतिहासिक और भौगोलिक परिस्थितियों के कारण यह हिन्दी ही इस बहुभाषी राष्ट्र की सर्वसाधारण जनता की साझी भाषा रही है। इस भारत अथवा हिन्दुस्तान की सम्पूर्ण भूमि के किसी भी स्थान-विशेष का नाम भारत अथवा हिन्दुस्तान नहीं है। यह समुच्चय देश ही भारत अथवा हिन्दुस्तान है। इसी प्रकार हिन्दी भारत अथवा हिन्दुस्तान के किसी स्थान अथवा राज्य-विशेष की भाषा नहीं, समुच्चय भारत अथवा हिन्दुस्तान की भाषा है। परन्तु अंग्रेज़ी की आदत के कारण अपने को सर्वसाधारण से पृथक् तथा अभिजात समझनेवाले देश की राजनीति की लगामें थामे लोग अपनी अंग्रेज़ी की विशिष्टता क़ायम रखने के लिए देश की साझी भाषा को स्वीकार न कर देश को भावात्मक, राजनीतिक और सांस्कृतिक एकता में बाँधे रखने के लिए अंग्रेज़ी को अनिवार्य समझते हैं। वास्तव में उनका प्रयोजन होता है देश के सर्वसाधारण को सांस्कृतिक और राजनीतिक प्रश्नों पर सहयोग से वंचित रखना। हमारी सरकार देश की जनता के उत्थान के लिए अनिवार्य शिक्षा की तो बात ही कर रही है परन्तु अंग्रेज़ी की शिक्षा को उन्होंने सभी राज्यों की शिक्षा-संस्थाओं में अनिवार्य कर दिया है। शासन और शिक्षा में स्थानीय भाषाओं के प्रयोग के साथ सहायक रूप में, एकसूत्रता के लिए हिन्दी के प्रयोग को तो वे हिन्दी लादना कहते हैं, परन्तु मैकाले की ये प्रेतात्माएँ—हमारे राजनीतिक अधिनायक—देश के सभी भागों के आठ-नौ वर्ष के बालक-बालिकाओं को अनिवार्य रूप से अंग्रेज़ी सीखने के लिए बाध्य करना

अंग्रेज़ी लादना नहीं, देश का स्वाभाविक, सांस्कृतिक उत्थान समझते हैं। वे स्वयं अपनी भाषा न बोल सकने की अक्षमता को ही देश का आदर्श बना देना चाहते हैं।

'जनगण-मन-अधिनायक, भारत-भाग्य-विधाताओं' ने अपने राजनीतिक अनुशासन से देश की भावी जनता को बचपन से ही अंग्रेज़ी रटाकर अंग्रेज़ी तोते बनाने का निश्चय कर लिया है। वे लोकसभा की कुर्सी और तनख़ाह को ही सब-कुछ समझनेवाले अपने दल के सदस्यों की न्याय-बुद्धि का हनन करके संविधान में परिवर्तन द्वारा अंग्रेज़ी को अनियमित काल के लिए सरकारी उपयोग की भाषा बना देंगे, परन्तु वे देश के सर्वसाधारण को मानसिक और सांस्कृतिक विकास के लिए कितने समय में अंग्रेज़ बना सकेंगे? अंग्रेज़ सरकार अपनी शासन-शक्ति के बल पर दो सौ वर्षों में ढाई प्रतिशत लोगों को ही अंग्रेज़ी सिखा सकी है और उन अंग्रेज़ी जाननेवालो में से भी नो (एन-ओ) और नो (के-एन-ओ-डब्लू) में तमीज कर सकनेवालों की संख्या मुश्किल से एक प्रतिशत नहीं होगी।

कुछ ही सप्ताह पूर्व अंग्रेज़ी साप्ताहिक 'ब्लिट्ज' ने अंग्रेज़ी के माध्यम से जीविका कमानेवाले एक क्लर्क द्वारा पत्नी की बीमारी में छुट्टी के लिए दिये गये निवेदन का उदाहरण दिया है—बिईंग द ओनली हसबैण्ड ऑफ माइ वाइफ़ (अपनी पत्नी का एकमात्र पति होने के कारण)। ऐसी हिन्दुस्तानी अंग्रेज़ी के उदाहरण एकत्र किये जायें तो दो-तीन सौ पृष्ठ सुविधा से भरे जा सकते हैं।

हमारा राष्ट्र दो सौ वर्ष में कितनी अंग्रेज़ी सीख पाया है। अंग्रेज़ी पत्रों के पाठक भूले न होंगे कि अंग्रेज़ी को भारत के सांस्कृतिक उत्थान का अनिवार्य साधन समझनेवाले हमारे एक प्रमुख नेता का आत्मचरित अनेक वर्ष पूर्व अंग्रेज़ी में प्रकाशित हुआ था। अंग्रेज़ी के प्रोफेसरों ने पुस्तक की आलोचना करते समय उसे 'बैड इडियम एण्ड रौंग ग्रामर' (ग़लत मुहावरों और ग़लत व्याकरण) से भरा बताया था।

कुछ लोग जानते ही होंगे कि सरकारी तत्त्वावधान में चलनेवाली 'साहित्य अकादमी' गत १०-१२ वर्षों से भारतीय भाषाओं की श्रेष्ठ साहित्यिक कृतियों के अच्छे अंग्रेज़ी अनुवाद प्रकाशित करने का यत्न कर रही है। इतने वर्षों में साहित्य अकादमी को प्रति करोड़ में एक के हिसाब से भी अंग्रेज़ी में सन्तोषजनक अनुवाद कर सकनेवाले नहीं मिल सके। वही अंग्रेज़ी बनेगी भारत के सांस्कृतिक और मानसिक उत्थान का माध्यम! दो सौ वर्ष में ढाई प्रतिशत भारतीय ग़लत-सलत अंग्रेज़ी सीख सके हैं तो कांग्रेस सरकार अंग्रेज़ी की अनिवार्य शिक्षा देकर कितने वर्षों में कितने भारतीयों को अंग्रेज़ी सिखा सकेगी? साधारण गणित से सम्पूर्ण भारतीयों को ए-बी-सी-डी सिखा देने के लिए भी हज़ारों वर्षों का समय चाहिए। हमारे भाग्य-विधाताओं की समझ से भारत के सर्व-साधारण का सांस्कृतिक विकास उससे पहले नहीं हो सकेगा। परन्तु भारत के सांस्कृतिक विकास में सहायक हो सकनेवाला सम्पूर्ण अंग्रेजी साहित्य उससे कई गुने कम समय में भारतीय भाषाओं में अनूदित हो सकता है।

'जनगण-मन-अधिनायक, भारत-भाग्य-विधाता' लोग संविधान में परिवर्तन करके अनियमित काल के लिए अंग्रेज़ी को राष्ट्रभाषा हिन्दी की सहयोगी—वास्तव में शासकीय उपयोग की मुख्य भाषा बना देना चाहते हैं, क्योंकि उनके विचार में हिन्दी अभी शासनकार्य और ऊँचे स्तर के भावों और विचारों को प्रकट कर सकने के योग्य भाषा नहीं है। वे इस निर्णय पर भी पहुँच गये हैं कि हिन्दी अनियमित काल तक इस योग्य नहीं हो सकेगी। इसलिए वे

संविधान में परिवर्तन कर रहे हैं। उनका यह निर्णय उनकी इच्छा और भावना का ही परिचायक है। जनता को बहलाने के लिए हिन्दी के विकास के प्रयत्नों का आडम्बर भी रचा जा रहा है, मानों हिन्दी का विकास रसायनशालाओं में या अंग्रेज़ी की मशीनों में ढालकर या खरादकर होगा या हिन्दी के अण्डों को अंग्रेज़ी भाषा की मुर्गी के नीचे रखकर सेया जा रहा है और उन अण्डों में से विकसित हिन्दी कुड़कड़ाती हुई निकलकर फुरफुर उड़ने लगेगी। यह कितना बड़ा विद्रूप और प्रवंचना है कि शासकीय कार्यों और गम्भीर विषयों के लिए हिन्दी का प्रयोग किये बिना ही उसे उन प्रयोजनों के अनुरूप बनाया जा रहा है। हमारे अधिनायक और भाग्यविधाता हिन्दी को शासन और गम्भीर विषयों के जल में उतारे बिना ही उसे उसमें तैरना सिखा देना चाहते हैं।

विश्वविद्यालयों के शिक्षकों का अनुभव है कि विद्यार्थियों को दर्शन, राजनीति और विज्ञान-जैसे विषय अंग्रेज़ी की अपेक्षा अपनी भाषाओं के माध्यम से अधिक अच्छी तरह समझाये और हृदयंगम कराये जा सकते हैं तो शासन-कार्य के लिए हिन्दी के अनुपयुक्त होने का क्या कारण हो सकता है?

भाषाओं का स्तर उनका प्रयोग करनेवालों के बौद्धिक स्तर और सांस्कृतिक स्तर पर निर्भर करता है। किसी भी भाषा के बोलनेवाले अपनी आवश्यकताओं, बौद्धिक और सांस्कृतिक स्तर के अनुसार ही शब्दों का प्रयोग करते हैं। शब्दों और मुहावरों का परिचय और विकास उनकी आवश्यकता पड़ने पर ही होता है। हिन्दी के सामर्थ्य का अनुमान केवल यात्राओं, सिनेमाघरों और मेलों-ठेलों में होनेवाली भाषा से करना अन्याय है। हम भी मानते हैं कि अंग्रेज़ी बहुत विकसित भाषा है, परन्तु फौजी गोरों, इंग्लैण्ड की मिलों, खानों और कारखानों के सर्व-साधारण मज़दूरों के जीवन से परिचित लोग जानते हैं कि वे लोग बर्नर्ड शा, चर्चिल, एटली, इलियट और रसेल की भाषा नहीं समझते, न ही उस भाषा का प्रयोग करते हैं। ऐसे ही हिन्दी का विकास जनता के उसी स्तर के अनुरूप होगा जो इसका प्रयोग करेगी—जब हिन्दी में ऊँचे स्तर के विचारों और भावों का प्रकट करने के लिए अनुरूप शब्दों का प्रयोग होने लगता है तो हमारे भाग्य-विधाता हिन्दी के सरलीकरण की आज्ञा दे देते हैं। वे हिन्दी जानने का दावा भी करते हैं परन्तु हिन्दी का नमूना होता है—हम छोटावाला टैक्सी माँगता।

संविधान द्वारा अनियमित समय के लिए अंग्रेज़ी को शासकीय कार्यों के लिए सहयोगी भाषा बना देने का प्रयोजन और अर्थ है—हिन्दी को अनियमित काल तक शासकीय और गम्भीर विषयों के लिए अनुपयुक्त बनाये रखना। कोई भी भाषा किसी कार्य के लिए उसी समय उपयोगी बन सकी है जब उस कार्य के लिए उसका उपयोग आरम्भ कर दिया गया है। यदि वास्तव में स्थानीय भाषाओं और हिन्दी का शासकीय कार्यों में प्रयोग करने की नीयत है तो उसके लिए कोई अवधि निश्चित करना प्रवंचना मात्र है। उसका उपयोग आज से तुरन्त ही आरम्भ होना चाहिए। जो लोग अपना विकास स्वतन्त्र भारतीय राष्ट्र के रूप में करना चाहते हैं, उनका इस विषय में अपेक्षा से मौन रहना राष्ट्रीय आत्मघात है।

नई कहानियाँ, नवम्बर, १९६२

•

यह लड़के-लड़कियाँ और हम

यह नया जमाना बेटीवालों के लिए अच्छी-ख़ासी मुसीबत बन गया है। यूँ तो हमारे समाज और संस्कृति में बेटियाँ सदा से ही चिन्ता और संकट का कारण रही हैं, यहाँ तक कि बेटी के जन्म का समाचार पाकर पुराने ख़्याल के लोगों में बड़ी-बूढ़ियाँ अब भी कह देती हैं 'करम फूटे, पत्थर हुआ।' तीन-चार पीढ़ी पहले तक किसी के सामने मूँछ और सिर नीचा न करना चाहनेवाले कुलीन लोग, बेटी को जन्मते ही गला दबाकर अथवा अफ़ीम चटाकर समाप्त करवा देते थे। समय बदला, कन्याओं की हत्या ग़ैरक़ानूनी करार दे दी गयी। लोग भी उसे अमानुषिकता और पाप समझने लगे।

पिछले पीढ़ी तक भी लड़की चिन्ता का कारण और बोझ ही समझी जाती थी परन्तु तब चिन्ता के उस कारण को घर की चहारदीवारी के भीतर ही सँभाल-समेटकर रखा जा सकता था। लड़की के युवा होने, उसके कारण चिन्ता और संकट की परिस्थिति आने से पूर्व ही उसे दूसरों के हाथ सौंप देते थे।

समय ने एक और करवट ली। लड़कों की तरह लड़कियों को भी पढ़ने-लिखने का, हो सके तो उन्हें भी अपने पाँव खड़ी हो सकने योग्य बना देने का रिवाज चल पड़ा।

इस युग में यदि हम सभ्य और सम्मानित समझे जाना चाहते हैं तो बिटिया को साफ़-सुथरी पोशाक में सजा-धजाकर स्कूल भेजना चाहिए। यदि कल्चर्ड होने का दावा है तो बिटिया को नाच-गान और अंग्रेज़ी बोलचाल भी सिखाना आवश्यक हो गया है। आज बच्चियों के सब अच्छे स्कूलों में रिवाज चल पड़ा है कि उन्हें जाँघिया, फ्रॉक पहनने की तमीज आने से पहले ही 'ता थई तत्' सिखाना शुरू कर दिया जाता है। जिसकी बच्ची इतना भी नहीं करके दिखा सकती वह भले लोगों की नज़रों में फूहड़। सब प्रयत्न हैं बेटियों को आकर्षक बनाने के। परन्तु जब बेटियाँ नौजवानों की नज़रों में आकर्षक बन जायें...नौजवानों को आकर्षित करने लगें...?

बिटिया चौदह-पन्द्रह साल की हो जाये तो भी उसे हाट-बाज़ार से होकर स्कूल जाना ही होगा। लड़की को लड़कों के समान सब अवसर देने हैं तो उसे शापिंग के शौक़ से भी वंचित नहीं किया जा सकता। लड़के अपने शौक़ और फैशन से पहनते, बरतते हैं तो लड़कियाँ भी अपने शौक़ और फैशन क्यों न करें? परिणाम होता है हाट-बाज़ार में लड़की की मुसीबत और उसके माँ-बाप के लिए शर्मिन्दगी और फजीहत।

प्रतिदिन ही ख़बरें मिलती हैं – किसी आवारा ने स्कूल जाती लड़की को कन्धा मार दिया। लड़कों ने सड़क पर चलती लड़कियों का रास्ता रोक लिया। लड़कियों को देखकर लड़के कैसी-कैसी आवाज़ें कसते हैं। साइकिल पर चलती लड़की का दुपट्टा या चुटिया खींच

ली। कॉलेज के लड़कों ने कुछ लड़कियों के नाम अश्लील परिहास के इश्तहार लगा दिये, समीप आते हुए चिकोटी भर ली। सामने या पीठ पर हुचका दे दिया। और कुछ नहीं तो समीप आते हुए पुचकार, टिचकार ही देंगे या मजनूँ बनकर लड़की को स्कूल के दरवाज़े तक अथवा रास्ते में घर के दरवाज़े तक पहुँचाने लगेंगे। लड़की यदि सम्बन्धी या पड़ोसियों से कहकर मजनूँ की मरम्मत करवा दे, तो लम्बी लड़ाई मोल ले ले, तब अपनी रक्षा के लिए किसे सदा साथ लेकर चले?

बड़े-बड़े नगरों में नौबत यहाँ तक पहुँची है कि पुलिस को हाट-बाज़ार में 'ईव टीजर्स' (गुण्डों) की रोकथाम के लिए सिपाही तैनात करने पड़े हैं परन्तु लड़कियाँ छेड़ी जाने की शिक़ायत करें तो अपनी फजीहत और बदनामी करवायें। बात माँ-बाप के कानों तक पहुँच जाये तो परिवार के लोग शर्म से डूबकर मर जायें। ऐसी अवस्था में ख़ून का घूँट सटक लेने, ऐसे अपमान को बेबसी में छुपाकर निगल लेने के सिवा चारा ही क्या है? कोई बेटी को परेशान करनेवाले का सिर फोड़ दे परन्तु इससे बदनामी भी तो फैलेगी। इस जमाने में यह तो हो नहीं सकता कि बेटी का घर से निकलना बन्द कर दिया जाये।

प्रगतिवादी, गम्भीर लोगों का ख़्याल है कि लड़कियों के प्रति नौजवानों की उच्छृंखलता का कारण हमारी पुरानी परिस्थितियों और परम्पराओं के अभ्यास हैं। हमारी वह संस्कृति नारी को छिपाकर रखने में ही उसका सम्मान समझती थी और उसे केवल छिपाकर भोगने योग्य वस्तु मानती थी। उस संस्कृति में घर के बाहर नारी का नाम भी नहीं लिया जाता था। वह अमुक की लड़की, अमुक की पत्नी और अमुक की माँ ही होती थी, स्वयं कोई व्यक्ति नहीं हो सकती थी।

लड़कों का लालन-पालन, शिक्षा-दीक्षा लड़के-लड़कियों को पृथक् संस्कारों में बाँधकर रहनेवाली आस्थाओं में हुई है। वे लड़कियों को घर की चहारदीवारी के बाहर देखना अपने पौरुष के लिए चुनौती समझते हैं, जैसे कुत्ता बिल्ली को देखकर खौखियाये बिना नहीं रह सकता या शहर में नया लाया गया जानवर नयी स्थिति में बिदकता है। हमारे नौजवान, लड़कियों को समान व्यक्ति मानने, उनके साथ मिलकर रह सकने और काम कर सकने के दृष्टिकोण से परिचित नहीं है। वह नये दृष्टिकोण को आहिस्ता-आहिस्ता अपनायेंगे। लड़के-लड़कियों को स्वाभाविक परिस्थितियों में, परस्पर सम्मान सहित साथ-साथ रहने और काम करने का अवसर देना चाहिए। परन्तु जो लोग नौजवान लड़के-लड़कियों के अस्वाभाविक अन्तर और व्यवहार को दूर करने, उन्हें परस्पर सद्भाव से रहने, समझने और सीखने का अवसर देना चाहते हैं, उन्हें प्रायः पछताना ही पड़ता है। जब भी नौजवान लड़के-लड़कियों के बड़ी संख्या में कहीं एकत्र होने का अवसर होता है, अनेक शिक़ायतें हो जाती हैं। सहशिक्षा देनेवाली संस्थाओं से आये दिन असन्तोषजनक बातें सुनायी देती हैं। दो महीने नहीं हुए, अनेक पत्रों में लड़कियों के एक कॉलिज के वार्षिकोत्सव के बाज़ार (फेट) में घटी दुर्घटना की चर्चा थी। कॉलेज के प्रबन्धकों ने आधुनिक उदार दृष्टिकोण को उत्साहित करने के लिए सर्वसाधारण नागरिकों को भी उत्सव के बाज़ार में सम्मिलित होने की अनुमति दे दी थी। परिणाम हुआ कि छोकरों की भीड़ टूट पड़ी और लड़कियों को देखकर बावली हो गयी। ऐसे उच्छृंखल भी पहुँच गये जो बोली-ठोली और इशारे से ही सन्तुष्ट न होकर हाथापायी पर उतर आये। खींचातानी में कुछ लड़कियों के कपड़े फट गये, कुछ के शरीर पर भी नोच-खरोंच आ गयी। जो लोग परिस्थिति को सुधारने और रूढ़ियों के

कुसंस्कारों को तोड़ने के लिए साहस का क़दम उठाते हैं, उन्हें पछताना ही पड़ता है। लड़कों की उच्छृंखलता से लड़कियों की जो गति होती है, उससे अधिक झेलना पड़ जाता है उनके माता-पिताओं और अभिभावकों को। जाने यह समय कब बदलेगा?

इस युग में स्त्री-पुरुषों के लिए समान अवसर और समान अधिकार के सिद्धान्त को अस्वीकार नहीं किया जा सकता। लड़कियों को सभी क्षेत्रों में अवसर देने का प्रयत्न करना ही होगा परन्तु सुनते हैं प्रायः ही लड़कों की उच्छृंखलता के कारण लड़कियों के अपने सम्मान की रक्षा के लिए डरकर और दबकर रहना पड़ता है। इसके लिए नौजवानों की लानत-मलामत होती रहती है, उन पर फटकार पड़ती रहती हैं। नौजवानों का कहना है और वास्तविकता जाननेवाले भी स्वीकार करेंगे कि ऐसे प्रसंगों के लिए नयी-नयी स्वतन्त्रता पायी लड़कियों का उत्तरदायित्व भी कम नहीं होता। अवसर पाने पर चुहल की शौक़ीन छोकरियाँ क्या नहीं करतीं? किसी कॉलेज की तीन-चार या अधिक नौजवान लड़कियाँ एक साथ हों और अकेले-दुकेले नौजवान को पा जायें तो टिप्पणी और टिचकारी किये बिना नहीं रहेंगी। लड़कों के रूप, वेश या चाल का परिहास किये बिना न मानेंगी। उन्हें किसी ऐक्टर का नाम दे देंगी या कार्टून ही कह देंगी। इतने पर भी नौजवान ने अगर 'इगनोर' कर दिया तो हलकी-सी सीटी बजा देंगी, न हुआ तो च्–च्–च् ही करके आपस में किल्-किल्, गिल्-गिल् कर लेंगी।

लड़कियाँ निधड़क होने का अवसर पाने पर क्या कर सकती हैं, इसका उदाहरण एक भुक्तभोगी से सुनिये :

एक गर्ल्स कॉलेज की तीस-पैंतीस लड़कियाँ एजूकेशन टूर पर जा रही थीं। लड़कियों ने एक पूरा थर्डक्लास कम्पार्टमेण्ट घेर लिया था। एक्सप्रेस ट्रेन दिल्ली और आगरा के बीच किसी स्टेशन पर रुकी थी। गाड़ी उस स्टेशन को छोड़ने के लिए रेंगने लगी। एक नौवजान हाथ में दो किताबें लिये ज़रा देर से स्टेशन पहुँचा और गाड़ी छूट न जाने के लिए सामने के डिब्बे की ओर लपका। लड़का दौड़कर उसी डिब्बें में चढ़ गया। लड़के ने डिब्बे का दरवाज़ा खोला और लड़कियों की भीड़ देखकर चौंका।

एक लड़की ने किलककर चीख से आतंक प्रकट किया- हाय ...लड़का।

लड़का सहमा परन्तु गाड़ी चाल पकड़ चुकी थी, उस डिब्बे से उतरकर दूसरे कम्पार्टमेण्ट में चले जाने का अवसर नहीं था।

'आने दो, आने दो', कई लड़कियाँ बोल पड़ीं, "आँखें सेंकने का मौका दो बेचारे को" और खिलखिला पड़ीं।

रेल का वह कम्पार्टमेण्ट काफ़ी बड़ा था, काफ़ी जगह थी। लड़का कम्पार्टमेण्ट के एक खाली कोने में बैठ गया। इतनी लड़कियों में एक लड़का, बेचारा झेंप रहा था। दुस्साहस दिखाने के लिए आतुर नज़रों से बचने के लिए उसने किताब खोलकर चेहरे के आगे कर ली।

'तेरी प्यारी-प्यारी सूरत को
किसी की नज़र ना लगे
चश्मे बद्दूर'

लड़कियों का कोरस आरम्भ हो गया।

लड़का कितना ही मूर्ख हो पर इतना कैसे न समझता कि 'चश्मे बद्दूर' सम्मिलित शुभकामना का सम्बोधन उसी के लिए गूँज रहा था।

"सुनिये!" उसने समीप बैठी लड़की को सम्बोधन किया, "मेरा ऐक्ज़ाम है, मैं पढ़ना चाहता हूँ, मुझे डिस्टर्ब न कीजिये।" उत्तेजना से लड़के के गाल लाल हो गये होंगे।

"लाल-लाल गाल
लाल-लाल गाल जान पे हैं लागू,
ओ देख-देख-देख दिल पे रहे क़ाबू,
ओ भाग-भाग-भाग, भाग परदेसी बाबू।"

एजूकेशन टूर पर जानेवाली लड़कियों का कोरस और भी ज़ोर से होने लगा।

नौजवान झल्ला गया, उसने पूछा लिया – "आप किस कॉलेज की स्टूडेण्ट हैं?"

"इक सवाल हम करें,
इक सवाल तुम करो
हर सवाल का सवाल ही जवाब हो।"

लड़के ने मुँह मोड़ लिया।

लड़कियों का कोरस बदल गया –
"नज़रें न चुराओ बाबू जी,
नज़रें ज़रा मिलाओ तो।"

लड़का तिलमिला उठा, उसने क्रोध प्रकट करने के लिए लड़कियों की ओर मुड़कर देखा। लड़कियाँ हाथों से ताल देकर गा उठीं –

"मुड़-मुड़ के ना देख
मुड़-मुड़ के
ज़िन्दगानी के सफर में, तू अकेला ही नहीं है,
हम भी तेरे हमसफर हैं
मुड़-मुड़ के
मुड़-मुड़ के न देख
मुड़-मुड़ के..."

लड़कियों की तालियाँ और भी ज़ोर से बजने लगीं और तालियों की ताल के साथ 'भँगड़ा' की ललकारों में हो! हो! हो!

ट्रेन एक्सप्रेस थी। अनेक स्टेशनों की लाँघती दौड़ी चली जा रही थी। ट्रेन एक स्टेशन पर रुकने के लिए धीमी हुई ही थी कि लड़का उतरने के लिए उठ खड़ा हुआ। लड़कियों का कोरस बदल गया –

"अभी न जाओ छोड़कर
कि दिल अभी भरा नहीं।"

लड़के ने गाड़ी से उतरते हुए लड़कियों की उच्छृंखलता के लिए उन्हें फटकारा– "आपको शर्म नहीं आती, यह भली लड़कियों के तरीक़े हैं?"

लड़के की भर्त्सना के उत्तर में लड़कियों की संख्या से दुगनी चप्पलें और जूतियाँ लड़के को धमकाने के लिए गाड़ी के उस कम्पार्टमेण्ट की खिड़कियों से बाहर निकल आयीं।

शिक़ायत किसकी और किससे की जाये। यह नादान अल्हड़ लड़के-लड़कियाँ जीवन की स्वाभाविक प्रवृत्तियाँ अनुभव करते हैं। समाज की अतीत परिस्थितियों के कारण उन प्रवृत्तियों के सम्बन्ध में जो कुण्ठाएँ बन गयी हैं उनका आतंक भी अनुभव करते हैं। वे

स्वाभाविक रूप से एक-दूसरे का सहयोग चाहते हैं परन्तु परस्पर एक-दूसरे को ठगकर। परिणाम होता है – उच्छृंखलता और आतंक। वह ख़ुद परेशान होते हैं और समाज में व्यवस्था और सौहार्द चाहनेवाले लोगों को खिन्न करते हैं। सब चाहते हैं ऐसी अस्वाभाविक अवस्था दूर हो परन्तु इस अवस्था को दूर करने के लिए जो भी उपाय किये जाते हैं या अवसर दिये जाते हैं उनसे विरक्ति के ही कारण उत्पन्न होते हैं—आखिर किया जाये तो क्या?

*　　　　*　　　　*

समय बदलता है तो कैसे?

इस सप्ताह नौजवान लड़के-लड़कियों का दूसरा ही व्यवहार देखा :

लखनऊ, छोटी लाइन का चारबाग़ स्टेशन। युद्धक्षेत्र की पूर्वोत्तर सीमा की ओर जानेवाली डाकगाड़ी का इंजन दौड़ पड़ने की उतावली में बफर-बफरकर फुंकार रहा था। मुसाफिरों में नौजवान सिपाहियों और छोटा-मोटा सामान लिये चुस्त नौजवानों की संख्या पहले दिनों की अपेक्षा अधिक थी। तीन-तीन, चार-चार, पाँच-पाँच नौजवान लड़कियों की टोलियाँ प्लेटफार्म पर इधर-से-उधर तेज़ी से आ-जा रही थीं। इतनी अधिक लड़कियों का इस प्रकार स्टेशन के प्लेटफार्म पर दिखायी देना असाधारण बात थी। नौजवान लड़के-लड़कियों का ऐसा जमघट देखकर, बुज़ुर्ग और गम्भीर लोगों को छेड़-छाड़, झगड़े-फिसाद की आशंका होना स्वाभाविक था परन्तु दिखायी कुछ और ही दिया।

गाड़ी के एक कम्पार्टमेण्ट की खिड़की से एक नौजवान गर्दन निकाले था। दो लड़कियाँ उसके सामने ठिठक गयीं। एक लड़की के हाथ में कटोरी थी। दोनों लड़कियों ने बारी-बारी से कटोरी से मध्यमा उँगली पर रोली लेकर नौजवान के माथे पर टीके लगा दिये और लाल टीके पर चुटकी से चावल के सफेद दाने चिपका दिये, जैसे बहनें भैयादूज की रीति के अनुसार अपने भाइयों को टीका लगाती हैं, परन्तु भैयादूज का टीका भाई को घर के भीतर मिठाई की थाली भेंट करके लगाया जाता है। उस दिन भैयादूज का त्योहार मान लेने का कोई अवसर नहीं था। भैयादूज का त्योहार न सही, बहनें दूर देश जाते भाइयों को भी स्नेह और उत्साह से विदाई देने के लिए टीका लगाती हैं। आधुनिक, पढ़ी-लिखी लड़कियाँ भाइयों को बिदा देने के लिए स्टेशन पर आ गयी हैं। उसी समय दूसरी चार लड़कियाँ भी उस खिड़की की ओर आ गयीं। इन लड़कियों के हाथ में कटोरियाँ नहीं थीं। दायें हाथ की मुट्ठियाँ बन्द, जैसे कुछ छिपाये हों। लड़कियाँ नौजवान की ओर बढ़ गयीं।

-अरे, लड़कियाँ तो सुइयों से अपनी उँगलियों को कोंच रही हैं। लड़कियों की अनेक टोलियाँ युद्धक्षेत्र की ओर जानेवाले सिपाहियों अथवा नौजवानों को पहचान-पहचानकर रोली अथवा रक्त के टीके लगा रही हैं। कुछ लड़कियों ने अपने बटुओं या आँचलों से फूल मालाएँ भी निकाल लीं।

-हाय राम! अपरिचित नौजवानों को मालाएँ पहनाते भी इन्हें कोई संकोच नहीं। पुराने विचार के बुज़ुर्गों का तो कहना है कि लड़की माला को एक बार ही पहनाती है, अपने वर को।

नई कहानियाँ, दिसम्बर, १९६२

सुने तो कहें

कहानी का रहस्य

सुनें तो एक रहस्य बताऊँ—नामी हकीम, वैद्य, संगीतज्ञ, चित्रकार, रसोइये, बढ़ई, लुहार, दर्जी, माली, कुम्हार, पहलवान, ओझा, पाकेटमार, सब अपने हुनर का रहस्य रखते हैं। हुनर या कला की सफलता उसकी विशिष्टता से होती है। विशिष्टता का आधार होता है—रहस्य अर्थात् कला की कुंजी उसका रहस्य होती है। कलाकार अपनी विशिष्टता की रक्षा करना आवश्यक समझते हैं। पुरानी परिपाटी है कि कलाकार अपनी कला की कुंजी को आजीवन गुप्त रखते हैं। सुना है अनेक गुणी और ज्ञानी अपने कला-ज्ञान का रहस्य साथ ही ले गये।

कला के मर्म के जिज्ञासु कलाओं के रहस्यों की खोज में रहते हैं। 'नयी कहानियाँ' की महफ़िल में प्रायः ही कहानी-कला के मर्म और रहस्यों की चर्चा और परख होती रहती है। मान लीजिये, अपने से बढ़ गये कलाबाजों को अखाड़े में देखकर मैं सरक जाने का समय देख रहा हूँ इसलिए कहानी-कला का रहस्य पकड़ पाया हूँ बता देना चाहता हूँ।

कहानी-कला के रहस्य बताने का निमन्त्रण गर्वोक्ति समझा जा सकता है, पर इस गर्वोक्ति से किसी को हानि की सम्भावना नहीं। बताये गये रहस्यों को आज़माने की मज़बूरी किसी को नहीं। सुनने पर यदि रहस्य विश्वसनीय न जँचे तो सुनानेवाली की फ़जीहत मानिये।

रहस्य जानना है तो ज़रा संयम से सुनिये। कहानी गढ़ने-लिखने की कला साहित्य का अंग समझी जाती है। साहित्य को समाज या मानव के जीवन का दर्पण कहा जाता है। कुछ लोग कहते हैं, मानव अथवा समाज के जीवन का बिलकुल यथातथ्य, हू-ब-हू प्रतिबिम्ब ही साहित्य होता है। कहानी की परिचर्चा में यह भी सुना है कि जीवन के किसी टुकड़े को हू-ब-हू प्रस्तुत कर देना, जीवन को सीधे छू देना ही अच्छी और नयी कहानी होती है। विश्व-साहित्य की अनेक पुरानी और नयी अच्छी कहानियाँ परख की दृष्टि से पढ़ने पर लगा है कि जीवन के जिस-तिस छोटे या बड़े टुकड़े के हू-ब-हू प्रतिबिम्ब को अच्छी कहानी नहीं कह दिया जा सकता। जीवन के प्रतिबिम्ब यथातथ्य होने से ही हमारे मन को छूकर संवेदन नहीं उत्पन्न कर सकते। मन को छूकर संवेदन उत्पन्न कर सकने के लिए साहित्य और कहानी में जीवन के यथातथ्य प्रतिबिम्ब के अतिरिक्त किसी और गुण की भी आवश्यकता होती है। जीवन के प्रस्तुत किये प्रतिबिम्ब में कोई चमत्कार भी होना चाहिए।

साहित्य और अच्छे साहित्य का रहस्य ऐसा चमत्कार होता है जो मन-मस्तिष्क में संवेदन उत्पन्न कर सके, व्यक्ति और समाज की भावनाओं को जगा सके या छू सके। सफल

कहानी का रहस्य जीवन के प्रतिबिम्बों की रगड़ से ऐसी चिनगारियाँ या स्फुल्लिंग उत्पन्न कर सकना है जो समाज की भावनाओं को चौंका सके और उसमें स्पन्दन उत्पन्न कर सके।

कहानी-कला का वास्तविक रहस्य यह जान लेने में है कि सभी घटनाएँ या तथ्य हमारी भावनाओं को नहीं छू सकते, अथवा हममें भावोद्रेक नहीं उत्पन्न कर सकते। घटनाएँ अथवा तथ्य हमें तभी द्रवित करते हैं जब उनसे हमारा कोई सम्बन्ध अथवा भावात्मक सम्पर्क होता है। तथ्यों अथवा घटनाओं से हमारे सम्बन्धों अथवा सम्पर्कों की कड़ी उनके प्रति हमारे भाव और विचार होते हैं। जब घटनाओं और तथ्यों का हमारे विचारों अथवा भावों से कोई सम्बन्ध अथवा सम्पर्क नहीं होता तो वे हममें कोई चिन्ता, भावना या संवेदन उत्पन्न नहीं कर सकते। प्रतिकूल इसके कोई समाचार तथ्य न होने पर भी यदि हमारे भावना-क्षेत्र को छू लेता है तो हम चिन्ता और संवेदन अनुभव कर लेंगे। इसलिए मानना होगा कि साहित्यिक क्षेत्र में महत्त्व तथ्यों का नहीं, महत्त्व है तथ्य अथवा कल्पित चमत्कारिक प्रतिबिम्बों द्वारा-चाहे वे झूठे और कल्पित ही हों, को छू सकने और संवेदन उत्पन्न कर सकने का।

अच्छी कहानी का रहस्य है कि वह जीवन का केवल हू-ब-हू प्रतिबिम्ब नहीं होती। साहित्य और कहानी की सार्थकता प्रतिबिम्बों अथवा दृष्टान्तों के माध्यम से भावनाओं को छूने और संवेदन उत्पन्न करने में होती है। यह काम मुख्यतः तथ्यों से नहीं, अपितु कल्पना से जीवन और समाज के यथार्थ की दृष्टान्त के रूप में साकार करके अथवा प्रस्तुत करके किया जाता है।

तथ्य और यथार्थ एक ही बात अथवा समानार्थक नहीं होते। तथ्य जीवन की स्थूल घटनाएँ होती हैं और यथार्थ समाज में घटनाओं को उत्पन्न करनेवाले कारण, परिस्थितियाँ और उनके विषय में ज्ञान और उनसे हमारा सम्पर्क होता है। यह बात शायद उदाहरण से अधिक स्पष्ट हो सकेगी।

एक तथ्य सुनिये--आज सुबह एक निर्धन परिवार के बालक को चोरी के अपराध में पीटा गया। इस घटना अथवा तथ्य मात्र का विवरण शायद बहुत भावुक और हृदयस्पर्शी नहीं हो सकेगा। या कम-से-कम याद रहने लायक और विचार अथवा चिन्तन के योग्य कहानी नहीं हो सकेगी। इस विवरण को समाचार ही कह सकेंगे, कहानी अथवा साहित्य नहीं।

कल्पना कीजिये कि आप इस तथ्य को लेकर कहानी लिखें तो वह कहानी चोरी करनेवाले निर्धन बालक को दण्ड मिलने के उदाहरण से चोरी न करने की शिक्षा भी दे सकती है। परन्तु इस तथ्य घटना या उदाहरण की सामर्थ्य केवल इतनी ही नहीं समझी जानी चाहिए। यदि हम निर्धन बालक के चोरी के अपराध में पिटने की घटना की परिस्थितियों के यथार्थ का कल्पना द्वारा विश्लेषण करें तो इस घटना का उपयोग और सामर्थ्य बहुत व्यापक हो सकेगी। इस उदाहरण का प्रयोग हमारे सामाजिक जीवन की अनेक परिस्थितियों और यथार्थ को प्रतिबिम्बित करने अथवा उनका उद्घाटन करने के लिए हो सकेगा। ऐसे उदाहरणों के प्रसंग से हम जिस यथार्थ अथवा जिस परिस्थिति को प्रकट करते हैं, वे घटना के समान प्रत्यक्ष नहीं होते। हम घटनाओं की परिस्थितियों और कारणों के ज्ञान से उस यथार्थ का उद्घाटन करके उन्हें प्रतिबिम्बित करते हैं। इसी से पाठक के मन में संवेदना अथवा चिन्ता उत्पन्न होती है। सप्रयोजन और सचेत बौद्धिक स्तर की कहानी का यही काम होता है।

ग़ौर कीजिये, निर्धन बालक के चोरी के अपराध में पिटने की घटना को माता-पिता द्वारा बालक को उचित शिक्षा न देने का उदाहरण बताया जा सकता है। ऐसे दण्ड को उचित बताकर इस विवरण से सन्तोष अनुभव किया जा सकता है। कोई लेखक अबोध बच्चे पर ऐसे प्रभाव के लिए माता-पिता को उत्तरदायी बता सकता है, और बच्चे को नहीं। माता-पिता को ही दण्ड दिये जाने का सुझाव दे सकता है। इस तथ्य या घटना का कारण असंस्कृत पारिवारिक परिस्थितियाँ या प्रभाव भी समझे जा सकते हैं। ऐसे अपराधों के कारण निर्धन बच्चों के परिवारों की दयनीय आर्थिक अवस्था में खोजे जा सकते हैं। किसी को ऐसे बच्चों की गिरावट के कारण समाज में जीविका के उचित अवसर की कमी प्रतीत हो सकती है। बच्चे के इस अपराध के लिए उसमें अथवा उसके माता-पिता में मनोवैज्ञानिक प्रभावों को खोजा जा सकता है। ऐसे अपराध के कारण समाज का आर्थिक विषमता से दूषित वातावरण अथवा समाज में फैली हुई व्यापक धाँधली भी बताये जा सकते हैं—ऐसी धाँधली, जिसमें समाज के उच्चतम और निम्नतम वर्गों के अधिकांश लोग फँसे हुए हैं। इस अपराध से एक श्रेणी की अवस्था पर प्रकाश डालकर श्रेणी-हीन—सबके लिए समान अवसर देनेवाली व्यवस्था के लिए क्रान्ति का सुझाव भी दिया जा सकता है। चोरी के अपराध में बच्चे का पिटना एक घटना अथवा स्थूल तथ्य है। इस तथ्य अथवा घटना को लेकर कहानी लिखते समय यथार्थ को लेकर कहानी की जो पृष्ठभूमि बनायी जायेगी, वही कहानी के रूप को निश्चित करेगी। एक ही तथ्य से अनेक प्रकार की कहानियाँ बन सकेंगी अर्थात् महत्त्व तथ्यों का नहीं, समझे जा सकनेवाले यथार्थ का होता है।

याद रखने लायक बात यह है कि कहानी घटनाओं या तथ्यों का विवरणमात्र नहीं होती। कहानी घटना के कारणभूत रहस्यों, मानव-जीवन के रहस्यों, घटनाओं से हमारा सम्पर्क, उससे सम्बद्ध हमारी अनुभूतियों और प्रतिक्रियाओं का ब्यौरा होता है।

एक ही तथ्य अथवा घटना से अनेक कहानियाँ बन सकती हैं, क्योंकि प्रत्येक घटना की परिस्थितियों और परिवेशों में जीवन के अनेक पहलुओं के यथार्थ रहते हैं। घटना से क्या और कैसी कहानियाँ बनती हैं, यह इस बात पर निर्भर करेगा कि घटना के सम्बन्ध में लेखक अथवा कलाकार की अनुभूति और दृष्टिकोण क्या और कैसे हैं और घटना ने लेखक अथवा कलाकार में किस भाव को स्पन्दित किया है। कुछ लेखक और कलाकार घटनाओं अथवा तथ्यों को परम्परागत विश्वासों के दृष्टिकोण अथवा संस्कारों से ही देखते अथवा तौलते हैं। गाँधी जी ने एक रोगी बछड़े का कष्ट समाप्त करने के लिए इंजेक्शन द्वारा उसे समाप्त करवा दिया था। गाँधी जी ने यह काम बछड़े के प्रति दया और अहिंसा की भावना से किया था। कुछ लोगों को गाँधी जी का यह काम, परम्परागत संस्कारों के कारण, गो-हत्या का भयंकर अपराध और हिंसा जान पड़ा था। कुछ लोग तथ्यों के यथार्थ की वस्तुगत परख से जाँच कर अपने दृष्टिकोण और संस्कारों को बदलने के लिए तैयार रहते हैं और ऐसी ही प्रेरणा अपनी अभिव्यक्तियों से देना चाहते हैं।

स्थूल में तथ्य घटना का उतना महत्त्व नहीं होता, जितना कि घटना के सम्बन्ध में अनुभूति, दृष्टिकोण और यथार्थ की समझ का होता है। उदाहरण के लिए दो कहानियाँ पेश हैं। अश्क जी की कहानी 'बेबसी' उनके कहानी संग्रह 'पलँग' में सम्मिलित है। 'तुमने क्यों कहा था मैं सुन्दर हूँ?' मेरी पुरानी कहानी है। इस कहानी के लिए प्रचार की आवश्यकता नहीं। यह मेरे इसी शीर्षक के कहानी संग्रह में सम्मिलित है। इस कहानी का अनुवाद अनेक

भाषाओं में हो चुका है। इन दोनों कहानियों की प्रेरणा का आधार एक ही तथ्य अथवा घटना है।

सन् १९५० की ग्रीष्म में मैं अल्मोड़ा में था, अश्क जी रानीखेत में थे। मेरा उपन्यास 'मनुष्य के रूप' में सन् १९४९ में प्रकाशित हुआ था। अश्क जी ने रानीखेत में 'मनुष्य के रूप' पढ़ा। उपन्यास के कुछ प्रकरणों के सम्बन्ध में चर्चा करने के लिए वह अल्मोड़ा आ गये थे। चर्चा का विषय था—कहानियों अथवा उपन्यासों में सेक्स के यथार्थ का वर्णन किस सीमा तक उचित हो सकता है? इसी प्रसंग में अश्क जी ने एक अनुभव सुना डाला। उनका अनुभव मेरे मन को छू गया। उनसे अनुरोध किया—अनुभव तुम्हारा है परन्तु अनुमति दो तो इस पर कहानी लिख डालूँ?

अश्क जी ने इनकार कर दिया—नहीं, यह अनुभव मेरा है, जब भी उचित समझूँगा या बन पड़ेगा, स्वयं इसका उपयोग करूँगा।

अश्क जी से सुनी घटना उनका अनुभव था। उन्होंने इनकार कर दिया तो उसे उपयोग में लाने का अधिकार मुझे नहीं था, परन्तु मैंने उस घटना से सम्बद्ध समस्या अथवा यथार्थ की कचोट को बहुत गहराई से अनुभव किया था। उस समस्या अथवा यथार्थ में एक विचार निहित था या उसके अनुभव ने मुझे एक नया विचार दिया। अनुभव तो अश्क जी का था, परन्तु विचार अश्कजी का नहीं था इसलिए उसे प्लेजयरिज्म या साहित्यिक स्तेय नहीं कहा जा सकता। उस विचार का उद्घाटन मुझे आवश्यक लगा। मैंने उस विचार को प्रतिबिम्बित करने के लिए एक घटना अथवा प्लाट की कल्पना बाँध ली। उस घटना को विश्वसनीय बना सकने योग्य पात्रों की कल्पना कर ली। परिणाम हुआ 'तुमने क्यों कहा था मैं सुन्दर हूँ?' कहानी।

यहाँ प्रश्न 'बेबसी' और 'तुमने क्यों कहा था मैं सुन्दर हूँ?' कहानियों की सफलता, असफलता और उनकी तुलना का नहीं है। 'बेबसी' कहानी निर्विवाद रूप से जीवन के अनुभव की कहानी है। 'तुमने क्यों कहा था मैं सुन्दर हूँ?' एक विचार के आधार पर कल्पना से गढ़ी कहानी है। उसका अनेक भाषाओं में अनुवाद हो जाना उसकी सफलता की कसौटी मान ली जा सकती है। उदाहरण का प्रयोजन तथ्य घटना की तुलना में यथार्थ के आधार पर कल्पना द्वारा रचना की व्यापक सम्भावना की ओर संकेत करना है।

ऊपर के उदाहरण से स्पष्ट है कि विचारों और यथार्थ की अनुभूति के आधार पर एक ही घटना से अनेक कहानियाँ बन सकती हैं। रहस्य बता दिया है कि 'तुमने क्यों कहा था मैं सुन्दर हूँ?' कहानी का विचार अश्क जी के अनुभव से लिया है। अश्क जी ने लिखा है—'बेबसी' कहानी प्रकाशित होने पर काफ़ी चर्चा हुई थी। 'तुमने क्यों कहा था मैं सुन्दर हूँ?' के प्रकाशित होने पर भी थोड़ी-बहुत चर्चा हुई ही थी। सम्भव है, अश्क जी का ध्यान उस कहानी की ओर गया हो या न गया हो, परन्तु अश्क जी ने कभी यह शिकायत नहीं की कि मैंने उनके अनुभव का उपयोग कर लिया है। साहित्य और कहानी के क्षेत्र में तथ्य, अनुभव और यथार्थ की तुलना पर बात करते समय मैंने कुछ समझदार पाठकों को 'बेबसी' और 'तुमने क्यों कहा था मैं सुन्दर हूँ?' कहानियों को एक ही अनुभव का परिणाम बताया। उनका विचार था कि दोनों कहानियाँ बिलकुल भिन्न हैं, उनका विषय भी भिन्न है।, 'बेबसी' कहानी का विषय है—काम-विह्वल नारी के व्यवहार के प्रति एक व्यक्ति की वितृष्णा। 'तुमने क्यों कहा था मैं सुन्दर हूँ?' का विषय है जिजीविषा अर्थात् जीवन की इच्छा और कामेच्छा

को अन्योन्याश्रय होना। अश्क जी और मेरी कहानियों का आधार एक ही स्थूल अनुभव होने पर भी प्रतिपाद्य विचारों के भेद ने उन्हें दो स्वतन्त्र कहानियाँ बना दिया।

सुनिये, दो पृथक् प्रतिपाद्य विचारों के कारण एक ही अनुभव के दो स्वतन्त्र कहानियाँ बन जाने का उदाहरण दिया गया है। यह भी बता दिया है कि दोनों कहानियाँ दो पृथक् स्वतन्त्र घटनाएँ अथवा अनुभव जान पड़ती हैं, क्योंकि उनके कथानक भिन्न-भिन्न हैं। मेरे कथानक के विषय में यह कहा जा सकता है कि विचार तो मैंने अश्क जी के अनुभव से पाया, उस विचार की अभिव्यक्ति के लिए दृष्टान्त यथार्थ की अपनी समझ से, विश्वसनीय कल्पना द्वारा बना लिया है। इस उदाहरण से दो बातें स्पष्ट करना चाहता हूँ। एक, विचार आ जाने पर घटना ढूँढ़ने-फिरने की आवश्यकता नहीं, वह कल्पना से बना ली जा सकती है। दूसरी, यदि मैं हू-ब-हू अश्क जी की अनुभूति घटना का उपयोग करता तो जिस विचार पर मैं बल देना चाहता था वह नहीं जमता। निष्कर्ष निकलता है, कहानी में कथानक का महत्त्व बहुत अधिक होता है, उतना ही जितना प्राणों के लिए शरीर का। क्लाइमेक्स को मैं कहानी लिखने के सम्पूर्ण श्रम की उपलब्धि मानता हूँ। यह कैसे माना जा सकता है कि अच्छी या नयी कहानी का विचारों या आइडिया से कोई सम्बन्ध होना जरूरी नहीं है?

कहानी के सम्बन्ध में दूसरा रहस्य है, कथानक अथवा प्लाट का गठन। मेरा विश्वास और अनुभव है कि व्यवसायी कहानी-लेखक का काम जीवन के स्थूल अनुभवों या केवल घटनाओं पर भरोसा करने से नहीं चल सकता। किसी भी लेखक के जीवन में कहानी का रूप दिये जा सकने योग्य कितने अनुभव हो सकते हैं? यदि निरन्तर कहानियाँ लिखते रहना है तो लेखक को कल्पना से अनुभवों की सृष्टि करनी होगी। व्यक्तिगत अनुभवों के लिए काल और देश की सीमाएँ होती हैं, परन्तु कल्पना से अनुभव गढ़ने का क्षेत्र अपेक्षाकृत निस्सीम हो सकता है। कहानी के व्यवसाय से निर्वाह चला सकने का रहस्य कल्पना से विश्वास-योग्य घटनाएँ गढ़ सकना है।

इस समय तक मेरी दो सौ से अधिक कहानियाँ और आठ उपन्यास प्रकाशित हो चुके हैं, सच मानिये, चार-पाँच कहानियों या उपन्यासों में वर्णित कुछेक उड़ती-उड़ती घटनाएँ ही मेरे निजी अनुभव हैं, शेष सब कल्पना ही हैं। अपनी सफलता की कसौटी यह समझता हूँ कि मेरी किसी भी कहानी या उपन्यास में वर्णित किसी घटना के सम्बन्ध में किसी पाठक या आलोचक ने सन्देह प्रकट नहीं किया। यह कभी सुनने को नहीं मिला कि ऐसा नहीं हो सकता। विश्वसनीय कथानक बना सकने की क्षमता ही कहानी लिखने की कला है और उसे अच्छा क्लाइमेक्स दे सकना कहानी-कला का क्लाइमेक्स यानी पूर्णता है। विचार को मैं कहानी का उद्देश्य या प्रयोजन मानता हूँ, जिससे कहानीकार अथवा कलाकार का श्रम सार्थक होता है।

रहस्य यह है कि हम सब कहानी-उपन्यास-लेखक पेशेवर झूठे गवाहों की तरह हैं और हमें मँजे हुए झूठे गवाह होना चाहिए। सफल झूठा गवाह वह है जो गवाहों को नींव से शिखर तक ऐसा पोढ़ा बना सके कि उसके झूठ की सच्चाई में चतुर-से-चतुर वकील की जिरह और अति सूक्ष्मदर्शी जज भी झूठ की दरार न पकड़ सके। तभी वह अपने मुवक्किल को मुकद्दमा जितवा सकता है। हम कहानी-उपन्यास-लेखक भी अपने विचारों या संकल्पों की अभिव्यक्ति के लिए अथवा पाठकों के मनोरंजन के लिए कल्पना से कथानक के रूप में गढ़ते हैं। कल्पना से ऐसा झूठ गढ़ते समय हमें नहीं भूल जाना चाहिए कि समझदार पाठक

जज बनकर हमारी कहानी सुन रहे हैं और आलोचक हमारे प्रतिपक्षी वकील हैं जो हमारे बयानों में अन्तर्विरोध खोजकर हमें उखाड़ देने का यत्न करेंगे। मेरा तो ख्याल है, यदि किसी भी कहानी या उपन्यास को पढ़कर एक भी पाठक या आलोचक ने कह दिया—बकवास है, ऐसा कैसे हो सकता है, विश्वास नहीं जमा, तो मैं उस कहानी-उपन्यास को असफल कहूँगा। कल्पना के सत्य को तथ्य की तरह विश्वास योग्य और कलात्मक झूठ को सच बना सकना ही कहानी की कला है। अपनी इसी सफलता के दम्भ में मैंने अपने सबसे बड़े उपन्यास का नाम 'झूठा सच' रखा। रहस्य बता दूँ कि इस १२५० पृष्ठ के उपन्यास में कोई भी घटना मेरा निजी या आँखों-देखा अनुभव नहीं है। मैं अपने चारों ओर जिस यथार्थ को निरन्तर अनुभव करता रहा हूँ, उसी के आधार पर यह काल्पनिक ढाँचा गढ़ा गया है।

कहानी की रुचिरता या सफलता उसकी नवीनता में ही होती है। कहना चाहें तो कह लीजिये—नयी कहानी अधिक सफल होनी चाहिए। ऐसा होना स्वाभाविक है। स्वाभाविक इसलिए है कि मनुष्य नित्य बदलता, नया होता रहता है। मनुष्य में आनेवाला नित्य नयापन उसके स्थूल शरीर और व्यवहारों में बहुत धीरे-धीरे आता है। नयापन सबसे पहले आता है मनुष्य के विचारों में जिसे हम युग-बोध कहते हैं। विचारों में नयापन आ जाने पर या नयापन लाने के लिए भी कहानी में नयापन होना चाहिए। कहानी को नया बनाने का सबसे सुलभ उपाय है, कहानी से नये विचारों या नयी दृष्टि की ध्वनि और अभिव्यक्ति। यदि आप कहानी की काया, प्लाट अथवा कथानक में नयापन ला सकें तो अच्छा ही है, परन्तु बिना प्लाट की कहानी की बात सोचेंगे तो धोखा खायेंगे। प्लाट या कथानकहीन कहानी की कल्पना, कायाहीन अथवा अशरीरी व्यक्ति से संगति लाभ की इच्छा के समान होगी। आप अपनी कल्पना में चाहे कायाहीन संगति से सन्तुष्ट हो जायें परन्तु उस संगति का विश्वास दूसरों को नहीं दिला सकेंगे और न उसका लाभ दूसरों को पहुँचा सकेंगे। रही बात क्लाइमेक्स या कहानी की पूर्णता की तो क्लाइमेक्स ही कहानी की सफलता की झनकार होती है, जिससे कहानी अपना प्रभाव छोड़ जाती है।

मेरे विचार में तो कहानी लिखने का रहस्य है—परिस्थितियों की समझ से अभिव्यक्ति के योग्य विचारों को चुन लेना, उन विचारों की अभिव्यक्ति के योग्य कथानक की कल्पना कर लेना, उस कथानक अथवा घटना को विश्वसनीय बना सकने योग्य पात्रों की कल्पना कर लेना और उस बन्दिश को क्लाइमेक्स की झनकार की पूर्णता तक निबाह देना कि परिणाम में विचार बिना कहे स्पष्ट हो जायें। यही कहानी की सफलता है। यदि आप कहानी-कला के परिमार्जन के लिए प्लाट को सूक्ष्म बनाना चाहते हैं—चाहते हैं कि विचार कहे बिना संकेत से सुझाये जायें, कथानक अथवा प्लाट बोझिल न होकर विचार के सम्प्रेषण-मात्र के लिए हो और क्लाइमेक्स बिना किसी विभ्राट के हृदयंगम हो जाये तो मैं इस प्रयत्न को स्तुत्य समझूँगा, परन्तु कहानी में विचार, कथानक और क्लाइमेक्स का होना तो आवश्यक है ही। यदि आप नयी कहानी की सफलता बिना आइडिया, प्लाट और क्लाइमेक्स की कहानी लिखने में समझते हैं तो मैं आपकी सफलता की शुभकामना तो कर सकता हूँ, परन्तु सफलता के विषय में मुझे आशंका रहेगी।

नयी कहानियाँ, जनवरी, १९६३

●

एक सामाजिक चर्चा

वह चर्चा कौन है जो सामाजिक नहीं? परन्तु विचित्र धारणा बना ली गयी है कि पारिवारिक, नर-नारी के सम्बन्ध की और बच्चों-कच्चों से सम्बन्ध रखनेवाली चर्चाओं को ही सामाजिक कहना चाहिए। कुछ वर्ष पूर्व तक ऐसी धारणा से एक प्रकार के साहित्य, कहानियों और उपन्यासों को सामाजिक साहित्य, कहानी या उपन्यास का नाम दिया जाता था और उसी प्रकार का साहित्य पढ़ना और लिखना निरापद और उचित था। ऐसे साहित्य में बड़ी चौकसी और सावधानी से ऐसा कोई प्रसंग नहीं आने दिया जाता था जिससे शासन की व्यवस्था के प्रति असन्तोष का कोई संकेत हो। कारण स्पष्ट था— अंग्रेजी राज्य के चाबुक का भय।

भय तो किसी को भी अच्छा नहीं लगता। साहित्य का प्रयोजन ही मनोरंजन और उससे समेट लिया जाये भय, यह किसे अच्छा लगेगा? साहित्य के मैदान में भय से कतरना ही गुण मान लिया जाता गया – 'नेसेसिटी वर्च्यू' बन गयी। सम्पादक आज भी सर्वसाधारण की रुचि, पुराने संस्कारों और शायद आज की नयी व्यवस्था की भी आँख मैली न हो जाने की आशंका से आज भी यह कहते हैं—"कुछ साहित्यिक और सामाजिक चर्चा रहे तभी अच्छा है।"

आप ही बताइये, सामाजिक चर्चा की लक्ष्मण-रेखा में क्या चर्चा की जाय? अपना तो ख्याल है कि अपने और अपने-जैसों के समाज की इस चर्चा का अर्थ मनुष्य की तरह जी सकने में आनेवाली कठिनाइयों की चर्चा है। अपने-जैसों को यह कठिनाइयाँ बीड़ी के दाम बढ़ने, अस्पताल में दवाई के स्थान पर रंगीन पानी मिलने, स्कूल में बच्चे को शिक्षा के नाम पर थप्पड़ मिलने या स्थान ही ना मिलने और बात-बात पर वी. आई. पी. के लिए ट्रैफिक रोक दिये जाने से समय पर दफ्तर या घर न पहुँच सकने-जैसी बातों से है। लोग इसी चर्चा को राजनीतिक चर्चा कह डालते हैं। इस उमर तक जान लिया है कि पाठक राजनीतिक चर्चा से ऊबते हैं। अगर परेशानियों को दूर कर सकना अपने हाथ की बात समझते तो शायद ऐसी बातों से न ऊबते। ऐसी चर्चा उन्हें केवल अपनी असमर्थता का ही बोध कराती है। यह रसबोध, भावबोध, समर्थताबोध और आत्मबोध की चर्चा का जमाना है। असमर्थताबोध से रसभंग नहीं तो और क्या होगा? साहित्य को तो रस का माध्यम होना चाहिए। कहानी पत्रिकाओं के पाठक रस-प्रेमी होते हैं। यथार्थ रस अप्राप्य हो तो काल्पनिक रस ही सही। पहले राजनीति अंग्रेज के लिए छोड़ दी थी अब कांग्रेस के लिए सही।

पत्रिका बेचने के लिए होती है इसलिए पाठक की रुचि पर ध्यान रहना जरूरी है। कुछ पाठक कहते हैं कि वह भी क्या साहित्य जिसे पढ़ने से मनोरंजन न हो, जो थके हुए आदमी को नींद ला सकने में भी सहायक न हो सके।

निश्चय ही मनोरंजन बहुत आवश्यक है और सुविधा से नींद आ सकने का महत्त्व कम नहीं है। मन स्वस्थ हो सके और थकावट में मीठी नींद ही आ सके तो और चाहिए ही क्या? सर्वसाधारण के लिए ऐसी सुविधा हो तो फिर राजनीतिक चेतना और चर्चा की जरूरत ही क्या?

मन अथवा शरीर की पीड़ा के समय नींद की गोली का महत्त्व कम नहीं होता। साहित्य से मनोरंजन हो सके और वह 'स्लीपिंग डोज़' (नींद की गोली) का काम कर दे तो भी वह उपयोगी हो सकता है परन्तु नींद की गोली दर्द के कारण और रोग के विचार से ही दी जाती है। मनोरंजन व्यक्ति की मनःस्थिति, संस्कार और परिवेश के अनुसार होता है।

कुछ लोग मनोरंजन के लिए मुर्गों और मेढ़ों की लड़ाई देखना पसन्द कर सकते हैं। पुराने रोमवासी क्रीड़ांगन में मल्लयुद्ध देखकर नहीं बल्कि खड्ग युद्ध में योद्धाओं का रक्त बहता देखकर और पराजित ग्लेडियेटर (मल्ल) के हृदय में खड्ग भोंकने के दृश्य से ही मनोरंजन अनुभव कर सकते थे। एक रियासत के राजा साहब के प्राइवेट सेक्रेटरी से सुना है कि उनके राजासाहब का मनोविनोद कुतिया के शरीर में लाल मिर्च भरवाकर उसे तिलमिलाते देखने से होता था और एक महाराजा के सेक्रेटरी का कहना है कि उनके महाराजा उमंग अनुभव करने के लिए बलात्कार देखना आवश्यक समझते थे। यदि रियासतों का विलयन न हो गया होता तो इस प्रकार के मनोरंजनों की आवश्यकता बनी रह सकती थी परन्तु कुछ लोगों की सुरुचि से ऐसे मनोरंजन केवल बर्बरता कहलायेंगे। वे मनोरंजन को मानव की संस्कृति का अंग और सहायक समझना चाहते हैं।

कुछ पाठकों और आलोचकों की राय में मनोरंजक साहित्य में प्रेम-प्रणय और रोमांस की चर्चा का स्थान प्रमुख है। ऐसी कथाओं द्वारा पाठक पात्रों के माध्यम से उन अनुभूतियों को पा सकते हैं जो उसके जीवन में दुर्लभ हों। पाठक स्वयं बच्चों के लिए उचित भोजन, स्कूल की फीसों के खर्च, आवश्यकताओं से पीड़ित पत्नी की कलह से त्रस्त होकर भी कुसुमित पलाशवन में मृगों से क्रीड़ा करती भोली रमणी से प्रणय का सुख पा सकता है। प्रणय का कोई भी अवसर न होने पर भी परकीया प्रेम की रहस्यमयी कहानियाँ पढ़कर भी विरह के उच्छ्वासों का उन्माद अनुभव कर सकता है। ऐसे विचारकों के अनुसार यथार्थ जीवन में जो दुलर्भ है, उसे भोग की कल्पना में दे सकना साहित्य का काम है। साहित्य भी ऐसे ही थकावट या दर्द की पीड़ा में नींद लाने में सहायक समझा जाता होगा परन्तु थकावट में पेट भरे बिना और दर्द का कारण दूर हुए बिना 'स्लीपिंग डोज़' से जो नींद आती है उससे जागने पर न तो थकावट ही मिट सकती है और न दर्द से मुक्ति मिल सकती है। उस अवस्था में व्यक्ति की आवश्यकता और उसकी रुचि भूख मिटा सकने और दर्द दूर करने के लिए ही तड़पती है।

आजकल बरसात के दिन हैं। कल्पना कर लीजिये कि रात में पानी बरस रहा है और हमें नींद इसलिए नहीं आ रही है कि कोठरी की छत टपकती है और सिर में दर्द गली की दुर्गन्ध के कारण हो रहा है। ऐसी अवस्था में हम अपनी खाट के साथ खटमलों को सम्बोधन कर कालिदास के 'ऋतुसंहार' में वर्षा वर्णन के पहले श्लोक को याद करें—

प्रिये,
देखो, आता है
जल – फुहारों से भरे

बादलों के मतवाले
हाथी पर चढ़ हुआ,
विद्युत् – पताकाएँ
फर – फर फहराता,
घन – गर्जन के नगाड़े बजाता हुआ
कामी जनों का प्रिय
पावस,
राजवंश में।

चाहे हम ऐसी कविता कितनी ही तन्मयता से गुनगुनायें, न सिर का दर्द मिटने की सम्भावना होगी और न सुविधा से नींद आने की। रो-धोकर नींद आ भी जाय तो कालिदास, शेक्सपीयर और बिहारी की आराधना के बावजूद आनेवाली रात में फिर वही रोमांस अपने भाग्य में होगा।

सच पूछिये तो बरसात की रात में टपकती और गन्धाती कोठरी में रक्त में खटमलों के रोमांचक स्पर्श की उत्तेजना, कालिदास के वर्षा वर्णन के एक दूसरे प्रसंग की याद की कल्पना जगायेगी—"बादलों की घोर कड़क सुनकर और बिजली की तड़पन से चौंकी हुई स्त्रियाँ सोते समय अपने दोषी प्रेमियों से भी लिपटी जाती हैं...।" सदा प्रसव से आतंकित, सदा अभाव और पीड़ा से हाय-हाय करनेवाली, नरक में फेंक दी जाने के लिए पिता को शाप देनेवाली पत्नी से त्रस्त होकर मन बरसती रात में आत्मिक शान्ति की खोज में, आध्यात्मिक ज्ञान की मण्डी ऋषिकेश का टिकट खरीद लेने की बात सोचने लगेगा।

ख्याल आता है, यदि निम्न मध्य-वित्त श्रेणी का रसिक बरसात की रात में टपकती कोठरी में हल्दी, प्याज और पसीने की गन्ध से रची धोती में आसन्न – प्रसव की पीड़ा से हाय-हाय करती पत्नी से आधी खाट बँटाते हुए कालिदास की कल्पना या अध्यात्म – चिन्तन में खो जाने के बाद प्रातः अफवाह सुने—सरकार के अनुशासन से, कार्पोरेशन ने इसी सप्ताह से नये, एक लाख मकान कम आमदनीवालों के लिए बनवाने आरम्भ कर दिये हैं और किराये के सब मकानों पर कब्जा कर लिया जायगा। सब मकान हवादार, बिजली-पानी समेत होंगे। किराया मकान चाहनेवालों की आय के एक प्रतिशत से अधिक नहीं होगा तो बताइये, हमारे निम्न मध्य-वित्त रसिक के लिए कालिदास के 'काव्य रसम्' की कल्पना अधिक रोचक होगी अथवा रिहाईश की कठिनाई दूर होने की अफवाह।

ऐसा भी तो साहित्य हो सकता है जो केवल अप्राप्त काल्पनिक सुख की रसानुभूति देने की बजाय, सर्वसाधारण की परिचित अनुभूतियों के आधार पर सम्भव सन्तोष प्राप्त कर सकने के विषय में बात करे। ऐसे सहित्य से सर्वसाधारण का मनोरंजन क्यों नहीं होगा?

सामाजिक चर्चा से मतलब यदि परिवार के भीतर उठनेवाली या परिवार बना सकनेवाली समस्याओं से ही हो तो भी वे समस्याएँ किसी-न-किसी सूत्र से समाज के आर्थिक ढाँचे और शासन से जुड़ी रहती हैं, उनसे विच्छिन्न नहीं हो सकती। माना कि सफल साहित्यकारों—रवि बाबू, शरत और प्रसाद ने अधिकांश में हृदय के उन्मेषों और भावनाओं की ही समीक्षा की है। भावबोध के स्रोत ही शाश्वत साहित्य हो सकते हैं, निम्न स्तर की चिल्ल-पों नहीं

परन्तु आज व्यावहारिक जीवन में उदात्त भावनाओं या प्रणय-रोमांस की खोज करनेवाला व्यक्ति अपने व्यावहारिक जीवन में क्या सुनना चाहता है?

यदि प्रणय-रोमांस को ही शाश्वत आनन्द का स्रोत माना जाय तो आज साधारण स्थिति के रसिक के लिए ऐसी महत्त्वाकांक्षा का क्या अवसर है?

हे कालिदास और शेक्सपीयर, आज तुम्हारे भक्त नौवजान का हृदय जब प्रणय के शौर्य से उमगता है, उसे गली-मुहल्ले में सब ओर से चेतावनी मिलने लगती है कि हमारी बेटी-बहन की ओर मत ताको। दूसरी ओर बहू-बेटी-बहन के बोझ से ग्रस्त परिवार अपनी कन्या को गठरी में बाँधकर उसके गले का पत्थर बना देने के लिए उसके पीछे-पीछे फिरते हैं। हे कालिदास और शेक्सपीयर, तुम सिखा गये हो प्रेम और प्रणय की स्वर्गीय कल्पनाएँ परन्तु आज का समाज प्रेम और प्रणय को गर्हित बताकर त्याग देना चाहता है। असमर्थ के लिए गृहस्थ से बड़ी यातना दूसरी क्या हो सकती है? महत्त्वाकांक्षी नवयुवक नौकरी की तलाश में 'इण्टरव्यू' के लिए दौड़-दौड़कर घिस जानेवाले जूते में नया तला लगवाने में भी असमर्थ है। वह पहले बेकारी दूर करने की बात में रुचि ले या 'प्रजायै गृहंमेधिसाम्' (सन्तान के लिए गृहस्थ) के स्वप्न से रोमांच अनुभव करे।

हाँ, ऐसे भी रोमाण्टिक दुस्साहसी हैं जो समाज से चोरी करके प्रणय की महत्त्वाकांक्षा पूर्ण होने की कल्पना करते हैं। दोष उनका नहीं, पुरातन साहित्य ने उनको सिखाया भी यही है। उस साहित्य में प्रणय और शृंगार रस का क्षेत्र गृहस्थ अथवा पत्नी नहीं, परकीया ही रहा है, आज का नवयुवक सहसा उस आदर्श की उपेक्षा कैसे कर दे?

प्रेम के लिए बलिदान हो जाने से बड़ी महत्त्वाकांक्षा और रोमांस क्या हो सकता है? आज के अवसरहीन युवक-युवती भी साहस करना चाहते हैं। गली-मुहल्ले की सीमा से बाहर उसकी उन्मेष और रोमान्स भरी नज़रें जान कुर्बान कर देने योग्य किसी पात्र को खोज भी लेती हैं। उन्हें वहाँ से प्रतिदान की आहों का संकेत मिल सकता है परन्तु उस प्रणय के चरितार्थ हो सकने में क्या अड़चने नहीं है; जात-बिरादरी की, सामाजिक स्तर की और सम्प्रदाय की? तब प्रणय की स्वतन्त्रता चाहनेवाला जात-बिरादरी, आर्थिक विषमता और साम्प्रदायिक बन्धनों की उपेक्षा कैसे कर सकता है? साहसी प्रणयी जोखिम के लिए जात-बिरादरी, सामाजिक स्तर और सम्प्रदाय की लक्ष्मण-रेखाओं को लाँघ जाने का साहस करने के लिए भी तैयार हैं फिर भी उनका प्रणय चरितार्थ कैसे हो? वे मनुष्य हैं, पक्षी नहीं कि दोनों उड़कर किसी डाल पर जा बैठें, चोंच लड़ाने लगें और निधड़क अपना घोंसला बना लें। वे मनुष्य हैं और उन्हें मिलने के लिए स्थान चाहिए। ऐसा स्थान न युवक के घर में सम्भव है, न युवती के। सड़क या रेस्तराँ में बात करने से दोनों को परिचितों की नज़रों का भय है। अँधेरा हो जाने के बाद पब्लिक पार्क में प्रवेश निषिद्ध है। प्रणय आवेग में दो बातें कर सकने के लिए अच्छे होटल में कमरा ले सकना आर्थिक प्रश्न है। दुस्साहस से अँधेरें में साथ घूमने पर कोतवाली में बन्द कर दिये जाने का भय है। अवसरहीन के लिए प्रणय भी सब प्रकार की समस्या है। सामाजिक, साम्प्रदायिक, आर्थिक और राजनीतिक भी। तब आप ही क्यों केवल सामाजिक समस्याओं की कैद मुझ पर लगाना चाहते हैं?

हाँ, जो कहूँ, वह सुनो तो जरूर बहुत-कुछ कहने को होगा।

नयी कहानियाँ, फरवरी, १९६३

Cow Worship or National Suicide?

The people of this country are forgetting too soon their past experiences. Even the size and shape of this country has been mutilated as a result of religious fanaticism and communal frenzy. Yet the sane and realistic citizens of India will agree that the events of 7th November in Delhi in connection with the anti-cow slaughter agitation, were nothing but the result of religious and communal fanaticism. We know all Hindus hold cows to be sacred but one certain section is making a fetish of it. It is indisputable that according to certain sections of Hindus even the consumption of mutton, poultry and fish is unholy and a sin. There is a well-known section among Hindus which holds even the extermination of bugs, flies, lice and epidemic-breeding insects as sinful. Do these sections not an equal right to demand from our government laws preventing the possibility of such sins in the country? There is a considerable section whose religious sentiments will demand a legal ban on piggeries and on pork eating. But the government of this country compelled by the necessities of the secular welfare of the nation is permitting poultry, fish and pig breeding. The same outlook of national welfare should guide us about bovine species too. Ours is a multi-religious and secular state. It will be simply disastrous if the problem of national economy and national welfare are decided on the basis of the religious faith of a certain section of the people. The desire of enforcing the religious faith of any section of the people through legal power on the entire nation and the country is a dream of theocratic power, which is contrary to the constitution of this republic and will be a gross injustice to the people of other faiths.

The people in our country who hold bovines species as sacred and even more valuable than human life are by no means compelled to submit their cows for slaughter. They are free to keep their cows with them and feed them what thcy likc and worship them as they like till the animals die a natural death. But why should these people inflict their faith on the beliefs and opinions of others! In our multi-religion and secular republic, only two things can be legally and nationally sacred : one is human life and the other national welfare.

All the problems of national importance and economy should be considered on this basis. We all know that since 1947 a partial ban on bovine slaughter exists in almost all the states of India. We beg the Anti-Cow Slaughter enthusiasts to study the present situation and statistics pertaining to cows in this country. India can boast of the largest number of cows in the world—more than three cows for every five humans. Buffalos apart yield major portion of the milk supply to the nation. Yet the milk supply in this country is the poorest. We are importing or getting as gift large supplies of dry milk from countiers who do not worship cows but treat it as an useful animal. Do we want still more cows? The animal husbandry experts—the ones I discussed this issue with were all Hindus—in the country are unanimous that the main cause of the scarcity of milk and the pitiable condition of cows in this country is the unmanageable and uncontrolled numbers of bovine species. This situation is bound to get worse every day, unless their numbers are considerably reduced.

It is an amusing phenomenon that the anti-cow slaughter agitation is going on only in metro cities of the country where citizens seldom keep cows and get ninety percent of their milk supply from buffaloes. What is the position in villages? In rural areas of U.P. and Bihar the number of dry cows and old, useless oxen have become a liability. Do cow-worshippers know that since the partial ban on cow slaughter, prices of cow are falling rapidly while the prices of buffalo have gone up considerably and are still going up. No farmer would like to purchase a cow unless it were for oxen. The reason is evident. A buffalo can easily be disposed off after its period of utility is over but dry and old bovine become an inevitable liability. Poor farmers, unable to feed even their serviceable cattle, drive old cows and oxen away from their houses, which graze on neighbor's fields which leads to terrible feuds. Even the locking up in the cattle pond is useless because nobody comes to get these worthless cows and oxen back. They cannot be auctioned even for a rupee. These cows and oxen die a slow and painful death by starvation when their hide becomes worth something. In towns too, the uncared for cows roaming about and eating waste paper, dirty rags and even filth are a common sight. That is how the sacred cow is worshipped while the mundane buffalo lives usefully and is disposed off usefully. In the present circumstances the uncontrolled and unwanted numbers of bovine population is consuming much more national wealth than they can produce, and our fanatic friends insist on sacrificing our national welfare at the altar of cow worship. Let us beware, attempts to enforce one section's religious faith on the entire country in a multi-religion and secular republic may lead to the national holocaust of civil war. What a ridiculous situation we are in! Our government has accepted the necessity of controlling the human population of the country but our cow worshippers demand no control over bovine the populations. Of course, the method of control in different spheres are bound to be different.

It is a painful surprise to see that our powerful political organizations who swear by secular nationalism—the Congress, the Communist parties of right and left, the S.S.P, the P.S.P. and Swantantra Party are very complacently silent on this question of utmost national importance. Is not this silence due to the apprehension of losing the votes of a misguided mob? Is it not despicable and means political opportunism?

(Letter to the Editor, National Herald)

●

National language and State language

Since my return from U.S.S.R., certain statements of mine on language position in the Soviet Union have been reported in the press. These reports have aroused further interest on this topic. The reason is that the Soviet Union is multi-lingual and democratic federation and a large number of people think that the example of Soviet Union can help us in solving the linguistic problem in India.

Some people who adhere to democratic principles are of the opinion that the adoption of Hindi as national language of India is against democratic principles and is an injustice against non-Hindi speaking people of this country. They have quoted the example of Soviet Union in support of their views and have stated that India is multi-lingual like U.S.S.R. Russian is not officially recognised as the national language. All different nationalities have their own national languages. The education and administrative work in these nationalities is carried on in their respective mother tongues and they are given boundless opportunities for development. Why Can't India? like U.S.S.R. give equal status to the mother tongues of different regions without inflicting compulsory knowledge of a national language that is Hindi on these linguistic regions.

The instance of U.S.S.R. as quoted above is only partially correct. It is true that the education and administrative work in different nationalities of U.S.S.R. is carried on in their mother tongues and that the mother tongues of these nationalities are given equal and full opportunities of development. But it is also correct that in all the states of U.S.S.R. different nationalities of U.S.S.R., whose mother tongues and scripts are different from Russian, teaching of Russian language from the very first form up to the university stage is compulsory, simultaneously with the mother tongue. This fact is also mentioned in a Moscow publication "Peoples Education in U.S.S.R" available from the branches of P.P.H. throughout India. The people of different nationalities of U.S.S.R. do not consider the compulsory teaching of Russian through their educational curriculum as suppression of mother tongues, nor a cultural atrocity. On the other hand they consider the compulsory teaching of Russian to all the nationalities in their own interest conducive to better metal understanding and relationship and that it serves as a bond of unity.

The attitude of the Soviet people pertaining to language problem in India can be understood from an outstanding instance. The International Peace Prize awarded to the President of All India Peace Committee, Dr. Kitchlu, was annompanied by a document announcing the award. This document is not in several monthor tongues of the nationalities of U.S.S.R., but only in Russian. This is enough to show that when different nationalities of U.S.S.R. speak together, they use one common language, which is Russian. The counterpart of this document, which is translation of the original, is not in English, nor in different mother tongues of India but in Hindi and in Devnagri script. This cannot be not supposed to be an unconscious act on the part of the people U.S.S.R. and this instance makes it clear that the people of U.S.S.R. think it rational to use Hindi when they are addressing the people of India.

In Hindi-speaking states the adoption of Hindi as the national language of India has not caused as much resentment as the adoption of the Hindi alone as the state language of Uttar Pradesh. This resentment is the reason for the agitation by Taraqi-e-Anjuman-e-Urdu for the recognition of Urdu also as the regional and state language of Uttar Pradesh. Under the threat of this agitation the A.I.C.C. has recommended through one of their resolutions that Urdu be given its proper place. This recommendation, instead of solving the problem has raised another i.e. what is the proper place of Urdu of which Urdu is being deprived.

Taraqi-e-Anjuman-e-Urdu demands for Urdu the status of state language in Uttar Pradesh along with Hindi. The basis of this demand is said to be the Sec.347 and Sec.354 of the Indian constitution, which implies if a substantial proportion of the people of a region claim a certain language to be their mother tongue and demand its recognition as state language, then the President of the Indian Union can direct the state government to recognise it. Anjuman-e-Taraqi-e-Urdu claims that Urdu is the mother tongue of a substantial proportion of people in Uttar Pradesh. If we recognize Hindi and Urdu as two different mother tongues, the question is whether the children of the age of about three who claim Urdu as mother tongue can express themselves verbally or not while associating with the children of the same age of the people who claim Hindi as the mother tongue . It is indisputable that they can. Sometimes due to fancy or prejudice, words of Sanskrit and Persian, are used in large numbers. In this case these are two styles of the common mother tongue of the land.

Urdu is claimed to be alanguage that was born and developed in this land. What has been the process of its birth and development? It was the inclusion of a large number of Persian words in the language of the land, which was Hindi. This process has deeply affected the old style of Hindi. But this has not given birth to a language, according to the linguistic principle laid by Stalin. A language is known by its grammar and basic stock of words. A large number of people in society today use many English words and adjectives while speaking. This does not mean that a new language has taken birth in our society. The inclusion of Persian nouns and adjectives in Hindi has not given birth to new language i.e. Urdu, because Urdu has not given birth to a grammar of its own that is different from Hindi. No doubt there have been important literary development in this style. In future also this style may continue to grow, but this will remain a part of the basic language. It cannot become a separate language.

The demand of Anjuman-e-Taraqi-e-Urdu-e-Hind for the recognition of Urdu as state language of Uttar Pradesh along with Hindi is based on interpretation of sec. 347 of the Indian constitution which stipulates that on a demand being made, the President may, if he is satisfied that a substantial proportion of the population of a state desires the use of any language spoken by them to be recognized by the state, direct that such a language shall also be officially recognized throughout that state or any part thereof for such a purposes. It is worthwhile to ascertain what substantial proportion of the population of Uttar Pradesh really speaks Urdu and demands its recognition as the regional state language and in what part of the state the A.T.U.H. claims to have collected two million signatures for this demand. Two million is a respectable figure but what portion is this of the entire population of Uttar Pradesh? If these signatures are genuine they number approximately 3.5 percent of the entire population. The demand for the recognition of Urdu as additional state language is pressed for entire Uttar Pradesh. No doubt in U.S.S.R. Adeyagi and Khurian people who number only 70 thousand and 30 thousand respectively, are allowed to have their own language, but they inhabit specific regions and their language is not imposed on others. But if the 2 million signatures are scattered all over the sixty million population of Uttar Pradesh, can it be considered a substantial proportion?

It was learnt from the volunteers who have taken part in the signature campaign of A.T.U.H. that a very large portion of the signatures had been collected from the areas of Aligarh, Rampur and Moradabad.

This question had not been posed to them as the question of mother tongue. Urdu is not the mother tongue but a right of the Muslims. It is not believable that the people of different religions living together for generations and practically coming from the same ancestral stock can have two mother tongues. The mother tongue of the Muslim population should not be ascertained by obtaining signatures through communal platforms but by seeing what language or dialect they actually speak. One need not go very far to see what language and dialect the common Muslims in Uttar Pradesh speak. This can be seen in Nakhas and Maulviganj in Lucknow where burqa-clad Muslim ladies are generally heard conversing in simple Hindi/Urdu.

The question is not of two different mother tongues but really of two scripts which is being raised behind the pathetic cries of mother tongue. Language comes naturally to people. It is only the style and script which is taught and acquired. The demand for the recognition of additional language is really the demand for the acceptance of Persian script throughout Uttar Pradesh. The demand for educating the people in two different scripts on the basis of religion (but speaking the same language) is nothing but sowing poisonous seeds of communalism.

A.T.U.H. claims that 3.5 out of 100 have signed for the adoption of Persian script in the state hence their demand is democratic but the question does not affect only 3.5 per cent of the population but it affects 96.5 per cent also who have not signed for this demand but oppose it because the adoption of additional script will be an infliction on all the persons of this majority who aspire to have jobs in the administration of the state.

A.T.U.H. has not pointed out how the recognition of Hindi as the state language of Uttar Pradesh has deprived Urdu of its proper place. If by restoring Hindi to its rightful place Urdu has come down from the position where it was placed by a foreign power for their convenience, it has been the result of a democratic process. Under the circumstances, 96.5 per cent of the population should not have their democratic rights and duties curtailed, because the most dangerous blow to the democracy is the indifference of the people to their own rights and duties.

(Letter to the Editor, National Herald)

Youth Shall Catch the Moon

Man's fascination with the moon is as old as the human race itself. For man, the moon has always been a symbol of success, of the good, the pure and the beautiful. The unattainable aims of human imagination have always been characterized as the ambition to catch the moon. Yet human beings continue to cherish the dream of reaching the moon some day.

The day has come when this dream can be regarded as a reasonable expectation. Rockets have already been designed to reach this proverbially imaginary destination. Today it appears so much within the reach of human capability that the accommodation in the moon-bound rockets are being sold and reserved. Men are not only confident of reaching the moon, now the ambition is to be the there first.

The process by which these rockets will make their journey towards this destination has been discussed and is now accepted by sceptics also as feasible. The process seems simple even to the layman; the successive releases of the propelling force within the rocket will continue to push it towards the goal.

Is not the rocket of human destiny also continually progressing towards the moon of our cherished goal by the successive emergence of the power of youth, generation after generation? Our goal being more and more social evolution and progress, complete freedom from want and terror, elimination of mutual fear and discord among nations and races, and the attainment of complete amity and brotherhood on earth and to realize the fullest use of scientific might and power for the service of man and to make the atomic power a boon rather than a terror.

During the past several years, Warsaw, Berlin and Budapest etc. had witnessed the emergence of the organized power of youth—the propelling force of our generation. On these occasions the world youth came to know themselves, became aware of their strength and resolved to take the world society towards its goal of stronger and more developed humanity by eliminating its weaknesses of mutual distrust and animosity among the races and nations. This year the venue for this festival is Moscow, the great city which represents the most advanced concepts of world culture and its possibilities.

We, of the older generation, in our time of emergence of youth tried to do our bit. Now we rely with faith and confidence on the present release of the power of the world youth which today is more effective and organized than it was ever before in the past and is taking charge of the welfare of the mankind.

Our hearts swell with hope and pride on this occasion to hear the youth declare their resolve of unceasing effort for complete freedom for want and mutual fear, for complete equality of men and women, of coloured and white races and for everlasting peace on earth through the co-operation of all the nations with equal rights.

We are confident that the Moscow Youth Festival will release an immense propelling force of world youth knit in the bond of brotherhood which will carry ahead the rocket of human destiny towards the moon of our cherished ideals.

(Message on the occasion of the World Youth Festival)

●

Please Do Not Humiliate the Freedom Fighters

On April 13, Shri K.C.Pant, the Union Minister for Home Affairs, made a statement in the Rajya Sabha that the scheme for pension amounting not less than Rs.200.00 P.M. to freedom fighters, who had suffered imprisonment for not less than six months, will be implemented from August 15 this year. The statement of the Union Minister includes two qualifying clauses for this pension. One of these clauses is that the pension would be sanctioned after taking into consideration the financial condition of the freedom fighters and of their families.

The talk about a pension to freedom fighters has been for a long time in the air and so has been the talk about the qualifying clause to it viz. "to the deserving ones". It is common knowledge that in this context "the deserving ones" means persons financially uncomfortable. One wonders if the pension is a recognition and honour to the persons who contributed their best in the cause of the country's freedom or is it charity to those who after the fight for country's liberation have somehow failed to support themselves and their families? If the criterion for deserving the pension be the admission of the financial difficulty by a freedom fighter, why call it a pension? Why should it be considered necessary to humiliate a freedom fighter by forcing him to expose his personal financial difficulties before giving him the honour due to him.

There are quite a few freedom fighters who did not only suffer imprisonment for not less than six months but risked their very lives in the cause of freedom, and underwent imprisonment for more than six, ten, or twelve years. After release from prisons they adopted some profession or went into business to support themselves and their families. Whatever their economic condition, out of self- respect they did not approach the government for help. According to the clause mentioned, such persons would be disqualified for the pension for the freedom fighters. Their only fault would be that despite of adverse circumstances, they succeeded in their adopted work by dint of courage and hard labour or did not reveal their difficulties because of their self-respect.

The other clause excludes legislators from the pension for the freedom fighters. I hold no brief for the legislators. It is difficult to comprehend the reason for this discrimination against legislators. We understand that legislators get some allowances to enable them to carry on the work expected of them or to compensate to a certain degree for their time spent in public work. The amounts paid to the legislators are not pension because it is only for the duration of their membership of the legislature . If the government proposes a pension for freedom fighters it should be treated like other pension given to civil and military personnel.

It is a common knowledge that a large number of freedom fighters, under the name of political sufferers, have been awarded large tracts of returnable loans or some other such concessions. It will be proper and reasonable to exclude such persons from the grant of this petty pension. But the criterion for deserving the freedom fighters pension—their admission of failure in managing to make two ends meet—is certainly an undeserved humiliation. We hope that the government would reconsider the clause pertaining to the financial condition of the freedom fighters.

(Letter to the Editor, National Herald)

April, 1972

●

United Urdu Front

After Independence, the U.P. Assembly, with a view to giving tangible shape to the national sentiment of people, unanimously adopted Hindi—the traditional language of this land written in the Devnagri script as the official language. Since the natural expression of this national sentiment of the people of the state, a hue and cry is raised on the eve of every Assembly election in order to attract the votes of a small section of U.P., that Urdu written in the Persian script should also be adopted as the official language of this state. The call made once again for getting Urdu with Persian script adopted as the official language of this state along with Hindi would not have surprised any one; but this time it has alarmed the people, because the call has taken the form of *morcha* or front and has also threatened direct action to secure its objective. The word 'direct action' was a contribution of the Muslim League under the leadership of Mr. Jinnah. The Muslim League used this word for the partition of this country and the establishment of Pakistan. Not to feel alarmed at such a threat would indeed be suicidal indifference.

Dr. Abdul Jalil Faridi is the President of the United Udru Front. The secretary of the front is Wahidur Rahman Irfani and Mr. Anand Narain Mullah is among its prominent supporters. The statements and the actions of these gentlemen may be helpful in understanding the real intention and aims of the Urdu Front.

Dr. Faridi has started the agitation for Urdu by staging a walk-out from the U.P. Legislative Council on March 4, 1965. He has clarified his position through a letter published in the National Herald dated March 14, 1965. The reason that he has given for this walk-out from the U.P. Legislative Council is that the reports of the speeches made by him in Urdu in the Council were supplied to him in Hindi-Devnagri script. Dr. Faridi has in his letter explained the reason for his opposition in these terms, 'I have great respect for Hindi-Devnagri script and sincerely accept it as the National Language.' But he demands that in accordance with the Article 210 of the Constitution, the reports of his speeches in the Legislative Council should be supplied to him in the language in which he delivers them ie. in Urdu (in Persian script) which is his mother tongue. The act of not furnishing the reports of his speeches in Persian script, he contends, amounts to suppression of his mother tongue and it becomes difficult for him to participate in the proceedings of the Council.

Dr. Faridi or the Urdu Front contends that adoption of only Hindi with Devnagri script as the official language of Uttar Pradesh means suppression of the mother tongue and the culture of a section of the people of this Pradesh and they are experiencing great difficulties. His demand is that Urdu and the Persian script should also be recognized as the official language of this state and that like Hindi, Urdu (Persian script) may also be used in the legislature, courts, government departments, municipalities, educational institutions etc. of this state.

Those who wish to trust the Position of Dr. Faridi, the President of the United Urdu Front, cannot help worrying over the contradictions in his statements.

Dr. Faridi has respect for Hindi and also heartily accepts it as the National Language, but at the same time opposes the transcription of the report of his speeches in that very national language. It is very strange that Dr. Faridi as well as those who demand that Urdu (in Persian script) should be recognized as the official language, have been showing a great respect for Hindi by heartily accepting it as the National Language for the last 15-16 years when Hindi (in Devnagri script) was adopted as the Official Language of U.P. but they have not been able to make efforts to learn Hindi (in Devanagri script) even during such a long period.

The real intention of the United Urdu Front towards Hindi has been well expressed by the front secretary, Mr. Wahid Rahman Irfani, in his letter published in the National Herald dated April 23, 1965. He says that the acceptance of only Hindi (in Devnagri script) as the official language of U.P. amounts to injustice to and the repression of Urdu. His demand is that the equality of status and opportunity given to Hindi (in Devnagri script) and Urdu (in Persian script) in all government departments, offices and educational institutions before the independence of India and creation of Pakistan should again be given to Urdu today in the name of justice to that language so that people may freely use their mother-tongue or the official language. The United Urdu Front is threatening to launch, 'direct action' to secure the right of using two mother tongues and two national languages for persons belonging to the same race and living together in the same mohalla and the same city of the state. A feeling of worry over this threat cannot be regarded as idle apprehension. By partitioning this land into two countries, we already have before us the consequences of the principle of distinguishing on communal basis, the people of a country, who were traditionally not separate as two language groups and two separate nationalities.

Raja S. Sajid Husain has, in his letter published in the National Herald dated April 23, 1965 under the caption "The language of people" warned the protagonists of the United Urdu Front that if two mother tongues of people in U.P. are recognized and thereby if two nationalities are insisted upon, it would have dire consequences. The United Urdu Front is dissatisfied with the fact of Hindi being recognized as the state language of U.P. This Front wants the Urdu-Persian script to be adopted also as the script of the official language and feeling dissatisfied on this issue, it is threatening to resort to direct action, demonstrations and satyagraha. It would be better if instead of feeling agitated and holding out threats, the Front gives serious thought to the position of Hindi and Urdu in this Pradesh and to the consequences of their demand. The walk-out staged by Dr. Faridi in the Legislative Council may for instance be taken into consideration. According to Dr. Faridi's statement, no objection was raised on his addressing the House in Urdu. The report of the speech of Dr. Faridi in the Council, in whatever language or style he might have delivered it was presented to him in Hindi. Dr. Faridi can have no complaint that the words, idioms or style used by him in his speech were not properly reported. The report of whatever he spoke in the Council in Urdu was presented to him in Hindi (Devnagri script). It is obvious that in the eyes of the Council Secretariat his speech was in Hindi. The Council Secretariat did not find the difference of Hindi and Urdu in the words and idioms used by Dr. Faridi in his speeches delivered in his mother tongue. The objection has been raised by Dr. Faridi himself that his mother tongue was written in Hindi (Devnagri script) although Dr. Faridi and his colleagues, who are supporters of United Urdu Front have great respect for Hindi and accept it as the national language from the very core of their hearts.

Hindi is the official language of Uttar Pradesh. The fact that no objection was raised to Dr. Faridi's delivering his speeches in the U.P. Legislative Council in his mother tongue and that the correct report of his speeches was presented in Hindi is ample proof that from the view-point of the Hindi speaking majority of the Legislative Council and the Uttar Pradesh government, the mother tongue (Urdu) of the supporters of the United Urdu Front and Hindi are not two different languages. Raja S. Sajid Husain has also emphasized in the National Herald dated April 23, that literate and illiterate people of the villages of Utter Pradesh, which comprises 80% of the total population of this Pradesh, constitute one society and they do not have separate mother tongues and are not two nationalities. The mother tongue of a society, people or community can be recognized only by the language spoken by their children. Those who live in cities know that in the streets, mohallas and bazars of their towns, children of all sects and communities come in contact with each other and speak a common language. To differentiate between Hindi and Urdu from the view-point of mother tongue on the basis of their mother tongue is sheer obduracy. Sri Anand Narain Mullah Saheb is undoubtedly a great poet of Urdu, but the claim made by him and the people like him to the effect that Urdu is their mother tongue, is ridiculous. One's mother tongue cannot be determined by his choice and insistence. The mother tongue in not the language of a single man, but the language of a whole community or society and evolves by tradition. It amounts to a joke that the majority of the blood relations of Sri Anand Narain Mullah Saheb, who is a prominent supporter to the United Urdu Front, claim Hindi to be their mother tongue, while Mullah Saheb claims Urdu as his mother tongue. It is also well-known that some 30 to 40 years ago most women in the Kashmiri community used to read only Hindi in Devnagri script. If the Kashmiri community insists on its historical script, then it would be 'Sharda' script with which Mullah Saheb would hardly be conversant. Mullah Saheb's attachment to the Persian script as his mother tongue is a puzzle.

The difference between Hindi and Urdu will be considered only a difference of styles and not of languages, not only in their day to day use, but in the sphere of intellectual thought and literature. Those who quarrel with each other on the question of Hindi and Urdu are often found talking to each other in a language that make it difficult to say whether they are speaking Hindi or Urdu. A distinction in Hindi and Urdu is made by the Sanskrit and Persian words that are used in the language. In Hindi literature there are a number of works both in prose and poetry which do not have Sanskrit words, but have a large number of Persian words. There is no bar on the use of Persian words in Hindi. This holds true in the case of Urdu literature also. The poems of Iqbal, the great Urdu poet, contain pieces where Sanskrit words and not Persian words have been used, for instance :

"Iqbal bara upadeshak hai,
Man baton se moh leta hai."

Josh Malihabadi, Firaq Gorakhpuri, Majaz Lukhnavi and also a number of other poets of Urdu style have composed many rubayis and poems where not a single Arabic or Persian word has been used. If such poems are written in Hindi in Devnagri script, they will be considered Hindi poems. These 'rubayis' and poems have been composed in Persian script. Therefore, Urdu literature is proud of them. Such compositions can be considered as representative works both of Hindi and Urdu styles. It is from their script only that they can be distinguished as Hindi and Urdu. Evidently the difference between Hindi and Urdu lies not in language or mother tongue, but in their Devnagri and Persian scripts. But they are considered to be Urdu. It is necessary to keep this in mind that our day-to-day's conversation and work can be carried on in simple Hindi or Urdu even without using Sanskrit, Persian and English words, but we require new words for our literary works, serious subjects and technical discussions. We want to get rid of English and make our own language self-sufficient. Other important languages of our country are also confronted with this problem. They are borrowing such words from Sanskrit. To borrow such words from Sanskrit for our own language (Hindi-Urdu) also is more practicable. If it is done there will be uniformity in the technical terms of all the languages of our country and the people speaking these languages will undoubtedly be able to help each other in the future development of the country as well as in educational spheres. If in Hindi-Urdu such words are borrowed from Arabic-Persian, our language will undoubtedly be nearer to the language of Pakistan but we will be deprived of the support and assistance of other Indian languages.

The instances given in support of Hindi and Urdu, the colloquial and literary forms, reveal that as a matter of fact Hindi and Urdu are not two separate languages but there is only a difference of script between them. This also makes it clear that the aim of the agitation of the United Urdu Front is not for the protection of a mother tongue. The threat of direct action held out by the Front is for securing for the Persian script a place like that of Hindi in Devnagri script in all official and public matters in Uttar Pradesh. To achieve this objective, the Front wants to exert pressure on the government and the public by staging demonstrations and resorting to satyagraha. The Front treats Hindi and Urdu as separate languages on the basis of script alone and considers mainly the Persian script as Urdu. The behavior of Dr. Faridi in the Legislative Council is a clear proof of this fact. In our opinion, taking into account the aims and objectives of the United Urdu Front, the proper name for it should be the United Persian Script Front. The success of the Front in attaining its objective would result in dividing the people of this state, who are one through bonds of flesh and blood and live on the same soil, into spheres of two scripts, and would thus promote the feeling of communalism and of having different cultures and nationalities. The results of a similar movement of the Muslim League are before us in the form of the partition of the country.

The strongest argument in favour of Urdu being recognized like Hindi as a language for use in public life and official purposes of Uttar Pradesh is, that Urdu was born in this very soil and that it is not the language of any other country. If this claims is for Urdu style only, and not for the Persian script, then it is correct and is in keeping with public sentiments. Its clear proof is that whatever literature is available in the Urdu style or is being created—it may be in Persian script—has been published and is being published in Hindi (Devnagri script) expeditiously and in a large volume. The Urdu writers are well aware of the fact that their books, when published in Hindi-Devnagri script, have much wider circulation than when they are published in Persian script. All successful writers of Urdu style are anxious to get their books published in Hindi-Devnagri script and are thus being benefitted. There is no opposition to the Urdu style anywhere because it is the product of this very soil and the people of this country, but can the United Urdu Front say the same thing about the Persian script?. The Persian script is not only not the product of this soil and of the people of this country, but is also unsuitable for recording properly any language born and developed in India. There is a basic similarity in the scripts of all the principal languages born in India but there is no such similarity between them and the Persian script.

If the Persian script has any relationship with or claim in this country, it is only that the use of this script in this country was reintroduced for the facility of the invaders. The use of the Persian script was forced on this country for five to six hundred years by alien rulers. But even then it was not adopted by the general public of this country and it remained confined to the courts and official circles. Persian script could not endear itself to the public of this country and was not acceptable to them as their own script. On getting a chance of self-determination, the people of this country adopted, by a huge majority, the Devnagri Script, which is the product of this land and is in accordance with the traditions, genius and the aspirations of this country. Not being satisfied with the use of that script in public life and official matters and to demand a place for a foreign script at par with the script of this country is nothing but expressions of the feeling of separate nationality and culture. Only those, who wish to keep themselves aloof from the common sentiment and the national language of this country, would link the Urdu style with the Persian script and then claim it as a separate language and as their mother tongue. If Urdu can be treated as a language on the basis of the script, then it can only be a language of Pakistan and of people with Pakistani leanings.

In 1955, prior to the elections, a movement was launched under the leadership of the Anjuman-e-Taraqqi-e-Urdu-e-Hind for the adoption of Urdu as the official language like Hindi. They link Urdu with the Persian script and treat it as separate from Hindi. At that time the Communist Party of Uttar Pradesh, in spite of its avowed dislike for communalism, was supporting—in the hope of securing Muslim votes—the demand for the recognition of Urdu as the official language of Uttar Pradesh. In support of the demand of the Anjuman-e-Taraqqi-e-Urdu Communist and that the Communist party took the plea that Urdu was the communal right of Muslims who were in minority in this state. If the United Urdu Front also appeals for Urdu (Persian script), in the name of the communal right of the Muslim minority, all those who believe in democracy will then certainly accept that for the appeasement of communal feelings of Muslims, they should have freedom and facility for the study and use of Arabic and Persian scripts. If someone is attracted by the Arabic or Persian scripts for communal or cultural reasons and wants to use them in his day-to-day life and for literary purpose, he should be free to do so. If our literature can be developed to some extent through this process, it should be welcome. It cannot be denied that the Government of India, the Punjab Government and the Government of Uttar Pradesh too are not only giving every opportunity for the development of literature through Urdu medium, but are also giving positive encouragement by way of rewards and grants-in-aid.

I wish to make it clear that the votaries of democracy will not justify imposition of any kind of restrictions, even on Urdu style and Persian script. But this does not mean that a demand for assigning the same status to the Persian script in public life and in official matters as is given to Hindi can be supported, or the challenge of such a movement can be tolerated. Granting to Persian script a status equal to that of Hindi in public and official spheres like educational institutions, courts and offices, railways, municipalities and even at octroi barriers would mean acceptance of two scripts for official business of this state. To the vast majority of people here, it would seem giving recognition to the obstinacy of only nine or ten per cent of the population if people are compelled to learn two scripts for earning their livelihood through government and public services or for associating themselves with government or public life in any other manner. Even among this small percentage, hardly eight out of ten can write their names in the Persian script. The persistent demand to give Persian script a status equal to that of the official language along with the national language, cannot be termed as a democratic demand of the minorities. Such a demand can only be characterized as a desire to crush the sentiments of an overwhelming majority of people and sacrifice their convenience.

It is surprising that the demand to crush the will of the majority is being made in the name of democratic rights and what we lament here is the lack of foresight in those who come forward to support such demands of political opportunism. It is not proper to ignore them and feel complacent by believing that such demands of the United Urdu Front are futile, irrelevant and opposed to the national and democratic spirit and as such they cannot be fulfilled. Our people have seen what tension such anti-national and anti-democratic sentiments of communal type can produce and have also seen what impact such communal organizations have on the minds of the public.

Inspired by the same sentiments the United Urdu Font is threatening us with direct action today. It is the sacred duty of all votaries of democracy, who believe in one nationality of India, to be on their guard against such sentiments and threats and oppose then with all them might.

(Letter to the Editor, National Herald)

●

Lust for Lime Light

In the National Herald of May 10th, 1967, Mr. A.N. Mullah has given a warning to the U.P. Government of a rift over their language policy. This is in connection with a statement made by the Deputy Chief Minister of the state in a meeting held in Lucknow Corporation Hall on May 8th. The minister assured the audience that the state government would try a complete switch-over from English to Hindi within a year in the state administration. Mr. Mullah warns if the language policy as enunciated by the Deputy Chief Minister—who is also the Education Minister of the state—is pursued, "It would tend to destroy the spirit of harmony and cooperation among the different units forming the United Legislature Party" and "would raise several controversial issues" and persons whose mother tongue is Urdu would question its validity." Mr. Mullah's warning gives an impression to the general reader that, according to him, retention of English in the administrative work of this state will keep the protagonists of Urdu satisfied, and that their repugnance is not against English but against Hindi. This somersault by Mr. Mullah will certainly be amusing for the public of Lucknow, who remember his election campaign speeches only three months ago in which he was declaring from public platform that he accepted without any reservation Hindi with the Devnagri script as the national language of the country.

Mr. Mullah has tried many times to start hollow controversies about the existence and claims of two different mother tongues, Hindi and Urdu, in the state. He is trying to revive it again, and this time with the cry of a tooth and nail struggle.

As to the question of Hindi and Urdu being two different languages and the difference between them, I would like to remind Mr. Mullah of the meeting held in the Lucknow Press Club at the end of March to felicitate him over his election to the parliament. This meeting was addressed, among other speakers, by Begum Habibulla, Mr. Ali Abbas, Mr. Mullah, Dr. R.C. Shukla of P.S.P., Mr. H.K. Awasthi of Lucknow University Hindi department, Mr. Robin Mitra, and

Mr. Abbas Haider. I am sure he remembers perfectly, as I do (I had the honour to preside over the meeting), that no speech was delivered in English, and no difficulty of dispute arose about the language. All speakers used the language natural to them and which they believed the audience will understand easily. Probably Mr. Mullah, Mr. Ali Abbas and Begum Habibullah thought they spoke in Urdu while Dr. Shukla, Mr. Awasthi and Mr. Abbas Haider in their own opinions spoke in Hindi. But the audience and the president too felt that all the speakers used the same language with slight variations of style. Mr. Mullah will also remember that sometimes we meet at social gatherings, very recently it was an at-home to celebrate a marriage. We always talk to each other cordially and with ease but never in English. If he thinks we talk in Urdu, I have no quarrel with him. If I think we talk in Hindi, he should not resent. Any person listening to us and able to follow us will think that we talk in the same language. This should be helpful in showing the reality of the theory of two different languages – Hindi and Urdu – and their difference which Mr. Mullah does not accept as one and the same. As to the statement of the Education Minister regarding the switch-over from English to Hindi, the minister meant by Hindi the language of this state, the language people like him and Mr. Mullah use when not using English. This was evident from the language of the minister's speech which was hardly different from the language of Mr. Mullah's public speeches. I can say that with confidence. One is at a loss to understand why a switch-over from a foreign language to the language of people of the state should raise controversial issues and questions over its propriety?

The script of the language of the state is Devnagri, same as the script of the national language of our country. This question was decided by the state legislature about twenty years ago and is no more open to dispute. Switch-over in the state's administrative work from English to Hindi in no way can be prejudicial to the people who declare Urdu as their mother tongue. The claim of Urdu on this land is that this style of language was born and developed here. This claim is correct and accepted. But this claim cannot be made for the Persian script. Insistence on the recognition of the Persian script along with Devnagri as the language of administrative work in the state will only create unnecessary burden and harassment for the people of the state. This demand is quite irrelevant because the protagonists of Urdu like Mr. Mullah accept that learning and knowledge of Hindi with the Devnagri script is the national duty of all the citizens of this state. Do the protagonists of Urdu mean that they will learn Devnagri script but will not use it in administrative work.?

Mr. Mullah's warning and threat become all the more ominous when one thinks of the offensive streamer displayed in Aminabad, challenging "URDU YA MAUT" (Urdu or death). What does this war-cry mean? Does it imply:

'We will force Urdu or die' or 'Accept Urdu of die?' The cry cannot be taken as a slogan for a lawful agitation or even a call to satyagraha. This is much more threatening and militant. The next step may be a call to arms or an ultimatum or self–immolation to get for Urdu an equal status with Hindi in the state administration. Mr. Mullah is the chairman of Mustahadda Mahaj-e-Urdu, the United Urdu Front. We hope he will consider the propriety of these steps.

Dr. Kapoor, a former mayor and one of the strong supporters of Mr. Mullah in the latter's parliamentary election campaign, has very correctly stated in National Herald of May 11th that U.P. Government is doing everything reasonable and desirable in the cultural and educational field for the promotion of Urdu. We all know that various rewards are offered for promotion of good Urdu literature. U.P. Government gives adequate help to those institutions where management wants to teach and where students want to learn Urdu. There is no special restriction on the publication and printing in Urdu. If Mustahadda Mahaj-e-Urdu and Mr. Mullah want U.P. Government to force the teaching of Urdu and Persian script in all the institutions of the state where neither the management nor the students want it, and make use of Persian script compulsory in all government offices where probably only a few persons will know it, it will be neither just nor democratic. It is difficult to guess for what aims or purpose the United Urdu Front and Mr. Mullah are agitating?

I am sure Mr. Mullah will agree with me that it does not become sincere men, who claim to stand by justice and public good, to be lead by the lust for remaining in the lime light by starting agitations based on irrelevant demands and arousing fanaticism with war cries.

(Letter to the Editor, National Herald)

●

Why I am a Hindu?

I am a Hindu because I was born in a Hindu family. It is a fact of my existence and my geographical, ethnological and traditional entity. I do not feel pride in being a Hindu nor do I feel apologetic about it. I am not surprised when I am considered a Hindu and it does not put any compulsions on me. Hinduism is not a monolithic religious faith; it is a conglomeration of faiths. It is well known that for one Hindu religious sect the killing of goat or buffalo as sacrifice on the altar of the deity is a virtuous and sacred ritual. These various Hindu sects have sometimes fought bloody battles in the past but gradually began to tolerate each other's freedom of thought and belief. Perhaps this is the reason why most Hindus are intolerant of others in their social customs but are comparatively tolerant about others' thoughts and faiths. For me religion is irrelevant. Religion is man's relationship with God. In spite of all my efforts in my young age I could not know Him. Therefore, I do not bother about others' religious faiths. The tolerance and freedom of thought and faith among Hindus gives me the freedom of remaining a Hindu without caring for religion. Sometimes on formal occasions when I have to declare my religion–as in the case of applying for passport–I declare my religion as Hinduism.

The most distinguishing features of the Hindu society are the ancient traditions of cow worship and the caste system. I do not believe in either. I consider both these practices to be irrational, socially unjust, nationally suicidal and barbarous. I know that hundreds or thousands of Hindus believe and think like me and their scepticism or atheism does not disqualify them as Hindus.

For me Hindu is a synonym for Indian. The original meaning of the word Hindu is a native of India. Even today in most European Languages Hindu means Indian. If Jains and Shakts both, despite of great difference in religious faiths and practices, can be Hindus, why other Indians having different religious faiths cannot be Hindus? For me a Mariam Prasad, Isu Singh, Mohammed Das or Ali Pal, who does not wear religious marks and does not indentify his or her religion with a particular type of dress and who speaks the language of the majority of the area he or she lives in, can be a Hindu. I want to emphasize that I do not approve or any religious symbols as marks on men and women. But I would not wish to inflict the word Hindu on people who do not like it or accept it in the similar sense.

In spite of my disagreement and non–observance of many pseudo-religious and social traditions, customs and practices of Hindus, no Hindu objects to my being Hindu. Therefore, I too do not object at being called a Hindu

(I Illustrated Weekly of India)

Problems of Creative Writing in India

When I think of the problems of creative writing in India, I find that they are so many that I do not know where to begin. Dr. Naresh Chandra tried to provide a frame-work when in his introductory remarks, he suggested that the problems for the creative writer in India arose mainly from three sources: language, religion, politics. He is right, and I agree with him to the extent that the choice of a theme in creative writing is affected by these factors, but I would like to begin a elsewhere. I would like to begin by considering the motives which impel a creative writer to write. These to my mind are three : entertainment, betterment, and remuneration. Entertainment is perhaps the most fundamental motive or at least it should be, because if the reader of creative writing is not entertained, why should he read at all. Then is no compulsion, for example, to read a novel, as there is, say, to read a text-book or even the newspaper. If a creative writer fails to entertain, he will neither be able to convey the ideas for the betterment of the reader or of the society, nor to earn his livelihood if his livelihood depends on creative writing. In other words, if he is a professional writer like myself.

But the entertainment value of a piece of writing does not necessarily make it literature. It may make the book a bestseller and bring the writer a lot of remuneration, but in spite of all this it may not be creative writing at all. James Bond books are bestsellers because they have maximum entertainment value, for a certain set of readers at least, but as creative writing it has hardly any value at all. Not only that, but for a certain other set of readers it may have no entertainment value at all. Because of his reputation as a great entertainer, I tried reading him, but I was not amused at all. This brings in another point: there are different kinds of mindset among the readers, and they are entertained by different kinds of creative writing. In direct contrast to James Bond is a work like Hemingway's *Old Man and the Sea*. For a certain kind of reader it has great entertainment value, and its claim of being creative writing is unquestioned. It will stay a great classic when James Bond would have been quite forgotten.

Why is Hemingway's *Old Man and the Sea* a great piece of creative writing, while James Bond comes nowhere near that standard? And here comes in the second motive of creative writing : the betterment of the individual and of the society. And what does this betterment consist of? To my mind betterment of the individual or the society means making them realize the reality and meaning and purpose of life, humanizing them, and refining and correcting their taste so that in due course they will find more entertainment in *Old Man and the Sea* than in James Bond. I cannot prescribe a formula by which this can be done. The reality of life may be brought home as much by realistic depiction as by imaginative rendering and mystifying. James Bond fails to be creative writing because it achieves neither one nor the other.

There remains the remuneration motive of creative writing, and as I am a materialist, it would be sheer hypocrisy for me to deny it. I write to be able to earn my honest bread, to better my economic condition and to bolster my recognition in society. I feel happier that way, and I think all honest and normal specimens of humanity will feel happier that way. I mean those who have the honesty to admit their human condition. I know I would not feel happy if I were hungry or ill-clad or placed very low in the social scale. I also will not be happy if others around me were not happy. And so creative writing for me has one supreme motive : to make me and my fellow beings around me happy. I make them happy by entertaining them first, and then also by helping them to become better human beings. And the concept of better humanity is not distanced in my thought from that of a more prosperous humanity—prosperous not only materially but also morally and aesthetically, i.e., rich in honest intentions and deeds and rich in beautiful thoughts, ideas and ideals.

I am aware that to some people my analysis of the motives of creative writing may not be acceptable. They may say that entertainment, betterment and remuneration have nothing to do fundamentally with the motives of creative writing. Those may follow as unintended by-products, but they are not the motives per se. I know something about the inspiration theory, the inner urge, the inner satisfaction of the conscience, one of the best instances of which is furnished by the opening verse of Tulsi Das's *Ramcharit Manas.* Tulsi Das professes to have written the story of Ram for no other motive but "Swantah Sukhaye". Now what is Swantah Sukhaye or inner satisfaction of the conscience? Just as the concept of entertainment differs from reader to reader, the concept of Swantah Sukhaye may differ from writer to writer. To Tulsi Das there was Swantah Sukhaye in telling the doings and sufferings of Ram and in expressing his devotion to Ram. To me as a materialist there is Swantah Sukhaye in making myself happy and those around me happy.

Nothing can bring greater or more intense inner satisfaction to me than to be surrounded by happy, joyous faces. To those who hold that a writer writes because he has an inner urge, my reply is that inner urge plays no less important part in my writing: only my inner urge is to make myself and those around me happy and full of right kind of aspirations to achieve the beautiful and the good in material possession, thoughts and deeds. I am no less inspired than one who is impelled by the urge to sing and glorify the deeds and character of Ram; only my inspiration has a different name. I would narrate and glorify the deeds of my fellow beings in a way that those, whose deeds I chronicle, would find entertainment in my narrative of their deeds, and would draw inspiration from it to make themselves better and happier specimens of humanity. If my writings leave my fellow beings happier and better, I have attained Swantah Sukhaye.

The betterment motive raises another question. The concept of betterment must be bound up with one's moral, economic and political creed. Must a creative writer then be a committed person? Must he begin with a set purpose to propagandize, preach and convert? Must he make his book a platform to harangue and cajole his readers into coming over to his side in economic, political or moral creed? I do not see any such compulsion for the creative writer, although his motive may be the betterment of the readers. If he is consciously committed to such a purpose in writing, his writing will suffer in its creative character. The case will worsen if what he is committed to is not his own creed but that of some party or organization. He will then be a dishonest writer who has sold himself, and his writing will have no mark or character of being creative. A distinction must be made here between motive and purpose. Motive is something that impels you from within, purpose is something in the nature of a goal ahead. Motive is internal, purpose is external. The motive to make the readers better human beings is present in the creative writer without his being conscious of it. A creative writer has a basic affinity with the general good, and his thinking is habitually prone to fall into channels that are conducive to the creation of the good. I am not making this observation or claim with regard to the man in the writer; the man in him may be good or bad, but the moment he becomes creative, all that is bad in him in his capacity as a man is cast away, and he stops at nothing but the beautiful and the good. He may himself not be aware of the change, but in the heat of creation he is not the same person. I have no psychological theory to explain the process, but as a creative writer I know that it happens. And so the creative writer in his motive of betterment of his readers, does not labour consciously to preach or propagandize; he simply begins to create what is good and beautiful, and his creation instructs the reader by precept and example. The best kind of creative writing is that in which not only the writer is not aware of the purpose to instruct, but the reader while enjoying his reading and being entertained by it, is not aware that he is being schooled. But all the same that element in creative writing which has the force to make the reader a better and a happier man, sinks into his being unawares. That is where the distinction between writing that is creative and writing is pedestrian and mercenary comes in. Creative writing leaves the reader a better man; pedestrian writing may entertain, but has hardly any lasting effect on the reader's personality or his human aspect. Mercenary writing makes a conscious and deliberate effort to instruct in a certain creed, and the reader has to make a conscious effort to accept it or resist and reject it. In creative writing no effort is required from the reader, and what is more, even the option to accept or resist and reject is not his. Something intrinsic is happening to his personality all the time he is engaged in reading a piece of creative writing, and he is not the same man after the leaves off reading. Something has happened to him that he carries ever after in his bosom and to his business, and this something is essentially good. The problem of a creative writer in a country like India, a country of many creeds and ideologies, is to avoid commitment, not as a man but as a writer.

All this the creative writer accomplishes by the use of a medium of communication. His medium is language in the same way as the medium of the artist is line and colour, with the significant difference that while the artist's medium has an universal significance, the medium of the writer is convention-bound. Language is the largest body of accumulated conventions known to human civilization. It is by virtue of conventions agreed upon by a certain society, and obtaining meaning within that society that a certain succession of sounds in utterance and a certain succession of strokes and curves in writing means something commonly understood by that society, but to outsiders it may mean nothing or mean something different. It is only he who is familiar with the convention who can effectively use it, and those within the convention that can receive it fully. Such being the restrictions imposed by language in the matter of communication, one question that the creative writer has to face and decide is: In what language shall he write? You must already have anticipated my answer from my own practice, but perhaps not my reasons for it. I heard that English has come to stay in India, that one can cultivate a sense of familiarity with English language and its conventions so as to feel no hindrance in using it as a medium of expression for all purposes, including creative writing, and that Indian creative writing in English has not only attained a considerable status, but has a bright future. I should like to say something regarding such claims.

I do not deny that English has come to stay in India, but the question is for what purpose? It has come to stay for certain practical purposes, such as higher study of social and physical sciences, for communication with countries abroad in the field of commerce and politics, for interpretation of Indian thought to the outside world. I know that it is through English that we have built up our scientific studies, and carried the message of Indian philosophy to European countries. But is it not firstly a matter of accident, and secondly a merely secondary activity of interpretation and not creation? But I would invite you to consider whether social and physical sciences of a very advanced kind do not exist in the non-English speaking world. India began these studies through the medium of English because of a political accident, and even now Indian scientists are beginning to realize that English in not enough, and they are learning various other European language. I am not suggesting that we should switch over to some other European language for this purpose, but from our present awareness and attitude it must become obvious that English is losing its monopoly in this sphere, and with that, its importance. When English is acquired by our young scientists along with other European languages, particularly Russian, German and French, which Dr. Chandra tells me are becoming more and more popular every year in his department, their dependence on English will gradually cease, and with that the importance and permanence of English.

As for cultivating an intimate familiarity with English, (by which, I understand, a basic convent-type education is meant) so as to feel quite at home with it and to be able to use it with the same facility as one's mother tongue, I have yet to meet a case to convince me of it. Have those who believe in the cultivation theory, ever stopped to think about and assess the distance that remains, and will inevitably remain, between their 'cultivated perfection 'and the untutored efficiency of the native speaker? English is a particularly tricky tongue, and its niceties sometimes intrigue even the native speaker. Was it not Bernard Shaw who aptly remarked that no Englishman can open his lips and speak for two minutes without subjecting himself to the contempt of some other Englishman? What it true of English in true of most other languages which have grown within a certain tradition and hare developed their own conventions. Oscar Wilde's perfection in French was no worse than most Indian creative writers' 'cultivated' perfection in English, and yet Wilde would not trust the French version of his Salome to the stage and the audience without submitting it to the scrutiny of his friends among French men of letters. One only wishes that Indian creative writers who prefer to make English the medium of their creative writing had at least as much modesty as Oscar Wilde had. Whatever the other problems of creative writing in present day India, the major problems before the creative writer is the choice of language to which he would trust his creativity. And in my opinion no other language deserves his trust more than his native tongue.

(An address to the Department of English, Lucknow University)

●

The Artificial Dichotomy of Hindi and Urdu

In the issue of National Herald, June 13 and 15, 1965, Mr. A.S. Siddiqui and Mr. Anwar Ali have tried to refute the arguments and the evidence regarding the identity of Hindi and Urdu. If the irate emotions and invective in the above referred communication are ignored and only their logical portions are taken into consideration, they also prove that Hindi and Urdu have been one and are the same language today. The only practical course to avoid the apparent rift in these two styles is to adopt one script, viz Devnagri, for this language. This course is also approved by the Act of U.P. Legislature in accepting Hindi with Devnagri script as state language of U.P.

Mr. Siddiqui admits that as early as 1750, Shah Hatim described Hindi and Urdu as one language for which Devnagri or Persian script could be used. He also accepts that Ghalib, the great Urdu poet, called his language Hindi or Rekhta. Mr. Siddiqui has admitted that this language (Hindi-Urdu) drew mainly on Sanskrit, Persian and Arabic but has emphasized that the Persian and Arabic in this language far exceeded the number of Sanskrit words because of its contact with the Moghul court. Mr. Siddiqui and other Urdu protagonists agree that this language (Hindi-Urdu) is a product of this land and represents a composite culture. It was quite natural that at a certain time, because of the influence of Moghul courts, this language assimilated more of Persian and Arabic words which remain a part of this language. But Mr. Siddiqui and those who think like him would do well to remember that they are not living in the time of Moghul courts and it is only natural that our language (Hindi-Urdu) should take a shape and develop according to the wishes of the huge mass of the people of this land, who are at present the sovereign power. The wish of the people of this land is embodied in the Act by which Hindi and Devnagri script were declared as the national and the state language by the unanimous decision of the U.P. Legislature, immediately after independence.

People like Ms. Siddiqui should also remember that the tradition of the language and culture of this land did not begin with the Moghul courts but thousands of years earlier. People of this land cannot be content only with the contributions of Moghul courts to their language and culture. They dearly cherish their heritage from the times of Buddha , Mauryas, Guptas, Bhas and Magh for which the only medium is Sanskrit.

Mr. Siddiqui says, though Hindi and Urdu were originally one, the introduction of many Sanskrit (which he considers a dead language) words in Hindi has separated it from Urdu to its detriment. Mr. Siddiqui and few people like him may consider Sanskrit a dead language but for a very vast majority of the people of U.P. and of India it is not so. Our constitution gives Sanskrit in 8th Schedule the same status as it gives to Urdu. He should know that Sanskrit is very important as cultural link among the people of India speaking different languages, and for the development of language of this republic it is a common store for the adoption of new words, which can be identical in all the Indian languages. This common source is helping Indian languages to come closer by adoption of same literary, scientific and administrative terminology. If it is accepted historically that at its origin Hindi-Urdu "drew mainly on Sanskrit" also, why cannot it do so now?

To Mr. Siddiqui and some people like him, Sanskrit words adopted in Hindi appear "tongue twisting and jaw breaking". To a very vast majority of the people of this land Persian and Arabic words appear throat-straining and stomach-wrenching. But such opinions are based on prejudices. Our language will adopt words and terminologies which are at home and are easily understood by the vast majority and are also common with other Indian languages. The protagonists of Urdu present us with a strange dilemma. If for developing Hindi, new words are taken from Sanskrit, they shout that Hindi is becoming unintelligible to them. If the entire vocabulary and idioms of Urdu are accepted in Hindi, they bewail that Hindi is swallowing Urdu.

The other glaring example of the prejudice of the people demanding the acceptance of Persian script as the second language in U.P. is their eulogy of the qualifications and beauties of Persian script and derision of the Devnagri script. This reminds one of a Persian proverb viz. "One can appreciate the charms of Laila only through Majnu's eyes". Similarly one can appreciate the qualities and charms of the Persian script (though quite a number of people know this script well and have used it) only through the mentality of a Urdu Majnu (Lunatic). However the fact is that due to the inefficiency and ambiguities and typographical difficulties of Persian script, Turkey, Uzbekistan, Turkmania and Tajikistan have renounced this script and have taken to Russian and Roman scripts I know from personal knowledge that even in Persia the progressive elements are trying for a change of their script. To equate Devnagri with the Persian script is simply malicious and misrepresentation of facts. In the sphere of printing and typing, latest techniques are being used for Devnagri script. The Devnagri script can today be used even on teleprinters. Mr. Siddiqui has dubbed my statement that Persian script is foreign to this land as a venomous and flimsy argument but can he deny this historical truth? The prejudice of people like Mr. Siddiqui against Hindi is evident from their statement that they may adopt Roman script for Urdu but never Devnagri. They are free to use Persian or Roman script in their own social and communal sphere. But their insistence on imposing Persian script on public services and in the field of general education in U.P. will not be tolerated by the vast majority.

Mr. Siddiqui has made a very sinister insinuation by suggesting "by the same token Mr. Yashpal would bar an Indian Christian from believing in his religion". I warn him not to bring religion into the controversy of language. We are a secular state and consider religion entirely a personal and family matter, unless it becomes an excuse for treason. Christianity is as good an Indian religion as Mr. Siddiqui's religion is. He should know that Christians believe that Christianity was introduced by St. Thomas in India five centuries before prophet Mohammed. As far as the religious faith is concerned, no religion is superior to another. The Indian Christians adhere firmly to Indian traditions, culture and Indian language. He should know that in Uttar Pradesh for the past many years prayers are offered in churches in Hindi and a majority of the middle class Christians prefer Indian names to Hebrew, Roman and Greek names.

Mr. Siddiqui asserts that my view that the demand of imposing Persian script on the unwilling 89.4 per cent of this state is undemocratic, is a " mere arithmetical game of democracy and is childish". I would like to learn from him. If democracy is not the will of the majority, what is it ? Mr. Siddiqui's reference to language position in the democracy of Switzerland is misleading. I had the opportunity of visiting Switzerland. Of course, Switzerland has four official languages, but the state is divided into linguistic regions and each region has its own language. Mr. Siddiqui will not be at home in Geneva if he wants to use German language. Similarly he will not feel at home in Zurich if he insists on French. In Geneva, Zurich, Bonn and Lausanne one does not see the sign boards on public buildings in two or four languages.

Protagonists of Urdu should remember that the committee for the reorganization of states on linguistic basis has accepted that a state where 60 to 70 per cent of people use one language should be unilingual and if in any region of that state 13% of the people use another language, then the other language may also be recognized as the second state language for that particular region. In administrative terminology the word 'region' denotes the area equivalent to a district. What region do the protagonists of Urdu specify in U.P. for the acceptance of Urdu with the Persian script as the second state language? We know in Andhra Pradesh, Urdu with the Persian script has been accepted as the regional language for the Hyderabad District in contravention to the principles accepted in the Constitution. This is a gross injustice and the people of U.P. will not tolerate any thing like it.

People like Mr. Siddiqui try to distort the idols of democracy and try to derive inflections to encourage sectarian tendencies opposed to national integration. What does the demand for the acceptance of Urdu as the second state language mean? It can only mean that in this state Persian script also may be used in all the administrative work and public services. In that case all the persons in public service, from highest administrative and judicial posts down to lekhpals and octroi post clerks, will be expected to know Devnagri and Persian scripts. Why this imposition? Let us ask the protagonists of Persian script if they accept Hindi and Devnagri script as the national and state languages and are willing to learn it. Why can't they be contented with the use of Devnagri script only in public services. Why should they insist that 89.4 per cent of the public servants–if we are to believe that among public servants also 10.6 per cent are in favour of Persian script-should be compelled to learn Persian for their livelihood? Probably the protagonists of Persian script consider imposition of their whim on majority as real spirit of democracy and unwillingness of the majority to yield to their whim as the tyranny of arithmetical democracy.

Mr. Siddiqui admits that the suggestion of the identification of Hindi and Urdu and the acceptance of one script Devnagri for this language outrages the protagonists of Urdu. Do such people want to change the composite nature of Hindi language? He says, if we want national integration we should not emotions of people like him but try to satisfy them. It is evident that in the opinion of people like him the process of national integration is not the national linguistic and cultural unification of the people. According to them the way to national integration is appeasement of separatist and sectarian tendencies. We have seen quite enough of the results of such policies of appeasement to be fooled by them anymore.

(Letter to the Editor, National Herald)

Reception Committee, Sham-e-Adab

We, the undersigned members of the reception committee of Sham-e-Adab, are surprised to see the reports published in certain sections of the local press about the resolution on the language problem in the state adopted by the guests of Sham-e-Adab and prominent local writers on 11th August, after an extensive discussion held at Ravindra Kendra. The text of the resolution published in the press is incomplete and somewhat distorted, and the circumstances mentioned leading to it are misleading. As soon as the resolution was adopted, the text was taken away by certain persons for the purpose of making typed copies of it. In spite of many requests by the convener and the chairman of reception committee of Sham-e-Adab original of the text is not available. It is learnt by now that there are several copies with corrections which are being claimed as original. It is incorrect to say that the resolution was adopted at the initiation of a local organization Sahityakar Sansad. The initiative for the resolution adopted came from the famous poets Sahir Ludhianavi and Makhdoom who were approached by Urdu Muhafiz Dasta for moral support and which they declined as they neither sympathised with the method of agitation of the UMD, nor could support the demand of the Dasta categorically. The resolution was drafted by Sri Firaq Gorakhpuri and Sri Yashpal with the help and agreement of Sahir, Makhdoom, Krishan Chander, Sajjad Zahir, Abbas, Satish Batra, Ram Lal and Begum Habibulla as Urdu writers, and Sri Bhagawati Charan Verma and Sri Amritlal Nagar as Hindi writers. The basis of the resolution was the paper read by Sri Yashpal at the seminar of the writers. Khwaja Ahmed Abbas on the behalf of Urdu writers declared his full agreement for the each word of the paper. The main content of the resolution adopted was that Hindi is the Rashtra Bhasha of India, but all the national languages of the country should be given maximum opportunity and scope for their use and development. That Hindi including Urdu is the only and one official state language of Uttar Pradesh. There is no relevance in the demand of a second official state language. We the writers demand that all relevant and practical facilities must be provided for learning, use and development of Urdu and its script wherever desired by the people. We writers feel gravely concerned about the agitations raised on the language question which are likely to create communal tensions.

Later this message was conveyed to the volunteers of UMD undergoing 'anshan' on the Urdu issue by Sahir, Makhdoom, Krishnan Chander, Sajjad Zahir, Nazir Benarasi, Satish Batra, Begum Habibulla and Yashpal.

●

कथा-यात्रा

प्रसंग है मेरी कथा-यात्रा का। अपनी कथा-यात्रा और जीवन-यात्रा को समानान्तर या एक ही बता चुका हूँ। यों भी मेरी कथा-यात्रा पर इन सब प्रसंगों का प्रभाव है। हमारे एक परिचित परिवार का लड़का यज्ञदत्त कॉलेज में पढ़ रहा था। वह कॉलेज छोड़कर खद्दर का कुर्ता-पाजामा पहने, झोला लटकाये स्वराज फण्ड एकत्र करता फिरता था। मेरी माँ उस समय अध्यापिका रूप में बीस रुपये वेतन पाती थीं। उन्होंने अंग्रेज़ों के प्रति घृणा के कारण या बरस भर में स्वराज्य पाने की आशा में स्वराज फण्ड में पाँच रुपये चन्दा दिया था।

मेरा कलेजा फड़क-फड़क कर रह जाता था। मैट्रिक की परीक्षा सामने थी। चाहता था, यज्ञदत्त-जैसे हज़ारों विद्यार्थियों की तरह पढ़ाई छोड़कर कांग्रेस स्वयंसेवक सैनिक बनकर अंग्रेज़ों से लड़ूँ। माँ स्पष्ट तो न रोकतीं परन्तु समझातीं—बेटा परीक्षा तो दे ही लो। पढ़ाई स्वराज में भी काम आयेगी। मेरे मन में भी चोर था, लोग यह न समझें कि पढ़ाई से कतराकर स्कूल छोड़ बैठा है। इसलिए स्कूल न छोड़ा। स्कूल तो न छोड़ा परन्तु एक मित्र लाजवन्त राय और मैंने छावनी की बारह पत्थर की हद्द के भीतर आन्दोलन न करने के नियमों की परवाह न की। अन्य कुछ नौजवान भी हमारे साथ हो जाते थे। हम दोनों खद्दर के कपड़े पहनते बाज़ार में घण्टा-घड़ियाल बजाकर सभा का एलान करते। हम दोनों सरकारी दमन की निन्दा और स्वराज की माँग के भाषण देते। हमारा सबसे विकट और जोखिम का प्रदर्शन था, दस-पन्द्रह विदेशी कपड़े जमा करके उनकी होली जला देना। इन कपड़ों में से लाजवन्त राय के यहाँ से दो-एक, स्वयं अपने और आठ-दस आन्दोलन से सहानुभूति रखनेवालों के चुपचाप दिये हुए थे। हम दोनों के दिल लरजते रहते—आज नहीं तो कल गिरफ़्तार हो जायेंगे। परन्तु हमें शायद हमारे प्रयत्नों-प्रदर्शनों को प्रभावहीन समझकर किसी ने गिरफ़्तार न किया। आख़िर फिरोज़पुर छावनी के मनोहरलाल मेमोरियल हाईस्कूल से मैट्रिक की परीक्षा दे दी।

परीक्षा देकर परिणाम से निरपेक्ष फिरोज़पुर शहर के कांग्रेस दफ्तर या आश्रम में चला गया। यह आश्रम शहर के गोबर मण्डी हाता में था। वह अनुभव मेरी कथा-यात्रा में, कांग्रेसी संस्थाओं के भीतरी वातावरण के परिचय में सहायक रहा है।

मुझे काम सौंपा गया ज़िले के गाँवों में सत्याग्रह और असहयोग का सन्देश पहुँचाने का। हम प्रायः तीन की टोली में जाते थे। आयु के अधिकार से हमारी टोली के नेता थे पण्डित तोताराम। तीसरा साथी था मिस्त्री मोहम्मददीन। तोताराम और मोहम्मददीन वैतनिक

कार्यकर्त्ता थे, मैं अवैतनिक। प्रचार सभा या मजमा जमाने के लिए मोहम्मददीन सारंगी पर राग शुरू कर देता "...चर्ख़ पर पुरनूर है सितारा गाँधी" या ऐसी ही कोई दूसरी ग़ज़ल। तोताराम पंजाबी में भाषण देते। कुछ ऐसी बात कहते—"अंग्रेज़ बदजात हैं। उनकी औकात क्या? बत्तीस करोड़ हिन्दुस्तानी मिलकर एक धार में पेशाब कर दें तो साले बन्दरों का पता न चले।" (उस समय देश की जनसंख्या शायद इतनी ही थी।) बस ज़रूरत है एके की। तोताराम ठेठ देहाती पंजाबी में बोलते। भाषण को हृदयस्पर्शी, प्रभावशाली बनाने के लिए वज़नी गालियों का भरपूर प्रयोग। मुझे यह बातें व्यर्थ लगतीं। मैंने 'देश दर्शन' आदि में विदेशी व्यापारी की लूट से भारत के कंगाल हो जाने की बातें पढ़ी थीं। उन्हें धैर्य से समझाना चाहता। परन्तु श्रोताओं को उसमें रुचि न होती। इस अनुभव से कुछ और न सही गाँवों की हालत देखने और ग्राम्य स्वभाव जानने का अवसर मिला।

मैट्रिक की परीक्षा का परिणाम घोषित हो गया। गाँवों के दौरे से शहर लौटा तो लोगों ने बधाइयाँ दीं। मैं पास हो गया था—ज़िले में फ़र्स्ट क्लास फ़र्स्ट, कॉलेज में पढ़ने के लिए सरकारी वजीफ़ा। हितचिन्तकों ने देशभक्ति का पागलपन छोड़कर ज़िन्दगी बनाने के मौक़े से लाभ उठाने के उपदेश दिये। पर निश्चय कर चुका था, देश की आज़ादी के लिए बलिदान हो जाने का। शायद स्वराजी सरकार में अफ़सरी पा जाने की आशा भी दिल में छुपी हो। गाँधी जी ने बरस भर में स्वराज दिला देने का आश्वासन दिया था। स्वराज फण्ड में करोड़ रुपये से अधिक जमा हो चुका था और करोड़ से अधिक कांग्रेस मेम्बर बन चुके थे। यह प्रसंग मेरे संस्मरणों 'सिंहावलोकन' में कुछ अधिक ब्योरे से आ चुके हैं। उन्हें फिर लिख रहा हूँ क्योंकि मेरी कथा-यात्रा से उनका सीधा सम्बन्ध है। अस्तु मैं कांग्रेस प्रचार के लिए फिर दौरे पर निकल गया।

फज़िल्का और मुक्तसर तहसीलों के दौरे से लौटा तो कांग्रेस दफ़्तर या आश्रम में मुर्दनी छायी हुई थी। देहातों में सप्ताह भर अख़बार देखने का अवसर न था। इसलिए कारण न जानते थे। फरवरी मास था। यहाँ चार-पाँच दिन पूर्व महात्मा गाँधी के निर्णय से सत्याग्रह असहयोग आन्दोलन स्थगित करने के लिए आदेश आ चुके थे। कारण था, यू. पी. के एक गाँव चौरी-चौरा में जनता के असहयोग के लिए शान्त प्रदर्शन पर पुलिस ने आक्रमण किया तो जनता ने आक्रोश के प्रतिकार में या प्रदर्शन के अधिकार के लिए पुलिस के लाठी चार्ज और गोली बौछार के बावजूद पुलिस थाने को फूँक डाला था। जनता के इस असंयम से दुःखी होकर गाँधी जी ने एलान कर दिया—इस प्रकार का सार्वजनिक आन्दोलन चलाना उनकी हिमालय समान बड़ी भूल (Himalayan blunder) थी। उन्होंने पश्चात्ताप में आन्दोलन तुरन्त स्थगित करने के आदेश दे दिये। तिस पर भी स्वयं गाँधी जी और सब कांग्रेस नेता गिरफ़्तार कर लिये गये ताकि आन्दोलन का बीज नाश हो जाये। फिरोज़पुर ज़िला के कांग्रेस आन्दोलन के नियामक महात्मा नन्दगोपाल जी और उनके बाद कृष्णदास भल्ला जी गिरफ़्तार हो चुके थे। अब मन्त्री थे एक सज्जन रामकृष्ण। उनका विशेष प्रभाव न था। नगर के प्रभावशाली कांग्रेसी उदासी, शोक या लज्जा में जाने कहाँ दुबक गये थे।

कांग्रेस के वेतनभोगी कार्यकर्त्ता आश्रम और दफ़्तर को यों छोड़ गये जैसे सूर्यास्त होने पर कौए नगर छोड़ जाते हैं। उस रात दफ़्तर में एक सिख नवयुवक जो स्वयं मोगा से स्कूल की पढ़ाई छोड़कर आया था और मैं ही रह गये। लंगर तक बन्द। मेरा मन भविष्य की चिन्ताओं से बहुत भारी था। सिख युवक गाँधी जी और कांग्रेस नेताओं को लगातार सभी

तरह की गालियाँ देकर कोस रहा था—हमारी ज़िन्दगी बरबाद कर दी। अब अपने घर-बार को क्या मुँह दिखायेंगे? हमें गाँधी जी और कांग्रेस के आदेश-निर्देश बता दिये गये थे। नियम से चरखा कातकर भगवान् पर विश्वास से सत्य-अहिंसा व्रत पर दृढ़ रहने का अभ्यास करें, देश में साम्प्रदायिक एकता को दृढ़ करें। प्रत्येक हिन्दू, मुसलमान, सिख और ईसाई सच्चा हिन्दू, मुसलमान, सिख और ईसाई बने। मेरे लिये इन उपदेशों का कुछ अर्थ न था। साथी सिख नवयुवक की तरह, आन्दोलन का स्थगन, एक भारतीय के तौर पर मुझे अपने प्रति धोखा लग रहा था। तब समझ में न आ रहा था। बाद में समझ आया गाँधी जी के विचार में स्वराज्य का अर्थ, शक्ति जनता का अपने हाथ में ले लेना या जनता का निर्णय न था केवल विधि या शान्तिपूर्वक भारत का शासन अपने पक्ष के हाथ में आ जाना था। लगेगा, अपनी कथा-यात्रा की बात नहीं राजनैतिक चर्चा कर रहा हूँ। दरअसल मेरे कथाकार बनने पर इन सब बातों का गहरा प्रभाव है।

मैं घर लौट आया। स्कूल-कॉलेज छोड़नेवाले विद्यार्थियों में से लगभग नब्बे प्रतिशत फिर स्कूलों-कॉलेजों में लौट गये। शेष दूसरे कामों में खप गये। मैं क्या करता? मैट्रिक पास को सौभाग्य होने पर बीस-पच्चीस की नौकरी मिल सकती थी। या माँ से चार-पाँच सौ लेकर खत्री बिरादरी के लोगों की तरह छोटी-सी दुकान आरम्भ कर देता। परन्तु मेरी महत्त्वाकांक्षा को यह स्वीकार न था। विवेकानन्द और वीर सावरकर की पुस्तकें पढ़ चुका था। कुछ अन्य देशों के स्वतन्त्रता संग्राम की कहानियाँ भी। मेरी किशोर बुद्धि के अनुसार हमारा राजनैतिक नेतृत्व ग़लत था। मुझे देश की आज़ादी के लिए अंग्रेज़ों से लड़ना ही था और उसके लिए उच्च शिक्षा से योग्यता प्राप्त करना।

एक वर्ष या अपनी पारी गँवा देने से वजीफ़ा पा सकने का अवसर तो खो चुका था। किसी सरकारी मान्यता प्राप्त कॉलेज में दाखिला मिल सकता था परन्तु उसमें अंग्रेज़ सरकार से असहयोग का निश्चय बाधक था। एक-दो वर्ष पूर्व शेरे-पंजाब लाला लाजपत राय लाहौर में 'तिलक स्कूल ऑफ पॉलिटिक्स' और 'नेशनल कॉलेज' की स्थापना कर चुके थे। वह कॉलेज मितव्ययी भी था। माँ के साधन बहुत सीमित थे परन्तु स्वयं पर भरोसा था।

नेशनल कॉलेज मेरी कथा-यात्रा के दूसरे पड़ाव की बात है। वहाँ संगति हो गयी भगतसिंह, भगवतीचरण वोहरा, सुखदेव, रामकृष्ण, मोहनलाल गौतम और राजाराम शास्त्री आदि से। प्रसिद्ध बौद्ध विद्वान् भदन्त आनन्द कौसल्यायन भी तब वहाँ विद्यार्थी थे। तब उनका नाम था, हरनामसिंह दास। अध्यापकों में स्वर्गीय आचार्य जुगुल किशोर, पी. सी. मेहता, प्रसिद्ध हिन्दूसभाई नेता और काले पानी से लौटे हुए भाई परमानन्द, प्रसिद्ध इतिहासज्ञ विद्वान् जयचन्द्र विद्यालंकार और प्रो. छबीलदास। गाँधी उपदेशों को चरम-शाश्वत सत्य न माननेवाले, तर्कमार्गी लोग। 'नेशनल कॉलेज' की स्थापना नौकरी के लिए डिग्री देनेवाली संस्था के रूप में नहीं, मानसिक विकास में सहायक शिक्षा के लिए की गयी थी, उसी के अनुरूप सेक्यूलर, भौतिकवादी, तार्किक दृष्टिकोण, व्यवहार और प्रणाली। उस उम्र की स्वाभाविक लड़काई के बावजूद अध्ययन-मनन की प्रवृत्ति और वातावरण। लाहौर में कॉलेजों और पुस्तकालयों की कमी न थी। 'तिलक स्कूल ऑफ़ पॉलिटिक्स' और अपने कॉलेज के पुस्तकालय हमारे लिये विशेष उपयोगी थे। वहाँ पुस्तकों की संख्या की अपेक्षा सभी विषयों दर्शन, राजनीति, अर्थशास्त्र, इतिहास, साहित्य सभी विषयों की स्तरीय पुस्तकों के संग्रह पर ध्यान दिया जाता था। 'तिलक स्कूल ऑफ़ पॉलिटिक्स' में शोध कार्य में रत प्रो. फीरोजचन्द्र और दूसरे अध्यापक सुझावों से सहायता देते रहते।

भगतसिंह, मुझे और कुछ अन्य सहपाठियों को साहित्य में विशेष रुचि थी। अंग्रेज़ी और हिन्दी अनिवार्य थी। हमारी कक्षा में अधिकांश विद्यार्थी अर्थशास्त्र और राजनीति के विद्यार्थी थे। संस्कृत के विद्यार्थी केवल तीन थे—भगतसिंह, धर्माभिलाषी, तीसरे का नाम याद नहीं। भगतसिंह के हाथ में प्रायः 'वेणी संहार' पाठ्य-पुस्तक रहती थी। मैं उसकी छोटी-सी पगड़ी खींचकर खिजाता, 'तुम्हारा वेणी संहार कब होगा?' इस पर मज़ाकिया मार-पीट या धमा-चौकड़ी स्वाभाविक थी। भगतसिंह आयु में मुझसे कमोबेश बरस भर कम था। लेकिन मुझसे दो इंच ऊँचा। जोर आज़माई में, डटे रहने पर भी मैं प्रायः ही घाटे में रहता। प्रसंग आ गया है तो कह दूँ। भगतसिंह के और मेरे परिवारों में आर्यसमाज से गहरी सहानुभूति के कारण परिचय था। भगत के पिता ने उसके केश न रखाये थे। लाहौर आने पर जब मैं सातवीं कक्षा में डी. ए. वी. मिडल स्कूल, मोहनलाल रोड में दाखिल हुआ तो भगतसिंह भी उसी कक्षा में था। तब उसके केश न थे। उसके चारों छोटे भाइयों में किसी के भी केश नहीं हैं। भगतसिंह की बात मैं कहने लगूँगा तो विषयान्तर हो जायेग। और पुनरावृत्ति भी। 'सिंहावलोकन' में सब लिख चुका हूँ।

भगतसिंह, मैं या अन्य दूसरे साथी किसी पुस्तक को पढ़ लेते तो उस पर बात भी होती। इस प्रकार के तार्किक दंगलों के लिए सबसे अधिक प्रोत्साहन और सहयोग प्रो. जयचन्द्र विद्यालंकार देते थे। हम लोगों को गुप्त क्रान्तिकारी संगठन की ओर आकर्षित करने का आरम्भिक या विशेष श्रेय भी उन्हीं को था। परन्तु बाद में....

प्रसंग है, कथा-यात्रा का। उस प्रसंग की एक घटना। इण्टर दूसरे वर्ष में हिन्दी अध्यापक चेतराम जी शर्मा के स्थान पर आ गये स्वर्गीय उदयशंकर जी भट्ट। उस समय नाटक और उपन्यासकार के रूप में भट्ट जी की ख्याति व्यापक न थी। उनकी गिनती कवियों में थी। भट्ट जी की साहित्य मर्मज्ञता का परिचय पाने में हमें देर न लगी।

एक दिन भट्ट जी ने हमारी कक्षा का हिन्दी टेस्ट लिया। प्रश्न शायद चार थे। उत्तर के लिए चालीस मिनट। पहले प्रश्न के लिए केवल एक नम्बर था। प्रश्न के उत्तर के लिए एक-दो पंक्तियाँ पर्याप्त होतीं। मैंने जाने किस झोंक में या अपने साहित्यिक ज्ञान के प्रदर्शन के लिए प्रश्न के तीर-चार विकल्प बनाकर उन पर इतने विस्तार से लिखा कि चालीस मिनट एक नम्बर के प्रश्न के उत्तर में लग गये। मन में आश्वस्त—भट्ट जी मेरी प्रतिभा की प्रशंसा करेंगे।

भट्ट जी ने मुझे टेस्ट में एक ही नम्बर दिया तो कक्षा में सहपाठियों की मुस्कान से मेरा चेहरा उतर गया। भट्ट जी मुस्कराये, टेस्ट के जितने भाग का उत्तर दिया है उसके पूर्णाङ्क तुम्हें दिये हैं।

कक्षा के बाद पृथक् बात की—"तुममें कल्पना सामर्थ्य है और लिखने का शौक़ भी। कभी लेख या कहानी लिखो तो हमें दिखाना।"

शीघ्र ही एक कहानी लिखकर भट्ट जी की राय के लिए प्रस्तुत कर दी। भट्ट जी ने भी कहानी देखकर सन्तोष प्रकट किया, "अभी हम एक बार और देखेंगे। प्रतीक्षा करो।"

कुछ दिन बाद भट्ट जी ने बताया, "तुम्हारी कहानी एक पत्रिका के परिचित सम्पादक को विचारार्थ भेज दी है। आशा है दो-तीन मास में प्रकाशित हो जायेगी" किसी को बताया नहीं। सहपाठियों को चकित करने के अवसर की प्रतीक्षा में दम रोके रहा। तब हम ब्रैडला हाल के समीप शीशमहल बोर्डिंग में रहते थे। मेरे पते पर डाक से एक पत्रिका मिली। तब

अपनी डाक ही कितनी आती थी। दस-पन्द्रह दिन में घर से या परिवार से एकाध पत्र। इस पत्रिका का नाम था 'भ्रमर', बरेली से प्रकाशित। उस कहानी का कथानक या शीर्षक अब कुछ याद नहीं। परन्तु अपनी रचना को छपे देखकर कितना उत्साह और उन्माद अनुभव किया था। यह था मेरी कथा-यात्रा में उत्साहवर्द्धन का दूसरा अवसर, प्रकाशन की ड्योढ़ी तक पहुँचा देने का। सहपाठियों की नज़र में मैं चढ़ गया। अब तक कॉलेज में हमसे दो वर्ष सीनियर एक विद्यार्थी नरेन्द्र के ही लेख जब-तब उर्दू के 'वन्दे मातरम्' में प्रकाशित होते थे।

मेरी कथा-यात्रा में इस मंज़िल में भी ठमककर सोचने का अवसर आया। कह चुका हूँ हम लोग बहुत पढ़ते और उस पर विवेचना करते थे। लेखन कौशल, उसमें उपमाओं और रचना के प्रयोजन और सन्देश के बारे में भी। इस कसौटी को ध्यान में रखकर हम प्रेमचन्द, बंकिम, डी. एल. राय, तुर्गनेव, चेखव, गोर्की, टाल्सटॉय की रचनाओं पर बहस करते थे। अन्य शिक्षा संस्थाएँ छोड़कर नेशनल कॉलेज में आने का प्रयोजन ही था शिक्षा मात्र जीविका के लिए नहीं, किसी उद्द्देश्य की साधना के योग्य बनने के लिए। ख़याल आया मेरा लेखन भी 'जासूसी कुत्ते' या 'प्रेम की आग' जैसी मात्र मनोरंजन करनेवाली रचनाएँ नहीं, सप्रयोजन, सन्देशगर्भित होना चाहिए। लिखने या सृजन विकलता की उमंग या पीड़ा अनुभव होती थी परन्तु लिखा क्या जाये? मेरे पास क्या सन्देश है? ख़ूब याद है कभी-कभी ऐसी चिन्ता में खोये रहने पर किसी सहपाठी के सरल परिहास पर चिढ़ या झगड़ बैठता। कभी अपने कमरे में अकेले लेटे-लेटे सोचते रहता। कभी कुछ लिखकर उसे निष्प्रभाव समझकर फाड़ देना। अगर आप हँसें न तो उन दिनों की दो-एक पंक्तियाँ अब भी याद हैं जो भगत के हाथ पड़ गयी थीं। उसने मेरा मज़ाक बनाया था और झगड़ा हो गया था। यह भी याद है उन दिनों श्री सुदर्शन का लाहौर में बहुत नाम था। उनके उर्दू में गद्य काव्य से प्रेरित होकर यह चीज़ लिखना आरम्भ की थी—

"रात का सन्नाटा और अँधेरा है। कमरे में उनींदा लेटा ऊब गया हूँ। मैं क्या करूँ? यह जीवन कुछ करने के लिए है। मौसम सर्द नहीं, गरमी की घुटन शुरू हो गयी है। व्याकुलता में खिड़की खोल देता हूँ। बाहर चाँदनी है। लान पर कुछ लोग घूमकर बतिया रहे हैं। बोर्डिंग के चारों ओर खट्टों (नींबू की जात का बहुत खट्टा फल) की बाढ़ फूलकर महक रही है। बाढ़ के पार एक युवा दम्पती कन्धे मिलाये चले जा रहे हैं। मैं उमस-भरे कमरे का दरवाज़ा मूँदे यह सब-कुछ नहीं जानता।

"मैंने सहसा स्विच आन कर दिया। कमरा रोशनी से भर गया। मेरी आँखें चौंधिया गयीं। अब खिड़की से बाहर कुछ नहीं दिखायी पड़ता। क्यों मेरे मन-मस्तिष्क अहंकार से अन्धे हो गये हैं इसलिए मेरी आँखों की खिड़कियाँ अब संसार में कोई सच्चाई नहीं देख सकतीं। संसार को जानने के लिए अपने मन के अन्धकार की चौंधियाहट से बचना ज़रूरी है।"

सच्चाई के नाते कहना आवश्यक है कि उपर्युक्त बात मुझे शब्दशः याद नहीं। अपने विचार में उस बात का भाव मात्र याद है।

कुछ दिन बाद उल्लिखित ढंग के छोटे-छोटे टुकड़े गद्य काव्य रूप में लिखने लगा। इन पन्द्रह-बीस पंक्तियों में आत्मा को जगाने की चेतावनी होती थी। इनमें क्षुधा और उत्पीड़न से जीर्ण दासता की जंजीरों से जकड़ी भारत माता की स्वतन्त्रता के लिए जूझने की गुहार होती या हमारी राष्ट्रीय क्लीवता के लिए हमें धिक्कार कर स्वतन्त्रता के मूल्य में रक्त का अर्घ्य

माँगती स्वतन्त्रता की देवी की ललकारें होतीं। यह चीज़ें एकान्त में लिखता, उन्हें माँज-सँवारकर अच्छे काग़ज़ पर लिखकर बिना किसी को बताये कानपुर से प्रकाशित साप्ताहिक 'प्रताप' में प्रकाशन के लिए विचारार्थ भेज देता। यह भी दुस्साहस ही था। कानपुर की उस समय बहुत प्रतिष्ठा थी, उत्तर भारत में हिन्दी में वही राष्ट्रीय प्रवक्ता था। उस समय साप्ताहिक 'प्रताप' की पहुँच भी दूर-दूर तक थी। 'प्रताप' का पाठक होना राष्ट्रीय भावना का चिह्न माना जाता था।

अपनी रचना चुपचाप 'प्रताप' को भेजकर दूसरे-तीसरे सप्ताह से द्वारिकादास पुस्तकालय में जाकर पत्रिका की प्रति खोजकर धुकधुकाते दिल से देखता। 'प्रताप' की प्रति पाने पर सबसे पहले अन्तिम पृष्ठ का अन्तिम कॉलम देखता। इस कॉलम का शीर्षक होता था "छाप न सकेंगे"। कुछ रचनाओं को स्थानाभाव के कारण और कुछ रचनाओं को किसी दूसरे कारण से प्रकाशित न कर सकने के लिए खेद प्रकट किया गया होता। इस कॉलम में अपनी रचना का नाम न पाकर कुछ धैर्य होता—आगामी अंक में सही। 'प्रताप' का नया अंक देखने के लिए उठाया। मुखपृष्ठ पर समाचारों के बीच एक चौकोर बनाकर (जैसे विशेष सूचना या विशिष्ट कविता हो) मेरा गद्य लेख! उससे बड़ी किस सफलता का स्वप्न हो सकता था? शायद ज़िले में फर्स्ट क्लास फ़र्स्ट आने जैसा ही गर्व। ख़याल भी आया 'प्रताप' के सम्पादक या कार्यकर्त्ता क्या जानते हैं शायद किसी दिन उनके बीच बैठने का अवसर आ जाये।

गुरुकुल में शिक्षा आरम्भ करने के कारण उर्दू से सर्वथा अपरिचित था। पंजाब में डी. ए. वी. स्कूल ही एकमात्र संस्था थी जिसमें शिक्षा का माध्यम मिडल तक उर्दू नहीं हिन्दी था। मिडल से ऊपर सभी स्कूलों में शिक्षा का माध्यम अंग्रेज़ी। १९२३-२४ से पूर्व लाहौर में आर्यसमाजियों के एक साप्ताहिक को छोड़कर हिन्दी में कोई दैनिक या साप्ताहिक न प्रकाशित होता था। हिन्दी में लिखे साइनबोर्ड केवल आर्यसमाज मन्दिरों पर थे या किसी देवालय पर। उर्दू लिपि के अपरिचय से मेरी अवस्था अनपढ़ की-सी थी। आवश्यकता ने कुछ ही दिनों में उर्दू लिपि से परिचय करा दिया। भाषा समझने में कठिनाई न होती थी। कुछ ही दिन बाद मैं उर्दू के समाचार-पत्र पढ़ने लगा। हाथ से लिखा उर्दू पढ़ना कठिन लगता। उर्दू पढ़ना तो सीखा लिखने के अभ्यास की ख़ास मज़बूरी महसूस न हुई। ज़रूरत होने पर रुक-रुककर लिख लेता। अब वह अभ्यास भी जाता रहा। भगतसिंह और कभी-कभी नरेन्द्र की मार्फत उर्दू पत्र 'वन्दे मातरम्' के विद्रूप के कॉलम में मिल-जुलकर फ़र्ज़ी नामों से कांग्रेस की 'हृदय परिवर्तन की नीति' पर कटाक्ष विद्रूप छपवाते रहते थे।

१९२५ में नेशनल हाईस्कूल में हिन्दी अध्यापक का स्थान रिक्त हो जाने पर मुझे बी. ए. की परीक्षा से पूर्व ही वह स्थान दे दिया गया था। समय को देखते पचहत्तर मासिक का वेतन भी कम न लगा था। हमारी राजनैतिक चेतना और गतिविधि बढ़ती जा रही थी। आयुर्वेदिक कॉलेज के धन्वन्तरी, एहसान इलाही और नगर के कुछ और जवानों को मिलाकर हम लोगों ने अपनी राजनीति का प्रकट मंच 'नौजवान भारत सभा' क़ायम कर दिया था। यह सिलसिला १९२५–२६ जाड़ों तक ही चला। कारण, १९२४ से कांग्रेस के कुछ हिन्दू नेता कांग्रेस नीति को मुसलमानों की पक्षपाती समझकर खिन्न हो गये थे। लाला लाजपत राय और भाई परमानन्द उसी दल में थे।

उपर्युक्त कारण से विधानसभा के नये चुनावों में जब कांग्रेस ने भाग लिया तो इस भेद से कांग्रेस में दरार पड़ गयी। नेशनल कॉलेज के सभी विद्यार्थी, अध्यापक और 'नौजवान

भारत सभा' के कार्यकर्त्ता कांग्रेस की नीति में साम्प्रदायिकता का रंग न आने देना चाहते थे। वे सब कांग्रेस की नीति के समर्थक दल के साथ थे। परिणाम में लाला लाजपत राय जी के नेतृत्व में नेशनल कॉलेज की प्रबन्धक कमेटी ने नेशनल कॉलेज और नेशनल स्कूल को समाप्त कर दिया।

बेकारी के कठिन दिन आ गये। लाहौर में लुहारी दरवाज़े के भीतर बाज़ार में भगतसिंह के पिता किशनसिंह जी ने दूसरी मंज़िल पर दो सुथरे कमरे किराये पर लिये हुए थे किसी इन्श्योरेन्स कम्पनी की एजेन्सी के रूप में। मकान उनका लाहौर से नौ मील संडेवाला गाँव में था। सरदार जी प्रायः ही खेती-बाड़ी या दूसरी चिन्ताओं के कारण संडेवाला में रहते। इन्श्योरेन्स कम्पनी भगतसिंह के मित्रों का अड्डा बना हुआ था जिनमें मैं भी था।

अब तक मेरा लिखा जो कुछ भी प्रकाशित हो सका था, उसके शुल्क रूप मुझे कभी एक पैसा भी न मिला था। भगतसिंह के घर पर तो खेती की आमदनी थी। पिता कुछ इन्श्योरेन्स से भी कमा लेते होंगे और मैं निराधार हो गया था। माँ उन दिनों लायलपुर की आर्यकन्या पाठशाला में शायद तीस-पैंतीस पा रही थीं। अब जवान होकर अपने निर्वाह का बोझ माँ पर कैसे डालता? दो ट्यूशनें कर लीं। उनसे पच्चीस-तीस बन जाते। निश्चय किया साहित्यिक कार्य से जीविका कमाने का। उन दिनों लेखन के शुल्क की आशा बहुत ही नामी लेखक या विद्वान् कर सकते थे। प्रो. जयचन्द्र जी से सुना था उनके किसी बहुत महत्त्वपूर्ण लेख के लिए एक पत्रिका ने दो रुपया प्रतिपृष्ठ दिया था। हिन्दी में उतना शुल्क उस समय स्पर्द्धा की बात थी।

निश्चय किया ट्यूशनों के अतिरिक्त साहित्यिक जीविका या कथा-यात्रा के मार्ग पर बढ़ने का। अपने लिखे कहानी-उपन्यास के लिए मानधन या मूल्य पाने की आशा न थी। जयचन्द्र जी के छोटे भाइयों धर्मचन्द्र और देवचन्द्र ने हॉस्पिटल रोड पर 'हिन्दी भवन' नाम से हिन्दी पुस्तकों की दुकान खोल ली थी। लाहौर में केवल हिन्दी पुस्तकों की पहली दुकान। उनका विचार प्रकाशन का भी था। धर्मचन्द्र मेरा सहपाठी था। वह मेरे सामर्थ्य से परिचित था। उसने मुझे मेरी स्टोप्स की पुस्तक 'हैप्पी मैरीड लाइफ़' अनुवाद के लिए दे दी। अनुमानतः दो सौ पृष्ठ की पुस्तक,पचहत्तर रुपया शुल्क पर। पुस्तक का अनुवाद देर रात में करके बीस दिन के भीतर, दोहराकर उसे दे दिया। धर्मचन्द्र ने अनुवाद पर नज़र डालकर अगले दिन पचहत्तर रुपये दे दिये। मैं पूर्णतः सन्तुष्ट था। मालूम है 'विवाहित जीवन' के नाम से उस पुस्तक के दस-बारह से अधिक संस्करण प्रकाशित हुए थे। अर्थात् अनुवाद पाठकों को पसन्द आया था। मुझे शिकायत नहीं; मुझे निश्चित मज़दूरी मिल गयी थी, मेरे विचार में उचित।

धर्मचन्द्र का प्रस्ताव बालकों के लिए छः कहानियों की पुस्तक प्रकाशित करने का था। उसने तीन कहानियाँ लिखने का अवसर दिया। शुल्क क्या निश्चय हुआ था, याद नहीं। पन्द्रह दिन से पूर्व कहानियाँ लिखकर उसे दे दीं। सप्ताह भर बाद शुल्क के लिए गया।

धर्मचन्द्र ने बहुत शान्ति से कहा, दो कहानियाँ तो ठीक हैं परन्तु तीसरी कहानी मौलिक नहीं है। कहानी मैंने पूर्णतः अपनी कल्पना से लिखी थी, तोहमत कैसे सह लेता! चुनौती दे दी—मेरी कहानी मौलिक न हो तो शेष दोनों कहानियों का भी शुल्क छोड़ दूँगा।

धर्मचन्द्र ने अपनी मेज़ का दराज़ खोल एक पुस्तक खोलकर नयी कहानी के आरम्भ का पृष्ठ मेरे सामने कर दिया। एक साँस में पढ़ गया, और जैसे मेरे पाँव तले धरती फट

गयी। उस कहानी और मेरी लिखी तीसरी कहानी के कथानक में इतना साम्य था कि उन्हें निश्चय ही दो बार लिखी एक ही कहानी कहा जा सकता था। कहानी थी एक व्यापारी सार्थवाह के डाकुओं के चक्कर में पड़ जाने की और सार्थवाह के एक व्यक्ति के प्रभाव से डाकुओं के सदाचार का प्रण ले लेने की।

लज्जा से मेरी गर्दन नीची हो गयी। चुपचाप उठ जाना चाहता था। धर्मचन्द्र ने दो कहानियों का शुल्क मेरे सामने रख दिया। मेरी आँखें डबडबा गयीं "विश्वास करो, मैंने तीसरी कहानी भी मौलिक ही लिखी है।"

धर्मचन्द्र ने निश्छल स्वीकार किया, "तुम पर विश्वास है। इस कहानी का कथानक इतना सरल है कि कोई भी इस जैसी कहानी की कल्पना कर सकता है। यदि ढूँढ़ा जाय तो ऐसी और भी कहानियाँ मिल सकेंगी। परन्तु इस कहानी के लिए मैं पूर्व अनुमति ले चुका हूँ।"

'हिन्दी भवन' का काम नया था। उनके पास मेरे लिये और काम न था। लाहौर में हिन्दी के प्रकाशक नहीं थे परन्तु उर्दू के प्रकाशकों की कमी न थी।

भगतसिंह के मकान के ठीक सामने नीचे बाज़ार में सहगल की पुस्तकों की दुकान थी। स्कूली पुस्तकों के अतिरिक्त उर्दू-हिन्दी की अन्य पुस्तकें भी बेचता था। बात करने पर उसने सहर्ष अनुवाद का काम देना स्वीकार कर लिया। उपन्यासों के लिए उर्दू से हिन्दी में चार आना पृष्ठ, अंग्रेज़ी से हिन्दी में आठ आना पृष्ठ। पैसे की ज़रूरत में रात जागकर भी उर्दू के सोलह-बीस पृष्ठ कर डालता। सहगल ने केवल उर्दू पुस्तकों के अनुवाद करवाये। मैं सप्ताह भर में पुस्तक का अनुवाद पूरा कर पुस्तक उसे लौटा देता। काग़ज़ और सियाही के पैसे तक अपनी जेब से। प्रत्येक बार कुछ दिन बाद अदायगी का वायदा। पाँच-छह पुस्तकों का पैसा अटक जाने पर उसने कहा—किताबें छप जायें, कुछ बिकें तो पैसा दें। यहाँ क्या पैसा आसमान से बरसता है! उससे बकझक से कुछ लाभ न हुआ। अन्य पुस्तक विक्रेताओं के यहाँ काम के लिए जाने पर फिर पूछने के परामर्श ही मिलते रहे। 'झूठा सच' के प्रथम भाग में जयदेव के चित्रण में शायद वही स्मृतियाँ मुखरित हुई हैं।

लाहौर से अंग्रेज़ी में दो दैनिक प्रकाशित होते थे परन्तु उर्दू में पाँच दैनिक और अनेक साप्ताहिक। हिन्दी में शायद आर्यसमाज का एक ही साप्ताहिक। हिन्दी का एकमात्र असाम्प्रदायिक साप्ताहिक 'आकाशवाणी' शायद १९२७ के अन्त या १९२८ के आरम्भ में श्री जगतनारायण और भाई परमानन्द जी के प्रयत्न से निकला था, डगमगाती-सी हालत में। मैं अंग्रेज़ी और उर्दू के ही दैनिक पढ़ता था। अंग्रेज़ी दैनिकों में जाकर पूछने का साहस न हुआ। उर्दू के दैनिक अख़बार पढ़कर मन में सोचता, मैं इनसे कहीं बेहतर लिख सकता हूँ। उर्दू लिपि और उस भाषा-शैली का अभ्यास न होने के लिए खेद होता परन्तु वह सप्ताह या मास भर में तो हो न सकता था और उस क्षेत्र में परिचय क्या था।

साहित्यिक जीविका से निराश होकर नौकरी की तलाश में। नौकरी मिली स्वर्गीय डॉक्टर गोपीचन्द (पंजाब के प्रथम कांग्रेस मुख्यमन्त्री) के मातहत लाहौर में कांग्रेस के संगठन को भीतर से जमाने की। नौकरी वास्तव में गोपीचन्द की ही थी। एक काम था उनका विधानसभा सम्बन्धी पत्र-व्यवहार निबाहना। कुछ प्रश्न तैयार कर देना। भीतर-ही-भीतर हिन्दू-मुस्लिम दंगों की स्थिति में हिन्दू मुहल्लों के लिए आवश्यक सुरक्षा के उपाय। वह स्मृतियाँ 'झूठा सच' में काफ़ी काम आयीं। इस ऊपरी काम के अलावा अप्रत्यक्ष रूप से

'नौजवान भारत सभा' के लिए छोटे-मोटे पैम्फलेट लिखने में सहायता या तभी स्थापित हिन्दुस्तान समाजवादी प्रजातन्त्र सेना के लिए उपयुक्त साथियों की खोज, उन्हें दीक्षा और दल का ऊपरी सम्पर्क कार्य। इन दिनों भगतसिंह लाहौर में एक बार गिरफ़्तारी के बाद रिहा हो चुका था। वह फिर फ़रार हो गया था। हमारा गुप्त कार्य पूर्वापेक्षा सक्रिय हो गया था। मैं जब भी पढ़ने-लिखने में लगता, सुखेदव के उलाहने सुनने पड़ते, "ठीक है, तुम साहित्य और रसिकता करो। कुछ करना नहीं तो सहायक हो जाने की झूठी आशाएँ दिखाते हो।" मेरा साहित्यिक उत्साह बुझ जाता।

इन दिनों पढ़ता जरूर रहा परन्तु लिखना शिथिल रहा। बस एक कहानी लिखने की याद है, जिसे प्रकाशन के लिए भेजकर भूल गया था। १९३१ में जब फरार था, दिल्ली में 'माधुरी' के एक अंक में छपी देखी थी। वतन की शान और आन पर मर मिटने की एक कहानी। लेखक का नाम यशपाल ही था परन्तु किसको बताता यह मैं ही यशपाल हूँ।

१९२८ जाड़ों के आरम्भ में साइमन कमीशन आया था। कमीशन के विरुद्ध प्रदर्शन में शेरे पंजाब ने चोट खायी थी। उस समय तक हिन्दुस्तान समाजवादी प्रजातन्त्र सेना सक्रिय हो चुकी थी। शस्त्र आने लगे थे और बैंक डकैती की योजना भी बन चुकी थी, हालाँकि असफल रही। उस प्रदर्शन को उग्र रूप देने में भगवतीचरण वोहरा, सुखेदव और 'नौजवान भारत सभा' के जवानों ने पूरा सहयोग दिया था। उनमें मैं भी था। 'नौजवान भारत सभा' ही क्या, उसमें परस्पर भेदभाव भूलकर लाहौर के सभी कांग्रेसियों ने पूरा सहयोग दिया था। जगह-जगह सरकार परस्तों और सरकार विरोधियों में मारपीट हुई थी।

लाला लाजपत राय की मृत्यु के कुछ दिन बाद ही नये साथियों के बाहर से आने-जाने और चुपचाप शस्त्रों के इधर-उधर लाने-ले जाने से मैं समझ गया था कुछ होनेवाला है। परन्तु क्या इसका मुझे ठीक आभास न था। शिव वर्मा पहली बार तभी लाहौर आया था और वच्छोवाली में मेरे लिये निवास और दफ़्तर रूप दूसरी मंज़िल की कोठरी में ही ठहरा था। दिसम्बर में लाला लाजपत राय के अपमान के दण्ड में साण्डर्स का वध हो गया। हमारी गुप्त गतिविधि बढ़ती जा रही थी। सुखदेव ने कुछ गुप्त कार्यों के लिए कम भीड़-भाड़ के स्थान में दो कमरे लेने के लिए भगवतीचरण वोहरा को आदेश दिया था। भगवतीचरण ने कमरे क़िला गुज्जरसिंह मुहल्ले की नयी बस्ती में लिये थे। मार्च से यहाँ विस्फोटक पदार्थ बना सकने के परीक्षण शुरू हो गये। मैं वहाँ सामान जुटाने तथा वहाँ के दूसरे कामों में सहयोग देने के कारण प्रायः वहाँ ही रह जाता। मेरे काफ़ी कपड़े-लत्ते वहाँ ही रहते।

नौ अप्रैल को दिल्ली में केन्द्रीय असेम्बली में विस्फोट हो गया। गनीमत चौदह अप्रैल की रात मैं क़िला गुज्जरसिंह के मकान में न था। चौदह की रात समाप्त होते या पन्द्रह अप्रैल सूर्योदय के लगभग आवश्यक काम से बाइसिकल पर क़िला गुज्जरसिंह के मकान पर गया तो गली में पुलिस भरी हुई थी।

मैं क़िला गुज्जरसिंह के मकान पर जाता था या वैसे किसी काम से कहीं आना-जाना होता था तो सलवार और कुल्ले पर तुर्रेदार पगड़ी बाँधे रहता था। मैं बिना घबराहट प्रकट किये साइकिल धीमे-धीमे पुलिस की भीड़ में से निकाल गली के दूसरी ओर निकल गया। १५ अप्रैल, १९२९ को मैं लाहौर से फ़रार हो गया। यह मेरी जीवन-यात्रा और कथा-यात्रा के भी एक अध्याय का अन्त था।

× × ×

१५ अप्रैल, १९२९ से २३ फरवरी, १९३२ तक फरारी के समय जब सदा आदमी जान हथेली पर लिये फिर रहा हो, साहित्य-साधना का क्या अवसर? फ़रारी का कारण साहित्य-साधना की प्रवृत्ति या लगन तो थी नहीं। जिस लगन, प्रयत्न या प्रवृत्ति के कारण जान पर खेल जाने के लिए हम लोग फ़रार हुए थे, ध्यान साहित्य-साधना की अपेक्षा उसी ओर जाना स्वाभाविक था। परन्तु प्रकारान्तर से फ़रारी का जीवन भी साहित्य-साधना में सहायक हो सकता है। फ़रारी में सदा सचेत रहना आवश्यक था, स्वयं को छद्मरूप में रखकर दूसरों की वास्तविकता को जानने का यत्न करना। इस प्रक्रिया में जहाँ उलट-फेर हुआ, फ़रार मारा जायेगा। फ़रारी के जीवन में मानव और जीवन प्रवृत्तियों के सूक्ष्म अध्ययन का अवसर तो था ही। उस समय भी साहित्य की ओर झुकान को दबा न सका। पढ़ने का तो अवसर प्रायः मिलता ही था। जब कुछ समय निष्क्रियता बाध्य आयी तो साहित्य ने ही खींचा। १९३१ में कुछ ऐसा ही समय था। अवसर से श्री ऋषभ चरण जैन से परिचय हो गया। मेरी वास्तविकता जानकर भी साहस से अपने घर ले गये। उसी दिन उनके पुत्र ज्ञान प्रकाश का जन्म हुआ था। ऋषभ चरण जी ने बेटे को आशीर्वाद देने का अनुरोध किया और सहायता के लिए तत्परता भी प्रकट की। उनके हाथ में एक पुस्तक थी लुइ फिशर द्वारा 'लेनिन और गाँधी।' अनुरोध किया—यह पुस्तक पढ़ना चाहता हूँ। पढ़कर यदि इस पुस्तक का अनुवाद कर दूँ और अनुवाद जँच जाये तो कुछ पारिश्रमिक मिलने से मेरी सहायता हो जायेगी।

ऋषभ चरण जी ने उसी समय पुस्तक मुझे दे दी और दो सौ रुपये। पुस्तक के कई स्थलों से मूल लेखक से सहमत न था। इसलिए पुस्तक के अनुवाद में स्वतन्त्रता से काम लिया। ऋषभ चरण जी ने अनुवादक के स्थान पर अपने एक विश्वस्त मित्र राजबहादुर सिंह का नाम देकर पुस्तक प्रकाशित कर दी थी। ऐसे ही कुछ समय निठल्ला था तो आस्कर वाइल्ड के नाटक 'वीरा द निहिलिस्ट' का अनुवाद आरम्भ कर दिया था। अनुवाद पूरा न कर पाया था। वह जाने कहाँ खो गया।

२३ फरवरी, १९३२ को इलाहाबाद में पुलिस से घिर जाने पर और कारतूस समाप्त हो जाने पर गिरफ़्तार हो गया। मुझसे पूर्व क्रान्तिकारी राजनैतिक क़ैदी जेल में मानवोचित व्यवहार के लिए लम्बे संघर्ष कर चुके थे। मुझे आरम्भ यानी हवालात से ही 'बी' (ऊँची) श्रेणी में रखा गया। आरम्भ में डबल चौकसी के प्रयोजन से मुझे नैनी सेण्ट्रल जेल के यूरोपियन बैरक में रखा गया। श्रीमती श्याम कुमारी ख़ान मुझे पुस्तकों की कमी अनुभव न होने देती थीं। ऐसी स्थिति में था कि सिवा पढ़ने के और करता क्या! सज़ा मिली चौदह बरस की जिसे क़ानूनी भाषा में उम्र क़ैद कहा जाता है।

●

यारों के यार

नगर में कहानी की इतनी आलोचना-चर्चा थी कि स्वयं उसे पढ़ पाने के लिए उत्सुक था और अंक मिल नहीं रहा था। रजिस्ट्री से आया अंक भी फरवरी को मिला। कहानी पढ़ पाते ही एक सज्जन ने 'नयी कहानी' का फरवरी अंक दे दिया। इस अंक में 'यारों के यार' के प्रति उग्र प्रतिक्रिया देखी। सम्पादकीय टिप्पणी भी पढ़ी। अब, ख़ासकर 'सम्पादकीय टिप्पणी' के बाद उस सम्बन्ध में कुछ कहना आवश्यक नहीं रह गया है। इतनी प्रतिक्रियाएँ पढ़-सुन लेने के बाद, मूल रचना के सम्बन्ध में मेरी प्रतिक्रिया जानी-सुनी प्रतिक्रियाओं से कैसे अप्रभावित रह सकती है? कहानी की अपेक्षा इन प्रतिक्रियाओं के बारे में ही ख़याल आता रहा। पर आपका अनुरोध है तो कहूँ कि रचना मुझे भी सशक्त, साहसी और याद रहनेवाली लगी।

रचना के प्रति यदि असन्तोष प्रकट किया गया है तो उसमें प्रयुक्त कुछ शब्दों के औचित्य के प्रति। लेखक के लिए अभिव्यक्ति के मूल साधन शब्द हैं, अतः शब्दों के प्रयोग में सावधानी और औचित्य की चिन्ता में सन्देह की गुंजाइश नहीं। इसके साथ ही परिस्थिति और भाव की अभिव्यक्ति के लिए अनुकूल शब्द ही होने चाहिए। शब्दों के सम्बन्ध में यह सावधानी जितनी रचनाकार से अपेक्षित है उतनी ही आलोचक और मूल्यांकनकर्त्ता से भी।

मूल रचना से क्षुब्ध प्रतिक्रियाएँ पढ़ते समय एक तथ्य की ओर ध्यान गया। कोई भी आलोचक आपत्तिजनक बताये जानेवाले शब्दों को दोहराने की उत्तेजना को वश में नहीं कर सका, अपशब्द मात्र कह देने से उनका सन्तोष नहीं हुआ; मात्र भीष्म जी को छोड़कर जिन्हें शब्दों से क्षोभ नहीं हुआ। इस परिस्थिति का क्या कारण हो सकता है? इस रचना के सम्बन्ध में सबसे पहले चर्चा सुनी थी आदरणीय भगवतीप्रसाद जी वाजपेयी से। 'यारों के यार' शीर्षक सुनकर, अपने सामाजिक संस्कारों के कारण जैसी विषय-वस्तु की ओर ध्यान गया, कहानी में वह बात नहीं है। 'यार' शब्द से उसके सामान्य अर्थ से भी पहले ध्यान उसके विशेषार्थ, ध्वन्यार्थ की ओर जाता है। सोबती जी की कहानी के पात्र उस अर्थ में यारों के यार नहीं हैं। इसी प्रकार रचना में प्रयुक्त शब्दों, समासों को प्रसंग और परिवेशिक विचार से चाहे वे गालियाँ ही हों, संगत ध्वनि के अर्थ में ही लेना होगा। सूरी क्षोभ, उद्वेग या भड़ास की बेलगामी में तिरस्कार के बाज़ारू समासों और शब्दों का प्रयोग करते समय अबे, फितूरे, बीड़ी के बण्डल आदि तिरस्कारपूर्ण व्यंजनाओं का भी प्रयोग करता है। उस प्रवाह में माँ-बहन की गालियों, बीड़ी के बण्डल या नेफ़े के तिलचट्टे आदि सम्बोधनों का एक ही वज़न होता है, वे वितृष्णा और ग्लानि अभिव्यक्ति की समान व्यंजनाएँ हो जाती हैं। शब्दों के अर्थ का निर्णय वहाँ कोष्ठार्थ नहीं, ध्वनि करती है। उदाहरणार्थ कहानी में डाइरेक्टर

सरदार जी अपने सबसे विश्वासी और सफल कार्यकर्त्ता को ईर्ष्या से क्षुब्ध देख, उसे लाड़ में मुस्कराकर पंजाबी में माँ की गाली से स्मरण कर उसे सन्तुष्ट रखने के लिए तुरन्त ३०० मासिक की तरक़्क़ी दे देते हैं। वहीं लेखिका आधी पंक्ति मात्र में ही चरित्र-चित्रण की क्षमता की साक्षी दे देती हैं। एक ही शब्द लखपती बन जानेवाले सरदार जी के सांस्कृतिक स्तर का निरूपण कर देता है।

प्रतिकूल प्रतिक्रियाओं में क्षोभ रचना की विषयवस्तु या असफलता से नहीं, उसमें शब्दों के कारण अनुभव किये गये नंगेपन से है। परन्तु यदि नंगेपन और निरावरण या उद्‌घाटन करने के अन्तर पर ध्यान रखा जाय, तो बात शायद ऐसी नहीं होगी। नंगा करने के प्रयत्न में भावना वीभत्स और कुत्सा की रहती है और यथार्थ को जानने-प्रस्तुत करने के प्रयत्न में भावना सहानुभूति और सहृदयता की। द्रौपदी के प्रति दुःशासन का व्यवहार नंगा करने का प्रयत्न था। वीनस के सागरोद्‌भव की कल्पना या भक्तों द्वारा चीरहरण लीला की कल्पना में सौन्दर्य को प्रस्तुत करने का उद्वेग या विह्वलता 'यारों के यार' कहानी में दो दफ़्तरों की झाँकी है। एक दफ़्तर है सार्वजनिक कार्य के प्रबन्धकों का, दूसरा आज के सफल व्यवसायी का। इसमें न तो क्लर्कों को अपमान की भावना से पेश किया गया है, न ही सफल व्यवसायी के नर-नारी कर्मचारियों को। यह उनकी आकारहीन दमित, दलित परिस्थिति और मनःस्थिति के प्रति सहानुभूति से उनके यथार्थ का चित्रण है, जिसमें सामाजिक शिष्टता और संयम के प्रति उनकी आस्था को ढाह देनेवाली परिस्थितियाँ पृष्ठभूमि में ख़ूब स्पष्ट हैं और उन्हें असहाय बना देनेवाली व्यवस्था के प्रति उनकी भड़ास के प्रति उनका आक्रोश। उनका व्यवहार और बोल-चाल दोनों चीख़ रहे हैं कि शिक्षा-दीक्षा और योग्यता में वे अपने-आपको नियामकों से किसी प्रकार कम न समझ सकने पर भी दीन बने रहने के लिए क्यों बाध्य हैं। वे नियामक दल के यारों के यार न हो सकने के कारण ही अभागे हैं।

एक असन्तुष्ट प्रतिक्रिया में संकेत है कि रचना में धाँधली करनेवाले सम्पन्न वर्ग के अनर्गल, उच्छृंखल व्यवहार की झाँकी पर्याप्त नहीं आ पायी। मेरे विचार में तो रचना में उसके लिए संकेत पर्याप्त और स्पष्ट हैं। असन्तोष रह गया है—शायद उत्तेजक चित्रण सामने न आ सकने के कारण ही।

अपर्याप्त का प्रसंग आ जाने से मुझे यह लगा कि रचना में धाँधली के साधनों, रिश्वत के लिए रुपये या विलास की अन्य सामग्री मुहैय्या करने की प्रक्रिया का संकेत तो ख़ूब सामने आ गये हैं, परन्तु इस धाँधली से सार्वजनिक हित की हानियाँ, जनता को धोखे के परिमाण और प्रक्रिया की ओर संकेत रह गया है। लेकिन यह माँग भी बहुत मुनासिब नहीं। यों तो इस प्रकार की धाँधलियों की सम्भावना और आवश्यकता उत्पन्न करनेवाली परिस्थितियों के चित्रण की भी माँग की जा सकेगी और लेखक से माँगें बढ़ती ही जायेंगी। यही देखना उचित होगा कि जितना प्रस्तुत किया गया है, कैसा बन पड़ा है। रचना के सम्बन्ध में काफ़ी चर्चा-आलोचना निस्संकोच हो चुकी है। मुझे तो लगता है—एक पाठक और स्वयं लेखक के नाते—कि रचना हमारी वर्तमान परिस्थिति और समस्या की पूर्ण विश्वसनीय साक्षी बन सकी है। हमारे जन-समाज के सामान्य जीवन के यथार्थ को साहित्य का अंश बना सकने का सफल प्रयत्न है।

'नयी कहानियाँ', अप्रैल, १९६७

●

कहानी लिखना मेरी जीविका है

कहानी लिखना मेरी जीविका है। कुछ लोग जीविका के लिए अन्य काम करते हैं परन्तु आत्मसन्तोष के लिए कहानियाँ भी लिख लेते हैं। मैं भी कहानी लिखने की प्रेरणा या इच्छा आत्मतोष के लिए ही अनुभव करता हूँ और कहानियों से प्राप्त पारिश्रमिक से निर्वाह कर लेता हूँ। कहानी बनाने से मुझे 'जीवन की इच्छा' या 'जीवन के लिए चिन्तन और प्रयत्न की इच्छा' को अभिव्यक्ति दे सकने का सन्तोष अनुभव होता है। यह सामान्य अनुभव है कि हम अपने प्रत्येक व्यवहार की संगति-असंगति के सम्बन्ध में विचार नहीं करते, अधिकांश व्यवहारों और विश्वासों को अभ्यास, संस्कारों और परम्परागत मान्यताओं से ही निबाहते चले जाते हैं। मैं कहानी के माध्यम से मनुष्यों की उन वैयक्तिक और सामूहिक परिस्थितियों, व्यवहारों और मान्यताओं की ओर संकेत करता हूँ या उन पर विचार के लिए सुझाव देता हूँ जो मेरी समझ में जीवन की स्वाभाविक इच्छा या जीवन के लिए प्रयत्न के मार्ग में बाधक बन रहे हैं। इस काम के लिए मुझे कल्पना से रचे दृष्टान्त या कहानियाँ बहुत उपयोगी जान पड़ती हैं।

कहानीकारों अथवा लेखकों को प्रायः सुझाव दिया जाता है—यथार्थ जीवन के सम्पर्क और अनुभवों से ही लिखना चाहिए (राइट फ्राम लाइफ)। मैंने कहा है कि मैं समस्याओं को कल्पित दृष्टान्तों द्वारा पेश करना कहानी की प्रक्रिया मानता हूँ। मेरी लिखी सम्पूर्ण कहानियों में पाँच प्रतिशत कहानियाँ भी देखी-सुनी तथ्य घटनाएँ नहीं हैं। मेरी कहानियों के पात्र और घटनाएँ कल्पित होते हैं परन्तु मेरी कहानियों के तत्त्व अथवा समस्याएँ सामाजिक यथार्थ ही होते हैं। मैं मनुष्यों के व्यवहारों अथवा व्यवहारों के रूप में घटनाओं से अधिक महत्त्व उन मान्यताओं और सामाजिक सम्बन्धों की परिस्थितियों को समझता हूँ जो इन व्यवहारों या घटनाओं के कारण होती हैं। ऐसी कारणों की मौजूदगी में वैसी एक नहीं अनेक घटनाएँ हो सकने की सम्भावनाएँ रहती हैं। मैं इवेण्ट—घटना की प्रतीक्षा न कर उसके आधार और स्रोत, कारणों और स्थिति से सावधान होने का सुझाव देना चाहता हूँ। इस प्रयोजन के लिए मैं कल्पना से गढ़े विश्वासयोग्य पात्रों और घटनाओं द्वारा कहानी बना लेता हूँ। मेरी लिखी कहानियों में घटनाओं की परिस्थितियाँ और कारण ऐसे सामाजिक यथार्थ और वास्तविक होते हैं कि पाठक उन्हें अपने परिवेश में अनुभव कर सकते हैं। इसलिए मेरी काल्पनिक रचनाएँ वास्तविक घटनाएँ ही जान पड़ती हैं।

यदि बहुत बड़ी बात न समझी जाये तो कहना चाहता हूँ—मैं कहानियों का उपयोग मनुष्यों के विश्वासों और व्यवहारों की प्रयोगशाला के रूप में करता हूँ। कहानी की

प्रयोगशाला में, कल्पना से प्रस्तुत घटनाओं द्वारा मनुष्यों की मान्यताओं और व्यवहारों में कारण-कार्य के सम्बन्धों और संस्कारों से पृथक् स्थिति की वास्तविकता को इस प्रकार दिखाया जा सकता है अथवा उनकी विवेचना की जा सकती है कि पाठक दर्शक बनकर उन मान्यताओं, व्यवहारों और संस्कारों की संगति-असंगति पर विचार कर सके।

कहानी के लिए विचार पाने और उसे रचने की प्रक्रिया के दो उदाहरण देता हूँ—बाज़ार में फुटपाथ पर एक बुढ़िया बैठी है। बुढ़िया चेहरे को दोनों हाथों से ढँके रो रही है। उसके सामने एक छोटी डलिया में कुछ तरकारी है। बुढ़िया का बाज़ार में आकर सौदा बेचने के बजाय रोना मेरे मन को छू लेता है। आस-पास की दुकानों के लोगों को बुढ़िया से कोई सहानुभूति नहीं जान पड़ती। वे उसकी ओर से पीठ फेरे हैं। रोती हुई बुढ़िया के प्रति सहानुभूति से मुझे खयाल आता है, बाज़ार में सौदा बेचने के लिए इसके पति या जवान बेटे को आना चाहिए था। अनुमान करता हूँ, शायद इसका पति या जवान बेटा अभी हाल ही में मर गये हों।

मैं कल्पना में बुढ़िया के दुर्भाग्य के कारणों और परिस्थितियों को घटना में इस प्रकार जोड़ लेता हूँ—नगर के समीप ही बुढ़िया की सब्ज़ी-तरकारी की छोटी-सी खेती है। बुढ़िया विधवा है। कल सुबह, मुँह-अँधेरे इसका जवान बेटा क्यारियों में से तरकारी बटोरने गया था। जवान का पाँव एक साँप पर पड़ गया और साँप ने उसे काट लिया। अनेक उपाय करने पर भी जवान बच न सका। ग़रीब बुढ़िया के पास जो कुछ था, बेटे के उपचार के लिए नागपूजा में और उसके मृतक संस्कार में उठ गया। बुढ़िया की बहू शोक के आघात से बुख़ार में पड़ी है। उसके तीन और पाँच बरस के पोता-पोती भूख से व्याकुल होकर रो रहे हैं। बाज़ार के लोग बुढ़िया की निन्दा कर रहे हैं—ओफ, कितनी संगदिल है! जवान बेटे के शोक में एक दिन भी घर न बैठी, सौदा बेचने के लोभ में बाज़ार चली आयी। इसके घर में मृत्यु होने के कारण इसका घर अपवित्र है। यह अपवित्र तरकारी बेचकर दूसरों को भ्रष्ट करेगी।

परिस्थिति से मज़बूर, शोकातुर असहाय बुढ़िया के व्यवहार की तुलना में, ऐसी ही अवस्था में समृद्ध लोगों के व्यवहार की कल्पना जोड़ता हूँ—वे लोग ऐसे शोक में कई-कई दिन मूर्च्छित रह जाते हैं। उनके यहाँ संवेदना के लिए आनेवालों की भीड़ लगी रहती है। उन्हें कुछ खाने-पीने के लिए भी कई-कई बार कहना पड़ता है। पाठक देखता है कि दुःख प्रकट कर सकने के लिए भी अवसर और अधिकार चाहिए। कहानी की सम्पूर्ण घटना कल्पित है, परन्तु क्या यह यथार्थ नहीं है कि आर्थिक दुरावस्था शोक और दुःख मना सकने का भी अवसर नहीं रहने देती। मेरी इस कहानी का शीर्षक है—'दुःख का अधिकार'।

मेरी 'पाप का कीचड़' कहानी के पात्र और घटनाएँ कल्पित हैं परन्तु पारलौकिक और साम्प्रदायिक धर्म विश्वासों द्वारा मनुष्यों की विचार और तर्कशक्ति का दमन नित्य अनुभव हो सकनेवाला यथार्थ है। सभी देशों और समाजों में यह समस्या ठोस सत्य है कि अधिकांश स्त्री-पुरुष पारलौकिक और साम्प्रदायिक विश्वासों को अनुभव और तर्क से जाँचना अधर्म मानकर, उन्हें केवल आस्था से ग्रहण करते हैं। वे इस जीवन में प्राप्त हो सकनेवाले सन्तोषों को परलोक में पा सकने की आशा में और नरक के भय से इस जीवन को अधिक-से-अधिक यातनामय बना सकना अपनी धार्मिक सफलता मान लेते हैं। जीवन की शुद्धता और धर्म का मार्ग स्वेच्छा से यातना सहना माना जाता है। साम्प्रदायिक विधि-निषेधों को ईश्वरीय

आदेश मानकर, उन विधि-निषेधों में परस्पर विरोधी बातों को भी समान सत्य और धर्म मान लिया जाता है।

'पाप का कीचड़' कहानी लिखने की प्रेरणा मुझे अख़बार में संक्षिप्त-सा समाचार पढ़कर हुई थी। समाचार था—'अमुक रोमन कैथोलिक गिरजे में अमुक बिशप ने ईसाई परिवारों के इतने बच्चों को बप्तिस्मा दिया।' सर्वसाधारण जानते हैं कि पादरी ईसाई सम्प्रदाय की दीक्षा देने के लिए बप्तिस्मे के धार्मिक अनुष्ठान द्वारा मनुष्यों को 'ऑरिजनल सिन' आदिम पाप—अर्थात् माता-पिता द्वारा सहवास के पाप के परिणाम में जन्म पाने के पाप से मुक्त करते हैं। ईसाई सम्प्रदाय के धर्म विश्वास के अनुसार, पति व पत्नी द्वारा सन्तानोत्पत्ति का कार्य भी पाप है। ईसाई सम्प्रदाय का यह भी विश्वास है कि ईश्वर ने नारी को नर की सहचरी और अर्द्धाङ्गिनी के रूप में उत्पन्न किया है।

'पाप का कीचड़' कहानी का नायक रोज़ेरियो धर्मभीरु और सरल व्यक्ति था। उसका विश्वास था कि मनुष्य जीवन का उद्देश्य धर्म पालन द्वारा मृत्यु के पश्चात् स्वर्ग प्राप्त करना ही है। धर्म में दृढ़ रहने के लिए वह किसी भी प्रकार के सुख की इच्छा न करने का संयम निबाहता था और सभी प्रकार के पापों—पत्नी से सहवास के रूप में आदिम पाप से भी दूर रहता था। उसका जीवन पाप के भय के बोझ से भयातुर और बोझिल था। रोज़ेरियो और उसकी पत्नी मार्था को न पड़ोसियों से कुछ मतलब था, न कुछ अधिक कमा सकने की ज़रूरत। उन्हें धर्मादेशों को पूर्ण कर स्वर्ग-प्राप्ति के अतिरिक्त न कोई इच्छा थी, न चिन्ता, न उत्साह। दोनों केवल निष्पाप रहकर मृत्यु की प्रतीक्षा कर रहे थे। रोज़ेरियो जैसे लोगों की आस्था के अनुसार, इस संसार में मनुष्यों का जन्म भगवान् को स्मरण करते रहकर मर जाने के लिए ही होता है।

फ़ादर सेबिल धर्मगुरु होकर भी उदार विचार और जीवन के अनेक क्षेत्रों में रुचि लेनेवाला व्यक्ति था। वह जानता था, सृष्टि का क्रम जारी रहने के लिए समाज के जीवन-व्यापार चलते रहने चाहिए। धर्मादेशों का अक्षरशः पालन मनुष्यों के जीवन को असम्भव बना देगा। इस संसार और जीवन में केवल परलोक को ही लक्ष्य मानना स्वयं जीवन और संसार का भी विरोध है। वह जानता था कि स्वयं धर्म की सत्ता, अनुशासन और धर्माचार्यों की शक्ति क़ायम रखने के लिए धर्म पालन में विकल्प आवश्यक है। धर्मानुयायियों के जीवन-व्यापार चलते रहने के लिए विधि-निषेधों की चारदीवारी में कुछ मार्ग छोड़ देना आवश्यक है।

फ़ादर सेबिल ने रोज़ेरियो के धार्मिक एकाग्रता से पीड़ित जीवन की व्यर्थता समझकर उसके प्रति करुणा अनुभव की। रोज़ेरियो को जीवन में, साधारण मनुष्यों की भाँति कुछ उत्साह और पार्थिव सन्तोष अनुभव कर सकने का अवसर देना चाहा। पादरी ने अपने धार्मिक पद और अधिकार का उपयोग कर रोज़ेरियो को धार्मिक एकाग्रता के निष्पाप मार्ग से भटका दिया। रोज़ेरियो इतना धर्मप्राण था कि उसने धर्मगुरु का सुझाव बिना शंका और तर्क के पूरा किया। परिणाम में वह धर्मनिष्ठा से भटककर आदिम पाप के कीचड़ में फँस गया। रोज़ेरियो पाप के रस से परिचित होकर और सन्तान पाकर सामान्य मनुष्यों की तरह जीवन में इच्छाएँ और उत्साह अनुभव करने लगा। रोज़ेरियो अपनी धार्मिक आस्था के कारण जीवन में आसक्ति और उत्साह के लिए, पाप के कीचड़ में फँस जाने की लज्जा की अनुभूति भी लिये था। सेबिल ने रोज़ेरियो के जीवन में परिवर्तन देखकर सन्तोष अनुभव किया और

रोज़ेरियो को उसके सुख की लज्जा से मुक्त करने के लिए सान्त्वना दी—पुत्र, प्रसन्न रहो। अब तुम भगवान् की दया के पात्र बन गये हो। दयामय भगवान् अपनी पापी सृष्टि को हृदय से लगाकर उन पर दया करने का सन्तोष पाते हैं।

'पाप का कीचड़' कहानी का प्रयोजन अथवा तत्त्व मनुष्यों के विश्वासों और व्यवहारों में परस्पर विरोधी तत्त्वों की ओर संकेत करना है। मनुष्य जीवन को सफल और उच्चतर बनाने के लिए ही किन्हीं परिस्थितियों में कुछ विश्वासों और व्यवहारों को मान्यता दी जाती है। कालान्तर में विचार और तर्क से विच्छिन्न विश्वास जीवन की स्वाभाविक इच्छा, जीवन के अवसरों और जीवन के विकास के लिए प्रयत्नों के मार्ग में बाधा बन जाते हैं।

●

मेरी लेखन प्रक्रिया

अपनी लेखन-प्रक्रिया के विषय में जिज्ञासा की जाने पर, सहसा ठीक-ठीक उत्तर देने में कुछ झिझक अवश्य अनुभव होती है। ऐसी झिझक के दो कारण हैं। प्रथम तो यह कि लेखन की प्रक्रिया में लेखक अपने अन्तरतम की वस्तु को यत्न से प्रत्यक्ष में लाता है अथवा उसे जनसमाज के परिचय के लिए प्रस्तुत करता है। सभी लोग इस बात को स्वीकार करेंगे कि मनुष्यमात्र के जीवन का एक भाग प्रत्यक्ष और व्यावहारिक होता है और दूसरा समाज और संसार के लिए अप्रत्यक्ष, मनुष्य के भीतर का, जिसे हम उसका मानस, भावना, चिन्तन अथवा आन्तरिक प्रयोजन कह सकते हैं। मनुष्यों की कुछ ऐसी प्रवृत्ति है कि वे अपने बाहरी, प्रत्यक्ष जीवन को समाज के सम्मुख प्रस्तुत करने के लिए माँज-सँवारकर तैयार रखते हैं और अपने प्रत्यक्ष जीवन के स्रोत, आन्तरिक जीवन अथवा मानस को गोपनीय अथवा निज की वस्तु समझते हैं, जिसे प्रत्यक्ष न होने देना ही चतुरता समझते हैं। लेखक की कठिनाई यह है कि उसका व्यवसाय ही अपने मानस भावना और अन्तरतम में सँजोयी हुई प्रक्रियाओं को प्रस्तुत करना होता है जिसे साधारण दृष्टि से संकोच का कारण माना जायेगा। लेखक को अपने रचनात्मक कार्य की प्रक्रिया के सम्बन्ध में बताते समय संकोच अनुभव होने का दूसरा कारण बहुत सीधा है। वह कारण यह है कि लेखन-प्रक्रिया लेखक की जीविका का व्यवसाय है। प्रत्येक व्यवसाय में विशेष सफलता के कुछ रहस्य होते हैं। व्यावसायिक प्रतिद्वन्द्विता के कारण हो या अपने विशेष ढंग के कारण, सभी लोग अपने व्यवसाय के रहस्य को प्रकट करने में संकोच अनुभव करते हैं अथवा उसके लिए अनिच्छुक रहते हैं। ऐसी ही बात लेखक से भी स्वाभाविक क्यों न समझी जाये। लेखक के लिए अपने कार्य की प्रक्रिया के सम्बन्ध में अथवा अपनी सफलता के रहस्य प्रकट करने में कुछ संकोच अनुभव करना स्वाभाविक है। लेखक के कार्य से समाज को कोई दूसरा लाभ हो या न हो, समाज को उसका कार्य रोचक जान पड़ता है। इसलिए कल्पना की जा सकती है कि पाठक अथवा समाज, लेखक के कार्य की प्रक्रिया को भी रोचक समझते होंगे।

पाठकों को यह कौतूहल होना अस्वाभाविक नहीं कि लेखक भौतिक साधनों के बिना ही पाठकों की चेतना और बुद्धि से यथार्थ अनुभव हो सकनेवाले ऐसे जगत् की सृष्टि कर डालता है जिसका तथ्यों से कोई सम्बन्ध नहीं होता। पाठक दोपहर के समय छोटी-सी कोठरी में खटिया पर लेटा हाथ में लेखक की रचना लिये है। नाटक के मर्म-चक्षु प्रत्यक्ष में एक छोटी-सी पुस्तक के पृष्ठों पर छपे अक्षर ही देख सकते हैं परन्तु पाठक का मन, बुद्धि

और चेतना पुस्तक के काग़ज़ और अक्षरों से बेख़बर होकर नदी के किनारे विशाल ऊँचे-ऊँचे वृक्ष और घने जंगल, नदी में एक बहुत बड़ा स्टीमर देखने लगते हैं। पाठक को नदी के जल पर फैली पूर्णिमा की चाँदनी भी दिखायी देने लगती है और वह नदी किनारे के वनों से आती शीतल वायु के झोंके भी अनुभव करने लगता है। पाठक को स्टीमर की डेक पर उजली चाँदनी में परस्पर प्रणय-निवेदन करते युवक और युवतियाँ दिखायी देते हैं और वह ऐसी अवस्था में प्राप्त हो सकनेवाले रोमांचक सन्तोष को अनुभव करने लगता है। या पाठक एक समृद्ध परिवार के विवाह के उत्सव से गूँजती, किलकती हवेली में किसी अज्ञात कारण से सहसा आग लग जाने से बदल जानेवाली परिस्थिति से सिहरकर करुणार्द्र हो जाता है और उसकी आँखों में आँसू आ जाते हैं। लेखक पाठक के मन या मस्तिष्क में हर्ष, शोक, क्रोध, घृणा या भय की अनुभूतियाँ उत्पन्न कर देता है। लेखक पाठक को ऐसी अनुभूतियाँ वास्तविक घटनाओं के वर्णन से दे सकता है और घटनाएँ कल्पना से प्रस्तुत करके भी दे सकता है। उपन्यासों और कहानियों के पाठकों को यह चिन्ता नहीं रहती कि घटनाएँ वास्तविक हैं या कल्पना से प्रस्तुत की गयी हैं। वे चाहते हैं रागात्मक अनुभूतियों का संवेदन। साधारण बोल-चाल में यह भी कहा जा सकता है कि उपन्यासों और कहानियों के पाठक मनोरंजन चाहते हैं। गम्भीर पाठक लेखक से चिन्तन और विचारों की भी आशा करते हैं। चिन्तन और विचारों को मनोरंजन में लिपटा हुआ चाहते हैं। उपन्यासों और कहानियों के लेखकों को पाठकों के ऐसे मनोरंजन की वस्तु अपनी मानसिक क्रिया, अपने अन्तरतम में भावों के विलोड़न और कल्पना से प्रस्तुत करनी पड़ती है। परन्तु पाठकों के सामने लेखक की मानसिक क्रिया कल्पना और श्रम अथवा भावनाओं के विलोड़न की अनुभूतियाँ जिन्हें लेखक विचार अथवा मनोरंजन की वस्तु प्रस्तुत करने के लिए स्वयं सहता है, पाठकों के सामने नहीं आ सकतीं। पाठकों के सामने तो उसके श्रम का परिणाम केवल पुस्तक अथवा छपे हुए, टाईप किये हुए अथवा लिखे हुए कागजों के रूप में ही आ सकता है। इसलिए लेखन की प्रक्रिया के सम्बन्ध में प्रश्न का अभिप्राय होगा कि लेखक कैसे लिखता है?

कोई लेखक कैसे लिखता है, इस प्रश्न का उत्तर सभी लेखकों से एक-सा नहीं मिलेगा क्योंकि लेखक अपना काम अपने-अपने वैयक्तिक स्वभाव की सुविधा और प्रकृति के अनुसार करते हैं। लेखक की प्रक्रिया के सम्बन्ध में मैंने अब तक जो कुछ कहा है, वह लेखक समुदाय के व्यक्ति रूप में कहा है। मैं कैसे लिखता हूँ, इस प्रश्न का उत्तर यह है कि मैं अनेक प्रकार की वस्तुओं या अनेक विषयों पर लिखता हूँ। रचनाओं के लिखने का ढंग उनके विषय पर निर्भर करता है। राजनीतिक, सार्वजनिक और सामाजिक समस्याओं पर लिखने का मेरा ढंग यह है कि ऐसी समस्या की ओर ध्यान जाने पर जब चुप रहने से कर्त्तव्य की उपेक्षा अनुभव होने लगे तो उस समस्या के सम्बन्ध में आवश्यक जानकारी संग्रह कर अपने दृष्टिकोण को सार्वजनिक विचार के लिए प्रकाशित कर देना चाहता हूँ। इस प्रकार के लेख मेरे लेखन व्यवसाय का गौण अंग हैं। मुख्यतः मैं कहानियाँ अथवा उपन्यास लिखता हूँ। इस प्रकार की रचनाओं की लेखन-प्रक्रिया कभी-कभी तो बहुत संक्षिप्त और तीव्र होती है। उदाहरणतः हाट-बाज़ार में सड़क पर कोई भी बात ऐसी दिखायी दे जाती है कि मन को छू जाये तो मैं अपने दृष्टिकोण से उसके विषय में विचार करने लगता हूँ और अपने विचार को प्रकट करने के लिए कल्पना से घटना गढ़ लेता हूँ। यही कल्पना कागज पर उतार दी जाने पर कहानी बन जाती है।

मैं आवश्यक नहीं समझता कि कहानियाँ लिख सकने के लिए विचारों को जगानेवाली परिस्थितियाँ हाट-बाज़ार या नगर-गाँवों में ढूँढ़नी पड़ें। कभी-कभी बातचीत में या स्वयं दूसरों की रचनाएँ पढ़ते समय कोई ऐसा वाक्य जँच जाता है कि मन के विचारों की खिड़की को खोल देता है और उस सम्बन्ध में विचार प्रकट करने की उत्सुकता जाग उठती है। अपने विचारों या मन्तव्य को मैं उदाहरणों से ही प्रकट करना चाहता हूँ। मेरा ख़्याल है कि मनुष्यों का समाधान तर्क की अपेक्षा उदाहरणों द्वारा अधिक सुविधा से किया जा सकता है। वास्तव में घटित उदाहरण मनचाही बात को समझाने के लिए कहाँ मिल सकते हैं, इसलिए घटना के रूप में उनकी कल्पना कर लेनी पड़ती है। उदाहरण तभी सफल और सबल हो सकता है जब वह पाठक को सत्य जान पड़े या पाठक का विश्वास पा सके। इसलिए कल्पना से घटना गढ़ते समय मैं उसे पूर्णतः विश्वासयोग्य बनाने के लिए कल्पना से ही ऐसे पात्रों की सृष्टि कर लेता हूँ जो पाठकों को वास्तविक जान पड़ें, पाठकों को उन पात्रों की बातचीत और व्यवहार में असंगति और बेतुकापन न जान पड़े। जब कभी मैं अपने विचार में किसी गम्भीर और नाजुक समस्या को उदाहरण के माध्यम से समाज के सामने प्रस्तुत करना चाहता हूँ तो लेखन के लिए विचार-प्रक्रिया बहुत लम्बी हो जाती है और उसे क्रमशः धीरे-धीरे जोड़ना पड़ता है। ऐसी बात अधिकांश में उपन्यासों के सम्बन्ध में होती है। विषयों के चुनाव में मुझे कठिनाई नहीं होती, उसका कारण यह है कि मैं वैयक्तिक दृष्टिकोण से नहीं, सामाजिक दृष्टिकोण से सोचता हूँ और उस दृष्टिकोण से विषयों की कमी नहीं हो सकती।

जहाँ तक लेखन-प्रक्रिया की स्थूल अवस्था, कल्पनाओं और विचारों को काग़ज़ पर लिख देने या लिखा देने का सम्बन्ध है, मेरे व्यवहार में कोई कौतूहल की बात नहीं है। मैं समय-असमय काम नहीं कर सकता, मज़बूरी की बात दूसरी है। अपने व्यवसाय को उचित ढंग से निबाह सकने के लिए समय का अनुशासन उचित समझता हूँ।

●

अध्यक्षीय भाषण

सभापति महोदय तथा गोष्ठी में उपस्थित बन्धुओ!

मैं आपका बड़ा आभारी हूँ क्योंकि आपने आरम्भ ही में मुझे अपने विचार प्रकट करने का अवसर दिया है। वास्तव में आभारी होने की बात, शिष्टाचार के नाते, मुझे कहनी नहीं चाहिए कि मैं बड़ा आभारी हूँ लेकिन मैं कठिनाई में पड़ गया हूँ। जब तक प्रश्नों का कोई समुचित रूप हमारे सामने न आये, तब तक उस विषय में कहा ही क्या जा सकता है? सिद्धान्त-रूप से जो कुछ कहने की आवश्यकता थी, वह कहा ही जा चुका है। हम लेखकों व कलाकारों का आदर करते हैं, यह हमारा ध्येय है, लक्ष्य है। राजनैतिक मतभेदों के होते हुए भी कला के सम्बन्ध में सब लेखक सामूहिक रूप से अपने व्यवसाय के सम्बन्ध में स्वीकार कर चुके हैं कि लेखकों को पूर्ण स्वतन्त्रता होनी चाहिए। हम इस प्रश्न को ज़्यादा ठोस रूप में उठाना चाहते हैं। मैं विशेष रूप से उसके पक्ष में हूँ किन्तु केवल सैद्धान्तिक रूप से प्रश्नों पर विचार करने से लाभ नहीं होता। समसामयिक परिस्थितियों की समस्याओं या घटनाओं के सम्पर्क को देखे बिना हम किसी परिणाम पर नहीं पहुँच सकते। प्रश्नों को हम तभी समुचित रूप से समझ सकते हैं कि जब यह पता चले कि लेखकों की स्वतन्त्रता पर कहाँ बाधा आ रही है और कहाँ पर आगे आने की आशंका है। वैसे तो वात्स्यायन जी ने कुछ उदाहरण हमारे सामने रखे हैं, जिससे मैं पूर्णतया सहमत हूँ और मैं समझता हूँ कि उन्होंने बहुत सोच-विचारकर और बड़ी सौजन्यता से हमारे सम्मुख प्रस्तुत किया है। पर जिस रूप में और जिस सौष्ठव से उन उदाहरणों को हमारे सामने रखा गया है उस रूप में तीव्रता से हम स्पष्ट नहीं कर पाते, जितनी तीव्रता से इस प्रश्न पर विचार किया जाना चाहिए। लेकिन ... हमें यह समझ लेना है कि क्या आम लेखक आज शहीद होते जा रहे हैं, या हमारे लिये सही परिस्थिति नहीं है? या भारतवर्ष के लेखकों के ऊपर संकट आ गया है, जैसे चित्तौड़ में आक्रमण के समय आ गया था जब सभी स्त्रियाँ शहीद होकर चिताओं में कूद पड़ी थीं कि उनके सतीत्व की रक्षा नहीं हो सकती थी। यह भी परिस्थिति नहीं है। मैं समझता हूँ जब हम राज्य से तक़ाज़े, या माँग करते हैं अपनी सहायता के लिए, अपनी रक्षा के लिए, तो हमें यह भी सोचना चाहिए कि वह सहायता राज्य और लेखकों की परिस्थिति के सम्बन्ध पर निर्भर करती है। उसका कुछ-न-कुछ उत्तरदायित्व होता है। तो जिस प्रकार वात्स्यायन जी ने व्याख्या की है, वह व्याख्या उचित ही है और इस व्याख्या के अनुसार हम स्वयं राज्य के अंग बन जाते हैं। और उसी में हम अपने-आपको शहीद समझ सकते हैं या प्रतिशोध करनेवाले अथवा दमन के शिकार समझ सकते हैं और लेखक के रूप में हम शहीद

बनते हैं। मैं जैसा आपसे निवेदन कर चुका हूँ कि इन बातों को केवल सैद्धान्तिक रूप से घटनाओं को परे रखकर विचार करें तो मूल रूप से प्रश्नों को परिमल के विषय-पत्रिका में शुरू में ही उठाया गया है और उसको देखते हुए ऐसा मालूम होता है कि लेखक को न केवल दमन की ओर सचेत रहने की आवश्यकता है बल्कि प्रलोभनों की ओर भी उन्हें सचेत होने की आवश्यकता है। रेडियो के लिए, अकादमी या सूचना विभाग तथा अन्य संस्थाओं के लिए यह कहने का हम साहस नहीं कर सकते कि उनमें भी लेखक को ज़बर्दस्ती लिखने के लिए प्रेरित किया जाता है। हमारे यहाँ लेखक की जो प्रवृत्तियाँ हैं वही दूसरे में भी होती हैं। लेखक अपने श्रम से अधिक-से-अधिक लाभ उठाना चाहता है और उसकी यह प्रवृत्ति उसको दमन की ओर आकर्षित कर देती है। यदि आप बुरा न मानें, मैं भी लेखकों में से एक हूँ, किन्तु कह नहीं सकता कि मैं बहुत बड़ा लेखक हूँ। सरकार ने अब तक लेखकों को जिन कामों पर नियुक्त किया है उसने उनका पारिश्रमिक भी उचित ढंग से नियत किया है। धृष्टता क्षमा की जाय, हमारे अच्छे-से-अच्छे लेखक आधा या तिहाई भी अपनी कला की कमाई से पूर्ति करने में असमर्थ हैं। जब उनकी कमाई का दुगुना, तिगुना पाने का प्रलोभन उनके सामने हो तो क्यों न उस प्रलोभन की ओर वे आकृष्ट हों? सरकार के दायित्व के साथ-साथ लेखकों का भी दायित्व है। इसको हमें दो पहलुओं से देखना होगा—एक लेखक के नाते और दूसरे अपनी जीविका कमाने की चेष्टा करनेवाले के नाते। जिस प्रकार इंजीनियर अपने श्रम को किराये पर दे देता है उसी प्रकार लेखक भी अपने श्रम या कलात्मक योग्यता को अपनी जीविका के लिए किराये पर देने को तैयार हो जाता है, और वह अपने विचारों या साहित्य का हनन किये बिना ही अपना पारिश्रामिक पा सकता है। जिन्हें सरकार ने सूचना विभाग या रेडियो या ऐसे कलात्मक कामों की ज़िम्मेदारी के लिए चुना है क्या वे लेखक वास्तव में अन्य लेखकों की दृष्टि में या समाज की दृष्टि में सबसे अधिक योग्य थे? या और किसी कारण से वे उसके अधिकारी हुए? और मैं समझता हूँ कि उन्हीं के आश्रय में उन्होंने अधिक सन्तोष पाया होगा। मैं यह आशा करूँगा कि वे यह सोच लें कि कोई आदमी जब कोई भी चीज़ ख़रीदता है तो वह अपनी उपयोगिता देखकर खरीदता है। जैसे ज़ो जूता उसको फिट आयेगा, वह वही ख़रीदता है। इसीलिए जो लेखक या कलाकार सरकार के कामों में फिट है, वह उसी से आशाएँ करती है। जब तक सरकार के हम इन प्रवृत्तियों के बदलने का बीड़ा न उठा लें, तब तक इस प्रकार की आशा करना निराशा ही मालूम देगी। इसे हम कला के मूल्यांकन का प्रश्न कह सकते हैं। जैसे अभी वात्स्यायन जी ने कहा कि सरकार कला का मूल्यांकन करे या जनता कला का मूल्यांकन करे? मैं समझता हूँ कि मूल प्रश्न यह है कि कला का मूल्यांकन किस प्रकार हो, जिससे उसका पारिश्रमिक कलाकारों को मिले। यही मूल्यांकन की एक कसौटी है। यही प्रश्नों का स्रोत है, उद्‌गम है, कारण है, जो उन्मुक्त कलाकारों के विषय में विचार करता है। इसमें साफ़गोई और स्पष्टवादिता के साथ काम लिया जाय। तो प्रश्न यह है कि जब लेखकों के प्रतिनिधि के रूप में लोकसभा या राज्यसभा में नामों का चुनाव होता है, या नियुक्ति होती है तो लेखक की योग्यता की कसौटी क्या है? मेरे ख़्याल में यह सीधा-सधा प्रश्न चला आया है। मन्त्रिमण्डल जिनको जानता है या जो मन्त्रिमण्डल पर प्रभाव डालने की आवश्यकता जानते हैं वही लेखक उन पदों के अधिकारी हैं। या उनकी नियुक्ति लोकसभा या राज्यसभा में की जायेगी। उनकी नियुक्ति राजकीय सेवा के लिए या किसी बड़ी भारी वीरता के लिए या किसी पथ-प्रदर्शन के लिए की गयी है ऐसा मेरा विश्वास है। मैं यह भी जानता

हूँ और उनसे समय-समय पर मिलने का सुअवसर भी मुझे प्राप्त हुआ है कि जिन नामों की नियुक्ति लोकसभा या राज्यसभा में की गयी है उनके प्रति सर्वसाधारण लेखकों ने बड़ा असन्तोष प्रकट किया है। इसी प्रकार साहित्य अकादमी का उत्तरदायित्व जिन लेखकों पर डाला गया है उसके कारण भी लोगों ने असन्तोष प्रकट किया है। इसलिए मेरा ख़्याल है कि सरकार ने उन नामों को चुना जो उनको फिट आये। प्रश्न यह है कि क्या योग्यता की दृष्टि से अथवा अन्य अधिकारियों की दृष्टि से उन पदों को दिया गया? यह बड़ा भारी प्रश्न है। कल के विचार-विनिमय का मूल विषय यही होना चाहिए। अगर वास्तविक दृष्टि से देखा जाय कि कला का मूल्यांकन करने के लिए अदीक्षित अधिकारी नहीं होते तो उस दीक्षा की कसौटी बड़ी कठिन हो जाती है। तो फिर कौन सबसे बड़ा लेखक है, कौन सबसे बड़ा कलाकार है, और कौन उस निर्णय का अधिकारी हो सकता है। मैं नहीं समझता कि वे जनवाद की क्यों दुहाई देते हैं? तो हम ऐसा क्यों न करें कि साहित्य अकादमी या और विभिन्न कलात्मक आयोजनों के नियन्त्रण और निर्देशन के उत्तरदायित्व न केवल सरकार के निर्णय से या सरकार के निर्वाचन से किया जाय, बल्कि स्वयं लेखकों के निर्वाचन से किया जाय। और विभिन्न भाषाओं के लेखक क्यों न यह निर्णय करें कि कौन किस प्रकार के पदों के लिए और कौन उस उत्तरदायित्व का अधिकारी है। और वे सरकार से अपने को मुक्त करें। इसी प्रकार दूसरे क्षेत्रों में भी, मैं समझता हूँ, लेखक ही पदों के निर्णय करने की चेष्टा करेंगे। असल बात यह है कि हम किस व्यक्ति को लेखक मानने को तैयार हैं? यह एक बड़ा भारी प्रश्न है। यह मैं कोई कल्पना की बात नहीं कर रहा हूँ। एशियाई सम्मेलन में भी यह प्रश्न उठाया गया था कि कौन-कौन हिन्दी के प्रतिनिधि लेखक होंगे। मैं समझता हूँ कि लेखक स्वयं इसका निर्णय न करे तो ज़्यादा अच्छा हो। लेखक लेखक के लिए नहीं होता बल्कि पाठक के लिए होता है। और वह लेखक कैसा लेखक है इसका निर्णय बजाय लेखक की पंचायत या चौपाल करे, बेहतर होगा कि पाठकों के समाज और जनता के न्याय पर ही उसका निर्णय हो। मैं समझता हूँ कि कला के मूल्यांकन का आधार हम सरकार से नीचे लाकर लेखक तक सीमित न रखें बल्कि अपने समाज के सामने, पाठक व जनता को यह अधिकार दें। और जनता की राय से हम निर्णय कर सकते हैं। भारत का शासक कौन होगा, प्रधानमन्त्री कौन होगा, इस बात का निर्णय जनता द्वारा किया जाना चाहिए। जनता किसको अपना प्रतिनिधि कलाकार, या दूसरे प्रकार के कलात्मक कामों का उत्तरदायी समझती है। मैं समझता हूँ कि यही हमारे दमन का उपाय हो सकता है। लेखक या राज्य साम्यवादी हो सकता है, कुछ अधिकारों के बीच नहीं, बल्कि जनता के बीच में ही हो सकता है। कल हम इसी विषय पर विचार-विमर्श करेंगे, यही मेरा मोटा सुझाव आज के आरम्भ का है।

धन्यवाद!

३ मई, १९५७
सायं काल

●

चक्कर क्लब-१

लल्ला छः बरस से लखनऊ सेक्रेटेरियेट में नौकरी कर रहे हैं। बड़े-बूढ़े तो उन्हें लल्ला ही कहते हैं, परिचितों में भी लल्ला ही पुकारे जाते हैं। चपड़ासी लोग आदर से लल्ला बाबू कह देते हैं। लल्ला बाबू सेक्रेटेरियेट में हैं तो क्लर्क ही, परन्तु क्लर्की सरकारी ही तो है। सरकार चलाने में सहयोग दे रहे हैं। सरकारी आदमी हैं, राज पुरुष हैं। अंग्रेज के राज की बात दूसरी थी। आदमी सरकारी नौकर होकर भी विदेशी सरकार का गुलाम ही तो होता था परन्तु अब राष्ट्रीय सरकार है इसलिए लल्ला बाबू सरकारी गुलाम नहीं, राजपुरुष हैं और उन्हें संतोष है कि वे जीविका कमाते हुए राष्ट्र और देश का काम कर रहे हैं। तनखाह अभी छः बरस में दो सौ तक ही पहुँची है परन्तु अफ़सरी की सीढ़ी पर क़दम रख लिया है।

दिवाली से पहले दिन लल्ला सन्ध्या समय दफ़्तर से मकान लौट रहे थे। समीप से गुज़र कर जाती एक छोटी सी मोटर में से किसी ने उन्हें पुकार लिया। गाड़ी कुछ क़दम आगे जाकर रुक भी गयी। लल्ला ने लौटकर गाड़ी में झाँका तो खिल गये। पुराना मित्र जोरद था। लल्ला चहक उठे। कालिज के दिनों में दोनों का अंतरंग साझा था। कितने सुकर्म और कुकर्म साथ ही किये थे। बी. एस. सी. पास कर लल्ला सिफ़ारिश के जोर से सेक्रेटेरियेट में क्लर्क हो गये और जोरद पैसे के जोर से अमरीका पढ़ने चला गया। लौटा है तो बंबई में एक दवाई बनाने वाली कम्पनी में तेरह सौ पा रहा है। एक छोटी सी गाड़ी भी खरीद ली है।

जोरद ने वचन दिया था कि दिवाली से अगले दिन लल्ला के घर आयेगा। उसी कमरे में जहाँ दोनों ने कम्बल बिछा कर कई दिवालियों में पैसे-पैसे की बाजी से जुआ खेला था। लल्ला बाबू ने अब सैकंड हैंड सोफ़ा सेट, नया रोग़न करवा कर रख लिया है। अमरीका से योग्य बनकर लौटे मित्र के आने के उपलक्ष में पड़ोस से जोग बाबू, तिवारी जी और सक्सेना को भी बुला लिया था।

लल्ला योजना विभाग में काम करते हैं। जोग बाबू अखबारी आदमी हैं। तिवारी जी कालिज में अर्थशास्त्र पढ़ाते हैं इसलिए उनके यहाँ योजनाओं के भविष्य के सम्बन्ध में प्रायः ही विवाद चलता रहता है। सक्सेना होमियोपैथ डाक्टर हैं। किसी का डर नहीं इसलिए सरकार की कड़ी आलोचना करते रहते हैं। उस समय भी बात हो रही थी कि दामोदर घाटी का बाँध बन जाये तो देश में कितनी खुशहाली हो जायेगी। और इसके साथ ही उद्योग-धन्धो के राष्ट्रीयकरण पर बहस हो रही थी।

जोरद अपनी गाड़ी में समय पर आया। उस पुराने कमरे में प्रवेश कर उसने लल्ला को सम्बोधन किया—'हल्लो ओल्डबाय! हाउ' ज़ द लाइफ़?'

लल्ला के कमरे में उपस्थित पड़ोसियों ने अमरीकी ढंग के कपड़े पहने साहब का दांत निकाल कर स्वागत किया। सोफ़ासेट से हो गये परिवर्त्तन के प्रति कौतूहल प्रकट करने के लिए कंधे उचका कर और हथेलियाँ दिखाकर जोरद ने पूछा—'सब बदल डाला। नाट बैड, क्वाइट गुड! मस्ट हैव कास्ट यू सम मनी। बट यू नीडिड इट। इजंट इट!'

लल्ला ने बताया भले आदमियों के ढंग से बैठने के लिए कुछ तो चाहिए ही। एक दरी और लाकर बिछा देंगे तो ठीक हो जाएगा। लल्ला ने भीतर के दरवाजे की ओर मुँह करके पुकारा—'चाय भेज देना।'

'भिजवा देना? यह क्या? जोरद ने विस्मय प्रकट किया—'मैरिड आलरेडी?'

'आलरेडी?' जोग बोले—'तीस के हो रहे हैं। अब भी क्या जल्दी है।'

लल्ला ने मित्र से पूछा—'तुमने नहीं की शादी। कहीं कुछ लव-वव?'

जोरद ने आतंक प्रकट करने के लिए हाथ उठा कर कंधे हिला दिये—'तेरह सौ रुपल्ली पगार मिलता है। भाई, आई कांट अफ़ोर्ड! ये सब तो हिंदुस्तान में ही होता है भाई। मैं गले में मुसीबत नहीं लटकाता हूँ। लव-वव अफ़ोर्ड करने की बात है।'

जोरद ने सोफ़ा कुर्सी की बांह को नाखून से टकोरते हुए अंग्रेज़ी में अनुमान प्रकट किया—'लकड़ी सागौन की तो है न।' और राय दी कि सागौन की लकड़ी मज़बूत और हल्की होती है और सुझाया कि रुई भरी गद्दियाँ जमकर कड़ी पड़ जाती हैं और बताया कि उसने बम्बई के अपने फ्लैट के लिए सदा चमकती इस्पात का नया सोफ़ा सेट, नौ सौ पचहत्तर रुपये में ख़रीदा है और उस पर सवा दो सौ रुपये की रबड़ के झाग की गद्दियाँ रखवायी हैं। यह भी बताया कि बीच में रखने के लिए सवा दो सौ की गोलमेज़ खरीदी है, वह भी चमकदार इस्पात और न टूट सकने वाले शीशे की है।

जोग, लल्ला और जोरद से एक बरस आगे उसी कालिज में पढ़े थे। कुछ परिचय भी था। बोल उठे—'यह गाड़ी तुम्हारी बहुत छोटी है।'

जोरद ने बताया—'काफ़ी घूमना पड़ता है। छोटी गाड़ी एकोनोमिकल रहती है। लेकिन मुझे इससे संतोष नहीं है। फर्नीचर की इंस्टालमेंट खतम हो जाये तो पहले बड़ा रेफ्रीजरेटर लेना है और फिर बड़ी कैडलैक-सीडन गाड़ी।'

तिवारी जी ने सहमते-सहमते पूछ लिया—'अमेरिका से आप विशेषकर क्या सीख कर आये हैं?'

'फ़ार्मास्यूटिकल कैमिस्ट्री'—जोरद ने सोफ़ा कुर्सी हत्थे पर नाखून टकोरते हुए उत्तर दिया।

जोग धीमे से बोले—'भारत सरकार ने चिकित्सा सम्बन्धी खोज के लिए तो बहुत बड़ी-बड़ी रसायनशालायें खोली हैं।'

'पर सरकार तो तीन सौ रुपल्ली तनखाह देती है?' जोरद ने बताया—'दो बरस से काम शुरू किया है। तेरह सौ ले रहा हूँ। सरकार के यहाँ तो बीस बरस में तेरह सौ नहीं होंगे।'

लल्ला ने भी बोलना आवश्यक समझा—'सरकार का तो ये स्केल इजाज़त नहीं देता। पब्लिक सर्विस कमीशन नहीं मानेगा?'

'नहीं मानेगा तो मौज करे!'—जोरद ने दोनों हथेलियाँ दिखाकर उत्तर दिया—'वाइकिंग विक्सन हमें तेरह सौ रुपये मुफ़्त के तो देते नहीं। इससे ज्यादा का काम करते हैं, तभी तेरह सौ देते हैं। सरकार तीन सौ देगी, तीन सौ की लियाकत का आदमी पायेगी।'

जोग ने अपने चश्मे के मोटे कांच को जोरद की ओर उठाकर सुझाया—'लेकिन राष्ट्र को तो यह बड़ी भारी हानि है कि सब योग्य आदमी निजी कारोबार में खप जायें। सरकार की योजनाएं कैसे सफल होंगी?'

'हम क्या करें? हमें तो काम की पगार चाहिए'—जोरद ने पांव को जूते के पंजे पर हिलाते हुए विवशता दिखाई। 'सरकार के पास दाम नहीं तो मजबूरी है। हम खैराती इंजीनियर तो नहीं हैं।'

लल्ला ने सरकार की ओर से सफ़ाई दी—'व्यवसाय के निजी क्षेत्र वाले लोग लाखों मुनाफ़ा कमाते हैं तो हज़ार-पन्द्रह सौ तनखाह देने में उन्हें क्या हर्ज है। दो-चार को हज़ार पन्द्रह सौ देते हैं तो हज़ार-दो हजार को सौ रुपल्ली पर लूटते हैं। सरकार तो सार्वजनिक धन को ऐसे खर्च नहीं कर सकती।'

जोरद कुछ उत्तेजित हो गया—'हमें तो अपने काम और अपनी पगार से मतलब है। कुछ छीनते तो नहीं हैं।'

जोग ने कुछ धीमे स्वर में सुझाया—'इसका मतलब है कि व्यवसाय के क्षेत्र में निजी व्यापार और राष्ट्रीय व्यवसाय में होड़ रहेगी...'

जोग की बात तिवारी ने पूरी की—'पर निजी क्षेत्र को स्वयं सरकार ही तो होड़ का अवसर देती है।' और सक्सेना भी ऊँचे स्वर में बोल उठा—'पूँजीपति व्यवसायी ही तो सरकार हैं। वे राष्ट्रीय व्यवसाय की विफलता दिखाने के लिए ही राष्ट्रीयकरण का दुखान्त नाटक दिखा रहे हैं। वर्ना किसी व्यवसाय का राष्ट्रीयकरण करना हो तो व्यापक और आमूल किया जाना चाहिए। सरकार स्वयं अपने मार्ग में बाधाएँ डालने का अवसर निजी क्षेत्र के लोगों को दे, यह विचित्र बात है?'

जोरद ने दायें हाथ की हथेली पर बायें हाथ की तर्जनी का ज़ोर देकर बताया—'बिज़नेस इज़ बिज़नेस! गवर्मेंट एंड बिज़नेस डोन्ट गो टुगेदर। कानपुर इलेकट्रिक कम्पनी और जितनी बिजली सप्लाई कम्पनियाँ हैं, सब मुनाफ़े पर चल रही थीं। जब से सरकार ने उन्हें लिया है, सबमें घाटा है। ऐसे बिजनेस कैसे चलेगा? पहले सरकार कम्पनियों से टैक्स तो लेती थी, अब टैक्स गया, एंड पब्लिक इज़ नाट बेटर आफ़। सरकार के पैनिसिलीन के कारखाने को देख लीजिए। लोगों की तनखाहें कम हैं और सरकार को घाटा भी है।'

सक्सेना ने क्रोध प्रकट किया—'मुनाफ़ा पहले कम्पनी के मालिकों की जेब में जाता था, अब चोरी से सरकारी नौकरों की जेब में जाता है—यह तो करप्शन है!'

'दैट इज़ राइट!' जोरद की आँखें चमक आईं—'बिज़नेस में एक आदमी होता है जो देखता है कि एक पैसा फिजूल खर्च नहीं होगा और देखता है कि कारोबार में से मुनाफ़ा निकलना ही चाहिए, नहीं तो इस सिरदर्दी की ज़रूरत क्या? सरकार के काम में वह बनिया आदमी कहाँ है? बसों का राष्ट्रीयकरण हुआ, क्या हालत है? किसे फिक्र है मुसाफिरों के आराम की? सब अफ़सर हैं। यहाँ सबको सलाम चाहिए और तनखाह। इन बिज़नेस कस्टमर इज़ द मास्टर, इन गवर्मेंट आफ़िसर इज़ द मास्टर! कौन ज़्यादा डैमोक्रेटिक है?' परिस्थिति की असंगति दिखाने के लिए ज़ोरद ने कँधे उचका दिये।

तिवारी के लिए अब चुप रहना सम्भव नहीं रहा। बोला—'यह इसलिए कि यातायात के व्यवसाय का राष्ट्रीयकरण नहीं हुआ। हुआ है केवल सरकारीकरण। बस व्यवसाय के साधारण अमले को न व्यवसाय के लाभ से लाभ, न हानि से हानि! इसलिए क्लीनर से लेकर जनरल मैनेजर तक सबका मिजाज़ राजपुरुषों का हो गया है। सब साहब बन गये हैं। यदि यात्रियों या जनता के संतोष-असंतोष से हानि-लाभ का अवसर होता तो वहाँ काम करने वाले राजपुरुषों के बजाय जनसेवक बनते।'

जोग बोले—'अगर राष्ट्रीयकरण का यही भाग्य है तो अरबों रुपया लगाकर जो लोहे का कारोबार सोवियत की मशीनों से आरम्भ किया जाने वाला है इसका लाभ क्या?'

सक्सेना बोले—'अगर सोवियत से मशीनें लाकर आप व्यवसाय को चालू करने का काम ऐसे आदमियों के हाथ में देंगे जो राष्ट्रीयकरण में विश्वास ही नहीं करते और फिर होड़ में निजी व्यवसाय चलाने वाले लोगों का ऐसा प्रयत्न भी जारी रहे कि राष्ट्रीय व्यवसाय सफल न हो सके, तो परिणाम क्या होगा?'

जोरद ने बताया—'बिज़नेस में डैमोक्रेसी नहीं चलती है भाई। बिज़नेस इज़ बिज़नेस!'

सक्सेना बोले—'पूरे देश का प्रबन्ध तो डैमोक्रेसी से होना चाहिए। बस दो-एक कारखानों का प्रबन्ध डैमोक्रेसी से मुश्किल है। अभी आप कहते हैं गल्ले-लोहे का प्रबन्ध बनियों के हाथ में दे दो। कल कहियेगा चुंगी-चौकी में घाटा आता है, बनिये को सौंप दो। इसके बाद पुलिस में घाटा और करप्शन है इसलिए उसे भी बिड़ला-टाटा को ठेके पर दे दीजिए।'

'आल राइट! यू इंज्वॉय द डैमोक्रेसी'—जोरद ने कंधे उचका दिये—'अमेरिका में रेलवे, टेलीफ़ोन, बिजली सब प्राइवेट सेक्टर में है। आपके यहाँ उसका दसवां हिस्सा भी एफ़ीशेंसी नहीं है।'

'अमेरिका में युद्ध और विश्व शान्ति भी प्राइवेट सेक्टर में है।' सक्सेना बोल उठे 'बारुद के कारखाने को घाटा न हो इसलिए किसी को हथियार बेचने ही चाहिए और किसी न किसी को लड़ाई में भिड़ा देना भी ठीक है।'

'तो फिर चलाइये न राष्ट्रीय व्यवसायों को'—ज़ोरद ने तर्क किया—'सब जगह घाटा होगा तो एक्सपेंशन कैसे होगा? अमरीका से और उधार मांगकर?'

'अभी तो घाटा ही हो रहा है!' जोग ने जोरद का समर्थन किया।

तिवारी ने उत्तर दिया—'घाटा इसलिए हो रहा है कि व्यवसाय का राष्ट्रीयकरण नहीं हुआ केवल सरकारीकरण हुआ है।'

'राष्ट्रीयकरण कब होगा भाई?' जोरद ने आँखें फैलाकर प्रश्न किया।

सक्सेना झेंपे नहीं बोले—'जब व्यवसाय में काम करने वाले अपने आपको केवल नौकर और अफ़सर नहीं समझेंगे। जब व्यवसाय की पैदावार बढ़ाने से उन्हें बेकारी का डर नहीं लाभ की आशा होगी। जब व्यवसाय का प्रबन्ध व्यवसाय में काम करने वालों की पंचायत करेगी।'

लल्ला बोले—'राष्ट्रीय योजना को विफल करने का प्रयत्न कोई क्यों करेगा? उसमें तो सबकी, राष्ट्र की हानि है।'

जोग—'अजब आदमी हैं आप? कुछ लोग सिद्धांत रूप से ही राष्ट्रीयकरण विरोध कर रहे हैं या नहीं? वे राष्ट्रीयकरण को विफल करने का यत्न क्यों नहीं करेंगे? जिसे राष्ट्रीय

व्यवसाय का क्षेत्र बढ़ने से भय है कि राष्ट्रीय व्यवसाय की सफलता उसकी सत्ता को समाप्त कर देगी, वह ऐसा क्यों नहीं करेगा, ज़रूर करेगा। पूँजीवादी व्यवसाय रिश्वत के जरिये आज किस क्षेत्र में दखल नहीं देता!'

लल्ला ने चुनौती दी—'कम्युनिस्ट तो राष्ट्रीयकरण में विश्वास करते हैं। बजाय हर बात में नुक्ताचीनी के, वे राष्ट्रीय व्यवसाय के क्षेत्र को सफल बनाकर दिखायें। इसमें तो उन्हीं का आदर्श पूरा होगा।'

जोरद बोला—'हाओ इज़ इट पासिबल? गवर्नमेंट के लिए रिश्वतखोर और निकम्मे आदमी पर भरोसा करना उतना खतरनाक़ नहीं जितना कम्युनिस्ट पर। कम्युनिस्ट इज़ एनेमी नम्बर वन!'

इस बार सक्सेना ने सोफ़ा कुर्सी पर हाथ मारकर कहा—'एनेमी या दुश्मन किसके? पूँजीवाद के या राष्ट्रीयकरण के? पड़ोसी से लड़ने के लिए कोई अपने बच्चे का तो गला नहीं घोंटता कोयल की तरह अपना राष्ट्रीय व्यवसाय का बच्चा कम्युनिस्ट कौवों से पलवाये, क्यों जी?' और ज़ोर से हँस पड़े।

लल्ला ने सुझाया—'अब तो कम्युनिस्टों को कोआपरेशन देना चाहिए।'

सक्सेना ने विरोध किया—'नहीं, सरकार को कम्युनिस्टों से कोआपरेशन माँगना चाहिए।'

जोरद कुर्सी छोड़ खड़ा हो गया और खास अमरीकन अदा से कंधे उठाकर और हाथ झाड़कर बोला—'यू बेटर डिसाइड अमंग योर सैल्फ, हू विल इनवाइट हूम! अपने को तो कई लोगों से दुआ-सलाम करना है।' और वह चल दिया।'

जोरद के कमरे से निकलते ही जोग ने उसकी तरफ़ संकेत कर लल्ला से पूछा—'कोई देश का भला व्यवसाय राष्ट्रीयकरण से करना चाहता है, कोई निजी क्षेत्र की व्यवसायिक स्वतन्त्रता से लेकिन भले आदमी को सिर्फ तेरह सौ और फ़र्नीचर की फ़िक्र है। इस अमरीकन की यहाँ कहाँ जगह रहेगी।'

तिवारी ने विस्मय प्रकट किया—'यह अद्भुत मानसिक स्थिति है। अपने चोले के बाहर निकल ही नहीं सकता। मुहब्बत भी किसी से नहीं करेगा कि दूसरे के खर्च का बोझ क्यों उठाये? उसे शायद सुन्दरी के होठ से ज्यादा आकर्षक चाय का प्याला इसलिए लगता है कि प्याला उसका अपना खरीदा हुआ है और केवल उसी के लिए है।'

नया पथ, दिसम्बर १९५५

●

चक्कर क्लब-२

१८ नवम्बर से कुछ दिन तो दिल्ली का इतना शोर रहा कि जिस आदमी से तीन-चार दिन मिलना न हो, मिलने पर एक ही प्रश्न पूछ लेता—क्या दिल्ली गये थे? सभी के आँख-कान दिल्ली की ओर लगे थे। लल्ला बाबू और उनकी संगति के लोगों के पास उस अवसर पर दिल्ली हो आने के साधन तो नहीं थे परन्तु दिल्ली की चर्चा किये बिना वे भी न रहे पाते। चर्चा समारोह लल्ला बाबू के यहाँ इसलिए लगता है कि उनके यहाँ ऐसा कमरा है कि परिवार के पर्दे की रक्षा होते हुए भी गोष्ठी चल सकती है।

लल्ला बाबू सुनी हुई बात उत्साह से सुना रहे थे कि बुल्गानिन और खुश्चेव के आने पर पालम के अड्डे से बारह मील राष्ट्रपति के महल तक जनता की अपार भीड़ थी। मकानों की सजावट का क्या कहना। और जनता में वह डिसीप्लिन कि लोग पुलिस के बिना ही सौम्यता से खड़े थे। जब बुल्गानिन राष्ट्रीय मैदान में खड़े सलामी ले रहे थे, एक लड़के ने अढ़ाई मील से पतंग उड़ाकर, पतंग को डुबकी देकर ऐसी सलामी दी कि बुल्गानिन और खुश्चेव भी भारत की पतंग कला को उम्र भर याद रखें।

जोग ने टोक दिया—'ढाई मील से? ज़रा दिमाग़ से काम लो लल्ला! लड़का ज्ञान चक्षु से बुल्गानिन को देख रहा होगा। तुमने कभी तो पतंग उड़ायी होगी? तिवारी जी, अढ़ाई मील के कितने गज़ होते हैं? भाई चार हजार गज़ से क्या कम होंगे? पतंग कितनी डोर का बोझ उठा सकेगा?' लल्ला को फीका पड़ते देख तिवारी जी के साथ आये एक सोशलिस्ट बोल उठे—'असलियत आपको मालूम है? हवाई अड्डे से लेकर राष्ट्रपति के महल तक सड़क सुधारने और सजाने में जनता का बीस लाख खर्च किया गया। हमारे एक साथी दिल्ली से आये हैं, बता रहे हैं कि जनता के सामने लगातार सफ़ेदपोश पुलिस की लाइनें थीं। यह सब तो ढकोसले हैं...।'

सक्सेना ने इसे कम्युनिस्टों पर लांछन समझा; बोल उठे—'तो साहब यह कसूर सोवियत नेताओं का है या आपकी सरकार का?'

जोग ने इनकी बात भी काट दी—'यार तुम्हें सरकार की हर बात में फरेब दिखायी देता है। जब अखबार में खबर आयी थी कि सोवियत में पंडित नेहरू के स्वागत में लाखों आदमी जमा हुए, सब स्थानों पर हिन्दी में स्वागतम् लिखा हुआ था, तब तो आपने सोवियत की सज्जनता की प्रशंसा की थी। आपके खयाल में सोवियत में यों भी हिन्दी ही चलती होगी? मेहमान की खातिर कहाँ नहीं की जाती। उन्होंने नेहरू को आँखों से लगाया हमने

उनके नेताओं को माथे से लगाया। इसमें कसूर किसका? कांग्रेस सरकार मेहमानों की खातिर करे तो छ्ल, न करे तो साम्राज्यवादियों की टुकड़ाखोर।'

'जो हो, इस बार तो नीति में सोवियत ने अमरीका के कान काट लिये'—तिवारी जी बोले। 'पहली बात तो यह कि अब कांग्रेसी सोवियत के कम्युनिस्टों से भी गहरे मित्र होने का दावा कर रहे हैं। और अमरीका बेचारे का तो बरसों में फैलाया सहायता का जाल उन्होंने एक ही झटके में ढीला कर दिया। उन्होंने ललकार दिया, हम भारत के मित्र हैं किसी में दम है तो हमसे अधिक मित्रता दिखाये? संसार की राजनीति में ऐसा पैंतरा अभी तक किसी ने नहीं किया होगा।'

लल्ला बाबू ने साहस किया—'यह तो हमारी सरकार की शांति की नीति की तारीफ़ है। हमारा पंचशील की सिद्धांत ही ऐसा है कि सोवियत उसकी उपेक्षा कर नहीं सकता।'

सक्सेना उत्तेजना से बोले—'क्यों पंचशील से अमरीका को कोई उत्साह नहीं होता? बल्कि अमरीका दूसरे देशों में मित्रता बढ़ती देखकर उल्टे चिढ़ता है।'

नारायण बाबू बोले—'भाई चिढ़ने की तो बात है। प्रेम में क्या ईर्षा नहीं होती? दुनिया के आधे से अधिक कत्ल तो प्रेम में ईर्षा के कारण होते हैं।

सक्सेना और तेज़ी से बोले—'आपका मतलब है अमरीकी हमें अपनी रखेल समझता है?'

सोशलिस्ट बंधु ने आपत्ति की—'रखेल का क्या मतलब? आप असभ्य शब्द क्यों बोलते हैं?'

जोग ने सक्सेना का समर्थन किया—'ठीक तो है। कोई किसी के भाई या मित्र को कुछ दे या उनकी सहायता करे तो किसी को चिढ़ाने की ज़रूरत नहीं। लेकिन कोई किसी को रखेल को या किसी के नौकर की कुछ अधिक देकर फुसला ले जाना चाहे तो झगड़ा जरूर होगा। अमरीका की नाराजी से उसके हमें सहायता देने के मन्सूबे की कलई तो खुल गयी।'

सोशलिस्ट ने विरोध किया—'आप खामुखा अमरीका की नीयत पर शक करते हैं। पहले तो उसने ही सहायता का हाथ बढ़ाया। कम्युनिटी प्रोजेक्ट और दूसरे मामलों में...'

अपनी बात ध्यान से सुनाने के लिए तिवारी जी ने हाथ उठाकर टोक दिया—'अमरीका की सहायता का मतलब क्या है? अमरीका कैसी सहायता देना चाहता है? अमरीका आपको अपने पांव पर खड़ा हो जाने या आत्मनिर्भर बना देने के लिए तैयार नहीं है। वह आपको कर्जा देता है कि आप उसी का माल खरीदें; उसका ऐसा माल जो वह खपा नहीं सकता। उसका माल भी खरीदिए और उसके कर्जदार भी बनिए। आप अमरीका के दल में शामिल होइए तो उसके आदेश से अपना सैनिक खर्च बढ़ाइए। वह यहाँ सड़कें बनाने में सहायता देगा ताकि उसकी मोटरें इस देश में बिकें और उसे यहाँ व्यापार करने में सुविधा हो। वह यहाँ बिजली के कारखाने बनाने में मदद देगा ताकि उसका बिजली का माल बिके। वह आपके उपयोग में आने वाला सामान बनाने की मशीन बेचेगा ताकि आप बाद में कल-पुर्जे उससे खरीदते रहें। परन्तु मशीन बनाने वाली मशीन नहीं देगा।'

'यही तो असली बात है। देश का असली औद्योगीकरण तो मशीनें स्वयं बना सकने से होता है, तभी देश आत्मनिर्भर हो सकता है।' सक्सेना ने समर्थन किया—'सोवियत आपको मशीन बनाने का सामान और उसकी शिक्षा भी देने के लिए तैयार है; यहाँ तक कि

एटमबम का रहस्य भी! अमरीका ने तो एटमबम का रहस्य दूसरे देशों को देने के इल्जाम में अपने वैज्ञानिकों को फांसी पर चढ़ा दिया। यह दो संस्कृतियों, पूँजीवादी और समाजवादी संस्कृतियों का अन्तर है।' सक्सेना का स्वर लेक्चर का होता जा रहा था। परन्तु सोशलिस्ट बंधु ने वितृष्णा में हाथ उठाकर टोक दिया—

'संस्कृति की बात इसमें क्या है? सब पावर पॉलिटिक्स है। सोवियत अपना स्वार्थ देख रहा है।'

'स्वार्थ?'—बहुत विस्मय से सक्सेना ने कहा।

'स्वार्थ नहीं तो और क्या'—सोशलिस्ट ने अपनी कुर्सी की बांह पर हाथ पटक कर आग्रह किया—'सोवियत चाहता है आप उसके समर्थक बनें। अमरीका के दल में शामिल न हों।

जोग ने विरोध दिया—'ऐसी कोई शर्त आपने सुनी है?'

झगड़ा होने की आशंका देखकर तिवारी जी ने बीच बचाव किया—'आप किसी दूसरे का स्वार्थ क्यों खोजते हैं, अपना हित देखिये! यदि सोवियत का स्वार्थ है कि भारत आत्मनिर्भर हो जाय तो इसमें हमारा ही हित है। हम तो चाहते हैं, सभी लोग अपना ऐसा स्वार्थ पूरा करें। इस प्रकार स्वार्थ पूरा करने में तो राष्ट्रों में मित्रता बढ़ेगी, शान्ति क़ायम होगी। एटम बम के ढेर लगाने या उसको धौंस से तो किसी को लाभ नहीं।'

सोशलिस्ट बन्धु ने फिर भी एतराज किया—'आप को अमरीका की हर बात में फरेब और सोवियत की हर बात में मित्रता दिखायी देती है। यह पक्षपात है।'

सक्सेना कैसे चुप रह जाते बोले—'कोई देख कर भी न देखे तो उसका इलाज? सोवियत वालों ने कहा कि गोआ को स्वतंत्र होने का अधिकार है, वह भारत का अंग है। अमरीका के सरकारी प्रतिनिधि को इस बात पर भी एतराज हो गया। वह कहते हैं, गोआ पुर्तगाल का एक सूबा है। आप भी कह दीजिए कि डलेस ने ठीक कहा। कोई पक्षपात नहीं। किया अगर गोआ पुर्तगाल का सूबा है तो सारा हिन्दुस्तान ही आठ बरस पहले इंगलैण्ड का सूबा था। संसार भर की स्वतंत्रता के लिए कम्युनिज्म से लड़ने का दावा करने वाले ऐसी बात कहें तो इसे फरेब नहीं कहिएगा? उनका मतलब है आप सोवियत से शत्रुता मानें तो गोआ भारत का हो सकता है। पूँजीवाद में हर चीज़का दाम होता है न।'

नारायण बाबू ने इस पर भी समर्थन करना आवश्यक समझा—'अमरीका का तर्क क्या है? गोआ ४०० बरस से पुर्तगाल के अधीन है। यानी आप बहुत दिन तक किसी की वस्तु दबा रखें तो वह चोर की हो गयी। क्यों साहब ४०० बरस से पहले क्या था? संसार, ४०० बरस से पहले भी तो था?'

जोग बोल उठे—'तब अमरीका अभी बच्चा था और उसके कुछ हिस्से फ्रांस के आधीन, कुछ स्पेन के और कुछ इंग्लैण्ड के आधीन थे। इसी के लिए उन्होंने वार आफ़ इण्डिपेंडेंस लड़ा था। अमरीका का मतलब है कि गोआ की समस्या सुलह-समझौते से हल नहीं हो सकती। गोआ की स्वत्रंता होना है तो लड़ाई होनी चाहिए और लड़ाई के लिए अमरीका से जंगी माल खरीदा जाना चाहिए।'

लल्ला भी बोले—'अमरीका के तर्क के अनुसार यदि गोआ ४०० बरस तक पुर्तगाल के अधीन रहने से पुर्तगाल का हो गया तो पश्चिम पंजाब तो भारत का इतिहास शुरू होने से भारत के साथ रहा है। इस बारे में डलेस साहब की क्या राय है?'

नारायण बोले—'लेकिन कश्मीर के मामले में डलेस साहब चुप क्यों रह गये? खैर अमरीका का प्यादा उनसे ज्यादा ज़ोर से बोल उठा। उनका अरमान यहाँ तक है कि बुल्गानिन काबुल जायँ तो उनसे पूछ कर। मियां जी का खयाल था कि हमारे पीछे तो अमरीका है, अफगानिस्तान डरेगा क्यों नहीं। अफगानिस्तान को भी किसी की सहानुभूति मिलती देखी तो दुम टाँगों में घुसने लगी।'

सोशलिस्ट बोले—'क्यों साहब कश्मीर के मामले में भी सोवियत ने आपको तरफ़दारी बिना किसी स्वार्थ के की है?'

सक्सेना ने भौं चढ़ाकर उत्तर दिया—'क्या स्वार्थ है सोवियत का?'

'यह भी आप नहीं समझते'—सोशलिस्ट बन्धु बोले—'सोवियत को डर है कि अमरीका पाकिस्तानी कश्मीर में बममार हवाई अड्डा बनायेगा तो उसके सिर पर आफ़त रहेगी।'

इस बार सक्सेना हँसकर बोले—'तो साहब परमार्थ यह है कि सोवियत बममारों को अपने सिर पर निमंत्रण दे दे। बल्कि अपने देश में अमरीका के लिए बममार अड्डे की जगह देकर उनका हृदय परिवर्तन करे। इसके लिए कश्मीरियों के आत्म-निर्णय के अधिकार को भी भूल जाए?'

नारायण बाबू ने बेलाग बात कहने के लिए कहा—'इतनी हिम्मत तो आप में भी नहीं है कि कश्मीर के भाग्य निर्णायन लिए वहाँ की जनता का मत ले लें। आप भी डरते हैं कि कश्मीरी मुसलान पाकिस्तान के साथ वोट देंगे। उनमें मुस्लिम एकता की भावना जबर्दस्त है।'

सक्सेना बोल उठे—'पाकिस्तान और अफ़गानिस्तान के मामले में मुस्लिम एकता की भावना कहाँ गयी? कश्मीरियों को इस्लाम चाहिए या रोटी-कपड़ा...'

तिवारी जी ने सक्सेना के मुँह की बात ले ली—'देखिये मज़हब का सम्बन्ध है परलोक से। इस संसार की समस्याओं के बारे में मज़हब के आधार पर वोट लेना व्यर्थ है। अलबत्ता वोट इस बात पर लेना हो कि कौन बहिश्त जायगा और कौन स्वर्ग जायगा तो आप धर्म के आधार पर वोट ले सकते हैं।'

नया पथ, जनवरी १९५६

●

चक्कर क्लब-३

लल्ला जिस मुहल्ले में रहते हैं उसे हिन्दू मुहल्ला कहा जा सकता है क्योंकि उस मुहल्ले में कोई मुस्लिम परिवार नहीं है। लल्ला अपने आपको उदार विचार वाले मानते हैं। इसलिए वे अपने पुराने सहपाठी मुस्लिम मित्रों को भी अपने मकान पर बुलाते रहते हैं और कई पड़ोसियों के कनखियों से देखने पर भी बहुत साहस से अपने घर के बर्तनों में ही इन दोस्तों को जल अथवा चाय पिला देते हैं। लल्ला अपने व्यवहार से प्रमाणित करना चाहते हैं कि वे हिन्दू-मुसलमान का भेद नहीं मानते, वे हिन्दुस्तानी हैं, फिर भी मुसलमान मित्र उनके यहाँ कम ही आते हैं। नौ या दस जनवरी को दो सम्मानित मुस्लिम सज्जन उनके यहाँ तशरीफ लाये। उनका उद्देश्य था, एक अहम मसले पर जनमत एकत्र करना। इसलिए लल्ला ने भाग दौड़कर मिलने वालों को अपने कमरे में जमा कर लिया था।

मुहल्ले के आठ-दस आदमी जुड़ गये। सभी चकित थे कि लल्ला स्वयं जाकर उन्हें विचार विनिमय के लिए बुला लाये हैं। अपने विचारों का इतना मूल्य समझा जाने से उन्हें उत्साह भी था। अपने बीच दो नवागन्तुकों को देखकर भी उत्सुकता थी। मुस्लिम सज्जनों में से एक तीखी नोक की गाँधी टोपी पहने हुए थे, चेहरा शरह के ख़िलाफ़ बिल्कुल सफ़ाचट। अचकन और चूड़ीदार पाजामे से इलाहाबादी-कश्मीरी हिन्दू होने की ग़लतफ़हमी भी हो सकती थी। दूसरे नुकीली गाँधी टोपी के बावजूद चमकीली काली कटी-छंटी दाढ़ी मूँछ के कारण अपनी मज़हबी पहचान बनाये थे। सफ़ाचट चेहरा बड़े मियां ने काली दाढ़ी वाले साहब की ओर इस मतलब से देखा था कि वे स्वयं बात शुरू करना चाहते थे लेकिन छोटे मियां ने लखनवी अदा से तनिक सिकुड़कर और दाहिने हाथ की उँगलियों को सूर्यास्त से मुन्द जाने वाले फूल की पंखुड़ियों की तरह सिकोड़ कर धीमे से कहा—'मैं अर्ज...'

नवागन्तुकों में पहल कर सकने के लिए यह तकल्लुफ़ हो रहा था कि पड़ोस से बुलाये गये एक दोहरे शरीर पंडित जी पल्थी पर उचकते हुए बोल उठे—'हाँ साहब कुछ कहिये तो, समस्या क्या है?'

बड़े मियाँ तुरन्त बोले और छोटे मियाँ ने भी उनकी बात पूरी हो सकने से पहिले ही साथ दे दिया—'नहीं, नहीं, तकल्लुफ़ की ज़रूरत नहीं हम चाय पीकर आये हैं।'

लल्ला घबरा गये। उन्होंने चाय की बाबत सोचा ही न था। कुर्सी से आधे उठते हुए बोले—'चाय मंगवाऊँ, अभी दो मिनिट।' सब ओर से 'नहीं, नहीं' का शोर सुनकर लल्ला की जान में जान आयी।

पंडितजी अपनी बात से यह द्वन्द मच गया देख झेंपकर नवागन्तुकों की ओर देख रहे थे। बड़े मियाँ प्रसंग आरम्भ करने के लिए बोले—'मैं अर्ज करना चाहता हूँ, मसला दरअसल...'

पंडितजी ने टोक दिया—'मसाले की यहाँ क्या ज़रूरत है जी?'

दोनों नवागन्तुक विस्मय से उनकी ओर देखने लगे। कई लोगों के हँसी दबाने की किन-किन की आवाज सुनाई दी।

तिवारीजी ने स्थिति सम्भालने के लिए समझाना चाहा—

'शुक्रवार के दिन मुस्लिम दुकानों की हड़ताल का निश्चय था। वह हड़ताल स्थगित कर दी गयी थी।' बड़े मियाँ की ओर आदर से संकेत कर तिवारीजी ने कहा—'उसी सम्बन्ध में आप...'

कोई दूसरे सज्जन बोल उठे—'हड़ताल की वजह क्या थी?'

यह प्रश्न छोटे मियाँ को निरर्थक जान पड़ा। बोले—'जनाब ताज्जुब है आपकी लाइल्मी पर! जगह-जगह इश्तहार लगे हैं। आपके मकान के सामने इश्तहार चस्पा है।'

प्रश्न पूछने वाले सज्जन बोल उठे—'वो इतश्तहार? वो तो उर्दू में हैं। भाई हम उर्दू पढ़ नहीं पाते।

'हाँ साहब उर्दू आप क्यों पढ़ पायेंगे'—बड़े मियाँ ने असंतोष प्रकट किया—'क़ौमीआवाज़' ने क़तअन सही तहरीर किया था कि लखनऊ में बोलते सब लोग उर्दू हैं लेकिन अब उर्दू पढ़ कोई नहीं पाता। सब लोग जाहिल बन गये हैं।'

पंडितजी बिगड़ उठे—'क्यों साहब, उर्दू न पढ़ सकना जहालत है, हिन्दी न पढ़ सकना जहालत नहीं है? कौन कहता है लखनऊ में सब लोग उर्दू बोलते हैं। हर्गिज नहीं। हम हिन्दी बोलते हैं, सब हिन्दी बोलते हैं। उर्दू कौन बोलता है? आपने इश्तहार हिन्दी में क्यों नहीं लगाया। उत्तर प्रदेश की भाषा हिन्दी है, उर्दू नहीं।'

तिवारी जी और दूसरे लोगों ने बीच-बचाव किया—'भाई बोलते तो एक ही चीज़ या एक ही भाषा हैं। उसके हिन्दी या उर्दू कहे जाने पर क्या झगड़ा। आप बोलिए और समझिये। आप लोग एक ही चीज़ को हिन्दी और उर्दू कहते हैं। उसे चलने दीजिए झगड़ा क्या?' सक्सेना बोले—'साहब यह भाषा और ज़बान का झगड़ा केवल पूँजीपति और मध्यवर्ग और साम्प्रदायिक लोगों का फैलाया झगड़ा है। सब मज़दूर, किसान तो एक ही भाषा बोलते हैं। भाषा वह जो जनता बोले और जनता समझे। आप दोनों ही लिपियों का व्यवहार कर लीजिए।'

एक और सज्जन बोले—'दो क्यों, तीन क्यों नहीं? पंजाबी भी सही।'

जोग ने बड़े मियाँ की ओर विनय से संकेत किया—'हाँ असली बात पर बात हो।'

बड़े मियाँ ने गम्भीरता से समझाया—'आप साहेबान को मालूम ही है 'पानियर' और 'स्वतन्तर भारत' ने जो बेजा हरकत की है। उनमें शाया इश्तहार में सल्लाहू अलैहे वालेही सलम के नाम पर एक कुत्ते का नाम बताया गया है। इस वाक्य से मुसलमानों के मज़हबी जज़बात को सख्त सदमा पहुँचा है। हम सब लोगों को मिलकर सरकार से मुतालबा करना चाहिए कि इस क़िस्म का क़ानून बनाया जाय कि इस तरह की हरक़त मुमकिन न हो सके। मुसलमान इसे किसी हालत में बरदाश्त नहीं कर सकते। ऐसी हरकतों से तमाम मुल्क में बदअमनी फैलकर कुश्तोखूँ फैल जाने का इमकात है।'

जोग कुछ भयभीत स्वर में बोले—'जनाबेवाला, अखबारों और पत्रकारों के हाथ बांधने वाले क़ानून तो पहले ही से इतने अधिक हैं कि दिल कांपता रहता है, सांस तक लेना मुश्किल है। आप अभी और सख्त क़ानून बनवाना चाहते हैं।' लल्ला ने भी सरकार की ओर से सफ़ाई दी—'साहब क़ानून तो मौजूद है। इश्तहार देनेवाले आदमी को गिरफ्तार कर लिया गया। सरकार और क्या कर सकती थी। उस पर मुक़दमा चलाया जायगा।'

छोटे मियाँ उचक कर और आतंक में दोनों हाथ उठाकर बोले—'गिरफ़्तार कर लिया गया। अरे साहब वह छूट भी गया और नेपाल भाग गया। अगर माकूल क़ानून होता तो यह सब कैसे मुमकिन होता?'

'छूटा तो जमानत पर ही'—'लल्ला बोले—.'जमानत पर तो क़त्ल के अपराधी को भी छोड़ दिया जाता है।'

छोटे मियाँ और भी उत्तेजित हो गये—'वल्लाह साहब, आप क्या फ़र्मा रहे हैं, क़त्ल, चोरी, डकैती, जबरजनाह यह सब शख्सी मामले हैं। हमें उनसे क्या मतलब? हज़ारों क़ातिल हैं, हज़ारों डाकू हैं, हमें तो मज़हब से मतलब है। मज़हबी जज़बात की हिफ़ाज़त ज़रूर होनी चाहिए।'

एक साहब बोल उठे—'आपका मतलब है लोगों के घरों में चाहे रोज़ सेंघ लगा करे? मंदिर, मसजिद से प्रसाद और बर्तनों की चोरी होना ही जुल्म है। साहब हमें तो अचरज इस बात पर है कि एक ही हफ़्ते में इस शहर में तीन अल्हड़ लड़कों के बेकारी से मानसिंह बनने की हरकतें अखबारों में छपी हैं। इस बात पर न किसी ने अखबार में मजबून लिखा, न इश्तहार लगे, न सभा हुई, न हड़ताल। लेकिन मज़हबी उत्तेजना का कारण मिलते ही हंगामा खड़ा हो गया। इस देश के लोगों के दिमागों की हालत अजीब है।'

पंडित जी बहुत देर बाद परन्तु बांह ऊँची कर ऊँचे बोले—'नहीं साहब, इस बात में हम मौलाना साहब को मानते हैं। धर्म की रक्षा तो सरकार को पहले करनी चाहिए।' उनका स्वर और ऊँचा हो गया—'इसी लखनऊ शहर में कितना जुल्म हुआ और सरकार के कान पर जूं तक नहीं रेंगी। एक लौडे ने हाकी लेकर हनुमान जी को पीट डाला। साहब हमारा तो खून खौल उठा। हमारा बस चलता तो हम ऐसे आदमी की टांगे पकड़ कर चीर डालते।'

'अरे भाई तब तो बहुत बावेला होते होते बचा'—सक्सेना बोले—'सैकड़ों लोग इकट्ठे हो गये थे। मार पीट होते-होते बची। पुलिस न पहुँच जाती तो जाने क्या हो जाता?..'

लल्ला ने फिर सरकार की ओर से सफ़ाई दी—'पंडित जी क्या कह रहे हैं आप? उस बंदर को तो पुलिस एक दम अस्पताल ले गयी और उस लड़के को पुलिस थाने ले गयी।'

छोटे मियाँ सहमते हुए बोले, 'लेकिन साहब वह बंदर तो खतरनाक है। सुनते हैं पहले भी दो-तीन आदमियों पर हमला कर चुका है।'

पंडित जी बोले—'अरे तो क्या हुआ। हनुमान जी तो खेल कूद करते ही हैं। किसी को थोड़ी बहुत चोट आ ही गयी तो क्या हुआ? यह तो धर्म का मामला है।'

मुहल्ले के रामभरोसे धीमे से बोले—'हाँ भाई धर्म का मामला है, तभी चुप हैं। कई महीने से बचा-बचाकर पिछले महीने घरवाली के लिए एक धोती लाये थे। उसने कोरी धोती धोकर डाली थी कि कलफ़ निकल जाये। एक बंदर ले भागा। लोगों ने पुकारा रोटी डालो, रोटी डालो, चबेना डालो। हनुमान जी धोती लौटा देंगे। पर तीसरे पहर घर में रोटी कहाँ

रखी है, चबेना भी नहीं था। हमारी घरवाली खड़ी हाय-हाय करती रही और हनुमान जी ने धोती की लीरें-लीरें कर दीं। बेचारी कहीं बाहर भी नहीं जा सकती।'

छोटे मियाँ ने रामभरोसे का सहानुभूति में समर्थन किया—'अरे साहब बाज बार तो यह लोग बहुत नुक़सान कर जाते हैं। हमारे यहाँ बाराबंकी में अमरूद का बाग़ ठेके पर लिया गया था। पेड़ खूब फले थे। फल पकने को ही आया था कि एक दिन दो-ढ़ाई सौ बंदरों के गोले ने हमला बोल दिया। बस साहब, कुछ भी नहीं बचा।'

लल्ला बाबू ने समर्थन किया—'ठीक कह रहे हैं मौलाना। सरकार भी परेशान है। साहब कुछ लोगों का अनुमान है देहातों में रुपये में से तीन आना 'फूट' तो यह लोग बरबाद कर देते हैं।'

'जी हाँ, सोचिये तो, एक तरफ तो खूराक की कमी दूसरी तरफ़ इंसानों की खुराक यह लोग ले जायें। ऐसी चीज़ की पूजा परस्तिश करना तो समाजी मुफ़ाद के खिलाफ और महज जहालत है।'—बड़े मियाँ गम्भीरता से बोले।

'देखिए साहब!'—पंडित जी ने हाथ उठा कर चेतावनी दी—'यह धर्म का मामला है, इसमें आप न बोलिए!'

बड़े मियाँ और मौलाना सहम गये लेकिन सक्सेना बोल उठे, 'किसान बेचारे मेहनत से पैदा करें और उनकी फसल या बगिया उजड़ जाये यह धर्म है? चोर डाकू से सेठ साहब भी तिजोरी की रक्षा करना सरकार का फ़र्ज है। बन्दर से किसान की खेती की रक्षा करना सरकार का फर्ज नहीं है। यहाँ आत्म रक्षा में बन्दर को मारो तो पुलिस दूसरों की धर्म भावना पर चोट करने के लिए आपको गिरफ्तार करले! हमें सड़क पर कोई मार दे तो पुलिस का आदमी देखकर भी मुँह फेर ले और उस बन्दर को पुलिस अस्पताल ले जाये।'

लल्ला ने सरकार की ओर से उत्तर दिया—'सरकार को लोगों की धर्म भावना का भी तो ख्याल रखना जरूरी है।'

तिवारी जी बोल उठे—'पर साहब यह हमारी सरकार तो सिक्यूलर यानी धार्मिक चीजों के मामलों से सम्बन्ध न रखने का दावा करती है। उसे लोगों के आर्थिक और सांस्कृतिक हित की चिन्ता करनी चाहिए या अन्ध-विश्वासों की रक्षा कर उन्हें प्रोत्साहन देना चाहिए?'

बड़े मियां ने समर्थन किया—'दुरुस्त फरमा रहे हैं आप! सरकार का फ़र्ज है कि अवाम को मुनासिब तालीम दी जाय और लोगों के ख्याल-तरक्की पसन्द हों, उनका नुक्ता निगाह समाजी हो। और इस ख्याल से सरकार ऐसे क़ानून बनाये कि लोगों के जज़बात को ठेस पहुँचने का कोई मौक़ा न रहे।'

तिवारी जी ने धीमे से पूछ लिया—'यानि बन्दरों को कोई ढेला न मार सके। और मंगलवार के दिन सरकार की तरफ से काउन्सिल हाल में बन्दरों को दावत दी जाये?'

छोटे मियाँ क़हक़हा लगाकर हँस पड़े। लेकिन बड़े मियाँ गम्भीरता से बोले... 'यह मज़ाकिया मामला नहीं है। आपको इस मामले पर संजीदगी से गौर करना चाहिए। इस वार्दात से करोड़ों मुसलमानों की दिल ज़ारी हुई है। उनके पैग़म्बर के नाम की तौहीन की गयी है।'

पंडित जी उत्तेजित हो गये—'क्यों साहब हनुमान जी क्या किसी पैगम्बर से कम हैं? आप करोड़ों हिन्दुओं के दिल की बात क्यों नहीं सोचते। यह सरकार कितना जुल्म कर

रही है कि बन्दरों को पिंजरों में बन्द करके इनके माँ बाप से दूर अमेरिका भेज दिया जाता है...'

सक्सेना बोले—'इस ख्याल से तो म्युनिसिपैलिटी का डी.डी.टी. छिड़क कर बीमारी के कीड़े मारना भी बहुत से लोगों की धर्म भावना के विरुद्ध है। चूहों को भी नहीं मारा जाना चाहिए, वे गणेश भगवान के वाहन हैं, सांप नाग देवता हैं, बस एक आदमी को गाड़ी में जोतकर चलना ही धर्म भावना के विरुद्ध नहीं है।'

जोग बहुत बिनय से बोले—'हमारा एक सवाल है। हम ग़रीब अखबारनवीस हैं। पैगम्बरों के नाम पर अक्सर ही लड़कों के नाम रख लिये जाते हैं। हमारा नाम तो राम-कृष्ण है, यानी दो पैगम्बर जुड़े हुए हैं। हमें फ़ायदा है, हमारा नाम लेकर कोई गाली नहीं दे सकेगा। खैर, फर्ज कीजिये हमें खबर मिले कि कृष्ण और मुहम्मद नाम के दो आदमियों पर चोरी का इल्ज़ाम लगाया गया है। हम यह खबर अखबारों में दे दें तो हमें भी फाँसी देकर ही आपको तसल्ली होगी।

बड़े मियाँ की आँखें सुर्ख हो गयीं, बोले—'आपका मतलब है करोड़ों मुसलमानों की दिलज़ारी की आपको कोई परवाह नहीं। इस मामले में सरकार का कोई फ़र्ज नहीं। ऐसी हरक़त करने वाले को सज़ा नहीं मिलनी चाहिए?'

छोटे मियाँ बोले—'अभी साहब, आप पुलिस की मजाल तो देखिये, ऐसी बेजा हरक़त करने वाले को ज़मानत पर रिहा कर दिया गया और वह नेपाल भाग गया।'

लल्ला बोल उठे—'इसमें सरकार का क्या कसूर है? वह आदमी नेपाली था। और कुछ लोग तो कहते हैं कि नेपाली भाषा में उस शब्द का कुछ और ही अर्थ होता है। आदमी जमानत पर रिहा था, क़ानूनन उसे अपने देश जाने से कौन रोक सकता था?'

तिवारी जी ने धीमे से पूछा—'तो आप लोगों का खयाल है कि मुसलमानों की धर्म भावना की रक्षा के लिए भारत सरकार को नेपाल पर चढ़ाई कर देनी चाहिए?'

पंडित जी को क्रोध आ गया, बोले—'क्यों साहब हमारे मिलने वाले एक पंजाबी अभी लाहौर गये थे। बताते हैं वहाँ हिन्दुओं के सब मंदिर अधगिरे खड़े हैं। घंटा घड़ियाल बजाकर कोई पूजा नहीं कर सकता। हिन्दुओं के संतोष के लिए भारत सरकार पाकिस्तान पर भी चढ़ाई कर दे!'

बड़े मियाँ समझाने के लिये दोनों हाथों के पंजे फैलाकर बोले 'हम वायलेंस में एतमाद नहीं रखते। हम तो अमन और शान्ति के ज़रिये इश्तआल की वजह को दूर करना चाहते हैं।'

चुप रहने वाले सज्जन बोल उठे—'यह आपका खूब अमन और शान्ति का तरीक़ा है कि ग़रीब नेपाली जान लेकर देश से भाग गया। आप उसे फाँसी न लगा सकने के कारण दिलाज़ारी की शिकायत किये जा रहे हैं।'

बड़े मियाँ बोले—'हम तो क़ानूनी माँग कर रहे हैं। हमारे यहाँ पर्जातंतर यानि जमहूरियत है। आपका ख्याल है यहाँ की सरकार को करोड़ों लोगों की दिलाज़ारी और उनके मज़हबी जज़बात को चोट पहुँचाने का ख्याल नहीं करना चाहिए? तो हम पूछना चाहते हैं मज़हबी आज़ादी किस चीज़ का नाम है?'

छोटे मियाँ अपनी दाढ़ी थाम कर बोल उठे—'मज़हबी आज़ादी तो अंग्रेज़ के राज में थी। वो तो हमारा पैदाइशी हक़ है।'

तिवारी जी ने पूछ लिया—'साहब मज़हबी आज़ादी में हमें यह हक़ होगा कि नहीं कि किसी मज़हब के बारे में हमें कोई सन्देश या शक़ हो तो उसे हम सबके सामने प्रकट कर सकें? उसे आप बर्दाश्त करेंगे?'

बड़े मियाँ ने एतराज किया—'यानी आप दूसरों के जज़बात को ठेस पहुँचाने की आज़ादी चाहते हैं?'

तिवारी जी ने उसी तरह उत्तर दिया—'यानी वहम फैलाने की आज़ादी सबको हो, वहम दूर करने की किसी को नहीं। अंग्रेज़ तो मज़हबी आज़ादी का मतलब यह समझता था कि हिन्दुस्तानियों को मज़हब के नाम पर लड़ने का मौक़ा रहे, सब लोगों के वहम बने रहें। मज़हबी आज़ादी का मतलब यह है कि आप मज़हब के नाम पर किसी को झगड़ा न करने दें। सब अपनी कहें और सबकी सुनें। या फिर यह कि मज़हबी बातें सार्वजनिक रूप से बिल्कुल न हों।'

चुप रहने वाले सज्जन बोले—'साहब मज़हबी आज़ादी कांग्रेस राज में है कहाँ? रेडियो से आप गीता, कुरान, ग्रन्थ साहब के वचन तो रोज सुनते हैं, यदि कोई रेडियो से अनीश्वरवाद पर विचार प्रकट करना चाहे तो क्या सरकार उसे इजाजत देगी? वह भी तो एक मज़हब है।'

बड़े मियां ने अपील के तौर पर कहा—'साहब हम तो आप लोगों से दरखास्त करते हैं कि समाजी शांति के लिए आपसी झगड़े और इश्तयमाल पैदा होने का मौक़ा न आने देने के लिए सरकार मुनासिब कार्रवाई करने का यकीन दिलाय।'

जोग बोले—'आप सही फ़र्मा रहे हैं लेकिन झगड़ा फैलाने के लिए मुनासिब कार्रवाई उन लोगों के खिलाफ होनी चाहिए जिन्होंने एक मामूली सी बात को बहाना बनाकर लोगों के मज़हबी जजबात को भड़काया। नेपाली के दो लाइन के इश्तहार का सम्बन्ध जनसंघ के जलसे से जोड़ दिया, वर्ना हज़ारों में से एक भी आदमी ने उस इश्तहार को न देखा होता! वह नेपाली यह इश्तहार देने ही लखनऊ आया था? नेपाली भाषा में उस शब्द का जाने क्या अर्थ है? उस बात पर हड़ताल का आन्दोलन खड़ा कर देना सरासर शरारत है। हमें तो ताज्जुब है कि कांग्रेसी अखबार 'कौमी आवाज' ने शहर के कांग्रेसी लीडरों ने इस सनसनी को बढ़ाने में साथ दिया। कांग्रेस को भीतरी पार्टी बाजी में लोगों की सादगी का फायदा उठाने की कोशिश की गयी। कार्रवाई की जानी चाहिए तो इनके खिलाफ जिन्होंने इसे अहम मामला बनाया और हड़ताल की धमकी दी। हमें तो एतराज है उस नेपाली को गिरफ्तार क्यों किया गया? आत्म रक्षा के लिए बन्दर को पीटने वाले को पुलिस ने क्यों परेशान किया? यही कांग्रेसी राज की शहरी आजादी है?'

नया पथ, फरवरी १९५६

चक्कर क्लब-४

अपना देश धर्म प्रधान है। संभवतः इसका कारण यह रहा कि यह देश कृषि प्रधान था। जब तक औद्योगिक विकास, नहरों और वैज्ञानिक साधनों द्वारा कृषि को दैवी आपदाओं से बचाकर मनुष्य के निर्णय से न किया जा सके, फसल भगवान् की इच्छा से होती है। भगवान् पर भरोसा और उनकी मिन्नत खुशामद ही धर्म है, इसलिए कृषि प्रधान देश का धर्म प्रधान होना स्वाभाविक ही था।

देश के धर्म प्रधान होने के कारण हमारे मेले और त्योहार सब धार्मिक ही होते थे। धर्म प्रधान देश में कोई भी नया धर्म बहुत सुविधा से शीघ्र ही पनप जाता है। इसलिए भिन्न-भिन्न धर्मों के अनेक त्योहार और मेले अपने-अपने समय से होते रहते। महाबीरजी के मेले में हिन्दू लोग बरसात की बाढ़ की तरह अलीगंज के मेले में चल देते हैं परन्तु मुसलमानों को पता भी नहीं चलता। ईद के दिन मुसलमान लोग नयी टोपी और अंगरखा पहन कर लचकते हुए ईद मिलते फिरते हैं और हिन्दू मुँह लटकाये बैठे रहते हैं। यों तो अल्ला-ईश्वर, जिसका नाम एक ही है, सबके भगवान् हैं परन्तु धर्म तो अपना-अपना है इसलिए इस देश में सांझी छुट्‌टी और सम्मिलित त्योहार का अवसर नहीं आ पाता। भला हो रामराज की सरकार को जिन्होंने बिना किसी जनवाद के जनतंत्र दिवस बना लिया। यह बिना मज़हब का त्योहार बन गया। कुछ लोग उत्साह से और कुछ लोग सरकार के लिहाज से मनाने निकल पड़ते हैं। किसका मजाल है जो इस त्योहार की छुट्‌टी न करे। उस पर ट्रेटर होने का इज्जाम शायद हो सकता है।

जनतंत्र के शुभ दिवस पर कई नये समारोह भी हो जाते, चाय पार्टियाँ होतीं जिसमें लल्ला बाबू की संगत के लोगों को भी मेज-कुर्सी पर चाय पीने का अवसर मिलता। जोग बाबू की कलम से चाहे बहुत लोग परिचित हों पर उनकी शक्ल से कम ही लोग। उनके व्यक्तित्व का प्रभाव नहीं के बराबर ही है इसलिए उन्हें ऊँचे दर्जे की या सरकारी चाय की गोष्ठियों के निमंत्रण नहीं मिल पाते। परन्तु इस बार जनतंत्र दिवस पर सरकारी सूचना केन्द्र की स्थापना की सूचना सरकार बहुत व्यापक रूप से देना चाहती थी इसलिए पत्रकार जोग के दर्जे के नागरिको को भी सूचना केन्द्र के उद्‌घाटन समारोह में चाय पीने का निमंत्रण मिल गया।

जनतंत्र की छुट्‌टी के कारण लल्ला बाबू की बैठक में दोपहर को गोष्ठी जमा हुई थी। जोग बाबू साढ़े बारह-एक के लगभग पान चबाते हुए बैठक में प्रगट हुए तो सक्सेना पूछ बैठे, 'जोग बाबू जनतंत्र की छुट्‌टी के दिन भी क्या दफ्तर जाना पड़ा?'

जोग पान से रँगे होंठ फैलाते हुए मुस्करा कर बोले, 'दफ्तर नहीं भाई, सरकारी चाय पीकर आ रहे हैं।'

तिवारी जी मुस्करा कर बोले, 'सरकारी चाय! अब तक सरकारी दवाई तो सुनी थी, फ्री डिस्पेंसरी में मिलती है, सरकारी चाय कहाँ बँटने लगी है भाई?'

लल्ला बाबू ने अनुमान प्रकट किया 'सरकार ने एक सूचना केन्द्र की स्थापना की है, उसी के उद्घाटन समारोह में जोग साहब को चाय-पान का निमंत्रण मिला होगा।'

कोई पूछ बैठा, 'सूचना केन्द्र का क्या मतलब? आवश्यकता हो तो यह पूछा जा सकता है कि सरसों का खालिस तेल कहाँ से मिल सकता है अथवा बच्चों के सूखा रोग की अच्छी दवाई कहाँ से मिल सकती है अथवा मेले में साथ से छूटकर खो गयी स्त्री का पता कहाँ मिलेगा?'

लल्ला बाबू ने सरकार की ओर से सफाई दी, 'आप भी क्या बातें करते हैं। सरकार ऐसी व्यक्तिगत समस्याओं की जिम्मेदारी कैसे ले सकती है? सरकार तो सार्वजनिक हित से संबंध रखनेवाली सूचना का ही प्रबन्ध कर सकती है।'

उनकी ओर देखकर तिवारी जी ने पूछ लिया, 'तो बंधु सूचना केन्द्र इस बात की सूचना देगा या नहीं कि नगर में कौन महामारी फैलने की आशंका है और उससे बचने के लिए कौन सावधानी आवश्यक है?'

लल्ला बाबू अपनी कुर्सी पर उचक गये, 'ऐसे कामों के लिए तो स्वास्थ्य विभाग है ही।'

एक सज्जन ऊँचे स्वर में पूछ बैठे, 'सूचना केन्द्र का काम सूचनाओं का संग्रह करना होगा अथवा सूचनाओं का प्रसार करना।'

सक्सेना ने उन्हें प्रश्न से उत्तर दिया, 'सूचनाओं का संग्रह करने के लिए क्या सरकार का सी. आई डी. विभाग पर्याप्त नहीं है?'

जोग साहब मुँह का पान समाप्त कर बोल उठे, 'अरे भाई सूचना केन्द्र यह सूचना देगा कि अमुक स्थान पर सरकार ने कितनी लम्बी सड़क बनवायी है, कहाँ नहर बन रही है, सारी योजनाएँ किस प्रकार जनता का कल्याण कर रही हैं, बल्कि यह कहिये कि सरकारी योजनाओं से जनता का कितना कल्याण हो सकता है। इस सरकार की योजनाएँ देश के भविष्य को सुनहला बना देंगी। सबको कांग्रेसी सरकार का विश्वास और भरोसा करना चाहिए।'

तिवारी जी ने टोक दिया, 'तो आप इसे सूचना केन्द्र न कह कर प्रचार केन्द्र कहिए।'

सक्सेना और भी ऊँचे स्वर में बोले, 'कांग्रेसी सरकार का प्रचार केन्द्र कहिए।'

जनसंघी पंडित जी उबल पड़े 'साहब, सरकार को टैक्स तो सिर्फ़ कांग्रेसी ही नहीं देते हम लोग भी देते हैं। हमारे दिये रुपये की करोड़ों की रक़म कांग्रेसी सरकार अपनी पार्टी के प्रचार में खर्च करे, यह कहाँ का न्याय है। सरकार की मशीनरी आदि काम कम और प्रचार अधिक करती है। शिक्षा विभाग, सूचना विभाग, सांस्कृतिक आयोजनों के नाम पर, शिक्षा प्रचार के नाम पर कांग्रेसी कार्यक्रम के प्रचार की ही डोंडी पीटा करते हैं।'

एक संध्या लल्ला बाबू दफ्तर से लौटे तो 'कला विज्ञान और संस्कृति प्रधान' मासिक पत्रिका साथ लेते आये थे। अपनी बैठक में बतियाने के लिए जुट आये लोगों के सामने खूब

मोटी पत्रिका के पन्ने फरफराकर गर्व से बोले 'यह देखिए सरकार साहित्यिक और सांस्कृतिक कार्य में कितना सहयोग दे रही है। दस आने में इतना साहित्य सुलभ कर देना तो मामूली बात नहीं है। ऐसे ही केन्द्रीय सरकार के भी प्रकाशन हैं।'

उनकी बगल में बैठे हुए उनके दफ्तर के दूसरे बाबू बोल उठे, 'ऐसा काम तो सरकार ही कर सकती है; सरकार मुनाफ़े के लिए तो प्रकाशन करती नहीं। उसके सामने तो केवल कला की ही कसौटी है।'

तिवारी जी बोल उठे, 'जी हाँ, सबसे बड़ी कला है सफ्लतापूर्वक शासन करना। जनता को किसी ऐसी बात की इच्छा और मांग न करने देना जो सरकार के कार्यक्रम में न हो, और सरकार के प्रति जनता में श्रद्धा उत्पन्न करना। इन साहित्यिक प्रकाशनों में इसके अतिरिक्त और क्या है।'

लल्ला बाबू फिर पत्रिका के पन्ने फरफराते हुए बोले, 'आप भी कैसी बात करते हैं! इसमें भगवत शरण उपाध्याय का लेख है, पंचानन का लेख है, इलाचन्द जोशी का है, राजाराम शास्त्री का है, अब्बास हुसेनी का है और जैनेन्द्र का भी है। आप इसे केवल सरकारी प्रचार कैसे कह सकते हैं?'

जोग बाबू ने हाथ उठाकर चेतावनी दी, 'यह केवल सरकारी प्रचार ही नहीं बल्कि सोल-मोनोपोली (एकाधिकार) भी है। सरकारी प्रकाशन जब इतना सस्ता मिलेगा तो दूसरा कोई प्रकाशन बाज़ार में बिक कैसे सकेगा?'

तिवारी जी बीच में ऊँचे स्वर में बोल उठे, 'सरकार आर्थिक फंदा डालकर अपने से सहमत न होने वाले अथवा प्रगतिशील प्रकाशनों और लेखकों का गला घोंट देगी। आज भी साधारण पाठक छः आने के 'धर्मयुग' के बजाय आठ आनेका 'नया पथ' कैसे खरीदे। 'धर्मयुग' में कागज़ और चित्र अधिक होते हैं परन्तु दाम कम। 'नया पथ' जैसे पत्रों के कागज और छपाई और लेखक की मेहनत का खर्चा पाठक को देना होता है परन्तु 'धर्मयुग' और उस श्रेणी के पत्रों के कागज, छपाई, चित्रों और लेखकों की मेहनत का खर्चा तेल कम्पनियों, कपड़े की मिलों, मोटरों के कारखानों, मर्दानगी की दवाई बेचने वाली कम्पनियों के मालिक देते हैं। साहित्य तो व्यापारी विज्ञापनों के साथ केवल नमक मिर्च के तौर पर रख लिया जाता है। लोग व्यापारी का विज्ञापन खरीद कर घर ले जांय। अब तक प्रगतिशील विचारों का गला केवल पूँजीवादी ही घोंटते थे, अब सरकार ने स्वयं उन्हें कुचलने का बीड़ा उठाया है और वह भी साहित्य और संस्कृति की वृद्धि में सहयोग देने के नाम पर।'

लल्ला बाबू ने विरोध किया, 'अरे भाई हाथ कंगन को आरसी क्या, आप देख न लीजिये कि इस पत्रिका में कैसे लेख हैं।'

सक्सेना उबल उठे, 'बताइये इस पत्रिका में मार्क्सवाद पर कोई लेख है या सृष्टि की उत्पत्ति सम्बन्ध में मिथ्या-विश्वासों का निराकरण करने वाला कोई लेख है या साम्प्रदायिक अन्ध-विश्वासों का विश्लेषण करने वाला कोई लेख है? स्पष्ट है कि सरकारी प्रकाशन ऐसी विश्लेषणात्मक, सजग और सतर्क प्रवृत्तियों को प्रोत्साहन नहीं देगा और संस्कृति के नाम पर सरकार के प्रति अन्ध-विश्वास उत्पन्न करने वाले साहित्य से बाजार को पाटकर विश्लेषण की प्रवृत्ति पैदा कर सकने वाले महंगे साहित्य के लिए स्थान नहीं रहने देगा।'

नया पथ, मार्च १९५६

●

चक्कर क्लब-५

चक्कर क्लब के तो पाँव में चक्कर। जहाँ दो-चार आदमियों में निरे मतलब की बात से आगे बात बढ़ जाय, वहीं चक्कर क्लब!

रविवार के दिन संध्या समय लल्ला बाबू और उनके पड़ोसी सक्सेना अमीनाबाद से सौदा-सुलफ़ लेकर लौट रहे थे। गौतमबुद्ध मार्ग की ओर के चौराहे पर नीम के पेड़ की छाँव में सुथरी तिकोनी दाढ़ी और साफे से सुसज्जित, खिलअत पहने मौलाना धीमे, परन्तु रहस्योत्पादक ढंग से कहते जा रहे थे—'हिन्दू भाई भी सुनें! मुसलमान भाई भी सुनें!'

तुरंत ही आठ-दस आदमी कौतूहल में एकत्र हो गये। मौलाना ने खिलअत के भीतर की दो जेबों से दो रंग के ताबीज निकाले और बोलने लगे—'हिन्दू भाई के लिए भी है। मुसलमान भाई के लिए भी है। हिन्दू भाई के लिए भी है। मुसलमान भाई के लिए भी है।' और मौलाना ने समझाया—'जो आपके मनकी इच्छा-कामना हो, मुराद और तमन्ना हो, भगवान की कृपा और अल्लाह के करम से इस ताबीज से पूरी होगी। दाम सिर्फ एक आना! हिन्दू भाई भी ले जायें। मुसलमान भाई भी ले जायें।'

लल्ला बाबू ने मुस्कराकर सक्सेना की ओर देखा और बोले—'एक आने का क्या है; आज़मा कर तो देखें!'

सक्सेना समझ गये कि लल्ला बाबू के मन में तरक्की की कामना जाग उठी है या दफ्तर में तरक्की रुकी हुई है। इकन्नी में भाग्य आज़मा लेना चाहते हैं।

सक्सेना बोले, 'आजमा लीजिये। ले लीजिये ताबीज। फिर उपमंत्री महोदय के यहाँ भी नमस्कार कर आइयेगा। उनकी लड़की का विवाह इसी महीने है। तख्त ढुलवाने, कनात लगवाने और सामान जुटाने में मदद कीजियेगा; बराबर साहब के सामने से गुज़रियेगा। शायद लाभ हो ही जाये। लेकिन यह कैसे मालूम होगा कि लाभ भगवान की कृपा या ताबीज से हुआ या उपमंत्री महोदय की कृपा से?'

लल्ला बाबू सक्सेना के साथ होने के कारण झेंप में ताबीज़ न ले सके परन्तु दूसरे लोग इकन्नी के मोल कामनापूर्ण कर सकने के लिए जेब से इकन्नियाँ निकाल कर ताबीज लेने लगे।

मौलाना ग्राहक का धर्म पहचान कर 'हिन्दू के लिए यह है, मुसलमान के लिए यह है' कहते जाते और दोनों को अलग-अलग ताबीज देने लगे।

इकट्ठे हुए लोग छंट गये। सक्सेना और लल्ला बाबू बहस करते रहे। मौलाना ने लल्ला बाबू की उत्सुकता पहचान उन्हें सम्बोधन किया—'आपको कौन-सा चाहिए, हिन्दू का या मुसलमान का?'

बोल पड़े सक्सेना—'मौलाना, हिन्दू मुसलमान का ताबीज़ अलग-अलग होता है?'

'क्यों नहीं साहब, जरूर!'—मौलाना विजेता से बोले—'अपने-अपने पीर-पैगम्बर; अपना-अपना ईमान।'

सक्सेना ने जिज्ञासा की—'लेकिन, मौलाना खुदा तो सुनते हैं, एक ही हैं; वाहिद है।'

मौलाना गम्भीरता से बोले—'खुदा ज़रूर एक है पर खुदा तक पहुँचता कौन है? बन्दा पीर-पैगम्बर की मार्फत ही तो खुदा तक पहुँचता है।'

सक्सेना को ताबीज की नहीं, बहस की ही तलब थी, बोले—'तो मौलाना पीर-पैगम्बर लोगों ने अपने-आप बनाये हैं या खुदा ने? यह बीच में न हों तब तो खुदा एक ही है?'

मौलाना परास्त कैसे हो जाते। उन्होंने बात दोहराई—'पीर-पैगम्बर के बिना खुदा तक रसाई कैसे हो? आदमी खुदा को पहचाने कैसे?'

'अलग-अलग पहचानें तो शायद झगड़ा भी न हो!' सक्सेना बोल उठे।

लल्ला बाबू सिक्यूलर यानी धर्मनिरपेक्ष कांग्रेसी सरकार के राजपुरुष हैं इसलिए किसी की धार्मिक भावना या मिथ्या विश्वास को ठेस पहुँचाना उचित नहीं समझते। उन्होंने मौलाना से प्रश्न किया—'मौलाना, ताबीज से मनोवांछा ज़रूर पूर्ण हो जायेगा?'

'इसमें क्या शक है?'—मौलाना ने विश्वास दिलाया—'लेकिन यक़ीन पहली चीज़ है। शक तो इन्सान को खुदा से भी मुनकिर हो जाता है।'

सक्सेना मानो मौलाना के पीछे ही पड़ गये थे, बोल उठे—'तो मौलाना आपको तो यकीन है। आपकी ही मुराद और तमन्ना इस ताबीज़ से क्यों पूरी नहीं हो जाती? या आपकी मुराद इकन्नी की ही है?'

'हमें क्या कमी है? हमें क्या तमन्ना है?'—मौलाना ने अपनी निष्काम भावना प्रकट की—'अल्लाह का दिया सब कुछ है।'

सक्सेना फिर भी पीछे पड़े रहे—'मौलाना, अल्ला का दिया तो सभी के पास है फिर भी तमन्ना तो होती है। आप भी तमन्ना कीजिये, छप्पन करोड़ का चार गुना एक मुश्त मिल जाय। दो-चार मोटरें हों, एक बड़ी हवेली हो तो यों नीम तले ताबीज क्यों बेचियेगा?'

मौलाना हँस दिये—'हमें इस दुनियावी चीजों की क्या ख़्वाहिश!'

सक्सेना फिर भी बोले—'तो मौलाना आप लोगों की दुनियावी ख़्वाहिशें पूरी कर रहे हैं?'

इस बार मौलाना बिगड़ उठे—'जनाब, आप अपना रास्ता देखिये! इस तरह की दलीलें करेंगे तो खुदा की भी ज़रूरत आपको नहीं रह जायगी। काफ़िर हो जाइयेगा!'

सक्सेना कहने लगे—'हो जाने दीजिये, हमें कौन खुदा की दलाली में ताबीज़ बेचने हैं!'

'चुप रहो, चुप रहो!' लल्ला बाबू बोले उठे—'तुम कम्युनिस्ट लोग हो। बात-बात में सार्वजनिक शान्ति भंग कर देते हो!'

*　　　　*　　　　*

लल्ला बाबू बाज़ार से घर लौटे तो गली में कोहराम मचा था। सुकुल जी अपने द्वार के आगे उछल-कूद कर और तर्जनी दिखा-दिखाकर गली के मेहतर को धमका रहे थे—'हम सारे का सिर तोड़ देंगे। समझ क्या रखा है? नीच जात का दिमाग़ चढ़ गया है। सारा भंगी का, हमारे सामने जबान चलाता है। पाखाना कैसे नहीं साफ़ करेगा। हम सारे का घर खुदवा के फिकवा देंगे। सारे की जान ले लेंगे।'

गली के मेहतर का जवान लड़का मनकू गंदगी की टोकरी एक ओर रखे और झाड़ू हाथ में ऐसे पकड़े, जैसे पहरे पर खड़ा संतरी राइफल धरती पर टिकाये हो, अड़ा खड़ा था। वह सुकुलजी की गालियों से हतप्रभि न होकर निर्भय मुद्रा में, स्वर को बहुत ऊँचा उठाना भी अनावश्यक समझ चुनौती में उत्तर दिये जा रहा था—'कर लो जो करना है, सफ़ाई नहीं करेंगे!...गाली न देना, नहीं तो हमारे भी दो हाथ हैं !'

गली के गजाधर ठाकुर और लाला सिरीराम पंच बन कर मनूक को धमका रहे थे—'अबे, बाह्म्ण को गाली देता है। कुछ अकल कर। इस तरह बेअदबी करता है। तुझे पैसे माँगने हैं तो कायदे से माँग। तुझे किसी की बेइज्जती करने का क्या हक़ है? अभी पुलिस में रपट लिखा देंगे तो बेटा मार खाते-खाते नानी याद आ जायगी। आख़िर तुझे अपनी जात का और दुनिया के क़ायदे-क़ानून का भी खयाल करना चाहिए...'

तिवारी जी अपने मकान से निकल आये। तिवारी जी सुकुलजी को समझाने लगे—'अरे पंडितजी, आप ही चुप हो जाइये। वह तो लड़का है। आप क्यों मुँह लगाते हैं उसे? नासमझ है। हटाइये झगड़ा! दो आने पैसे की तो बात है। दे डालिये....'

लाला सिरीराम को तिवारीजी सुहाते नहीं हैं। वे तिवारी जी को टोक कर बोल उठे—'देख लीजिये प्रोफ़ेसर साहब, यह आग आपकी ही लगाई है। आप चले थे ग़रीब पर दया करने। देख लीजिये, नीच पर दया का फल। साले ने सरे बाजार ब्राह्मण की इज्जत उतार दी और आप अब भी सुकुलजी को ही समझा रहे हैं'

लल्ला बाबू के आ जाने पर सम्पूर्ण विवाद उन्हीं के सामने दुहाई देकर होने लगा, मानो वे गली के सर्वसम्मत पंच हो। उम्र में लल्ला गली में बहुत बड़े नहीं। विद्या बुद्धि में प्रोफ़ेसर तिवारी और सम्पादक जोगजी या व्याख्यान देने में कामरेड सिह्ना चाहे जितने बड़े मान लिए जायें, परन्तु लल्ला राजपुरुष हैं। और उनके यहाँ बैठक भी है। गली में मनकू कोई फजीहत न कर बैठे इसलिए सब लोग क्रोध में हांफते हुए सुकुलजी को पकड़ कर लल्ला बाबू की बैठक में ले आये।

मामले की पृष्ठभूमि यह थी कि मनकू के माँ-बाप जाने कब से मुहल्ले में चार आने घर के हिसाब से गन्दा उठाते आ रहे थे। तिवारीजी पहले स्वयं मेहतर को चार आने के बजाय आठ आने देने लगे और फिर उन्होंने एक रुपया कर दिया। मनकू के माँ-बाप ने गली में तिवारीजी का जस गा-गाकर सबसे महीना बढ़ाने के लिए कहा। लोगों ने छः छः आना कर दिया। अब मनकू आठ आने कर लेना चाहता था। जिसने एतराज किया, उसके यहाँ मनकू ने देर-सबेर कर देने की अहिंसात्मक या हड़ताली नीति बरतनी शुरू की। इसी बात पर सुकुलजी को गाली दे देनी पड़ी और मनकू सबके सामने बक उठा।

लल्ला बाबू की बैठक में मनकू उपस्थित नहीं था। अपने पक्ष का समर्थन होते देखकर उसका सिर फिर जाने का डर नहीं था इसलिए तिवारी जी अपने व्यवहार की सफ़ाई में बोले—'सोचिये तो सही, बेचारे मेहतर कितना अप्रिय काम करते हैं। शहर भर की जिन्दगी

इनके कंधों पर है। दो रोज़ न उठायें तो शहर में क्या न हो जाये? ऐसे काम की मज़दूरी चार आना महीना?'

लल्ला बोले—'चार आना महीना? कितने घरों से चार आना महीना लेते हैं, यह नहीं देखते आप? और फिर बचा-खुचा खाना नहीं पाता? शादी-ब्याह-त्योहार पर इनाम भी तो पाता है।'

तिवारी बोले—'कितने भी घरों से लेता हो। उसका बनता क्या है? हालत तो देखिये इन लोगों की? गुजारा चलता हो तो किसी के यहाँ का बचा-खुचा क्यों खाय?'

गजाधर ठाकुर ने क्रोध प्रकट किया—'प्रोफ़ेसर साहब कहते हैं, गुज़ारा नहीं चलता। इस साले मनकू को देखा है आपने? सांझ को सिर में तेल लगाये, कंधी किये, आपकी तरह पतलून और काला बूट पहने हज़रतगंज में घूमता है। पहचान में थोड़े ही आता था। हमने तो साले को इतनी उमर से देखा है। हमसे क्या छिपता? जाने किन लोगों को छूता फिरता होगा? होटल में लोगों के साथ बैठकर उनका धर्म बिगाड़ता होगा! आप कहते हैं, गुजारा नहीं चलता?'

सिह्ना तिवारीजी की ओर से बोले—'पतलून-बूट पहनना कौन जुर्म है, साहब? आप अपनी इज्जत के लिए कर्ज लेकर बेटी के ब्याह में खर्च करते हैं। मनकू बेचारे की इतनी ही कल्पना है, भूखा रहकर भी सफ़ेद कमीज-पतलून पहन कर अपरिचितों में आदर पाना चाहता है। चाहता है, अनजान लोग उसे छन भर को आदमी समझ लें।'

लल्ला ने फिर प्रयोजन की बात की—'पहले मेहतर का दुअन्नी महीना चलता था, चवन्नी हुआ, अब आप अठन्नी करा दीजिये। चार दिन बाद रुपया महीना माँगेगा तो क्या होगा?'

तिवारीजी ने समझौते के स्वर में अपील की—'अरे भाई अपनी मेहनत की मजदूरी माँगने का तो सभी को अधिकार है। डॉक्टर, वकील से तो आप बहस नहीं करते कि इतनी फ़ीस क्यों ले रहे हो?'

गजाधर बोले—'राम राम! क्या कह रहे हैं आप! डॉक्टर वकील और मेहतर को एक में मिला दिया। आदमी उम्र भर पढ़कर डॉक्टर वकील बनता है।'

तिवारीजी बोले—'कठिन काम की मजदूरी ज़्यादा होती है न? मेहतर का काम क्या कम कठिन है?

लल्ला ने क्रोध से कहा—'अरे साहब क्या कह रहे हैं आप? क्या कठिन है? अरे गू ही तो उठाते हैं।'

सिह्ना चुप नहीं रह सके, बोल उठे—'चलो लाला, हटाओ। गू उठाना ऐसा ही आसान काम है तो तुम कितने रुपये में गू की टोकरी उठाओगे? हम सौ रुपये देंगे! उठाओगे?'

लल्ला ने क्रोध में कहा—'मुँह सम्भाल के बोलिये साहब, नहीं तो...'

सिह्ना बोला—'मनकू भी कहता है मुँह सम्भाल के बोलो। हम गू नहीं उठायेगा'

गजाधर की बाहें फड़क उठीं—कैसे कहेगा साला, सिर नहीं तोड़ दिया जायगा! भंगी का और क्या करेगा? तुम्हीं लोगों ने सिर चढ़ा लिया है? हमारे देहात में भंगी, चमार जबान चलाये तो...'

सिह्ना बोले—'शहर में भंगी का सिर तोड़ कर देखिये, यहाँ नेहरू आपका ही सिर तोड़ देगा।'

सिरीराम बोले—'कामरेड़ों की चले तो गू उठाने की मज़दूरी ही सबसे अधिक हो! अरे साहब, मेहतर इतना पैसा पायगा तो आपसे दबेगा क्यों? उसमें आप में फरक ही क्या रह जायगा?'

तिवारीजी ने पूछा—'तो आप किसी को दबा कर गू उठवायेंगे? और भूखा भी रखेंगे?'

गजाधर ने उत्तर दिया—'साला भूखा नहीं रहेगा तो गू उठायेगा क्यों?'

सिह्ना बोले—'ठाकुर बुरा न मानना, तुम्हारे डाकखाने के बड़े साहब भी सोचते होंगे, पोस्टमैन भूखा नहीं रहेगा तो दिन भर चिट्ठियाँ क्यों बाँटता फिरेगा?'

लल्ला बाबू बैठक में मालिक और राजपुरुष होने के अधिकार में बीच-बचाव के लिए बोले—'बराबरी कोई पैसे से ही थोड़े होती है। गांधी जी तो सभी को बराबर समझते थे। हरिजनों का उनसे अधिक कौन भला चाहने वाला था परन्तु ऐसी बात तो उन्होंने भी कभी नहीं कही कि पुलिस और दफ़्तर में काम करने वाले और मेहतर सबकी तनख्वाह बराबर हो जाय। आप उन पर दया कीजिये, उससे प्रेम कीजिये। परन्तु उन्हें अपने काम लायक भी रहने दीजिये। वर्ना समाज का ढांचा ही बिगड़ जायगा...'

तिवारीजी सिर खुजा कर बोले—जैसे कोई बात याद आ गयी हो—'ठीक कहते हैं, सिह्ना बाबू ठीक कहते हैं। मिनिस्टर साहब भी यही कह रहे थे...'

लल्ला घबराकर बोल उठे—'कौन मिनिस्टर साहब? कौन मिनिस्टर साहब?'

'रहने दीजिये बताने की बात नहीं है।' तिवारीजी ने कुर्सी से पीठ लगाते हुए टाल दिया।

लल्ला बाबू की उत्सुकता और बढ़ गयी, बोले—'नहीं, नहीं, बताइये तो कौन मिनिस्टर साहब? क्या कह रहे थे?'

'भाई बताने की बात नहीं है। सरकारी रहस्य है। उनके सेक्रेटरी कह रहे थे किसी से कहियेगा नहीं।'

'अरे साहब हमसे क्या पर्दा है? हम किसी से कहने थोड़े ही जा रहे हैं', लल्ला बाबू चिरौरी में बोले—'हम किसी से नहीं कहेंगे।'

तिवारीजी ने धीमे से कहा—'मंत्री महोदय कह रहे थे, क्लर्कों और बाबुओं की तनखाह के ग्रेड बढ़ते ही जायेंगे तो सेक्रेटरियों, मिनिस्टरों और बाबुओं में फर्क क्या रह जायगा?' कोई किसी से दबेगा क्यों? किसी का आदर क्यों करेगा? क्लर्क भी मोटर में दफ्तर आयगा तो मिनिस्टर की गाड़ी के लिए जगह कहाँ रहेगी?'

लल्ला बाबू एक गहरी सांस लेकर रह गये।

* * *

जोग बाबू घर लौट रहे थे। लल्ला बाबू की बैठक में रोशनी देखी और बातचीत की आहट पायी तो वहीं आ बैठे।

जोग को देख तिवारीजी और लल्ला बाबू एक साथ बोल उठे—'कहिये क्या समाचार हैं, दफ्तर से आ रहे हैं? क्रुशचेव ने और कुछ कहा?'

जोग बाबू दरी पर पसर, दीवार का सहारा लेकर बोले—'नहीं भाई कला प्रदर्शनी के उद्घाटन में कला की चर्चा सुनकर आ रहे हैं।'

'क्या कोई बहुत सुन्दर चित्र हैं?' तिवारी जी ने पूछा। जोग बोले—'नहीं भाई, चित्र देखने नहीं गये थे। मंत्री महोदय के उद्घाटन-भाषण की रिपोर्ट लेने गये थे।'

तिवारीजी ने उद्घाटन करने वाले मंत्री महोदय का नाम सुनकर विस्मय से पूछा—'मंत्री महोदय ने कला के किस रहस्य का उद्घाटन और विवेचन किया?'

जोग ने उत्तर दिया, 'मंत्री महोदय ने अभिमान से कहा—मैं कला के विषय में अधिक नहीं जानता, यह मेरा विषय नहीं है। और उन्होंने यह भी सुझाया कि लोग आजकल कला को बिलकुल भौतिकवादी बनाते जा रहे हैं। यह बात ठीक नहीं है। उन्होंने आशा प्रकट की कि भारतीय कलाकार अपने आदर्शवाद की रक्षा करेंगे! उन्होंने यह भी कहा कि हमने इस संस्था को धन की बहुत सहायता दी है और भविष्य में और भी सहायता देने का विश्वास दिलाते हैं।'

तिवारी जी और जोग बहुत जोर से हँस पड़े।

लल्ला बाबू ने इस हँसी में मंत्री महोदय का अपमान समझकर प्रश्न किया—'इसमें हँसने की कौन बात है साहब?'

तिवारी जी और भी हँसकर बोले—'यह राजपुरुषों के समझने की बात नहीं है।' परन्तु जोग ने कह ही दिया—'हँसने की बात तो नहीं, परन्तु कला संस्था के अधिकारी और आयोजक भौतिकवादी न होकर शुद्ध आदर्शवादी होते तो कला प्रदर्शनी का उद्घाटन कला की बात न समझने वाले, केवल रुपया दे सकने वाले मंत्री महोदय से करा कर कला का अपमान क्यों करते?'

नया पथ, अप्रैल १९५६

●

चक्कर क्लब-६

रविवार सुबह ही जोग बाबू और तिवारीजी ने लल्ला बाबू की बैठक में प्रवेश किया। 'आइये! विराजिये!' लल्ला बाबू कुर्सी की ओर संकेत कर उनके स्वागत में पुकार उठे।

जोग बाबू ने बैठते-बैठते दाहिनी ओर के सोफ़े के कोने में उदास से बैठे पंडित बनवारी की ओर देख पूछ लिया—'अरे पंडित! ऐसे गुमसुम कैसे बैठे हो?' और फिर लल्ला बाबू को बधाई देने लगे—'बधाई है लल्ला बाबू, पहली वर्षा की। आखिर वर्षा हुई तो। आशा है अब होती रहेगी।'

लल्ला बाबू पं. बनवारी की ओर संकेत कर हँस दिये—'तभी तो पंडित हाथ पर हाथ धरे बैठे हैं।'

बनवारी 'भोलानाथ तेल मिल' में काम करते थे। पिछली बार छँटनी में मजदूरी हाथ से गयी तो कुछ सप्ताह इधर-उधर चक्कर काट कर निराश हो चैत के शुरू से ही बरफ़ कूटकर, उसके गोले बांध और ऊपर चीनी मिला रंगीन पानी डालकर सड़क पर बेचने लगे हैं। बरफ़खाने से एक रुपये में बरफ़ की सिल ले आते हैं और सांझ तक ढाई-तीन रुपये पीट लेते हैं। आरम्भ में ज़रा संकोच हुआ था। तब उनके विचार में नौकरी-मजदूरी करना सम्मानजनक और सड़क पर अपने सौदे की पुकार लगाते फिरना असम्मान-जनक था।

'तरावटदार गोले! ये लज्जतदार गोले! जिगर भी तर्र! मग़ज़ भी तर्र!' बच्चों के गले खराब करने वाले बरफ़ के गोलों का यह झूठा गुणगान करते संकोच होता था परन्तु इस झूठी पुकार से पैसा आने लगा तो संकोच जाता रहा।

बनवारी पंडित ने पाँव फ़र्श से उठा सोफ़े पर रखते हुए और दिन भर धूप में घूमने के कारण पिंडली पर उठ आई घाम खुजाते, होठ के नीचे दबी सुरती का रस संभालते हुए बहुजन के सुख में अपनी हानि समझने के लांछन का प्रतिकार किया—'तो हम क्या कहते हैं। हम तो कहते हैं, रामजी खूब बरसायें! सबके भले में हमारा भी भला। हमारा क्या है, बरसात में हम मूँगफली का खोमचा लगेगा लेंगे। करने वाले को सौ रास्ते हैं। भगवान ने मुँह दिया है तो अन्न भी देंगे। हाँ, आज भर की कमाई तो गयी ही!'

बनवारी पंडित की बात पर और लोग तो उनके दुख से प्राप्त प्रसन्नता में होंठ दबाकर मुस्करा दिये परन्तु लल्ला बाबू की बगल में खद्दर का श्वेत बुर्राक कुर्ता-धोती पहने, क्लीन शेव, तेल से चमकते बाल, केश कुण्डलों से कानों को ढँके नवयुवक के मुख से वितृष्णा में 'च्च! च्च! च्च!' शब्द फूट ही पड़ा।

बाब्ड-हेयर नवयुवक की इस भाव भंगी से उसकी उपस्थिति के प्रति सचेत हो लल्ला बाबू को उनका परिचय तिवारी जी और जोग बाबू को देना पड़ा—'यह हमारे बहुत प्रतिभावान और उदीयमान तरुण कवि अतृप्त जी हैं।'

'अतृप्त जी!' तिवारी के मुख से निकल गया। वे विस्मय से कोमलकांत, उदीयमान कवि महोदय की ओर देखते रहे। सोचकर बोले—'अतृप्त!...अतृप्त तो सम्पूर्ण देश और समाज ही है। अधिकांश लोग अपर्याप्त भोजन के कारण अतृप्त हैं, शेष अपर्याप्त कपड़े के कारण, नवयुवक नौकरी न मिलने के कारण या बहुत कम तनखाह से और प्रौढ़ गृहस्थ बेटी के लिए वर न खोज पा सकने के कारण अतृप्त हैं...'

कवि महोदय को अपने नाम के साथ जोड़ लिया विशेषण अथवा गुण-द्योतक उपनाम सर्वसाधारण के लिए भी उचित और इतना सामान्य विशेषण बता दिया जाना भला नहीं लगा। विशेष और असाधारण समझे जाने के लिए ही उन्होंने यह उपनाम अपने साथ जोड़ा है। अधिकांश कवि अथवा लेखक अपने उपनाम की शक्ति से आकर्षण पाने की आशा में कुरंग, भृंग, रंग, भंग, अंग खंग, शूल, अशूल, त्रिशूल, अमूल, सशंक, अशंक, मयंक, प्रेमी, बिरही, अमल, कमल, सजल, नीरज, नीरस, निर्जल, मानव, दानव, आग, आँसू, आदि नाम रखते हैं। अतृप्ति की अपनी विशेषता तो इतनी साधारण बात बता देना कवि जी को भला नहीं लगा। तिवारी जी अबूझ अरसिकता के प्रति वितृष्णा से होंठ बिचका कर बोले—'इन सांसारिक अतृप्तियों की बात करते हैं। यह तृप्तियाँ और अतृप्तियाँ क्षणभंगुर हैं। सिगरेट न मिलने से अतृप्त और सिगरेट मिलने से तृप्त भी क्या चीज़ है? महत्व तो आत्मा की कलात्मक अतृप्ति की भावना का है जो मानव और प्रकृति में सौन्दर्य खोजती है।'

उदीयमान कवि महोदय तिवारी जी और बनवारी पंडित की ओर हाथ बढ़ाकर अपने स्थान पर उचक उठे और नेत्र फैलाकर बोले, 'आप लोगों का तो वो हाल है..' जरा रुककर उन्होंने लल्ला बाबू का कंधा आदर और स्नेह से छुआ और उन्हें सम्बोधन कर सबसे बोले—'इसी फागुन के अन्त में हम प्रकृति की मधुमासकी शोभा निहारने अपने एक ग्रामवासी मित्र के यहाँ गये थे। मधुमासकी शोभा का क्या कहना? आहा! आप जानते ही हैं, कवि शिरोमणि कालिदास, तुलसी, बिहारी, बाबू हरिचन्द्र, पं. श्रीधर मिश्र, पंत, निराला, नरेन्द्र, बच्चन, मैथिलीशरण गुप्त, दिनकर सभी ने उस शोभा का वर्णन किया है। जो उस शोभा का रस न ले पाये उसे तो समझिये महामूढ़ फूहड़ अज्ञान, निरा नरपशु मृतक समान!

'हम खेतों की मेड़ों पर भ्रमण कर रहे थे। वही मधुमास का समय था कि बन-बन फूली किशुंक की डाली, कल खेतन फूल रही सरसों'—उदीयमान कवि ने आलाप के स्वर में अर्धोन्मीलित नेत्रों से गुनगुनाया 'और उस पर उमड़ आयीं सुन्दरी के लहराते सघन कृष्ण केशो के समान घनघोर घटाएँ! मेघों की मृदंग की ताल पर मोर कूक उठे तो कविता हृदय कैसे न उमड़ आता। हम अपने ध्यान में मस्त....सौंदर्य की इस रेल-पेल में सुध जाती रही।' कवि महोदय ने किलक कर फिर एक बार लल्ला बाबू का कंधा छुआ और बोल, 'मारे कण्ठ से बेबस आलाप निकलने लगा—बरसो रे, बरसो रे, कारे बदरवा जैसी मोरी अँखियाँ...अचानक बहुत जोर से एक चिंघाड़ पीठ पीछे सुनायी दी—धत्त! सारे...!

'घूम कर देखा, सुन्दर प्रकृति में कलंक के समान, दो किसान जीर्ण-शीर्ण अंग, फटे वस्त्र, सिर पर फटा अंगोछा बांधे अपने शरीर से लम्बे लट्ट को अपने दोनों हाथों में अपने सिरों के ऊपर तौले हमारे सिर का लक्ष साधे हैं। भय की बिजली सी शरीर में दौड़ गई परन्तु उस नैसर्गिक सौन्दर्य में, मधु और पावस के समिश्रण में, जब किशुंक की सिंदूरी

डालियाँ अपनी बाहुलतायें हिला-हिलाकर आलिंगन का संकेत कर रही थीं और खेतों में सरसों का वक्षस्थल पिया के स्पर्श की कामना से आन्दोलित हो रहा था और मेघों की मृदंग की ताल पर मयूर पंचमस्वर में आवाहन कर रहा था, मृत्यु का क्या भय होता? हमने इन किसानों से पूछा, ऐसी ऋतु में, ऐसी प्राकृतिक शोभा में तुम्हें किस बात पर आक्रोष है, तुम क्यों क्रुद्ध हो? क्या तुम्हारे हृदय इतने नीरस हैं?'

कवि महोदय ने फिर लल्ला बाबू का कंधा छुआ और अपने नेत्रों और चेहरे से करुणा बरसा कर कहा—'किसान बोले, पानी बरसे ते ससुर तमाम गोहूँ छार छार हो जाई। ससुर बदरवा का टेरत है। चल निकल यहाँ से...।'

'हमें उन किसानों की मूढ़ता और नीरसता पर बड़ी दया आई'—कवि महोदय बोले—'आप ही कहिये प्रकृति की उस अवर्णनीय शोभा की ओर से नेत्र मूंदकर केवल गेहूँ और सरसों की बात सोचना। यही होता है जब मनुष्य की कलात्मक चेतना और सौन्दर्य की भूख मरी रहती है। यह है मानव के मानव का अचेत होकर उसका पशु समान हो जाना। यही बात है आपके पंडितजी की बरफ़ के गोले बेचने वाली चेतना की जो केवल पेट के गढ़े में सौंदर्य देख पाती है। परन्तु कवि ऐसा नहीं करता। वह शारीरिक, भौतिक संतोष से परे तृप्ति चाहता है और उसकी अतृप्ति में काव्य साधना का मर्म और स्रोत निहित रहता है।'

जोग ने कवि महोदय की ओर झुककर प्रश्न किया—'अतृप्तजी, पेट और शरीर की अनुभूति तो गौण ही है, मुख्य अनुभूति मस्तिष्क और भावना के सौन्दर्य की ही समझी जानी चाहिए? ठीक है न?'

'और क्या, और क्या'—बाब्ड कुंडलों को छिटकाकर और अपनी जांघपर हाथ मारकर कवि ने हामी भरी।

जोग ठोड़ी पर हाथ रखकर कवि महोदय की ओर कुछ और झुककर बोले—'अच्छा कवि जी, किसानों के लट्ठ आप के कुंचित केशों पर अबाध तीन चार वार पड़ जाते, आपके नेत्र चरम अनुभूति से उन्मीलित होकर आप मखमली घास के वक्ष से अपना वक्ष स्पर्श कर हृदय शांत करते होते तब भी क्या मेघों के मृदंगकी ताल पर बरसो रे बरसो रे! गाते रह सकते थे?'

'यह आप क्या कहते हैं, यह आप कैसी बात करते हैं?' कवि महोदय चिढ़ गये और उन्होंने लल्ला बाबू की ओर देखकर दुहाई दी—'यह कैसी बातें हो रही है साहब!'

पं. बनवारी अपने स्थान से उठने के लिए तैयार होकर बोले—'कविजी कहें तो हम अपनी कुठरिया से एक लट्ठ ले आयें...'

लल्ला बाबू को तुरंत खड़े होकर अहिंसा की रक्षा के लिए पुकारना पड़ा—'शांतम् क्रोधम्! शांतम् क्रोधम्!'

उदीयमान कवि जी को प्रातः चाय पिलाने के बाद उनकी कविता सुनने की इच्छा लल्ला बाबू को अतृप्त ही रह देनी पड़ी।

नया पथ, जुलाई १९५६

चक्कर क्लब-७

लल्ला बाबू बहुत विलम्ब से घर लौट रहे थे। गली के मोड़ पर तिवारी जी और पड़ोस में नये आये माथुर साहब संध्या भोजन के पश्चात् पान चबाते हुए मिल गये। माथुर ने लल्ला बाबू के इतनी देर तक दफ्तर में रुके रहने पर विस्मय प्रकट किया—'लल्ला बाबू, अफसरी की कुर्सी से ऐसा भी क्या मोह? घर लौटने को मन ही नहीं करता क्या?'

'क्या जले पर नमक छिड़कते हो भैया'—लल्ला खिन्न स्वर में बोले— 'क्या अफ़सरी है, बनिये का नौकर एक मालिक की गुलामी ठकुरसुहाती करता है; यहाँ हजारों मालिक हैं। हर एमैले मालिक है। कायदे का काम चाहे न भी हो, इनका बेकायदा तकाजा भी पूरा होना चाहिये...'

माथुर मुख में भरे पान का रस सँभालने के लिये ठोड़ी ऊँची कर उनके साथ-साथ चलते बोले—'एमैले लोग तो सच ही बाहर से चटाक बुर्राक और भीतर के मैले हैं। हम भी इन्हीं के मारे हुए पड़े हैं। बताइये, हम छः बरस से छितवापुर के मकान में बारह रुपये महीने में रह रहे थे। कानूनन मकान मालिक हमें निकाल नहीं सकता था। हम इसी भरोसे रहे और उनके यहाँ खाने-पीने वाले एक मैले दोस्त हैं। वे ऊपर जाकर जाने क्या जोड़-तोड़ लगा आये कि मकान मालिक इजेक्टमेंट का आर्डर ले आया। अब पहले से आधी जगह है और किराया दूना। बोलो जै राम राज की।'

माथुर की बात समाप्त होते ही लल्ला बोलने लगे—'अरे भाई, तभी तो भले लोग दारुलशफ़ा को कांग्रेसी काँजी हाऊस कहते हैं। मुफ्त की तनखाहें मारते हैं, करने को कुछ है नहीं। सुबह उठे, खद्दरका नया बुर्राक कुर्ता-धोती पहना, कलफ लगी सफेद टोपी की नोक ठीक की और इस मिनिस्टर उस मिनिस्टर के यहाँ सलाम कर आये। सेशन के दिनों में दस बजे असेम्बली हाल पहुँचे, हाजरी भरी, बेंच पर बैठ मुँह पर हाथ रखकर दो-चार जम्हाइयाँ लीं और फिर किसी दरवाजे से गुसलखाने की तरफ़ निकले और असेम्बली से बाहर आ गये। दारुलशफ़ा लौटे, खद्दर का बुर्राक धोती-कुरता मैला न करने के लिए उतार कर खूँटी पर लटका दिया और गमछा पहन कर तेल की मालिश होने लगी। फिर दारुलशफ़ा के होटल से एक थाली के दाम में परोसा मँगवा कर उसमें दो ने पेट भरा और खर्राटे लेने लगे। सूरज ढलते उठे और दलाली पर सिफ़ारिशें करने चल दिये। इनकी सिफ़ारिश क्या हुक्म पूरा करना सबसे बड़ा कर्तव्य है।'

लल्ला बाबू की बैठक खुल गयी देख जोग, नन्दन और सक्सेना भी चले आये थे। लल्ला को उत्तेजना में बोलते देख वे विघ्न न डालने के विचार से चुपचाप बैठ गये थे। कुछ पूछे बिना ही वे प्रसंग समझ गये। मैले जन की महिमा और चर्चा ऐसी ही है।

लल्ला साँस लेने को रुके थे कि तिवारी बोल उठे—'और यह लोग हैं जो हमारे कल्याण और विकास के लिए विधान बना रहे हैं।'

जोग बोल उठे—'खाक विधान बनाते हैं। हमसे पूछिये, हम पत्रकार गैलरी में बैठ कर इनकी करामात देखा करते हैं न। जब इन्हें हुक्म मिला कि चलकर 'हाँ' के लिए हाथ खड़ा करो, सब असेम्बली हाल में भेड़ों की तरह आ भरते हैं। और हाथ खड़ा कर देते हैं। नहीं तो दारुलशफा के हरे-भरे मैदान में चरा करते हैं या अपने काँजी हौज़ में बैठे जुगाली किया करते हैं। बजट पर स्वीकृति के लिए हाथ खड़ा करते हैं परन्तु यह मालूम नहीं कि राष्ट्रीय आय-व्यय क्या चीज होती है। इन्हें तीन सौ रुपये माहवार से मतलब। हुक्म पर 'हाँ सरकार' कहने की मजदूरी तीन सौ माहवार। मैले लोग कांग्रेसी मिनिस्टरों की नर सखियाँ हैं।'

लल्ला बाबू निराशा से बोले—'हमारा आपका ही कसूर है। हमीं लोग इन्हें चुन कर मेम्बर बनाते हैं। हमारे ही तो प्रतिनिधि हैं।'

सक्सेना तेजी से बोले—'हमारे प्रतिनिधि कैसे? जनता ने इन्हें कब चुना है। चुनाव होता कहाँ है? आपका चुनाव बोर्ड तीन-तकरार न करने वाले लोगों के नाम की सूची बना लेता है और कांग्रेस हो-हल्ला करके उनके नाम पर जनता से 'हाँ' करवा लेती है। बस हो गया चुनाव। हम कम से कम दस ऐसे मेम्बरों के नाम बता दें जो एक पत्र शुद्ध नहीं लिख सकते, जो महीने में एक दिन भी अखबार नहीं पढ़ते। पढ़ सकते हैं, इसमे सन्देह है।' लल्ला बाबूका पसीना सूख चुका था, उसके साथ ही दफ्तर में विलम्ब से बैठने की मजबूरी का गुस्सा भी शान्त हो रहा था। वे बोले—'जो भी कहो, है तो अपना ही दोष। जनता ऐसे लोगों का समर्थन करती क्यों है?'

नन्दन के लिए लल्ला बाबू की ठकुरसुहाती करना आवश्यक है। वह यातायात के महकमे में नौकरी का उम्मीदवार है। बोला—'समर्थन तो करते ही हैं। समर्थन नहीं करते तो विरोध किया होता। चुनाव लड़ने की स्वतन्त्रता तो सबको है।'

सक्सेना ने आगे बढ़कर पूछा—'आपको है चुनाव लड़ने की स्वतंत्रता?'

'हाँ, क्यों नहीं!'—नन्दन ने सीना फुलाकर हामी भरी।

'तो चुनाव लड़कर मेम्बर बन जाइये'—सक्सेना कड़वाहट से बोले—'पचहत्तर रुपये की नौकरी के लिए क्यों घिघिया रहे हो?'

'अरे हम गरीब आदमी हैं'—नन्दन झेंप गया—'हम क्या मेम्बर बनेंगे। हमारे पास साधन कहाँ है? पर स्वतंत्रता तो है।'

अब तक भरोसे भी आकर खिड़की में बैठ गया था, बोल उठा—'तुम्हारे मुँह में छींका बाँध कर खेत में छोड़ दें और कहें अबे चरता क्यों नहीं सुतंतरता से? भूख नहीं है न?'

भरोसे की बात जोग बाबू ने ले ली और बोले—'तो स्वतंत्रता को नोन-नेबू लगाकर चाटिये। जब रोज़ी पाने की स्वतंत्रता नहीं तो स्वतंत्रता क्या है? जब पेट की आँतड़ी में काँटे से रस्सी फँसी है तो किधर जाओगे?'

सक्सेना फिर आगे बढ़कर बोला—'बुरा न मानियेगा, आपकी माता की बीनाई जा रही है। उनका इलाज कराने की स्वतंत्रता है आपको? आपको हिम्मत नहीं कि छोटे भाई को वर्सिटी में दाखिल करा सकें! उसे पढ़ा लेने की स्वतंत्रता है आपको? किस बात की स्वतंन्त्रता है आपको? आपका नन्हा भाई नंगे पाँव फिरता है, उसे जूता पहना सकने की स्वतंत्रता है आपको? किस बात की स्वतंत्रता है आपको?'

लल्ला बाबू ने टोक कर समझाया—'यह तो अवसर की बात है, स्वतंत्रता की बात नहीं। स्वतंत्रता तो सबको है, आप इनकार नहीं कर सकते, परन्तु हाँ अवसर सब लोगों को नहीं है। इसके लिए सरकार क्या कर सकती है? जिन लोगों के पास अवसर है वे स्वतंत्रता का उपयोग कर सकते हैं।'

भरोसे हँसी में अपने पान चबाने से स्थायी रूप से कत्थई हो गये दाँत दिखा और छोटी-छोटी आँखें मींच कर बोले—'भैया, ये रामराजी स्वतंत्रता तो लोमड़ी को सारस के न्योते जैसी हो गयी।'

लोग विस्मय भरी दृष्टि से उसकी ओर देखने लगे। भरोसे बोले—'भैया वही न सारस ने लोमड़ी को दावत पर न्यौता दिया और खीर परोस दी सुराही में। खुद तो चोंच डुबो कर खाने लगा और लोमड़ी बेचारी देखती रही। भैया, कभी लोमड़ी के सारस को न्योतने की बारी आयेगी।'

सक्सेना ने अपनी बात की व्याख्या करना आवश्यक समझ कर कहा—'आपकी रामराजी सरकार की स्वतंत्रता है ही ऐसी कि उसका उपयोग केवल पूँजीपति और साधनवान लोग ही कर सकते हैं।'

नन्दन ने लल्ला बाबू की ओर देखकर विरोध किया—'यह आप कैसे कह सकते हैं? स्वतंत्रता सबको है। झंडे-वाले पार्क में संघ की, सोशलिस्टों की, कम्युनिस्टों की, सभी की मीटिंगें सब दिन हुआ करती हैं। जनता को जिसकी बात समझ आती है उसी को वोट देते हैं। आपको वोट नहीं मिलते तो खिसियाते हैं।'

सक्सेना गरम हो उठा—'खिसियाती है कांग्रेस। जो वोट लेने के लिए सरकारी रोब और सरकारी साधनों का प्रयोग करती है। रेडियो से जनता पर अपने उन उपकारों का ढोल पीटती है जिन्हें जनता कहीं कभी देख नहीं पाती। हमें तो रोज नया कर ही लगता दिखाई देता है। कांग्रेस को वोट दो तो गाँव में सड़क बनेगी, कांग्रेस को वोट दो तो मुहल्ले में टट्टियाँ बनेंगी, नल लग जायगा। बंदूक की लाइसेंस लेना है, भाँजे-भतीजे की नौकरी दिलानी है तो कांग्रेस को वोट दिलाने का काम करो।' सक्सेना गरमी में बोलते चले गये—'सरकार नौकरी क्या देती है, लाटरी डालती है। पचहत्तर रुपये की नौकरी के लिए बीस हजार दरखास्त आती हैं। हर दरखास्त दो रुपये की लाटरी का टिकट होता है। दो आदमियों को (वो भी किसी कांग्रेसी की सिफ़ारिश पर) नौकरी मिली। उनकी उम्र भर की तनखाह सरकार ने लाटरी में पहले वसूल ली और अहसान किया रोज़ी देने का। टैक्स सारी जनता भरे और सेवा हो कांग्रेसियों की। कांग्रेसियों की क्या, पूँजीपतियों की कहिये।'

अबकी बार लल्ला बाबू को बोलना ही पड़ा—'आप खामुखा पूँजीपति और मजदूर का झगड़ा बना बैठते हैं। सरकार के कानून तो सबके लिए एक हैं। यह तो है नहीं कि सरकार मजदूर को चोरी करने पर सज़ा देती है और पूँजीपति को सजा नहीं देती।'

भरोसे दोनों हाथ उठाकर बोले—'हमारी सुनिये, हमारी सुनिये! सरकार ने जो इतनी पुलिस भरती की है, थाना तहसील बनायी है सो किसके माल-सम्पदा की रच्छा के लिए। यह जितने कोट-कचहरी चल रहे हैं, ये देनदार से साहूकार का पैसा उगाहने के लिए ही तो हैं। अरे हाइकोट में एक मामूली दरखास्त देना हो तो अढ़ाई-तीन सौ चाहिए। हम क्या, हमारे बाप कभी हाइकोट नहीं देखे। सो हाइकोट हमारे लिए क्या? दादा के पास दस बीघे ज़मीन थी। क़र्जे में बेदखल हो गये। चुप्पे से लखनऊ आ मजूरी करने लगे। ओनी भर्सटी हमारे लिए क्या? हमारा लड़का पाँचवीं पढ़ के साइकल की दूकान पर सागिर्दी कर रहा है। सरकार इंजीनर तो बाबू बिसन दास के ही लड़का को बनायेगी...।'

लल्ला बाबू ने त्योरी चढ़ाकर कहा—'तुम लड़के को पढ़ाओगे नहीं तो सरकार का क्या दोष?'

भरोसे ने मुस्कराकर हाथ जोड़ दिये—'लल्ला बाबू इंजीनर की पढ़ाई तो सुराही की खीर है।' अपने हाथ को चोंच की तरह बनाकर बोले—'पैसे की इत्ती लम्बी चोंच हो तब न।'

जोग ने भरोसे को शह दी—'ठीक है लाला, ठीक कह रहे हो।' और हँस कर बोले—'आप कहते हैं सरकार पूँजीपतियों की नहीं है; हम पूछते हैं, तो है किसकी? सरकार पूँजीपति की पूँजी और सम्पत्ति की रक्षा करती है। उस पूँजी के बल से दूसरों के काम करवाकर कमाने का अवसर देती है। पूँजीपतियों की होड़ में जो जीत जाता है उसकी तरफ़दारी करती है; हार जाने वाले की कुर्सी नीलामी करके जीतने वाले को सौंप देती है। ग़रीब का बल तो उसके हाथ-पाँव की ताक़त में ही है...'

भरोसे अपनी बाहों के पुट्ठों को मरोड़ते हुए बोल उठे—'हम तो तब जानें सरकार हमारे जैसों की है कि हम पेट पिल-पिल करते सेठ को झांपड़ मारकर उसकी तिजोरी उठा लायें और वह पुलिस के पास दौड़ा जाय तो सरकार कह दे, भरोसे के हाथ-पाँव में ताक़त है, वो ले गये। हम क्या करें? तुम्हारा बस चलता है तुम ले आओ। सरकार तो कहती है जो कोट-कचहरी में ज़्यादा खर्च कर सके न्याय उसी का। सुनते हैं दिल्ली में सबसे बड़ा सुपारी कोट (सुप्रीम कोर्ट) है, वहाँ ढाई हज्जार से कम बात नहीं होती...।'

'वाह क्या कहने भरोसे लाला के!' कई लोग बोल उठे और जोग की बात बीच में ही रह गयी।

लल्ला बाबू ने वितृष्णा प्रकट की—'यही तो आप लोगों का सोशलिज़्म-कम्यूनिज़्म है कि डकैती और अराजकता का ही राज हो। ऐसा होगा तो आप भी ज़िन्दा नहीं रह सकेंगे।'

जोग ने अपनी बात पूरी की—'हम डकैती अराजकता का समर्थन कब करते हैं। हम तो कहते हैं, जैसे लाठी-तलवार के ज़ोर से की जाने वाली डकैती से सरकार सम्पत्ति वालों की रक्षा करती है वैसे ही सम्पत्ति और साधनों की रस्सी से गला घोंटकर मज़दूर- किसान की कमाई की भी डकैती नहीं होनी चाहिए।'

माथुर बोले—'लीजिये बात हो रही थी, एम. एल. ए. लोगों की और पहुँच गये पूँजीवाद-समाजवाद पर।'

बहुत देर बाद तिवारीजी ने मुँह खोला—'मूल बात तो जनता के हाथ में सही प्रतिनिधि चुन सकने के अवसर की है न। जब पूँजीवादियों की पार्टी चुनाव के सब साधन अपने हाथ में ही सीमित रखेगी तो लोगों को ठीक से चुनाव करने का अवसर हो ही नहीं सकता। वोट का अंगारा पकड़ने के लिए पूँजी का चिमटा चाहिये न...'

भरोसे फिर बोल उठे—'तिवारीजी आदमी बहुत पढ़े-लिखे हैं पर कभी ऐसी-वैसी बात भी कर देते हैं। अरे भैया जो दो मुट्ठी अन्न को दूसरे का मोहताज है वह राज करने का सुपना क्या देखेगा? मेम्बरी तो कल्पवृच्छ की फुनगी पर फलने वाला फल है। उस फल को तोड़ लेने के लिए पूँजी की बड़ी लम्बी लग्गी चाहिये न!'

लल्ला बाबू थके तो थे ही, सभा विसर्जन कर देने के लिए हाथ जोड़कर पुकार उठे—'लाला तुम्हारी बात का जवाब तो तुम खुद ही हो।'

नया पथ, अगस्त १९५६

चक्कर क्लब-८

लल्ला बाबू दफ्तर सुबह दस बजे जाते हैं। इसलिए नित्य नैमित्तिक धीरे-धीरे बिना किसी घबराहट के पूरा करते हैं। गाँधीजी के उपदेश के अनुसार कोई काम छिपाकर करना वे मनोबल की कमी समझते हैं। इसलिए हजामत का पूरा सामान लेकर बैठक में ही आसन लगा लेते हैं। किसी आये-गये से बातचीत भी चलती रहती है। लोग सचिवालय में अटके कामों के सम्बन्ध उन्हें याद दिलाने के लिए यही समय उपयुक्त समझते हैं। लल्लाबाबू फ़र्श पर बिछी दरी पर पाल्थी मारे, गालों पर साबुन का बहुत-सा झाग लगाये मुँह बना-बनाकर सेफ्टी रेज़र से दाढ़ी छीलते जाते हैं, कोने में रखे रेडियो से आराधना संगीत सुनते रहते हैं, संगीत के बाद रेडियो से सरकारी रंग में रँगे समाचार और आये-गये की बात सुनकर उत्तर भी देते जाते हैं। वही आज भी हो रहा था।

जोग सात बजकर पाँच-सात मिनट पर बैठक में चले आये। कोई अनुरोध करने आये एक सज्जन का साहस बढ़ाने के लिए साथ आये सक्सेना और पं. बनवारी पहले से ही बैठे थे। जोग ने कमरे में प्रवेश किया तो रेडियो गा रहा था—

पतला-पतला चाँद निकला हो,
दूर कहीं ज्यों दीप जला हो!

'वाह! वाह!' जोग के मुख से निकल गया—'पतला चाँद कह देने में क्या बात बन गयी? इतनी सी बात में ओरिजिनैलिटी आ जाती है। खूब कहा, 'पतला चाँद!' 'दूर कहीं दीप जला हो!' वाह! यानी उपमा सरल भी है और जमती भी है।...किसका गीत है?'

लल्ला बाबू सहसा उत्तर न दे सके। रेडियो को इतने ध्यान से सुना जाय तो रोज कैसे सुना जाय? लल्ला बाबू के मेहमान उदीयमान कवि अतृप्तजी ने अपने बाब्ड हेयर छिटकाकर लल्ला बाबू की सहायता की—'अरे जोग बाबू, इतना भी नहीं जानते। गिरिजाकुमार माथुर का गीत है। पहिला पद है—

नदी किनारे गाँव हमारा,
आधी रात नाव ले आना।'

लल्लू बाबू ने भी उस्तरा गाल से हटाकर समर्थन किया—'वाह, वाह! क्या सरलता है।'

अतृप्तजी उत्साहित हो व्याख्या करने लगे—'नदी किनारे गाँव हमारा, आधी रात नाव ले आना!' देखिये, पूरा चित्र बन गया। आधी रात में नदी किनारे सोया हुआ गाँव। तट पर

खड़ी है, नदी के प्रवाह पर आँखें लगाये, अभिसारिका। पतले चाँद की जुन्हाई में आती एक नाव! कोई समझे तब तो! अच्छा हमारी भी एक चीज सुनिये...'

अतृप्तजी अपनी कविता सुनाने के लिए आस्तीने समेट गला साफ़ कर रहे थे कि उनके सदा के प्रतिद्वन्द्वी बनवारी पंडित बोल उठे—

'कपिजी, कभी आधी रात नदिया किनारे गये हो? हम जानते हैं, न कपिजी और न इनके माथुरजी ने ही आधी रात में नदी का किनारा देखा होगा। कपिजी, गाँव की नदी के किनारे वैसे घाट नहीं बँधे रहते जैसे लखनऊ में गोमती किनारे बँधे हैं। अरे लखनऊ में भी कहाँ; यही बन्दरिया पुल के नीचे मंदिरों के आस-पास। बाक़ी नदी किनारे आधी रात में कविता पढ़ने वाली बीवी जी गोड़-गोड़ तक कीचड़ में कपिजी से मिलने क्या जायेंगी। और वहाँ होते हैं काँटे। उसमें महीन साड़ी फट जायेगी। साड़ी उठाके चलेंगी तो सरपत टाँगें काट डालेगा। और न कहें तभी भला, सुनकर नाराज होएँगे, गाँव की नदी किनारे इतना मैला फैला रहता है कि नाक पर हाथ धरे बिना खड़े नहीं हो सकते। गाँव की सोभा तो सहर में बिजली के पंखे तले बैठकर ही दिखायी पड़ती है, कपिजी! और कपिजी, नदी किनारे मच्छर का हाल मालूम है? आदमी तो क्या, भैंसा बिलखकर भाग खड़ा हो! चींटे-चीटियाँ धरती पर पकड़े न रहें तो मच्छर उठाकर ले जायें। सिनेमा में आधी रात गाँव की नदी किनारे नाव चलती देखकर कविता लिखी है क्या?'

लल्ला बाबू अतृप्तजी को परेशान किया जाता देख खिन्न हो रहे हैं, यह देखकर एक मुसाहिब ने पं. बनवारी को आड़े हाथों लिया—'अरे, हाँ, तुम तो जरूर ही आधी रात में नदी किनारे छिनारा करने गये होंगे, तभी आपबीती बखाने जा रहे हो!'

अवसर पाकर अतृप्तजी बनवारी की ओर वितृष्णा से हाथ झटककर बोले—'यह भी देखिये, यदि ऐसे ही लोग संसार में हो जायँ तो कविता तो समाप्त हो जाय! इन्हें कीचड़, काँटे और मच्छर-मैला ही दीखते हैं। नदी में चाँद का प्रतिबिम्ब, चाँदनी में नदी का शांत प्रवाह और छाया सी चलती नौका, यह भाव! यथार्थ से सौन्दर्य ग्रहण कर लेना कविता का काम है'

सक्सेना बोल उठे—'भाव तो, अतप्तजी, बहुत ऊँचा है, परन्तु यह बताइये, आधी रात में पतला चाँद कैसे हो सकता है? प्रथमा से चतुर्थी तक के चाँद को ही पतला चाँद कह सकेंगे। सो नौ साढ़े-नौ के बाद कहाँ से आयेगा! या फिर कृष्ण पक्ष की द्वादशी के पश्चात् प्रातः तीन-चार बजे। आधी रात में पतला चाँद हो ही नहीं सकता। आप कल्पना से नक्षत्रों की गति भी बदल डालियेगा? तो फिर चाँद बेचारे के पीछे क्यों पड़े हैं, कल्पना में चाँद से बढ़कर कुछ और ही गढ़ जीजिये न!'

लल्ला बाबू ने हजामत का सामान डिब्बे में समेटते हुए कालिज में पढ़ी हुई बात याद कर के कहा—'कविता का तो प्रयोजन ही रस की सृष्टि करना है।'

जोग बाबू अब तक दूर जलते दीपक से समान पतले चाँद की उपमा पर मुग्ध थे। वह कल्पना बिगाड़ देना उन्हें भला न लगा। उन्होंने सक्सेना को सम्बोधन किया—'आपकी यथार्थवादी कविता तो अखबारी रिपोर्ट जैसी होनी चाहिए। एक लड़की आधी रात के समय नदी किनारे कीचड़ और काँटों में अपने प्रेमी की प्रतीक्षा करती पायी गयी। सम्भवतः इसके मन में आशा थी, प्रेमी नाव लेकर आएगा। हो गई कविता। आपको इस काल्पनिक कविता में क्या रस आयेगा?'

अतृप्त जी और लल्ला बाबू सक्सेना को झेंपा देने के लिए जोर से! 'हो ! हो' करके हँस दिये, 'ठीक कहा, जोग बाबू, खूब कहा!'

पर सक्सेना दबे नहीं। बोले—'रस? इसमें आपको कौन रस दिखाई देता है?'

अतृप्तजी ने बाब्ड हेयर छिटकाकर और दोनों हाथ फैला कर कहा—'वाह, सात्विक श्रृंगार! वासना का नग्न चित्रण नहीं, केवल प्रेम! हृदय की तड़पन, हार्ट पल्पी टेशन...'

सक्सेना और भी जोर से बोले—'नये रसों के आविष्कार की प्रयोगवादी छूट है तो इसे फैशनेबुल प्रणय रस कहिये। ड्राइंग रूम के बन में सड़क-नदी में बहनेवाली मोटर रूपी नाव में प्रेमी प्रेयसी के पास आने के लिए काफ़ी के प्याले पर लात मार देता है। इस प्रेम का रस वैसा ही है जैसे रेडियो पर कमेंट्री सुनकर पिंडारी ग्लेशियर पर चढ़ना...'

बनवारी पंडित इस आलोचना से संतुष्ट न होकर बोले—'परेम रस इसमें क्या है, भैया? यह कैसा प्रेम कि प्रेमी प्रेमिका के घर तक का पता नहीं जानता। बता रही है—'नदी किनारे गाँव हमारा।' पहले से कोई जान-पहचान नहीं है। दिन में तुरई, भाटा बेचने सहर आई तो कपिजी की बात पर उसने कहा होगा—'नदी किनारे गाँव हमारा, आधी रात नाव ले आना!' प्रेम क्या, साहब, निपट एक रात का सौदा है। सुद्ध इसमें क्या है? निरा छिनरा है।'

जोग बाबू ने मुस्करा कर कुर्सी पर करवट ली—'पर एक बात है। अतृप्त जी यदि आधी रात में, वन प्रदेश में अभिसार करते समय प्रेमिका कैसे संकट झेलती है, इस यथार्थ का संकट भी गीत में रहता तो उससे गीत के रस में वृद्धि ही होती और संभव है वह जन-जीवन के भी समीप आ जाता।'

सक्सेना उत्साह पाकर बोले—'हाँ, हाँ, यही तो हम कह रहे हैं। जन-जीवन के परिचय से हीन कवि की कृति में वह शक्ति कहाँ से आ गयी। लोकगीतों को देखिये, वे जन संस्कृति के जीवंत उदाहरण हैं। आप तो चाँद को भी अपनी इच्छा से दुबल-मोटा करना चाहते हैं। अरे, हम आपको एक पंजाबी प्रेम-गीत का भाव बतायें। सोहणी- महीवाल का गीत। सोहणी की भौजाई जान गई थी कि लड़की आधी रात में घड़े के सहारे नदी पार कर दूसरे किनारे अपने यार महीवाल से मिलने जाती है। इस काम के लिए सोहणी ने एक मज़बूत घड़ा छप्पर की दीवार के साथ सम्भालकर रखा हुआ था। भौजाई ने लड़की को दंड देने के लिए मज़बूत पक्का घड़ा उठा कर कच्चा घड़ा रख दिया। सोहणी वही घड़ा लेकर आधी रात नदी में उतर गई। मंझधार में पहुँच कर घड़ा गलने लगा। सोहणी जानती थी, डूब कर मरूँगी तो ज़रूर पर घड़ा इतना आगे तो ले जाय कि किनारे खड़े महीवाल का मुख मरते समय एक बार देख लूँ—

सोहणी डुबकी जांदी ते कौलानू भाल दी,
किवें शकल वेखाँ महीवाल दी!'

यह लेक्चरबाजी होते-होते लल्ला बाबू आवाज देकर अपना कुर्ता मँगा चुके थे। उठते हुए बोले—'भाई, क्या कहें इस कोयले ने भी परेशान कर दिया। नौकर कल सब जगह धूम आया है। कहता है, केंटोन्मेंट रोड पर एक जगह कोयला है। जरा चलते हैं वहाँ तक।' उन्होंने अतृप्तजी, जोग और सक्सेना की ओर देखा—'अभी लौटकर चाय पियेंगे।'

कोयला डिपो के रिफ्यूजी बाबू ने कोयला होते हुए भी माल न बेच सकने की विवशता की ज़िम्मेदारी सरकारी आज्ञा पर डाल कर, उल्टे लल्ला बाबू से टी. आर. ओ. के यहाँ

सिफ़ारिश की माँग कर दी। आश्वासन पाकर रिफ्यूजी बाबू कोयला तुलवा रहे थे कि समीप की गली में निम्न आर्थिक वर्ग की स्त्रियों का एक दल हथेलियों पर लोटे टिकाये और पूजा की थाली लिए सड़के के साथ के गन्दे नाले की ओर नदी पूजा करने जाता दिखाई दिया। पर्व पर जो भी सामने आये उसे सम्बोधन कर गाली गाने की रीति निबाहने के लिए स्त्रियों ने हँसते हुए रिफ्यूजी बाबू को भी अपने गीत में सम्बोधन किया—

'कोयले वाले बाबू रे हमरा पेट बढ़ाए जइयो।'

गीत सुनकर रिफ्यूजी बाबू का चेहरा लाल हो गया, और उसने 'लानत है!' कहकर एक ओर थूक दिया। लल्ला बाबू और अतृप्तजी ने उस समवेत गीत के कलरव को मानो सुना ही नहीं पर जोग बाबू बोल उठे—'सुन लीजिए सक्सेना बाबू, यह है लोक गीत और लोक संस्कृति! इसके विकास और रक्षा के लिए आन्दोलन कीजियेगा न! इन गीतों का संग्रह कर छपवाइये।'

'इसे लोक कला कहेंगे आप?' लल्ला बाबू बोले—'ऐसी लोक कला से तो मुक्ति ही भली।'

'लोक कला ही नहीं यह लोक संस्कृति भी है'—जोग झगड़ने के लिए तैयार हो गये—'आप प्रत्यक्ष से भी इनकार करेंगे? यह लोक का धर्म विश्वास भी है। सामने गंदे नाले को नदी का प्रतीक मानकर बहते जल की पूजा करना यह धर्म विश्वास नहीं तो क्या है? और यह परम्परा भी है। इस परम्परा के लिए गर्व कीजिये। कब तक आप ऐसी परम्परा और धर्म विश्वास को बनाये रखने की स्वतंत्रता देंगे?'

रिफ्यूजी बाबू भी बोल पड़े—'जी आप लोगों की यू. पी. वालों की लोक-कला तो ऐसी ही है। एक बार रूसी डेलीगेट आये थे। सरकार ने क़ैसरबाग में लोक निर्त कराया था। खबर नहीं क्या, बुन्देलों का नाच लाल कुर्तियाँ और सफ़ेद कोपीन लगाकर आधे घण्टे तक जवान, लकड़ियाँ बजा-बजाकर, स्टेज पर चूतड़ हिलाते रहे। लोक निर्त हो गया। हमें तो भाई बड़ी शरम आई! इससे तो डेली-गेटों को किसी बाई का मुजरा दिखाया होता तो मेहमानों की तबीयत तर हो जाती।'

सक्सेना को लोक पक्ष के समर्थन के लिए बोलना ही पड़ा—'इसमें इन बेचारों का क्या अपराध है? उनकी शिक्षा-दीक्षा के जैसे साधन रहे हैं, जैसा कपड़ा लत्ता मिलता है उसी से वे अपने आपको सजायेंगे। आप इस संस्कृति के मूल तत्वों को लीजिये उसमें आ गई विकृति को नहीं।'

रिफ्यूजी बाबू का क्रोध शांत नहीं हुआ था। वे बोले—'आपको नाचना-गाना अच्छा लगता है तो लोगों को नाचना-गाना सिखाइये, या उनकी बेहूदगी की तारीफ़ करने लगेंगे? आप गधे के रेंकने की भी तारीफ़ कीजिये। कहिये ये बोझ उठाने का गीत है।'

बात कला और संस्कृति की हो रही थी इसलिये अतृप्त जी को कुछ कहना ही चाहिये। था। अपने बाब्ड हेयर छिटका कर बोले, 'आप समय से आ गयी विकृति को देखते हैं परन्तु इस परम्परा में निहित सूक्ष्मता को नहीं देखते। वास्तव में वह सूक्ष्मता कितनी मधुर है। जैसे इस पूजा में नदी का स्थान गंदे नाले ने ले लिया। वैसे ही कुल वधुओं के प्रत्येक राह चलते से शिष्ट परिहास कर सकने के अधिकार का स्थान गालियों ने ले लिया है। गाली गाने के महात्म्य का विश्वास परिहास के महत्व का स्थानापन्न हो गया है। यह सब तो जीवन में आ गयी संकीर्णता के प्रभाव हैं।'

अतृप्तजी ने अपनी सारगर्भित वक्तव्य को प्रभावोत्पादक बनाने के लिए दोनों हाथों की उँगलियाँ नचा-नचा कर काम लिया। तिस पर भी सक्सेना बोले ही, 'तो इस संकीर्णता का कारण क्या है? उदर पूर्ति और उचित शिक्षा के साधनों की कमी ही न? तब आप जन-साधारण की उदर पूर्ति की बात न कर सांस्कृतिक आडम्बरों से जनता को धोखा देने का यत्न क्यों करते हैं?'

बारबार 'जनता', 'जनता' शब्द सुनकर रिफ्यूजी बाबू को सन्देह हुआ—लल्ला बाबू को घेर कर आये लोग सोशलिस्ट, कम्युनिस्ट ही न हों और कल से पुलिस उन पर नज़र रखने लगे और डीपो का परमिट ही कैंसल हो जाये। उन्होंने झाबों में कोयला लेकर गली में जाते हुए मजदूरों की ओर संकेत कर चेतावनी दी—'मजदूर कोयला ले जा रहे हैं। ज़रा साथ ही रहिये। कहीं गलती से किसी दूसरे के मकान पर ही न पहुँचा दें।' और उन्होंने सभा विसर्जित कर दी।

नया पथ, सितम्बर १९५६

●

चक्कर क्लब-९

लल्ला बाबू को दफ़्तर में नौ, दस, ग्यारह घंटे तक कुर्सी पर बैठने और घर में नियम से पूरी, पराठा, घुइयाँ और दाल खाते रहने से निरंतर अनपच और सिर दर्द की शिकायत होने लगी थी। डॉक्टर भले आदमी हैं। उन्होंने स्पष्ट कह दिया—हमारी दवाई पर पैसा ख़र्च करने से उतना लाभ नहीं होगा जितना प्रातः सूर्योदय के समय दो मील घूम आने से हो सकेगा।

लल्ला बाबू मुहल्ले के बड़े आदमी हो गये हैं। उनके प्रातः भ्रमण करने जाने के समाचार से मुहल्ले में भ्रमण आन्दोलन आरम्भ हो गया। वे चालीस-पचास मिनट तक मुँह सिये चुपचाप कैसे चलते रहते। इसलिए कई लोग उनके साथ, बदरी पंडित और रामलखन ठाकुर भी नीमकी दातुन चबाते हुए घूमने जाने लगे। प्रातः भ्रमण की तैयारी गौरीशंकर आरोहण की चढ़ाई के परिमाण में होती है। गली में खड़े होकर इस-विस को पुकारा जाता है। इससे जोग बाबू, तिवारी जी और सक्सेना की नींद भी टूट जाती है। अहदी और सुस्त समझे जाने से बचने के लिए ये लोग भी साथ हो लेते हैं। चालीस-पैंतालीस मिनट की इस सैर में किसी भी विषय पर बहस हो सकती है।

एक दिन सुबह इस चलत समाज में रामचरित मानस की गरिमा पर बात हो रही थी कि बदरी पंडित के मुख से सहसा निकल गया—'राम-राम!'

लोगों ने देखा कि सड़क पर चलते ढलती आयु के एक जीर्ण से व्यक्ति के हाथ से आलमोनियम का गिलास फिसल गया था। सड़क पर तारकोल बिछा रहने के कारण पाव भर दूध बहुत सी जगह पर फैल गया था। ढलती आयु का रोगी सा दीखता वह व्यक्ति अपनी घुटने तक पहुँचती चीकट मैली धोती के एक छोर से सड़क पर गिरे दूध को सोख-सोखकर गिलास में निचोड़-निचोड़ कर इकट्ठा कर रहा था। उसके दीन मुख पर ऐसा अवसाद दिखाई दे रहा था मानो अपने मृत बालक का शव ले जाने के लिए उसे चीथड़े में लपेट रहा हो।

'ग़रीब का नुकसान हो गया!' गणेश ठाकुर ने कहा। बदरी पंडित करुणा के स्वर में बोला—'अब इसे समेट किस लिये रहा है! किसी कूकर को पी लेने दे।'

सक्सेना ने विचार प्रकट किया—'समेट रहा है तो उसे उपयोग में लाने का विचार होगा। नहीं तो समेटता क्यों?'

तिवारी जी भी साथ थे—'किसी दूसरे ने गिलास से घूँट भर लिया होता तो चाहे उसे जूठा समझकर उपयोग में लाने से संकोच होता परन्तु सड़क पर फैले दूध को समेटने में इसे उतनी आपत्ति नहीं है।'

'यह विश्वास और मानसिक अभ्यास का प्रभाव है।' सक्सेना ने तिवारी जी की बात पूरी की—'जूठा खाना अधर्म है। सड़क के कूड़े को समेटकर रोग पा लेने से धर्म का कोई सम्बन्ध नहीं है।'

जोगू बाबू आगे बढ़कर बूढ़े से बोले—'तुम्हारा नुक़सान तो हो गया। पर अब जाने दो। यह दूध अब किस काम का! यह तो बेकार हो गया। इसे फेंक दो। इसे पीने से बीमार हो जाओगे।'

बूढ़े ने गिलास की तली में सड़क से समेटे हुए कीचड़ जैसे वाले छटाँक भर दूध को सतृष्ण नेत्रों से देखकर उत्तर दिया—'बाबू औटा कर छानकर चाह में डाल लेंगे।'

दैन्य के इस दृश्य से लल्ला बाबू का भी मन पसीज गया था। उन्होंने जेब से इकन्नी निकाली और आगे बढ़कर इकन्नी बूढ़े की ओर फेंक कर हुक्म दिया—'यह दूध फेंक दो। पैसा देते हैं, जाओ ख़रीद लो!'

बूढ़े ने इकन्नी पाकर कीचड़-सा काला दूध गिलास से उड़ेल दिया और इकन्नी लेकर चुपचाप अपनी राह चल पड़ा। लल्ला बाबू ने समझा था कि उन्होंने समस्या का उचित समाधान कर दिया परन्तु तिवारी चलते-चलते सड़क पर नज़र टिकाये बोल उठे—

'लल्ला बाबू, आपने भला ही काम किया। इकन्नी से ग़रीब का नुक़सान तो पूरा हो गया परन्तु समस्या पाव भर दूध के नुक़सान की नहीं, उसके अज्ञान की है। सोचिये तो उसे वह विष पी लेने में भय नहीं जान पड़ रहा था। यह क्या हमारे समाज की समस्या नहीं है?'

गणेश ठाकुर लल्ला बाबू की ओर से बोल पड़े—'तो लल्ला बाबू उससे मत्था- पच्ची करने बैठ जाते? तिवारी जी भी कैसी बातें करते हैं। अरे हाँ, जितनी बन पड़ी उसकी मदद कर दी।'

सक्सेना ने आपत्ति की—'उसकी मदद क्या कर दी? आपको वैसा दूध पिया जाने के विचार से घिन आयी सो आपने वैसा दूध फिंकवा देने के लिए इकन्नी फेंक दी। यह तो अपने मन की घिन दूर करने का उपाय हुआ। वह आदमी कल फिर वैसी ही कोई चीज़ खाने को तैयार हो जायगा। मदद तो तब होती जब उसका अज्ञान दूर किया जाता। यह तो ग़रीब की समस्या से अपना सम्बन्ध तोड़ लेना हुआ। इकन्नी दे देने का अर्थ हुआ, 'हट जाओ हमारे सामने से!' यह समस्या को सुलझाना नहीं हुआ। इसे वास्तविक सहानुभूति नहीं कहा जायगा!'

तिवारी जी फिर बोले—'अच्छा, अच्छा! लल्ला बाबू, यदि हम लोग इस समय यहाँ न आ जाते या आपने इकन्नी देकर वह ज़हर उसके गिलास से फिंकवा न दिया होता तो इस छोटी सी घटना का परिणाम क्या होता?' तिवारी जी ने जोग बाबू की ओर कटाक्ष कर कहा—'जोग बाबू इस घटना का समाचार आपके पत्र में भला क्या छपेगा?'

जोग बाबू सहसा बोल नहीं पाये परन्तु लल्ला बाबू ने तिवारी जी की बात को अपने इकन्नी दान कर समाचार छापने का ताना समझ लिया, इसलिए बोल पड़े—'अखबार में छपने लायक़ कौन घटना हो गयी तिवारी जी?'

गणेश ठाकुर ने तुरन्त लल्ला बाबू का समर्थन किया—'लल्ला बाबू आजकल अखबारों में और छपता ही क्या है!'

तिवारी जी धैर्य से बोले—'रेल दुर्घटना हो जाने या होते-होते बच जाने का समाचार पत्र में छपता है या नहीं? कल्पना कीजिए, यह घटना क्या रेल दुर्घटना से कम थी? हमें अपने समाज की ग़रीबी और अज्ञान के सहने का इतना अभ्यास हो गया है कि इस घटना का महत्व हमें कुछ भी नहीं जँचा परन्तु सोचिये यह आदमी यह दूध पीकर हैजे का रोगी हो जाता और इस कारण रोग इसके मुहल्ले में फैल जाता और मुहल्ले से पूरे नगर में तो इस घटना का परिणाम क्या किसी रेल दुर्घटना से कम होता? क्या यह प्रकाश में आना आवश्यक नहीं है कि स्वास्थ्य रक्षा के सम्बन्ध में कितना अज्ञान हमारे देश में है? यह अज्ञान क्या सामाजिक अभिशाप नहीं है? यदि हमारी दृष्टि में इस घटना का महत्व नहीं है तो यह हम लोगों में सामाजिक चेतना और सामाजिक भावना के अभाव का प्रमाण है।'

'अरे अंगरेजी पढ़ें लिखों की बातें!' बदरी पंडित ने तिवारीजी पर विद्रूप में कहा—'हज़ारों आदमी सड़क पर गिरी चीज़ें उठाकर खाया करते हैं। छोटे लोगों को ऐसा क्या परहेज?'

'छोटे लोगों को रोग-बीमारी का डर नहीं होता?' सक्सेना ने आपत्ति की, परन्तु पंडितजी ऊँचे स्वर में अपनी बात कहते गये—'जाओ रखे साइयाँ ताको मार न सके कोय!'

तिवारी जी खिन्न हो गये और बोले—'पंडित, तुम्हीं उस दिन सुना रहे थे कि गाँव में बाढ़ आयी तो तुम्हारे बाल-बच्चे शहर में दौड़ आये। वहाँ क्या साईं नहीं थे? लड़का बीमार हुआ था तो बोतल लिये दवाई के लिए क्यों दौड़ा करते थे? उस ग़रीब के लिए साईं और तुम्हारे लिए दवाईं?'

सक्सेना फिर बोले—'साईं और दवाई का झगड़ा रहने दीजिये। हम पूछते हैं ऐसा दूध पीने के लिए किसी आदमी का तैयार हो जाना और मक्खियों से ढकी मिठाई को निःसंकोच खा लेना सांस्कृतिक दृष्टि से कैसा समझा जायगा? आप लोक गीतों और लोक नृत्य के प्रदर्शन के सांस्कृतिक उत्थान का ढोल पीटते हैं, यह गन्दगी को गन्दगी न समझना सांस्कृतिक प्रश्न नहीं है?'

लल्ला बाबू समाधान करने के लिए बोले—'हम-आप थोड़े ही ऐसी ग़लाज़त सह सकते हैं? उस आदमी की शिक्षा-दिक्षा नहीं है। उसका भी क्या दोष है?'

जोग बाबू बोले—'लल्ला बाबू किसी का तो दोष है ही।'

सक्सेना उग्र स्वर में बोले—'सामाजिक अज्ञान सरकार का दोष है। समाज के लिए शिक्षा का प्रबन्ध करना किसका उत्तरदायित्व है? अक्षर-ज्ञान ही शिक्षा है? रोग से बचने की, गन्दगी से घृणा करने की शिक्षा की क्या आवश्यक नहीं?'

पंडित लल्ला बाबू की तरफ़दारी में बोले—'लीजिये अब सरकार लोगों को सफ़ाई सिखायेगी!' और बहुत ज़ोर से बनावटी कहक़हा उन्होंने लगा दिया।

तिवारी जी ने बीच-बचाव किया—'हैज़ा, प्लेग फैलने पर सरकार दवाई की सूई की व्यवस्था भी न किया करे? हैज़ा हो जाये तो इलाज करना सरकार का कर्तव्य, परन्तु हैज़ा न होने दे सकने की व्यवस्था सरकार का कर्त्तव्य नहीं?'

सभी बोल रहे थे तो गोकुल भी बोले बिना नहीं रह सके—'यह सब काम जनता की सरकार नहीं कर सकती। ऐसे कामों से अधिक वोट मिलने में सुविधा नहीं होगी तो सरकार इन्हें क्यों करे? सरकार गले-सड़े फलों की बिक्री पर कड़ी रोक लगा दे तो खटिकों की बिरादरी के वोट हाथ से चले जायँ, समझे!'

लल्ला बाबू फिर बोले—'माना, माना सरकार को यह करना चाहिए, परन्तु हम आप लोगों को भी तो कुछ करना चाहिए!'

सक्सेना तीव्र स्वर में बोल उठे—'हम क्या कर सकते हैं? सब साधन तो सरकार के हाथ में हैं। सरकार कहने को धर्म-निरपेक्ष बनी है परन्तु नित्य प्रातः लोगों को आध घंटे तक भक्ति की भाँग पिलाती है। रेडियो पर कभी सार्वजनिक स्वास्थ्य और नागरिक व्यवहार की बात भी की गयी है? बस एक ही बात रोज की आज पंडित नेहरू का स्वागत यहाँ हुआ, आज पंडित नेहरू का स्वागत वहाँ हुआ!'

पंडित बदरी फिर बोले—'सरकार रेडियो पर कहेगी भी तो मानेगा कौन?'

जोग बोले—'यह तो आपने काँग्रेस सरकार की बहुत प्रशंसा की, कि उसकी बात कोई मानता ही नहीं आप यह क्यों नहीं कहते कि सरकार को बात कहनी नहीं आती, यह वह ऐसी बात समझाने की ज़रूरत नहीं समझती।'

गोकुल फिर बोले—'सरकार को जन-साधारण की बीमारी-शिमारी से मतलब क्या? जो आदमी बड़ा अफ़सर या मिनिस्टर बन जाता है, गली-मुहल्ला छोड़कर बँगले में रहने लगता है। लोग-बाग गन्दगी में रहते हैं तो उनकी बला से।'

लल्ला बाबू को सरकार पर यह लाँछन सह्य नहीं हुआ। उन्होंने विरोध किया—'अभी तो तिवारी जी कह रहे थे कि सरकार बीमारी फैलने पर ही चेतती है। अब आप लोग कह रहे हैं कि सरकार को लोग-बाग की बीमारी से मतलब ही नहीं।'

'अरे वो तो इसलिये'—गोकुल अपनी बात पर अड़ने के लिए बोला—'सब लोग मर जायँगे तो वोट कौन देगा और झंडेदार गाड़ी सूनी सड़कों पर चलेगी तो उसे देखेगा कौन? मज़ा क्या आयेगा!'

तिवारी जी फिर बोले—'सरकार यदि पंडित नेहरू और गाँधीजी पर विश्वास रखने का प्रचार कर सकती है तो नागरिकता की शिक्षा नहीं दे सकती?'

गोकुल और तीखे स्वर में बोले—'नहीं दे सकती, हरगिज नहीं दे सकती। आप हेल्थ आफ़िसर को रपट कीजिये कि गली के कोने पर कूड़ा सड़ता रहता है। वह कागज़ सर्कल इन्स्पेक्टर के पास भेजेगा। सर्कल इन्स्पेक्टर जमादार के पास, जमादार इलाके के मेहतर से बात करेगा। अब उल्टे चलिये—इलाके का मेहतर जमादार को महावारी पूजता है, जमादार अपने आला अफ़सर को। आपकी रिपोर्ट के उत्तर में जवाब मिलेगा—सफ़ाई का प्रबन्ध ठीक है। शिकायत खामुखा की हुज्जतबाजी है। अगर किसी अफ़सर ने हिम्मत कर अपने मातहत पर चार्जशीट लगा दी तो अपराधी अपने मुहल्ले के पचास वोट के दलाल कांग्रेसी की पूजा कर देगा। कांग्रेसी मिनिस्टर वहाँ जाकर अपराधी की ओर से सफ़ाई दे देगा—ग़रीब पर जुल्म हो रहा है मिनिस्टर वोट-दलाल को रुष्ट नहीं कर सकते। सख़्ती करने वाले अफ़सर का और कुछ नहीं बिगाड़ेगा तो तबादला ही हो जायगा। जनता की सरकार का तो ढंग है कि खुशामद से वोट लेकर राजा बनो और राजा बनकर जनता को जूता मारो!'

लल्ला बाबू फिर बोले—'जो काम जनता के अपने किये हो सकते हैं उनके लिए आप सरकार पर क्यों भरोसा करें? हम लोग चाहें तो क्या गली-मुहल्ले साफ़ नहीं रह सकते?'

'कैसे रह सकते हैं?' सक्सेना तेज़ी से बोले—'पंडित मंदिर में कीर्तन करेंगे तो इतना काँसा-पीतल पीटेंगे कि आधी रात तक नींद हराम रहे, और घर का सब कूड़ा-करकट गली में फेंक देंगे। रामचरन की घरवाली बच्चे को दरवाजे के बाहर लाकर हगने के लिए नाली

पर बैठा देती है। लोचन झट से धोती उठा गली में ही दीवार की ओर मुँह कर बैठ जाते हैं। एतराज करो तो सब लड़ने को तैयार कि गली क्या तुम्हारे बाप की है? सरकार की नज़र में यह सब काम अपराध नहीं है। और मजदूर पेट भर तनखाह न मिलने पर हड़ताल करे तो अपराध है? गली में सफ़ाई कराने की जिम्मेवारी, हमारी स्वास्थ्य रक्षा और शिक्षा के लिए कमरतोड़ टैक्स उगाह लेने का अधिकार सरकार का! लोगों में सफ़ाई से रहने की शिक्षा देना हमारा काम और हमीरपुर का नाच कराने के लिए हज़ारों रुपया उड़ा देना सरकार के काम!'

तिवारी जी मुँह लटकाये ही बोले—'यह सब पूँजीवादी व्यक्तिगत स्वातंत्र्य की मान्यता का प्रभाव है। देखिए, किसी आदमी के घर सेंध लग जाय तो पुलिस का कर्तव्य हो जाता है कि दौड़-भाग कर चोर को पकड़े, परन्तु कोई आदमी सामाजिक स्वास्थ्य को हानि पहुँचाने का काम करे तो पुलिस को कोई मतलब नहीं। इस समाज में सम्पत्ति पूजी जाती है जनहित नहीं। इसलिए सम्पत्ति के विरुद्ध अपराध अक्षम्य है, जनहित के विरुद्ध अपराध की चिंता नहीं।'

बदरी पंडित इस बात का विरोध नहीं कर सके तो बोले—'अरे तिवारी जी, यह क्या फ़ारसी बोल रहे हो। ऐसी बात कहो कि हम भी समझें तो जवाब दें आपको।'

जोग ने हँसकर परामर्श दिया—'अरे भाई चुप्पे-चुप्पे चलो। डॉक्टरों की राय है कि चलते समय केवल नाक से साँस लेना चाहिए, मुँह से नहीं।'

नया पथ, अक्तूबर १९५६

●

बात बात में...-१

बात बात में एक प्रसिद्ध कलाकार ने कला का तत्त्व यों बताया कि वास्तव और यथार्थ में से सौन्दर्य को पहचान कर उभार देना और उसकी ओर संकेत कर देना ही कला है। सौन्दर्य का अर्थ है जीवन के लिये किसी प्रकार की तृप्ति।

बम्बई में सभी प्रकार के सौन्दर्यों और तृप्ति के लिये पैसा खर्चना पड़ता है। बम्बई के सामने हज़ारों मील फैला समुद्र भी एक बहुत बड़ा यथार्थ और वास्तविक है। अपने काम से दिन भर घूमकर, माथापच्ची से थककर इस बहुत बड़े यथार्थ और वास्तव समुद्र के किनारे में बैठ जाता हूं और सोचता हूं कि इस बहुत बड़े और व्यापक यथार्थ से ही अपनी तृप्ति के लिये कुछ सौंदर्य पा सकूं। छिटकती लहरें दिगन्त तक फैली हुई हैं। किनारे की ओर बढ़ती लहर जब फूट पड़ती है तो बहुत सा झाग उगल देती है। यदि उसमें सौंदर्य ढूंढ़ना ही हो तो कह दिया जा सकता है कि लहर फूटकर मोतियों के खज़ाने बिखर जाते हैं। कलाकारों की नकल में मैं भी ऐसी बहुत सी बातें दोहरा सकता हूं पर अपने काम में सफलता की आशा दिखाई न देने से मोतियों की बखेर में कोई सौन्दर्य मुझे नज़र नहीं आता।

पश्चिम में सूर्य बड़े भारी गोल अंगारे की तरह समुद्र में घुसा चला जा रहा है। बादलों की काली-काली लकीरें उस पर फैली हुई हैं। किसी कलाकार की नकल में कह दिया जा सकता है कि लाज से सकुचाई युवती का मुख उलझी हुई लटों में से दिखाई दे रहा है। पर लाज से सकुचाई युवती को देख पाने के लिये भी पैसा चाहिये या उसे देखने के लिये बैठने की जगह के लिये पैसा चाहिये। बम्बई के बाजारों में जिन युवतियों को देख पाने का अवसर है वे या तो लांग से धोती को घुटनों के ऊपर चढ़ाये, सिर पर टोकरा लिये जल्दी-जल्दी सड़क पर भागती फिरती हैं, या फ्राक और साड़ी फरफराती कहीं समय पर पहुंचने की जल्दी में बस में कूद जाती हैं। इन्हें लजाने की फुर्सत ही नहीं, और हो भी तो इनके चेहरे इतने रूखे हैं कि लाज की लाली इन पर चढ़ेगी क्या? ये सब पेट भरने के लिये या तृप्ति के लिये कुछ करने के लिये परेशान हैं। सौंदर्य का ख्याल इन्हें नहीं आता होगा। कुछ युवतियां कारों में फिसलती चली जाती हैं। इन्हीं के चेहरों पर आराम की चिकनाई दिखाई देती है, जिस पर लाज का इंगुर खिल सकता है। कारों में फिसलती जाती ये युवतियां या महिलायें हम जैसों की तरफ़ देखती ही नहीं। आज मैं सोच रहा था कि जीवन में तृप्ति पाने के लिये सभी को कुछ न कुछ करना पड़ता है, साधारण आदमी के महीने भर की कमाई

की कीमत की साड़ी पहने कारों में फिसलती जाने वाली ये नारियां ज़रूर बहुत कड़ी मेहनत करती होंगी। पर क्या? यही कि ये बहुत अमीर आदमियों के साथ रहती हैं।

खैर, समुद्र के किनारे बैठे सौंदर्य से तृप्ति पाने की प्रतीक्षा में कुछ तो देखा ही। दाईं ओर प्रायः पचास गज के फ़ासले पर एक तरुण जोड़ा आकर चट्टान पर बैठ गया। कुछ देर एक दूसरे की ओर मुस्कराकर देखने के बाद दोनों ने बाहों से एक-दूसरे के कंधे को अपनी ओर खींच लिया और चूम भी लिया। कैसे कहूँ ये अच्छा नहीं लगा। पर उस ओर लगातार देखना उचित नहीं था, इसलिये बाईं ओर भी देखना पड़ा और देखा कि घुटनों तक धोती चढ़ाये गोद में केवल झँगला पहने बच्चे को लिये एक औरत आई। बच्चे को एक चट्टान पर बैठा वह गंदे कपड़े धोने लगी।

प्रसिद्ध कलाकार की बात याद आई। दायें और बायें के यथार्थों में किस सौंदर्य को पहचान कर मैं उसकी ओर संकेत करूं? तभी बाईं ओर कुछ और दूर नज़र गई समुद्र से जाल खींचने में तने हुए एक मछुए के शरीर पर! उसकी छोटी सी नाव समीप खड़ी थी और वह पूरी शक्ति से समुद्र से भारी जाल को खींचता जा रहा था। वास्तव में तो नहीं पर कल्पना में दिखाई देने लगा—दिन भर नाव खेकर अब भी यह जाल को इतने परिश्रम से खींच रहा है, थकना वह जानता ही नहीं? जीवन के लिये इतना श्रम ज़रूरी है। हाँ यह भी तो एक चित्र है। इसमें सौंदर्य कितना है? पर प्रेरणा से तो इनकार नहीं किया जा सकता। मैं प्रसिद्ध कलाकार से पूछना चाहता हूं कि यथार्थ और वास्तव में से सौन्दर्य को पहचान कर उसकी ओर संकेत कर देना ही कला है या प्रेरणा उत्पन्न कर सकना भी। जब प्रेरणा उत्पन्न करने की चेतना जागेगी तो यह प्रश्न भी स्वाभाविक जागेगा कि प्रेरणा किस बात की? जीवन में बाधा क्या है? मार्ग कौन सा है? तब फिर यह 'कला' क्या रह जायगी, यह हो जायगा प्रगतिवाद!

*　　　*　　　*

बात बात में किसी ने कहा कि बम्बई की हवा गले के लिये अच्छी नहीं। जो लोग शराब या चाय-काफ़ी नहीं पीते उनका गला यहां खराब हो जाता है। पर बम्बई में शराब तो मुरारजी ने बंद कर दी है। रह गई काफ़ी और चाय! गांधी जी कह गये हैं कि काफ़ी और चाय अंग्रेज़ों की फैलाई व्याधियां हैं और त्याज्य हैं। सवाल यह है कि काफ़ी और चाय की व्याधि फैलने से पहले बम्बई में हमारे पूर्वज गला ठीक रखने के लिये क्या उपाय करते होंगे? भगवान कृष्ण द्वारिकापुरी में राज करते थे। द्वारिकापुरी बम्बई राज्य में ही है। भगवान इस विषय में गीता में कोई उपदेश नहीं दे गये। व्यास जी ने भी महाभारत में कहीं नहीं लिखा कि भगवान ने महाभारत के युद्ध में चाय का कोई प्रबंध किया था। खैर शराब की वकालत हम नहीं कर सकते।

सरकारी लोगों का कहना है कि बम्बई प्रान्त में शराबबंदी से चोरी-चपारी में बहुत कमी हो गई है। कुछ लोग कहते हैं कि चोरी-चपारी की अपेक्षा चोरी की शराब बेचने में ज़्यादा मुनाफ़ा रहता है। जितने लोग पहले पीते थे, कम ज़्यादा उतने ही अब भी पीते हैं। फ़र्क ये है कि पहले की अपेक्षा ज़्यादा नुकसानदेह शराब अब चलती है। पहले जो लोग पीते थे सरकार को कर देकर पीते थे, अब बिना कर दिये पीते हैं। खैर, जो शराब पीते हैं उनसे अपने को क्या हमदर्दी?

शराब-बन्दी से सरकार को करोड़ों का घाटा है। पर भारतीय सरकार तो रामराज की सरकार है। वो पैसे को नहीं, धर्म और नैतिकता को देखती है। धर्म और नैतिकता के लिये मुरारजी इतना कर रहे हैं तो हम उनकी प्रशंसा ही करेंगे। पर क्या मुरारजी ने अपनी बम्बई का 'गोलपीठा' बाज़ार नहीं दखा? जो लोग बम्बई नहीं आये, गोलपीठा की बाबत नहीं जानते होंगे। गोलपीठा बाज़ार में फुटपाथ के साथ दुकानों में सींखचे लगे हुए हैं। इन सींखचों के पीछे या सींखचों को पकड़े खड़े रहती हैं औरतें, जो फुटपाथ पर चलने वालों को 'अरे! अरे!', 'शी शी' या 'यहां आ रे!' कह कर पुकारती रहती हैं। इन दुकानों के ऊपर चौबारों में भी खिड़कियों में बैठी औरतें ग्राहकों को दूसरे तरीकों से निमंत्रण देती रहती हैं। किसलिये? यह बताने की ज़रूरत नहीं। सवाल ये है कि इस व्योपार पर कांग्रेस सरकार ने कोई प्रोहिबिशन या निषेध लगाना आवश्यक क्यों नहीं समझा? क्या लोगों को शराब पीने के कुकर्म से बचाना ही आवश्यक था? इस ओर ध्यान देना आवश्यक क्यों नहीं समझा गया? व्याभिचार अधिक बुरा है या शराबखोरी?

शायद कहा जायगा कि ये औरतें हैं ही ऐसी। पर सभी लोग कहते हैं कि वो पैसे के लिये या पेट भरने के लिये ही ऐसा करती हैं। पेट बहुत कुछ करा लेता है। ये औरतें स्वयं अपनी स्वाभाविक बुराई से ऐसी बन गई हैं या वे बेबस हैं और दूसरे लोगों के पास इन्हें ऐसा बना देने का अवसर है?

आप बम्बई के बड़े-बड़े सेठों के बंगलों के सामने से गुज़रिये तो देखियेगा कि अच्छे लहीम-शहीम कद्दावर आदमी फाटक पर वर्दी पहने खड़े-खड़े जम्हाई लिया करते हैं। इन दरबानों का काम यह है कि जब सेठजी अपनी तोंद के बोझ के कारण या अपने जनखे शरीर के कारण लचकते हुए कठिनता से बंगले में प्रवेश करें तो ये सलाम कर दिया करें। सेठजी के रोब प्रदर्शन के लिये अच्छे-खासे मर्दों का दुरुपयोग इसीलिये होता है कि लम्बे-चौड़े मर्द होने पर भी इनके पास पैसा नहीं और सेठजी के पास तमाशबीनी के लिये भी है। जब सेठजी अच्छे ख़ासे मर्दों का ये हाल कर सकते हैं तो बेसहारा और बेरोज़गार ग़रीब औरतों का कौन रखवाला?

हां तो गोलपीठा की इन औरतों को पेट भर सकने का कोई और अवसर 'रामराज' की सरकार नहीं दे सकती? यदि सरकार इन औरतों को अपनी मानवता की रक्षा करते हुये रोज़ी कमा सकने का अवसर देने की ज़िम्मेवारी उठा ले तो दूसरे भलेमानस मर्द- औरतों ने ही क्या अपराध किया है कि उनके लिये भी ऐसा न किया जाय? ऐसा हो तो सभी को, पूरी प्रजा को रोज़ी कमा सकने का अवसर देने की ज़िम्मेवारी 'रामराज' की सरकार पर आ पड़ेगी। और जब सरकार ऐसा करने लगेगी तो कोई अपनी मेहनत 'शेट' जी के हाथ बेचकर अपना शोषण करने का अवसर क्यों देगा? ये अच्छी रही; वेश्यावृत्ति समाप्त करने के नाम पर आप शोषणवृत्ति को ही समाप्त करवा देना चाहते हैं। हमारी सरकार ऐसी भोली थोड़े ही है कि धर्म और नैतिकता के नाम पर शोषक और शोषित की व्यवस्था मिटाकर कम्युनिस्टों के लिये रास्ता साफ़ कर दे। और भाई आदमी हो तो मोरारजी जैसा! नशाबन्दी करके ही भगवान से साक्षात का उद्देश्य पूरा कर लिया। धर्म भी हुआ और समाज व्यवस्था पर भी आंच नहीं आई।

नया पथ, फरवरी १९५४

•

बात बात में...-२

सुना कि कुछ दिन पहले बम्बई में एस्प्रो की गोली ही दुर्लभ हो गई थी। पूछा, क्या लोगों को सिर दर्द की तकलीफ़ इतनी बढ़ गई थी? मालूम हुआ कि नशा करने का सिर दर्द था। यहां बात बात में नशे की बात निकल आती है अर्थात् नशा कर पाने के लिये लोग काफ़ी सिरदर्द झेलते हैं। एस्प्रो इस सिर दर्द में भी कारगर होने लगी। लोग कोकाकोला की बोतल में एक गोली एस्प्रो डालकर एक पेग का नशा पा लेने का संतोष कर लेते थे।

मुरारजी को यानी सरकार को भेद का पता चला तो एस्प्रो पर भी प्रतिबंध लगने लगा। मादकता निषेध के लिये सरकार की इस मुस्तैदी की तो तारीफ़ ही करनी पड़ी कि लोगों को मादकता के पाप और पतन से बचाने की उसे कितनी चिन्ता है। मुरारजी को केवल शराब से ही नहीं, लोगों के नशा कर संतोष पाने से ही चिढ़ है। तभी तो गांजा, भांग और अफ़ीम पर भी प्रतिबंध है।

पर मादकता या नशे के जो सबसे विकट साधन हैं उनकी ओर रामराजी सरकार का ध्यान नहीं गिया। नशे के क्षेत्र में काफ़ी ज्ञान न होते हुए भी इतना तो सुना ही है कि–

'कनक कनक ते सौ गुनी मादकता अधिकाय।
ई खाए बौराय जग ऊ पाये बौराय।।'

बम्बई में रामराजी सरकार ने पहले कनक (धतूरे) पर तो प्रतिबंध लगाया पर दूसरे कनक यानी धन (सोना) पर नहीं लगाया। इस दृष्टि से यहां कुछ लोग तो इतने मदहीन और चैतन्य हैं कि फुटपाथ पर सोकर भी, खास कर जाड़े और बरसात में भी, भगवान के भरोसे संतुष्ट हैं और कुछ लोग कई लाख रुपये माहवार कमाते हुए भी और अधिक कनक बटोर लेने की मादकता में इतने झूमे हुए हैं कि मजदूरों के अपना बोनस मांगने पर प्रजातन्त्र दिवस पर भी गोली चलवा देते हैं। और सरकार की मादकता का क्या कहना जो ऐसे मौके पर भी गोली चला सकने में सकुचाती नहीं। हां मादकता और संकोच का क्या नाता?

खैर अपन तो नशे और मादकता निषेध की ही बात कर रहे थे। रामराज की महिमा बताने वाले तुलसीदास जी ने भी मादकता के सम्बंध में ऐसा ही कुछ कहा है कि–

'प्रभुता पाइ काहि मद नाहीं।'

कह नहीं सकते कि इस मादकता की श्रेणी में मुरारजी और उनकी सरकार भी आ जाती है या नहीं? मुरारजी इस विषय में कह भी क्या सकते हैं? मदखाये आदमी की एक पहचान यह भी है कि वह कहता फिरता है कि 'अरे मुझे मद थोड़े ही चढ़ा है!'

पंडित नेहरू ने यह बहुत भला किया कि भारत सरकार के दफ्तरों में काम करने वाली कुमारियों और महिलाओं के लिए भड़कीली साड़ी और बहुत छोटा ब्लाउज़ पहनने पर प्रतिबंध लगा दिया! पर जिन महिलाओं या कुमारियों का काम इसी ज़ोर पर चलता था वे अब दफ्तरों में किस काम आयेंगी?

पंडित जी का यह भी हुक्म है कि जो महिलाएँ विलायती ढंग की फ्राक-व्राक पहनती हैं, विशेष अवसरों पर उन्हें भी भारतीय पोशक यानी साड़ी ही पहननी पड़ेगी। स्त्रियों की भारतीय पोशाक क्या है इस विषय में अजन्ता के चित्रों की सहायता से निर्णय करना पड़े तो न तो साड़ी ही मंजूर की जा सकेगी और न पेट ढंकने वाले ब्लाउज़ को ही मंजूर किया जा सकेगा। पंडित जी के श्रीमुख से सुना है कि उन्हें अजन्ता में कोई आर्ट या कला नहीं दिखाई देती। सम्भव है उन्हें वहां इतिहास भी न दिखाई देता हो।

साड़ी को भारतीय सरकारी पोशाक मुकर्रर करते समय बम्बई में एक और प्रश्न उठ सकता है—साड़ी लांगदार हो या बिना लांग की, जिसे यहां गोल साड़ी कहते हैं और महाराष्ट्र के कुछ भागों में बिना लांग के साड़ी पहनना, या पंजाब के कुछ भागों में साड़ी पहनना ही बेशर्मी और नंगापन माना जाता है! खैर हमें पंडितजी की बातों पर आपत्ति नहीं, क्योंकि देश का सुधार करने के लिये यह सब तो करना ही पड़ेगा!

पर सरकारी महिलाओं और सरकारी लड़कियों के भड़कीली साड़ी पहनने या ऊँचा ब्लाउज़ पहनने से दफ्तरों में जिस आपत्ति की आशंका हो सकती है उसका सबसे बड़ा साधन तो नर-नारियों की आंखों में रहता है। भगवान पंडित जी का भला करे! इतना और कर देते कि या तो सब सरकारी महिलायें और सरकारी लड़कियां काली ऐनक लगाकर आया करें नहीं तो कम से कम नज़रें नीची रखा करें, जैसे फ़र्श पर गिर पड़ी चवन्नी ढूंढ़ती जा रही हों!

*　　　　*　　　　*

भारत में फ़रवरी मास की सबसे बड़ी घटना हुई इलाहाबाद कुम्भ स्नान का मेला। मेले का क्या कहना; पैंतीस लाख आदमी की भीड़, पांच सौ आदमी तो एक ही दिन में कुचल कर मर गये और हज़ारों ज़ख्मी हुए। खास बात यह है कि घटना की इस सफलता में भारत सरकार और उत्तर प्रदेश सरकार दोनों ने पूरा सहयोग दिया।

सुना है कि उत्तर प्रदेश की सरकार ने कुम्भ के अवसर पर परलोक कमाने के लिये आने वालों के इस लोक के स्वास्थ्य के विचार से हुक्म दे दिया था कि जो लोग इलाहाबाद जायें टीका लगवा कर जायें। इससे यात्रियों की काफ़ी संख्या न पहुंच रही थी।

रेल मंत्री लाल बहादुर जी के विचार से इस अवसर पर रेल किराये से जितना मुनाफ़ा होने की आशा थी, नहीं हो रहा था। शास्त्रीजी ने उत्तर प्रदेश की सरकार यानि पंतजी के पास जाकर दुहाई दी, महाराज यह क्या कर रहे हैं आप? लोगों को भाग्य के बजाय दवाई का भरोसा करना सिखा रहे हैं? लोगों के परलोक कमाने में तो आपने अड़चन डाली ही, हमारी तो इस लोक की ही कमाई मारी जा रही है। हटाइये यह बीमारी के टीके की रोक।

लोगों का मरना जीना भगवान के हाथ है। कमाई का ऐसा अवसर बारबार नहीं आता। ख़ैर लोगों के परलोक के ख़्याल से या सरकार के इस लोक के ख़्याल से टीके की रोक हटा दी गई और भीड़ बढ़ने लगी।

अस्तु, अपने राम तो किराये के लिये कुछ जेब की सर्दी, कुछ मौसम की सर्दी और कुछ भीड़-भाड़ में पिस जाने के भय से 'मन चंगा तो कठौती में गंगा' मान कर बैठे रहे। पर मालूम हुआ कि भारत के प्रधान और प्रधान मंत्री दोनों ही मेले में पहुंचे!

राजेन्द्रबाबू तो स्नान का दुर्लभ पुण्य लूटने ही पहुँचे होंगे। पिछले जन्म में वे कुम्भ नहाये थे तो इस जन्म में प्रधान बने और इस बार आसानी से कुम्भ की डुबकी लगा आये। ऐसा न करते तो शायद अगले जन्म में भारत के प्रधान के महल के दरबान ही रह जाते। पर पंडित नेहरू किस मतलब से कुम्भ पर गये? क्या मेला ही देखने? ऐसे भी बचपन की आशा पंडितजी से क्या की जाये!

शायद पंडितजी यही देखने गये कि क्या सचमुच इस देश में इतने आदमी परलोक में सुख पाने के वायदे पर विश्वास कर सकते हैं? यही तसल्ली वे करना चाहते थे कि जब इस देश में परलोक के वायदे पर इतने लोग संतोष कर सकते हैं, तो नेहरू सरकार के वायदों पर क्यों नहीं करेंगे? जब वायदे का समय पूरा होने लगे, वायदा झूठा पड़ने लगे, उसकी मियाद बढ़ा दी जा सकती है। वायदे की मियाद आप कितनी भी बढ़ायेंगे; रहेगा तो इसी लोक का वायदा! जब लोक-परलोक के वायदे पर भरोसा कर सकते हैं तो आप की बात क्यों न मानेंगे।

'हिन्दुस्तान' दिल्ली के इंसाफ़ साहब का कहना है कि कुम्भ के मेले में भीड़ के लिये सड़कें तंग हो जाने का एक कारण यह भी था कि सड़क का एक भाग राष्ट्रपति, प्रधान मंत्री, राज्यपाल और मंत्री वर्ग के लिये सुरक्षित रहता था।

अंग्रेजी राज में तो शहरों की सड़कें ही गवर्नरों के लिए सुरक्षित की जाती थीं। रामराज में राज्यपालों और मंत्री वर्ग के लिये स्वर्ग की सड़कें भी सुरक्षित होने लगीं।

नया पथ, मार्च १९५४

बात बात में...-३

अपने एक बहुत उदार विचार और आत्मनिर्णय के समर्थक साथी हैं। उनका कहना है कि पाकिस्तान अमरीका के सामरिक सहायता लेता है या सामरिक तैयारी करता है तो आप बीच में बोलने वाले कौन होते हैं?

हमें इतना ही कहना है कि यदि अपना पड़ोसी बिना किसी प्रकट कारण के अपनी छत पर ईंट-पत्थर बटोरने लगे तो आपको आशंका होगी या नहीं? या आपका साझी दीवार का पड़ोसी यदि अपने घर में आग लगाने की ही जिद्द करने लगे तो आप कैसे चुप बैठे रहेंगे?

अमरीका की सरकार भारत सरकार को तसल्ली दिये जा रही है: घबराओ नहीं! हम पाकिस्तान के हाथ में तमंचा दे रहे हैं तो क्या, उसका हाथ तो पकड़े हैं। इस पर भी अगर डर लगता है तो अपना हाथ भी हमें थमा दो, तुम्हारे हाथ में भी तमंचा दे देंगे।

अमरीका स्वतन्त्र जगत (फ्रीवर्ल्ड) और प्रजातन्त्रवाद की रक्षा का उपाय ये ही समझता है कि सब लोगों के खूब हथियार बाँट कर उनके हाथ अपने हाथों में थामे रहे। स्वतन्त्र आप रहेंगे, केवल आपके हाथ अमरीका के हाथ रहेंगे। यों अमरीका को विश्वास और भरोसा है कि समाजवाद और कम्युनिज़्म कभी सफल नहीं हो सकते पर उनका भय भी उसे लगा ही रहता है! और वह भी इतना कि अपनी चारदिवारी छोड़ पाकिस्तान में ही कम्यूनिज्म के विरुद्ध नाकाबंदी कर देना चाहता है। यह अमरीका की उदारता और दरियादिली है कि वह अपने पूंजीवाद की सीमा संसार की सीमा तक समझता है! हमारे बड़े तो कह ही गये हैं कि 'उदार चरिता नाम् वसुधैव कुटुम्बकम्!'

पूंजीवाद (सेठों का राज) वैसे तो कम्युनिज्म (किसान-मजदूर राज) से तगड़ा ही है पर कसर इसी बात की है कि कम्युनिज्म या समाजवाद तो पूंजीपति श्रेणी (सेठों) के बिना चल सकता है पर पूंजीवाद किसान-मजदूरों के बिना नहीं चल सकता! इसीलिये अमरीका के सेठ दुनिया के किसान-मजदूरों को जैसे के तैसे बनाये रखना चाहते हैं, अपने घर में मालिक नहीं बन जाने देना चाहते, वर्ना सेठों का फ्रीवर्ल्ड कहाँ रहेगा?

अखबारों की जबानी सुना कि बम्बई सरकार पुलिस में शिक्षित कुत्ते भी रखने जा रही है।

चार पांव वाले कुत्ते में बड़ी बात यह है कि शिक्षित होने पर भी उसकी नमक-हलाली में फ़रक नहीं आता। वह उचित-अनुचित, न्याय-अन्याय की उलझन में नहीं फंसता, केवल

मालिक का हुक्म बहुत खूबी से मानता है। पुराने लोग जानते हैं कि इस देश की अंग्रेजी सरकार पहले पुलिस और फ़ौज में पढ़े-लिखे लोगों को लेना ही पसन्द नहीं करती थी। पढ़े-लिखे हिन्दुस्तानियों के शोर मचाने पर उसे अपनी नीति बदलनी पड़ी। खैर अब जब देश भर के लोगों को शिक्षित बनाने की अदूरदर्शी नीति चल पड़ी है तो कम से कम पुलिस में कुछ तो ऐसा अंश होना ही चाहिये जो शिक्षित होने पर भी मालिक के हुक्म के उचित-अनुचित और सही गलत होने की बात न सोचे। जनप्रिय कांग्रेसी सरकार को अब ऐसे ही अंश का भरोसा हो सकता है।

*　　　　*　　　　*

अभी पिछले महीने देश के किसी राज की विधान सभा में पुलिस के बजट का प्रश्न पेश हुआ। सभा में पुलिस के व्यवहार पर भयंकर असंतोष प्रकट किया गया। स्वयं कांग्रेसी लोगों ने ही पुलिस की धांधलियाँ और अत्याचारों की शिकायतों की भरमार कर दी। ऐसे लोग ही जब पुलिस की फ़र्माबरदारी और नमक-हलाली को पुलिस की ज्यादती कहें तो फिर मंत्री लोगों के पास जवाब क्या हो सकता है? इसीलिये तो पंतजी महाराज ने इशारे से कांग्रेसी भाइयों को समझाया कि पुलिस का काम बड़ा कड़ा है, गहन और गम्भीर है। आपकी सत्ता पुलिस पर ही निर्भर है।

और फिर पुलिस यदि जनता का आदर करना, जिस किसी को चुमकारना-पुचकारना शुरू कर दे तो सरकार के 'लैश लैश' करने पर काटेगी किसे? इसीलिये बिहार के मुख्यमंत्री साहब ने अपनी पुलिस की पीठ थपथपाने के लिये होली के दिन दस हजार ढंडाई देने का हुक्म दे दिया! इस प्यार दुलार का अधिकारी और कौन मोहकमा हो सकता था?

*　　　　*　　　　*

कुछ लोगों को प्रजासमाजवादी पार्टी से यह नाराजगी है कि कांग्रेस से लड़ने के नाम पर वोट ले कर सरकार बनाने के लिये यह पार्टी फिर कांग्रेस के ही पेट में जा छिपी!

नाराज़गी व्यर्थ है। प्रजा समाजवादी पार्टी का पुराना नाम ही था कांगरू (कांग्रेस) समाजवादी पार्टी! कांगरू का तरीका ही यह है कि जब मां खुद अपना पेट भरने में ही लगी रहे तो वह मां के पेट की थैली से कूद कर खुद चरने लगता है और जब चर चुकता है तो फिर मां के पेट की थैली में आ घुसता है।

*　　　　*　　　　*

धर्म के बारे में झंझट तभी उठता है जब मनुष्य अपने धर्म की अपेक्षा दूसरे के धर्म की अधिक चिन्ता करने लगता है। २४ मार्च के अखबार में खबर है कि सदानन्द ने अपनी धर्मपत्नी के धर्म की रक्षा के लिये उसका सिर मूंड पन्द्रह दिन से उसे ताले में बंद कर रखा था। पत्नी फांसी लगाकर मर गई और पुलिस सदानन्द को गिरफ्तार कर ले गई।

कुछ लोगों का विचार हो सकता है कि सदानन्द के घरेलू मामले में या उनकी व्यक्तिगत स्वतन्त्रता में दखल देने का पुलिस को क्या हक़? पुलिस को शायद इस मामले में

दखल देने का हक़ इसीलिये है कि सरकार सदानन्द की पत्नी को भी अपनी प्रजा समझती है और अपनी प्रजा की कमी सरकार को पसन्द नहीं।

* * *

अपनी प्रजा की संख्या कम हो जाने की चिंता सरकार को सदा रहती है। इसीलिये मरने-जीने के मामले में सरकार व्यक्तिगत स्वतन्त्रता का दावा मानने के लिये तैयार नहीं। आप अपनी जान भी अपने हाथों समाप्त कर देना चाहें तो कोशिश नहीं कर सकते। सरकार आप को आत्महत्या के अपराध में सज़ा दे देगी। इसमें एक बारीकी है, अर्थात् यदि आप बेरोज़गारी के कारण भूखे रह कर मर जायें या मरे से बदतर आपकी स्थिति हो जाये तो सरकार दखल देना उचित नहीं समझती।

तत्व की बात यह है कि आत्महत्या करके मरना चाहें तो इजाज़त नहीं पर यदि रोज़गार का मालिक आपको भूखा रखकर मारना चाहे तो सरकार को एतराज़ नहीं।

आपके बेरोज़गारी से भूखे रह कर मर जाने में सरकार आपत्ति नहीं कर सकती क्योंकि रोज़गारों या पैदावार के साधनों को अपने हाथों में सम्भाल लेने की स्वतन्त्रता पहले ही कुछ पूंजीपतियों को दे चुकी है। सब रोज़गारों या पैदावार के साधनों पर पूरे समाज का अधिकार कायम करने से पूंजीपतियों की व्यक्तिगत स्वतन्त्रता पर चोट आयेगी।

* * *

सर्वसाधारण को स्वतन्त्रता देने से विशेष अधिकार और रियायत पाये लोगों को चोट अनुभव होती ही है। हिन्दी-उर्दू के प्रश्न को ही ले लीजिये! उत्तर प्रदेश में चौरानवे फ़ीसदी लोगों की इच्छा से हिन्दी को राजभाषा बना देने से उर्दू के छः फ़ी सदी समर्थकों को अन्याय और प्रजातन्त्रवाद की हत्या दिखाई दे रही है। अब आप समझ लीजिये कि प्रजा का अर्थ छः फ़ीसदी होता है, चौरानवे फ़ीसदी नहीं।

* * *

आत्मनिर्णय का अधिकार बहुत बड़ी बात है। साक्षरता और शिक्षा के क्षेत्र में भी आत्मनिर्णय का अधिकार होना ही चाहिये। अवधी, ब्रज और भोजपुरी बोलने वाले मोहनों और मुहम्मदों को साक्षर बनाते समय आपको पूछ लेना चाहिये कि भैया हिन्दी पढ़ोगे या उर्दू?

पर मोहन और मुहम्मद से यह प्रश्न पूछते समय आप पीढ़ियों से चली आई उनकी भाषा और बोली की एकता की उपेक्षा कर उनके साम्प्रदायिक भेद को ही क्यों महत्त्व देना चाहते हैं? और साम्प्रदायिक भावना को इस पैंतरे से उकसा कर उसे प्रगतिवाद के आवरण में जनवाद और अल्प संख्यकों का आत्मनिर्णय का अधिकार पुकारना चाहते हैं।

* * *

जनवादी अधिकारों और आत्म निर्णय के अधिकारों की रक्षा की मांग का सबसे ज़बरदस्त उदाहरण है एक गांव के सवर्ण हिन्दुओं की यह मांग है कि अछूतों को उनके

गांव के कुएं पर चढ़ने से रोक दिया जाये क्योंकि इससे उनके भावों को ठेस पहुँचती है।...सरकार को उन्हें अपवित्र जल पीने के लिये विवश करने का कोई अधिकार नहीं! यह भी अल्पसंख्यकों के आत्मनिर्णय के अधिकार की मांग है।

*　　　　*　　　　*

सवाल यह है कि यदि देश के मकान मालिक और व्योपारी इस बात पर सत्याग्रह जारी करें कि मकानों के किरायों और अनाज-कपड़े के दामों के बारे में सरकार को बोलने का कोई हक़ नहीं, वे अपनी चीज़ का मनमाना दाम लेंगे या बरबाद हो जाने देंगे, उनके आत्मनिर्णय के जनवादी अधिकारों में दखल नहीं दिया जा सकता तो इस विषय में जनवादियों का क्या रुख होगा?

नया पथ, अप्रैल १९५४

●

बात बात में...-४

१० अप्रैल के अखबारों में खबर छपी कि खुराक मंत्री साहब ने बम्बई के व्यापारियों को आश्वासन दिया है कि धीरे धीरे सब कंट्रोल दूर हो जायंगे। यानी, सौदे की कीमतें जबरन मुकर्रर नहीं की जायेंगी।

अपने राम को बहुत खुशी हुई। समझा कि छूट हो जायगी कि जिसके पास जितने दाम हों देकर ज़रूरत का सौदा मिल सकेगा।,

समझाने वालों ने भूल सुझाई कि मंत्रीजी का मतलब है कि व्यापारी लोग सौदे की मनचाही कीमत ले सकेंगे।

तो फिर कंट्रोल क्या हुआ। हुआ ये कि कीमत कंट्रोल व्यापारी के ऊपर नहीं रहा व्योपारी के हाथ में हो गया।

*   *   *

मंत्रीजी चाहते हैं कि उनके इस करतब पर भी वाहवाह करें।

मद्य निषेध सप्ताह में बम्बई सरकार ने ऐलान किया कि जिन लोगों ने पीना छोड़ दिया है वे आकर पीना छोड़ने के फ़ायदे बतायें। जो ज्यादा फ़ायदे बतायेगा उसे २५ रुपये इनाम मिलेगा।

हम ये ही सोचते रह गये कि सच ही बोलें या इनाम लेने की कोशिश करें?

*   *   *

आंध्र के लोगों की राय है कि वहां मद्य निषेध की पाबंदी हटा दी जाये। इस पर कांग्रेस हाईकमांड नाराज है। जानने वाले जानते हैं कि अमरीका में मद्यनिषेध कायम करने के बाद जब उसे तोड़ने का आन्दोलन चला तो सबसे अधिक विरोध उन्हीं लोगों ने किया जो चोरी से शराब का व्यापार करके करोड़ों बना रहे थे।

कांग्रेसी सरकार इस मंदी के ज़माने में अपने नये सहायकों को बेरोज़गार कर नाराज़ कैसे कर सकती है।

*   *   *

पाकिस्तान में पंजाब के लीगी प्रधान मंत्री नून साहब का कहना है कि मुस्लिम लीग के नाम का जादू अब बेकार हो रहा है तो हम पाकिस्तान की इस्लामी सोशलिस्ट पार्टी बना लेंगे।

समझ लीजिये सोशलिस्ट पार्टियों के सोशलिज़्म का मतलब क्या होता है? नून साहब को आखिर जयप्रकाश बाबू और कृपलानी दादा की ही राह अपनानी पड़ेगी!

* * *

भारत का नारी समाज अख़बारों और पुस्तकों की जिल्दों पर, साबुन, साड़ी, सौगातों के विज्ञापनों में, पान-सिगरेट की दुकानों पर अपनी नंगी और अधनंगी तसवीरों से अपनी छीछालेदर होती देखकर दुखी हो गया है। अब वे पुरुषों के आगे दुहाई दे रही हैं कि उनकी इतनी दुर्गती न की जाये।

महिलायें यदि चालबाजी से अमरीकन संस्कृति का विरोध करके कम्युनिस्ट संस्कृति का प्रचार करना चाहें तो भारत सरकार उनकी दाल नहीं गलने देगी।

रेलवे मंत्रीजी ने सब स्टेशनों पर रूसी साहित्य की बिक्री शायद इसीलिये बंद करवा दी थी कि उनकी किसी भी पुस्तक या अखबार पर कभी भी नंगी-अधनंगी स्त्री का चित्र नहीं आया।

और, महिलायें ये नहीं जानतीं कि इस समाज के पुरुष अपने विचार में उनकी क़द्र ही कर रहे हैं। खिलौने की क़द्र तो उससे खेलने में ही है! आप भी तो बनने में कसर नहीं छोड़तीं—

'भौवों में कालिख, ओठों पै लाली,
बालों में फ़ीता, कानों में बाली,
कोई बता दे कहां कसर है।'

बीबीजी, पुरुषों के आगे दुहाई देने से क्या होगा? हमारी राय लें तो आप तसवीरें बनने की अपेक्षा तसवीरें बनाना सीख लें।

* * *

मार्क्सवाद का खतरा सबसे अधिक दिखाई दे रहा है अमरीकी प्रजातन्त्रवाद और भारतीय संस्कृति की दुहाई देने वालों को! जब शत्रु सांझा होता है तो बहुत सी बातों में सांझेदारी होने लगती है।

बम्बई में पान-सिगरेट की दुकानों पर 'यूनियन सिगरेट कम्पनी' का कैलेंडर दिखाई देगा। इस कैलेंडर में मुरली बजाते भगवान कृष्ण की गोद में बैठी राधा ने मार्क्सवाद के प्रभाव से बचने के लिये अमरीकन कोका कोला गर्ल की तरह लाल चोली और दिखाई न पड़ती साड़ी पर हरा जांघिया पहन लिया है। अच्छा होता भगवान के होठों पर मुरली की जगह चेस्टरफ़ीड सिगरेट रहती और राधा के हाथ में कोका कोला की बोतल!

भगवान कृष्ण और राधा को कम्युनिस्ट बन जाने से बचाने की गारंटी उन्हें अमरीकन बना देने में है।

* * *

११ अप्रैल को बम्बई में पं. नेहरूजी ने दो लाख की भीड़ के सामने बड़े मार्के की बातें कहीं। एक तो ये कि हाइड्रोजन बम आत्मरक्षा का साधन नहीं बल्कि व्यापक नर हत्या का साधन है और दूसरी बात ये कि भारत के कम्युनिस्ट हर बात में बाहर के कम्युनिस्टों की राय पर चलते हैं।

ठीक ही कह रहे हैं पंडितजी। ये जो जिले जिले में सैकड़ों अमरीकी विशेषज्ञ हर बात में राय देने के लिये बुलाये गये हैं, ये सब कम्युनिस्टों की ही तो दावत पर आये हैं!

खैर, पंडिजी को ये याद न आये तो अच्छा ही है कि एटम बम पर रोक लगाने की मांग सबसे पहले स्टाकहोम की शांति कांग्रेस में उठाई गयी थी। पूंजीवादी जगत ने उन लोगों को भी रूस का पिट्ठू और कम्युनिस्ट ही बताया था।

*　　　*　　　*

सेठ गोविन्ददासजी ने कलकत्ते में गोरक्षा सम्मेलन का सभापतित्व करने के बाद बम्बई की एक सभा में भयंकर आशंका प्रकट की कि बड़े-बड़े मारवाड़ी सेठों के बेटे या नयी पीढ़ी के जवान सब कम्युनिस्ट होते जा रहे हैं। सेठजी की कम्युनिज़्म की परिभाषा है, जो सेठजी को समझ न आये।

सेठजी ने ये भी बताया कि भारत का जीवन गोधन पर निर्भर करता है। इसमें क्या सन्देह। पर प्रश्न है कि गोधन की आवश्यकता भारत के जीवन के लिये है या भारत का जीवन गोसेवा के लिये?

पहले गोभक्त लोग गैया के बूढ़ी हो जाने पर उसे जैसे-तैसे मोल बेच कर नयी जवान दुधारु गैया खरीद लेते थे। अब बूढ़ी गैया का गाहक मुश्किल ही मिलता है। जवान दुधार गैया के भाग का आधा चारा बूढ़ी गैया खा जाती है। आधे पेट रह कर जवान गैया यों ही बूढ़ी हो जाती है। गोभक्त की संतान को गोरस तो मिल नहीं पाता; हां, पवित्रता के लिये गोमूत्र की नदी अवश्य बहती रहती है।

जो लोग योरोप हो आये हैं जानते हैं कि योरोप के शहरों क्या गावों में भी गली- गली गैया दिखाई नहीं देती। दूध का ये हाल है कि पुण्यभूमि भारत से बहुत सस्ता और बहुत अच्छा भी! यहां तक कि विलायती दूध आप इस देश में भी खरीद सकते हैं! परंतु भारतीय संस्कृति की दृष्टि से वे लोग गोहत्या के पापी हैं।

गोहत्या के पापी फल में पाते हैं गोरस और गोमाता के पुजारी पाते हैं गोमूत्र!

योरोप के शाकाहारी भारत के शाकाहारियों से कहीं ज़्यादा पुण्यात्मा हैं क्योंकि वे मांस ही नहीं, पशुओं का दूध और दूध से बने पदार्थ भी नहीं खाते। वे दूध और उससे बने पदार्थों को भी पशु के शरीर का ही अंश समझते हैं। उन्हें समझ ही नहीं आता कि गोमांस का भोजन पाप समझने वाले गौ का दूध कैसे गट-गट पी जाते हैं।

सेठ जी उन्हें समझायेंगे—भैया, दूध तो मां का भी पिया जाता है पर उसे खाया नहीं जाता। योरोप के शाकाहारी इतने मूर्ख हैं कि उन्हें इतनी सीधी बात भी समझ नहीं आ सकती। वे झट से बोल उठेंगे, दूध आपने अपनी मां का ही तो पिया था। कोई किसी दूसरे की मां के थन में मुँह लगा दे तो!...पर गोभक्त लोग बहुत समझदार हैं। वे बछड़े के गले में पहले ही रस्सी का फंदा डाल देते हैं।

एक गोभक्त ने करुणार्द्र स्वर में कहा, आप गौ को माता कहते हैं। मां बूढ़ी हो जायगी तो क्या उसे कसाई के यहां बेच आयेंगे? पर सुनने वाले भी औघड़ ही थे पूछ बैठे—'समय आने पर आप गो माता के गले में रस्सी डाल कर सांड के पास ले जाते हैं। क्या अपनी...' अहिंसक गोभक्त की आंखों में तीव्र हिंसा देख कर औघड़ चुप ही रह गये।

सेठजी, जब देश की सरकार जनसंख्या के निरोध के लिये चिन्तित हो रही है तो आपको पशु संख्या के निरोध से ही इतनी व्याकुलता क्यों है?

*　　　　*　　　　*

त्रावनकोर-कोचीन विधान सभा के नये मेम्बर अविरा थरकन ने कृपलानी साहब को तार भेज कर दुहाई दी है कि ईसाई पादरी साहब ने उनकी पत्नी का मृत्यु संस्कार कर उन्हें स्वर्ग जाने में सहायता देने से इनकार कर दिया।

अविरा थरकन का अपराध ये है कि उन्होंने चुनाव में कांग्रेस का विरोध किया था। आज से दस बरस पहले ये पादरी साहब कांग्रेस की ओर से चुनाव लड़ने वालों को अधर्मी समझते रहे होंगे।

कृपलानी साहब ने पादरी साहब को सीख दी है कि धर्म को राजनीति में और राजनीति को धर्म में दखल नहीं देना चाहिये। इससे धर्म की महत्ता कम हो जाती है।

कृपलानी जी विद्वान हैं और उनका उपदेश भी अच्छा है। पर हमारा सवाल ये है कि किस काल और देश में भगवान और धर्म राजनीति से स्वतन्त्र रहे हैं?

ठीक ही कहावत है 'भगत के बस में भगवान'। इसका अर्थ ये नहीं कि भगत जो चाहता है भगवान से करा लेता है। इसका अर्थ है कि भगत जो चाहता है, भगवान के नाम पर कर लेता है।

*　　　　*　　　　*

कुछ अदीबों का कहना है कि जब हिन्दी में फ़ारसी और अरबी शामिल हो जाय तो वो हिन्दी कैसे रह सकती है? तब ज़बान बदल जाती है और वो उर्दू ज़बान बन जाती है। इस मन्तव्य से अकसर बकरा या मुर्गी खाने वाला भी बकरा या मुर्गी बन जा सकता है।

नया पथ, मई १९५४

●

बात बात में...-५

अपने एक मित्र हैं जो अपने आपको सरकार, राष्ट्र और व्यवस्था का अन्नदाता मानते हैं। उनके इस अहंकार का कारण है कि वे काफ़ी आयकर देते हैं। उनका दावा है–

'सरकार हमारा नमक खाती है। कर देने वाली श्रेणी के अधिकारों की रक्षा सरकार का पहला कर्त्तव्य है। जो लोग कर नहीं देते देश पर बोझ हैं। उन्हें बोलने और अधिकार मागने का हक क्यों हो?'

उन्हें समझाना चाहा कि जो आदमी दो पैसे की माचिस खरीदता है या दो आने की लंगोटी खरीदता है, वो भी सरकार की व्यवस्था चलाने के लिये कर देता है। जो आदमी शराब-तम्बाकू का उपयोग करते हैं, सरकार का सबसे ज़्यादा खर्च उठाते हैं या सरकार के सबसे बड़े अन्नदाता हैं। समझ लीजिये कि बारह रुपये की बोतल में आठेक रुपये तो कर ही होता है।

सवाल ये है कि कर तो सामर्थ्य भर या सामर्थ्य से भी अधिक सभी देते हैं पर सरकार से पाता कौन कितना है?

सरकार का सबसे बड़ा काम है व्यवस्था की रक्षा करना; भारतीय विधान के अनुसार लोगों को निजी सम्पत्ति एर उनके अधिकार की रक्षा करना। जिसकी जितनी बड़ी सम्पत्ति होगी उसे उतनी ही अधिक आशंका सम्पत्तिहीनों से होगी और उतनी ही अधिक उसकी रक्षा सरकार को करनी होगी। अपनी पूरी सम्पत्ति शरीर पर लिये फिरने वालों को क्या आशंका? और सरकार उनकी क्या रक्षा करती है? रोज़ी देने का तो जिम्मा सरकार लेती नहीं।

सरकार कर तो सभी से लेती है। गरीबों से उनकी कमाई का अधिक प्रतिशत लेती है और अमीरों से कम! गऱीब सरकार को अपने ही हाथ-पांव बांधे रखने के लिये कर देता है। ऐसे ही आंतरिक विरोध देख कर क़बीरदास चिल्ला कर गाते थे–

चलती को गाड़ी कहें बने दूध का खोया
रंगी को नारंगी कहें ये देख कबीर रोया!

* * *

चित्रकला में रूप की प्रधानता होनी चाहिये अथवा मानव विचार की? ये बहुत विवादास्पद प्रश्न है। भला हो यामिनी राय, चित्तप्रसाद और दिल्ली के राम कुमार का

जिन्होंने चित्रों में बादलों के आदमी बनाना शुरू किया है। कुछ लोगों का विचार है कि ये कला का विकास और प्रगतिवाद है।

ऐसी शैली के सम्बन्ध में अपना तो वही विचार है जो एक रूसी कलाकार ने उत्तर दिया था, क्या आप अपनी माता या प्रेमिका चित्र इस शैली में बनवाना चाहेंगे?

* * *

श्रीमती लीला मुंशी की भी अद्‌भुत लीला है। बम्बई में एक कालिज भारत के सांस्कृतिक उत्थान के लिये खोल रही हैं। अंग्रेजी में इस कालिज का बहुत बड़ा नाम है पर इसका व्यवहारिक अर्थ है 'नौकरों का कालिज'! यानी इस कालिज में रईसों की सेवा उचित ढंग से कर सकने वाले रसोइये, बैरे, परोसिये और सेवक ट्रेन किये जायेंगे!

लीलाजी, इससे उत्थान किस का होगा? सेवक को रहना चाहिये सेवक ही पर अच्छा सेवक बन कर! आप बिलकुल गीता धर्म की रक्षा का उपाय कर रही हैं—अपने अपने धर्म में रह कर ही सब को मुक्ति मिलती है।

अब जो कालिज मालिकों के लिये है वहां क्या सिखाया जायगा? सेवक को ऐसे डांटना कि बिदक न जाये?

* * *

आप को मालूम ही होगा कि भारत सरकार ने एक फ़िल्म सेंसर बोर्ड बनाया हुआ है। इस बोर्ड का काम है फ़िल्मों को पास करते समय देख लेना कि फ़िल्मों से अनैतिकता और अव्यवस्था न फैले। फ़िल्म बोर्ड कैसा सेंसर करता है; उदाहरण लीजिये—

एक फ़िल्म में बोर्ड ने इस बात पर एतराज किया कि एक पात्र दुखी होकर कहता है—'देख लो, ये है करतूत अमीरों की।'

बोर्ड का कहना है, ऐसे वाक्य से श्रेणी द्वेश फैलता है। संशोधन में स्वीकार किया गया कि 'अमीरों' की जगह 'शरीफ़ों' कर दिया जाये! अर्थात् हो जाय 'देख लो, ये है करतूत शरीफ़ों की।'

बोर्ड खूब जानता है कि अमीरों की अपेक्षा गरीब ही अधिक शरीफ़ होते हैं।

दूसरा उदाहरण—

'नास्तिक' फ़िल्म पास नहीं हो सकी क्योंकि उसमें एक नास्तिक का आचरण अच्छा दिखाया गया है। बोर्ड को आपत्ति है कि इससे नास्तिकता का प्रचार हो जायगा।

इसके साथ ही दावा ये भी है कि भारत की सरकार सेक्युलर या धर्म निरपेक्ष है।

धर्म निरपेक्ष होकर भी भगवान की प्रतिनिधि तो है ही!

* * *

'जनरल क्लार्क...'

जनरल क्लार्क कौन?

जो कोरिया के युद्ध में पहले कमाण्डर इन चीफ़ थे। हां उन्होंने कोरिया के युद्ध से अमरीका की होने वाली हानियों की बात अपनी जनता को बतायी है (सेटरडे ईवनिंग पोस्ट, मार्च १३, ५४)

(१) '...इतिहास में पहली ही बार ऐसा हुआ है कि अमरीका को युद्ध में विजय प्राप्त किये बिना संधि कर लेनी पड़ी।'

जनरल साहब, युद्ध में विजय न हो तो दूसरी बात क्या होती है?

(२) 'चीनी और कोरियन कम्युनिस्ट सेनाओं को हमारे आक्रमण के दांवपेंच मालूम हो गये।'

जनरल साहब आपको चीनी और कम्युनिस्ट सेनाओं के आक्रमण के दांवपेच क्यों मालूम नहीं हुए? चीनी और कोरियन ये शिक्षा पाने आपके यहां तो गये नहीं। इसीलिये न कि चीनी और कोरियन कम्युनिस्ट आक्रमण नहीं कर रहे थे केवल आत्मरक्षा कर रहे थे।...अब तक अमरीका यही प्रचार करता रहा है कि आक्रमण उत्तर कोरिया के ही लोगों ने किया था।

(३) 'कोरिया में लड़ाई की खन्दकों और मोर्चों में भी अमरीकन सिपाहियों के लिये ऐसे आराम और ऐयाशियों का इन्तज़ाम किया गया कि दुबारा मौक़ा आने पर फिर वैसा इन्तज़ाम कर सकना सम्भव नहीं होगा।'

पर अमरीकन सिपाहियों को फुसलाने और मिठाई खिला कर लड़ाई में बढ़ाने की ज़रूरत क्या थी? या सिपाहियों को आपके हुक्म से नितान्त अनिच्छा से मोर्चे पर भेजा गया था और इस ऐयाशी और सुविधा से लड़ाई लड़ने के बाद भी आपको विजय पाये बिना संधि करनी पड़ी। आखिर कम्युनिस्ट किस ज़ोर पर लड़ रहे थे?

(४) 'मोर्चे पर लड़ने वाले सिपाहियों के पीछे खलासियों की बहुत बड़ी संख्या लगा दी गयी। याद रखना चाहिये कि 'हमारे और हमारे सहायकों कि अपेक्षा कम्युनिस्टों की संख्या बहुत ज्यादा है' इसलिये हमें कायदा बदल कर सेना के प्रत्येक आदमी को मोर्चे पर लड़ने लायक बनाना होगा।'

संसार में कम्युनिस्टों की संख्या अधिक है तो जनवादी नियम के अनुसार कम से कम अपने देशों में उन्हें मनचाहे से ढंग से रहने देने में आपको क्या आपत्ति है?

कोरिया में ये सब वीरता कर लेने के बाद आप किसकी स्वतन्त्रता की रक्षा के लिये इंडोचाइना में फिर लड़ने के लिये तड़प रहे हैं?

अमरीका संसार भर के देशों, खासकर एशिया के देशों पाकिस्तान, चांगकाई शेक के फोर्मूसा और इंडोचाइना सभी को शस्त्रों की मुफ्त सहायता देने के लिये तैयार हैं ताकि एशिया वाले किसी तरह तो आपस में लड़ें और एशिया की जनसंख्या किसी तरह कम हो!

अमरीका युद्ध का सामान बांटे नहीं तो उसे रखे कहां? और युद्ध का सामान कैसे बनाये? बनाये नहीं तो लोगों में बेकारी फैल जाये जो स्वयं अमरीका की व्यवस्था को ले डूबे।

विनोबा जी ने अमरीका को इस कठिनाई से उबरने का उपाय ये बताया है कि बरस भर वे मजे में युद्ध का सामान तैयार करते रहा करें और बड़े दिन के त्योहार के दिन भगवान का नाम लेकर उस सामान को समुद्र में डाल दिया करें।

प्रश्न ये है कि अमरीका की उत्पादन की शक्ति युद्ध का सामान बनाने की अपेक्षा जीवन के लिये आवश्यक सामान बनाने में क्यों नहीं लग सकती? यदि दूसरों को सहायता ही देनी है तो तोप और बम की जगह हवाई जहाज़, मोटरें या कपड़ा बनाने की मशीनें क्यों भेंट नहीं की जा सकती?

चलिये आप दूसरों को मत बांटते फिरिये, अमरीका के साधारण मज़दूर तो वहां के करोड़पतियों की तरह जीवन नहीं बिता रहे? उन्हीं की अवस्था और सुधारी जाय! पर ऐसा ही होगा तो अमरीका का मज़दूर मालिक के वश कैसे रहेगा? इसलिये अमरीकन मालिक युद्ध का सामान मुफ्त बांटने के लिये तो टैक्स दे सकता है, अपने मज़दूर को सन्तुष्ट करना उसे मंजूर नहीं। ये हैं पूंजीवाद का तत्त्व!

* * *

अमरीका ने अपना युद्ध का खर्चा बढ़ा कर और हाइड्रोजन बम चलाकर संसार को धमकाना चाहा तो रूस ने अपने सैनिक खर्च में ९ प्रतिशत की और कमी कर के दिखला दिया कि ऐसी भभकीबाजियों की परवाह हमें नहीं है। तुम अपने रास्ते चलो हमें अपने रास्ते चलने दो!

प्रश्न ये है कि अमरीका ये क्यों नहीं कह सकता कि 'हां' हमें अपने रास्ते चलने दो, तुम अपने रास्ते चलो!

शायद इसलिये कि रूस में सर्वसाधारण पर अमरीका के उदाहरण का कोई असर पड़ने का डर नहीं परन्तु अमरीका के सर्वसाधारण पर रूस के उदाहरण का 'बुरा' प्रभाव पड़ने का डर सदा है।

अमरीका को डर रूस का नहीं अपने ही लोगों का है।

नया पथ, जून १९५४

•

बात बात में...-६

जेठ की तपती गली में जब धरती तवे की तरह जलती है, लखनऊ के अलीगंज मुहल्ले में महावीरजी का बड़ा भारी मेला लगता है। अखबारों का कहना है कि मेले में एक लाख की भीड़ थी।

इस अवसर पर अपने मन का साध महावीर जी से पूरी करवाने के लिये लोग मीलों से धरती पर साष्टांग लोटते हुए अलीगंज में महावीर जी की ड्योढ़ी पर पहुंचते हैं। आठ बरस के बच्चों से भी ये तपस्या करवाई जाती है। बच्चों की मांएँ एक हाथ में जल का लोटा और दूसरे में पंखा लिये पीछे पीछे चलती रहती हैं।

पिछली रात हमने महावीर जी से प्रार्थना की–

'हे लाल लंगोटे वाले, लम्बी पूंछ वाले, बजरंगबली इतना कष्ट सहकर प्रार्थना करने वालों की तो तू सुन ले!'

महावीर जी ने क्रुद्ध होकर उत्तर दिया–'महामूर्ख है तू जो समझते हैं कि मैं लोगों के इतना दुख उठाने से प्रसन्न होता हूँ। मुझे इतना क्रूर और निर्दय समझने वालों, मेरा इतना अपमान करने वालों की मैं क्या सुनूँ!...तुझे कोई क्रूर निर्दय समझे तो तुझे कैसा लगेगा?'

* * *

उत्तर प्रदेश के मुख्य मंत्रीजी ने एक कमेटी बनाकर जनता और सरकारी नौकरों का आचरण सुधारने और भ्रष्टाचार रोकने के विषय में बहुत सोच-विचार किया है। उनकी चिन्ता ठीक ही है कि चरित्र निर्माण के बिना राष्ट्र निर्माण हो नहीं सकता।

सरकारी कमेटी ने लोगों का चरित्र सुधारने के लिये बहुत से उपाय बताये हैं उदाहरणत–स्कूली किताबों में नैतिकता के उपदेश और गांधी जी की शिक्षायें विद्यार्थियों को पढ़ाना। भारत के प्राचीन नैतिक आदर्शों की याद दिलाना...आदि आदि।

पंतजी उत्तर प्रदेश की जनता को याद दिलाना चाहते हैं कि इस देश की प्रजा राजा और शासक को भगवान का रूप और अपना पिता मानती थी, अधिकारों के लिये आन्दोलन नहीं किया करती थी।

इसके बाद पंतजी समझायेंगे कि भारतीय आदर्श के अनुसार शासक और प्रजा का सम्बन्ध पिता और सन्तान का होता है। सन्तान अपना पिता प्रति पांच वर्ष में चुना नहीं

करती। ये बात पश्चिम की अनैतिकता का बुरा प्रभाव और भारतीय आदर्श के विरुद्ध है। भारतीय आदर्श तो ये है कि राजा की सन्तान राजा, मुख्यमंत्री की संतान मुख्य मंत्री, वैद की संतान वैद, पटवारी की संतान पटवारी और प्रजा की संतान प्रजा! हम सब को लोग और असंतोष छोड़कर इसी आदर्श का पालन करना चाहिये।

इन नैतिक आदर्शों का पालन प्रजा से करवाने का पंत जी पूरा उपाय भी कर रहे हैं। उन्होंने कानून बना दिया है कि किसी सरकारी कर के विरुद्ध या सरकारी अफ़सर के विरुद्ध असंतोष प्रकट करना अपराध है। ऐसे कानून को धर्म का नियम और भगवान की आज्ञा ही मानना पड़ेगा।

पंत जी स्कूली पुस्तकों में छपवा देंगे कि गांधी जी सब काम और आन्दोलन भगवान की प्रेरणा से करते थे और गांधी जी की उत्तराधिकारी कांग्रेसी सरकार भी सब काम भगवान की प्रेरणा से ही करती है। ऐसी सरकार की आज्ञा से असंतुष्ट होना भगवान की आज्ञा और न्याय का विरोध करना है।

ये तो ठीक ही है कि छोटे-मोटे सरकारी नौकरों और साधन-हीन जनता को भ्रष्टाचार, धांधली, घूस लेना-देना नहीं करना चाहिये। उन्हें लोभ और असंतोष छोड़कर अपने परिश्रम की जितनी कमाई हो, उसी में संतुष्ट रहना चाहिये परन्तु जब लोग देखते हैं कि बिना परिश्रम या कमाई किये भगवान की धांधली से कुछ लोग बड़ी भारी सम्पत्ति के मालिक बन जाते हैं और बहुत से परिश्रम में हड्डियां चूरचूर करके भी पेट नहीं भर पाते तो वे क्या धांधली करना भगवान की प्रेरणा नहीं समझ लेंगे? बस धांधली पकड़ी नहीं जानी चाहिये। यदि पकड़े गये तो भगवान की इच्छा।

भगवान किसी को निर्धन बना देने, अंधा, लूला या लंगड़ा बना देने का कोई कारण नहीं बताते। तो फिर प्रजा का क्या अधिकार है कि बेरोजगार होने, भूखे मरने, शिक्षा न पा सकने, कर अधिक होने या बेमतलब पुलिस की लाठी सिर पर आ पड़ने का कारण पंतजी से पूछने लगे? जो लोग ऐसा करते हैं, भारतीय नैतिक आदर्शों से मुँह फेरे हुए हैं। ऐसे लोगों का आचरण सुधारने के लिये पंतजी धर्मशिक्षा की पुस्तक लिखकर स्कूलों में पढ़ाया करेंगे। और जो लोग मानेंगे नहीं, वे तो नासपीटे कम्युनिस्ट हैं ही।

* * *

अपने एक साथी गाड़ी के टाइम से घंटे भर पहले ही स्टेशन पर पहुंच गये। समय काटने के लिये स्टेशन की दीवारों और खम्बों पर लगे इश्तहार ही पढ़ने लगे—मफतलाल की साड़ी बढ़िया होती है, अरविन्द का कपड़ा रंग नहीं बदलता, फिनले का कपड़ा सबसे टिकाऊ होता है, बकिंघम के कपड़े का सूट पहनिये।

चिढ़ कर बोल उठे—'इन्हें क्या पड़ी है हम जो चाहें खरीदें, जो पहनें! नसीहतों से दीवारें रंग डाली हैं।'

कुछ देर सोच कर बोले—'पर भले ही आदमी तो हैं, बता दिया कि क्या अच्छा है, क्या खरीदना चाहिये। हमारी जेब से तो कुछ लेते नहीं। लाखों रुपया खर्च कर डालते हैं लोगों को नसीहत देने में। इतना तो बेचारे कमा भी नहीं पाते होंगे।'

किसी ने उन्हें समझाया—'बाबू, ये खैराती नसीहत नहीं है। इसी से इनकी कमाई होती है। नसीहत देने में खर्चे गये पैसे की पाई-पाई खरीददारों से वसूली जाती है। व्यापारियों और व्यवसाइयों की इस होड़ का खर्चा पड़ता है ग्राहक के ही सिर पर! सिगरेट बना है एक पैसे में, तीन पैसे खर्चे जाते हैं ये बताने में कि ये सिगरेट सबसे बढ़िया है। तब चार पैसे पर एक पैसा मुनाफ़ा लेकर पांच पैसे में आपको मिलता है। समझे बाबूजी।'

हमारे साथी बिगड़ पड़े। मुंह से गाली निकल गयी। 'ये...व्योपारी हमें बेवकूफ बनाने की होड़ का खर्चा हमीं, से वसूलते हैं ये अच्छा रहा; हमारी जूती हमारी ही चांद पर।'

*　　　　*　　　　*

हमारे एक नहीं तीन राष्ट्रीय गीत हैं। सरकार ने मान्यता एक को ही दी है परन्तु समय और स्थिति के अनुसार लोग अपनी पसन्द से किसी भी राष्ट्रीय गीत को गा लेते हैं। और बातों में जनवाद या आत्मनिर्णय के अधिकार का दावा चले या न चले, इस बात में तो चल ही रहा है।

हमारा पुराना राष्ट्रीय गीत है वन्देमातरम्। इस गीत की सब में बड़ी विशेषता ये है कि ये संस्कृत और बंगला में है और अधिकांश लोग इसे समझ नहीं पाते। जिस पर ये भूल जाना मुश्किल है कि वन्देमातरम् बंकिम बाबू ने बंगाल के पांच करोड़ निवासियों को ही सम्बोधन करके लिखा था—'पंचकोटि करैः धृत कर करवाले।' राष्ट्रीय गीत कोई ऊनी कोट तो है नहीं कि क़द बढ़ जाने पर दर्जी से खुलवा कर बड़ा करवा लीजिये।

रहा सरकारी गीत—जन गण मन अधिनायक जय हे भारत भाग्य विधाता!

शान्तिनिकेतन के अधिकारी लोगों ने इस बात का विरोध कर दिया है कि ये गीत रवि बाबू ने ब्रिटिश साम्राज्य के युवराज के भारत आगमन के स्वागत में लिखा था परन्तु जो लोग इस गीत का शब्दार्थ समझ सकते हैं वे 'जन गण मन अधिनायक' जनता के समूह का नेता किसे मानें? और भारत भाग्यविधाता किसे समझ लें? अपने को भारत से मतलब है या भारत के भाग्य विधाता से? पहले भारत के भाग्यविधाता ब्रिटिश साम्राज्य के सम्राट थे, अब कांग्रेस के प्रधान हैं। कांग्रेस के प्रधानजी को ये गीत शायद इस लिये बहुत मौजूं जंच गया है कि इसमें हेल हिटलर या नेता पूजा की कुछ ध्वनि मिलती है।

रहा तीसरा गीत—सारे जहां से अच्छा हिन्दोस्तां हमारा। ये बात वही आदमी निःशंक होकर कह सकता है, जिसे न तो भारत की वास्तविक स्थिति मालूम हो और न किसी दूसरे देश का हाल!

खैर, यदि आप गायेंगे कि सारे जहां से अच्छा हिन्दोस्तां हमारा तो पाकिस्तानी क्यों नहीं कहेगा कि सारे जहां से अच्छा पाकिस्तां हमारा! एक ही जहां में सभी देश सबसे अच्छे कैसे हो सकते है? जहां दो देशों के राष्ट्रीय गीत आमने-सामने आये, सिर फुटव्वल होगी ही। कारण होगा, बेमतलब की शेख़ी और अहंकार!

शायद आप कहें कि हमें अपना देश सबसे प्यारा है इसलिये हम कहेंगे सारे जहां से अच्छा हिन्दोस्तां हमारा। प्यार तो अपनी मां को भी करते हैं पर ये कहते किसी को नहीं सुना कि 'सारे जहां से अच्छी अम्मा हमारी!'

आप यदि कहें कि 'सारे जहां से प्यारा हमें हिन्दोस्तां हमारा' तो एक तुक हो सकती है, लेकिन कोई भी अपने देश को जग-जहान से अच्छा और बढ़कर बताये तो झगड़े की चुनौती है।

*　　　　*　　　　*

कुछ लोग परेशान हैं कि पाकिस्तानी विदेश मंत्री निश्तर साहब ने युद्ध की धमकी दे दी।

पाकिस्तान सरकार पर गुस्सा दिखाने के बजाय सहानुभूति दिखाना ही उचित है। जब बच्चा बेकाबू होने लगता है, उसे भूत और हौआ का डर दिखा कर चुप कराना ही पड़ता है। पाकिस्तान की प्रजा सरकार के हाथ से जैसे बाहर हो रही है, उसे युद्ध के डर के सिवा चुप कराने का कौन तरीका पाकिस्तान की सरकार की समझ में आ सकता है?

यों पाकिस्तान के हौंसले बड़े-बड़े हैं। कश्मीर तो वो चाहता ही था अब अफगानिस्तान को भी चाहता है। मुंह की तरफ़ से पाकिस्तान बहुत कुछ निगलना चाहता है। परन्तु पूंछ की तरफ से जो निगला जा रहा है उसे कौन संभालेगा?

नया पथ, जुलाई १९५४

बात बात में...-७

श्री डी.जी. तेन्दूलकर ने 'टाइम्स आफ इण्डिया' में यह प्रकाशित कराया है:

'श्रीमान्, एक भारतीय पत्र ने सोवियत द्वारा प्रकाशित बृहद विश्वकोष के पृष्ठ २०३ और २०४ से (गांधी जी के परिचय के सम्बन्ध में) यह उद्धरण प्रकाशित किया है— 'गांधीवाद के प्रतिक्रियावादी सिद्धान्तों के प्रणेता...जन्म से बनिया। बनिया लोगों का पेशा प्रायः व्यापार और सूदखोरी होता है...। गांधी ने ब्रिटिश साम्राज्यवाद को सक्रिय सहयोग दिया। जिस समय ब्रिटिश सेना जुलू लोगों के देश पर आक्रमण करके उन्हें तलवार के घाट उतार कर और जलाकर समाप्त कर रही थी, गांधी ने ब्रिटिश सेना की सहायता के लिये एक सेवक दल का संगठन किया और इसे लेकर युद्ध में पहुँचे। ...जब सार्वजनिक आंदोलन क्रान्तिकारी रूप लेने लगा तो गांधी ने जनता की अपेक्षा ब्रिटिश शासन को ही अपना समझ कर जनता के आंदोलन की टांग घसीट कर साम्राज्यशाही का ही साथ दिया। ...व्यक्तिगत जीवन में गांधी संयमियों और योगियों की नकल करते थे। ...गांधी अपने आपको ब्रिटिश के शत्रु और भारतीय स्वाधीनता के एकमात्र गुरू समझते थे। ...गांधीवाद साधारणतः हिंदू साम्प्रदायिक सिद्धांत के आधार पर उच्च वर्णों द्वारा हीन श्रेणियों की दासता का समर्थन करता है और प्रचलित वर्ण व्यवस्था को भगवान द्वारा निर्धारित बताकर उसके परिवर्तनों के प्रयत्नों को पाप बताता है।'

श्री तेन्दुलकर साहब का कहना है—'यदि उद्धरण ठीक-ठीक पेश किया गया है तो या तो सोवियत लेखक गाँधी और भारत के सम्बन्ध में अनजान हैं या वे अपने मनोनीत सिद्धांतों के समर्थन के लिए तथ्यों को तोड़-मरोड़ रहे हैं। सोवियत लेखक यदि अपने वृहद् विश्वकोष में गाँधी के सम्बन्ध में दिये गये परिचय का ठीक-ठीक अनुवाद भारतीय पाठकों को दे सकें तो अच्छा हो। सोवियत वृहद् कोश में प्रकाशित गाँधी के इस परिचय के सम्बन्ध में भारतीय कम्युनिस्टों को क्या कहना है? इसी बात से पता लगेगा कि भारतीय कम्युनिस्टों का भारत के प्रति, भारत के महान नेता के प्रति कैसा अनुराग है।'

तेन्दुलकर साहब ने कई हजार पृष्ठ की गाँधी जी की एक ज़ीवनी लिखी है और इस महान साहित्य सेवा के लिए उन्हें डाक्टर या आचार्य की उपाधि भी मिल गयी है। इसलिए तेन्दुलकर साहब भारत के प्रति अनुराग और शायद देशभक्ति की कसौटी भी गाँधी भक्ति को ही निश्चित कर दें तो अधिक विस्मय नहीं होना चाहिये।

वृहद् सोवियत विश्वकोश में से दिये गये इस उद्धरण से जगह-जगह पड़े 'डॉटों' से यह स्पष्ट हो जाता है कि कुछ वाक्य चुन-चुन कर दे दिये गये हैं और कुछ छोड़ दिये गये हैं। सम्भव है छोड़ दिये गये वाक्यों में ऐसी भी कोई बात हो कि भारतीय जन-समूह में राजनैतिक चेतना फैलाने और उन्हें संगठित करने में गाँधी ने अपूर्व काम किया, ऐसी ही और कोई दूसरी बात। सम्भव है कोई ऐसे दो वाक्य छोड़ दिये गये हों जिनसे पूरे उद्धरण का भाव ही बदल जाता हो। खैर, जो छोड़ दिया गया, उसे जाने दीजिये। जो कुछ उद्धरण से दिया गया है वह तथ्य और इतिहास की दृष्टि से गलत क्या है, यह तेन्दुलकर साहब ने बताने की ज़रूरत नहीं समझी? क्या कम्युनिस्ट यह कह दें कि जुलू युद्ध में और पहले विश्वयुद्ध में गाँधीजी ने अंग्रेजों की सहायता कर खिताब नहीं पाया, या यह कह दें कि गाँधीजी वर्ण व्यवस्था का समर्थन नहीं करते थे अथवा यह कि प्रचलित वर्ण-व्यवस्था को परिवर्तन करना वे हिंसा और पाप नहीं समझते थे?

* * *

अभी कुछ ही दिन पूर्व दो साहित्यिक बंधुओं से समागम हुआ। उनमें से एक पुरानी बातों के प्रसंग में बोले—'...जब पता लगा कि आपने 'गाँधीवाद की शव परीक्षा' लिखी है तो मन में बहुत वितृष्णा हुई। उस पुस्तक को तो नहीं ही पढ़ा, आपकी और पुस्तकें पढ़ने को भी मन नहीं चाहा।'

मुझे टोकना पड़ा—'ठीक है, तब आप कट्टर गाँधीवादी रहे होंगे।'

दूसरे सज्जन बोल उठे—'नहीं, तब यह असली गाँधीवादी नहीं थे, वर्ना इतनी असहिष्णुता न होती।'

मुझे आग्रह करना ही पड़ा-'नहीं, असली कट्टर गाँधीवादी तभी थे। अब तो समझ आ गयी है।'

तेन्दुलकर महोदय ऐसी ही गाँधी भक्ति की आशा भारत की सम्पूर्ण प्रजा से करते हैं। भय यह है कि जिस घर में उनकी लिखी गाँधी जी की ६० रु. या ७० रु. की जीवनी न हो, उस घर की राजभक्ति और देशभक्ति में ही सन्देह न करने लगें।

* * *

समाजवाद और कम्युनिज़्म को लक्ष्य मानने वाले देशों के बारे में लांछन सुना है कि वहाँ विचारों और साहित्य का रेजीमेंटेशन है अर्थात् जो विचार सरकार को माफिक बैठते हैं उन्हीं का प्रकाशन वहां हो सकता है, विरोधी स्वतन्त्र विचारों का नहीं। यदि ऐसा है तो बहुत बुरा है परन्तु गाँधीवादी कांग्रेस का इस बारे में क्या रवैया है?

जो लोग १९३० में होश-हवास सम्भाल चुके थे उन्हें याद होगा कि भारत की स्वतन्त्रता के संघर्ष के प्रयत्नों में उस साल सबसे महत्वपूर्ण घटना क्या थी। पेशावर में कांग्रेस के आदेशों से प्रजा के प्रदर्शन करने और कानून तोड़ने पर जब अंग्रेज सरकार ने गढ़वाली पल्टन को जनता पर गोली चलाने का हुकम दिया तो पल्टन ने गोली चलाने से इन्कार कर हथियार फेंक दिये। गाँधीजी के मुट्ठी भर नमक उठा लेने की अपेक्षा सेना का सरकारी हुकम न मानकर विद्रोहियों का साथ देना अंग्रेजों पर कहीं बड़ी चोट थी। गाँधी जी

को तो नमक कानून तोड़ने पर कुछ मास की जेल हुई परन्तु इन गढ़वालियों को उम्र भर का काला पानी! इस घटना से केवल भारत में ही नहीं संसार भर में खलबली मच गयी थी। गाँधी जी ने इन अहिंसक सिपाहियों की निन्दा ही की थी। उनकी इस बात पर १९३१ में उनके पेरिस जाने पर वहां के लोगों ने विस्मय भी प्रकट किया था। अस्तु कांग्रेस द्वारा प्रकाशित और परम गाँधीवादी पट्टाभि सीतारामैया द्वारा संकलित कांग्रेस के इतिहास के पहले भाग के पृष्ठ ३२७ (चौथा हिंदी संस्करण) पर पेशावर की घटनाओं का प्रकरण तो है परन्तु गढ़वालियों के उस आत्म त्याग का जिक्र नहीं! यह है कांग्रेसी विचार स्वतन्त्रता और सत्य अहिंसा!

*　　　*　　　*

अपना देश और समाज धर्म-प्राण है, इसलिए धर्म की बात की उपेक्षा यहां की नहीं जा सकती। आजकल हिन्दू धर्म को गोहत्या विरोध की चिंता है। लखनऊ से लेकर बम्बई तक इसकी चर्चा है। हिन्दू धर्म के रक्षकों में बिड़ला महाराज प्रमुख हैं। भारत के सभी बड़े नगरों और तीर्थों में उन्होंने हिन्दू धर्म की रक्षा के लिए मंदिर बनवा दिये हैं। गोरक्षा के सम्बन्ध में उनका वचन किसी ऋषि के वचन से कम प्रमाण नहीं माना जाना चाहिये।

बिड़लाजी ने अमरीका को भारत की समस्याएँ समझाते हुए कहा है कि भारत में पशुओं की संख्या संसार में सबसे अधिक है और दूध की पैदावार संसार में सबसे कम! पशुओं की संख्या इतनी अधिक है उनके लिए पूरा चारा उत्पन्न ही नहीं किया जा सकता। हमारे यहां पशुओं की संख्या घटनी चाहिये और दूध की पैदावार बढ़नी चाहिये।

इतना स्पष्ट ही है कि यह बात बिड़ला जी ने दूध देने वाले पशुओं मुख्यतः गोसमाज के सम्बन्ध में कही है। प्रश्न यह है कि गोसमाज के नर-नारियों को सरकार संतति-निरोध का उपाय सिखा नहीं सकती। गाँधीजी पति-पत्नि में भाई-बहिन की भावना स्थापित कर लेने का उपदेश दे गये हैं। ऐसे उपदेश पर गाय-बैल आचरण नहीं करते। तो किया क्या जाये?

भारत की पुण्य भूमि पर मनुष्यों के लिए अन्न उपजाने की अपेक्षा गोसमाज के लिए भूसी ही उपजायी जाय? या गोसमाज के लिए ऐसा राशनिंग कर दिया जाये कि भूख से कोई पशु न मरने पाये, सबको पाँच छटाँक भूसी मिलती ही रहे? जो गाय आज दस सेर भूसी खाकर सेर भर दूध देती है वह भी दूध देना बंद कर दे। गोरस नहीं रहेगा तो गोमूत्र तो बहता ही रहेगा।

बिड़ला जी ने जो बात अमरीकनों के सामने कही है वही बात यदि वे भारत में हिन्दू सभा के मंच से भी कहें और अपने सब मन्दिरों के पुजारियों को हिन्दू समाज के सामने कहने के लिए आदेश दे दें तो क्या हानि है? आखिर उनके अमरीकन बंधु इस मामले में क्या सहायता दे सकते हैं? पर बिड़लाजी तो देश-काल देख कर बात करते हैं।

असल में तो बिड़लाजी अमरीका गये थे भारत के औद्योगीकरण के लिए अस्सी करोड़ रुपये का उधार माँगने। बिड़ला जी ने अमरीका को समझाया कि भारत को उधार देने में उनका अपना ही हित है। भारत के प्रति अमरीकन पूंजीपतियों को शिकायत यह है कि इस देश में बड़े-बड़े औद्योगिक काम पूंजीपतियों की वैयक्तिक सम्पत्ति के रूप में न होकर सामाजिक या राष्ट्रीय रूप में क्यों हो रहे हैं? यह समाजवाद नहीं तो क्या है? बिड़लाजी ने

समझाया कि उद्योगों को राष्ट्रीय या सामाजिक रूप में बनाना भारत सरकार की नीति नहीं, यह त्याग केवल हमारी मजबूरी (वर्च्यू आफ़ दी नैसिसिटी) है। यदि अमरीकन पूंजीपति भारतीय पूँजीपतियों के साँझे में भारत में उद्योग-धन्धे खड़े करने के लिए तैयार हों, या इस देश को अपनी पूंजी में लपेटने के लिए तैयार हों तो क्या मजाल है भारत सरकार उद्योगों को राष्ट्रीय रूप से खड़ा कर सके।

भारत की प्रजा को ब्रिटिश शासन से लोहा लेने के लिए पुकारते समय काँग्रेस ने देश के मुख्य उद्योगधन्धों को जनता की सम्पति बना देने या उनका राष्ट्रीयकरण कर देने का आश्वासन दिया था। १९४७ में राष्ट्रीयकरण की बात पाँच वर्ष के लिए स्थगित हुई फिर दस और पन्द्रह वर्ष के लिए। असल में क्या होगा, यह तो बिड़लाजी ही जानते हैं।

* * *

अभी कुछ दिन पहले पं. नेहरू बम्बई में आये और उन्होंने मजदूरों के रहने की जगहों (स्लमूस) की दुर्दशा पर क्रोध प्रकट कर कहा—'इन जगहों को देखकर बम्बई के लोगों को शर्म आनी चाहिये। ऐसी जगहों में तो आग लगा देनी चाहिये और इनके मालिकों को बिना मुआविज़ा दिये जेल भेज दिया जाना चाहिये।'

देश के करोड़पति और कौड़ीपति अब पंडित जी की बातों का मतलब ठीक से समझने लग गये हैं। भला ही हुआ कि किसी ने पंडित जी के क्रोध से प्रभावित होकर सचमुच स्लमूस में आग नहीं लगा दी। अगर कोई उनकी बातों में आ जाता तो बेचारे को कम्युनिस्ट कह कर वायोलेंस की सजा भुगतने के लिए जेल भेज दिया जाता।

किसी करोड़पति को भी पंडित जी की गाली पर गुस्सा नहीं आया। वे भी जानते हैं कि अपने बेटे को कोसने में और पड़ोसी के बेटे को कोसने में भावना का कितना अन्तर रहता है।

नया पथ, नवम्बर १९५४

●

बात बात में...-८

संस्कृत काव्य में एक समृद्ध नगर का वर्णन यों है—उस नगर में सभी सुख और सुविधाएँ थीं। कठिनाई थी तो केवल यह कि नगर में दुखिया-भिखारी नहीं थे। नगर निवासियों को दान देकर स्वर्ग लोक जाने का पुण्य कमाने का अवसर नहीं था...।

आज भारत के छोटे-बड़े सभी नगरों में कोई और सुविधा हो या न हो, स्वर्ग जाने के लिए दान देने और पुण्य कमाने की सुविधा ज़रूर है। रेल के स्टेशन से बाहर, नदी के घाट पर, मंडी और बाजार में, अदालत के दरवाजे पर पैसे-दो पैसे के मोल आपके स्वर्ग जाने की सिफारिश भगवान से करने का दम भरने वाले आपकी राह रोक लेंगे। वे मतली पैदा करने वाला रूप और वाणी सुनाकर आप का हृदय परिवर्तन करने का अहिंसात्मक आक्रमण आप पर शुरू कर देंगे। या तो आप उन्हें भगवान से मिली स्वर्ग के पुल की ठेकेदारी का कर दीजिये या यदि आप बहुत ही असमर्थ हैं तो 'माफ करो बाबा' कह कर दीनता स्वीकार कर लीजिये!

हमारी सरकार आजकल आंकड़ों के जोर पर ही देश की उन्नति और विकास के प्रमाण दिया करती है। आप बाजार में खाना कपड़ा खरीद सकें या न खरीद सकें, आंकड़ों से आपको मानना पड़ेगा कि दाम गिर रहे हैं और पैदावार बढ़ रही है। इतने लाख एकड़ खेती बढ़ गयी! कपड़े का भाव इतने प्रतिशत गिर गया! क्या हर्ज है अगर इस बात के भी आंकड़े इकट्ठे किये जाय कि चोरी-चकारी और हिंसात्मक लूट-मार से देश के लोगों का कितना पैसा वर्ष भर में जाता है और भिखमंगों की अहिंसात्मक छीन-झपट से कितना देने के लिए मजबूर होना पड़ता है।

गांधीवादी कांग्रेस सरकार भीख पर मांगने प्रतिबंध शायद इसलिये नहीं लगा सकती कि गांधीवाद के अनुसार मनुष्य जीवन का लक्ष्य परलोक प्राप्ति है और भिखारी आपको उस लक्ष्य की प्राप्ति में सहायता देता है। सरकार यदि सब लोगों को कारोबार में लगा देगी तो भीख मांगकर पुण्य का अवसर देने वाले कहां रहेंगे? कांग्रेसी सरकार एक ओर तो आपको नरक में जाने से रोकने के लिये शराब नहीं पीने देती, दूसरी ओर स्वर्ग जाने के लिये भीख देने को मजबूर करती है। पंचवर्षीय योजना का यह गांधीवादी आध्यात्मिक अंग है।

सबसे बड़ी बात है कि कांग्रेस सरकार किस मुँह से भीख मांगने को बुरा कहे, जब उनका दावा है कि उन्होंने सरकार ही हृदय परिवर्तन करके या अहिंसा से मांग कर ले ली है।

गांधीवादी कांग्रेस का दावा है कि उन्होंने संसार के इतिहास में अहिंसात्मक क्रान्ति की पहली मिसाल क़ायम की है। पाकिस्तान का दावा है कि उन्होंने या जिन्ना साहब ने गांधीजी और कांग्रेस से भी बड़ी अहिंसात्मक क्रान्ति की है। गांधी जी और कांग्रेसियों ने दूसरे की हिंसा नहीं की पर स्वयं तो हिंसा सही। जिन्ना साहब ने केवल लेक्चर देकर और प्रस्ताव पास करके ही काम बना लिया। उन्हें सत्याग्रह में जेल जाने या अनशन करने की ज़रूरत नहीं पड़ी। कांग्रेस तो सरकार ही बन पायी, लीग ने नया देश बना डाला। बोलिये अहिंसा और हृदय परिवर्तन की नीति का बड़ा पंडित कौन है? कांग्रेसी स्वराज्य और पाकिस्तान का जन्म एक ही लगन में एक ही घटना से तो हुआ।

अंग्रेजी साम्राज्य बेचारा तो पिटा जनता की मार और साम्राज्यवादी प्रतिद्वंद्विता में, कांग्रेस और लीग का दावा हो गया कि हमीं ने अंग्रेजों को पटक दिया।

अमरीका संसार में प्रजातन्त्र और प्रजातन्त्र देशों में व्यक्तिगत स्वतन्त्रता की रक्षा के लिये बहुत जोर लगा रहा है। वह संसार को व्यक्तिगत पराधीनता और दासता से बचाना चाहता है। अभी कुछ ही दिन हुए अखबार में पढ़ा कि अमरीका निवासी संसार के सबसे बड़े वैज्ञानिक मि. आइन्स्टाइन ने उत्तर दिया—'अगर अब शुरू से नया जीवन बिताने का अवसर मिले तो या तो खोमचा लगाने का काम करूं या पानी के नलों की मरम्मत का ही काम करूं।'

आइन्स्टाइन अपने वैज्ञानिक आविष्कारों, विशेषकर 'एटम' के आविष्कार की सफलता से इतने खिन्न क्यों हैं? क्या उनके आविष्कारों का उपयोग ऐसे ढंग से हो रहा है कि उनकी आत्मा क्लेशित है? वे इतनी विवशता क्यों अनुभव कर रहे हैं? खैर छोड़िये इस बात को, पर इतना तो मानियेगा ही कि अमरीकी प्रजातन्त्र और व्यक्तिगत स्वतन्त्रता में संसार का सबसे बड़ा वैज्ञानिक महादुखी और निराश है; उसे वैज्ञानिक का काम करने से क्लेश होता है। वह अपने अविष्कारों से मानवता का कल्याण करने का संतोष नहीं पा सकता।

आइन्स्टाइन साहब की इस खिन्नता और निराशा की बात से उनकी कुछ दिन पहले की एक और बात याद आ जाती है। आइन्स्टाइन से किसी ने पूछा था—आपका क्या अनुमान है, आगामी युद्ध में हाइड्रोजन और एटम बम का प्रयोग होगा या नहीं?

आइन्स्टाइन का उत्तर था—क्या मालूम? पर यदि आगामी युद्ध में एटम और हाइड्रोजन बमों का प्रयोग हुआ तो उससे अगले युद्ध में लोग ईंट-पत्थरों का ही प्रयोग करेंगे। यानी एटम और हाइड्रोजन बमों के प्रयोग के बाद सभ्यता या विज्ञान के साधनों जैसी कोई चीज़ शेष नहीं रह सकेगी।

* * *

इधर सिनेमा और फ़िल्म जगत में सेंसर की मनमानी और अत्याचारों के कारण बहुत कोहराम मच रहा है। फ़िल्म बनाने वाले जनता के विनोद और संतोष के लिए तारिकाओं का जो उठाव-दबाव दिखाना चाहते हैं सेंसर उसे अनाचार बता कर छुरी-कैंची चला देता है।

फिल्म बनाने वाले को अपने संतोष के लिए जो कुछ करना है, सेंसर से पूछे बिना अपने घर कर सकता है। फ़िल्म तो उन्हीं लोगों के लिए है जो नर्तकी को घर नहीं बुला

सकते। उन्हीं के लिये रूप और विलास का यह खोमचा लगाया जाता है। सो महाशय जी, आप उसे तारिका के दुपट्टे से ढंक देंगे तो गरीब का खोमचा क्या खाक बिकेगा?

अपने राम को तो ये ही समझ में नहीं आता कि बदन तारिका का, दुपट्टा तारिका का, सेंसर उसे ढकने या उघाड़ने वाला कौन होता है? भारतीय विधान में निजी सम्पत्ति से कारोबार करने की पूरी स्वतन्त्रता है। अगर तारिकाएँ मिलकर सुप्रीम कोर्ट में इस अन्याय के विरुद्ध अपील कर दें तो?

देशमुख देश के पूंजीपतियों को तो स्वतन्त्रता देते हैं कि अभी तीस वर्ष तक निजी पूंजी से व्यापार करने पर कोई आंच नहीं आ सकती। बेचारी तारिकाओं को निजी शरीर से भी कारोबार करने का अवसर नहीं। उनकी और क्या पूँजी है? देशमुख सेंसर को क्यों नहीं रोकते?

और फिर फ़िल्म तारिकाओं के हक़ में नज़ीर भी मौजूद है। जो जानते हैं, वे जानते हैं, और जो नहीं जानते, वे खोज और शोध करके निश्चय कर सकते हैं कि फ़िल्म में जो उठाव दिखाया जाता है, वह असली माल नहीं होता। रुई और रबड़ चलता है। जब बाज़ार में वेजीटेबल घी चल सकता है, इमीटेशन सिल्क चल सकता है तो इमीटेशन ब्रेस्ट क्यों नहीं चल सकती? कुछ नहीं साहब, बस, बेज़ुबानों पर मार है।

*　　　*　　　*

जनता के आचरण की रक्षा और चौकसी की जिम्मेदारी और अधिकार सरकार ने सेंसर को सौंप दिया और उस आचार का आदर्श कायम करने छूट भी सेंसर को ही दे दी। आचार के यह आदर्श कितने भिन्न हो सकते हैं, इसका एक उदाहरण लीजिये—

१९२०-२१ के कांग्रेस आन्दोलन की बात है। एक नगर की आर्य समाज के प्रधान सेठजी को कांग्रेस से सहानुभूति हो गयी थी क्योंकि कांग्रेस खद्दर का प्रचार करती थी और खद्दर का मतलब होता है सादगी। कभी-कभी सेठ जी उदासीनता से कह भी देते थे, 'क्या है, कांग्रेस वाले देस की बात तो करे सैं पर आचार को न सै।'

एक दिन कांग्रेस की एक बहुत सम्मानित महिला नेता की प्रशंसा सेठ जी के समाने हो रही थी कि कितना अच्छा लेक्चर देती हैं, कितना त्याग उन्होंने किया है।

सेठ जी ने कुछ अनुत्साह से उत्तर दिया—'लेक्चर अच्छा देवै सै, त्याग भी सै, पण आचार कोना सै।'

सुनने वाले सेठ जी की इस राय से सुन्न हो गये। किसी ने साहस कर पूछ ही लिया— 'सेठ जी, देवी जी में अपने आचार की क्या कमी देखी? खद्दर पहनती हैं। संध्या पूजा करती हैं।'

सेठ जी ने होंठ हिलाकर बहुत विश्वास से उत्तर दिया—'खद्दर पहरे सै, संध्या पूजा बी करे सै, पण हाथमें घड़ी बांधे सै।'

सो महाराज आचार, मन का विश्वास जानियो।

नया पथ, दिसम्बर १९५४

●

बात बात में...-९

यह मकान कुछ एकांत में होने से चिड़ियाँ काफ़ी आती रहती हैं। शायद चिड़ियों के आने का कारण गोपाल का फूहड़पन है। गोपाल रसोई बनाता है तो रसोई के सामान को मर्दों की स्वाभाविक लापरवाही से ही बरतता है। चावल-दाल काफ़ी बिखर जाते हैं और फिर कार्यकारण के संबंध से चिड़ियाँ आ जाती हैं।

चिड़ियाँ गिरा हुआ अन्न खाने आती थीं तो कोई एतराज भी नहीं था। फर्श पर उनकी चोंचों की खुट-खुट से इतना ही विघ्न पड़ता था कि मानों बगल के कमरे में कोई टाइपराइटर चल रहा हो। पर इधर एक सप्ताह से हजामत में सुविधा के लिए एक ज़रा बड़ा आइना क्या ले आया हूँ, अच्छी-खासी मुसीबत आ गयी है। चिड़ियों का एक जोड़ा बिखरा हुआ दाना छोड़कर प्राणपन से दिन भर आइने पर ही झपटा करता है। आइने पर झपट और परों की फड़फड़ाहट से और आइने पर चोंचों की खुट-खुट और रण की चुनौती देती चें-चें से वह हंगामा मच जाता है कि मुझे कागज़ और कलम छोड़कर उधर ध्यान देना ही पड़ता है।

अगर चिड़ियों का यह जोड़ा अपना श्रृंगार करने के लिए दिन भर भी आइने के पास बैठा रहे तो मेरे काम में विघ्न न पड़े या मैं इसकी परवाह न करूँ। परन्तु यह चिड़ियां इतना तूफान खड़ा कर देती हैं कि समीप पड़ा हजामत का बुरुश और दूसरी कई चीजें, पट्ट-पट्ट मेज से नीचे गिरने लगती हैं। अपने नुकसान का तो खयाल रहता ही है लेकिन इन चिड़ियों के हाँफ-हाँफ कर आइने के भीतर दिखायी देने वाली परछाई से लड़ने पर भी तरस आता है। उठकर छोटे तौलिये आइने को ढांप दिया। लेकिन युद्ध की प्रतिज्ञा किये इन रण-पिपासुओं ने तौलिये को चोंचों से खींच-खींचकर गिरा दिया। बड़े तौलिये से आइने को ढांप दिया। यह तौलिया खींचकर गिरा देना इन चिड़ियों के बस का नहीं। परन्तु वे हार मान कर शांत हो जाने के लिए तैयार नहीं।

वे अब भी आइने के चारों तरफ़ फुर्र-फुर्र कर जूझती ही रहती हैं। उन्हें पूरा विश्वास है कि तौलिये के पीछे आइने में उनके शत्रु छिपे हुए हैं। भूतल से इन शत्रुओं का नाश किये बिना उन्हें शांति प्राप्त नहीं हो सकती। मैं या आप इन चिड़ियों की बुद्धि पर रहम ही करेंगे। उन्हें कहा भी क्या जाये; आखिर तो चिड़िया ही हैं न!

पर दिसम्बर की पहली तारीख को 'टाइम्स आफ इण्डिया' पत्र में पढ़ा कि अमरीका ने भूमंडल भर में कहीं से भी हमला होने के जवाब में हमला कर सकने के लिये एटम और

हाइड्रोजन बम फेंकने वाले जंगी हवाई जहाज़ों के नये अड्डे बनाने के लिए २१,५०,००००००० रुपये खर्च करने का बजट बनाया है। पिछले महायुद्ध के बाद से अमरीका के एक भयंकर शत्रु का सामना करने की खबरें सुनते आ रहे हैं। अमरीका की इस भयंकर सामरिक तैयारी के जवाब में रूस और दूसरे देश भी खम ठोककर चुनौती दे देते हैं—हमें किसी की एटम और हाइड्रोजन की धमकियों का डर नहीं है। हम भी किसी से पीछे नहीं हैं।

यह सब अखबारी खबरें याद आ जाने पर अपने आइने में छिपे शत्रु से लड़ने के लिये हांफ-हांफ कर टूटने वाली चिड़ियों की मूर्खता पर मुस्कराना भूल जाता हूँ। यह बेचारी महान अंतरराष्ट्रीय शक्तियों से अधिक मूर्ख तो नहीं हैं। उन्हीं की तरह अपने मन में समाये भय और शत्रुता से वे काल्पनिक प्रतिद्वन्द्वी को समाप्त कर शांति से रहने की कल्पना करती हैं। शायद इसलिये कि रसोई में बिखरे हुए अनाज पर दावा करने वाला कोई प्रतिद्वन्द्वी न रहे। परन्तु इन चिड़ियों की प्रतिद्वन्द्वी को मिटा देने की चिंता में रसोई में बिखरा चावल-दाल यों ही पड़ा रह जाता है। वैसे ही अन्तरराष्ट्रीय सामयिक प्रतिद्वन्द्विता में संसार भर में सभी का पेट भर सकने के योग्य साधन उपेक्षित ही पड़े रह जाते हैं। अमरीका एटम को उत्पादन का साधन बनाने के बजाये उसकी संहार शक्ति के मद में ही भूला जा रहा है।

*　　　　*　　　　*

अब तक यही सुना था कि धर्म का स्थान और अधिकार राजनीति से बहुत ऊँचा होना चाहिये। धर्म ब्रह्मांड और संसार के मालिक की आज्ञा है और राजनीति केवल देश के राजा और सरकार की आज्ञा। पर बम्बई में होने वाली कैथोलिक क्रिश्चियन कांग्रेस के अवसर पर कुछ और ही देखा।

बम्बई और भारत के अनेक नगरों के कैथोलिक गिर्जाघरों में भगवान की माता मरियम दो-ढाई सौ बरस से विराज रही हैं। अब तक वे जेरुसलम की पुरानी पोशाक का या योरप के सात-आठ सौ बरस पहले के कलाकारों की कल्पना का लबादा और लंहगा पहने रहती थीं। इस वर्ष उन्होंने पोप के आशीर्वाद से साड़ी पहन ली है। अब तक वे केवल लैटिन और अंग्रेजी ही समझती थीं इसलिये गिर्जाघरों में उनकी पूजा-अर्चना अंग्रेजी या लैटिन भाषा में ही चलती थी। इस महान क्रिश्चियन कांग्रेस के उद्घाटन में भारत के उपप्रधान डा. राधाकृष्णन और बम्बई कांग्रेसी सरकार के मंत्रियों को भी निमंत्रित किया गया था। माता मरियम की स्तुति के गीत हिन्दी में भी गाये गये तो मालूम हुआ कि इस बीच माता मरियम हिन्दी समझने लगी हैं। यह सब जाने कैसे हो गया; राजनीतिक परिवर्तनों से या किसी दूसरे कारण से।

*　　　　*　　　　*

बम्बई में बांदरा के आसपास ऐसे लोगों की काफ़ी बस्ती है जिनका रूप रंग देखकर उन्हें कोंकणी या घाटी ही समझा जायगा परन्तु इस समाज के पुरुष पांव में जूता न होने पर भी पतलून ही पहनते हैं और स्त्रियां भी धोती या साड़ी के बजाय फ्राक ही। वे लोग साहब ही समझे जाना या कहलाना पसंद करते हैं। बोली उनकी नितांत साहबी (अंग्रेजी) सुनाई देती है—यस मैन, नो मैन, डमिट मैन! सात आठ बरस के बच्चों के रंग या चेहरे-

मोहरे मे चाहे कोंकणी या घाटी रक्त ही दिखायी दे पर अंग्रेजी फ़रटि से बोलते हैं। यह सब उन क्रिश्चियन स्कूलों की देन है जहाँ अक्षर ज्ञान अंग्रेजी में ही आरम्भ होता था। कुछ बड़े आदमियों के परिवारों में भी जाने का अवसर मिला है जिनके बच्चे आरम्भ से ही कन्वेंट स्कूलों में पढ़ रहे हैं। यह बड़े लोग स्वयं अंग्रेजी झिझक कर ही बोलते हैं, कुछ नहीं भी बोल पाते परन्तु इनके बच्चे हिन्दी, उर्दू, मराठी, गुजराती, कोंकणी कुछ नहीं जानते। अंग्रेजी उनके मुँह से ऐसे झड़ती है जैसे पिंजरे में बंद मिट्ठू के मुँह से राम नाम या गालियाँ।

प्रश्न यह है कि इस समाज की मातृभाषा क्या मानी जाय? वे क्यों न कहें कि उनकी मातृभाषा अंग्रेजी है और आप क्यों न मानें कि अंग्रेजी ही उनकी मातृभाषा है? क्यों कुछ लोग कहें कि यह विदेशी शासन द्वारा सांस्कृतिक दमन का और कुछ भारतीयों की विदेशी सरकार के मियांमिट्ठू बन जाने की प्रवृत्ति का परिणाम है।

ऐसी बात सोचते-सोचते कल्पना देखने लगती है कि अकबर, जहाँगीर, शाहजहाँ और औरंगजेब के ज़माने में भी शासन-शक्ति एक भिन्न संस्कृति लेकर आयी होगी। दरबारों के चारों ओर लिपटकर गुज़ारा करने वाले शासक समाज और चौकी-चुंगी की नौकरी के तलबगारों ने वही किया होगा जो बांदरा के यस मैन, नो मैन, डैमिट मैन समाज में दिखाई देता है और ऐसे ही एक नयी मातृभाषा का दावा बन गया। और आज भारतीय संस्कृति की रक्षा के नाम पर उस दमन के प्रभाव की रक्षा की मांग की जा रही है।

नया पथ, जनवरी १९५५

●

बात बात में...-१०

मनुष्य की वृद्धि तो भगवान ही देते हैं परन्तु जिस तरह मनुष्य के कामों को उचित-अनुचित जांचा जाता है यदि वैसे ही भगवान के कामों को भी जांचा जाय और उन्हें भूलों का दंड देना मनुष्य के हाथ में हो तो जाने क्या हो जाय!

यह मैं इसलिए कह रहा हूँ कि अपने आस-पास के मुहल्ले में भगवान के विधान से होने वाले काम मेरी समझ में नहीं आते। हमारे मुहल्ले के मालिक की ही बात सोचिये। उनकी तीन-चार हजार रुपया मासिक की आय सम्भालने के लिए भगवान ने कोई उत्तराधिकारी नहीं दिया। यह क्या मामूली भूल है? मनुष्य का जो काम मूर्खता कहा जाता है वह भगवान की लीला कहलाता है। यदि सेठजी के पिछले जन्म के कर्म ऐसे ही थे तो इन्हें इतनी बड़ी रकम माहवार देने की ज़रूरत क्या थी? वह हमारे जैसे ज़रूरतमंदों के काम आ सकती थी। कुछ लोग हमसे भी ज्यादा ज़रूरतमंद हैं और प्रतिदिन भगवान की दया के लिए रिरिया-रिरिया कर घंटों मंदिरों के चबूतरे पर कीर्तन किया करते हैं। उनकी कोई सुनवायी होती दिखायी नहीं देती।

भगवान की दया और न्याय में अडिग श्रद्धा रखने वालों में एक हैं नन्हेराम। आयु तीस है। स्वास्थ्य देखने में अच्छा; मतलब, फूले-फले हैं। संतानों की संख्या सात है। सबसे बड़ी की आयु बारह वर्ष और सबसे छोटी की तीन मास। नन्हेराम की तनखाह तरक्की करते-करते अब १०५ रु. मासिक हुई है। भगवान की दया या कोप से सभी जीवित हैं। यहां तक कि सात पोते-पोतियां का सुख देखने के लिए दादी भी मौजूद है। मकान का किराया ८ रु. मासिक ही देते हैं। एक कोठरी है, एक बराम्दा और एक छोटा आंगन, जिसमें नन्हेराम सृष्टि की रचना का भगवान द्वारा सौंपा हुआ कर्त्तव्य या स्वभाव निबाह रहे हैं।

मेरी आमदनी सीमित है इसलिए हिसाब-किताब से चलता हूँ। बुरी आदत है कि दूसरों के धन और सुख का भी हिसाब लगाने लगता हूँ। नन्हेराम के दस व्यक्ति के परिवार में प्रति व्यक्ति कितना मासिक खर्च होता होगा? यह इसलिए सोचता हूँ कि देश का स्वास्थ्य सुधारने और सांस्कृतिक विकास करने की बातें रामराज में रोज ही सुनता हूँ। रोज़ ही सुनता हूँ, इतनी नहरें खुद गयीं और इतना गल्ला होगा कि भूखा कोई नहीं रहेगा और दिल्ली के नेशनल स्टेडियम (राष्ट्रीय रंगभूमि) में भारत के उपप्रधान ने उत्कृष्ट लोक नृत्य करने वालों को इनाम दिये और पं. नेहरू ने चीन के बच्चों के खेलने के लिये हाथी भेजे

हैं। मैं देखता हूँ कि नन्हेराम के बच्चे तो अपना ही अंग पकड़ खेलते हैं और उधर देखते झेंप लगती है।

नन्हेराम की सन्तानों की माँ अपने हांडी के से पेटों और बाँस की कमनियों जैसे हाथ-पाँव के बच्चों या हमारे राष्ट्र के भविष्य को जब अनेक तत्वों से मिश्रित कड़वा तेल मल कर प्रभात कालीन सूर्य की स्वास्थ्यवर्धक किरणों में बैठा देती है तो सचिवालय और बड़ी सड़कों पर लगे बड़े-बड़े सरकारी इश्तहारों की याद आ जाती है जिनमें लिखा है—'दीपक बुझने न पाये।' यह इश्तहार बच्चों को तपेदिक से बचाने की चेतावनी के लिये है। नन्हेराम ने सात दीपक जला दिये हैं। अभी तीस का है, पाँच सात और भी जलायेगा।

पर नन्हेराम के यह दीपक बिना तेल के आध्यात्म की बिजली से ही जलते हैं। उसने सीखा है—संतोष सबसे बड़ा सुख है, जीवन पिछले जन्म के कर्मों से भगवान की इच्छा से बनता है। मैं कहता हूं यह दीपक बिना तेल के जलते हैं।

अभी उस दिन नन्हेराम की बिटिया गिलास लिये बाज़ार से आ रही थी। उसकी अवस्था ऐसी नहीं है कि गोद में उठाकर प्यार करने को मन उमड़ आये। पर कुछ तो लाड़ दिखाना ही चाहिये। पूछा—'बिटिया क्या लाई।'

'दूध।'

गिलास की पेन्दी में उतना दूध था जितना मिनिस्टर लोग अपनी प्याली चाय से भर जाने पर डाल लेते हैं। पूछा—'क्या करेगी'

'नन्हीं दूध पियेगी और हम सब चाय पियेंगे।'

इसी लखनऊ शहर में रामराज की सरकार लोगों को सांस्कृतिक और स्वास्थ्य वृद्धि की शिक्षा देने के लिए बनारसी बाग में एक प्रदर्शनी कर रही है। इस प्रदर्शनी में तसवीरें दिखाकर समझाया गया है कि प्रत्येक स्त्री, पुरुष, बच्चे को कितना अन्न, फल, अंडा, दूध ज़रूर खाना चाहिए। दाम भी बता दिये गये हैं। प्रति युवा एक रुपया तीन आने, प्रति बच्चा साढ़े पन्द्रह आने। इस सरकारी हिसाब से नन्हेराम को कपड़ा-किराये के अतिरिक्त दस रुपया रोज़ चाहिए। यह भी याद रहे कि नन्हेराम रामराज में सरकारी नौकर हैं। सरकार उनसे पूरा काम निभाने की आशा करती है, ईमानदारी की भी। नन्हेराम सरकार से क्या आशा करता है? यदि वह कहने का साहस करे कि अपना और परिवार का पेट भरने की, तो वह कम्युनिस्ट कहलायगा और नौकरी से बरखास्त कर दिया जायगा।

हाँ बच्चों को क्षय से बचाना चाहिये। दीपक जलते रखने चाहिये पर बिना तेल के। मैं सोचता हूँ यदि कुछ दिये हवा की झपेट में बुझ गये होते तो बचे हुए एक-दो अच्छी तरह जल सकते। पर सरकारी प्रचार है कि दीपक न बुझने पाये, तेल की जिम्मेदारी सरकार पर नहीं है।

आप कहेंगे सरकार पारिवारिक नियोजन (फेमिली प्लानिंग) की बात भी तो बताती है। नन्हेराम क्यों नहीं सुनते?

ठीक है, बड़ी बड़ी सड़कों पर और सचिवालय के समाने तस्वीरदार इश्तहार लगे हैं जिनमें एक साहब एक गलगुत्थे बच्चे की उंगली पकड़े और मेम साहब बच्चागाड़ी में एक नवजात शिशु को लिए सैर करते दिखायी देते हैं। हमारे मुहल्ले के लोग तो इन तस्वीरी

इश्तहारों को केवल सरकारी शोभा ही समझते हैं। या इसे सैर करने वाले मेमों और साहबों की बात समझ कर उधर देखते भी नहीं। कभी-कभी वे पाँचवर्षीय योजना की बात सुनते हैं, जिसका मतलब पैदावार बढ़ाने की आशा होता है। पारिवारिक योजना का मतलब भी उनकी समझ में आता है परिवार बढ़ाना।

यदि जनता को परिवार न बढ़ाने की बात कहनी है तो मेरी समझ में संस्कृत और अंग्रजी के समझ में न आने वाले सूत्र लिखने की क्या ज़रूरत है? बंगलों के बीच से गुजरने वाली सड़कों की अपेक्षा मुहल्लों में ही क्यों न लिखा जाय—'अधिक बच्चे अधिक मुसीबत' या 'परिवार का बोझ न बढ़ाइये' या 'पाँच रोगी बच्चों से एक तन्दुरुस्त बच्चा भला!' और क्यों न कुछ दाइयाँ अपढ़ स्त्रियों को इस विषय की बातें बता आया करें? मेरा मतलब ऐसे परिवारों से है जो बच्चों को पाल नहीं सकते, केवल यातना भर दे सकते हैं। या फिर सरकार कम आमदनी के लोगों का बधिया ही करवा दिया करे। शायद ऐसी स्पष्ट बातें अनैतिक और अभद्र जान पड़ेगी। मुझे आशंका है कि जब तक लोग भद्रता के इशारे समझने लगेंगे, देश में पाँव रखने लायक जगह भी रह जायगी?

आज अपने मुहल्ले की बात करने लगा हूँ तो कर ही डालूं। बंसीलाल कारोबारी आदमी हैं। बड़े ठेकेदारों से छोटे-मोटे ठेके लेकर निर्वाह करते हैं। बड़ा ठेकेदार बन सकने के स्वप्न को सफल कर सकने के प्रयत्नों में पचपन पार कर चुके हैं। दूसरे लोगों के ख्याल में सुखी ही हैं। क्या कमी है उन्हें? दो लड़के हैं। दो बेटियां ब्याह चुके हैं। बस एक लड़की ब्याहने को और है। छोटा लड़का मैट्रिक में पढ़ रहा है। बड़ा मैट्रिक पास कर नहीं सका पर कारोबार में हाथ बँटाता है। दोनों लड़कों का ब्याह भी हो गया है और भगवान की दया से बड़ी बहू की गोद भी भर गयी है।

बंसीलाल पर भगवान की इस दया की चर्चा इसलिए कर रहा हूँ कि हमारे मुहल्ले या हाते के सब मकान एक ही नक्शे पर बने हैं। वही कोठरी, चार फुट चौड़ा बाराम्दा और कोठरी के क्षेत्रफल का आंगन। इसी मकान में पं. बंसीलाल ठेकेदार दो पुत्रों की माता, जवान लड़की और दो जवान पुत्रों की बहुओं समेत इज़्ज़त से रहते हैं। इतनी ही जगह में एक बहू की गोद भर चुकी है, दूसरी का भी पांव भारी है। तीज-त्योहार पर आने वाली बिटिया और जवान बेटी सब इसी कोठरी में रहते हैं। मैं नित्य देश के सांस्कृतिक विकास की बातें सड़क किनारे बोलते रेडियो से सुनता हूँ और सोचता हूँ कितने सांस्कृतिक ढंग से भारत का भविष्य उत्पन्न होता चला जा रहा है। संस्कृति आनी चाहिये, रहने का मकान न भी हो।

कहावत है, जहाँ चार बर्तन होते हैं, कभी ठनक भी जाते हैं। इस मुहल्ले में भी ऐसा होता है। कोठरियों के बाहर खुली जगह में बकरी या गाय बाँधते समय दूसरे के मकान का सामना पड़ जाने पर या गरमी में खुली जगह में सोने के लिए खाट की जगह के लिए झगड़ा खड़ा हो जाता है और फिर परिवारों के भूत-वर्तमान के रहस्य खुलने लगते हैं।

एक दिन बंगले में रहने वाली एक भद्र महिला कांग्रेस के लिए वोट माँगने हमारे यहाँ बैठी समझा रही थीं कि मुहल्ले में बर्तनों के खटकने का कांड हो गया। भद्र महिला ने अपने कानों में उंगलियाँ डालकर विस्मय प्रकट किया—'हाय, यह स्त्रियाँ अपने बारे में ऐसी बातें सुनकर ज़िन्दा कैसे रह जाती हैं?' खैर मुहल्ले के वोट से मतलब था। वोट दुश्चरित्रों का भी कीमती होता है।

मैं यह सोच रहा था कि इस मुहल्ले के लागों को, जिन्हें खाने को नहीं मिलता, कुछ करने की जगह नहीं, उनकी इतनी करनी हो सकती है तो जिन्हें खाया हुआ हज़्म करने के लिए नित्य दवाई खाकर कसरतें भी करनी पड़ती हैं, मन बहलाने के साधन ढूँढ़ने पड़ते हैं उनकी करनी का विस्तार और सम्भावना कितनी होगी? पर गनीमत यह है कि उनकी हवेली या बंगला चार-दिवारी से घिरा रहता है और दरवाज़ों-खिड़कियों पर पर्दे पड़े रहते हैं कि कोई झाँक नहीं सकता। इसलिए भद्र लोग अश्लील नहीं होते और उन्हें अश्लीलता से ग्लानि भी होती है। खैर इससे क्या, रहने के लिए जगह या व्यवहार में पर्दा हो सके या न हो सके, संस्कृति बढ़नी चाहिये। गणतन्त्र दिवस पर सांस्कृतिक प्रदर्शन और लोक नृत्यों का प्रबन्ध तो सरकार ने किया ही था।

नया पथ, मार्च १९५५

●

जयवर्धन

'जयवर्धन' श्री जैनेन्द्र कुमार का 'पूर्वोदय प्रकाशन' दिल्ली द्वारा प्रकाशित नवीनतम उपन्यास है। जैनेन्द्र जी ने हिन्दी साहित्य में प्रखर औपन्यासिक प्रतिभा लेकर क़दम रखा था। उनकी आरम्भिक रचना 'परख' और तदुपरान्त 'त्याग-पत्र' ने भी हिन्दी कथा-साहित्य पर उनकी गहरी छाप दी थी। उन रचनाओं में विकास के अंकुर पाकर प्रेमचन्द जी तथा साहित्य के अन्य पारखियों ने जैनेन्द्र जी से बहुत ऊँचे स्तर का कथा-साहित्य पाने की सम्भावना प्रकट की थी।

जैनेन्द्र जी कुछ-कुछ अन्तर और व्यवधान से लिखते ही रहे हैं। गत वर्षों में उनके छोटे उपन्यास 'व्यतीत' और 'सुखदा' प्रकाशित हुए हैं। उनके कृतित्व की फ़िलहाल अन्तिम सृष्टि 'जयवर्धन' है। जैनेन्द्र जी ने कैसी परिपक्वता प्राप्त की है और भविष्य में उनसे क्या सम्भावनाएँ हो सकती हैं, इस परिचय के लिए जयवर्धन का विवेचन सहायक हो सकेगा।

जैनेन्द्र जी ने 'जयवर्धन' उपन्यास आज से लगभग पचास वर्ष आगे आनेवाले भविष्य की कल्पना करके लिखा है। भविष्य कल्पना द्वारा समाज के कार्यकलाप और व्यवहार का अनुमान करने का प्रयोजन कुछ कौतूहल उत्पन्न करना और समाज के विकास अथवा ह्रास की सम्भावनाओं के प्रति संकेत करना होता है। 'जयवर्धन' के लेखक का प्रयोजन कौतूहल उत्पन्न करना नहीं रहा। पूरे उपन्यास में पचास वर्ष पश्चात् औद्योगिक विकास से—यदि जैनेन्द्र जी उसे विकास न कहना चाहें तो यन्त्रों की सहायता से—भारतीय समाज के जीवन व्यवहार में जिन परिवर्तनों की आशा या आशंका की जा सकती है उनका पुस्तक में परिचय नहीं दिया गया। 'जयवर्धन' के पाठक को आज से पचास वर्ष बाद की दिल्ली या बम्बई आज की दिल्ली या बम्बई से कुछ भी पृथक् नहीं जान पड़ेगी। भविष्य की कल्पना पर लिखे राहुल सांकृत्यायन, एच. जी. वेल्स और हक्सले के उपन्यास 'बाईसवीं सदी', 'दि टाइम मशीन' और 'एप एण्ड एसेन्स' या 'ब्रेव न्यू वर्ल्ड' जैसे कौतूहल की सृष्टि करते हैं, उसका आकर्षण जैनेन्द्र जी को नहीं रहा। जैनेन्द्र जी ने राहुल, वेल्स और हक्सले की भाँति भविष्य में भारतीय समाज के विचारों को बेचैन करनेवाली अथवा नयी विचारधारा को प्रोत्साहन देनेवाली आर्थिक, राजनैतिक और सामाजिक परिस्थितियों का कुछ इंगित करना भी आवश्यक नहीं समझा है। 'जयवर्धन' को पढ़ते समय पाठक की कल्पना की पृष्ठभूमि में उसका आज का परिचित समाज ही रहता है परन्तु उसके पात्रों के सम्भाषण अवश्य विचित्र जान पड़ते

हैं। लेखक ने अपने पात्रों के सम्भाषणों द्वारा ही अपनी रचना के प्रयोजन अर्थात् समाज के भावी विकास और ह्रास की सम्भावनाओं को व्यक्त करने का यत्न किया है।

पुस्तक के आरम्भ से पूर्व, परिचय या समर्पण के रूप में जैनेन्द्र जी ने लिखा है—" 'जयवर्धन' पाठक के पास आ तो रहा है, पर कह नहीं सकता कितना वह उपन्यास सिद्ध होगा। राजनीति ने दुनिया को संकट में डाल दिया है। उसका कहना है, राज का यह रूप हो नहीं तो दूसरे में पड़ना होगा, जैसे और त्राण न हो। यों तनाव फैलता है और युद्ध अनिवार्य होता जाता है। 'पंचशील' काम की बात है पर शस्त्रास्त्र के निर्माण के साथ उसका प्रकट अनमेल नहीं दीखता। फिर वह रोग के निदान में भी नहीं उतरता। जो हो और बातों के साथ मेरे मन पर वह संकट भी छाया रहा है।" पाठक अनुमान करेगा कि समाज में शासन या राज को किसी-न-किसी रूप में आवश्यक समझा जाना जैनेन्द्र जी के लिए त्राण का कारण है। भिन्न-भिन्न देशों में शासकों या राजों का होना युद्ध को अनिवार्य बना रहा है। पंचशील बेकाम की बात तो नहीं परन्तु वह शासन के किसी-न-किसी रूप को आवश्यक बनाने और अन्तरराष्ट्रीय संघर्ष उत्पन्न करनेवाले कारणों का निवारण नहीं कर पाता। इस संकट की छाया से प्रेरित होकर या त्रस्त होकर जैनेन्द्र जी ने 'जयवर्धन' उपन्यास में मानव समाज को राज को आवश्यक समझने के अभिशाप से और अन्तरराष्ट्रीय युद्ध के कारणों को दूर कर सकने के मार्ग की विवेचना कहानी के माध्यम से की होगी।

'जयवर्धन' उपन्यास की कहानी का शरीर एक अमेरिकन पत्रकार विल्बर शेल्डन ईस्टन की २१ फरवरी, २००६ से १५ अप्रैल, २००६ तक भारत में लिखी डायरी है। ईस्टन भारत में इससे पूर्व दो बार संवाददाता के रूप में आ चुका है। तीसरी बार वह भारत के तत्कालीन राष्ट्राधिप जयवर्धन पर एक पुस्तक लिखने के लिए भारत में आया है। ईस्टन का परिचय या ईस्टन की डायरी का परिचय देते हुए जैनेन्द्र जी ने कहा है कि पत्रकारिता के क्षेत्र में दार्शनिकता सुलभ नहीं होती, न उपयुक्त ही होती है परन्तु ईस्टन दार्शनिक थे। अर्थात् पाठक 'जयर्वधन' उपन्यास में दार्शनिक दृष्टिकोण के लिए प्रस्तुत रहे। दार्शनिक ईस्टन ने जयवर्धन का परिचय दार्शनिक के रूप में दिया है। इस प्रकार पुस्तक में गूढ़तर दार्शनिक विचारों, विवेचना और व्याख्याओं की सम्भावना बन जाती है।

ईस्टन भारत में संवाददाता की स्थिति में आता है। वह राजनैतिक अतिथि या कूटनीतिक सेवा में नहीं है परन्तु राष्ट्राधिप के भवन में अतिथि बन जाता है। भारत सरकार के आधुनिक व्यवहार के अनुसार यह बात व्यावहारिक नहीं है। राष्ट्राधिप के भवन में एक व्यक्ति ईस्टन से मिलने आकर अपना विशेष परिचय दिये बिना चेतावनी दे जाता है कि जयवर्धन 'बेरीढ़ का आदमी है। हर उन्नति का शत्रु वह है, वही असल आदमी बाधा है। प्रतिगामी शक्तियों के लिए एक सहारा वह है। वही प्रगति में अवरोध है।' कहानी आगे जाकर बताती है कि इस व्यक्ति का नाम इन्द्रमोहन है। वह एक अति सम्पन्न, आतंक मार्ग में आस्था रखनेवाले दल का प्रतिनिधि है।

ईस्टन देश में चारों ओर आन्दोलन की गरमी पाता है। जयवर्धन शान्त और तटस्थ है। जयवर्धन बहुमत के दल के नेता के रूप में राष्ट्राधिप है। इस दल का नाम राष्ट्रीय महासभा है, यह कहानी के अन्त में मालूम होता है। इस दल का कार्यक्रम क्या है, यह कहानी के अन्त में भी मालूम नहीं हो पाता। जयवर्धन के विरोधी तीन रातजैनिक दल हैं। इनमें से एक दल के प्रतिनिधि आचार्य हैं जो ईस्टन के आने के समय जेल में हैं। आचार्य की पुत्री इला

जयवर्धन के साथ राजमहल में रहती है। वह जय की सखी, संरक्षिका, प्रेमिका सभी-कुछ है, परन्तु जय से उसका विवाह नहीं हुआ है।

उपन्यास में आचार्य के दल के संगठन, उसके नाम, कार्यक्रम अथवा उनके सार्वजनिक प्रभाव का कोई परिचय नहीं मिलता। आचार्य के विचारों की झाँकी वार्त्तालापों से मिलती है। आचार्य गाँधी जी की छाया मात्र हैं। वे 'जैनेन्द्र जी की भाषा में' गाँधी जी के यन्त्र विरोधी विचारों को प्रकट करते हैं। चरख़ा कातना आत्मिक शान्ति का उपाय मानते हैं। वार्त्तालाप में ऐसा भी आभास मिलता है कि जयवर्धन कभी आचार्य का शिष्य अथवा अनुगत रहा होगा। उदाहरणार्थ—"जयवर्धन, हाँ, भूला है, वह प्रपंच में पड़ गया है, सीखा था भौतिक माया है, आत्मा ही है, सो है; राज पर पहुँचकर जयवर्धन यह भुला बैठा दीखता है। यह चरखा देखते हो, पर वह कातना भूल गया है। सुनता हूँ, चरखा कातने की बात पर वह अब हँस भी लेता है। अंकों में वह रहने लगा है इसलिए परिणाम में उसे मोह उपजा है।" (पृष्ठ ३५)

आचार्य को गाँधी जी की भाँति प्रार्थना में अपार आस्था है—"माया में जो हम भूलते हैं, तो वह माया भी तो ईश्वर की आज्ञा से ही मोह जाल लेकर आती है। इसी से मैं यहाँ बैठा प्रार्थना करने और चरखा कातने के सिवा और कुछ कर्म अपने लिये नहीं देखता हूँ।" (पृ. ३६) आचार्य गाँधी जी का ही रूप नहीं रह सके क्योंकि आचार्य के गाँधीवाद में जैनेन्द्र जी के अकर्मवाद का भी पुट मिल गया है।

राजनीति और कूटनीति के व्यवहार का मामूली मोटा परिचय रखनेवाला पाठक आश्चर्य करेगा कि ईस्टन २१ फरवरी को दिल्ली पहुँचता है और ३ मार्च को जयवर्धन और आचार्य में समझौता करा सकने के लिए आचार्य से जेल में भेंट कर बातचीत करता दिखायी देता है। ईस्टन चाहे जितना दार्शनिक रहा हो, राष्ट्राधिप को देश में उसके अतिरिक्त और कोई व्यक्ति ऐसे काम के लिए उपलब्ध न होना विस्मय की बात है जो कहानी के प्रति अविश्वास अथवा अयथार्थ का सन्देह उत्पन्न करती है। अस्तु

ईस्टन जय और आचार्य के बीच विरोध का कारण भाँपने के लिए प्रश्न करता है—"आप औद्योगिकीकरण नहीं चाहते तो..."

आचार्य टोक देते हैं—"उद्योग कहते हो, प्रमाद क्यों नहीं कहते? आलस्य क्यों नहीं कहते? उद्योग मशीन पर डालकर ख़ुद उद्यम से बचने का ही तो वह बहाना है। फ़ुर्सत चाहिए, पर क्यों नहीं कहते, मौत चाहिए।" (पृ. ३६) जैनेन्द्र जी ने आचार्य को विचारों की मर्यादा के रूप में और जय को व्यवहार की मर्यादा के रूप में रखा है। इसलिए उपर्युक्त विचार को जैनेन्द्र जी का संसार को त्राण दे सकनेवाला 'दर्शन' माना जा सकता है।

जैनेन्द्र जी ने राजनीति और राज से समाज को त्राण का मार्ग सुझाने के लिए जिस दर्शन का अनुमोदन किया है उसके बौद्धिक या आध्यात्मिक पक्ष को भी आचार्य की वाणी में इस प्रकार दिया है—"शान्ति नकारात्मक ही है। हम नकार को ग़लत समझते हैं। पर जब हम नकार होते हैं, तब जो है वह मिट नहीं जाता, बल्कि वह खुला अवसर पाता है। हमारे यहाँ ध्यान है, योग है, यह सब एक तरह नकार की साधना है। पर वह हमारे जीवन में भारत के जीवन में वृथा नहीं हुआ है।"

ईस्टन शंका करता है—"क्षमा कीजियेगा, क्या यह मुँह फेरना नहीं है, पलायन नहीं है?"

आचार्य का उत्तर है—'है, लेकिन वह अशुभ नहीं, शुभ है।" (पृ. ३९)

जय का राज के उत्तरदायित्व से यह शुभ पलायन ही उपन्यास की परिणति है।

ईस्टन आचार्य से पूछता है—"पर क्या मैं कुछ नहीं कर सकता जिससे आपके बीच की दूरी दूर हो?"

आचार्य का उत्तर है—"पर तुम भूलते हो, भाई, वह दूरी नहीं है, निकटता है...निकटता न सह पाने पर कभी ज़बरदस्ती दीवारें बीच में खड़ी कर ली जाती हैं। कहा न कि ईश्वर की करनी है। हम, तुम या कोई इसमें कुछ नहीं कर सकते।" (पृ. ५९) इसी निकटता के परिणाम में आचार्य जेल में हैं। इला भी कहती है कि जय के मार्ग में संकट न बनने के लिए ही आचार्य जेल में रहना चाहते हैं।

जय अपने राजनैतिक दल के शासन के स्थान पर एक सर्वदलीय शासन या मन्त्रिमण्डल बना सकने की चिन्ता में हैं। बहुत शीघ्र ८ मार्च को ईस्टन को हम जय के अत्यन्त प्रबल विरोधी स्वामी चिदानन्द से जय और स्वामी के मत का विरोध दूर करने के लिए बात करते पाते हैं। 'जयवर्धन' की कहानी में यथार्थ की भ्रान्ति स्थापन करने के लिए पाठक को यह विश्वास करना होगा कि २००७ ईस्वी में २१ फरवरी से १५ अप्रैल तक राज्य के लिए भारत में ईस्टन से अधिक भारत का हितकामी और सुलझा हुआ कोई दूसरा व्यक्ति न था।

स्वामी चिदानन्द भारत की आध्यात्मिक, नैतिक और व्यावहारिक परम्परा में ही भारत की आत्मा की रक्षा देखते हैं। वे ईस्टन से कहते हैं "...हर गति से स्थिति चलित होती है। यद्यपि पुष्ट भी होती है। प्रतिकूलता से भारत कभी डरा नहीं है। हम खुलकर उस सबके प्रतिकूल हैं जो पदार्थोन्मुख है, आत्मोन्मुख नहीं है। हम मर्यादाहीनता के प्रतिकूल हैं, योगाचार के प्रतिकूल हैं, और क्या आप कह सकते हैं, राज्य इस बारे में शिथिल नहीं है?"

चिदानन्द को जय की नीति से कहाँ विरोध है यह स्पष्ट नहीं परन्तु उन्हें जय और इला का अविवाहित सम्बन्ध सह्य नहीं है। यही उनके विरोध का कारण जान पड़ता है। वे कहते हैं—"नैतिकता से अलग जीवन टिक नहीं सकता। यह सुविधा का प्रश्न नहीं है सनातन का प्रश्न है और नीति के स्रोत हमारे धर्मशास्त्र हैं। समाज राज से नहीं चलता, धर्म से, धर्मज्ञ से, धर्मशास्त्र से चलता है, यह निरा बुद्धि का प्रमाद है जो राज्य को सम्पूर्ण स्वत्वाधिकारी मानता है।" (पृ. ७१) चिदानन्द धर्मशास्त्र को 'अपौरुषेय, पुरुष द्वारा निःसृत प्रणीत नहीं मानते हैं। उनका कहना है—"गौ-ब्राह्मण प्रधान संस्कृति ही भारतीय हो सकती है। तदनुकूल यहाँ की राजनीति हो, वैसी अर्थरचना—यह बात अत्यन्त स्पष्ट है। इससे जौ भर इधर-उधर जाना नहीं हो सकता।"

चिदानन्द जय से किसी भी प्रकार समझौता सम्भव नहीं समझते। इला के विषय में उनका मत है—"वह अनिष्टकारिणी है तब तक राज्य का क्षेम नहीं है। यह क्या दुस्साहस है कि न विवाह करती है, न साथ छोड़ती है, न लज्जित होना सीखती है। हमारा देश मर्यादा पुरुषोत्तम रामचन्द्र को जानता है। हमारा आदर्श रामराज्य है। मुझे यही विस्मय है कि भारतीय जन कैसे इस अधमाचार को एक क्षण के लिए भी सह सका और सह रहा है।...कलंक सिंहासन पर शोभा पा रहा है। यह विपर्यास जब तक समक्ष है, किसी सहयोग, किसी सम्भावना की बात ही नहीं उठती।" (पृ. ७५) इसमें वे 'किसी किन्तु का अवकाश' नहीं समझते। कहते हैं "इला मेरी कन्या होती तो जीवित नहीं रह सकती थी।"

स्त्री के विषय में चिदानन्द का मत है, स्त्री कोमल है क्योंकि वह बल चाहती है, बल का प्रयोग चाहती है, उसके बिना वह अशान्त है। सब खतरे को शान्त करने का उपाय है, स्त्री के लिए वह पुरुष है।

जैनेन्द्र जी के चिदानन्द की प्रतिच्छाया भी आधुनिक भारतीय समाज में मिल सकती है। यहाँ उन्होंने अपनी दृष्टि से राष्ट्रीय स्वयंसेवक सेना के विचारों को अभिव्यक्ति दी है परन्तु उनके नेता को भी जैनेन्द्र प्रकृति का पुट दिये बिना नहीं रह सके हैं।

जय या जय के शासन का विरोधी तीसरा दल नाथ दम्पति का है। नाथ की पत्नी एलिजाबेथ हंगेरियन हैं। इस दल का नाम अस्पष्ट तौर से जैनेन्द्र जी ने प्रगतिवादी दल दिया है और उसकी मान्यता इस प्रकार बतायी है—"यथार्थ और संगठन में उन्हें विश्वास है। उनके अनुसार मनुष्य मूलतः प्राण है और वहाँ अच्छा भी बुरा नहीं है। अच्छे-बुरे की प्रणालियों को सुविधा के लिए समाज पीछे बनाता है। इसलिए आदर्श की ओर से चीज़ों का लेना छलना है। व्यक्ति पर इमारत बाँधना समष्टि को बिखारना है। उन्नति का मन्त्र संगठन है और संगठित कतिपय बिखरे असंख्य पर भारी पड़ते हैं। यह प्रकृति का नियम है और संस्कृति के नाम पर मनुष्य जो रचता है उसका मूल्य सर्वथा सापेक्ष और सामयिक है।" वे रूढ़िवाद, धर्मान्धता और गुरुडम को उन्नति के लिए घातक समझते हैं। नाथ का प्रगतिवादी दल राष्ट्र के लिए जय से मिल नया रचनात्मक कार्यक्रम चाहता है। जिसके कारण उसका जय से विरोध है इसका उल्लेख नहीं है। दलों के राजनैतिक मतभेदों का आधार विधान या शासन नीति में परिवर्तन अथवा राजनैतिक और आर्थिक अधिकारों की माँग होती है। दार्शनिक मतभेदों के आधार पर राजनैतिक संघर्ष नहीं चलते।

जय के दल की शासन नीति के व्यवहार से नाथ के दल को विरोध यह है "पुलिस शासन विरोधी प्रदर्शनों की गुण्डागर्दी को नहीं रोकती।" उनका कहना है—"आज की सरकार से हमारे तीव्र मतभेद हैं, लेकिन राष्ट्राधिप को अपमान और उपहास का पात्र बनाना किसी प्रकार के प्रशासन या अनुशासन के लिए सह्य नहीं। हमें पूछना है कि क्यों इन प्रवृत्तियों को यहाँ तक बढ़ने दिया गया कि वे सार्वजनिक शान्ति में विघ्न डालें?" (पृ. १४४) इस रुख को जय का विरोध न कहकर जय के विरोध का दमन करने की ही मांग क्यों न मानें?

जय के दल का नाम, रूपरेखा और उसके कार्यक्रम का परिचय पुस्तक में स्पष्ट नहीं है। उसे जय के व्यक्तिगत विचारों से ही समझना होगा। जय के ये विचार देश और समाज की परिस्थितियों के विषय में कम उसकी व्यक्तिगत अनुभूति की अभिव्यक्ति ही अधिक हैं। अपने या अपने अस्तित्व के सम्बन्ध में जय कहता है—"शायद अन्त में हम सब पहेली हैं। कदाचित् इसी कारण हैं। समाधान एक ईश्वर है। बाक़ी उलझन हैं, प्रश्न हैं, क्योंकि खण्ड हैं। दीखने में हैं सो इसलिए कि वह होने से कम है। है सो तो परोक्ष ही रहेगा असल होना भाव में है। आकार में अंश ही होता है।" (पृ. २९) भाषा में भी अर्थ के अनुकूल उलझन मौजूद है।

इस उद्धरण की तुलना में आचार्य की एक अभिव्यक्ति को भी देखिये—"हम भगवान् को उपासना के लिए मानते हैं, पर हर दो के बीच वह हमेशा मौजूद है। नफरत में भी वह है। हर सम्बन्ध को वह थामता है। अलगपन ही है जो अनीश्वर है। पर ईश्वर के सिवाय और है कुछ नहीं, इससे निरा अलगपन भी कहीं नहीं है।" दोनों व्यक्तियों की अभिव्यक्तियों

में ईश्वर एक समान है शायद इसलिए उनमें अलगपन नहीं है। परन्तु यहाँ दो व्यक्तित्व भी नहीं जान पड़ते जिनमें विचार या व्यवहार का संघर्ष हो सके।

जय ईस्टन से मौलिक प्रश्न उठाता है—"कोई मुझे मारना चाहता है तो उसके हाथों मुझे मरने की अधिकार क्यों नहीं है? क्यों ज़रूरी है कि मैं बचाव करूँ?" अपने प्रति करुणा जगाने की इसी वृत्ति से जय शासक की स्थिति की व्याख्या करता है—"...शासन के आसन पर आदमी प्रेम से और प्रेम के लिए नहीं पहुँचता। अहंकार के बल पर वहाँ पहुँचना और उसी के बल पर रहना होता है। इससे जो भीतर से सम्राट् है वह सिंहासन नहीं पाता, सूली पाता है। वहीं से फिर पूजा पाता है। जो राजासन पाता है वह बैर जगाता है। कोई कारण नहीं कि लोग मुझे प्रेम करें।" (पृ. १११)

शासन के उत्तरदायित्व के प्रति जय की मनोवस्था उसके इन शब्दों से भी प्रकट है—"...प्रतीक्षा थी कि विद्रोह-जैसा कुछ उठे और मैं अपनी आत्मा को लेकर इस राज्य से फेंक दिया जाऊँ। तब इन आत्मिक प्रश्नों से सुलझने को ही मैं रह जाऊँगा, पर वह समय नहीं आया।" (पृ. ११३)

ऐसा व्यक्ति किन परिस्थितियों के कारण सिंहासनारूढ़ होने के लिए विवश हुआ यदि उपन्यास में जाना जा सकता तो उसे पढ़ने का श्रम सार्थक हो सकता था। कहानी यह भी नहीं कहती कि जय को राज्य का भार उत्तराधिकार के रूप में सँभालना पड़ गया था या तत्कालीन सम्राट् ने किसी तिथि-विशेष को प्रातः जय को सबसे पहले राजमार्ग पर देखकर उसे राज्य सौंप दिया था और जय इस संकट से अपरिचित होने के कारण उसका शिकार बन गया। पुस्तक के सन्दर्भ में यह वर्तमान है कि जय दस वर्ष पूर्व निर्वाचन में बहुमत द्वारा ही शासक बना था। उसके शासन कार्य से उपराम होने के ज्ञान लाभ की घटना का भी कहीं उल्लेख नहीं है।

राज संस्था के विषय में जय का चिन्तन है—"...मुझे लगता है, क्रमशः राज्य यान्त्रिक न रहेगा, वह स्थूल और भारी कम होता जायेगा। आज की अमलदारी के रूप में नहीं बल्कि अन्तःप्राप्त दायित्व के रूप में वह व्याप्त होगा...ऐसा यदि नहीं है, राज्य है और वह व्याप्त नहीं केन्द्रित है, नैतिक नहीं कार्मिक है, तो ऐसे राज्य के साथ अनिवार्य होकर युद्ध कैसे न चलेगा। मैं नहीं समझ सकता। उसे ख़र्च चाहिए और आय के साधन चाहिए। पूँजी चाहिए और मण्डी चाहिए...।" (पृ. १२०) राज्य के सम्बन्ध में यह भावी कल्पना जैसी भी हो, कहानी में इस कल्पना को चरितार्थ करने के लिए जय के किसी प्रयत्न का उल्लेख नहीं है।

जय एक बार फिर कहता है—"सुनो, राज्य कुछ है तो दमन का यन्त्र है। अहिंसा में तुम कहते हो दमन है, निषेध है। उस अर्थ में तो राज्य अहिंसा में भी साधन हो सकता है। मत समझो मैं तुमसे असहमत हूँ। अपने विकास में ही मनुष्य ने राजसंस्था का विकास किया है और विकास की दिशा अहिंसा है।...फिर भी राज्य का तन्त्र और यन्त्र हिंसा का है। मुझसे ज़्यादा इसको दूसरा क्या जानेगा।" (पृ. १४८)

जय एक सार्वजनिक सभा में भाषण देता है—"वह (राज्य) आवश्यक बुराई समझा जाता है। हमें उसे अनावश्यक करना है। बुराई वह है इसलिए कि बेजान है, मशीन की तरह है, मन उसमें नहीं है...आप हम सब जानदार हैं, इसलिए किसी के अधीन नहीं स्वाधीन रहना चाहते हैं। स्वाधीनता सबका हक़ है, साफ़ है, राज्य एक अधीनता पैदा करता है। कह लो कि लोकतन्त्र में वह अधीनता अपनी निज की ही है यानी स्वाधीनता है, पर

चुनाव के गिनती के दिनों में जब हर आदमी से मत चाहा जाता है, वह भावना कुछ जगी दिखायी देती है, तब भी वह मुक्त नहीं होती बाद की तो बात क्या?..आप सब लोगों को चाहना चाहिए कि जल्दी-से-जल्दी यह सब राजकीय काम जो बड़ा और ऊँचा और शानदार समझा जाता है, फालतू बन जाय।"

जैनेन्द्र जी की सहानुभूति और सराहना के पात्र या उनकी आत्मा और चिन्तन के प्रतिनिधि जय के व्यवहार को समझने के लिए सहायक होगा कि पाठक जानें कि उस समय देश में कैसी राजव्यवस्था थी या २००७ में होगी जिसमें जय ऐसा व्यवहार कर सकेगा। जय के शब्दों से वह व्यवस्था लोकतन्त्र है जिसमें शासन के अधिकार का स्रोत चुनाव है। परन्तु वह व्यवस्था भारत के आधुनिक गणतन्त्र की भाँति नहीं है जिसमें शासन का उत्तरदायित्व मन्त्रिमण्डल के नेता प्रधानमन्त्री के कन्धों पर है और राष्ट्रपति केवल परिस्थिति-विशेष में ही शासन अधिकार का प्रयोग कर सकते हैं। मन्त्रिमण्डल तो है परन्तु प्रधानमन्त्री का उल्लेख नहीं है। पुस्तक में केवल दो बार ही मन्त्रिमण्डल का उल्लेख मिलता है। इन दोनों स्थलों पर जय जो कुछ करता है उस पर मन्त्रिमण्डल बाद में स्वीकृति दे देगा ऐसी ही चर्चा मिलती है। जैनेन्द्र जी की कल्पना है कि २००७ ई. में भारत का शासन अमेरिकन ढंग का होगा जिसमें राष्ट्राधिप--जिसे प्रेसीडेण्ट भी कहा जा सकता है—प्रधान शासक होगा। जय को हम अपने राजनैतिक दल या राष्ट्रीय महासभा से कभी किसी विषय में अनुमति लेने की आवश्यकता अनुभव करते नहीं पाते। इससे यह भी समझा जा सकता है कि जैनेन्द्र जी की कल्पना में २००७ ई. में भारत का शासन अधिनायक तन्त्र द्वारा होगा।

जैनेन्द्र जी की कल्पना में २००७ ई. तक भारत में साम्यवादी और समाजवादी प्रयोग समाप्त हो चुके होंगे। ईस्टन २८ मार्च के पत्र में जय का वक्तव्य पढ़ता है—"हमारी परम्परा दूसरी, नीति दूसरी है। साम्यवादी, समाजवादी प्रयोग हो चुके। उनकी जड़ में समग्र दर्शन कब था? हमें चाहिए ऐसी अर्थ रचना और समाज रचना जिसमें सम्भावनाएँ किसी की न घटें, बल्कि जुड़ती जायें। इसलिए हम राज्य के जरिये सिर्फ़ वही करना चाहते हैं जिसमें औरों का बस न हो या रस न हो। इस तरह राज्य प्रतिद्वन्द्वी नहीं रहता सहायक हो जाता है। राज्य सबका जहाँ हर कोई अपनी जगह राजा हो। प्रजा होने को अलग कोई रहे ही नहीं।" (पृ. २१९)

भारतीय राष्ट्र साम्यवादी और समाजवादी प्रयोग कर चुकने के पश्चात् किस व्यवस्था का प्रयोग २००७ ई. में कर रहा होगा, जिसमें सबकी सम्भावनाएँ जुड़ रही होंगी, और पूर्ण आर्थिक और राजनैतिक समता होगी और समग्र दर्शन भी उसमें होगा—यदि उसके आधारों का कुछ संकेत होता तो शायद बहुत बड़ी देन होती। अस्तु, यह भविष्यवाणी अवश्य है कि साम्यवाद और समाजवाद समस्या को सुलझा नहीं सकेंगे। 'राज्य के जरिये वही करना चाहिए जिसमें औरों का बस या रस न हो' इस सुझाव का अर्थ उत्पादन के साधनों का राष्ट्रीयकरण न कर उन्हें व्यक्तिगत स्वामित्व और नियन्त्रण में रहने देना है यह स्पष्ट नहीं है।

जय न केवल साम्यवाद और समाजवाद के प्रयोगों को विफल बता रहा है बल्कि उसके समय लोकतन्त्र भी बीत चुका है। वह कहता है—"लोकतन्त्र के बीते आदर्श ने चुनाव का रोग ऐसा लगाया कि सब अपनी कक्षा छोड़ अधिकार और पद के लिए उचकना चाहने

लगे। उस प्रतिस्पर्द्धा में एक आवेश का रस था उसमें उन्हें प्रगति और उन्नति का चस्का-सा मिलता था, पर चीज़ वह थोथी थी और झूठी साबित हुई। वह स्वाद स्वयं उन्हीं के मुँह में जिन्होंने उसे चस्के से चखा, पीछे कसैला हो गया।" इन सब भ्रमों के दूर होने पर किस ज्ञान की कल्पना की जाय? लोकतन्त्र को अस्वीकार करने पर राजसत्ता या अधिनायक का ही शासन स्वीकार करना होगा। यह अद्भुत कल्पना है कि एक व्यक्ति या अधिनायक का राज्य सबका समान राज होगा, उसमें प्रजा होने को कोई शेष न रहेगा।

जय के माध्यम से लेखक जो कहना चाहता है, वह स्वयं उसके अपने मस्तिष्क में स्पष्ट नहीं, यह जय के प्रेस गोष्ठी में दिये वक्तव्य से स्पष्ट है—"...प्रश्न है, ख़ासकर उद्योगों के बारे में क्या नीति है, नीति यह है कि राज्य भरसक वही करेगा जो औरों के बस का या इच्छा का न होगा। सरकार से हमें सहकार पर आना है।...लोक-कल्याण राज्य की एक कल्पना थी, वह बीत गयी। वह हमारी नहीं है। उसमें सब-कुछ राज्य के करने के लिए हो जाता था। हम राज्य के पास करने के लिए कम-से-कम छोड़ना चाहते हैं। आखिर करनेवाले कौन हैं? लोग ही तो हैं। राज्य करता है यानी लोग करते हैं। सहकार के साथ एक उद्देश्य में जो मिल आये हैं, वे लोग और उनका समाज। तो इस तरह से समाज सब करता है। राज्य समाज के हाथ का यन्त्र है। यन्त्र ही मालिक नहीं।" (पृ. २६०) जब लोक और राज्य, समाज और राज्य एक हैं, राज्य भी उनका प्रयत्न ही है तो फिर राज्य का आतंक किस कारण है? लोक-कल्याण राज्य की कल्पना से परे क्या लेखक विशिष्ट वर्ग के कल्याण में ही समाज और लोक का हित देखता है? लोक का स्वेच्छा से सहकारिता द्वारा आत्मनिर्णय कर सकना ही कम्युनिज़्म की सामाजिक विकास की कल्पना है, जिसे लेखक समाप्त हो चुका प्रयोग बताता है। स्पष्ट है कि लेखक समाजवाद और कम्युनिज़्म की विचारधारा से अपरिचित है। वह सब-कुछ अस्वीकार करता है, स्वीकार क्या करना चाहता है, शायद स्वयं नहीं जानता।

"हम राज्य के पास करने के लिए कम-से-कम छोड़ना चाहते हैं" इसका क्या अर्थ होता है? सरकार या सहकार सार्वजनिक शिक्षा, सार्वजनिक स्वास्थ्य, यातायात के मार्गों और बाढ़ से बचाव का काम करे या न करे? यदि करे तो उसके लिए साधन कहाँ से आयें? ईश्वर की प्रार्थना और सुकर्म से तो इन समस्याओं के हल हो सकने की सम्भावना है नहीं। राज्य और लोक के एकीकरण में या उनके परस्पर विलयन में लेखक को आपत्ति कहाँ है?

राज्य के पास करने के लिए कम-से-कम छोड़ने या राज्य द्वारा भरसक वही करने का जो औरों के बस और इच्छा का न हो का तात्पर्य उत्पादन के साधनों के राष्ट्रीयकारण का विरोध है तो जय या लेखक को उसे स्पष्ट रूप में कहने का साहस क्यों नहीं? यह अपरिग्रह और अकर्म का अति सूक्ष्म व्यवहार है या अज्ञान?

जय प्रेस गोष्ठी में इतना तो स्पष्ट कहता है—"स्टेट कैपिटलिज़्म कैपिटलिज़्म का बुरे-से-बुरा रूप है।...तो इसमें से उद्योगों के सम्बन्ध में हमारी नीति यह हो जाती है कि सबकी सूझ-बूझ जगे और काम में आये। यानी उद्योगों पर किसी प्रकार की रोकथाम न रहे।" उद्योगों पर राज्य द्वारा रोकथाम या नियन्त्रण जय या जैनेन्द्र जी को पसन्द नहीं परन्तु बड़े-बड़े पूँजीपतियों और उद्योगों के इजारेदारों द्वारा उद्योगों और उद्योगों की पैदावार पर नियन्त्रण के सम्बन्ध क्या हों? उद्योग-धन्धे होंगे तो उनका नियन्त्रण और स्वामित्व किसी-न-किसी के हाथ में तो रहेगा ही। यदि समाज या राज्य के हाथ में नहीं तो व्यक्ति के हाथ में रहेगा।

जैनेन्द्र जी उद्योग-धन्धों के राष्ट्र के अधीन होने पर सम्भावित विषमताओं से परिचित हैं परन्तु उद्योग-धन्धों पर पूँजीपतियों के स्वामित्व और नियन्त्रण के परिणामों से परिचित नहीं। इसे आध्यात्मिक यथार्थ का एक नमूना समझा जाये? वे नहीं जानते उद्योगों के इजारेदार सौदे की लागत या श्रम का मूल्य कम रखने के लिए किस प्रकार बेकारी बनाये रखते हैं और अपने सौदे का बाज़ार दाम ऊँचा रखने के लिए अपनी होड़ में उठते नये धन्धों को किस प्रकार समाप्त कर देते हैं। जय कहता है, स्टेट कैपिटलिज़्म कैपिटलिज़्म का सबसे बुरा रूप है, अर्थात् कैपिटलिज़्म ही रहे। जय या जैनेन्द्र जी के विचार में राजसंस्था से मुक्ति का यही मार्ग है। वे अराज की कामना करते हुए पूँजीवाद की अराजकता का ही समर्थन करने लगते हैं।

उद्योगों के सम्बन्ध में जय की, "नीति का दूसरा अंग यह है कि श्रम का क्रय-विक्रय असम्भव हो जाय।" समाज में श्रम का क्रय साधनों के ऐसे स्वामी ही करते हैं जिनके पास निजी शारीरिक श्रम से उपयोग में आ सकने योग्य साधनों की अपेक्षा अधिक साधन होते हैं, जो श्रम को क्रय कर बड़ी मात्रा में पदार्थ उत्पन्न कर मुनाफ़ा कमाना चाहते हैं। जय की कल्पना में मुनाफ़ा कमाने के लिए व्यवसाय समाज में नहीं रहने चाहिए, न साधनों के इतने बड़े स्वामी। अपने श्रम को वही लोग बेचते हैं जिनके पास श्रम से उत्पादन करने के साधन नहीं होते। जय की कल्पना के समाज में न तो उद्योग-धन्धों पर रोकथाम होगी, न श्रम के क्रय से उद्योग-धन्धों को चलाने की स्वतन्त्रता होगी, न साधनों के स्वामी होंगे, न साधनहीन होंगे। सब ओर नकार-ही-नकार है, होगा क्या यह स्पष्ट नहीं। शायद आवश्यक भी नहीं क्योंकि वह अकर्म में विश्वास करता है।

जैनेन्द्र जी सम्भवतः यह जानते हैं कि हमारे समाज में अब पदार्थों का विनिमय सुविधाजनक नहीं रहा। क्रय-विक्रय का सामाजिक प्रयोजन विनिमय होता है। श्रम का विनिमय भी क्रय-विक्रय द्वारा ही होता है। क्या जैनेन्द्र जी को श्रम के विनिमय पर भी आपत्ति है। श्रम का विनिमय न होने पर लेखक को काग़ज़ बनाने से लेकर अपनी पुस्तक बेचने तक का काम ख़ुद ही करना होगा, यह उनकी कल्पना ने नहीं सोचा।

जय अथवा जैनेन्द्र जी इन सब उलझनों का उपाय सुझाते हैं—"कर्म से स्वार्थ पैदा हो सकता है, अकर्म निःस्वार्थ है। और हमारी दृष्टि यह है कि अकर्म की निष्ठा समाज में सामान्यतः देर से भी आये, पर उसका वह 'उत्कृष्ट अंग' जो राजकाज सँभाले अवश्य अकर्म पर दृढ़ हो।" (पृ. २६२) जय या जैनेन्द्र जी समस्या को समझ सकने से अपनी लाचारी प्रेस गोष्ठी में इस प्रकार प्रकट करते हैं—"...सरकार रहेगी तब तक कोने भी रहेंगे जहाँ ग़रीबी रहे। रोज़गार सरकार से मिलेगा तो बेरोज़गारी को भी रहना होगा। सिक्के में अमीरी रहेगी तब तक ग़रीबी पूरी तरह नहीं जा सकती और नौकरी का रोज़गार जब तक है, बेरोज़गारी भी रहनेवाली है।...लेकिन मेरी ओर से आपको सुभीता है कि आप इस सुनने को अनसुना कर दें।" यह शब्द स्पष्ट कर देते हैं कि जय और जैनेन्द्र जी समाज के आर्थिक विकास की प्रक्रिया और अर्थशास्त्र के सामान्य सिद्धान्तों से भी अपरिचित हैं।

जैनेन्द्र जी ने समाजवाद की भी एक नयी परिभाषा का आविष्कार किया है—"समाजवाद यह हुआ कि जो असामाजिक है वर्ग या व्यक्ति उन्हें नष्ट कर दे।" यह परिभाषा नयी ज़रूर है, परन्तु यथार्थ नहीं है। इसमें केवल समाजवाद के घोषित सिद्धान्तों का अज्ञान और आक्रोश है। 'नष्ट' करने की भावना और प्रक्रिया नकारात्मक मात्र है। समाजवाद

का प्रस्तावित कार्यक्रम और भावना सकारात्मक है। इसे यों भी कहा जा सकता था—असामाजिक भावना और तत्त्वों के लिए कारण न हों। जैनेन्द्र जी न केवल समाज की नयी परिभाषा देते हैं बल्कि आइनस्टाइन की भी एक नयी व्याख्या कर देते हैं—"आइनस्टाइन ने जो बताया उससे मालूम हुआ, जड़ में चेतन है, यानी जड़ सब चेतन है। शक्ति चलाती है तो जिसे चलाती है वह भी शक्ति पिण्ड ही है। सब एक ही माया है।" इन वाक्यों में वैज्ञानिक ध्वनि होने पर भी अज्ञान स्पष्ट है वैसे ही वे अदार्शनिक वाग्जाल में दर्शन की ध्वनि का समावेश करने का भी यत्न करते हैं, उदाहरणतः—"पवित्र एक परमेश्वर है और वह सर्वव्यापक है...इससे अपवित्रता के लिए ठौर कहाँ?" एकमात्र ईश्वर को पवित्र कहकर जय अपवित्रता की भी भावना उत्पन्न करता है और स्वयं ही पूछता है अपवित्रता के लिए ठौर कहाँ? इसे यदि यों कहा जाता, ईश्वर पवित्र है और वह सर्वव्यापक है इसलिए अपवित्र कुछ नहीं तो शायद सीधी बात जान पड़ती और दर्शन की भ्रान्ति न हो सकती।

दर्शन की ध्वनि से भ्रान्ति उत्पन्न करने का एक और उदाहरण (पृ. ३२३ पर) यों है—"स्त्री भिन्न है, मैं पुरुष हूँ तब तक यह भिन्न है। **भेद सच नहीं हो सकता** (रेखांकन आलोचक द्वारा) क्योंकि एक ओर अखण्ड और अभिन्न परमेश्वर की सत्ता सब कहीं व्याप्त है। **इसलिए स्त्री और पुरुष के बीच आकर्षण कभी समाप्त नहीं होनेवाला है।**" आकर्षण का कारण भेद है जो सच नहीं हो सकता और आकर्षण कभी समाप्त होनेवाला भी नहीं है, क्या तर्क है?

राजसंस्था को अनिवार्य व्याधि समझने में अथवा इस संस्था से मुक्ति की कामना करने में आचार्य भी जय के साथ हैं। वे भी कहते हैं "हम सँभले बनेंगे तो राज्य का ही दोष दूर न होगा, बल्कि राज्य के स्वयं दूर होने का उपाय होने लग जायेगा। मूल में तो राज्य एक दोष ही है। वह दबाव है समय आयेगा कि वह काम एक सहयोग संस्था के ज़रिये हो जाया करेगा, अभी तो वह एक प्रभुसत्ता है।" पाठक यह समझने में असमर्थ रह जाता है कि जय और आचार्य के परस्पर इतने सहमत होने पर भी इला यह क्यों कहती है कि आचार्य जय के मार्ग के बाधक न बनने के लिए ही जेल में बैठे हैं। यह कह देना भी अप्रासंगिक न होगा यदि जैनेन्द्र जी विकास द्वारा राज्य के एक सहयोग संस्था में परिणित हो जाने की कल्पना करते हैं तो यह कल्पना मौलिक नहीं, यह कम्युनिस्टों, साम्यवादियों की ही कल्पना है जिनके प्रयोगों के वे २००७ ई. तक समाप्त हो चुकने की बात कह चुके हैं।

जो भी हो, उपन्यास में जय राज्य की अनावश्यक, दोषपूर्ण और दमन करनेवाली संस्था से मुक्ति का उपाय अपने राजनैतिक दल के स्थान पर एक सर्वदलीय सरकार की स्थापना द्वारा करता है। इस परिवर्तन को हम शासक व्यक्तियों का परिवर्तन ही कहेंगे, राज्य संस्था का अन्त नहीं कह सकेंगे। पंचशील को अपर्याप्त बताकर, युद्ध के अनिवार्य होते जाने की विभीषिका और शस्त्रास्त्र के निर्माण के वेग को रोकने या अन्तरराष्ट्रीय शान्ति को जिसकी चिन्ता से यह मौलिक उपन्यास लिखा गया है, उसे जैनेन्द्र जी भूल ही गये हैं।

आचार्य जेल से मुक्त हो जाते हैं। उनका आश्रम 'शिवधाम' में है। जय सर्वदलीय सरकार की स्थापना के लिए सब दलों की एक सम्मिलित सभा का आयोजन शिवधाम में करता है। स्वामी चिदानन्द और नाथ को ऐसी सभा से विशेष आशा नहीं है परन्तु वे

सम्मिलित होना स्वीकार कर लेते हैं। इस सभा का आयोजन हो जाने पर एक नया रहस्य खुलता है—जय सर्वदलीय सरकार की स्थापना हो जाने पर राज्य भार को छोड़ देगा।

शिवधाम में सर्वदलीय सम्मेलन का आरम्भ होने के समय आचार्य जो इस समय तक अपनी पुत्री इला को जय से विवाह करने की अनुमति नहीं दे रहे थे, अनुमति दे देते हैं। किस नवीन तर्क या ज्ञान लाभ से आचार्य का विचार बदल जाता है वह उनके शब्दों में यह है—"...उनकी देर तक अपनी अनुमति रोककर मैं आज इस जगह आया हूँ कि जीवन के जनक होने के अधिकार से उस जीवन को स्वयं सम्पूर्ण होने देने से अधिक अधिकार पिता को नहीं पहुँचता।" जीवन भर अनासक्ति और अकर्म के मार्ग की चिन्ता कर भी यह बात जानने के लिए आचार्य को इतने वर्ष लगे?

आचार्य की अनुमति न होने के कारण यद्यपि अनेक वर्षों तक जय और इला साथ-साथ रहते रहे, उनका विवाह न हो सका। अनुमति तो आचार्य की साथ रहने के लिए भी न थी। अविवाहित इला को साथ रखकर जय अपने प्रति विरोध की भावना के लिए अवसर देता रहा। इला यह स्वीकारती है कि विवाह हो जाने से विरोध मिट जाता परन्तु जय अपना विरोधी मिटा देना या विरोध को निर्बल नहीं कर देना चाहता था। केवल इसीलिए उसने इच्छा होने पर भी विवाह नहीं किया। विरोध में रस लेने की इस वृत्ति को उद्भ्रान्ति के अतिरिक्त और क्या कहा जा सकता है। इसे अनासक्ति कहें, अकर्म कहें या इसे साधना का कोई और नाम दें?

यह जानकर कि आचार्य ने इला को जय से विवाह कर लेने की अनुमति दे दी, चिदानन्द का भी विरोध समाप्त हो जाता है। सर्वदलीय सम्मेलन में जब यह रहस्य खुलता है कि जय राज के उत्तरदायित्व से उपराम हो रहा है, सभी विपन्न अनुभव करते हैं। सम्पूर्ण विरोध मिट जाता है, सभी जय से राज का उत्तरदायित्व सँभाले रहने का अनुरोध करने लगते हैं परन्तु जय किसी प्रकार राज का उत्तरदायित्व सँभाले रहने के लिए तैयार नहीं होता। क्योंकि उसे तो विरोध में ही रस मिलता है परन्तु इसका कारण वह बताता है—"मेरा मोह भंग हो गया है। राज्य की अनुरक्ति के लिए कहीं भी तनिक अवकाश नहीं छूटा है, इतनी विरक्ति हो गयी है।" (पृ. ३८४)

स्वामी चिदानन्द जय को समझाना चाहते हैं—"राज्य भी एक कर्त्तव्य है और बिना मोह, बिना आसक्ति, उसका निर्वाह निश्चय ही कोई छोटी तपश्चर्या नहीं है।..." परन्तु जय मोह में फँसे रहना स्वीकार नहीं करता। राज्य के मोह को त्यागकर वह इला से विवाह करना चाहता है और सर्वदलीय सम्मेलन के समय अवकाश पाकर सन्ध्या के अन्धकार और नदी तट के सूनेपन में एलिजाबेथ के शरीर को अंक में लेकर उसके जूतों की धूल अपने माथे पर लगा लेने की इच्छा के लिए व्याकुलता भी प्रकट करता है। यह जय के माध्यम द्वारा जैनेन्द्र जी के विचार में वह अकर्म है जिसकी "महिमा गीता ने बतायी है। उस मूल्य की पहचान से भारत का राज्य जब डिगा है, तब कठिनाई ही पैदा हुई है।" (पृ. २६१)

जय के राजसिंहासन त्याग के निश्चय से सभी लोग द्रवित हो जाते हैं। चिदानन्द तो अपने पूरे बल से उसके समर्थन का आश्वासन देता ही है परन्तु इन्द्रमोहन जो ईस्टन को पहले दिन ही जय को 'बिना रीढ़ का आदमी' और सम्पूर्ण प्रगति में बाधा बता गया था, जो ईस्टन द्वारा जय की प्रशंसा और ख्याति फैलाने में भी देश और समाज की हानि देखता था और ईस्टन को भारत छोड़ जाने या गोली का निशाना बना दिये जाने की चेतावनी दे गया

था, इस स्थिति से विकल हो जाता है। इन्द्रमोहन की सृष्टि कहानी में रहस्य, रोमांच और जासूसी कौतूहल का पुट देने के लिए की गयी है। वह राष्ट्राधिप-भवन के पहरों में, चलती ट्रेनों में अनायास ही आ-जा सकता है। वह जब आता है रिवाल्वर साधे बात करता है। जय को किसी भी समय समाप्त करने देने में उसे विशेष आपत्ति नहीं है। जय इन्द्रमोहन के भय से ईस्टन को राष्ट्राधिप-भवन के निजी कक्षों में रखने का आदेश देता है। परन्तु जय स्वीकार करता है कि वह इन्द्रमोहन की ही रचना है। वह ईस्टन को इन्द्रमोहन को बुला लाने के लिए भेजता है। ईस्टन महीने-सवा महीने में ही जय के कूट रहस्यों और सम्बन्धों का विधाता बन गया है। बम्बई पहुँचकर ईस्टन को इन्द्र का दूसरा परिचय मिलता है। वह इतिहास का शोधक और महाविद्वान् है, उसका बहुत बड़ा निजी पुस्तकालय है, जहाँ वह "मानवता के उदय के साथ भारत की भाग्यरेखा को तत्सम होते देखने की खोज, इतिहास और फलित ज्योतिष दोनों के माध्यम से करता है।" जय के पद त्याग से वह इतना विकल हो जाता है कि रिवाल्वर छोड़कर घटनाओं के 'पूर्वदर्शन' के लिए इला और जय की जन्म-कुण्डलियों को मिलाने में खो जाता है।

जैनेन्द्र जी ने समर्पण में कहा है—"जयवर्धन पाठक के पास आ तो रहा है पर कह नहीं सकता कितना वह उपन्यास सिद्ध होगा।" परन्तु रचना पाठकों के सम्मुख 'मौलिक उपन्यास' के रूप में ही प्रस्तुत की गयी है। उपन्यास के द्वारा विचारों की अभिव्यक्ति को हम दोष नहीं मानते परन्तु कहानी का विश्वास योग्य होना पहली शर्त होनी चाहिए। जयवर्धन की कहानी पाठक का विश्वास पाने योग्य नहीं बनी। पहला कारण तो उसमें पृष्ठभूमि की नितान्त कमी है। वह वार्त्तालापों की डायरी मात्र है। वार्त्तालाप विश्वास योग्य रोचक कहानी नहीं बना सकते, ऐसा नहीं कहा जा सकता। रवि बाबू का 'घर और बाहर' उपन्यास उसका अच्छा उदाहरण है। जी. बी. शॉ की तो शैली ही यह थी। कहानी में विश्वास और रोचकता उत्पन्न न कर सकने का कारण पात्रों का निर्जीव और प्रायः एक-सा होना है। आचार्य को गाँधी जी की छाया माना जाये तो उसकी भाषा जैनेन्द्र जी की है, जय पर नेहरू की छाया डाली गयी है, परन्तु उससे अधिक उत्कट उसमें जैनेन्द्र हैं, चिदानन्द में श्री गोलवलकर का आभास है पर उस पर भी जैनेन्द्र छाये हुए हैं। इन्द्रमोहन आतंकवादी है परन्तु जैनेन्द्र मॉडल का, जैनेन्द्र जी का दार्शनिक और तटस्थ ईस्टन स्वयं जैनेन्द्र जी का प्रतिबिम्ब है। यहाँ तक कि इला भी जैनेन्द्र जी का ही नारी संस्करण है। इन सब पात्रों के सिद्धान्तों, व्यवहार और भाषा में ऐसी समानता है कि प्रायः उनके वाक्य भी एक-से हो गये हैं। पात्रों के एक-दूसरे के सम्पर्क और तुलना में आने पर उनका व्यक्तित्व निखरता है जिससे कहानी सजीव बनती है परन्तु इस उपन्यास में जैनेन्द्र जी ने जैनेन्द्र से जैनेन्द्र को तोला है तो फिर कहीं भी अन्तर कैसे दिखायी देता?

नारी पात्र दो ही हैं, एक इला और दूसरी एलिजाबेथ। इला अनासक्ति और अकर्म की उपासक त्यागमयी भारतीय नारी का प्रतीक है। जय के साथ उसका पिता की इच्छा के विरुद्ध अविवाहित अवस्था में रहना शायद इसलिए क्षम्य है कि उसने इन्द्रियों का ब्रह्मचर्य निभाया है परन्तु उसके चिदानन्द की अनुगृहीता रहने की बात जय कहता है और इला स्वयं इन्द्रमोहन से किसी रहस्य का संकेत करती है। एलिजाबेथ तो है ही हंगेरियन, पति-परायणता और संयम की आशा उससे क्या की जाये? पर वास्तव में वह कहीं स्पष्ट, निष्ठावान् और रीढ़वाली बन पड़ी है, शायद इसलिए कि लेखक ने उस पर अपनी अनुकम्पा

की छाया नहीं डाली। पूरे उपन्यास में नाथ और एलिजाबेथ ही दो पात्र हैं जो कहानी में कम आते हैं पर उनका अपना व्यक्तित्व है।

जैनेन्द्र जी ने प्रारम्भ की अन्तिम पंक्तियों में इस बात के लिए क्षमा-याचना कर ली है कि पुस्तक को विधिवत् उपन्यास का रूप नहीं मिल सका। उन्होंने इसे दुनिया को राजनीति के संकट से उबारने और राज के इस या उस रूप को स्वीकार करने की विवशता के संकट से त्राण देने के सुझाव के लिए प्रस्तुत किया है। राज्य के सभी रूपों को संकट समझकर उससे त्राण पाने के विचार मानव समाज के लिए नितान्त नयी वस्तु नहीं है। पूँजीवाद और राज्य सत्ता के दमन की प्रतिक्रिया रूप आज से सौ वर्ष पहले भी विचारकों ने मानव समाज की मुक्ति के लिए अनार्किज़्म (अराजकतावाद) के सिद्धान्तों की कल्पना की थी। यह विचारक (क्रोपोटिकन आदि) राज्य को व्यक्तिगत सम्पत्ति की संस्था और उसी की प्रशाखा श्रेणियों की परस्पर होड़ का ही विकसित रूप मानते थे। समाज को राज्य के दमन से मुक्त करने के लिए सम्पत्ति का समाजीकरण पहला क़दम मानकर मानव समाज को उत्पादन के साधनों के साझे स्वामी और श्रेणीगत होड़ से मुक्त कर एक विस्तृत कुनबे के रूप में परिवर्तित हो जाने की कल्पना वे करते थे। वे राज्य को समाज का दमन इसलिए समझते थे कि राज्य एक वर्ग-विशेष का अधिकार और शेष समाज का दमन था। उनके विचारों का लक्ष्य वर्गों के अन्तर मिटाकर राज्य को सामूहिक हित की दमनरहित व्यवस्था मात्र बना देना था। कम्युनिस्ट भी अपनी प्रणाली के उत्तरोत्तर विकास में राज्य या शासन के दमनकारी अंश के विलयन हो जाने का विश्वास करते हैं। जो भी हो, अराजकतावाद एक सामाजिक समस्या है। जैनेन्द्र जी ने भी दुनिया को राज के संकट से त्राण देने के लिए ही पुस्तक लिखी है।

जय भी अनेक स्थानों पर ऐसा ही विचार प्रकट करता है—"सोचता था राज के जरिये उसके होने की आवश्यकता से समाज को मुक्त करने की राह कुछ सुगमता से प्रशस्त की जा सकेगी, वह भ्रम सिद्ध हुआ।" पर त्याग करते समय भी वह कहता है—"राज्य को एक दिन अनावश्यक बनाना है।" (पृ. ४२५) परन्तु उसका अन्तिम निर्णय है—"अन्त में जब मुझे यह मालूम हुआ कि मेरा दायित्व राज्य और लोक-कल्याण के प्रति जितना है उससे अधिक और प्रथम स्वयं अपने अन्तःकरण के प्रति है तो देखा कि मेरा असमंजस कट गया।" (पृ. ४२४) जय को जो कुछ मालूम हुआ उससे दुनिया के राज के संकट और युद्धों की अनिवार्यता के त्रास से मुक्त हो सकने का क्या सम्बन्ध है? वह सामाजिक समस्या की उपेक्षा कर स्वरति की प्रवृत्ति में सन्तुष्ट हो जाता है। या यह अनुमान करना होगा कि अराज की अवस्था प्राप्त करने के सामाजिक लक्ष्य का उपाय जैनेन्द्र जी ने यह व्यक्तिगत साधना बतायी है कि जयवर्धन को आदर्श मानकर कोई भी व्यक्ति राज्य का उत्तरदायित्व लेने के लिए प्रस्तुत न हो तो राज्य की संस्था स्वयं विलीन हो जायेगी। यह जयवर्धन के विचार पक्ष की प्रतिपत्ति है।

'जयवर्धन' पर इतने विचार की आवश्यकता इसलिए है कि 'परख', 'त्यागपत्र', 'कल्याणी' आदि जैनेन्द्र जी की आरम्भिक रचनाएँ सफल थीं और उनमें प्राप्त सफलता से अधिक जैनेन्द्र जी की सम्भावनाओं का संकेत था। उन रचनाओं के सफल होने का कारण जैनेन्द्र जी का पर्याप्त यथार्थ के आधार पर उन सामाजिक तत्त्वों को लेकर रचना करना था जिनका परिचय उन्हें अपने नित्य जीवन से था। 'जयवर्धन' में उन्होंने दर्शन, राजनीति, समाजशास्त्र

और अर्थशास्त्र के प्रसंगों को लेने की इच्छा की है जो स्पष्ट उनकी पकड़ के बाहर है, उन्हें यथार्थ का आधार कहीं भी नहीं मिला है।

जैनेन्द्र जी के विचार और कलात्मक शक्ति का परिचय इस खोखली रचना में भी जहाँ-तहाँ मिल सकता है। प्रसंग और वस्तु के सम्पर्क के बिना भी जहाँ-तहाँ विचारपूर्ण सूक्तियाँ आ गयी हैं यथा—"ईश्वर नहीं हो सकता जो मानव से विमुख हो, है तो वह मानव से। मानव से परे जो अपने लिये टिकाव चाहता है वह अविचार है।" (पृष्ठ १२) इस दृष्टि से जय के व्यवहार को क्या कहा जाये? "भारत में इसी को साधना मान लिया गया है कि यथार्थ को आदर्श से दाबे रखा जाये।" "आदमी में क्या सिद्धान्त ही सब-कुछ होता है? क्या वह एक गाँठ नहीं जिसे हम ख़ुद कस लेते हैं और सिद्धान्त का नाम दे देते हैं।" "क्या वह लकीर ही नहीं जिससे स्वदेश और विदेश बन जाते हैं और जिस पर युद्ध होते हैं। लकीर भी नक़्शे पर, असल में कहीं नहीं। फिर आदमी अपना और दूसरों का रक्त उत्सव और उल्लास के साथ बहाते हैं।" "प्रेम की गति न्यारी है, सुख उसमें नहीं है, पर जो दुःख है सुख के सुख से बड़ा है।" "विरह केवल पार्थक्य नहीं मन का घनिष्ठ पीड़ा सम्बन्ध है।" "इन्द्रिय व्यापार की न्यूनता की साधना में परिपूर्णता न सधेगी।" आदि-आदि।

'जयवर्धन' पढ़ने के श्रम को उसकी भाषा और भी कठिन कर देती है। भाषा सामाजिक अभिव्यक्ति का साधन है। उसे सुलभ और सुबोध बनाये रखने के लिए ही व्याकरण की आवश्यकता हुई है। भाषा के मान्य प्रयोगों और नियमों की अवहेलना अहं और स्वरति की उच्छृंखलता मात्र है। यदि नागरिकता के साधारण नियमों, उदाहरणतः सड़क पर चलने के नियमों का पालन सामाजिकता के नाते आवश्यक है तो भाषा के नियमों की ही अवहेलना क्यों की जाय। जैनेन्द्र जी ने जन व्यवहार या साधारण ढंग को ठुकराने के लिए भाषा के साथ जो मनमानी और अत्याचार किया है उसके उदाहरण ऊपर दिये गये उद्धरणों की पंक्तियों में देखे ही जा सकते हैं।

●

साहित्यिक पुरस्कार सम्बन्धी सरकारी नीति

देश में स्वराज्य की स्थापना के बाद से केन्द्रीय सरकार ने और अनेक राज्य सरकारों ने भी देश के सांस्कृतिक और साहित्यिक विकास में सहयोग देना अपना कर्त्तव्य और उत्तरदायित्व समझा। केन्द्रीय और राज्य सरकारों ने सांस्कृतिक तथा साहित्यिक विकास को प्रोत्साहित करने का एक उपाय, उच्चकोटि की साहित्यिक रचनाओं को पुरस्कारों द्वारा सम्मानित करना निश्चित किया। गत अनेक वर्षों से प्रति वर्ष ऐसे पुरस्कार दिये जा रहे हैं। इन पुरस्कारों के सम्बन्ध में पत्रों में और साहित्य से अनुराग एवं सम्पर्क रखनेवाले लोगों में चर्चा होती है। जहाँ तक हमारी जानकारी है, अब तक दिये गये पुरस्कारों में, विकल्प रूप दो – एक को छोड़कर, साहित्य में रुचि रखनेवाली जनता को पुरस्कृत रचनाओं के चुनाव से सन्तोष नहीं हुआ।

जनता में साधारणतः यह भावना बन गयी है कि इन पुरस्कारों को प्रदान करने का वास्तविक प्रयोजन उच्च कोटि के साहित्य के नाम पर सरकार के पोष्य लेखकों को प्रश्रय देना है। इस पुरस्कारों को पाने के लिए सफलता, रचनाओं के साहित्यिक और कलात्मक गुणों की अपेक्षा लेखकों की सरकारी हलकों में अथवा पुरस्कार देनेवाली सरकारी समितियों तक पहुँच पर निर्भर करती है। पुरस्कृत साहित्यिक रचनाओं की सूची देखने से पाठकों में इस प्रकार का सन्देह होना अस्वाभाविक नहीं। जनता में पुरस्कारों के प्रति ऐसी भावना न तो उच्चकोटि की कला और साहित्य के प्रति उनका ध्यान ही आकर्षित करेगी, न ऐसी भावना लेखकों में उच्चकोटि की रचना के लिए उत्साह उत्पन्न करेगी। विपरीत इसके, जनता में ऐसी भावना पुरस्कृत रचनाओं के प्रति एक उपेक्षा का भाव उत्पन्न कर रही है। इस तथ्य की जाँच पुरस्कृत पुस्तकों की बिक्री के आँकड़ों से की जा सकती है। कोई भी पुस्तक विक्रेता आपको बता देगा कि बड़े-बड़े पुरस्कारों से अलंकृत रचनाओं की जनता में कोई विशेष माँग नहीं हुई। इस अनुभव से यही मानना पड़ता है कि सरकारी साहित्यिक पुरस्कार किसी हद तक कुछ लेखकों की सरकारी हलकों की चाटुकारिता के लिए प्रोत्साहित करने में बेशक सफल हुए हों, परन्तु वे न तो उच्चकोटि को साहित्यिक रचनाओं के प्रति ध्यान आकर्षित करने में सफल हुए हैं और न उच्चकोटि के साहित्य के सृजन को प्रोत्साहित करने में। कोई भी साहित्यिक यह मानने के लिए तैयार नहीं होगा कि पुरस्कार के लक्ष्य से की गयी रचना उच्चकोटि की हो सकती है। सरकारी पुरस्कार का यदि कोई प्रशंसनीय

प्रयोजन हो सकता है, तो यह कि सरकार साहित्य का प्रयोजन अपना समर्थन न मानकर, जनमत से उच्चकोटि के साहित्य को मान्यता दे।

सरकारी साहित्यिक पुरस्कारों के प्रति जनता में जो विद्रूप और उपेक्षा की भावना है उसे दूर करने के लिए यह सोचना आवश्यक है कि साहित्यिक पुरस्कार किस प्रकार की रचनाओं को दिये जायँ और पुरस्कार के लिए रचनाओं के चुनने की विधि क्या हो? निश्चय ही इस बात का विशेष महत्त्व है कि किस प्रकार की रचनाएँ मुख्यतः पुरस्कार के योग्य समझी जायँ। श्री अमृतलाल नागर ने १२ जून के 'नवजीवन' में उत्तर प्रदेश सरकार की हिन्दी समिति द्वारा हिन्दी रचनाओं को पुरस्कार देने के लिए निर्धारित नीति का उल्लेख करके कई महत्त्वपूर्ण बातों की ओर ध्यान दिलाया है।

हिन्दी समिति ने निश्चय किया है कि प्रतिवर्ष उत्तर प्रदेश सरकार हिन्दी में शास्त्रीय साहित्य की सर्वोत्तम पुस्तक पर ५००० रुपये का पुरस्कार देगी और हिन्दी की सृजनात्मक साहित्य की सर्वोत्तम पुस्तक पर २५०० रुपये का पुरस्कार देगी।

'शास्त्रीय साहित्य' शब्द सर्वसाधरण जनता के लिए बहुत ही गम्भीर और प्रभावोत्पादक हो सकता है परन्तु साहित्यिक क्षेत्र में इस शब्द का अभिप्राय सांख्य, योग, निरुक्त आदि शास्त्रों से नहीं होता। शास्त्रीय साहित्य की पुस्तक के अभिप्राय या तो प्राचीन साहित्य के सम्बन्ध में खोज और शोध की पुस्तक से होता है या आधुनिक साहित्य—कविता, कहानी, उपन्यास और नाटक आदि की आलोचनात्मक या मूल्यांकन करनेवाली पुस्तकों से होता है अथवा साहित्य के गुण-दोष और विधि की चर्चा करनेवाली पुस्तक से। सृजनात्मक साहित्यिकी पुस्तकों से अभिप्राय कविता, कहानी, उपन्यास और नाटक की मौलिक रचनाओं से होगा। वास्तव में 'शास्त्रीय साहित्य' की पुस्तक को साहित्य की पुस्तक नहीं कहा जा सकता। ऐसी पुस्तक जनसाधारण को साहित्य से प्राप्त होनेवाला रस और सन्तोष नहीं दे सकती। वह केवल साहित्य का परिचय अथवा उसका लेखा-जोखा होती है। जैसे अनाज के कोठे के बहीखाते से अनाज का प्रयोजन पूरा नहीं हो सकता वैसे ही शास्त्रीय साहित्य की पुस्तकों से साहित्य का प्रयोजन पूरा नहीं हो सकता। साधारणतः ऐसी पुस्तकें साहित्य में रुचि रखनेवाली जनता के उपयोग के लिए नहीं होतीं। वे केवल परीक्षाओं की तैयारी करनेवाले विद्यार्थियों और अध्यापकों के ही उपयोग की होती हैं।

हिन्दी समिति की नयी नीति से यह स्पष्ट है कि उसकी दृष्टि में, मौलिक वस्तु या रचना के उत्पादन या सृजन करने की अपेक्षा अधिक महत्त्व वस्तु अथवा रचना की नाप-जोख कर सकने या उसका मूल्यांकन कर सकने का है। उसका यह भी अभिप्राय है कि उत्तर प्रदेश की हिन्दी समिति अथवा सरकार हिन्दी साहित्य की समृद्धि, उन्नति और विकास को उतना महत्त्व नहीं देतीं, न उसे विशेष प्रोत्साहित करना चाहती है। सरकार हिन्दी साहित्य की नाप-जोख अथवा मूल्यांकन या उसके सही रेकार्ड बनाने का ही अधिक महत्त्व समझती है और उसी को प्रोत्साहित करना चाहती है। ऐसी नीति का लक्ष्य मूल लेखक अथवा साहित्य स्रष्टा उत्पन्न करना नहीं, केवल साहित्य के अध्यापक और मास्टर उत्पन्न करना हो सकता है। साहित्य के अध्यापक और मास्टर उत्पन्न करने के लक्ष्य की उपेक्षा करना उचित नहीं परन्तु यदि हिन्दी साहित्य के सम्बन्ध में सरकार की यही नीति बनी रहे—यदि यह नीति उचित है तो सदा ऐसी ही नीति रहनी चाहिए—तो हिन्दी-जगत् में सदा अच्छे-से-अच्छे अध्यापक ही उत्पन्न होते रहेंगे, उत्कृष्ट मौलिक लेखक नहीं। साहित्य

की आलोचनाओं, मूल्यांकन, गुण-दोष और विधि की ही चर्चा होती रहेगी, परन्तु साहित्य के निर्माण को कोई प्रोत्साहन नहीं मिलेगा। कल्पना करनी पड़ेगी कि फिर हिन्दी का शास्त्रीय साहित्य पीसे और छाने हुए को और अधिक महीन पीसता और छानता जायगा। और एक दिन वह इतना महीन तथा सूक्ष्म हो जायगा कि सर्वसाधारण के लिए उसे देखना और स्पर्श कर सकना असम्भव हो जायगा।

साधारण बुद्धि की बात यह है कि किसी भी वस्तु अथवा रचना की नाप-जोख और मूल्यांकन की चिन्ता करने से पहले उस वस्तु का अधिक-से-अधिक अथवा पर्याप्त उत्पादन होना चाहिए, रचना का विकास और विस्तार होना चाहिए। साहित्य के क्षेत्र में यह बात और भी अधिक स्वाभाविक तथा आवश्यक है। शास्त्रीय साहित्य का निर्माण मूल सृजनात्मक साहित्य को समझा सकने के लिए किया जाता है। आधुनिक हिन्दी साहित्य का अध्यापक अथवा शास्त्रीय साहित्यकार अपनी विवेचना भारतेन्दु हरिश्चन्द्र, प्रेमचन्द, जयशंकर प्रसाद, हरिऔध, मैथिलीशरण गुप्त, सुमित्रानन्दन पन्त, वृन्दावनलाल वर्मा, महादेवी, बच्चन आदि की रचनाओं के आधार पर करेगा। इन्हीं की रचनाओं को वह विद्यार्थियों को पढ़ाता है और पढ़ायेगा। एम. ए. और पी-एच. डी. की थीसिस इन्हीं की रचनाओं पर लिखे जायेंगे, परन्तु जहाँ पुरस्कार द्वारा आर्थिक प्रश्रय बाँटने का प्रश्न है वहाँ हिन्दी समिति ऐसी रचनाओं को गौण और इन रचनाओं की विवेचना तथा इन्हें पढ़ा सकनेवाली पुस्तकों को प्रमुख स्थान देना चाहती है। शायद इसलिए कि उत्तर प्रदेश की नवायोजित सरकारी हिन्दी समिति में अध्यापकों की ही भरमार है।

यह भी ध्यान रखना होगा कि शास्त्रीय साहित्य सृजनात्मक सहित्य के गुण-दोष की विवेचना अथवा मूल्यांकन और उसके लिए विधि-निषेध अपने समय की मान्यताओं और धारणाओं के अनुसार ही करता है। ज्यों-ज्यों सृजनात्मक साहित्य का विकास होता गया है, शास्त्रीय साहित्य के नाप-जोख मूल्यांकन और विधि-निषेध के सिद्धान्त बदलते गये हैं। हम साहित्य का मूल्यांकन करनेवालों को साहित्य के नये मानदण्डों की बातें करते सुनते हैं। साहित्य के गुण-दोष की परख अथवा मूल्यांकन का कोई भी सिद्धान्त न शाश्वत रहा है न रह सकेगा। 'साहित्य दर्पण' और 'काव्य प्रकाश' जैसे उच्चकोटि के शास्त्रीय साहित्य के प्राचीन ग्रन्थ भी आधुनिक मौलिक साहित्यकारों का मार्ग-दर्शन नहीं कर सकते। उन शास्त्रीय ग्रन्थों की मान्यताओं के अनुसार काव्य अथवा साहित्यिक रचना के नायक देवता, राजा अथवा धीरोदात्त पुरुष ही हो सकते थे। उन मान्यताओं के अनुसार राजदरबार का वर्णन छोड़कर ग्रामीण स्थितियों का वर्णन करना ग्राम्य दोष समझा जाता। यदि प्रेमचन्द और जयशंकर प्रसाद उस शास्त्रीय साहित्य के नियमों के अनुसार अपने पात्रों को निर्माण करते तो न वे 'गोदान' और 'कंकाल' लिख सकते थे न 'कफन' जैसी कहानी। इस बात में बहुत सन्देह है कि किसी भी अमर साहित्य स्रष्टा ने शास्त्रीय साहित्य के विधि-निषेध के निर्देशों के अनुसार अमर साहित्य की रचना की होगी। साहित्य-स्रष्टा सदा ही अपने समय की सामाजिक भावनाओं और समस्याओं से प्रेरणा ग्रहण करते आये हैं और ऐसे अनेक उदाहरण मिलेंगे कि महत्त्वपूर्ण कला तथा साहित्य के सम्बन्ध में शास्त्रीय साहित्य की परख ने आरम्भ में उसकी भर्त्सना की हो और बाद में समाज की प्रवृत्तियों के प्रभाव से पराजित होकर शास्त्रीय साहित्य ने उन रचनाओं की सराहना की हो। परन्तु उत्तर प्रदेश की सरकारी हिन्दी समिति की मान्यता दूसरी है। उसकी साहित्यिक पुरस्कारों की नीति एक ओर उत्तर प्रदेश की सरकार के साहित्य और कला-सम्बन्धी दृष्टिकोण के दिवालियेपन को प्रकट करती है,

दूसरी ओर वह समिति के सदस्यों की बिरादरी परवरी की नीति को स्पष्ट कर देती है। सरकार की हिन्दी समिति अध्यापक ही उत्पन्न करना चाहती है, उसे इस बात की चिन्ता नहीं है कि अध्यापक पढ़ायेंगे क्या?

दूसरा प्रश्न है पुरस्कार के लिए रचनाओं को चुनने के सम्बन्ध में व्यवहार का। सरकार की नीति है कि पुरस्कार के लिए रचनाओं को चुननेवाली समितियों के सदस्यों के नाम गुप्त रखे जायँ। इस गोपनीयता का प्रयोजन यही समझा जा सकता है कि पुरस्कार की इच्छा रखनेवाले लेखक निर्णायकों के पास न पहुँच सकें। हमारे विचार में ऐसी आशंका करना पुरस्कार की आशा करनेवाले लेखक और निर्णायक दोनों के ही सम्बन्ध में बहुत नाकिस राय बनाना है। व्यावहारिक बात यह है कि पुरस्कार के निर्णायकों के नाम गुप्त रखने की नीति केवल औपचारिकता है। यदि सरकार की अन्य गोपनीय बातों को—बजट तक को भी—प्रयत्न करनेवाले लोग जान सकते हैं तो पुरस्कारों के निर्णायकों ने नाम जान लेना ही क्यों असम्भव मान लिया जाय? इस गोपनीयता से उलटे प्रभाव की आशा की जा सकती है। पुरस्कार की आशा करनेवाला निःसंकोच व्यक्ति इस गोपनीयता के आवरण में निर्णायक तक पहुँचने का प्रयत्न कर सकता है। निर्णायक भी गोपनीयता की ओट में जनता के सामने अपने निर्णय के उत्तरदायित्व से बच सकता है। जनता की दृष्टि में निर्णय का मूल्य तो तभी होगा, जब उन्हें यह पता हो कि निर्णायक वास्तव में उनके विश्वास और आदर के पात्र हैं। और निर्णायक भी अपने कर्त्तव्य के प्रति तभी अधिक सचेत होगा जब उसे अपने निर्णय का उत्तरदायित्व सार्वजनिक रूप से लेना होगा। सबसे अच्छा तो यह है कि निर्णयों में पाठक जनता का भी हाथ हो। पुरस्कार के योग्य समझी जानेवाली रचनाओं के नाम पाठक जनता के सामने आयें और उनके सम्बन्ध में पाठक जनता का मत जान सकने के उपाय के विषय में भी सोचा जाय।

सरकारी पुरस्कार के लिए पुस्तकों के चुनाव की प्रक्रिया में कुछ बातें बहुत ही उपहासजनक जान जड़ती हैं। उदाहरणतः पुरस्कार, गत वर्ष या दो वर्षों में प्रकाशित पुस्तकों पर दिये जाते हैं। इतने कम समय में किसी भी साहित्यिक रचना के सम्बन्ध में जनमत नहीं बन सकता। कुछ ही लोग यह जानते होंगे कि इस समय हिन्दी में प्रतिवर्ष चार-पाँच हजार नयी पुस्तकें प्रकाशित हो जाती हैं और पुरस्कार-समितियों के विचार के लिए हजार-बारह सौ पुस्तकें पहुँच जाती हैं। ऐसे कौन समर्थ लोग हैं जो प्रति वर्ष हजार-बारह सौ पुस्तकों का परिचय पा सकते हैं? पुरस्कार-समितियों के सदस्य तो प्रायः गण्यमान्य और बहुत व्यस्त शासक, अध्यापक तथा लेखक होते हैं, जिन्हें अपने ही काम से फुर्सत नहीं मिलती और जो सम्भवतः सबसे कम नयी पुस्तकें पढ़ते हैं। पुस्तकों को सरकारी पुरस्कार देने के निर्णयों के लिए साधारण तरीका यह होता है कि चार या पाँच मान्य व्यक्तियों की समिति की एक बैठक कर ली जाती है। इस समिति के सामने निर्णय के लिए हजार-बारह सौ पुस्तकों की सूची जाती है, जिसमें 'बैगन की खेती' और 'प्रसूतिका की सेवा' से लेकर अनेक महाकाव्य, बड़े-बड़े उपन्यास, विशिष्टाद्वैतवाद और 'अणु का क्षरण' के ज्ञान से सम्बन्ध रखनेवाले ग्रन्थ रहते हैं। समिति के ज्ञानियों से इन सभी विषयों में पारंगत होने की आशा की जाती है। वे सभी पुस्तकों पर अपना निर्णय दो-ढाई घण्टे में दे देते हैं।

पुरस्कार-समिति दो-ढाई घण्टे में सौ-डेढ़ सौ लेखकों को सरकारी बख्शीश बाँट देती है। व्यावहारिक तरीका यही हो सकता है कि पुरस्कार की आशा करनेवाले लेखकों की सूची

में परिचित अथवा जाने-माने लेखकों के नाम देख लिये जायँ और इस प्रकार हिन्दी में वैज्ञानिक तथा उच्चकोटि के साहित्य के विकास को प्रोत्साहन दे दिया जाय। उत्तर प्रदेश की सरकारी हिन्दी समिति ने अपने नये निर्णयों में साहित्यिक पुरस्कारों की नीति और भावना को जरा और स्पष्ट कर दिया है। इस प्रकार दिये जानेवाले पुरस्कारों से उच्चकोटि के साहित्य को मान्यता मिलने में क्या सहायता हो सकती है? इन पुरस्कारों को लेखकों के लिए सरकारी बक्शीश के अतिरिक्त क्या कहा जा सकता है और इन पुरस्कारों के प्रति जनता में उपेक्षा और विद्रूप के अतिरिक्त और क्या भावना हो सकती है?

स्वतन्त्र भारत, २ जुलाई, १९६१

●

Moscow Has Warmth Even Under Snow

The impression of the first contact with a person, place or object are long lasting because they are made on a eager and sensitive mind.

My first visit to Moscow was with a party of Indian Delegates to the "World Congress for Peace" in Viena in 1952. We travelled by train. The train entered the boundang of U.S.S.R. at a small frontier town. It was the last week of December. with hungry eyes watched through the frost covered panes of the windows for whateves was visible around. There was little to be seen except the vast expanses of snow. Forests, fields, villages devastated by the war were all covered with snow and solitary figures of men and women were covered with felts and heavy laoor clothes. We travelled for half a day and night, again a day and a night and half a day more through the grim whiteness.

At last we arrived in Moscow under a dark greysky in air full of falling snow flakes on pavements covered with sleet and snow. The car which Casied us from the station were fast and warm inside. The hotel Sovietskaya was cozy and warm. The management and the maids of the Hotel tried to cheer us up with hot food and warm smiles but for us the birds of the tropical lands of sunshine, colour and warmth the atmosphere was cold and grim.

Next morning was not different. The some hoary sky, air hung with froqen drops of water, snow was being scraped from the roads and was being carried in big trucks to keep the roads fit for traffic. We went to the office of our hosts, The Moscow Peace Committee, and were received by the committee's president, poet Tikhanov.

I suppose Mr. Tikhanov could see the effect of cold on our faces and in our numbed movements. Therefore his first words to welcome us were something likethis- "Dear friends, you will excuse us for inviting you to our country at an inconvenient time of the year. At this time nature in our country is sleeping under a heavy white quilt of snow. Everything is covered with snow. We are afraid you may feel uncomfortable in this severe weather. But friends we assure you however cold it may be outside in Moscow, our hearts are always warm. He wants appreciated our mission to the World Congress for

Peace and assured us of his countries full support and cooperation in the cause of World peace and shake about many things.

We stayed in U.S.S.R. for a little over a month. We visited many institutions, saw, factories, theatres, Ballys, operas and workers dubs. We also visited a collective farm and saw the momoth University building which was nearing completion. All the time we were loaded with heavy clothes and wadded often in ankle deep snow or slush. All the time conscious of cold and chill of course we could not deny that the living apartments in Moscow were comfortably warm. Every where was in effort to fight the cold.

The time for our departure come. The place of welcome reception was taken by the farewell reception. The evening before our last day in Moscow envelops containing hand some amount of rouble were handed to us. These were the payments for our brief talks on the radio or the brief articles we had contributed to the Moscow press about our impressions. We did not expect it for we had done this little, entertaining things only in consideration to the generous hospitality of our hosts. We were told in U.S.S.R. every little but of work was paid for.

Naturally this money tempted us to procure some same sawvenion of our visit to a country very much talked about and at that time seen by a few. We all rushed to shops in a group to find some suitable articles.

The closing time was near. Moscow probably had less shops than the population required. There was quite a rush. May be our strange complexion and dresses had also attracted the curious. One or two of us wore white trousers in the shape of elephants trunk. One or two even had Dholis, an unsown peace of cloth arranged in the manner of trousers. Mr. Patel in spite of snow and chilly wing had a very thin white cap of hand spun and hand woven cloth on his ball head, which he as the orthodox disciple of Mahatma Gandhi could not change for any other sort of cap. We found ourselves surrounded and pressed by a crowd.

In all the countries that I had the chance to visit and where I could read and understand the language of the country; I have invariably found a warning in places where the crowds are expected to gather-Be ware of pick pockets. I cannot read and understand the Russian language and I cannot say for certain If such warnings are not be found in Moscow. But at that we could forgotten about it.

Mr. Patel felt a hand pressing by his side and suspected it slipping in to his pocket. His own hand quickly followed it. The intruding nimble hand escaped his grip but he felt that in his coat pocket a rolled piece of paper was cleverly planted.

It is not a comfortable experience to have something planted on you, for which you may have to owner-and that too in a foreign country. Mr. Patel immediately called for the attention of our interpretter and pulled the paper out of his pocket infront of her-Two crumpled note of hundred rouble each.

An old woman with a wrinkled face and cotton padded jacket, not a very well to do looking person by her dress, spoke apologetically to Mr. Patel and the interpretter :-"It is too cold and the poor man has only such a thin cap on his bold head. Please buy for him a fur cap as a gift from me."

Mr. Patel blushed and thanked the old woman and tried to explain the principal preventing him form using a fur cap. No amount of explanation could remove the women disappointment.

The incident reminded me of Mr. Tikhanovs words, "We assure you, however cold it may be out side in Moscow our hearts are always warm." Moscow has warmth even under heavy snow not only in its centrally heated apartments but also in the hearts of its people.

●

पत्र और पत्रोत्तर

मोती भवन सोमानी गुड़ा
हैदराबाद (दक्षिण)

पूज्य भैया जी,

सादर नमस्ते

आप को यह पत्र पाकर कितना आश्चर्य होगा! पर मेरा ख्याल है कि अचम्भे की कोई बात नहीं, क्योंकि आपके पास अनेकों जनों के, जो कि सर्वथा अपरिचित हैं—भी पत्र आते होंगे। वैसे ही मेरा पत्र भी आपको हस्तगत होगा। खैर!

भैया जी! अक्सर आप की किताबों की बहुत तारीफ सुना करती हूँ, पर दुर्भाग्य से, आप की लिखी हुई एक पुस्तक भी पढ़ने को नहीं मिली है। क्या आप अपनी समस्त किताबों का एक सेट उक्त पते पर मेरे पास भेज देंगे। अथवा वहाँ का पता बता देंगे, जहाँ से वे प्रकाशित होती हैं? आशा करती हूँ कि मुझे निराशा नहीं मिलेगी।

और तो क्या लिखूँ? अन्त में मैं, समाप्त करने के पूर्व आप से क्षमा चाहती हूँ—कष्ट के लिए, क्योंकि मैं किसी दूसरी जगह से भी आपकी पुस्तकें मंगा सकती थी, परन्तु मैंने ऐसा नहीं किया। इसी मास के 'आजकल' अंक में श्री देवेन्द्र सत्यार्थी जी लिखित आप पर जो लेख निकला है, उसे पढ़कर एकाएक मेरे हृदय में आप को आपका भाई बनाने की तीव्र इच्छा जाग उठी और आशा क़रती हूँ कि आप मेरा बहनापा 'स्वीकार' करेंगे। और आपको पत्र लिखने का कोई दूसरा उपाय सूझ नहीं पड़ा तो मैंने इन पुस्तकों का ही बहाना लिया है। खैर, कष्ट के लिए मुझे माफ कीजियेगा। सबको मेरा सादर यथोचित। पत्र देने की कृपा करें।

उत्तर की उत्सुक प्रतीक्षा में—

आपकी बहन
कान्ता

विप्लव
२१, हीवेट रोड लखनऊ

कान्ता बहन,

तुमने अपना बहनापा स्वीकार करने के लिये आग्रह किया है। मैं तुम्हारे आग्रह का स्वागत करता हूँ।

रही बात कि तुमने मेरी कोई भी पुस्तक पढ़े बिना ही मेरा इतना आदर किया है। जल्दबाजी से प्रायः पछतावा भी होता है। अच्छा तो यह होता कि मेरी एकाध पुस्तक पढ़कर देख लेती और तब निश्चय करती कि मैं भाई का आदर देने योग्य हूँ या नहीं।

तुमने विप्लव कार्यालय को मेरी सभी पुस्तकें भेज देने के लिए लिख दिया है। मेरा परामर्श है कि तुम सूचीपत्र देखकर पहले कुछ पुस्तकें चुन लो, जँचने पर और भी मंगा लेना। मेरी पुस्तकों की संख्या काफी है और पूरी पुस्तकों का दाम भी एक 'छोटी सी' लड़की के लिए बहुत अधिक जान पड़ेगा।

मेरी दो-एक पुस्तकें पढ़कर देखो कि तुम भ्रम में तो नहीं हो! पढ़ने पर भी जँचे तो फिर सोचना कि मुझे भाई समझना चाहिए या चाचा, ताऊ? क्योंकि मैं काफी बूढ़ा आदमी हूँ यानी ४६ वर्ष का पुराना आदमी। तुम्हारी आयु केवल १८ वर्ष हो सकती है। इतनी छोटी लड़कियों को बहन करने के बजाय बेटी कहना ही अच्छा लगता है। शेष जब तुम्हारा दूसरा पत्र आयेगा।

७.११.५०

तुम्हारा
यशपाल

क्लट्टरबक गंज बरेली

श्रीयुत महोदय,

सादर नमस्ते

असल चीज़ यह है कि मैने देखा नहीं पढ़ा है कि आप आज जिस स्थिति में है वह आपने अनेकों संघर्षों में जीतकर प्राप्त की है। मैं यही जानना चाहता हूँ कि किस तरह आपने केवल २० रुपये की पूंजी से एक प्रकाशन संस्था आरम्भ की। यह बात मुझे बहुत आश्चर्य में डालती है और मैं यही समझना चाहता हूँ कि आखिर यह कैसे सम्भव हुआ है। आप लिख सकेंगे?

अभी कुछ दिन हुये 'आजकल' में आपके बारे में एक लेख पढ़ा था। वैसे तो आपकी कहानियों और पुस्तकों को पढ़कर ही आपके बारे में काफ़ी उत्सुकता थी पर एक तो आपका पता नहीं मालूम था दूसरे कुछ हिम्मत भी नहीं होती थी।

दूसरी बात यह है कि मैं यह जानना चाहता हूँ कि आप और सब लेखकों को प्रारम्भ में किन-किन कठिनाइयों का सामना करना पड़ा था।

(१) आपने अपनी प्रथम पुस्तक कितने दिनों में लिखी थी?

(२) आपकी प्रथम पुस्तक का क्या नाम था?

(३) क्या आपने उसकी पाण्डुलिपि को टाइप करवाया था?

(४) क्या किसी की सम्मति ली थी आपने उस प्रथम पुस्तक पर?

(५) किस प्रकाशन संस्था को आपने वह पुस्तक दी थी?

(६) क्या उन लोगों ने कुछ आपको निराश किया था?

(७) साधारणतया प्रकाशक नये लेखकों के कैसे पेश आते हैं?

(८) क्या पुस्तकों की पाण्डुलिपि यों ही प्रकाशकों को दी जाती है या उनसे कुछ रसीद वगैरह ली जाती है?

(९) आपकी प्रथम पुस्तक पर आपको कितना लाभ हुआ था?

(१०) क्या आपका प्रथम प्रकाशक आपसे बिलकुल अपरिचित था या आप किसी से Recommendation लेकर गये थे?

इन प्रश्नों से यह तो आप समझ ही गये होंगे कि मैं कोई लेखक नहीं हूँ। मैं यह जानना चाहता हूँ कि आपने इन कठिनाइयों को कैसे पार किया। मैं यह भी जानता हूँ कि जब लोग बड़े हो जाते हैं तब वे उन कठिनाइयों और अपनी प्रारम्भिक बातों को याद नहीं रखते। वह यह पसन्द नहीं करते। मैं जानता हूँ उनमें कुछ कटुस्मृतियाँ भी होंगी। मैं यह आशा नहीं रखता कि आप जैसा आदमी, जिसका व्यस्त होना स्वाभाविक ही है, मेरे इस प्रथम पत्र का कुछ विस्तृत उत्तर देगा। न मैं उसके लिये आपसे प्रार्थना या अनुरोध ही कर सकता हूँ। इसलिये मैंने कुछ प्रश्न किये हैं। यद्यपि आपको अपने बीते दिनों को याद करना पड़ेगा, इन प्रश्नों के उत्तर कुछ बड़े नहीं होंगे। मैं उम्मीद करता हूँ कि आप मुझे निराश नहीं करेंगे। मैं आपसे छोटा सा उत्तर पाकर भी उत्साहित होऊँगा। आपकी मिसाल जो एक संघर्षमय जीवन का ख़ाका है, हमारे लिए एक प्रेरणा देगी। आपके विशाल अनुभव से मैं कुछ सीखना चाहता हूँ। साथ में लिफाफा भेज़ रहा हूं जिससे कि आपको परेशान न होना पड़े।

आपका

कैलाश कुमार

साथी,

आपका बिना तारीख़ का पत्र मिला। तारीख़ का आपके लिये कोई महत्त्व न हो तो विलम्ब में भी आपको शिकायत नहीं होनी चाहिए। संक्षिप्त उत्तर से आपको भ्रम ही होगा। आपके संख्यानुसार प्रश्नों का उत्तर लिख रहा हूँ:–

(१) मेरे विषय में लिखे गये लेखों में आपने पढ़ा है कि मैंने २० रुपये की पूंजी से एक प्रकाशन संस्था खड़ी कर दी है। आपको विस्मय हुआ। होना ही चाहिये था क्योंकि वह बात तथ्य नहीं है। तथ्य यह है कि सन् १९३८ में जेल से छूटने के बाद मैंने 'कर्मयोगी' साप्ताहिक के संपादकीय विभाग में ७५ रुपये मासिक की नौकरी थी। पत्र के मालिक जो चाहते थे वह मैं लिखना नहीं चाहता था। लिखना चाहता था अपने निर्णय के अनुसार। कुछ दिन तक 'बेनाम' से उन्होंने जो कुछ लिखवाया उससे विश्वास हो गया कि मैं लिखना चाहूँ तो लिख सकता हूँ। जेल मुझे जाना पड़ा था 'हिन्दुस्तान सोशलिस्ट प्रजातन्त्र सेना' के कार्यकर्ता होने के नाते। काँग्रेसी सरकार के स्थापना के कारण मैं लगभग उम्र कैद की सज़ा आधी पूरी कर पाने पर ही छोड़ दिया गया था। जीविका का प्रश्न था और जिस बात के लिये जीवन का इतना समय दे चुका था, उसका पल्ला भी नहीं छोड़ देना चाहता था। मेरी माँ के पास ३०० रुपये शेष थे। यह पूंजी लेकर–२० रुपये कहना अत्युक्ति होगी!– 'विप्लव' का आरम्भ किया था। सफलता इसलिये मिली कि मैं और मेरी स्त्री (प्रकाशवती) दिन और रात इसमें काम करते थे। लेख लिखने से लेकर 'विप्लव' को स्टेशन तक ढोने तक के सभी काम! 'विप्लव' की सफलता इस बात में नहीं थी कि मैं 'विप्लव' की गठरियाँ ढोता था बल्कि इसलिये कि मैंने वह बात कहने का साहस किया जो सभी लोग अनुभव कर रहे थे परन्तु कह नहीं पा रहे थे।

(२) मेरी पहिली पुस्तक 'पिंजरे की उडान' कहानी संग्रह था। यह कहना कठिन है कि यह पुस्तक कितने दिन में लिखी गई। इस संग्रह की कहानियों प्रायः जेल में लिखी थीं। इन्हें बार बार दोहराया था। कहानी को दोहराने से उसकी न्यूनतायें प्रकट हो जाती हैं।

(३) मैंने अपनी पाण्डुलिपियाँ टाइप नहीं करवाईं। टाइपराइटर था ही नहीं। हिन्दी का टाइपराटर अब भी मेरे पास नहीं है। इसकी कीमत सवा चारसौ है। न मेरे बस इसका खरीदना है और न टाइपिस्ट रख सकना।

(४) अपनी पुस्तक पर किसी प्रतिष्ठित लेखक की सम्मति लेकर प्रोत्साहन पाने की चेष्टा कभी नहीं की। लेकिन अपने आस-पास के लोगों की सम्मति ज़रूर लेता रहा हूँ, अब भी लेता हूँ। बात यह है कि लिखा तो दूसरों के लिये जाता है। यह जानना आवश्यक है कि जो मैं कहना चाहता हूँ वह दूसरे ने ठीक तरह से समझा भी है या नहीं? यदि पाठक समझ नहीं पाया तो न्यूनता लिखने के ढंग में है। कोई भी चीज़ प्रकाशित करने से पहिले उसका इस कसौटी पर जाँच लेना आवश्यक है।

(५) 'पिंजरे की उड़ान' विप्लव कार्यालय ने ही प्रकाशित की थी।

(६) इस प्रश्न का उत्तर ऊपर हो चुका।

(७) प्रकाशक साधारणतया नये लेखकों से अपनी चतुरता के अनुसार ही व्यवहार करते हैं। उनका प्रयोजन लेखक के श्रम से लाभ उठाना ही रहता है।

(८) पुस्तक की पाण्डुलिपि प्रकाशक को देते समय रसीद ले लेने में हानि नहीं। यदि बाद में झगड़ा कर सकने का साहस हो तो रसीद का उपयोग हो सकता है।

(९) पुस्तक पर लाभ का सही अनुमान बताना कठिन है, क्योंकि 'विप्लव' और पुस्तकों का काम एक साथ चलता था।

(१०) इस प्रश्न का उत्तर भी ऊपर हो चुका है।

कोई पुस्तक प्रकाशित करने से पूर्व अच्छा यह होगा कि आप पत्र-पत्रिकाओं में लिखें। पाठक आपकी शैली और कला के कुछ परिचित हो जायेंगे तो प्रकाशक आपको नाचीज़ नहीं समझेगा। 'लिखना' जीविका का साधन है, परन्तु अपने विचारों की अभिव्यक्ति का साधन भी तो है।

आशा है, उत्तर से आपको सन्तोष होगा।

आपका शुभाकांक्षी

यशपाल

जैनेन्द्र की सहिष्णुता

भाई जैनेन्द्र जी का यह लेख मेरे लेख का उत्तर नहीं जान पड़ता, क्योंकि उन्होंने स्वयं ही मेरे लेख के सात निष्कर्ष निकाल कर कहा है—'मुझे उसमें असहमति नहीं देनी है।' उन्हें आपत्ति है केवल इस बात पर कि मैंने जो परिणाम निकाले हैं, वे वास्तव में बीज या लक्ष्य थे और मैं उन परिणामों पर इसलिए पहुँचा हूँ कि मैंने उन्हें अपने 'सम्पर्कों के प्रति देय माना है।'

अपने लेख में मैंने कहा था कि मनुष्य और मनुष्य समाज से रिक्त देश और स्थान में किसी भी आदर्श और विचारधारा की कल्पना नहीं की जा सकती। सत्य, अहिंसा और न्याय की धारणा अथवा आदर्श की सृष्टि मनुष्य-समाज की परिस्थितियों और उसकी आवश्यकताओं के अनुकूल व्यवस्था की रक्षा करने के लिए मनुष्य द्वारा ही की जाती है। इतिहास इस बात का साक्षी है कि मनुष्य-समाज की परिस्थितियाँ, निर्वाह के साधन और सम्बन्ध बदलते रहते हैं। अभी कालों में समाज के शासक वर्ग द्वारा कायम की हुई व्यवस्था ही समाज के आदर्श सत्य, अहिंसा और न्याय की धारणा के रूप निश्चित करती है। समाज के निर्वाह के लिए आवश्यक पदार्थों को सामूहिक रूप से पैदा करने और इन पदार्थों को समाज के व्यक्तियों में बांटने के लिए ही व्यवस्था कायम की जाती है।

अतः सत्य, अहिंसा और न्याय का आधार समाज के आर्थिक सम्बन्ध ही होते हैं। निर्वाह के साधन बदल जाने पर इन साधनों का उपयोग करनेवाले व्यक्तियों के पारस्परिक, सामाजिक या आर्थिक सम्बन्ध बदल जाते हैं और इन सम्बन्धों की व्यवस्था करनेवाली सत्य, अहिंसा और न्याय की धारणाएँ भी बदल जाती हैं। समाज में ऐसा ही होता रहा है, इतिहास इस बात का साक्षी है और भविष्य में भी ऐसा ही होगा।

आज समाज में फिर परिवर्तन की आवश्यकता अनुभव हो रही है। समाज के निर्वाह के लिए आवश्यक वस्तुओं की पैदावार बहुत ही विस्तृत सामूहिक रूप में की जा रही है। परन्तु इस पैदावार का उद्देश्य है थोड़े से मालिक लोगों का मुनाफ़ा। ऐसी अवस्था में पैदावार के साधनों पर कुछ लोगों का व्यक्तिगत स्वामित्व और समाज द्वारा सामूहिक रूप से की गयी पैदावार पर कुछ लोगों का व्यक्तिगत स्वामित्व असंगत है और अन्याय को जन्म देता है।

मैंने अपने लेख में भाई जैनेन्द्र जी से हुई इस बातचीत का उल्लेख किया था, उसे उन्होंने अस्वीकार नहीं किया। इस बातचीत का निष्कर्ष यह था कि भाई जैनेन्द्र जी ने कम्युनिज़्म को समझने की आवश्कयता इसलिए अनुभव की कि कम्युनिज़्म को 'फाइट' करना उनका उद्देश्य है. अर्थात् कम्युनिज़्म को 'फाइट' करने का भाई जैनेन्द्र जी का निश्चय

उनके इस ज्ञान पर निश्चय नहीं करता कि कम्युनिज़्म उनकी सम्मति में समाज के लिए हानिकारक है। वह ज्ञान तो उन्हें अभी प्राप्त करना है।

भाई जैनेन्द्र जी स्वीकार करते हैं 'सच है कि मैं कम्युनिज़्म का ज्ञाता नहीं। यह भी सच है कि इस इज्म से लड़ना मैं आवश्यक समझता हूँ और इस परिणाम पर पहुँचते हैं कि 'इसमें आदर्शवाद को घसीटने की ज़रूरत नहीं।' परन्तु भाई जैनेन्द्र जी अथवा जिस विचारधारा के वे समर्थक है, उस विचार धारा द्वारा कम्युनिज़्म के संहार का प्रयत्न देखनेवाले यह जानना चाहते हैं। कि कम्युनिज़्म को 'फाइट' करने अथवा उससे लड़ने की आवश्यकता क्यों है! यदि वे आदर्शवाद अथवा सम्पत्ति पर व्यक्तिगत स्वामित्व की व्यवस्था की नैतिकता का समर्थन करने वाले आदर्शवाद, रामराज्य और गांधीवाद के समर्थन और रक्षा के लिए कम्युनिज़्म से नहीं लड़ रहे हैं, तो किस बात से लड़ रहे हैं!

कम्युनिज़्म को शिकायत है तो यह कि भाई जैनेन्द्र जी विचारों को यथार्थ से नहीं ले रहे हैं। यह नहीं देख रहे हैं कि सत्य, अहिंसा और न्याय का प्रयोजन बहुसंख्यक समाज की रक्षा है और सत्य, अहिंसा और न्याय का निर्णय बहुसंख्यक समाज के निर्णय से होना चाहिए।

मैं यह मानने के लिए तैयार नहीं कि गांधीवाद में कोई अज्ञेय और अगम दार्शनिकता की गुत्थियाँ समायी हुई हैं, जिन्हें सर्वसाधारण लोग समझ नहीं सकते। जनता गांधीवाद को तर्क की कसौटी पर न जाँचे, इसीलिए उसे तर्क से स्वतन्त्र भगवान् की प्रेरणा बता दिया जाता है।

भाई जैनेन्द्र जी लिखते हैं—'भेद जहाँ है वहाँ आदर्शवाद और यथार्थवाद जैसे शब्द की पटेबाजी नहीं पहुँचेगी। वादों और वादियों का यह भेद युद्ध का अवसर देता दीख सकता है दूसरों को वहीं सहिष्णुता, सहानुभूति और प्रीति की आवश्यकता जान पड़ती है।' भेद होने पर जिन दो प्रभावों का ज़िक्र भाई जैनेन्द्र जी करते हैं उससे ध्वनि यही निकलती है कि कम्युनिस्टों अथवा वामपंथियों को वह भेद युद्ध का अवसर देता दीख सकता है दूसरों अर्थात् गांधीवादियों को वहीं (भेद से) सहिष्णुता, सहानुभूति और प्रीति की आवश्यकता प्रकट होती जान पड़ती है। भाई जैनेन्द्र के व्यवहार को मैं गांधीवादी दृष्टिकोण के उदाहरण के रूप में मानता हूँ और उनके व्यवहार की कसौटी पर यह देखना चाहता हूँ कि क्या भेद से उन्हें 'सहिष्णुता, सहानुभूति और प्रीति की आवश्यकता प्रकट होती जान पड़ती है?' ऐसी अवस्था में कम्युनिज़्म को 'फाइट' करने की उनकी इच्छा को हमें 'सहिष्णुता, सहानुभूति और प्रीति' का ही परिचायक मान लेता पड़ेगा।

जैनेन्द्र जी सत्य, अहिंसा और न्याय की एक विशेष आस्था के कारण ही कम्युनिज़्म को फाइट करना आवश्यक समझते हैं और कम्युनिज़्म के ध्वंस की उनकी प्रतिज्ञा उसी व्यवस्था के लिए अभयदान का आश्वासन है, जिस व्यवस्था के जनसमाज के लिए असह्य हो जाने पर कम्युनिज़्म ऐतिहासिक आवश्यकता के रूप में विकसित हुआ है। यदि भाई जैनेन्द्र जी अपने आपको इस 'विग्रह' से ऊपर, इस अमानवीय स्थिति में समझे बैठे हैं, तो यह अचेतन अवस्था का मानसिक सन्तोष मात्र है, यथार्थ सहिष्णुता नहीं। इस सहिष्णुता का परिणाम है शोषक श्रेणी के अधिकारों की स्वीकृति।

सन्दर्भ : (यशपाल का लेख—"अपने सम्पर्कों के प्रति मेरे देय")

•

कहानी से कहानी तक

'पराया सुख' सम्भवतः प्रथम बार १९४० या १९४१ में मेरे 'ज्ञानदान' शीर्षक कहानी संग्रह में प्रकाशित हुई थी। यह कहानी लिखी गयी थी उससे बहुत पूर्व १९३५ या १९३६ में, तब में मैं सुलतानपुर सैनीटोरियम जेल में था या बरेली सेण्ट्रल जेल में, यह ठीक-ठीक याद नहीं। सन् १९३४ से १९३७ तक जेल में अनेक कहानियाँ लिखी थीं। इनमें से अधिकांश 'पिंजरे की उड़ान' संग्रह में आ गयीं। उन्हीं में से 'पराया सुख' भी है। अर्थात् यह मेरा तीस-बत्तीस वर्ष पूर्व का प्रयत्न है। डायरी लिखने की आदत कभी नहीं रही। इतनी पुरानी बात के सम्बन्ध में बहुत ब्यौरे से कोई हल्फिया बयान नहीं दे सकूँगा। यह ज़रूर याद है कि जेल में बिताये लगभग सात वर्षों में कैसी मानसिक स्थिति लिखने की इच्छा जगा देती थी। अभी 'पराया सुख' को पुनः पढ़कर स्मृतियों ताजा करने का भी यत्न किया है। इस कहानी की पृष्ठभूमि और प्रेरणा स्रोत को याद करने के यत्न में ऐसा जान पड़ता है कि अपनी उस समय की लिखने या अभिव्यक्ति की इच्छा का मनोविश्लेषण करना होगा।

कहानी के वातावरण या परिस्थिति का आरम्भ होता है पठानकोट रेलवे स्टेशन के प्लेटफार्म से। सन् १९३५ या १९३६ में पठानकोट स्टेशन का आज जैसा महत्त्व न था। तब पठानकोट जम्मू-कश्मीर या देश के उत्तर-पश्चिमी सीमान्त का द्वार न था। उस समय तक पठानकोट केवल कांगड़ा, धर्मशाला, डलहौजी, चम्बा आदि की यात्रा का ही मार्ग था। १९३२ के ही आरम्भ में मुझे चौहद वर्ष कारावास की सजा मिली थी। तब जैसे देशविभाजन से पूर्व पठानकोट रेलवे स्टेशन इतना महत्त्वपूर्ण हो जाने के अनुमान के लिये आधार नहीं था वैसे ही १९३७ में उत्तर प्रदेश में कांग्रेस मन्त्रिमण्डल बन जाने और राजनैतिक कैदियों की सार्वजनिक रिहाई के सिलसिले में मेरी आधी सज़ा पूरी होते-होते १९३८ में जेल से छूट जाने के अनुमान के लिये भी आधार न था। परन्तु हिमाचल से अपने सम्बन्ध, उस प्रदेश में यात्राओं की स्मृतियाँ और उन अनुभवों को पुनः पा सकने के अवसर की इच्छा तो मन में अवश्य ही थी। ऐसे सुख को और चौदह वर्ष की प्रतीक्षा बहुत लम्बा समय होता—को भौतिक अनुभूति से न सही, कल्पना द्वारा तो जेल में बैठे-बैठे भी पाया जा सकता था।

'पराया सुख' के लेखक के रूप में अपनी तत्कालीन मनस्थिति का विश्लेषण करते हुए झिझक अनुभव होना स्वाभाविक है। परन्तु बात कहनी है तो सही ही कहनी चाहिये; चाहे उसमें आत्मरति या आत्मकरूणा का आरोप ही आये। विश्लेषण की नज़र से देखना है तो

देखिये—कहानी के नायक सेठ की आयु पचास के कुछ कम होने का संकेत है। यदि लेखक पूरी सजा काट कर जेल से रिहा होता और मुक्त हो जाने पर कुछ समय जीविका द्वारा पाँव जमा सकने का यत्न करके ही हिमाचल की सैर की इच्छा करता तो उस समय लेखक की आयु लगभग उतनी ही होती जितनी कहानी के पात्र की है। लेखक की जेल से रिहाई यदि पूरी चौदह वर्ष की सजा काटने के बाद होती तो वह रिहाई के समय कहानी के पात्र के समान ही वयः प्राप्त होने पर भी परिवारहीन और अकेला होता। कहानी के पात्र की कल्पना एक सम्पन्न व्यक्ति के रूप में करना लेखक की सम्पन्नता का सुख कल्पना द्वारा पाने की इच्छा या आत्मरति कही जा सकती है और कहानी के कथ्य को घटना रूप में उपस्थित करने के लिये भी उसकी आवश्यकता थी।

कहानी के नायक का व्यवहार अपने सन्तोष, सुख के लिये एक सौन्दर्य के प्रति आकर्षण का है। सबसे सुन्दर और काम्य वही वस्तु जान पड़ती है, जिसका अभाव जीवन में खल रहा हो। जेल में उदर-पूर्ति की समस्या परेशान नहीं करती। सबसे बड़ा अभाव होता है नारी की संगति का। कहानी का नायक भी अपने जीवन में एक ही अभाव अनुभव करता है—अपनी कल्पना के अनुरूप सुन्दर, स्वस्थ और सुसंस्कृत युवती का। नायक के परिवारहित अथवा अविवाहित रहने का कारण जो भी हो, अपनी आयु से प्रभावित मानसिक स्थिति में नारी सौन्दर्य की उसकी कल्पना यौवन की ड्योढ़ी लांघती चंचला कुमारी की नहीं, नदी में गम्भीर गति से चलती भरी-पूरी नावकी भांति पूर्ण युवतीकी की है जिसके अनुषंग के रूप में सुन्दर-प्यारा बालक भी साथ है। कहानी के शेष प्रसंगों में भी नायक परिवारहीन या अविवाहित वय प्राप्त व्यक्ति की भांति—जिसे औचित्य और नैतिकता का भी खयाल है—कमनीय युवती की सीमित संगति से सन्तोष पाने का यत्न करता दीखता है। इन परिस्थितियों की गवाही में कहानी की स्फूर्ति लेखक का आत्मतोष या स्वान्तः सुखाय माना जा सकता है। कहानी के प्रेरणा का यह स्वान्तःसुखाय उद्देश्य एक तरह अक्षरक्षः सत्य भी कहा जा सकता है। क्योंकि अंग्रेजी शासन के समय बी क्लास के हम राजनैतिक कैदियों का समययापन के लिये पढ़ते-लिखने की सुविधा तो दे दी गयी थी परन्तु हमारी लिखी चीजों के प्रकाशनार्थ जेलसे बाहर भेजे जाने की अनुमति कोई सम्भावना नहीं थी। अर्थात् कहानी लिखते समय इसके प्रकाशन की कोई संगत आशा नहीं की जा सकती थी।

आत्मतोष के लिये या स्वान्तः सुखाय रचना करते समय भी लेखन के विचार और मान्यताएँ उसकी रचना अथवा अभिव्यक्ति में से झांके बिना नहीं रह सकते। इस कहानी के काल्पनिक ताने-बाने में भी लेखक की बात स्पष्ट झलक रही है। वह है उसकी धारणा कि मनुष्यों के आचरण और व्यवहार, उनके औचित्यानुचित सम्बन्धी संस्कारों के बावजूद, साधारणतः उनकी साधन सम्बन्धी परिस्थितियों से प्रभावित हुए बिना नहीं रह सकते। इस कहानी में प्रसंग है एक सजग, भली बनी रहना चाहने वाली नारी का। नारी यदि वांछित जीवन के निर्वाह साधनों के लिये आत्मनिर्भर नहीं तो उसका कोई सुख उसका अपना नहीं। ऐसी नारी आश्रय या साधन मुहय्या करने वाले पुरुष के सुख का साधन, एक पदार्थ मात्र है। वह सुख भोग नहीं पायेगी, भोग्या बनी रहने के लिए मजबूर रहेगी। नर हो या नारी, वास्तविक सन्तोष तो अपनी इच्छा और आत्मनिर्णय से ही है। ऐसे अवसर और अधिकार का आधार निर्वाह और आवश्यकता के लिये साधनों की आत्मनिर्भरता है। आत्मनिर्भरता ही नैतिक रह सकने की आधारशिला है।

●

उर्दू विरोधी जिहाद

उत्तर प्रदेश कम्युनिस्ट पार्टी के मुखपत्र 'जनयुग' के ८ जून के अंक में सम्पादक ने 'उर्दू विरोधी जिहाद' छेड़ दिये जाने के लिए खेद प्रकट किया है। सम्पादक का कहना है कि 'प्रतिक्रियावादी कांग्रेसी सरकार तथा सम्प्रदायवादियों के इस जनवाद विरोधी जिहाद में दुर्भाग्य से हिन्दी के कुछ सम्माननीय लेखक भी शामिल हो गये हैं जिससे समस्या और उलझ गयी है। इसलिए ज़रूरी हो गया है कि इस प्रश्न की तह में जो बुनियादी समस्या है उस पर थोड़ा विचार किया जाय।'

निश्चय ही यह दुर्भाग्य समझा जायेगा कि जिम्मेदार समझे जानेवाले लेखक किसी समस्या पर साम्प्रदायिक अथवा प्रतिक्रियावादी दृष्टिकोण की लपेट में आ जायँ। परन्तु वह सबसे बड़ा दुर्भाग्य होगा कि प्रगतिवादी, असाम्प्रदायिक और मानवता के दृष्टिकोण का दावा करनेवाला राजनीतिक दल अनजाने में साम्प्रदायिकता से राष्ट्रीय फूट की नीति को अल्पसंख्यकों का आत्मनिर्णय का अधिकार मान ले अथवा कुछ क्षणिक राजनीतिक दाँवपेंचों के लिए साम्प्रदायिक अलगाव और राष्ट्रीय फूट की माँगों के समर्थन को दूरंदेशी समझ बैठे और देश की राष्ट्रीय एकता के विकास के मार्ग में काँटे बोने लगे।

'उर्दू विरोधी जिहाद' से अभिप्राय प्रदेश में उर्दू को क्षेत्रीय भाषा स्वीकार किये जाने की माँग का विरोध है। इस प्रश्न में बुनियादी समस्या या प्रश्न की पृष्ठभूमि है कि उत्तर प्रदेश में हिन्दी भाषा और हिन्दी लिपि को राजभाषा स्वीकार किया जा चुका है। माँग है कि उर्दू को भी उत्तर प्रदेश में शासन तथा शिक्षा के लिए हिन्दी के समान उपयोग में लाये जा सकने की स्वीकृति दी जाय और उसकी शिक्षा के लिए भी हिन्दी के समान ही प्रबन्ध करके सुविधाएँ दी जायें। प्रदेश में जनता अपनी रुचि से दोनों में से जिस भाषा का चाहे प्रयोग कर सके। इस माँग का आधार यह है कि भारत के विधान में भारतीय भाषाओं में उर्दू को भी एक भाषा गिना गया है।

'जनयुग' सम्पादक ने उर्दू को उत्तर प्रदेश में क्षेत्रीय भाषा बनाये जाने की माँग पर या इस माँग के विरोध की बुनियादी समस्या पर विचार करने का सुझाव दिया है। इस सुझाव के अनुसार पहला प्रश्न यही होगा कि उर्दू को क्षेत्रीय भाषा स्वीकार करने के सुझाव का अभिप्राय क्या है? क्या उर्दू हिन्दी से भिन्न कोई स्वतन्त्र भाषा है? इस विषय में १९५२ में, जब अंजुमने-तरक्की-ए-उर्दू-ए-हिन्द ने उर्दू को क्षेत्रीय भाषा स्वीकार करने की माँग उठायी थी, बहुत कुछ कहा-सुना जा चुका है। भाषा शास्त्र की दृष्टि से भी इस प्रश्न पर

विचार किया जा चुका है। उर्दू-हिन्दी के व्याकरण, उनके इतिहास को दृष्टि में रखकर उन्हें दो भाषाएँ स्वीकार नहीं किया जा सकता। सम्भव है कुछ लोग कहें भाषाशास्त्र के नियमों को जनसाधारण नहीं समझता, व्यवहार में तो हिन्दी-उर्दू दो भिन्न-भिन्न भाषाएँ हैं। यदि हिन्दी और उर्दू दो भाषाएं न होतीं तो हिन्दी के उत्तर प्रदेश की राजभाषा स्वीकार कर लिये जाने पर उर्दू के क्षेत्रीय भाषा के रूप में स्वीकार किये जाने की माँग ही क्यों उठती? जो लोग उर्दू को अपनी मातृभाषा मानते हैं वे उर्दू की अवहेलना से असन्तुष्ट क्यों रहते? प्रश्न को शास्त्र की दृष्टि से नहीं, व्यवहार की दृष्टि से देखना उचित है।

इस सबल व्यावहारिक युक्ति के उत्तर में हम एक चुनौती देना चाहते हैं—यदि हिन्दी और उर्दू एक दूसरे से पृथक्, भिन्न-भिन्न भाषाएँ हैं तो आप हिन्दी का कोई ऐसा एक वाक्य बोलिये जिसमें संस्कृत के शब्दों का बाहुल्य न हो और उसे उर्दू का जुमला न कहा जा सके। या आप उर्दू का कोई ऐसा जुमला कहिये जिसमें फ़ारसी शब्दों का बाहुल्य न हो और उसे हिन्दी न कहा जा सके। संस्कृत और फ़ारसी दो भाषाएँ हैं। इन भाषाओं के शब्दों का प्रयोग किसी भाषा में किये जाने पर वह भाषा ही बदल जायेगी, यह नहीं मान लिया जा सकता। भाषा शब्दों से नहीं क्रिया शब्दों, सर्वनामों और कारकों से पहचानी जाती है। 'ए राजा वेण्ट टू जंगल फार शिकार' इसे कोई भी हिन्दी-प्रेमी या हिन्दी-विरोधी हिन्दी नहीं कह सकता हालाँकि इसमें अंग्रेज़ी के तीन शब्दों के साथ हिन्दी के भी तीन शब्द हैं। सम्भव है कि, इंग्लैण्ड के गाँव का कोई किसान इस शब्द को न समझे परन्तु वह यह नहीं कहेगा कि यह अंग्रेज़ी नहीं है, यही कहेगा कि यह अंग्रेज़ी विदेशी शब्दों के कारण उसके लिए दुर्बोध है। इसी प्रकार उत्तर प्रदेश की परम्परागत भाषा में अरबी, फ़ारसी, तुर्की और अंग्रेज़ी के शब्दों के समा जाने पर या वाक्यविन्यास का ढंग बदल देने से यह कोई अन्य भाषा नहीं बन जाती। अलबत्ता इस भाषा में कुछ भिन्न शैलियाँ बन गयी हैं। इस प्रकार हिन्दी और उर्दू दो भिन्न भाषाएँ न होकर उन्हें दो भिन्न शैलियाँ ही माना जायेगा। उदाहरण के लिए 'मेरे मौला मदीना बुला ले मुझे' इस वाक्य को आप हिन्दी से भिन्न भाषा कह सकते हैं? यदि आप इसे हिन्दी कहेंगे तो इक़बाल उर्दू का नहीं हिन्दी का कवि माना जायेगा।

कुछ ऐसे भी ज्ञानी हैं जो भाषाशास्त्र के नियमों के अनुसार हिन्दी-उर्दू को दो भाषाएँ न मान सकने पर भी यह तर्क देते हैं कि हिन्दी-उर्दू दोनों एक ही ज़बान होकर, क्रमशः विकास में अपनी-अपनी संस्कृतियों, सम्प्रदायों अरबी-फ़ारसी के प्रभाव से अलग-अलग ज़बानें बन गयी हैं। वे दोनों अलग-अलग संस्कृतियो और सम्प्रदायों की प्रतीक हैं। मूल में एक और आगे बढ़कर दो ज़बानें बन जाने की प्रवृत्ति से हमें डर लगता है क्योंकि मूल में एक और आगे बढ़कर दो ज़बानें साँप की होती हैं। साँप की प्रवृत्ति अच्छी नहीं होती।

ऐतिहासिक प्रमाणों के आधार पर सम्पूर्ण उत्तर भारत में भी कभी दो भाषाएँ नहीं रहीं। १९४६ में जब कांस्टीट्यूएण्ट असेम्बली के सामने राष्ट्रीय भाषा की समस्या का प्रश्न था, भारतीय कम्युनिस्ट पार्टी ने अपनी एक कमेटी द्वारा इस विषय में खोज करके एक मसविदा कांस्टीट्यूएण्ट असेम्बली के सामने पेश करने के लिए तैयार करवाया था। इस मसविदे में भाषा के प्रश्न पर इस देश की परम्परा और ऐतिहासिक दृष्टि से ध्यान दिलाने के लिए सत्रहवीं सदी में भारत में आये विदेशी यात्रियों एडवर्ड पेरी, पियेत्रो, देल्ला वाले, कासिनो, वेलीगासो आदि के उदाहरण देकर बताया गया था कि उस समय भी इस देश की

भाषा में अरबी-फ़ारसी के पर्याप्त शब्द आ जाने पर भी इस देश की भाषा एक ही थी और वह बायीं ओर से नागरी लिपि में लिखी जाती थी।

इस देश की भाषा हिन्दी पर अरबी-फ़ारसी का प्रभाव बहुत पड़ा है, यह हम स्वीकार करते हैं। 'हिन्द' शब्द स्वयं ही फ़ारसी के प्रभाव का प्रमाण माना जा सकता है। परन्तु उस प्रभाव से यहाँ किसी अन्य भाषा का जन्म हो गया है, यह बात न तो भाषाशास्त्र की दृष्टि से मानी जा सकती है और न व्यावहारिक अनुभव की दृष्टि से ही। यदि हिन्दी पर अरबी के प्रभाव को ही उर्दू कहा जाय तो वह हिन्दी में समाहित हो चुका है। इस प्रभाव से पृथक् कोई भाषा नहीं बन गयी है जैसा कि ऊपर दिये कुछ वाक्यों से स्पष्ट है और राज्य की जनता की रोज़मर्रा की भाषा इसका प्रमाण है। इस लेख या वक्तव्य की भाषा से भी स्पष्ट है। हिन्दी और उर्दू दो भाषाएँ हैं या एक, इस प्रश्न पर कम्युनिस्टों के लिए का. स्तालिन के विचार सहायक हो सकते हैं। स्तालिन का कहना है कि दो भाषाओं का सम्पर्क होने पर स्थानीय भाषा या एक भाषा दूसरी भाषा के शब्दों को हजम कर लेती है। परन्तु दो भाषाओं के सम्पर्क से किसी तीसरी भाषा का जन्म नहीं हो सकता। स्पष्ट है, इस देश की भाषा हिन्दी का सम्पर्क देश की अन्य भाषाओं और अरबी-फ़ारसी से होने पर हिन्दी में उन भाषाओं के शब्दों के सम्मिलित होने की जो प्रक्रिया हुई, उसे उर्दू या खड़ी बोली भी कहा गया, परन्तु उर्दू नाम की कोई नयी भाषा नहीं बन पायी। हमें विश्वास है, 'जनयुग' सम्पादक का. स्तालिन पर भी उर्दू-विरोधी जिहाद में सम्मिलित हो जाने का आरोप नहीं लगा देंगे! यदि हम इस लेख की भाषा और शैली की तुलना तुलसी, सूर, बिहारी की भाषा से करें या ईस्ट इण्डिया कम्पनी के समय फ़ोर्ट विलियम में लल्लूलाल जी द्वारा लिखाये गये हिन्दी ग्रन्थों से करें तो इसे हिन्दी न कहकर खड़ीबोली या उर्दू ही कहना होगा। आज हिन्दी में प्रकाशित होनेवाले सभी समाचार-पत्र और साहित्य उस हिन्दी की तुलना में अरबी-फ़ारसी के प्रभाव से युक्त हिन्दी की शैली उर्दू ही है। आधुनिक हिन्दी के प्रयोग करनेवाले लेखक हिन्दी की उर्दू शैली का विरोध कर ही नहीं सकते, हाँ वे अपनी भाषा को सर्वसाधारण के लिए दुर्बोध बना देने के लिए उसमें अरबी-फ़ारसी शब्दों की अधिकता पसन्द नहीं करते। उदाहरणतः जब इक़बाल कहता है—'इक़बाल बड़ा उपदेशक है मन बातों से मोह लेता है, गुफ़्तार का गाजी यह तो बना किरदार का गाजी बन न सका।' तो इसे हम हिन्दी भी कहेंगे और हिन्दी की उर्दू शैली भी कहेंगे जिसमें दो ऐसे शब्द हैं जो सर्वसाधारण के लिए कठिन हैं परन्तु उनके प्रयोग के विरुद्ध जिहाद नहीं बोलेंगे। यह ज़रूर चाहेंगे कि शब्द सुबोध होते तो अच्छा था।

बुनियादी प्रश्न यह है कि उर्दू के हिन्दी के अन्तर्गत शैली होते हुए हिन्दी को इस राज्य की राजभाषा स्वीकार कर लिये जाने पर आप उर्दू को किस भाषा के रूप में क्षेत्रीय भाषा स्वीकार करने की माँग क्यों उठाते हैं? उर्दू को भी क्षेत्रीय भाषा मान लिये जाने पर यदि प्रयोजन अरबी फ़ारसी के शब्दों के प्रयोग को प्रोत्साहित करना है तो आज भी उसके विरुद्ध कोई क़ानूनी प्रतिबन्ध नहीं है। आप यह भ्रम फैलाकर कि उर्दू इस राज्य में उपेक्षित है या बहिष्कृत है, प्रजा के एक भाग को उत्तेजित क्यों करना चाहते हैं? आप एक भाषा को दो भाषाएँ क्यों स्वीकार कर देना चाहते हैं? उन्हें क्यों बाँट देना चाहते हैं।

इस देश की परम्परा से एक चली आयी भाषा को, जो ऐतिहासिक प्रतिक्रिया में परिवर्तनों और विकास आत्मसात करती है और जिस ने अरबी और फ़ारसी के प्रभावों को

भी आत्मसात किया है, दो भाषाएँ बना देने के प्रयत्न का इतिहास क्या है? इस विषय में भी कम्युनिस्ट पार्टी के कल्चरल कमीशन की रिपोर्ट का ही प्रमाण अधिक उपयुक्त होगा। इस रिपोर्ट का कहना है कि उन्नीसवीं सदी के आरम्भ तक भी इस देश या राज्य में कभी हिन्दी और कभी फ़ारसी दोनों लिपियों का प्रयोग होने पर कविता और साहित्य की भाषा एक ही थी। गिलक्राइस्ट, रिजले और ग्रियर्सन आदि अंग्रेज़ भाषा शास्त्रज्ञ अपनी घृणित शासन-व्यवस्था के प्रति हिन्दुओं और मुसलमानों के संयुक्त मोर्चे से भयभीत थे। उन्होंने उत्तर प्रदेश की जनता के इतिहास में भ्रमपूर्ण धारणाएँ उत्पन्न कीं और उनकी भाषा के विकास के सम्बन्ध में नये-नये सिद्धान्त गढ़ डाले! उन्होंने पुलिस में मुसलमानों को खास तौर पर भर्ती करना शुरू किया और अपनी नौकरशाही का काम चलाने के लिए एक जटिल भाषा गढ़ डाली और उसके लिए फ़ारसी लिपि नियत कर उसका नाम उर्दू रख दिया। अंग्रेज़ी राज्य में चलनेवाली इस उर्दू का सौदा, मीर, नज़ीर और इंशा की भाषा से कोई सम्बन्ध नहीं जैसे कि साधारण हिन्दी से डाक्टर रघुवीर के बनाये पारिभाषिक शब्दों का कोई सम्बन्ध नहीं। इस जटिल भाषा द्वारा अंग्रेज़ी राज की पुलिस और नौकरशाही सर्वसाधारण का दमन करते रहे। और आज फ़ारसी लिपि में जटिल शब्दों को एक पृथक् भाषा उर्दू को क्षेत्रीय भाषा स्वीकार करवाकर क्या करना चाहते हैं?

उत्तर प्रदेश में दो भाषाओं को मान्यता देने या हिन्दी और उर्दू को पृथक्-पृथक् भाषाएँ बना देने के प्रयत्न के विषय में कम्युनिस्ट पार्टी की कल्चरल कमीशन की रिपोर्ट में लिखा है कि अंग्रेज़ नौकरशाही ने हिन्दी की उर्दू शैली को फ़ारसी लिपि देकर और अरबी-फ़ारसी शब्दों से भरकर एक पृथक् भाषा का रूप देने का यत्न इसलिए किया कि अंग्रेज़ नौकरशाही हिन्दू-मुसलमानों की एकता और संयुक्त राष्ट्रीयता से भयभीत थी, वह उन्हें दो राष्ट्रीयताओं के भेद और फूट की नीति से निर्बल बना देना चाहती थी। इसी प्रयोजन से अंग्रेज नौकरशाही के परम सहायक सैय्यद अहमद ने हिन्दी और फ़ारसी के संयोग से एक नयी भाषा उर्दू को पैमाइश की और भारत में इस्लाम को स्वीकार कर लेनेवाली जनता की नयी राष्ट्रीयता का सिद्धान्त बनाकर 'सर' का खिताब पाया। इतिहास का यह विवेचन ठीक है। यह भी हमें मानना पड़ेगा कि पृथक् भाषा और पृथक् राष्ट्रीयता के सिद्धान्त से ही पृथक् निर्वाचन क्षेत्रों और दो पृथक् राष्ट्रों हिन्दुस्तान और पाकिस्तान की नींव पड़ गयी थी।

'इण्डियन लिट्रेचर' के अंक २ में कम्युनिस्ट पार्टी के कल्चरल कमीशन की रिपोर्ट के पृष्ठ २२ पैरा ५ में स्पष्ट शब्दों में इस बात का निराकरण किया गया है कि हिन्दी और मुस्लिम संस्कृतियों के मेल से उर्दू भाषा का जन्म हुआ और यह भाषा हिन्दी-मुस्लिम एकता की प्रतीक है। इस प्रसंग में स्पष्ट किया गया है कि तुर्कों और मुगलों के सम्पर्क से उत्तर प्रदेश में किसी नयी संस्कृति और भाषा का जन्म नहीं हुआ बल्कि उत्तर प्रदेश की परम्परागत संस्कृति और भाषा ने नये प्रभावों को आत्मसात् करके अपने आधुनिक रूप का विकास किया है। नयी भाषा पैदा हो जाने की बात अवैज्ञानिक है और ऐसा करना भाषा और संस्कृति को सम्प्रदाय के साथ मिला देना है। इस सिद्धान्त के आविष्कार का प्रयोजन भाषा और संस्कृति के क्षेत्र में साम्राज्यवादी षड्यन्त्र के लिए गुंजाइश पैदा करना है। इस दृष्टि से आज एक पृथक् भाषा का कृत्रिम प्रश्न खड़ा करना क्या कहा जायेगा?

यदि हम उत्तर प्रदेश की राष्ट्रीयता, भाषा और संस्कृति की परम्परा को एक मानते आये हैं तो इस प्रसंग में कामरेड स्तालिन की राय को निर्णायक माना जा सकता है।

स्तालिन ने अपनी पुस्तक 'मार्क्सवाद और राष्ट्रीयता' में स्पष्ट लिखा है—'प्रत्येक राष्ट्र में एक साक्षी भाषा होती है। यह आवश्यक नहीं कि राष्ट्रीयता का भेद होने पर भाषा भी बदल जाय। यह सम्भव है कि दो या अनेक राष्ट्रीयताओं की एक ही भाषा हो जैसे अमेरिका, ब्रिटेन की भाषा एक है, जर्मनी और आस्ट्रिया की भाषा एक है परन्तु एक राष्ट्रीयता में अनेक भाषाएँ नहीं हो सकतीं।' हमें विश्वास है कि स्तालिन की मृत्यु के बाद उनके सभी विचारों को ग़लत नहीं मान लिया जायेगा।

भिन्न भाषा और भिन्न संस्कृति के सिद्धान्त जैसे पहले साम्पद्रायिकता के आधार पर फूट के साधन बने थे वैसे ही आज भी बन रहे हैं। यह ठीक है कि अंजुमने-तरक्क़िए-उर्दू-ए-हिन्द मंच से' उर्दू को इलाक़ाई ज़बान बनाने के लिए कहा जाता है कि उर्दू मुसलमानों की मज़हबी ज़बान नहीं है परन्तु मुस्लिम मुहल्लों और देहात में उर्दू को इलाक़ाई ज़बान बनाने की माँग पर दस्तख़त करने का आन्दोलन चलाया जाता है तो यही समझाया जाता है कि उर्दू मुसलमानों को क़ौमी ज़बान है। उर्दू को हिन्दी से पृथक् भाषा बनाने के साथ-साथ मुसलमानों को एक पृथक् क़ौम भी बना दी जाती है। यह भाषा के प्रश्न पर साम्प्रदायिक माध्यम से राष्ट्रीयता में फूट डालना नहीं तो क्या है?

सम्भव है कि कम्युनिस्ट सोच कहे कि कुछ कठमुल्लाओं के ऐसे मूर्खतापूर्ण प्रचार के कारण एक उचित माँग की अवहेलना नहीं की जा सकती और न उसका विरोध किया जाना चाहिए। परन्तु हम विश्वस्त सूत्रों से जानते हैं कि १९५२ में जब उर्दू को क्षेत्रीय भाषा बनाये जाने के लिए अंजुमने-तरक्क़िए-उर्दू-ए-हिन्द के आवेदन-पत्र पर हस्ताक्षर कराये जा रहे थे तो उत्तर प्रदेश के अनेक जाने-माने कम्युनिस्ट नेताओं ने इस आन्दोलन में न केवल सरगर्मी से भाग लिया था बल्कि उर्दू को क्षेत्रीय भाषा स्वीकार करवाना कम्युनिस्ट पार्टी का कर्त्तव्य बताकर कम्युनिस्ट कार्यकर्त्ताओं को इस आवेदन-पत्र पर हस्ताक्षर करवाने के लिए मज़बूर किया था। ऐसे भी बहुत से कम्युनिस्ट थे जो नित्य के अनुभव से हिन्दी और उर्दू को दो पृथक् 'मातृभाषाएँ' नहीं मान सकते थे और भाषाओं में कृत्रिम भेद पैदा करना राष्ट्रीय फूट का सूत्र समझते थे। ऐसे कार्यकर्त्ताओं धमकाकर चुप करा दिया गया था कि यह प्रश्न केवल भाषा या मातृभाषा का नहीं बल्कि प्रश्न अल्पसंख्यक मुस्लिम ज़नता के अधिकारों और भाषा का है।

इसका केवल एक ही अर्थ हो सकता था कि अल्पसंख्यक मुसलमानों को यह अधिकार है कि ये अपनी भाषा बहुसंख्यकों से पृथक् समझें। इस सच्चाई को भी नहीं भुला देना चाहिए कि देश के बहुसंख्यक तो निरक्षर हैं। उनका सम्प्रदाय चाहे जो हो वे सब स्थानीय भाषाएं बोलते हैं। कहना यह चाहिए कि जो मुसलमान हैं उनकी मातृभाषा उर्दू है। जो लोग ऐसा करते हैं वे कम्युनिस्ट कम कम्युनलिस्ट ज्यादा हैं या राष्ट्रवादी कम्युनिस्टों की खाल में छिपे हुए साम्प्रदायिक कम्युनलिस्ट हैं।

इस द्वन्द्वात्मक भौतिकवाद के तर्कसंगत मार्ग पर चलने का दावा करनेवाले कम्युनिस्ट भाइयों को यह याद दिला देना चाहते हैं कि सिद्धान्तों का प्रयोग और प्रभाव परिस्थितियों के अनुसार होता है। अल्पसंख्यकों के अधिकार और आत्म-निर्णय का अधिकार शब्द बहुत अच्छे हैं परन्तु सुन्दर कटार को पेट में नहीं भोंक लिया जाना चाहिए। आप दूसरों की भूलों से नहीं तो अपनी ही भूलों से सीखिये। १९४५ में आपने जातियों के आत्म-निर्णय के सिद्धान्त पर पाकिस्तान की माँग का समर्थन किया था परन्तु जब पाकिस्तान की माँग ने देश

के भौगोलिक बँटवारे का रूप लेना आरम्भ किया तो आपके हाथ-पाँव फूलने लगे और आपने दो जातियों के सिद्धान्त विरोध आरम्भ किया परन्तु तब बात आपके हाथ से निकल चुकी थी। क्या आप फिर उत्तर प्रदेश की एक राष्ट्रीयता में भी अल्पसंख्यकों की पृथक् राष्ट्रीयता के बीज बोना चाहते हैं?

उत्तर प्रदेश में एक राष्ट्रीयता, एक संस्कृति और एक ही भाषा हिन्दी, जिसमें उर्दू सम्मिलित है, होते हुए भी उर्दू को क्षेत्रीय भाषा की मान्यता देने का आन्दोलन किस आधार पर खड़ा हो गया है? हिन्दी उर्दू एक ही भाषा है परन्तु शैली ने फ़ारसी लिपि को विशेषकर अपना लिया है और उर्दू को क्षेत्रीय भाषा की माँग का अर्थ विशेषकर फ़ारसी लिपि को क्षेत्रीय मान्यता देने का है।

जो लोग उर्दू को अलग भाषा या ज़बान मानने का आग्रह करके उसे क्षेत्रीय मान्यता देने की माँग करते हैं उनका तर्क यह है कि उर्दू का विकास इसी देश या राज्य में हुआ है, वह इस समाज और पृथ्वी की उपज है। उर्दू शैली के सम्बन्ध में यह तर्क हमें मान्य है परन्तु क्या फ़ारसी लिपि के लिए भी यह दावा किया जा सकता है कि वह इस देश के समाज और भूमि की उपज है? इस प्रसंग में एक वक्तव्य देते समय मैंने कहा था कि 'फ़ारसी लिपि का इस देश की भूमि और समाज से यही सम्बन्ध है और... इस देश में इस लिपि का प्रयोग इस देश पर आक्रमण करनेवालों की सुविधा के लिए आरम्भ हुआ था।'

'जनयुग' के सम्पादक को मेरे इस कथन में व्यंग्य मात्र दिखायी दिया है। उनका कहना है कि ऐसा वक्तव्य अथवा विचार इतिहास की गहरी समझदारी नहीं प्रकट करता। यदि 'जनयुग' सम्पादक मेरे कथन में इतिहास की समझदारी नहीं पाते तो वही बता दें तथ्य क्या है? उनका कहना है गत पाँच-छह हज़ार वर्षों में आर्यों समेत जाने कितनी जातियाँ आयीं और यहां मिलजुल कर एक हो गयीं। क्या जो कुछ भी बाहर से आया है उन सबको ढूँढ़-ढूँढ़कर बाहर निकाल देने का आन्दोलन आरम्भ होगा?

'जनयुग' सम्पादक जानते हैं कि इस राज्य की राष्ट्रीय एकता, एक संस्कृति और एक भाषा में विश्वास करनेवाले लोग जो कुछ इस समाज की संस्कृति में समाहित होकर इस संस्कृति और भाषा का हो गया है उसे ढूँढ़कर बाहर निकाल देने के पक्ष में नहीं हैं। हम हिन्दी भाषा को सत्रहवीं-अठारहवीं सदी के रूप में नहीं ले जाना चाहते, न अरबी-फ़ारसी या अन्य भाषाओं के जो शब्द हमारी भाषा में जम और सध गये हैं उन्हें ही निकालने के पक्ष में हैं। जो भी साहित्य इस भाषा की जिस किसी शैली में बना है उस सबको हम अपनी राष्ट्रीय निधि मानते हैं परन्तु क्या फ़ारसी लिपि भी हमारी भाषा या संस्कृति के साथ समाहित हो गयी है? कोई भी संस्कृति अन्य संस्कृतियों के सम्पर्क में आने पर उन तत्त्वों को ग्रहण कर लेती है जो उपयोगिता की दृष्टि से उस संस्कृति के विकास के लिए सहायक होते हैं। परन्तु जो तत्त्व परम्परागत राष्ट्रीय संस्कृति के स्वभाव के अनुकूल नहीं होते अथवा उपयोगी नहीं होते उन्हें स्वीकार नहीं करती। इन फ़ारसी लिपि को इस राज्य में क्षेत्रीय भाषा की मान्यता देने की माँग करनेवालों से पूछना चाहेंगे कि इस कसौटी पर फ़ारसी लिपि के विषय में क्या तथ्य और क्या अनुभव है? फ़ारसी लिपि न केवल इस देश की भाषा और संस्कृति के साथ एक नहीं हो पायी बल्कि इस लिपि की उपस्थिति ने एक के स्थान पर दो भाषाओं का भ्रम उत्पन्न किया। आज भी जब यह प्रश्न उपस्थित होता है तो कहा जाता है सवाल दो ज़बानों का नहीं, दो रस्मुलख़त का ही है।

मुग़ल काल में शासकों की सुविधा के लिए इस लिपि का प्रयोग और फिर ब्रिटिश काल में लगभग सौ वर्ष तक लिपि को इस राज्य की जनता पर लादे रखा गया। इतने लम्बे सम्पर्क के बद भी यह लिपि इस राज्य की जनता के मन में कितना घर कर पायी है? आज उसके उपयोग के लिए आप फिर राजशक्ति की दुहाई देना आवश्यक समझ रहे हैं।

हम मानते हैं कि राज्य में कुछ लोग लगभग दो-ढाई प्रतिशत फ़ारसी लिपि का उपयोग जारी रखना चाहते हैं। ऐसे भी लोग हैं जो इस लिपि से अपना साम्प्रदायिक अनुराग समझते हैं। जो लोग अपने अभ्यास या सन्तोष के कारण इस लिपि का प्रयोग करना चाहते हैं उन पर कोई प्रतिबन्ध अब भी नहीं है। यदि ऐसा कोई प्रतिबन्ध लगाया गया होता तो हम नागरिक स्वतन्त्रता के अधिकार के नाते उस प्रतिबन्ध का विरोध करते परन्तु उत्तर प्रदेश में फ़ारसी लिपि के क्षेत्रीय भाषा के रूप में सरकारी मान्यता देने की माँग के कई ऐसे अनुसांगिक परिणाम होंगे जिनकी ओर सम्भवतः सांस्कृतिक स्वतन्त्रता और विकास के नाम पर इस माँग का समर्थन करनेवालों का ध्यान शायद अभी नहीं गया।

उत्तर प्रदेश में दो लिपियों को मान्यता देने के प्रश्न पर विचार करते समय राज्य के ८.१० प्रतिशत साक्षर लोगों ओर ही क्यों ध्यान दिया जाये? जब तक राज्य की एक लिपि है निरक्षरों को साक्षर बनाने का माध्यम वही लिपि होगी परन्तु राज्य में दो लिपियों को क़ानूनी मान्यता दे दी जाने के बाद क़ादिर और केदार से यह पूछना आवश्यक हो जायेगा कि वह किस लिपि में साक्षर होना चाहता है अथवा अपनी सन्तान को किस लिपि में साक्षर बनाना चाहता है? ऐसा प्रश्न करने से पूर्व इस धारणा को स्वीकार कर लेना होगा कि लोगों की लिपि उनकी राष्ट्रीयता के आधार पर नहीं उनके सम्प्रदायों के आधार पर है। दोनों सम्प्रदायों का एक दूसरे से सरोकार नहीं क्योंकि साक्षरता तो मनुष्यों में सम्पर्क का माध्यम ही है। हम पूछना चाहते हैं इससे गहरी साम्प्रदायिकता और क्या होगी? क्या यह सम्प्रदायों के आधार पर जातियाँ बनाने का प्रयत्न न होगा? क्या वह राष्ट्रीय फूट की ब्रिटिश कूटनीति और सर सैय्यद अहमद की दो जातियों की नीति का अनुसरण करना नहीं होगा? और दो लिपियों में साक्षरता की नीति का परिणाम यह होगा कि एक लिपि में साक्षर बने लोग दूसरी लिपि में साक्षर बने लोगों के लिए निरक्षर होंगे और यह सीमाएँ साम्प्रदायिक होंगी। दो लिपियों को क्षेत्रीय मान्यता देने के समर्थक क्या यह बताने की कृपा करेंगे कि प्रतिक्रियावाद और साम्प्रदायिकता की लपेट में आने का इससे भिन्न और क्या परिणाम होगा?

'जनयुग' सम्पादक और फ़ारसी लिपि के लिए क्षेत्रीय मान्यता की माँग करनेवाले लोग इस माँग के समर्थन के लिए जनवाद की दुहाई देते हैं। यह देखना आवश्यक है कि फ़ारसी लिपि को क्षेत्रीय मान्यता देने से व्यवहार में कैसे जनवादी परिणाम निकलेंगे? आठ प्रतिशत लोगों के सन्तोष के लिए फ़ारसी लिपि को क्षेत्रीय मान्यता देने की माँग का प्रयोजन यह बताया जाता है कि इस लिपि का व्यवहार भी शिक्षण और शासन के कार्यों में समान रूप से हो सके। इस माँग की स्वीकृति का परिणाम यह होगा कि इस ९२ प्रतिशत जनता पर मज़बूरी हो जाय कि यदि वे जीविका के लिए शासन कार्य में नौकरी करना चाहते हैं तो वे फ़ारसी लिपि का भी अध्ययन करें। जनवाद क्या है? आठ प्रतिशत का राज्य की लिपि और भाषा से असन्तुष्ट रहकर अपने आग्रह से ९२ प्रतिशत पर एक मज़बूरी लाद देना जनवाद है? आठ प्रतिशत का ९२ प्रतिशत की भावना और निर्णय को स्वीकार कर लेना जनवाद की माँग नहीं है?

कुछ लोगों का सुझाव है कि उत्तर प्रदेश में फ़ारसी लिपि को क्षेत्रीय मान्यता देने का यह अर्थ नहीं कि राज्य की भाषा हिन्दी अनिवार्य न हो। हिन्दी की शिक्षा तो अनिवार्य ही होगी, फ़ारसी लिपि सीखने और उसके प्रयोग का अवसर मात्र दिया जायेगा। फ़ारसी लिपि सीखने पर आज कौन क़ानूनी प्रतिबन्ध है? और यदि फ़ारसी लिपि सीखना चाहनेवालों के लिए भी अनिवार्य है तो सरकारी दफ्तरों में फ़ारसी लिपि के भी प्रयोग की माँग का क्या अर्थ है? इसका अर्थ है कि एक समुदाय राज्य की लिपि का ज्ञान होते हुए भी अपनी एक विशेष लिपि का प्रयोग कर अपने अस्तित्व को पृथक् समझना चाहता है। आप राज्य की और इस देश की परम्परागत लिपि को अपना नहीं समझते। ऐसी अवस्था में फ़ारसी लिपि के लिए क़ानूनी क्षेत्रीय मान्यता प्राप्त हो जाने के पश्चात् और उस लिपि से सब आवश्यकताएँ पूरी हो सकने का अधिकार प्राप्त हो जाने के बाद वह समुदाय राज्य की लिपि से असहयोग और परहेज क्यों नहीं करेगा? हिन्दुस्तान में भाषा और लिपि के माध्यम से एक समुदाय विशेष की अपने पृथक् अस्तित्व की नींव डालने की माँग के परिणाम क्या हुए हैं, यह हमारे सामने है। उत्तर प्रदेश में भी उसी इतिहास को दोहराने का परिणाम क्या होगा, क्या यह समझ सकना कम्युनिस्टों के लिए कठिन है? आज पृथक् क्षेत्रीय भाषा और लिपि की माँग कल मुख्तलिफ़ क़ौमियत या पृथक् राष्ट्रीयता के लिए वैध आन्दोलन की नींव क्यों नहीं होगी? भाषा शास्त्र की दृष्टि से हिन्दी उर्दू दो पृथक् भाषाएँ न होने पर भी उर्दू के क्षेत्रीय भाषा बना दिये जाने का आन्दोलन इस आधार पर वैध बताया जा रहा है कि कान्स्टिट्यूशन में भारत की चौदह भाषाओं में उर्दू का भी नाम आ गया है। यदि उर्दू को पृथक् भाषा के रूप में क्षेत्रीय मान्यता दे दी जाती है तो क्या कुछ जीवों का यह वैध अधिकार नहीं हो जायेगा कि वह अपने लिये वैधानिक रूप से पृथक् निर्वाचन क्षेत्र की माँग करें और उसके बाद पृथक् भूखण्ड की भी।

कुछ उदाराशय लोगों का सुझाव है कि उर्दू हिन्दी से पृथक् भाषा हो या न हो, यदि उर्दू शैली और फ़ारसी लिपि को क्षेत्रीय मान्यता देने से अल्पसंख्यकों का समाधान हो सकता है तो इस माँग को स्वीकार कर लेने की उदारता दिखायी जानी चाहिए। उदारता से व्यवहार करने के लिए यह भी समझ लेना आवश्यक है कि अल्पसंख्यकों को किस प्रकार के समाधान की आवश्यकता है? वे किस प्रकार की आशंकाओं से पीड़ित हैं? और सबसे बड़ी बात कि वे किस आधार या कसौटी पर अल्पसंख्यक हैं? हिन्दी उर्दू के प्रश्न पर अल्पसंख्यकों से अभिप्राय मुसलमानों से होता है। मुसलमान का अर्थ है इस्लाम को धर्म विश्वास या सम्प्रदाय के रूप में ग्रहण कर लेनेवाले लोग। मुसलमान समुदाय यदि अपने धर्म विश्वासों पर आघात के विरुद्ध कोई समाधान चाहे तो उस पर अवश्य विचार किया जाना चाहिए। यह बात तर्कसंगत नहीं जान पड़ती कि एक समुदाय अल्पसंख्यक तो सम्प्रदाय के आधार पर हो और उनके संरक्षण और समाधान की माँग भाषा के प्रश्न पर हो। उत्तर प्रदेश में भाषा की दृष्टि से अल्पसंख्यक यदि किसी को समझा जा सकता है तो उत्तर प्रदेश के पहाड़ी लोगों को या अगर पंजाबी को पृथक् भाषा मानना है तो उत्तर प्रदेश में जाकर बस गये पंजाबियों और सिन्धियों को। उत्तर प्रदेश के सभी जिलों और तहसीलों में सदियों से बहुसंख्यक और अल्पसंख्यक–हिन्दू और मुसलमान एक साथ बसे हुए हैं जो सदियों से एक ही बोली या भाषा बोलते आये हैं। इतना ही नहीं, अतीत में उनके वंश भी एक ही रहे हैं। उनका रक्त मांस भी एक ही मूल की फैलती गयी शाखाएँ हैं। उनमें भाषा का भेद कैसे हो सकता है? उत्तर प्रदेश के मुसलमानों को भाषा की दृष्टि से अल्पसंख्यक कैसे कहा

जा सकता? ऐसी अवस्था में कम्युनिस्टों का यह कहना कि उर्दू का प्रश्न मुस्लिम अल्पसंख्यकों का भाषा सम्बन्धी अधिकार है एक भयंकर ग़लत प्रचार है।

मातृभाषा का धर्म विश्वास या सम्प्रदाय से कोई सम्बन्ध नहीं हो सकता। अंजुमने-तरक्क़िए-उर्दू-ए-हिन्द इस बात पर ज़ोर दे रहा है कि उर्दू को मुसलामनों की मज़हबी ज़बान नहीं कहा जा सकता। धर्म विश्वास कभी भी या जीवन में अनेक बार बदला जा सकता है, मातृभाषा बदली नहीं जा सकती। भाषा का सम्बन्ध साम्प्रदायिक विश्वास से नहीं राष्ट्रीयता और भूमि से होता है? भारत के अनेक प्रदेशों के हिन्दुओं की एक ही मातृभाषा नहीं है और न संसार भर के मुसलमानों की। उत्तर प्रदेश के मुसलमानों को भाषा की दृष्टि से अल्पसंख्यक मानने का अर्थ उन्हें राष्ट्रीयता की दृष्टि से भी अल्पसंख्यक या पृथक् राष्ट्र मानना होगा? क्या हमारे उदारशय लोग इस बात के लिए तैयार हैं?

उर्दू या फ़ारसी लिपि को अल्पसंख्यक सम्प्रदाय का प्रश्न बनाकर सरकार से उसके लिए सुविधाओं और प्रोत्साहन की माँग करना नितान्त उपहासास्पद होगा। इस देश का विधान और सरकार धर्म-निरपेक्ष (सेक्यूलर) है। धर्म निरपेक्ष सरकार धार्मिक विश्वास की स्वतन्त्रता और अनुष्ठान के लिए संरक्षण और विश्वास दे सकती है परन्तु सरकार से धार्मिक दृष्टि से शिक्षा की सुविधाओं की माँग करने का अर्थ तो यह भी हो सकता है कि स्कूलों में यज्ञों के अनुष्ठान और नमाज़ पढ़ने की शिक्षा के प्रबन्ध की भी माँग की जाय।

यह ठीक है कि उर्दू का समर्थन करनेवालों में केवल मुसलमान ही नहीं कुछ ऐसे लोग भी हैं जो उर्दू साहित्य के प्रति प्रेम के कारण उसे क्षेत्रीय मान्यता और संरक्षण देना चाहते हैं। ऐसे लोग उत्तेजना में आकर उर्दू को अपनी मातृभाषा भी कहने लगते हैं। परन्तु यह बात न तथ्य है न तर्कसंगत! मातृभाषा कभी दो-चार या दस-पाँच लोगों को नहीं हो सकती। मातृभाषा माँ की बोली को कहा जाता है, जिसमें तुतलाना आरम्भ किया जाता है। हमें विस्मय ही होगा यदि भारत का कोई भी साहित्यकार यह दावा करे कि उसने ग़ालिब और ज़ौक़ की शायरी से तुतलना आरम्भ किया था। मातृभाषा पूरी बिरादरी और समाज की होती है व्यक्तियों की नहीं।

जहाँ तक उर्दू शैली के साहित्य की रक्षा और उसे प्रोत्साहन देने की माँग है, हम भी उसे देश, राष्ट्र और समाज की बहुमूल्य निधि समझते हैं, इस शैली के परिष्कार और सबलता की सराहना करते हैं परन्तु उसकी रक्षा का उपाय उसे एक समुदाय विशेष की लिपि में सीमित रखने में नहीं हो सकता। इस साहित्य को यह विधि देकर सबल बनाना आवश्यक है जो इसे न केवल उत्तर प्रदेश में बल्कि पंजाब, बिहार, मध्यभारत, राजस्थान और महाराष्ट्र तक का क्षेत्र दे दे। उर्दू शैली के विस्तार और विकास के लिए हम उस शैली के लेखकों से अनुरोध करेंगे कि वे हिन्दी लिपि अपनाकर इस शैली को सामर्थ्यवान् और व्यापक बनायें।

उत्तर प्रदेश की राजभाषा का प्रश्न देश में गणतान्त्रिक सरकार की स्थापना के तुरन्त बाद ही तय हो गया था और राष्ट्रीय एकता और संस्कृति के विकास के लिए राज्य की विधान सभा द्वारा राज्य की भाषा हिन्दी और लिपि देवनागरी को सर्वसम्मति से स्वीकार कर लिया गया था। उसके कुछ वर्ष बाद अंजुमने-तरक्क़िए-उर्दू-ए-हिन्द ने उर्दू को भी क्षेत्रीय भाषा स्वीकार कर लेने की माँग उठायी थी। उत्तर प्रदेश की जनता में इस माँग के विरुद्ध उठी लहर ने इस माँग को उस समय दबा दिया था। उस समय केवल एक राजनीतिक पार्टी

कम्युनिस्ट पार्टी ही अपनी राजनीतिक या सांस्कृतिक समझ के कारण अंजुमने-तरक्क़िए-उर्दू-ए-हिन्द की माँग का समर्थन कर रही थी परन्तु पिछले चुनावों के बाद से विचित्र स्थिति सामने आयी है। अनेक राजनीतिक दल अधिक वोट जीत सकने की आशा में उर्दू अथवा फ़ारसी लिपि के क्षेत्रीय भाषा के रूप में स्वीकार कर लिये जाने की माँग का समर्थन करने लगे हैं और इस प्रकार के आश्वासन दे रहे हैं कि बहुमत से उनकी सरकार क़ायम हो जाने पर वे उर्दू और फ़ारसी लिपि को उत्तर प्रदेश की क्षेत्रीय भाषा बना देंगे। कांग्रेस जिसने पहले इस प्रश्न पर उचित नीति अपनायी थी, वोट जीतने की लड़ाई में पिछड़ जाने के कारण अपनी नीति में परिवर्तन करके अपनी सरकार को राष्ट्रहित-विरोधी नीति अपनाने का आदेश दे रही है। राष्ट्र की एकता को बलिदान करके वोट जीतने का प्रयत्न राष्ट्घाती अदूरदर्शिता है। कोई भी दल इस नीति को अपनाये, यह अपने राष्ट्र पर चोट करना और आत्मघात होगा।

राजनीतिक दलों के इस प्रकार की राष्ट्रघाती नीति अपनाने पर हम उत्तर प्रदेश की जनता से यह आशा करेंगे कि अपने राज्य, अपनी राष्ट्रीयता, संस्कृति, भाषा और भूमि के एकता के लिए इस प्रकार की प्रवृत्तियों का विरोध पूरी शक्ति से करेगी।

जनयुग, १९ अक्टूबर १९५८

काँगड़ा के पहाड़ी लोग

बचपन की कटु स्मृति आज भी स्पष्ट है। लाहौर में स्कूल में पढ़ते समय जब भी यह प्रश्न पूछा जाता था कि मैं किस जिले का रहनेवाला हूँ, तो सदा उत्तर देने में झिझक होती। मैं काँगड़ा का हूं यह बताने में इसलिए गर्व नहीं होता था कि लाहौर, अमृतसर या पंजाब के दूसरे नगरों में प्रायः काँगड़ा के छोटी उम्र के लड़के दिखायी देते हैं। इन लड़कों का काम घरेलू नौकरियाँ करना अर्थात् झाड़ू-बुहारी लगाना और चौका-बर्तन करना होता था। जवानी की उम्र में वहाँ के कुछ लोग चपरासी की नौकरी पा जाते थे, कुछ लोग ड्राइवर का काम कर लेते थे और अधिकांश नवयवुक अंग्रेजी सरकार की फ़ौज में सिपाही बन जाते थे। पंजाब में काँगड़ा के मुण्डू यानी छोकरे नौकर और फ़ौज में बहादुर डोगरा सिपाही मशहूर थे। यों उस समय भी पंजाब के एक बहुत बड़े अंग्रेज वकील और एक-दो जज भी काँगड़ा जिले के निवासी थे। परन्तु काँगड़ा के लिए ऐसा सम्मान असाधारण बात ही थी।

आज ऐसी बात नहीं है। परिस्थिति बहुत परिवर्तित हो चुकी है। ब्रिटिश शासनकाल में काँगड़ा की स्थिति पिछड़ी हुई होने का कारण अंग्रेजी सरकार की साम्राज्यवादी नीति थी। पहली बात तो यह थी कि काँगड़ा जनपद बीहड़ पहाड़ी, अधिकांश में जंगल होने और वहाँ के निवासियों के बहुत ग़रीब होने के कारण विदेशी व्यापार के लिए यहाँ लाभ उठाने की अधिक सम्भावनाएँ नहीं थी। इसलिए उस प्रदेश में यातायात के साधनों का विकास करना, रेल और सड़कें आदि बनाना उपयोगी नहीं समझा गया। दूसरे, अंग्रेज़ी सरकार ने इस पहाड़ी जिले में शिक्षा का प्रसार करने की अथवा यहाँ की जनता में मानसिक और सांस्कृतिक चेतना बढ़ाने की भी आवश्यकता नहीं समझी और न इस जिले में औद्योगिक विकास द्वारा लोगों की आर्थिक स्थिति सुधारने का कोई प्रयत्न किया गया। औद्योगिक और व्यावसायिक दृष्टि से पिछड़े रहना ही अंग्रेज़ों के लिए उपयोगी था। ऐसी अवस्था में काँगड़ा अंग्रेज़ी सेना के लिए सस्ते और अच्छे सिपाही प्राप्त करने का असीम स्रोत था। कम वेतन पर भी काँगड़ा से निरन्तर सिपाही मिल सकते थे क्योंकि पहाड़ों में खेती योग्य भूमि की कमी रहती है और भूमि भी कम उपजाऊ है। पेट भरने के लिए दूसरा कोई धन्धा नहीं। यहाँ के सिपाही इसलिए अच्छे सिद्ध होते थे क्योंकि कठोर परिस्थितिया में प्रकृति से लड़-झगड़ कर जीवन रक्षा करते रहने के कारण वे स्वभावतः सशक्त, साहसी और सहनशील होते हैं।

इसलिए काँगड़ा के लोगों की आमदनी का मुख्य स्रोत छावनियों से मिलनेवाली वेतन और पेंशन ही था। युद्ध के बाद काँगड़ा के किसी भी गाँव में जाने पर विधवाएँ अथवा अपने बेटों को याद करके रोनेवाली माताएँ ही सबसे पहले किसी नवागन्तुक का ध्यान आकर्षित करती थीं।

पर्वतीय प्रदेशों में प्रकृति यदि किसी एक से अनुदार और कठोर प्रतीत होती है, तो दूसरे रूप में वह अपना मधुरतम और सुन्दरतम लावण्य भी वहीं उड़ेलती है। ऐसा प्रतीत होता है कि पहाड़ प्रकृति देवी के माधुर्य को संचित किये रखनेवाले उसके स्तनों के समान है। वहाँ पहुँच पाना कठिन हो सकता है। परन्तु एक बार वहाँ पहुँच जाने पर अथवा मानवीय साधनों द्वारा उन पर विजय प्राप्त कर लेने पर प्रकृति का सबसे मूल्यवान् माधुर्य भी वहीं प्राप्त हो सकता है। मनुष्य जब प्राकृतिक शक्तियों को अपनी चेरी बनाने की क्षमता प्राप्त कर लेता है, तब दुलंघ्य नदियाँ और भयावह जल-प्रपात उसके दास बन जाते हैं। काँगड़ा जिला इन प्राकृतिक साधनों एवं सौन्दर्य से भरपूर है। सपाट भूमि में रहनेवाले लोग प्राकृतिक शोभा के नाम पर धूसर आकाश के नीचे सुदूर दिखायी देनेवाली वृक्षावलियों और दृष्टि की सीमा तक लहलहाते हरे खेतों की कल्पना ही कर सकते हैं, परन्तु पहाड़ी लोगों को यह सौन्दर्य तृप्त नहीं कर पाता। जिन्होंने पहाड़ देखे हैं या जिन्होंने काँगड़ा जिले में त्रियूण्ड-खनाग, पालमपुर और नग्गर से प्राकृतिक दृश्यों को देखा है वे जानते हैं कि गहरे नीले आकाश के नीचे धूप में चाँदी की तरह चमकती बर्फ़ीली चोटियों, सुरमई पर्वत श्रेणियों के नीचे अनेक रंगों के जंगलों से ढँके ढलानों तथा बैंगनी और हरे, पीले रंग की छटाओं के बीच धूसर एवं भूरे रंग की चट्टानों के ऊपर बहती हुई झाग से भरी, मोती उछालती, पहाड़ी नदी का दृश्य कैसा हो सकता है। यदि कभी सचमुच उर्वशी स्वर्ग से उतरकर पृथ्वी पर आयी होगी तो पृथ्वी के इन्हीं दृश्यों ने उसे मोहित किया होगा और स्वर्ग से पृथ्वी पर उतरने के लिए उर्वशी ने इसी सोपान का सहारा लिया होगा। विश्व-विश्रुत कलाकार निकोलस रोरिक भी इस सौन्दर्य के वशीभूत हो गये। १९४६ में मैंने उनसे कुल्लू के समीप नग्गर में मिला था। उन्हें वहाँ बसा देखकर मैंने उनसे पूछा कि उन्होंने अपने स्थायी निवास के लिए उस स्थान को क्यों चुना? निकोलस का उत्तर था कि वह अपने काफिले को लेकर बर्मा से पहाड़ों-पहाड़ आसाम, भूटान, अल्मोड़ा, गढ़वाल, नेपाल, दार्जिलिंग वगैरह होते हुए सबसे सुन्दर स्थान की खोज में यात्रा कर रहा थे। काँगड़ा जिले के नदी के किनारे नग्गर में पहुँचकर वह पूर्णरूपेण सन्तुष्ट हो गये। उन्होंने कहा कि मैं इससे अधिक सुन्दर स्थान की कल्पना नहीं कर सकता। काँगड़ा भूखों का बहिश्त माना जाता है। ऐसा बहिश्त जहाँ लोग भूखे होते हैं।

पहाड़ी प्रदेश होने के कारण काँगड़ा दुलंघ्य रहा है। इसलिए वहाँ विदेशी संस्कृतियों का प्रभाव कम और देर से पहुँच पाया। लोगों की पोशाक और रीति-रिवाज प्रायः पुराने ढंग के हैं। काँगड़ा की परम्परागत पोशाक का अनुमान पुराने राजपूत चित्रों अथवा काँगड़ा-शैली के चित्रों से लिया जा सकता है। पुरुष प्रायः ख़ूब चुस्त, चूड़ीदार पाजामा, छोटा अंगरखा और पगड़ी पहनना पसन्द करते हैं और पगड़ी के अभाव में रंगीन धागों से कढ़ी हुई सिर पर चिपकी हुई टोपी। अंगरखे का स्थान अब कोट ने ले लिया है। स्त्रियाँ भी चूड़ीदार पाजामे और ख़ूब मोटे लहंगों और रंग-बिरंगी चुनरियों की शौकीन मालूम होती हैं।

असीम प्राकृतिक सौन्दर्य ने उनमें सौन्दर्य के प्रति अनुराग भी उत्पन्न किया है। अनेक दृष्टियों से पिछड़ा रहने पर भी चित्रों के अंकन में काँगड़ा की शैली का अपना विशिष्ट स्थान है। जनसाधारण में चटकीले रंगों और गहनों के प्रति विशेष रुचि है। सौन्दर्य के प्रति अनुराग और हृदय की भावुकता ने न केवल चित्रों के माध्यम से अभिव्यक्ति पायी है परन्तु गीतों के रूप में भी। व्यापक निरक्षरता की अवस्था में गीत ही जनता का साहित्य होते हैं। इन गीतों की दृष्टि से काँगड़ा बहुत धनी है। यहाँ के कुछ गीत ऐतिहासिक हैं। मुग़लकाल में काँगड़ा पर आक्रमण होने के समय यहाँ के लोगों ने अपनी स्वतन्त्रता की रक्षा के लिए जो आमरण संग्राम किये, उनकी स्मृतियाँ इन गीतों में संचित हैं।

अधिकांश गीत प्रेम, प्रणय और विरह के हैं। यातायात कठिन होने के कारण परदेश की कल्पना इन लोगों के लिए दुखद रही है। घर की बहू अपने मायके की याद करते समय पहाड़ी की ओट में दूर पहुँचना सम्भव न समझकर मायके को कल्पना में ही देखकर सन्तुष्ट हो जाने का यत्न करती है। वह खेत में काम करते समय अथवा पहाड़ी ढलान पर घास काटते समय मायके के विरह से व्याकुल होकर पुकार उठती है—

सिकन्दरे दीये धारे मुइय्ये,
पलें नीठड़ी होयाँ, पलें नीठड़ी होया,
तेते परे परेलड़िया धारा मुइय्ये,
मेरे पेइय्ये, मेरे पेइय्ये मुइय्ये।

अर्थात् कोई बहू 'सिकन्दर की धार' नाम ऊँची पर्वत श्रेणी को अनुनय से सम्बोधित करती है—तू पल भर झुक जा। तू परली ओर तेरी आड़ में मेरा मायका है। तू झुक जाये तो मैं उसे एक आँख देख लूँ। बेचारी बहू को ससुराल के काम से इतना अवसर कहाँ मिलता है कि वह मायके के लोगों से मिल पाने के लिए कुछ दिनों की यात्रा कर ले। इसलिए वह 'सिकन्दर की धार' नामक पर्वत श्रेणी को अपने हृदय की गाथा-व्यथा से झुकाकर अपने मायके का दर्शन पाने की कामना करती है। वह कहती है—

बाह्मण दे छोरुआ, देस विगाना ते जिन्द अपणी
बाह्मणादा छोरु बेइमान बणया...........।

अर्थात् मेरे जवान! तू परदेश न जाना। यह तेरे प्यारे कोमल प्राण तो मेरे हैं और बेगाना देश पराया है। प्रेम इस विच्छेद और वियोग को कैसे सहेगा? परन्तु जीविका की खोज में काँगड़ा के नौजवान का परदेश जाना अनिवार्य हो जाता है। तो विरह विधुरा बिंधे हुए हृदय से उलाहना देती है—'तू पैसे के लिए परदेस चला गया, तूने प्रेम का ईमान खो दिया। तुझे देखकर तो मेरी मक्की की रूखी रोटी भी शहद बन जाती है।'

काँगड़ा में परिवार के अधिकांश युवकों को जीविका की खोज में परेदश जाना ही होता है। यह अब भी होता है। इसलिए काँगड़ा की बहुओं और प्रेमिकाओं के लिए नौकरी एक भयानक स्वप्न रहा है। वे मचलकर अपने प्रेमी से जिद करती हैं कि तू नौकरी का मोह न करना, तू नौकरी करने जायेगा तो मैं तेरे साथ ही चलूँगी। अगर तुझे परदेसियों से आशंका है या अपने समाज का भय है तो मुझे डिबिया में डालकर साथ ले जाना।

काँगड़ा का पुराना चित्र अब धीरे-धीरे बदल रहा है। बचपन में हम लोग यात्रा का अर्थ पैदल अथवा घोड़े पर सफ़र करना ही समझते थे। उस समय काँगड़ा जिले के होश्यारपुर या पठानकोट पहुँचकर दो, तीन दिन की पैदल यात्रा करके अपने गाँव पहुँचते थे। अब पठानकोट से बहुत दूर तक रेल पहुँच गयी है और काँगड़ा के भीतरी प्रदेशों तक मोटर की सड़कें भी। काँगड़ा की सब तहसीलों के बीच मोटरों का यातायात आरम्भ हो गया है। सहयोग समितियों और ग्राम पंचायतों द्वारा खेती, फलों और ऊन के व्यवसाय को प्रोत्साहन मिल रहा है। यदि काँगड़ा की नदियों और जल-प्रपातों से विद्युत् भी पैदा होने लगे तो थोड़े वर्षों में ही काँगड़ा का कायाकल्प हो सकता है।

●●●